MITOLOGÍA DEL MUNDO

MITOLOGÍA DEL MUNDO

BLUME

Roy Willis

BLUME

Título original:
World Mythology

Editor:
Peter Bently

Diseño:
Bob Gordon

Investigación fotográfica:
Jan Croot

Mapas e ilustraciones:
Sue Sharples

Traducción:
Flora Casas

Revisión:
Pablo Romagosa Gironés

Primera edición en lengua española 2011

© 2011 Naturart, S.A.
Av. Mare de Déu de Lorda, 20
08034 Barcelona
Tel. 93 205 40 00 Fax 93 205 14 41
e-mail: info@blume.net
© 1993 Duncan Baird Publishers Ltd., Londres

I.S.B.N.: 978-84-8076-975-4

Impreso en Malasia

WWW.BLUME.NET

Este libro se ha impreso sobre papel manufacturado con materia
prima procedente de bosques de gestión responsable. En la producción
de nuestros libros procuramos, con el máximo empeño, cumplir
con los requisitos medioambientales que promueven a conservación
y el uso responsable de los bosques, en especial de los bosques
primarios. simismo, en nuestra preocupación por el planeta, intentamos
emplear al máximo materiales reciclados, y solicitamos a nuestros
proveedores que usen materiales de manufactura cuya fabricación
esté libre de cloro elemental (ECF) o de metales pesados, entre otros.

SUMARIO

PRÓLOGO

Robert Walter,
director de la Fundación Joseph Campbell

—A ver qué te parece esto, C. J. —le dije a mi hijo de siete años mientras le daba el libro de cuentos que había cogido de un estante de la librería. Examinó la portada—. ¿No te apetece leerlo?

—Es que sé cómo empieza —me aseguró, sin abrir el libro.

—¿Ah, sí? ¿Cómo?

—«Érase una vez…» ¿Por qué empiezan todos así?

—Porque cuentan cosas que ocurrieron hace mucho tiempo.

—Ya, pero ahora también ocurren las mismas cosas.

—A veces sí.

—Uum —murmuró, ojeando unas páginas—. Pero, ¿sabes qué pasa?

—¿Qué?

—Pues que a veces… o sea que algunas historias… yo creo que no han ocurrido nunca.

—Es posible.

—Pero no importa —se apresuró a añadir—. De todas maneras están muy bien.

* * *

A casi todo el mundo le gusta un buen cuento, y desde luego, a todos los niños. La idea de nuestro ser —quiénes somos, de dónde venimos y a dónde vamos— se define con los cuentos que contamos. En esencia, somos quienes nos decimos a nosotros mismos que somos. El narrador de una reciente novela tiene precisamente esta revelación:

Mirando desde la roca, comprendí en qué consistía la historia.

Ésta es la historia: la vida es un sueño.

Es una historia que nos contamos a nosotros mismos. Las cosas son sueños, simples sueños, cuando no las tenemos delante de los ojos.

Lo que tienes ahora delante de los ojos, lo que puedes tocar con la mano, ahora se convertirá en sueño.

Lo único que nos impide desaparecer arrastrados por el viento son nuestros cuentos, que nos dan nombre y nos sitúan en un lugar, que nos permiten seguir tocando [1].

Los cuentos nos permiten «seguir tocando», seguir tocándonos unos a otros. Por así decirlo, son ventanas, cada una de las cuales enmarca una panorámica concreta de un paisaje que de otro modo quizá no hubiéramos conocido jamás y, paradójicamente, por única que sea la perspectiva, por extraña que resulte la vista, podemos aprender algo sobre nosotros mismos. John Campbell, mi amigo y mentor, lo expresa de la siguiente manera:

Volver a contar antiguos cuentos por el puro placer del «érase una vez» es un arte que se practica muy poco en nuestros días, al menos en el mundo occidental; sin embargo, cuando… se nos presenta una muestra colorista de este arte, el sortilegio funciona y viajamos con la imaginación a una Tierra de Nunca Jamás que en cierto modo conocemos desde hace tiempo… Su fascinación radica en unas formas de vida distintas a la nuestra que, no obstante, se comunican con una parte de nuestro ser al que quizá no hayamos prestado atención: la parte de la fantasía y el sueño, que puede desembocar en la visión, y la visión

en un cierto tipo de revelación, si no sobre el universo, sí al menos sobre nosotros mismos.

Porque en el pasado, y hoy en día en el mundo primitivo que está desapareciendo con enorme rapidez, incluso en los rincones más remotos de la tierra, las gentes vivían en gran medida de las visiones de los maestros como Buda, Moisés, Zaratustra, Jesús y Mahoma o, en los lugares menos desarrollados, de los visionarios y chamanes de su aldea. Por consiguiente, los objetos y obras de arte salidos de sus manos estaban conformados por las visiones que habían conformado sus vidas, que comunican subliminalmente con nuestras propias posibilidades para la visión, que hablan de cualidades de la existencia perdidas o a la espera de ser llevadas a la práctica [2].

En el comentario de Campbell se aprecia una distinción implícita: casi cualquier cuento bueno nos encantará y podrá enseñarnos algo, pero sólo ciertas visiones seductoras, historias con el poder de conformar y controlar nuestra vida, podrán servirnos de inspiración y, con demasiada frecuencia, destruirnos. Insiste en que tales cuentos atemporales son los únicos que pueden denominarse con rigor «mitos». Por extensión, la mitología es para Campbell el estudio de todas las historias que poseen tal fuerza.

Pero no todos coincidirán en este extremo; muchos, si no la mayoría, se sienten más a gusto con la definición de Robert Graves, más restringida:

La mitología es el estudio de cualesquiera leyendas heroicas o religiosas tan ajenas a la experiencia de un estudiante que éste no puede considerarlas ciertas. De ahí el sentido de «increíble» del adjetivo «mítico», y de ahí la exclusión de las mitologías europeas, como ésta, de las narraciones bíblicas, incluso cuando presentan estrechos paralelismos con mitos de Persia, Babilonia, Egipto o Grecia y de todas las leyendas hagiológicas [3].

Las anteriores observaciones merecen toda nuestra consideración, sobre todo en un libro como el presente, en el que se han realizado omisiones similares; pero desde la perspectiva de Campbell, libre de prejuicios, ninguna hagiología —incluida la Biblia— es la revelación divina de la verdad incontrovertible, pues, en realidad, todas sus construcciones humanas fabulosas, cuentos fantásticos de «érase una vez», mitos maravillosos:

Desde el punto de vista de cualquier ortodoxia, podría definirse el mito simplemente como «religión de otro pueblo», y una definición equivalente de la religión consistiría en «mitología mal entendida», un malentendido que consistiría a su vez en la interpretación de las metáforas míticas como referencias a hechos reales… Al igual que los sueños, los mitos son productos de la imaginación humana. En consecuencia, sus imágenes, aunque derivadas del mundo material y de su supuesta historia, son, como los sueños, revelaciones de las esperanzas, los deseos y los temores más profundos, de las potencialidades y los conflictos de la voluntad humana, que se mueve gracias a la energía de los órganos corporales que funcionan al unísono y también enfrentados. Es decir, que todo mito, intencionada o inintencionadamente, es *psicológicamente* simbólico. Por tanto, hay que interpretar su narrativa y sus imágenes como metáforas, no de un modo literal.[4]

Para Campbell, todo mito es «transparente a la trascendencia»: metáforas psíquicas que revelan axiomas universales; pero para muchos, sus propios mitos son hechos literales, mientras que los de los demás son construcciones imaginarias. Si el lector piensa que se trata de una distinción puramente académica, le bastará con ver las noticias de la noche o con echar un vistazo a los titulares de cualquier periódico. Nos consideramos una especie inteligente y, sin embargo, ya en el siglo XXI, seguimos entregándonos a ancestrales enemistades tribales, la mayoría de ellas fomentadas por interpretaciones reduccionistas de cuentos ejemplares y sagas heroicas, de mitos que se han transmitido de una generación a otra. Además, como ha señalado Campbell en repetidas ocasiones, tal violencia es y ha sido siempre la consecuencia inevitable y trágica de la lectura literal de las imágenes o metáforas mitológicas:

> En la pesadilla de la historia popular, allí donde se interpretan las imágenes míticas locales como hechos, no como metáforas, se libran crueles guerras entre las partes con formas opuestas de representación metafórica...
>
> Cabe preguntarse: ¿qué puede aportar semejante literalidad tribal, sino sufrimiento, a un mundo como el del presente siglo, de perspectivas interculturales y globales? Todo deriva de una interpretación errónea de las metáforas, de confundir la denotación con la connotación, al mensajero con el mensaje, sobrecargando, en consecuencia, al transmisor con una significación sentimentalizada y desequilibrando vida y pensamiento. La única posible enmienda que se ha propuesto hasta el momento consiste en la idea, no menos errónea, de considerar las metáforas como mentiras (que sin duda son tales, cuando así se interpretan), destrozando el diccionario de la lengua del alma (esto es una metáfora) con la que la humanidad se ha elevado hacia intereses que sobrepasan la procreación, la economía y «el mayor bien del mayor número».[5]

El lector tiene en sus manos un libro sobre mitos, lo que equivale a decir un libro sobre metáforas, las herramientas de poetas y artistas. Sus páginas cobran vida con las voces y las visiones de los artistas hacedores de mitos que nos han precedido, con narraciones e imágenes mitológicas, con «la lengua del alma». Deben leerse estas páginas como se leería una revista de sueños, pues la tarea del ser humano moderno consiste en interiorizar la simbología mítica, en comprender que todos los dioses y todos los demonios están dentro, en darse cuenta de que el cielo, el infierno y otros lugares por el estilo no se encuentran «ahí fuera» ni se va a ellos al morir, sino que son estados psicológicos interiores, en entender que, al fin y al cabo, todas las imágenes mitológicas son aspectos de nuestra experiencia inmediata.

Por consiguiente, si el lector se aproxima a la presente obra con actitud abierta, con la inocencia del niño para quien el mundo es inherentemente mágico, explorará paisajes exóticos y descubrirá maravillas increíbles, volverá a familiarizarse con los dioses de la antigüedad, con los demiurgos ancestrales que aún viven dentro de nosotros, aprenderá muchas cosas sobre sus antepasados y sobre sus vecinos, y aún muchas más sobre sí mismo y, naturalmente, oirá cuentos encantadores que empiezan con «érase una vez».

ROBERT WALTER,
PASCUA DE 1993

[1] Tom Spanbauer, *The Man Who Fell in Love With the Moon* (El hombre que se enamoró de la luna) (Nueva York, Atlantic Monthly Press, 1991), p. 190.

[2] Joseph Campbell, «Myths from West to East» (Mitos de oeste a este), ensayo incluido en *Myths* (Mitos), de Alexander Eliot (Nueva York, McGraw-Hill, 1976), p. 31.

[3] *New Larousse Encyclopedia of Mythology*, traducido al inglés por Richard Aldington y Delano Ames y revisada por un equipo de consejeros editoriales de la *Larousse Mythologie Générale* editada por Félix Guirand y publicada en Francia (1959) por Augé, Gilon, Hollier-Larousse, Moreau et Cie., Librairie Larousse, París (Nueva York: © Putnam, 1969), p. v.

[4] Joseph Campbell, *The Inner Reaches of Outer Space: Metaphor as Myth and as Religion* (Las distancias internas del espacio exterior. La metáfora como mito y como religión) (Nueva York, Van der Marck Editions, 1985; Harper Perennial, 1988), p. 55.

[5] *The Inner Reaches of Outer Space, op. cit.*, p. 58.

INTRODUCCIÓN

El término griego *mizos*, del que deriva el castellano mito, en principio significaba simplemente «palabra», «dicho» o «cuento». Sólo tras las obras del escritor griego Herodoto, del siglo IV a.C., sobre todo de su historia de la guerra entre griegos y persas, se estableció el concepto de hecho histórico en el pensamiento griego. Entonces, *mizos* adquirió el significado de «ficción» e incluso de «falsedad», en contraposición con *logos*, la «palabra de la verdad». A partir de entonces también empezó a reconocerse que el *logos* siempre tiene un autor identificable, que en las tradiciones judía, cristiana e islámica puede ser Dios mismo, mientras que el *mizos* llega hasta nosotros de forma anónima, de una fuente remota y de una época incalculable.

Teorías del mito

A pesar de la actitud despectiva de Herodoto hacia el *mizos*, las historias míticas han seguido cautivando la imaginación humana en el transcurso de los siglos, y filósofos y científicos han realizado numerosos esfuerzos para desentrañar el secreto de tan duradera atracción. En los inicios de la época moderna, el italiano Giambattista Vico sostiene en *Scienza Nuova* (La ciencia Nueva), publicada en 1725, que los mitos no son versiones deformadas de las narraciones bíblicas, como se pensaba en la Europa de aquellos días, sino tentativas imaginativas de resolver los misterios de la vida y del universo, y que como tales podían compararse, en una etapa anterior del desarrollo humano, con las teorías científicas modernas.

Los teóricos posteriores trataron de encontrar una explicación única para la aparición de los mitos. Un famoso exponente de este enfoque fue el folclorista alemán del siglo XIX Friedrich Max Müller, quien sostenía que todos los mitos creados por los pueblos indoeuropeos tenían su origen en historias simbólicas o alegorías sobre fenómenos naturales como el sol, la luna, el cielo o el alba, recubiertos con personajes humanos. Presentaba como ejemplo el mito griego de Perséfone, una muchacha a la que raptó Hades, señor de los infiernos, pero a quien se permitía vivir en el mundo superior durante dos terceras partes del año, si bien tenía que regresar con Hades para pasar el invierno.

Müller sugiere (punto que parece evidente en la actualidad) que esta historia simboliza en principio los cambios estacionales del invierno y el verano.

Otro teórico muy influyente fue el antropólogo británico J. G. Frazer, en cuya obra *La rama dorada* (1911-1915), publicada en 12 tomos, reunió relatos míticos del mundo entero, centrándose en la idea de que el bienestar de la sociedad dependía del de los reyes, a los que se sacrificaba ritualmente cuando eran demasiado viejos o estaban demasiado enfermos con el fin de dejar paso a unos sucesores más fuertes. En época más reciente, en 1979, Walter Burkert, folclorista alemán, ofreció una hipótesis similar, según la cual, los mitos de «chivo expiatorio» son reliquias de una primitiva experiencia humana supuestamente frecuente, la de tener que sacrificar a los miembros más débiles del grupo a los carnívoros que los perseguían para que los demás pudieran escapar.

Mente y sociedad

Otros han recurrido al interior del hombre para explicar la atracción constante de mitos concretos, o del mito en general y, según ellos, tienen resonancias de los rasgos permanentes de la mente o psique humanas. Un ejemplo de este enfoque es la interpretación de Sigmund Freud del mito griego de Edipo, en el que el héroe mata a su padre y se casa con su madre sin conocer la condición de ambos. Según Freud, esta historia refleja los sentimientos inconscientes de todos los hombres jóvenes hacia sus padres. Carl G. Jung, primero colaborador y después rival del creador del psicoanálisis, propuso una teoría general. Según el psicólogo suizo, los mitos derivan su misterioso poder del hecho de que sus principales personajes encarnan «arquetipos» primitivos que han ejercido gran influjo sobre la psique humana, como el Viejo Sabio o la Madre.

J. G. Frazer trabajó únicamente con bibliografía sobre el tema, pero hace un siglo los antropólogos ya empezaron a estudiar las sociedades tribales *in situ*, circunstancia que los puso en contacto por primera vez con mitos «vivos» y con su creación y que ha contribuido en gran medida a la comprensión del tema en

TESTIMONIOS DEL MITO

Nuestro conocimiento de los mitos tribales procede sobre todo de viajeros, administradores coloniales y, desde época más reciente, de los trabajos de campo realizados por los antropólogos. En algunos pueblos tribales han surgido escritores que han creado antiguas historias para los lectores occidentales, pero hemos de fiarnos de lo que estos autores quieran contarnos. Las civilizaciones de la antigüedad nos han dejado un legado de escritos que testimonian su herencia mitológica; pero también en este caso nos enfrentamos con los resultados finales de un largo proceso de selección y ordenación de unos relatos en principio orales. Los textos antiguos plantean a los arqueólogos tremendos problemas de interpretación. Se comprendieron los jeroglíficos del antiguo Egipto después de 1799, gracias al descubrimiento, cerca de Alejandría, de la piedra Rosetta, trilingüe. Sin tal avance, los tesoros de la tumba de Tutankamón, hallada en 1922, no hubieran tenido tanta importancia

Mural de la tumba de Horemheb, soberano de Egipto entre 1319 y 1292 a. C, en Tebas. Aparece entre Horus, dios con cabeza de halcón, y Hathor, la diosa-vaca.

para el entendimiento del pensamiento egipcio. El desciframiento de la escritura lineal B, en los años 50, permitió acceder a los mitos de la cultura micénica de Creta, pero aún no se ha descifrado la escritura de la civilización del valle del Indo, en la India y el Pakistán actuales.

La región de Gandhara,
India, fue un mosaico de culturas, como refleja un estilo
escultórico mezcla de iconografía budista y motivos
grecorromanos: Hércules (Heracles) con su clava.

LA TRANSMISIÓN DEL MITO

Al igual que los cuentos populares,
los relatos mitológicos «viajan» con
facilidad de un grupo de personas
a otro. Naturalmente, pueden cambiar
en el camino, e incluso transformarse en
el seno del mismo grupo al ser contados
una y otra vez.

Un ejemplo famoso de la movilidad del
mito es el tema del «Gran Diluvio», que
aparece en Oriente Medio y el Mediterráneo
oriental, incluyendo Grecia, y en el sur
y el este de Asia y en diversas regiones de
América. Los temas semíticos (y bíblicos)
de la torre de Babel y la «separación de las
aguas» del mar Rojo por un jefe religioso
o político aparecen en numerosas versiones
locales por toda África, y los relatos de
Prometeo y Jasón y el Vellocino de Oro
forman parte de la mitología local de las
culturas caucásicas de Georgia y Armenia.

En muchos casos, resulta imposible
descubrir el lugar de origen de un motivo
mitológico muy extendido. Se tiene más
certeza allí donde los testimonios apuntan
a la incorporación de un conjunto de mitos
local a una tradición literaria, como, por
ejemplo, en el Tíbet, donde el budismo
oficial absorbió elementos chamanísticos
de la cultura indígena.

Baco (izquierda, en un mosaico del s. I)
sustituyó a Dioniso como dios del vino
y el éxtasis en la mitología que los romanos
tomaron de los griegos.

toda su complejidad. La gran aportación de Bronislaw Malinowski consistió en demostrar que el mito de los orígenes de los habitantes de las islas Trobriand, en Melanesia, si bien en apariencia se refiere al pasado remoto, extrajo su significado de la importancia que reviste para el actual orden social. Según este relato, los antepasados de los cuatro clanes de las islas fueron unos animales que salieron de un agujero de la tierra en el inicio de los tiempos. Aquellas bestias míticas no aparecieron simultáneamente, sino siguiendo un orden, el mismo que se refleja en las distintas versiones del mito. Malinowski demostró que este orden correspondía con toda exactitud al del estatus social de los cuatro clanes en su interrelación: el animal antepasado del clan más elevado surgió en primer lugar de la tierra primordial, el segundo era el antepasado del clan siguiente en la escala social y así sucesivamente.

Oposiciones y contradicciones

Naturalmente, el hecho de que pueda establecerse una relación directa entre unos relatos arcaicos y la forma de organización social actual no implica que los mitos no contengan otros significados, quizá igualmente importantes o incluso más. En la última mitad del siglo XX ningún estudioso ha contribuido más a una comprensión profunda del mito que el antropólogo francés Claude Lévi-Strauss. En sus exhaustivos análisis de los mitos de los nativos de América del Norte y del Sur, Lévi-Strauss ha tratado de demostrar que el objetivo de tales mitos consiste en resolver las contradicciones observadas en la experiencia humana, que pueden tener un carácter inmediato y sensorial (como el conflicto entre vida y muerte, hambre y saciedad) o sumamente abstracto (como el problema filosófico de lo uno y lo múltiple). El antropólogo sostiene que los creadores de mitos procuran resolver contradicciones de todas clases estableciendo una relación, o intentando establecerla, entre un aspecto de la vida y su opuesto en una cadena de «oposiciones binarias»; por ejemplo, juventud y vejez, estación húmeda y seca, masculino y femenino, humano y animal, cultura y naturaleza, vida y muerte.

En el análisis de Lévi-Strauss, un mito «plantea tantas preguntas como respuestas proporciona». En su interpretación de más de ochocientos mitos, la mayoría de ellos con diversas variantes, de los pueblos del norte y del sur de América, ha demostrado con todo lujo de detalles que las «preguntas» que surgen de unos mitos las recogen otros, en un interminable proceso que traspasa sin cesar los límites geográficos y tribales.

La teoría y los métodos de Lévi-Strauss se han aplicado con éxito a los mitos de la India, África, Australia y Oceanía, así como a la antigua Grecia (el propio antropólogo realizó un análisis del mito de Edipo en 1955), pero aún quedan muchas preguntas pendientes. En su preocupación por las «oposiciones binarias», Lévi-Strauss abandonó un campo de investigación, el tema de la estructura narrativa, la forma de unir los episodios para construir una «historia». En el análisis de Edipo asegura que la ordenación de tales episodios carece de importancia para la comprensión del significado de la narración; pero ¿es eso cierto?

Por el contrario, de la obra del folclorista ruso Vladimir Propp y sus seguidores se desprende que la estructura narrativa posee una importancia crucial en el significado de todos los cuentos tradicionales, «mitos» incluidos. En total, Propp ha descubierto la existencia de treinta y un episodios o «funciones» que constituyen los elementos básicos de todos los cuentos populares rusos. Entre ellos se cuentan la prohibición, la violación de la prohibición, la maldad, el abandono del hogar para emprender la búsqueda, el diálogo con colaboradores mágicos, la aparición del villano, la huida, la persecución y la liberación de la persecución. Además, aunque pocos de los cien relatos tradicionales analizados por Propp contienen estas treinta y una «funciones», los episodios que aparecen en cualquier cuento concreto *siempre siguen el mismo orden*. El trabajo del folclorista estadounidense Alan Dundes sobre cuentos nativos de Norteamérica sugiere que, si bien en este caso la lista de episodios básicos es mucho más corta, también se aprecia una secuencia fija. Se han obtenido resultados semejantes en las investigaciones sobre África, donde Lee Haring, discípulo de Dundes, ha descubierto una secuencia de seis episodios en un relato característico de los kambas de Kenia.

Mito y cuento populares

A la hora de distinguir entre «mito» y «cuento popular», los expertos, además de estar divididos, suelen ofrecer muy pocas aclaraciones. Por lo general, coinciden en que estas dos modalidades de narración tienen mucho en común: ambas son productos comunales, en el sentido de que no hay unos autores identificables, y presentan múltiples versiones. Pero, si existe alguna diferencia entre ellas, ¿en qué consiste? Aunque las dos formas se entremezclan, algunos estudiosos aplican la etiqueta de «mito» a los relatos anónimos que tratan de explicar los orígenes del mundo, la sociedad y la cultura humanas. Como son temas de interés universal, no puede sorprender que cualquiera pueda reconocer de inmediato un mito definido como tal, por ajena o remota que sea la cultura de la que proceda.

¿Qué condiciones sociales producen el «mito» en

MITO, HISTORIA Y LITERATURA

Mito e historia se encuentran inextricablemente entretejidos en los testimonios documentales de las civilizaciones. Un ejemplo de invención de un mito histórico es la *Eneida,* del poeta latino Virgilio, en la que transformó un relato ya existente que vinculaba la fundación de lo que más adelante constituiría el imperio romano con el exiliado troyano Eneas *(véanse páginas 172-173).* En diversas culturas, los mitos de los orígenes han servido para reafirmar el prestigio de una comunidad. En los comienzos de la era moderna suele relacionarse a Hernán Cortés y la relativa facilidad con la que destruyó el imperio azteca en 1521 con un mito azteca coetáneo que predecía la llegada de unos extranjeros blancos y barbudos con atributos semidivinos. Se cree que existieron mitos similares entre los incas que podrían haber influido en la caída de su imperio, en el siglo XVI.

Al igual que el mito puede reforzar la historia, ésta puede pasar a formar parte de la materia prima de la imaginación mítica. En muchos casos, la probabilidad llega a límites fabulosos. El cronista William de Newburgh (h. 1198) comenta que en su *Historia de los Reyes de Britania,* Geoffrey de Monmouth presenta el meñique del rey Arturo más grueso que la espalda de Alejandro Magno. Carecemos de datos reales sobre la persona de Arturo, pero posiblemente fue el dirigente a quien Nennio atribuye la decisiva batalla de Mount Badon contra los sajones (h. 500).

Arturo y los treinta reinos, ilustración medieval de la Crónica de Peter Langtoft.

este sentido cósmico? Parece que tales relatos destacan en dos tipos de sociedad precientífica situados en los extremos opuestos del espectro evolutivo. Por un lado, los encontramos en las sociedades igualitarias, sin estratificación, que subsisten mediante la caza y la recolección y que, por consiguiente, son las comunidades humanas que más estrechamente dependen de la naturaleza. (Los ejemplos recogidos en el presente libro provienen de los pueblos cazadores y recolectores de América del Norte y del Sur, sureste asiático, Australia y África, así como de los inuit del Círculo Polar Ártico.) Por otro lado, hallamos algunas de las mitologías más complejas en sociedades precientíficas que se han liberado lo suficiente de la dependencia de su entorno natural como para desarrollar una jerarquía entre la que se cuenta un sacerdocio intelectual privilegiado. (Podríamos citar como ejemplos la India, Grecia, China y el Japón de la antigüedad, los dogones, bambaras y yorubas del África occidental, los incas de Suramérica y los mayas y aztecas de Centroamérica, así como los pueblos celtas y germánicos de Europa septentrional.)

«El cuento popular» es producto de sociedades basadas en la agricultura y con un grado de complejidad a medio camino entre las comunidades de cazadores-recolectores y las sociedades divididas en clases. El contenido característico del cuento popular guarda relación con el conflicto y los problemas sociales, no con los temas cósmicos que tratan los mitos. (Hay que establecer una clara distinción entre los «cuentos populares», anónimos y de transmisión oral, y los «cuentos de hadas», creaciones literarias del romanticismo decimonónico.)

El cuento popular típico encierra un mensaje social: puede centrarse, por ejemplo, en el conflicto entre el empuje juvenil y la autoridad de los mayores, pero, en muchos casos, estos relatos también tienen «ecos» de las fases anteriores de la evolución social. En los cuentos populares eslavos (muchos de los cuales se remontan a una época en la que los rusohablantes aún no constituían un grupo étnico distinto, hace siete u ocho siglos, e incluso a antes de la aparición de los eslavos, en el siglo V), la presencia de la ogresa Baba Iaga refleja el culto a una diosa asociada con la muerte y los infiernos. De igual modo, los mitos sobre manzanas doradas, que también se encuentran en los cuentos eslavos, están relacionados con un culto solar desaparecido hace mucho tiempo y, posiblemente, con creencias aún más antiguas vinculadas a los viajes a los infiernos que emprende el chamán de la tribu. También pueden hallarse antiguas asociaciones con el chamanismo en la frecuente aparición en los cuentos de Rusia y de otros países europeos de la metamorfosis de seres humanos en animales y viceversa (como en el caso del licántropo).

Para simplificar, podríamos decir que los cuentos populares son mitos domesticados, historias construidas con elementos míticos que persiguen un doble objetivo: entretener y extraer una moraleja sobre la sociedad humana.

La creación de mitos

Una de las ventajas de los trabajos de campo que realizan actualmente antropólogos y folcloristas consiste en que ya no se consideran los mitos y cuentos populares equivalentes primitivos de los textos impresos, como ocurría en el siglo XIX. Por el contrario, gracias a las investigaciones sobre las múltiples sociedades rurales y tribales del mundo entero en las que los mitos siguen «vivos» se ha comprendido el carácter cambiante y dinámico de la narración oral. En cierto sentido, cada vez que se cuenta un mito o un cuento popular, se produce una nueva creación. El momento de la composición coincide con el momento en que se cuenta: un poema se compone durante la actuación, no para ella.

Lo anterior no equivale a decir que el poema, el cuento o el mito se creen por entero de la nada. Se extraen de un almacén de ideas e imágenes originadas en incontables actuaciones anteriores, que existen en la memoria del narrador, pero no sólo en la suya, sino en la de todos aquellos que lo escuchan y participan en la narración, ya que la producción del mito y el cuento popular en el transcurso de la narración no es sólo tarea de un individuo, sino de todo un grupo.

El «público» suele participar en la creación de relatos mediante preguntas y comentarios que estimulan la memoria y la imaginación del narrador, circunstancia que comprendí al participar en esta actividad con un grupo de fipas del suroeste de Tanzania, en África oriental.

Mito y leyenda

Pero, ¿qué se puede decir de la leyenda, otro concepto que en muchos casos se contrapone al de mito? Por lo general, los expertos coinciden en que una «leyenda» es, en principio, un relato literario basado en un acontecimiento o personaje supuestamente históricos que contienen elementos o temas de una narración mítica anterior transmitida por tradición oral. Los relatos legendarios se encuentran en el mundo entero, en las culturas con tradiciones literarias antiguas, como en China, Japón, India, Mesopotamia, Egipto, Grecia, Roma y la Britania celta. Como ejemplo de la tradición celta de Irlanda podríamos citar la epopeya nacional *Táin Bó Cualinge* (El asalto al ganado de Cooley), obra maestra de la literatura repleta de motivos míticos. Otro ejemplo del género, más famoso, es el ciclo de leyendas del estudioso inglés del siglo XII Geoffrey de Monmouth, basado en las hazañas de Arturo, jefe de los britanos en las guerras contra los invasores sajones. En las historias del rey Aturo y los caballeros de la Tabla Redonda hay múltiples alusiones a la mitología celta prehistórica, como las visitas de Arturo al reino de los muertos en busca de una caldera mágica (el Santo Grial), e incluso sugieren que el relato del rey y los caballeros podría remontarse a una época muy anterior a la aparición de los celtas en la historia. Se tiene constancia de narraciones similares en las tradiciones de Escitia (la actual Rumania) y en los relatos de las hazañas de Jimmu-tenno, primer emperador mítico de Japón *(véase p. 122)*.

Las tres categorías —mito, cuento popular y leyenda— se encuentran entremezcladas, como hemos visto: tanto el cuento popular como la leyenda pueden cimentarse en elementos míticos, o estar salpicados de éstos, y en el presente libro, si bien nos hemos centrado en el mito, hacemos incursiones en el cuento popular (sobre todo el de Europa central y oriental) y en la leyenda (especialmente la de Japón, Roma y las regiones celtas).

La atracción imperecedera del mito

Ahora podemos volver a la pregunta que se planteaba al principio de la Introducción: ¿cómo se explica la atracción que sigue ejerciendo el mito?

Un campo fértil para la creación de mitos es el tipo de sociedad de pequeña escala en la que las personas son más o menos iguales y en la que existe una especialización ocupacional o una estructura de clases escasa. Lo más cercano al especialista en estas sociedades viene representado por el chamán, el experto en explorar los mundos invisibles situados por encima y por debajo de los dominios humanos y en ofrecer a todos la sabiduría y el conocimiento que adquiere en tales lugares. En cierto sentido, la tarea del chamán se asemeja a la del científico moderno, pues se basa en la acumulación de experiencia que obtiene directamente mediante la experimentación, y también a la del sacerdote, que se ocupa de los dominios del espíritu. Pero el chamán posee asimismo una libertad creativa que no caracteriza ni al científico ni al sacerdote de nuestra sociedad, sino que más bien pertenece al artista. El mundo del mito tiene su origen en el arte científico y religioso del chamán, y su aspecto más destacado es el del juego.

Los cambios de forma (como los relatos de los inuit sobre hombres que se transforman en osos polares) ejemplifican este espíritu lúdico. A medida que las mitologías fueron configurando una casta de actores divinos con funciones especializadas, la transformación lúdica podía ser un rasgo caracteriológico general (como en el caso de los distintos miembros del panteón griego) o especializarse en el papel del embustero (el coyote o el cuervo entre los indios norteamericanos, Loki entre las divinidades nórdicas, Eshu o Elegba entre los pueblos del África occidental). En otros lugares de África, el embustero se ha domesticado y ha adquirido la forma de un personaje de cuento, la astuta liebre, figura que también aparece en el conejo Brer de la tradición oral de la América negra.

En mi opinión, el juego creativo constituye la esencia misma de la invención de mitos. Aunque éste cambia y se desarrolla sin cesar, nunca pierde el contacto con sus raíces, que se adentran en la experiencia del chamán tribal. Como esta experiencia se centra en las interconexiones entre todos los aspectos de la vida —visibles e invisibles, terrestres y celestes, humanos, animales, vegetales y minerales—, el mito sólo puede tener un carácter global, un alcance cósmico y, por consiguiente, registra y transmite el significado en el sentido más profundo. Pero tal significado, al provenir de una tradición humana mundial irrevocablemente igualitaria (no jerárquica y no autoritaria), juega con el oyente o el lector en lugar de imponerse. En esto radica, en mi opinión, el secreto de su atracción, universal e imperecedera.

GRANDES TEMAS
DE LA MITOLOGÍA

LA CREACIÓN

Los orígenes del mundo

LA INTENCIÓN DIVINA

Antes de que el universo cobrara vida ya existía en la mente de Amma (Dios), divinidad creadora suprema, según los dogones del África occidental. Este pueblo atribuye la aparición de todas las cosas a la voluntad divina, algo que también se desprende del mito hindú de Brahma, quien imagina el mundo en su meditación y cuyos pensamientos divinos adquieren forma material.

La idea de Dios como artista supremo aparece en todo el continente africano. Los tiv del norte de Nigeria, por ejemplo, conocidos por su artesanía en madera, conciben a Dios como el Carpintero, que «talló» el mundo según su propia visión de un lugar perfecto.

Otros mitos son menos explícitos, y de algunos parece desprenderse que el universo surgió por pura casualidad. En los mitos nórdicos de la creación cobró vida gracias a la mezcla fortuita de dos elementos opuestos, el fuego y el hielo, en el interior del gran abismo del caos denominado Ginnungagap.

El enigma de la existencia del mundo constituye un problema central en todas las mitologías. En algunos casos se describe el inicio de las cosas como un vacío absoluto o como una extensión ilimitada de agua, un yermo indiferenciado revestido de oscuridad, idea común a los relatos míticos de Oriente Medio, los khoisan del sur de África y numerosas tradiciones de Norteamérica y el sureste asiático; pero la imagen de la creación más repetida representa el universo primigenio en forma de huevo, en cuyo interior se encuentra la potencialidad de todas las cosas, protegida por la cáscara envolvente.

Por lo general, se produce una acción que desencadena un proceso de transformación y desarrollo. Según los dogones del África occidental, Amma, el dios creador, provocó una vibración que hizo estallar los confines del huevo cósmico y liberó a las divinidades opuestas del orden y el caos. Según los cheyenes norteamericanos, la humilde focha rescató con su pico un poco de barro de la infinita extensión de agua y el Todo Espíritu lo convirtió en tierra seca. En las islas del sureste asiático se cuenta una historia semejante sobre un ave servicial, la golondrina, que contribuyó a la formación de la tierra, y en la mitología egipcia, el acto primordial de la creación consistió en la aparición de un montículo de tierra que surgió de un abismo acuoso llamado Nun.

La dualidad

En todas las mitologías, el significado inicial de la creación es la aparición de la diferenciación y la pluralidad en lugar de la indiferenciación y la unidad. La primera etapa suele coincidir con la forma de distinción más elemental, es decir, la dualidad. En la mitología china, cuando el divino antepasado Pangu llevaba 18.000 años creciendo en el interior del huevo cósmico, éste eclosionó y se dividió en dos partes: la mitad iluminada formó el cielo y la oscura la tierra. Según el mito de la creación maorí, el mundo comenzó a existir cuando los dos seres creadores, Rangi, el cielo, elemento masculino, y Papa, la tierra, elemento femenino, se desasieron del abrazo que los inmovilizaba en el vacío y adoptaron posturas opuestas y complementarias en el cosmos. La misma idea aparece en las creencias del antiguo México: la creación comenzó cuando Ometecuhtli, señor autocreado

El tema del huevo cósmico primordial aparece ilustrado en esta pintura rupestre hallada en la isla de Pascua (Polinesia). La figura parece representar un «hombre-pájaro» con el huevo que contiene el mundo.

de la Dualidad, se dividió en sus dos aspectos, el masculino y el femenino, bajo la forma de Ometeotl y Omecihuatl, padres de los dioses. Encontramos una variante curiosa en el mito de la creación de los bambaras del África occidental, según el cual el huevo cósmico emitió una voz que originó su propio doble, del sexo opuesto, dando vida a los gemelos primordiales y divinos progenitores del mundo.

El tema de la dualidad primordial también aparece en algunas versiones del mito de la creación griego, en las que los primeros dioses que surgieron fueron Urano, el cielo, de carácter masculino, y Gea, la tierra, de carácter femenino.

La vida que surge de la muerte

En muchas tradiciones, la creación es posible gracias a la muerte como sacrificio. En la mitología china, el gigante Pangu da su vida para que pueda existir el mundo. Agotado por la tarea de separar el cielo y la tierra, Pangu se tiende a descansar y muere, y las diversas partes de su cuerpo se transforman en los múltiples rasgos de los cielos y del paisaje de la tierra.

Este relato se asemeja a un himno védico de la tradición india que narra el sacrificio de Purusha, un ser primordial. A continuación, las partes de su cuerpo se convierten en los múltiples componentes del universo, como dioses, hombres y animales. Según los habitantes del Sáhara, el mundo fue creado con los anillos de la serpiente cósmica Minia, primera creación de Dios, que fue inmolada, acontecimiento que se rememora en la región con sacrificios de animales aún en la actualidad. En la mitología asirio-babilónica existe un drama cósmico parecido: Marduk, rey celestial, mata a la serpiente Tiamat, principio femenino del caos, divide su gigantesco cuerpo y con una de las mitades construye la bóveda celeste y con la otra la tierra sólida. En la mitología noruega, los tres dioses creadores matan a Ymir, el gigante primordial, bisexual, y forman la tierra con su cuerpo, el mar con su sangre y el cielo con su cráneo.

Mundos cíclicos

En algunas mitologías, la lucha entre el orden creador y el caos destructor adopta la forma de un ciclo perpetuo de creación y destrucción mediante el cual cobran vida los mundos, perpetuamente destruidos y reconstruidos. En Norteamérica, la imaginación mítica de los hopis se refleja en una serie de mundos, el primero de los cuales fue destruido por el fuego, el segundo por el hielo, el tercero por el agua. En la actualidad vivimos en el cuarto mundo, que también tocará a su fin, dentro de poco. Este esquema se asemeja al de los aztecas de Centroamérica, en cuya mitología se habla de la creación y destrucción sucesivas de cinco mundos, provocadas por los conflictos entre los hijos divinos del señor de la Dualidad. Pero el más complicado de estos esquemas desde el punto de vista filosófico quizá sea el del hinduismo, según el cual, el gran Visnú, al descansar entre los anillos de Ananta, la serpiente cósmica, en las aguas del caos, hace surgir un loto de su ombligo del que sale el dios creador Brahma. De la meditación de Brahma nace el mundo, que existe durante un gigantesco período de tiempo hasta que acaba de volver al caos y disolverse, si bien surge un nuevo universo a partir de ese caos, exactamente de la misma manera. Cada una de las cuatro eras sucesivas dentro del ciclo del mundo es inferior a la anterior. En la mitología egipcia también se predice que el universo regresará al caos, tras lo cual comenzará un nuevo ciclo de creación.

En la tradición grecorromana no se encuentra ningún elemento sobre la destrucción del mundo, pero sí la descripción de cinco etapas sucesivas, cada una de ellas relacionadas con una raza humana distinta. El ciclo se inició con la Edad de Oro, en la que los seres humanos disfrutaban de eterna juventud y estaban libres del trabajo, y termina en la época actual, la Edad del Hierro, que concluirá con la autodestrucción de la humanidad. Parece posible que la tradición celta de las cinco invasiones sucesivas de Irlanda sea una versión del mito mediterráneo de las cinco edades.

ARQUITECTURA CÓSMICA

La estructura del universo

EL SOL Y LA LUNA

En todo el continente americano existe un mito según el cual el sol, femenino, y la luna, masculina, son hermanos y mantienen una relación incestuosa. Sus encuentros secretos tienen lugar de noche, cuando el sol se introduce silenciosamente en el lecho de su amante; pero, al no poder verlo en las tinieblas, le pinta manchas oscuras en las mejillas para reconocerlo más adelante. Según el mito, esto explica la palidez de la luna. En otros mitos norteamericanos, el sol es varón y procede de la cabeza cortada de un hombre, mientras que la luna, de carácter femenino, procede de la cabeza cortada de una mujer.

En África se cuenta que los cambios cíclicos de la forma de la luna se remontan a la época en la que ésta empezó a presumir de su belleza que, según ella, superaba a la del sol. Enfadado, Sol hizo añicos a Luna, que desde entonces lo teme y rara vez se atreve a mostrarse entera en el cielo.

En todas las mitologías, el mundo visible de la vida cotidiana forma parte de un conjunto mucho más amplio. En la mayoría de las tradiciones, los elementos normalmente invisibles del universo se identifican con un mundo superior, el cielo, en el que habitan seres igualmente superiores, dioses o antepasados divinos, y con un inframundo, habitado por los muertos y los espíritus subterráneos.

Esta imagen es común a las diversas tradiciones indoeuropeas, a los pueblos tribales de Asia, Oceanía y América, y a los habitantes del Círculo Polar Ártico. En muchos casos, el mundo inferior y el superior se representan como réplicas del mundo intermedio, en el que viven los seres humanos, cada uno de ellos con un cielo y una tierra. En muchas mitologías hay un eje o columna central que une los tres mundos que constituyen el cosmos. A veces, este eje adopta la forma de Árbol del Mundo, el más famoso de los cuales es Yggdrasil, de la tradición nórdica. Hemos de destacar asimismo los ejemplos de los ngaju dayak de Kalemantan (Borneo indonesio), los mayas de Centroamérica y los pueblos de la región del Sáhara. Aparece la misma idea en los mitos de la creación de los nativos del norte y el sur de América. En la Cábala, la tradición mística hebrea, existe un concepto semejante, el del Árbol de la Vida.

En versiones más complejas de este cosmos con el Árbol del Mundo se describen siete, ocho e incluso nueve niveles de mundos superiores e inferiores. En la tradición de la India ascienden a siete, y en todo el sureste asiático se encuentran diversas versiones de este modelo cósmico. Según una tradición nórdica, existen nueve mundos, situados uno sobre otro, entre los que se produce un constante tránsito.

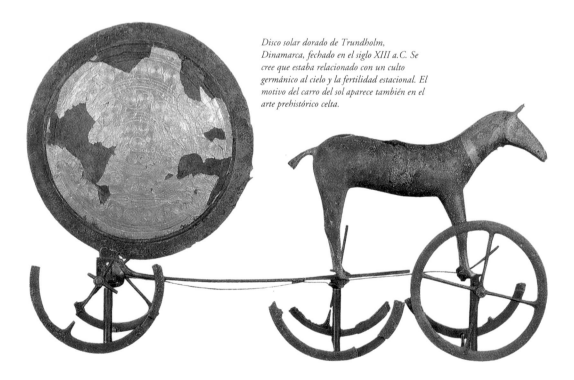

Disco solar dorado de Trundholm, Dinamarca, fechado en el siglo XIII a.C. Se cree que estaba relacionado con un culto germánico al cielo y la fertilidad estacional. El motivo del carro del sol aparece también en el arte prehistórico celta.

Los cuatro puntos cardinales y los cuatro elementos

El universo mítico tiene una estructura lateral y otra vertical. En las antiguas tradiciones del mundo entero se describen los cuatro cuartos que se corresponden con los puntos cardinales (este, oeste, norte y sur) como divisiones fundamentales del espacio horizontal. El *mandala* tibetano *(véase ilustración, derecha)* es una representación pictórica de la misma idea. A veces se añade otro punto —el centro, o «aquí»—, con lo que se obtienen cinco partes, como en China, la Irlanda celta y América del Norte y del Sur. En estas tradiciones se pensaba que el «centro» abarca las dos direcciones verticales, «arriba» y «abajo», con lo que el universo adquiere seis dimensiones espaciales.

En la mitología del Mediterráneo oriental y del norte y oeste de África, el universo estaba formado por cuatro sustancias elementales: aire, fuego, tierra y agua. En la mayoría de las tradiciones del Sáhara y del África occidental cada uno de los cuatro puntos cardinales se asocia con uno de estos elementos: el este con el fuego, el oeste con el agua, el sur con el aire y el norte con la tierra. En las tradiciones del Mediterráneo oriental, así como en las de los dogones de Mali, en África occidental, los elementos tienen una situación distinta, y el aire está vinculado al este y el fuego al sur. La teoría de los elementos también forma parte de la antigua cosmología china, en la que aparecen cinco (madera, fuego, tierra, metal y agua), cada uno de ellos asociados con uno de los cinco puntos («centro», norte, sur, este y oeste).

Los cuerpos celestes

Los cuerpos celestes suelen aparecer en la mitología como seres vivos, divinos, humanos o animales. En la mayoría de los casos, el sol se presenta como divinidad masculina, como en el culto del dios del sol del antiguo Egipto. Pero este astro también puede tener carácter femenino (la diosa Amaterasu, en Japón), y la luna masculino *(véase margen derecho)*. La luna tiene carácter masculino en los mitos del África meridional y se le considera esposo del planeta Venus. En otras regiones, el sol y la luna son cónyuges o, como ocurre en algunos mitos norteamericanos, hermano y hermana que mantienen una relación incestuosa.

También se personalizan algunas agrupaciones de estrellas. En el hemisferio meridional se considera la constelación de las Pléyades un grupo de hermanas cuya aparición en el cielo nocturno anuncia la llegada de las lluvias: así ocurre en los mitos de Suramérica, el sureste asiático y Australia. En el sur de África se piensa que la constelación de Orión es un cazador con su perro que persigue a un animal. Los griegos identificaban la Osa Mayor con la ninfa Calisto, a quien Zeus colocó en los cielos con la forma de este animal junto a su hijo Arcas, el «guardián de la osa». Los nativos norteamericanos conocen el Carro, una parte de esta constelación, como el oso celestial.

La casa como modelo cósmico

En muchas partes del mundo se construyen las casas siguiendo el trazado mitológico del universo. Tal es el caso de las culturas de los isleños del sureste asiático. En la casa típica de esta región, el lado izquierdo representa el infierno y el derecho el mundo superior o cielo. Para los ngaju dayak, quienes reconocen los cuatro «puntos cósmicos», el centro de la casa representa el Árbol de la Vida, el eje vertical que une los tres mundos. Entre los habitantes de las selvas amazónicas, las casas también se construyen según un modelo cósmico, y lo mismo podría decirse de las tiendas redondas y los postes centrales de las tribus nómadas de Siberia.

Los dogones de Mali construyen sus casas a modo de representación del dios creador Nommo en forma humana, pero las aldeas son cuadradas, y entonces representan la tierra y los cuatro puntos cardinales, u ovales, en cuyo caso figuran el cielo y el huevo cósmico. Ambas versiones van siempre emparejadas, como símbolo de la divina hermandad de cielo y tierra.

En el budismo tántrico (erradicado de su país de origen, la India, en el siglo XII por los invasores musulmanes, si bien se mantuvo en el Tíbet) el mandala, *diagrama cósmico, como foco para la meditación y representa un palacio de los dioses. «Pacífico» o «colérico», el palacio está compuesto por la luz radiante de cinco colores, o por calaveras de cuyos orificios salen humo negro y un hedor y unas chispas terribles. En el interior de los cuatro patios del* mandala *se ejecutan los ritos de la pacificación (blanco, al este), el enriquecimiento (amarillo, al sur), el control (rojo, al oeste) y la destrucción (verde, al norte). En el centro, azul como el espacio más profundo, se alcanzan los ritos supremos de la iluminación.*

MITOS DE LA HUMANIDAD
Causas de vida y muerte

DIOS EL ALFARERO
En numerosos mitos africanos de la creación aparece la imagen de la alfarería. Como creen que Dios da forma a los niños en el útero materno, las mujeres ruandesas en edad fértil siempre dejan agua preparada antes de acostarse para que Dios pueda formar con ella la arcilla con la que hace a los seres humanos. Según los dinkas del sur de Sudán, Dios modeló a las personas con barro, al igual que éstas modelan vasijas y juguetes. En el sureste asiático existe un mito de la creación según el cual Dios hizo a los primeros humanos con tierra y les dio vida soplando en las fontanelas del cráneo.

Resulta sorprendente que numerosas mitologías ofrezcan tan pocas explicaciones sobre la creación de los seres humanos. La tradición hebrea representada en el libro del Génesis bíblico se limita a decir que Dios «creó al hombre a Su imagen y semejanza». Según un mito griego, el primer hombre fue creado con arcilla y la primera mujer con tierra. En líneas generales, el relato sobre la creación cósmica es más complejo que el de los orígenes de la humanidad.

En Norteamérica, un mito hopi cuenta que los primeros seres humanos fueron modelados con tierra por la Mujer Araña, divinidad creadora. En África, la mayoría de los mitos dice que el creador hizo a los seres humanos en otro lugar desde el que después se los trajo al mundo. Según ciertos relatos, caen de los cielos en el comienzo de los tiempos, mientras que los hereros del África suroccidental creen que las primeras personas salieron de un «árbol de la vida» situado en el infierno. Otro motivo extendido por África es un dios que crea una vasija de la que después emergen los seres humanos. En la versión de los azandes, los hombres se encontraban al principio en una canoa sellada, junto al sol, la luna, las estrellas, la noche y el frío, y cuando el sol derritió el sello, salió la humanidad.

Los orígenes de la desgracia

Tanto si el mundo cobró vida por casualidad como por voluntad divina, una vez creado se lo considera sujeto a cambios arbitrarios en todas las mitologías. La causa de acontecimientos impredecibles se atribuye en muchos casos al capricho de unas deidades motivadas por emociones en apariencia tan humanas como el deseo sexual, la cólera o los celos. En la mitología egipcia, el violento dios Set creó la destrucción en la tierra al matar a su hermano Osiris, de cuya fama estaba celoso. El odio de la diosa griega Eris («disensión»), ofendida porque Zeus no la había invitado a la boda de Tetis, ninfa del mar, con un mortal, Peleo, desencadenó de forma indirecta la guerra de Troya, contienda en la que una complicada serie de acontecimientos cuyos principales protagonistas son seres divinos movidos por motivos bajos provocan grandes sufrimientos y pérdida de vidas.

La mitología griega nos transmite un mensaje similar en el relato de la aparición del mal en el mundo, bajo la forma de enfermedad y muerte, que también se consideran resultado de una larga lucha entre seres sobrenaturales (Zeus y Prometeo en este caso). El mito explica asimismo la creación de la primera mujer, Pandora, que le sirvió a Zeus para igualar a Prometeo. Enviada con una vasija sellada (o «caja») al hermano de Prometeo, Epimeteo, que la presenta a la sociedad humana, Pandora abre la vasija fatal aguijoneada por la curiosidad y recaen sobre el mundo todos los males que contiene, las enfermedades entre ellos, y sólo queda dentro la esperanza. En este mito, Prometeo se muestra como promotor de la civilización humana.

Incesto y muerte

La aparición de los males por obra y gracia de Pandora se refleja en muchas otras tradiciones mitológicas. En la de Polinesia, por ejemplo, se relaciona el origen de la muerte con la creación de la primera mujer. Según una versión maorí, Tane, dios de las selvas y los árboles, formó a la primera mujer con arena de la isla de Hawaiki. Ella le dio una hija llamada Hine-titama o Doncella del Alba, y el dios se casó también con ella, pero la Doncella del Alba no sabía que Tane fuera su

La idea de la primera mujer como derivado físico del primer hombre aparece en el relato bíblico de la creación de Eva con una costilla de Adán (aquí vemos una ilustración medieval del tema). Entre los múltiples paralelismos se cuenta un mito del África central en el que la primera mujer surge de la rodilla izquierda del primer hombre.

padre, y al descubrirlo, huyó a los infiernos. Tane la persiguió, pero la muchacha le dijo que «había cortado el cordón del mundo» y que a partir de entonces permanecería en los infiernos y empujaría a los hijos humanos de Tane al reino de la oscuridad. Así se originaron la muerte y la prohibición del incesto.

Según un mito de los chochones de Norteamérica, la muerte surgió a causa de una discusión entre Lobo, la divinidad creadora, y Coyote, el embustero. Cuando Lobo dice que cualquiera que muera puede volver a la vida si se le dispara una flecha por debajo, Coyote responde que si todos vivieran, al cabo de poco tiempo no habría suficiente espacio en la tierra. Lobo replica proponiéndole a Coyote que su hijo sea el primero en morir, y Coyote, atrapado en su propia lógica, reconoce que la pérdida de la vida es irreversible.

Un mito inuit (esquimal) refleja la necesidad ecológica de la muerte (cuyo origen se asocia también en este caso con una mujer). Según el relato, durante mucho tiempo no existió la muerte y las personas rejuvenecían periódicamente; pero la población aumentó hasta tal punto que la tierra corría el riesgo de volcarse y arrojar a todos al mar. Al ver el peligro, una anciana pronunció unas palabras mágicas para conjurar la muerte y la guerra, el mundo se aligeró y así se evitó una catástrofe universal.

Causas de la enfermedad

Según la filosofía médica de los yorubas de Nigeria, que trajo a la tierra el dios Ifa, toda persona lleva en su cuerpo los agentes que producen la enfermedad. Estos agentes son «gusanos» de diversas clases, y unas «bolsas» situadas en varias partes del cuerpo contienen cierta cantidad de cada clase. Su existencia es necesaria para la salud, y la enfermedad sobreviene únicamente cuando los «gusanos» se multiplican en exceso y estallan las «bolsas». Para evitarlo, hay que observar moderación en la comida, la bebida y el sexo. En el otro extremo de África, en el sur del Sudán, los mandaris atribuyen las enfermedades a la invasión del cuerpo del paciente por los espíritus o al hechizo de un enemigo. La enfermedad causada por un espíritu del cielo se manifiesta en dolor de cabeza o en la parte superior del cuerpo. La curación se obtiene con un sacrificio ritual destinado a convencer a los espíritus de que se marchen. En el chamanismo de las regiones árticas, Norteamérica y otros lugares, dominan unas ideas semejantes sobre la invasión de espíritus como causa de las enfermedades.

REMISIONES
Orígenes de la humanidad: pp. 38, 40, 62, 74, 91, 104, 130-131, 195, 223, 229, 248-249, 254, 262-263, 267, 271, 280-281, 302-303, 305.
Orígenes de la mujer: 223, 254, 262, 271.
Mitos de la sexualidad: 133-135, 139, 143, 162-163, 173, 249, 263, 269, 271, 281, 290, 293, 294-295.
Alimentos y agricultura: 62, 201, 225, 233, 244-245, 263, 277, 293, 297, 305, 307.
Orígenes del fuego: 131, 223, 225, 262-263, 297, 304.
Orígenes de la desgracia: 81, 130, 299.
Orígenes de la muerte: 224, 269, 273, 282-283, 290, 294, 297, 299.

SERES SOBRENATURALES

Dios, espíritus y demonios

Los seres malignos de la mitología y del folclore son proyecciones de los temores más profundos de la humanidad. La variedad de formas, amplísima, abarca seres semihumanos y no humanos, dragones y monstruos, gigantes y gigantas, demonios y enanos que militan contra los dioses en una perpetua lucha cósmica, y figuras especializadas como los *oni* japoneses, que sirven a los dioses del infierno. En la mitología occidental, los seres espirituales suelen tener carácter positivo o negativo, pero en otras culturas predominan los seres ambivalentes o neutros. En el islam, por ejemplo, los *djinni* (genios) pueden ser benévolos o malévolos, y fueron creados 2.000 años antes que Adán, el primer hombre.

En todas las mitologías, los principales actores del drama de la creación cósmica comienzan como espíritus tan importantes o tan terribles, o ambas cosas, que sólo se los puede describir como generalidades. Los nativos norteamericanos hablan del Todo Espíritu o Gran Misterio (por ejemplo, Wakan Tanka, divinidad suprema de los lakotas). La deidad creadora hindú es Brahma, cuyo nombre significa el Absoluto. Según el mito del dios creador de los dogones, Amma significa El Que Sujeta. Dios es una palabra de etimología incierta, pero probablemente deriva de un término equivalente a El Dorado.

Destructor y conservador

En muchos relatos sobre la creación, el ser supremo abstracto e inmaterial tiene un homólogo material y animado en forma de serpiente gigantesca. Este ser sobrenatural, asociado con el agua, el arco iris o con ambos en mitos de la creación tan dispares como los de Australia, India, sureste asiático, Mesopotamia, Egipto, África, Escandinavia y América simboliza un caos primordial que es asimismo origen de toda energía y forma material. La serpiente cósmica puede considerarse fuente de la vida creada (como en Asia, Australia y África) o conservadora de la creación (según los fon del África occidental, la serpiente cósmica tiene la eterna tarea de mantener unido el mundo), pero también puede ser la destructora de la creación, como sucede en la mitología nórdica y del sureste asiático.

Seres compuestos

Tras la enorme serpiente, el siguiente actor que aparece en el escenario mitológico es en muchos casos otro ser gigantesco, si bien con características humanas reconocibles. Tenemos como ejemplo al dios creador chino, Pangu, quien adquirió proporciones tan descomunales que podía cubrir la distancia entre la tierra y el cielo. Otros miembros del primitivo panteón chino se presentan en parte humanos y en parte animales, como Fuxi y Nugua, a quienes puede representarse con cuerpo mitad serpiente y mitad humano.

También se repite en las mitologías de la creación el tema de unos seres humanoides en los que se combinan características masculinas y femeninas: a Atón, divinidad creadora egipcia, se le representa como andrógino; en el relato órfico (perteneciente a la mitología griega) de la creación, Fanes, el primer ser, tiene carácter bisexual, y según el nórdico, el gigante primigenio Ymir, hombre y mujer, nació de la unión del hielo y el fuego en el inicio de los tiempos.

La especialización divina

A medida que el mundo adquiere forma gracias a la actividad divina, los seres que encarnan las fuerzas espirituales tienden a perder sus características monstruosas y, aunque mantienen una posición y unos poderes sobrenaturales, entran en las categorías más familiares de animal y humano, masculino y femenino.

En la mitología griega, tras los primeros cataclismos cósmicos y la derrota de los titanes, los dioses y diosas olímpicos llevan una vida no demasiado alejada de la de los seres humanos. Al igual que los aristócratas de las sociedades civilizadas, adoptan funciones tan especializadas como las de protectores de las artes y los oficios, del amor y de la guerra. La atribución de funciones sociales a las divinidades cobra aún mayor relieve en la mitología romana, en gran medida una versión racionalizada de la griega.

En la nórdica, tras la muerte del gigante andrógino Ymir comienza una época en la que aparecen los dioses de la guerra, la música y las artes y las diosas de la

Lilith, deidad demoníaca femenina del folclore hebraico, deriva de un ser mesopotámico del mismo nombre. También se cuenta que tuvo descendencia demoníaca con Adán.

fertilidad. En la religión maya, Itzamna, suprema deidad creadora, era el protector de la escritura y el aprendizaje, e Ix Chel o Señora del Arco Iris, la protectora divina de la medicina, la hilandería y los partos. Estas divinidades con diversas funciones se encuentran en culturas muy distintas.

En algunas de ellas la especialización divina es más una cuestión de lugar que de función. Los espíritus propios de un sitio concreto desempeñaban un papel importante en la vida de la comunidad. En el antiguo Japón, toda región, aldea y casa tenía su espíritu permanente, dotado de unos poderes que había que respetar. También se asociaban a los espíritus los rasgos naturales insólitos, como rocas grandes de formas extrañas, árboles viejos o arroyos, algo que puede aplicarse asimismo a gran parte de África, Oceanía y Australia y al Tíbet y la Mongolia prebudistas.

Existe una clara relación entre un elevado número de dioses y sobre todo de diosas y la fertilidad, desde la madre tierra de características generales hasta complejas figuras como la de Tlaloc y sus equivalentes femeninos de Mesoamérica.

Señores de los cuatro cuartos y de los tres reinos

Unos seres sobrenaturales concretos también se ocupaban de las diferentes regiones del cosmos. En China se representaba a Fuxi, divinidad creadora, con cuatro caras, cada una de las cuales vigilaba uno de los cuatro puntos cósmicos (norte, sur, este y oeste). En la Centroamérica precolombina, cada uno de los cuatro cuartos del universo tenía su propio señor espiritual: el este, el Tezcatlipoca rojo (también llamado Xipe Totec, el dios desollado), el sur su homólogo azul, el oeste el señor blanco (o Quetzalcóatl, la Serpiente Emplumada) y el norte el Tezcatlipoca negro (Señor del Cielo Nocturno). Existe un paralelismo en la tradición hebraica, en la que se asocia el este con el arcángel Rafael, el oeste con Gabriel, el sur con Miguel y el norte con Uriel.

La división tripartita del cosmos en regiones superior, media e inferior requería asimismo unas divinidades concretas que se responsabilizaran de ellas. En la mitología egipcia, Osiris se encargaba del infierno, Geb de la tierra y la diosa Nut del cielo. En la griega, Hades equivalía a Osiris; Pan, provisto de cuernos y pezuñas, gobernaba el reino terrestre de la naturaleza silvestre, y Zeus era rey del cielo, que se asociaba con la cima del monte Olimpo.

Rama, séptimo avatar del dios Visnú en la mitología hindú, en una ilustración de la epopeya en la que aparece como héroe, el Ramayana *(véase p. 77). La imagen ofrece múltiples episodios en un solo escenario: Rama aparece alimentando una hoguera (a la izquierda de la choza) y con su hermano Lakshmana (derecha) sentado frente a Sita, su esposa. Un avatar (el que desciende) es una encarnación de una divinidad en forma humana o animal destinada a combatir un mal concreto del mundo. La idea cristiana de Cristo como encarnación de Dios difiere de la del avatar por tratarse aquélla de una intervención única en la historia terrenal, no de una etapa de un ciclo del mundo.*

REMISIONES
Panteones: pp. 40-41, 70, 168-171, 178, 248-249, 256-257, 294.
El nacimiento de los dioses: 38-39, 64, 112-114, 128-129.
La muerte de los dioses: 42, 61, 79, 195, 197, 296.
Diosas madre: 50, 171, 186, 192.
Deidades de la fertilidad: 58, 64-65, 67, 73, 142, 206, 244-245, 307.
Enfrentamientos entre dioses: 44-45, 66, 81, 84, 91-92, 129, 294.
Espíritus: 108, 201, 209-213, 216-218, 226, 252-253, 260-261, 285, 286.
Demonios y monstruos: 82-83, 121, 157, 160-161, 164, 209, 212-213, 306.

CATÁSTROFES CÓSMICAS

El fin del mundo

CICLOS DE DESTRUCCIÓN

Quizá sea en Mesoamérica donde adquiere mayor relieve el motivo de la catástrofe planetaria. Según las tradiciones aztecas, el prolongado enfrentamiento entre las deidades asociadas con cada uno de los cuatro cuartos del universo conlleva una serie de cataclismos. La primera era concluyó cuando los jaguares devoraron el mundo, la segunda con un terrible huracán, la tercera con un incendio y la cuarta con un diluvio. En la actualidad nos encontramos en el quinto mundo, que será devastado por terremotos.

Según la versión de este mito que cuentan los hopis, el primer mundo fue destruido, en castigo a las ofensas de la humanidad, por un fuego devastador que vino desde arriba y desde abajo. El segundo mundo acabó cuando el globo terrestre se desvió de su eje y todo quedó cubierto por el hielo. El tercero finalizó con un diluvio universal. El mundo actual es el cuarto, y su destino depende de que sus habitantes actúen en concordancia o discordancia con los planes del creador.

En algunos mitos, la catástrofe universal se considera un castigo que infligen merecidamente los dioses por la estupidez o la maldad de la humanidad. El relato hebraico de Noé y el Arca es una versión muy conocida de esta idea: Noé y su mujer, junto con los animales que salvan, son los únicos supervivientes del gran diluvio que provoca Dios en castigo por los pecados del mundo. Esta historia refleja un relato asirio-babilónico (del que probablemente deriva) sobre un desastre cósmico en el que Utnapishtim ocupa el papel de Noé y tras su aventura se hace inmortal. En la mitología griega, Zeus envía una gran inundación para castigar a la humanidad por las fechorías del titán Prometeo, cuyo hijo, Deucalión, construye un arca y sobrevive junto a su mujer, Pirra, para restablecer la raza humana.

En la mitología india encontramos un reflejo del tema del «arca» de Oriente Medio. Manu, el primer hombre, se gana la gratitud de un pez pequeño al que salva de que se lo coman otros peces mayores. Cuando el animal alcanza un tamaño gigantesco, previene a Manu del advenimiento de una catástrofe cósmica y le da instrucciones para construir un barco y llenarlo con «la semilla de todas las cosas». Por último, remolca la embarcación, que no sufre ningún daño.

En algunos relatos sobre el diluvio, el mundo que surge del desastre es mejor que el anterior. En la cultura andina, por ejemplo, el dios Sol, tras provocar una inundación que devasta la tierra, envía a su hijo Manco Cápac y a su hija, Mama Ocllo, a enseñar las artes de la civilización a los supervivientes.

La versión sobre el mismo tema que cuentan los yao, del sur de China, se centra en un hombre que atrapa al dios Trueno, responsable de una inundación de la tierra. El prisionero escapa con la ayuda de los hijos de aquel hombre, un chico y una chica, a quienes recompensa con un diente que al crecer se convierte en una enorme calabaza. Cuando el dios recobra la libertad, se produce de nuevo una inundación que anega por completo la tierra. El hombre asciende flotando hasta el cielo en un barco especialmente construido y convence al Señor de los Cielos de que ordene al dios Trueno que detenga el diluvio, cosa que ocurre de un modo tan repentino que el hombre muere cuando la embarcación golpea el suelo, mientras que sus dos hijos se salvan en el interior de la calabaza y son los únicos supervivientes de la catástrofe. Se casan y la muchacha da a luz una «bola de carne». La cortan en pedazos y suben por la escalera que llega hasta el cielo. Después, un soplo de viento transporta los trozos de carne hasta los cuatro rincones de la tierra, donde se transforman en personas que repueblan el planeta.

El interés de este relato para la mitología comparativa reside en que recoge algunos de los temas sobre la creación más extendidos por el mundo entero: la masa de agua ilimitada, por ejemplo, es una de las imágenes sobre un mundo venidero que más se repiten. La gigantesca calabaza nos recuerda el motivo del huevo cósmico, y el hermano y la hermana el de los padres primigenios. El árbol que los reúne trae ecos del *axis mundi* o Árbol de la Vida que vincula los tres mundos en numerosas mitologías. Por último, la división de la «bola de carne» (que nos lleva una vez más a la imagen del «huevo cósmico») refleja el sacrificio primigenio que señala en muchas culturas la creación de un mundo reconocible.

Los chewong de las selvas tropicales malayas, que como otros pueblos del sureste asiático suscriben la idea de un universo de múltiples niveles, creen que cada cierto tiempo, su propio mundo, que ellos denominan la Tierra Siete, se vuelve del revés, de modo que todo lo que habita sobre él queda destruido o se ahoga, pero gracias a la mediación del dios creador Tohan, la nueva superficie llana de lo que anteriormente constituía la cara inferior de la Tierra Siete se trans-

forma en montañas, valles y llanuras. Se plantan árboles y cobran vida otros seres humanos, nuevos.

El volcado del mundo no es el único desastre cósmico que se relata entre los chewong: también pueden producirse diluvios cuando alguien comete el pecado capital de reírse de los animales. Esta fechoría molesta a la Serpiente Original que mora bajo el mundo humano y que cuando se mueve, colérica, hace que las aguas primigenias aneguen al pecador.

El castigo de las transgresiones sexuales

En el norte de Australia existe un mito aborigen en el que se describe el diluvio que sobreviene a consecuencia del error de dos jóvenes hermanas que mantienen relaciones sexuales con dos hombres pertenecientes al mismo *moiety* (clan) que ellas. Yulunggul, un ser mitad serpiente pitón y mitad hombre, se traga a las dos muchachas y provoca un diluvio que cubre la tierra. Cuando desciende el nivel de las aguas, vomita a las hermanas y a los dos hijos nacidos de su unión ilícita. El lugar en el que se detiene se convierte en la zona de iniciación masculina, en la que los jóvenes aprenden a distinguir entre las mujeres con las que pueden aparearse y casarse y las que les están vedadas.

El tema de la unión sexual prohibida se encuentra vinculado asimismo con el cataclismo cósmico en un mito de los kubas del África central, según el cual Woot, fundador de la tribu, mantiene relaciones incestuosas con su hermana, Mucel, y a continuación le abandona, tras lo cual una oscuridad infinita cubre la tierra. Mucel envía unos emisarios en forma de aves a su hermano, quien acaba por regresar y establece un orden social en el que los hombres intercambian a sus hermanas en matrimonio siguiendo ciertas normas, y el sol vuelve a salir. (El motivo de la desaparición del sol también se encuentra en un mito japonés sobre la lucha entre dos divinidades, Susano, dios de la tormenta, y Amaterasu, diosa del sol.)

Ilustración de la biblia de Nuremberg, de 1483, que representa a Noé, su familia y los animales en el arca que los salvó del diluvio universal. Este relato se ha vinculado a la situación de Babilonia entre dos poderosos ríos, el Tigris y el Éufrates, ambos sometidos a inundaciones catastróficas que anegaban una extensa región.

HÉROES Y EMBUSTEROS

Los agentes del cambio

EL TEMA DEL INGENIO

Luchar mediante el engaño es un tema común en el embustero. En un relato de Oceanía, una muchacha unta con aceite de coco el tronco de un banano para impedir que un ogro suba por él para atraparla, pero éste la apresa imitando la voz de la hermana y se la traga. La hermana se coloca dos conchas de molusco debajo de la lengua y cada vez que el ogro le habla repite sus palabras una por una, burlonamente. Furioso, el ogro se la traga a ella también, lo que pretendía la muchacha. Las dos hermanas le cortan el vientre con las conchas y escapan.

Talla maorí que representa a Kupe, héroe cultural a quien se atribuye el descubrimiento de Nueva Zelanda en la mitología maorí.

En las tradiciones mitológicas de todas las culturas aparecen figuras heroicas que realizan hazañas extraordinarias cuando empieza a cimentarse la sociedad humana. Por lo general, pero no invariablemente, estos «héroes culturales» son varones, poseen dones sobrenaturales y pueden llegar a la categoría de dioses. El héroe cultural de la mitología griega, por ejemplo, es el titán Prometeo, que robó el fuego de los cielos para favorecer a la humanidad y fue cruelmente castigado por Zeus por su delito. Un típico relato de Oceanía habla de un héroe primordial llamado Sida, Sido, Sosom o Souw, que recorrió las comunidades de papúes de Nueva Guinea enseñándoles a hablar, llenó los mares de peces y les dio vegetales para que los cultivaran. Existe una relación entre el héroe cultural y una figura extendida por el mundo entero, la del embustero, que puede ser creativa (otra forma de héroe) o subversiva. Maliciosos, astutos y con sentido del humor, en muchos casos los embusteros poseen el don de pasar de animal a persona y viceversa.

Otro tipo importante de héroe es el que representa con forma humana Odiseo, cuyos periplos y encuentros con seres naturales empeñados en destruirlo se convirtieron en modelo de empuje, valor y resistencia viriles en un mundo hostil. En muchos relatos, el héroe protagonista recibe la ayuda de un poderoso protector: Perseo cuenta con Atenea, Teseo con Posidón. Las figuras heroicas asociadas con la fundación o la historia de una tribu o un estado han servido en numerosas ocasiones para fortalecer el sentimiento de identidad colectiva, y entre ellas destacan Eneas, Beowulf, Cuchulainn y Finn.

El robo del fuego

Existe un mito en las sociedades tribales de las selvas amazónicas que cuenta que los primeros seres humanos no conocían el fuego y comían carne cruda. Un día, un joven queda atrapado en un árbol en medio de la selva y lo rescata un jaguar, que lo lleva a su guarida, donde el muchacho huele y come carne cocinada y ve fuego por primera vez en su vida. Roba un tizón de la hoguera y así introduce el fuego y los alimentos cocinados en la sociedad humana. El tema del fuego robado como acontecimiento fundamental en el desarrollo de la sociedad se encuentra en numerosas mitologías.

En las islas Gilbert, en el Pacífico occidental, el origen del fuego es el mismo sol: el héroe cultural Bue consigue atraparlo y lleva el fuego a los humanos. En otras regiones de Oceanía se atribuye a Maui el robo del fuego, que poseía la humanidad, para dárselo a su guardiana en los infiernos, la hechicera Mahui-ike.

Embusteros maléficos y benéficos

En las mitologías de Norteamérica, los héroes culturales suelen representarse como animales, al igual que las deidades creadoras. Según un relato de los indios cherokis, varias aves y serpientes intentan en vano obtener el fuego que los dioses ocultan en un sicomoro hueco en una isla, hasta que la Araña del Agua, figura femenina, logra coger un tizón de la hoguera y dárselo a la humanidad. En otro relato de los lakotas aparece una misteriosa heroína cultural que transmite a los humanos el complejo simbolismo de la pipa sagrada; después se transforma en búfalo negro y desaparece para siempre.

En la costa norteamericana del Pacífico se considera al cuervo descubridor del fuego. Este animal es, además, el embustero que vence a los enemigos de la humanidad, papel que en otras regiones del continente desempeñan el coyote, la liebre y la araña, y entre los indios planos una figura llamada el Anciano o el Anciano

Coyote. Estos embusteros cósmicos cumplen una importante tarea: afirmar la libertad del espíritu humano. Luchan por el derecho de la humanidad a asumir el papel, semejante al de los dioses, de rehacer el mundo, aunque la tentativa conlleve una tendencia a errores ridículos y en ocasiones catastróficos.

El potencial ambiguo del embustero se pone de manifiesto en numerosos mitos de Oceanía. Maui, por ejemplo, fracasa al intentar penetrar en la diosa dormida de los infiernos para dominar la muerte: el ave que acompaña a Maui en su empresa estalla en carcajadas ante la cómica situación y despierta a la diosa, que mata al intruso.

A diferencia de estos transformistas y bromistas cósmicos, los embusteros animales personalizados del folclore africano (la liebre, la araña y la tortuga, por ejemplo) hacen alarde en muchos casos de sus facultades de inventiva, por lo general con éxito, con el fin de molestar y confundir a los ricos y poderosos de sus sociedades imaginarias y subvertir el orden social, no el cósmico.

En África, la tarea de subversión suele recaer sobre el dios embustero más conocido, Eshu o Elegba, equivalente del Loki de la mitología noruega y de Kitsune, el que cambia de forma, en la japonesa. Eshu es un bromista al que le encanta frustar la voluntad de dioses y humanos. En el panteón griego este tipo está representado por Hermes, tramposo, mentiroso y ladrón quien, al igual que Eshu, es también emisario de los dioses.

Bhima lucha contra el raksha *(demonio)*
Alambusha en un episodio del
Mahabharata, *la gran epopeya india.*
Bhima es el hombre fuerte entre los
hermanos Pandava, y se le conoce como «hijo
del viento».

ANIMALES Y PLANTAS

Energía, transformación y parentesco

En las mitologías del mundo entero aparecen seres de dimensiones cósmicas. Por lo general, ciertas aves simbolizan el mundo superior de los espíritus, mientras que unas serpientes enormes representan la energía caótica que contiene el infierno. En Norteamérica, el terrible Pájaro-Trueno que, según se cuenta en el noroeste, posee un tamaño suficiente como para capturar ballenas, entabla continuas batallas con las serpientes que habitan en las aguas por el dominio de la tierra. También en Norteamérica está muy extendida la idea de una tortuga gigantesca que lleva el mundo a sus espaldas, es la imagen del universo tripartito: la concha superior representa el cielo, la inferior el infierno y el cuerpo el terreno intermedio de la tierra. Se observa esta misma imagen, a veces en forma de tortuga, en el sureste asiático y China.

Un motivo muy semejante al del Pájaro-Trueno en lucha contra las serpientes de las aguas impregna la mitología del sur de África. En este caso, el fabuloso Pájaro-Relámpago es dueño y señor del cielo, papel que desempeña en el inframundo acuoso la serpiente cósmica, conocida en el África central y en Australia como la Serpiente del Arco Iris. Una escultura de piedra que representa una poderosa ave de presa con una serpiente enroscada a sus pies preside la ciudadela del Gran Zimbabwe, motivo que encontramos asimismo en el arte de los yorubas del África occidental. También presenta otro ejemplo la mitología del antiguo Egipto, en la constante batalla del sol contra Apep, la serpiente del caos, en el transcurso del viaje nocturno del astro.

Los seres arbóreos

El reino vegetal proporciona a la mitología una imagen muy extendida, la del Árbol de la Vida o Árbol del Mundo, cuyas raíces descienden hasta el inframundo y cuyas ramas ascienden hasta los cielos. El epítome de tal idea está representado por el Fresno del Mundo, conocido también como Yggdrasil, de la tradición noruega, símbolo en el que encontramos la idea del ave y la serpiente enfrentados

En la mitología griega, Pegaso, el caballo alado, surgió de la sangre de Medusa cuando la decapitó Perseo. Otro héroe, Belerofonte, apresó a Pegaso e intentó montarlo en el cielo, pero Pegaso lo tiró y acabó como constelación. En la antigüedad, el vuelo de Pegaso se consideraba una imagen del alma inmortal.

de las mitologías de Norteamérica y África, pues tiene un águila en las ramas más altas y una serpiente que muerde las raíces. Una ardilla sube y baja por el enorme tronco, portando mensajes entre los animales simbólicos de las regiones superiores e inferiores del universo. Entre los ngaju dayak de Borneo, en el sureste asiático, existe una imagen similar, el Árbol de la Vida con un bucero que anida en las ramas de arriba y una culebra de agua enroscada abajo.

Parentesco animal y humano

Muchas creencias afirman explícitamente el parentesco entre los seres humanos y otras formas de vida. Las tradiciones nativas de Norteamérica conceden a los animales un estatus igual al de los humanos en calidad de hijos del cielo paterno y la tierra materna. En ellas se considera que, en la antigüedad, personas y animales no se distinguían espiritualmente y podían intercambiar formas, y que los antepasados de las tribus de la costa noroccidental de Norteamérica eran animales que, tras haber desembarcado en las playas, se transformaron en seres humanos. También en África se encuentra esta idea de los animales como precursores y creadores de los seres humanos. Según las tradiciones khoisanas, el primer ser vivo sobre la tierra fue la mantis religiosa, creadora de las primeras razas, incluida la humana. En un mito egipcio se describe la creación del mundo gracias al grito de una garza, una de las manifestaciones del dios creador del sol.

En Mesoamérica se cuenta que todo ser humano participa en una existencia mística con un «doble» animal o *nahual,* idea que se encuentra asimismo en ciertas regiones del África occidental. En Suramérica, familias o clanes enteros comparten una identidad mística con determinadas especies animales.

En las tradiciones de los inuit del Círculo Polar Ártico, al igual que en las de los nativos norteamericanos, se describe una época de la antigüedad en la que todos los animales y seres humanos vivían en la misma comunidad, hablaban el mismo lenguaje, cambiaban de aspecto con frecuencia y se casaban entre sí. Se dice que el oso polar era el animal más próximo a los seres humanos, si bien podía reconocerse bajo su forma humana por los caninos, de extraordinario tamaño, y por su insaciable apetito de grasa.

Transformaciones

La metamorfosis, tema de la obra poética del escritor latino Ovidio, ha ejercido una fascinación universal que ha pasado a todos los aspectos de la cultura popular de nuestros días. Entre los numerosos mitos del sureste asiático en los que aparecen seres humanos que se transforman en animales y plantas destaca el de los habitantes de las selvas de Malasia, según el cual, el dios creador resolvió el problema de la superpoblación convirtiendo a la mitad de las personas en árboles.

El hombre-lobo, que aparece en el folclore de numerosos pueblos de Europa y de otros lugares, continúa en la imaginación de las sociedades occidentales modernas. Este personaje tiene un paralelismo en una tradición muy extendida por África, según la cual algunos hombres y mujeres poseían la habilidad de transformarse en animales depredadores, como leones, leopardos o hienas, y en el centro y el sur de América se atribuye un poder similar a los chamanes tribales, capaces de transformarse en jaguares según numerosos mitos.

El consorte animal

Otro motivo que se repite es el del consorte animal. En el folclore gaélico de Escocia abundan los cuentos sobre hombres y mujeres que en realidad son focas que se casan con seres humanos, y en muchos casos los abandonan y regresan al mar. Un mito del sur de África cuenta la historia del dios-pitón que se empareja con una mujer y, según ciertas versiones, la arrastra consigo a sus dominios subacuáticos. Este mito presenta semejanzas con otro de los nativos norteamericanos, en el que un joven se encuentra en el reino del ciervo (animal al que se considera capaz de adoptar forma humana): el joven se convierte en ciervo y toma por esposa a una cierva.

LAS PLANTAS EN LA MITOLOGÍA Y LA RELIGIÓN

En muchas culturas, se cree que los árboles representan una conexión entre el cielo y la tierra, y en algunos casos se los considera morada de los espíritus. No obstante, las figuras sobrenaturales más importantes asociadas con la vida vegetal son las deidades de las plantas cultivadas, especialmente numerosas en la mitología de Mesoamérica. También desempeñan un papel importante los dioses de la vid, que conectan la agricultura con el estado de éxtasis.

En todo el sureste asiático, la siembra, el cultivo y la cosecha del arroz van acompañados de rituales dedicados al «espíritu» de este cereal. Muchos pueblos de la región tienen una divinidad del arroz, por lo general femenino (la Madre Arroz). Los lamet del norte de Laos, que viven en las montañas, son una de las sociedades que reconocen un «principio vital», denominado *klpu,* que únicamente pertenece a los seres humanos y la planta del arroz.

En muchas regiones de Oriente se emplean el sándalo y las especies más próximas a él en las prácticas religiosas.

Bronce del siglo X que representa a un Krisna joven bailando sobre la cabeza del demonio-serpiente Kaliya, con cinco capuchas alrededor de un diminuto torso humano. Las serpientes (por lo general cobras) desempeñan un papel fundamental en la mitología de la India.

CUERPO Y ALMA

El espíritu y el más allá

En todas las mitologías existe una tendencia a asociar el mundo visible de la vida cotidiana con una esencia invisible que podría denominarse «alma» o «espíritu», y en el caso de objetos potentes, como el sol, ese alma o espíritu suele concebirse como deidades especialmente poderosas. También se atribuye un alma a la luna, a la tierra y a ciertos rasgos espectaculares del paisaje, como las montañas, los lagos o incluso los árboles de gran tamaño.

En muchos casos se imagina la contrapartida espiritual e invisible del mundo cotidiano como un lugar distinto. En la mitología melanesia, ciertos acontecimientos se reflejan en un mundo subterráneo. En la tradición celta se habla del Otro Mundo, un lugar mágico, misterioso y peligroso al que se accede por cuevas o lagos, y que en algunas versiones está situado en occidente. A pesar de los riesgos que arrostran los mortales al aventurarse en el mundo oculto, se describe como un paraje de felicidad ilimitada y de eterna juventud.

El alma humana suele considerarse el doble del cuerpo visible, por lo general invisible, y en algunas mitologías se la denomina «sombra». En el folclore germánico aparece con frecuencia este extraño «doble» o *doppelgünger*, que tiene la desconcertante costumbre de manifestarse repentinamente, muchas veces a gran distancia de su equivalente material. Los africanos creen que las brujas infligen heridas e incluso la muerte atacando el alma de sus víctimas, con lo que su cuerpo físico sufre daños paralelos.

El viaje del alma

En numerosas tradiciones se imagina el viaje del alma humana tras la muerte como un descenso a los infiernos, al reino de los muertos. En muchas regiones de África se cree que el alma de los difuntos pasa cierto tiempo en este inframundo antes de decidirse a renacer en el mundo superior de la vida humana. Otras tradiciones hablan del terrible juicio a que se somete el alma del que acaba de morir. En la mitología japonesa se envía a quienes han cometido un pecado grave a una de las dieciséis regiones de una tierra infernal llamada Jigoku. La mitología del antiguo Egipto muestra un vívido retrato del alma a la hora de ser examinada por cuarenta y dos jueces en la sala del trono de Osiris, señor de los infiernos. Quienes no logran demostrar que han llevado una vida de virtud son devorados por un monstruo, mientras que las almas de los afortunados que superan la prueba cuando se pesa su corazón o su conciencia con la pluma de la diosa Maat, deidad de la justicia y la verdad, pasan a engrosar las filas de los dioses en su eterna batalla contra Apep, serpiente del caos.

En la tradición griega, los infiernos se encuentran detrás de un gran río llamado Océano que rodea el mundo, o en las profundidades de la tierra. Para llegar al Hades (nombre asimismo de su divino soberano, hermano de Zeus), las almas de los difuntos tienen que cruzar el infernal río Estige en la barca de Caronte. Una vez en el inframundo, las almas son juzgadas y reciben premio o castigo, al igual que en Egipto.

En muchos casos, los vivos proporcionan lo necesario para el viaje del alma: según griegos y romanos, por ejemplo, los difuntos no sólo recibían dinero para cruzar el Estige, sino dulces para que se los entregasen a Cerbero, el temible perro tricéfalo que vigilaba la entrada al Hades.

La reencarnación

En numerosos sistemas mitológicos, a la estancia del alma en el reino de los muertos le sigue cierta forma de rejuvenecimiento. En África, la creencia más extendida consiste en que las almas renacen en el seno del mismo grupo o clan al

Máscara de Alaska que probablemente representa el viaje del chamán al mundo de los espíritus. La cara del centro es el alma del chamán.

que pertenecieron en la vida anterior, y en las civilizaciones influidas por la filosofía hinduista y budista en que la reencarnación depende de la conducta de la persona en las vidas previas: los buenos son destinados a castas o grupos sociales superiores, los malos o un estatus inferior o a convertirse en animales. A la inversa, los animales especialmente virtuosos pueden reencarnarse en seres humanos.

Capturar el alma

Los habitantes de las selvas de Suramérica y de las islas del sureste asiático creen que el alma habita en la cabeza de los seres humanos y que se puede capturar el alma de otra persona cortando esta parte de la anatomía y sometiéndola a ciertos ritos. De aquí deriva la costumbre de los cazadores de cabezas y la abundancia de mitos sobre el tema. El canibalismo de Suramérica puede tener un carácter igualmente agresivo, pero también sirve para asimilar las cualidades espirituales vitales de los parientes difuntos.

Chamanismo y cambios de forma

En las sociedades tribales del mundo entero existen expertos en la exploración del mundo invisible del espíritu, reconocidos como tales por todo el grupo. Estos personajes, que por lo general aplican sus descubrimientos en beneficio de sus semejantes, se denominan «chamanes», término tomado de los tunganes de Siberia. Muchos mitos derivan de los viajes del chamán al mundo del espíritu, en el transcurso de los cuales se encuentra y habla con seres espirituales que en muchos casos adoptan forma animal. Se dice que el chamán abandona su cuerpo durante el trance inducido por drogas psicotrópicas o por el sonido rítmico de un tambor o una carraca. Todos los chamanes cuentan experiencias similares sobre el ascenso o descenso por una columna o eje místico para explorar las regiones superiores e inferiores del cosmos. Con frecuencia, este eje o columna se concibe en forma de árbol, que se alza desde el inframundo hasta el cielo. En esos reinos invisibles situados por encima y por debajo del mundo visible de la vida cotidiana se libera el chamán de las limitaciones impuestas por el tiempo, el espacio y la identidad personal y puede asumir los atributos de animales poderosos: el águila o el oso en Norteamérica y el norte de Asia, el jaguar en América Central y Suramérica, el león y el leopardo en África.

Viajes oníricos

Muchos pueblos tribales creen que el alma humana abandona temporalmente el cuerpo durante el estado de sueño, que vaga por otros mundos y encuentra otras almas, entre ellas las de los muertos. Estos viajes nocturnos proporcionan gran parte del material mítico. En Norteamérica y el sureste asiático se piensa que en tales excursiones el alma errante se expone al peligro de que la secuestre un hechicero o un espíritu maligno, en cuyo caso es el chamán quien se encarga de buscarla y rescatarla.

La vida de ultratumba

La localización del paraíso varía considerablemente de una cultura a otra. En la mitología japonesa, Amer se encuentra por encima de la tierra y está regado por un río de aguas tranquilas, que es la Vía Láctea. Por lo demás, el paisaje se asemeja al de la tierra, pero a mayor escala. También el Valhalla, morada celestial de los guerreros nórdicos más valientes, tiene grandes dimensiones, y consiste en un gigantesco palacio con nada menos que 540 puertas. Los guerreros salen de este palacio con sus armas cada mañana y se dedican a luchar entre ellos, a modo de juego. Por la noche regresan y comen y beben aguamiel servida por las doncellas celestiales, las valquirias. En algunas tradiciones, el reino celestial está situado en el mismo plano que la tierra. En la mitología eslava se habla de una tierra de los muertos llena de felicidad en oriente, más allá del lugar por el que sale el sol, mientras que las islas celtas de los Bienaventurados se encontraban en occidente. En muchos casos hay que emprender una travesía plagada de peligros para alcanzar el paraíso.

Osiris es el rey de los infiernos en la mitología egipcia, y se creía que los faraones se transformaban en esta deidad cuando morían. Según ciertos cultos, podía alcanzarse la inmortalidad si se le adoraba. Aquí aparece como momia real con los brazos cruzados, el báculo y la fusta.

LOS VIVOS Y LOS MUERTOS

Según las creencias celtas, el mundo de los vivos está más próximo al de los muertos durante las horas de oscuridad. Una persona nacida por la noche podía ver fantasmas, y en la Irlanda rural, quien se aventurase a salir de casa por la noche se arriesgaba a ver «gente pequeña», entre la que podía encontrar a sus familiares difuntos.

Los muertos pueden molestar a los vivos en determinadas épocas del año. Tradicionalmente, en la celebración de la víspera de Todos los Santos, unos muchachos con la cara ennegrecida personifican a los espíritus de los muertos y piden regalos.

Los budistas chinos celebran la fiesta de las almas errantes, destinada a aliviar los sufrimientos de los difuntos sin reposo.

MATRIMONIO Y PARENTESCO

Mitos del orden social

*Máscara ceremonial de los yorubas de
Nigeria que representa a los espíritus
ancestrales. Se creía que el celebrante que
bailaba con ella en un desfile ritual era
poseído por los espíritus mientras durase la
ceremonia. La máscara y la persona que la
lleva* se transforman *en los espíritus que
evocan.*

En muchos casos, los mitos tratan de confirmar diferencias sociales fundamentales, como las que existen entre gobernantes y gobernados en las sociedades con monarquía hereditaria, entre las castas o clases, entre viejos y jóvenes y entre hombres y mujeres, sobre todo en la relación matrimonial.

Hombres y mujeres

Una de las principales tareas del «héroe cultural» *(véase p. 28)* consiste en establecer el orden social. En Australia y Guinea Papúa, uno de los logros del héroe radica en establecer el ritual de iniciación masculina, que legitimiza el estatus social del hombre, superior al de la mujer, y define las categorías de los cónyuges potenciales. Los mitos de estas regiones y de Suramérica reconocen en muchos casos que, en principio, las mujeres gobernaban la sociedad pero que perdieron sus privilegios a consecuencia de un error que cometieron.

La autoridad sobrenatural que justifica el estatus social superior de los hombres es un motivo que se repite en los mitos sobre la creación. A Eva en el mito hebreo del Génesis y a Pandora en la mitología griega se las considera responsables del descrédito de su sexo. El relato japonés de la creación subraya la desigualdad inherente entre los dos cónyuges describiendo las desgraciadas consecuencias de no haber observado el principio de supremacía masculina. Izanami, elemento femenino de la pareja primordial, tiene la osadía de saludar a Izanagi, su cónyuge, sin esperar humildemente a que éste se dirija primero a ella, que da a luz a su primer hijo, un ser monstruoso al que arrojan al mar. Por medio de la adivinación, la pareja se entera de la causa de su infortunio, respeta a partir de entonces el principio de primacía del hombre y es recompensada con retoños normales.

Antepasados, rango y monarquía

En numerosos mitos sobre la ascendencia aparece implícita una jerarquía de estatus que refleja el orden en que aparecieron sobre la tierra los primeros antepasados de diferentes grupos o pueblos. No siempre es el primero; en ocasiones, es el último el que se asigna el rango superior, como, por ejemplo, en el estado africano precolonial de Bunyoro (la actual Uganda), donde la dinastía real descendía de quienes llegaron al país en época más reciente, mientras que los campesinos llevaban mucho tiempo establecidos en él. Esta jerarquía queda reflejada en un mito en el que el dios creador Ruhanga se vale de una astuta prueba para elegir un rango social distinto para cada uno de sus tres hijos.

No puede sorprender que en todas las culturas se aprecie la misma tendencia a la hora de sancionar la dignidad regia: recurrir al antepasado más prestigioso, es decir, a la divinidad misma. Tradicionalmente, la línea imperial de Japón se remonta a la diosa del sol, Amaterasu, y también los reyes de Hawai y los incas basaban su derecho al trono en ser descendientes del sol. Los shilluk de África consideran a su monarca divina encarnación de Nyikang, primer rey de este pueblo y fundador de la nación, hijo de un dios del cielo y de una diosa de los ríos.

Los faraones egipcios aseguraban descender de Isis y Osiris, la pareja divina, y algunos emperadores romanos, como Gayo (Calígula), llegaron aún más lejos y se proclamaron dioses por derecho propio. Era costumbre que se otorgase categoría de divinidades a los emperadores de la época precristiana tras su muerte y que se les rindiese culto como tales. A Eneas, mítico héroe troyano al que se veneraba en calidad de fundador de la ciudad de Roma, se le consideraba hijo de la diosa Afrodita.

MITOGRAFÍA MUNDIAL

EGIPTO

Interior del impresionante templo construido por el faraón Ramsés II
(que reinó entre 1279 y 1213 a.C.) en Abu Simbel, en la orilla
occidental del Nilo, a casi 250 kilómetros al suroeste de Filae.

Se suele imaginar el antiguo Egipto como una tierra dominada por dioses, reyes y sacerdotes. Sus templos rebosan de imágenes de deidades y la religión asoma omnipresente a cuantos vestigios se han conservado de sus tres mil años de civilización. Y, sin embargo, poco se sabe sobre los mitos que encarnaba su concepción del mundo. Sólo existen testimonios escritos a partir del 2000 a.C., si bien hay representaciones y alusiones pictóricas muy anteriores a esta fecha: los reyes de la II dinastía reflejaron sus enfrentamientos en el conflicto entre Horus y Set *(véase p. 44).*

Los mitos revestían menor importancia que el culto a los dioses, una actividad estatal esencial que se llevaba a cabo en templos a los que sólo podían acceder el monarca y los sacerdotes. Si el culto se celebraba debidamente, el país prosperaba. El servicio divino se centraba en el cuidado cotidiano de las imágenes de los dioses en sus santuarios. El pueblo raramente participaba en las ceremonias, salvo como espectadores de las festividades en las que las deidades «se visitaban» entre sí y las llevaban en procesión, a veces por el río. Los primeros templos consistían en edificios muy sencillos rodeados por cercas, pero aumentaron en número y complejidad cuando empezaron a establecerse relaciones entre los dioses más antiguos.

Los mitos se desarrollaron al hacerse más complejas estas relaciones. Como no se consideraba correcto una sola versión de cada mito, su contenido se adaptaba a diversas circunstancias y así, por ejemplo, en la Época Baja se transformó el papel de Set *(véanse pp. 44-45),* que se convirtió en enemigo de los dioses y fue aniquilado ritualmente.

EL ALTO Y EL BAJO EGIPTO

Las dos regiones que integraban el Estado egipcio, el Alto y el Bajo Egipto *(véase mapa)* tuvieron una importancia crucial en la vida política y religiosa. El pensamiento egipcio se basaba en el dualismo: no se daba la auténtica unión sin la subdivisión, y antes de la creación eran los tiempos «anteriores a que hubiera dos cosas». El país no se conocía por un solo nombre y se denominaba «las Dos Tierras». Horus se asociaba con el Bajo Egipto y Set con el Alto Egipto, mientras que Nekhbet, la diosa-buitre de Nekheb, y Uadjet, la diosa-cobra de Buto, estaban relacionadas con la monarquía. En el Alto Egipto, con centros tan importantes como Tebas *(véase abajo)*, ha encontrado la mayor parte de los testimonios para la reconstrucción de los mitos, pero algunas regiones del Bajo Egipto, como la que rodea a Menfis, revisten también gran importancia.

MITOS REGIONALES

Muchas deidades sólo eran importantes en ciertas regiones o variantes locales de dioses nacionales. Algunos mitos explican características locales, como el origen de una montaña o las asociaciones de un edificio antiguo. Otras, las más conocidas de las cuales pertenecen a la época grecorromana, se impusieron en todo el país.

LAS FUENTES DEL MITO

Se conservan pocas narraciones y se han reconstruido los mitos a partir de testimonios indirectos. Una de las fuentes es el cuerpo de textos religiosos de carácter funerario, rituales e himnos para los cultos divinos, así como textos de magia. Las representaciones pictóricas proporcionan numerosos materiales, pero en pocas aparecen claramente episodios de los mitos. La mayoría procede de 1500 a.C. o más tarde. Podemos citar relieves de los grandes templos, ornamentación de tumbas, ataúdes y otros objetos funerarios y mágicos. Los mitos principales pueden aparecer en textos literarios bajo otra forma.

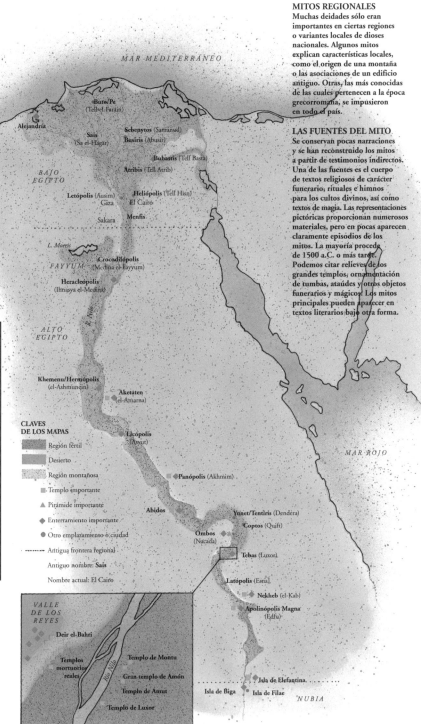

TABLA CRONOLÓGICA

Las fechas de los períodos y reinados hasta el 664 a. C. son aproximadas.

Período de formación
3200-3000 a.C.
Período dinástico antiguo
3000-2550 a.C.
Imperio antiguo
2550-2150 a.C.
Primer período intermedio
2150-1980 a.C.
Imperio medio
1980-1640 a.C.
Segundo período intermedio
1640-1520 a.C.
Imperio nuevo
1540-1070 a.C.
Tercer período intermedio
1070-664 a.C.
Época Baja
664-332 a.C.
Época grecorromana
332 a.C.-395 d.C.

TEBAS

Tebas *(derecha)*, la actual Luxor, fue capital desde h. 2000 a.C. hasta h. 1530-1450 a.C.). Principal centro religioso durante más de un milenio, es el emplazamiento con los mayores complejos de templos del mundo antiguo y con los enterramientos reales del Valle de los Reyes. Su dios principal, Amón *(véase p. 39)* quizá surgiera en otra región y suplantara al dios-halcón Montu de Armant.

CLAVES
DE LOS MAPAS
Región fértil
Desierto
Región montañosa
Templo importante
Pirámide importante
Enterramiento importante
Otro emplazamiento o ciudad
Antigua frontera regional
Antiguo nombre: **Sais**
Nombre actual: El Cairo

MAR MEDITERRÁNEO

Buto/Pe (Tell el-Farain)
Alejandría
Sais (Sa el-Hagar)
Sebenytos (Samanud)
Busiris (Abusir)
Bubastis (Tell Basta)
Atribis (Tell Atrib)
BAJO EGIPTO
Letópolis (Ausim)
Heliópolis (Tell Hisn)
Giza
El Cairo
Sakara
Menfis
L. Moeris
Crocodilópolis (Medina el-Fayyum)
FAYYUM
Heracleópolis (Ihnasya el-Medina)
R. Nilo
ALTO EGIPTO
Khemenu/Hermópolis (el-Ashmunein)
Akhetaten (el-Amarna)
Licópolis (Asyut)
MAR ROJO
Panópolis (Akhmim)
Abidos
Yunet/Tentiris (Dendéra)
Coptos (Quift)
Ombos (Nacada)
Tebas (Luxor)
Latópolis (Esna)
Nekheb (el-Kab)
Apolinópolis Magna (Edfu)
Isla de Elefantina
Isla de Biga
Isla de Filae
NUBIA

VALLE DE LOS REYES
Deir el-Bahri
Templos mortuorios reales
Río Nilo
Templo de Montu
Gran templo de Amón
Templo de Amut
Templo de Luxor

LOS PRIMEROS DIOSES

El orden que surge del caos

*Detalle de un papiro del siglo XIII a. C.
que representa al ave Benu, venerada
en Heliópolis como la primera deidad.
Los griegos la identificaban con el
ave fénix, que se quema cada medio
siglo y renace de sus cenizas.*

Antes de la aparición de los dioses sólo existía un oscuro abismo acuoso, el Nun,
cuyas caóticas energías contenían la forma potencial de todos los seres vivos. El
espíritu del creador estaba presente en estas aguas primigenias, pero no había un
lugar en el que pudiera cobrar vida. La gran serpiente Apep o Apofis encarnaba las
fuerzas destructivas del caos.

El acontecimiento que señaló el inicio de los tiempos fue la emergencia de
la primera tierra, que salió de las aguas del Nun y proporcionó un soporte a la
primera deidad. En algunos casos, adoptaba la forma de un ave, una garza o
un aguzanieves, que se posaba sobre el montículo de tierra primordial. Según
otra versión de la creación, el loto primordial surge de las aguas y al abrirse
deja al descubierto a un dios niño. La primera deidad estaba dotada de varias
potencias divinas, como Hu («Palabra Autorizada»), Sia («Percepción») y Heka
(«Magia»). Valiéndose de estas potencias, transformó el caos en orden, orden
divino personificado por la diosa Maat, hija del dios del sol. El término Maat
significa asimismo justicia, verdad y armonía. El orden divino corría constante
peligro de disolverse en el caos del que había nacido.

La primera deidad tomó conciencia de su soledad y creó a dioses y hombres
a su imagen y semejanza, y un mundo para que lo poblaran. Según el mito, los
dioses proceden del sudor del dios del sol y los seres humanos de sus lágrimas.
Por lo general, el poder creativo se vincula con el sol, pero existen varias deidades
a las que se considera creadores. En el templo del dios del sol en Heliópolis, el
ave Benu *(véase arriba, izquierda)* era la primera deidad. Representada en forma
de garza, la radiante ave era una manifestación del dios creador del sol y llevó
la luz a la oscuridad del caos. Cuando se posó en la tierra primordial, emitió un
grito, el primer sonido.

La Ogdóada

*E*n el antiguo Egipto, las fuerzas del caos
podían personificarse en ocho divinidades, la Ogdóada.

La Ogdóada estaba formada por cuatro
parejas, cada una de las cuales simbolizaba un aspecto del estado primigenio.
Nun y Naunet eran el dios y la diosa
de las aguas primordiales, Kek y Keket
las deidades de la oscuridad, Amón y
Amaunet encarnaban un poder invisible y Heh y Hehet el espacio infinito.
A veces se incluían otras parejas en la
Ogdóada, pero el número total de deidades era siempre ocho, que se imaginaban
en forma de serpientes y ranas, seres del

*Siete miembros de la Ogdóada y
Harakti-Ra, el dios del sol, en forma
de halcón. Papiro, h. 1350 a. C.*

limo primigenio. En otros casos, aparecen como mandriles saludando el
primer nacimiento del sol *(véase izquierda).*

Los egipcios veneraban la Ogdóada principalmente en un lugar llamado Khemenu («Octava Ciudad»)
y los griegos en Hermópolis *(véase
mapa p. 37),* emplazamiento de la
«Isla de Fuego», donde nació el sol
la primera vez. La Ogdóada se unió
para formar el huevo cósmico, en el
que se incubó el dios del sol. Se
dice que una parte de la cáscara del
huevo cósmico está enterrada en
el templo de Hermópolis.

Creadores divinos

Los egipcios tenían cuatro divinidades creadoras principales: Amón-Ra, Atón, Khnum y Ptah, y en cada una de ellas se centraba un culto importante.

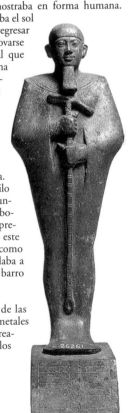

Amón-Ra. Miembro de la Ogdóada, se le adoraba como dios de la fertilidad en Tebas, Alto Egipto. En el II milenio se convirtió en dios nacional y su nombre se fusionó con el de la suprema deidad solar, Ra, dando lugar a Amón-Ra, el poder oculto que hacía a los dioses. Amón en forma de serpiente fue el primer ser de las aguas primordiales, que fertilizó el huevo cósmico formado por los demás miembros de la Ogdóada. Según otro mito, Amón, en forma de ganso, puso el huevo cósmico del que surgió la vida.

Amón con los símbolos de la vida y el poder. Placa de bronce de la Época Baja.

Atón. Deidad creadora adorada en Heliópolis que emergió del caos primordial en forma de serpiente, pero normalmente se mostraba en forma humana. Como Atón-Ra representaba el sol vespertino que tenía que regresar al vientre de Nut para renovarse todas las noches. Al igual que otras deidades creadoras, Atón representaba una totalidad que contenía lo masculino y lo femenino. Según un mito primitivo, como Atón se sentía solo en la tierra primordial, coge su falo con la mano y produce semen, del que surge la primera pareja divina, Shu y Tefnut *(véanse pp. 40-41).*

Khnum. El principal centro de culto a Khnum se encontraba en la isla meridional de Elefantina. Se creía que controlaba la crecida anual del Nilo y que encarnaba el poder vivificador de la inundación. Su animal sagrado era el carnero, símbolo de virilidad, y normalmente aparecía representado como un hombre con la cabeza de este animal. En su templo de Esna se le describe como «padre de padres y madre de madres». Modelaba a los dioses, a las personas y a los animales con barro en su torno de alfarero y les insuflaba vida.

Ptah. Adorado en Menfis, Ptah era el dios de las artes y daba forma a los dioses y los reyes con metales preciosos. Potencia intelectual oculta tras la creación, hizo a los demás dioses pensando en ellos y pronunciando sus nombres en voz alta.

Estatuilla de bronce de Ptah, divino artesano-creador. Época Baja.

LA MANO DE ATÓN
Según una reinterpretación del mito de Atón, la creación comenzó con la unión sexual de un dios y una diosa. El elemento femenino se identifica con la mano de Atón. De las diversas diosas que podían llamarse «la mano», las más importantes eran Hathor y Neith *(véanse pp. 50-51).* En esta cabeza de fayenza *(arriba)* se combinan los atributos de Hathor y los de Nut, otra diosa que encarnaba el poder creador femenino.

LA ENÉADA

Los nueve dioses de Heliópolis

Figurita de fayenza que representa
a la diosa Nut en forma de cerda,
h. 600 a. C. En ocasiones se aseguraba
que Nut quería devorar a sus hijos,
como hacen estos animales con su camada.

En el relato egipcio de la creación que ofrece más detalles aparecen las deidades conocidas como los nueve dioses de Heliópolis, la Enéada (del término griego *enea*, nueve). El primero es Atón-Ra, que cobró vida en el montículo de tierra primordial y planeó la multiplicidad de la creación en su corazón. Hizo la primera división entre lo masculino y lo femenino al poner su semen en la boca y escupir a Shu, dios del aire, y a Tefnut, diosa de la humedad. Ambos exploraron el oscuro Nun y se perdieron, pero Atón-Ra envió en su busca a su ojo divino, poderosa potencia considerada hija del dios del sol. La diosa regresó con Shu y Tefnut, y los primeros seres humanos surgieron de las lágrimas que derramó Atón-Ra al reunirse con sus hijos.

De la unión sexual de Shu y Tefnut nacieron Geb, dios de la tierra, y Nut, diosa del cielo, quienes se fundieron en tan estrecho abrazo que no quedó espacio para que existiera nada entre ellos. Geb dejó embarazada a Nut, pero la diosa no pudo dar a luz a sus hijos hasta que Shu, el padre de ambos, los separó. Con la ayuda de ocho seres conocidos como dioses Heh, Shu sostuvo a la diosa del cielo por encima de la tierra y así dejó suficiente espacio para los seres vivos y para el aire que necesitaban respirar. Los egipcios creían que existía otro cielo bajo la tierra.

Las aguas primordiales seguían rodeando el cosmos formado por tierra y cielo. La diosa del cielo adoptaba en unas ocasiones la forma de una mujer desnuda arqueada sobre la tierra *(véase ilustración de p. contigua)* y en otras la de una vaca estampada de estrellas. Se decía que todas las noches se tragaba al sol y a veces se le acusaba de querer tragarse también a sus hijos, y en estos casos se representaba a Nut como una cerda, animal que se caracteriza por devorar a sus propias crías.

Los hijos de Nut eran dos pares de gemelos, Osiris e Isis y Set y Neftis *(véanse pp. 42-45)*. Osiris e Isis se enamoraron en el vientre materno, pero Neftis odiaba a su hermano Set. Por ser el hijo mayor de Geb y Nut, Osiris estaba destinado a gobernar Egipto.

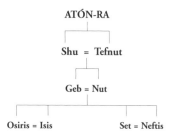

Árbol genealógico de la Enéada

(= *emparejado con*)

ATÓN-RA

Shu = Tefnut

Geb = Nut

Osiris = Isis   **Set = Neftis**

Ra y el castigo de la humanidad

E
n un texto de uno de los sepulcros dorados de la tumba de Tutankamón (que reinó entre h. 1336 a. C y 1327 a. C.), que aparece asimismo en los muros de tumbas reales de época posterior, se habla de una época en la que Ra, dios del sol creador, vivía en la tierra como soberano de dioses y hombres.

Cuando el dios del sol empezó a envejecer, los seres humanos decidieron conspirar contra él. Al verlo, Ra llamó a su divino ojo, bajo la forma de la diosa Hathor, así como a Shu, Tefnut, Geb, Nut y los ocho dioses primordiales de la Ogdóada *(véase p. 38).* Ra pidió consejo a Nun, el mayor de los ocho dioses, sobre lo que debía hacer con los rebeldes. Nun y los demás dioses le aconsejaron que enviara a su ojo divino a destruir la humanidad. Ra accedió, y la diosa del ojo cambió la forma de Hathor por la de Sekhmet, la leona rugiente *(véase página 50),* que mató a varias personas y caminó por entre su sangre.

Ra decidió salvar al resto de la humanidad. Con el fin de distraer a Sekhmet de su orgía asesina, ordenó al sumo sacerdote de su templo de Heliópolis que hiciera 7.000 jarras de cerveza y las tiñera de rojo. Cuando lo hubo hecho, vertieron la cerveza en el suelo para que pareciera un lago de sangre. La diosa del ojo vio el lago y su reflejo en él. Bebió la cerveza y se emborrachó de tal

modo que se olvidó de matar al resto de la humanidad. Abandonó la forma de la fiera Sekhmet y se transformó de nuevo en la hermosa Hathor, pero, aunque la humanidad se libró de las iras de la leona, surgieron la peste y la muerte.

Ra estaba tan triste que anhelaba poner fin a la creación y regresar al abismo acuoso. Nun ordenó a Shu y a Nut que le ayudaran a proteger al dios del sol. La diosa del cielo se convirtió en vaca y llevó a Ra al firmamento, donde el dios creó las estrellas y los campos del paraíso. Nut se tambaleó al estar tan arriba, pero Shu y los ocho dioses Heh la sujetaron.

Todos los días, el dios del sol atravesaba el cielo y cada noche entraba en los infiernos. Al hacerlo, la oscuridad de la noche aterrorizaba a la humanidad, y Ra decidió crear la luna para que iluminase el cielo durante su ausencia y nombró su delegado a Thot, dios de la luna. Ra advirtió al dios de la tierra, Geb, sobre los poderes mágicos de las serpientes del caos y eligió a Osiris para que reinara sobre la humanidad.

Los egipcios creían que este cosmos no duraría eternamente. Llegaría un momento en el que el creador se sentiría tan triste que él y todas sus obras se disolverían en el caos y entonces volvería a comenzar el ciclo de la creación.

OSIRIS
El defensor del orden

Pendiente de oro (h. 850 a.c.) que representa a Osiris momificado, flanqueado por Isis y su hijo Horus. Tras su muerte, Osiris reinó en los infiernos (Duat). Considerado en época primitiva rey temible de un mundo de demonios, pasó a ser el juez justo que recibía a los difuntos virtuosos en el paraíso.

Osiris fue el primer rey y su hermana Isis su consorte *(véase árbol genealógico, p. 40)*. Se le rendía culto como dios de la agricultura y enseñó a la humanidad los secretos del cultivo y la civilización. Su gobierno estaba amenazado por las fuerzas del caos, en las que militaba su hermano Set. Según uno de los mitos, en la creación surgieron las disensiones cuando Set salió bruscamente del vientre materno.

La muerte del buen dios Osiris constituye uno de los acontecimientos más importantes de la mitología egipcia, pero su historia raras veces se recogió en detalle. Se mencionan dos etapas en este episodio: su asesinato y su desmembramiento. Los primeros relatos se limitan a decir que Set arrojó a Osiris al río en Nedyet, lugar mítico que en algunos casos se identifica con una parte de Abidos, el recinto sagrado en el que se celebraban los misterios de Osiris. Según versiones posteriores, Osiris se ahogó en el Nilo y se considera su asesino a Set, que adoptó la forma de cocodrilo o hipopótamo para atacar a su hermano inocente, si bien según cierta versión se transformó en toro y pisoteó a Osiris hasta que el dios murió. Más adelante, el dios Horus le cortó la pata con la que lo había pisoteado y la arrojó hacia el cielo, donde pasó a formar parte de la constelación de la Osa Mayor. Según otra tradición, Set se convirtió en un pequeño insecto, quizá un mosquito, y picó a Osiris mortalmente en un pie.

Isis inició la búsqueda de su marido y evitó que se degradase su cadáver valiéndose de sus poderes mágicos. Llamó al dios chacal Anubis, que embalsamó y vendó el cuerpo del dios, la primera momia. Según versiones posteriores del mito, Set encontró el divino cuerpo de Osiris, lo hizo pedazos y los enterró en diversos lugares de Egipto: la cabeza en Abidos, el corazón en Atribis, una pierna en la isla de Biga, y así sucesivamente. El desmembramiento de Osiris se comparaba con la siega y la trilla anuales del trigo y la cebada. Se creía que el dios renacía cuando crecían las nuevas simientes.

Las diosas en duelo

*I*sis y su hermana Neftis, cónyuge de Set, vigilaban el cuerpo de su hermano Osiris en forma de gavilanes. Era costumbre que, en los funerales, dos mujeres desempeñasen el papel de Isis y Neftis y se lamentaran ante el cadáver momificado.

Neftis amaba a Osiris y, según una tradición tardía, el dios Anubis era hijo de ambos. Las dos diosas lloraron la muerte de Osiris y rogaron que su espíritu regresase. Según

cierto relato, Isis declara: «Te llamaré mientras tenga vista, clamaré a los cielos. No vienes a mí, tu hermana, a la que amaste sobre la tierra.»

En este papiro fechado en h. 1100 a.C. aparecen Osiris, el dios creador Ptah y Sokar, un dios funerario, como una sola deidad. Isis y Neftis protegen su trono. La piel de animal que cuelga de un poste es uno de los emblemas de Anubis, dios del embalsamamiento.

ISIS

La viuda fiel

Isis, consorte de Osiris, desempeñó un papel importante en la mitología egipcia desde época temprana. Rescató el cuerpo de su esposo y se sirvió de sus poderes mágicos para reavivarle durante el tiempo suficiente para concebir un hijo: se transformó en gavilán y agitando el aire con sus alas le insufló el aliento vital. Según otra versión del mito, Isis quedó preñada de un fuego divino.

Al saber que estaba embarazada, Isis corrió a las marismas del delta del Nilo para ocultarse de su hermano Set, que sin duda intentaría causarle algún daño o incluso matar al niño. Dio a luz un hijo divino, Horus, en la localidad de Chemis, cercana a Buto, y allí lo crió, protegida por varias deidades, como Selket, la diosa-escorpión, y esperó hasta que Horus tuvo edad para vengar a su padre.

El culto fue traspasando las fronteras de Egipto en el transcurso del tiempo. A finales del siglo I o principios del II d. C., el griego Plutarco escribió una versión del mito de Isis y Osiris según la cual Osiris era un rey de Egipto que recorrió el mundo enseñando a la humanidad la agricultura y las artes. Set sentía celos de su hermano y conspiró con sus seguidores para destronarlo. Mandó construir un hermoso cofre con las medidas de Osiris y en el transcurso de una fiesta anunció que se lo regalaría a quien encajase exactamente en su interior. Osiris se tendió dentro y comprobó que encajaba perfectamente; Set y los demás conspiradores clavaron la tapa y la sellaron con plomo fundido. A continuación arrojaron el ataúd al Nilo, que siguió por el Mediterráneo y fue a parar al Líbano (*véase abajo*). Isis lo recuperó y lo llevó a Egipto y sólo lo dejó cuando fue a ver a Horus en Buto. Una noche, mientras Isis estaba ausente, Set fue a cazar al delta y encontró el ataúd. Lo abrió, dividió el cuerpo de Osiris en catorce pedazos y los desperdigó por todo Egipto. Isis enterró cada trozo en el mismo sitio en que lo encontró, pero no pudo recuperar el pene, porque se lo había comido un pez, razón fundamental por la que, según Plutarco, los sacerdotes egipcios no comían pescado.

Isis amamantando a su hijo Horus. Estatuilla votiva de oro y bronce, época tardía.

Isis en el Líbano

Alrededor del año 100 Plutarco escribió una versión del mito de Isis y Osiris según la cual, al enterarse de que Set había traicionado y asesinado al rey, Isis buscó por todas partes el cuerpo de su esposo. Fue a Biblos, en el Líbano, al oír el rumor de que quizá se encontrase allí.

El ataúd llegó arrastrado por las aguas hasta Biblos y se quedó enganchado entre las raíces de un arbolito, que creció tanto y se hizo tan bonito que lo cortaron para colocarlo como columna en el palacio real de la ciudad. Isis fue al palacio y se sentó en un patio, llorando. Se ganó las simpatías de las sirvientas reales trenzándoles el pelo y rociándoles perfume en la piel, y la reina de Biblos designó a la diosa niñera de su hijo pequeño. Isis lo amamantó con un dedo en lugar de con el pecho, y se encariñó tanto con él que decidió concederle vida eterna, para lo cual lo colocó sobre una hoguera que consumiría su mortalidad.

Mientras el príncipe yacía en la hoguera, Isis se transformó en golondrina y voló alrededor de la columna que había sido árbol. La reina de Biblos oyó sus lamentos y entró en la habitación, y al ver a su hijo quemándose gritó, con lo que el hechizo no llegó a completarse. Entonces Isis reveló su identidad y le pidió que cortasen la columna para ver su interior. Cuando el ataúd de Osiris quedó al descubierto, Isis emitió tal gemido de dolor que causó la muerte del príncipe.

HORUS Y SET

La lucha por el trono de Osiris

EL OJO DE HORUS
El amuleto de fayenza *(derecha)*
representa el ojo de Horus o *Uedjat*
(«el Completo»). Como dios del cielo,
Horus adoptaba la forma de halcón:
su ojo derecho era el sol y el izquierdo
la luna. En el transcurso de un terrible
combate, Horus hirió a Set en los
testículos y éste a Horus en uno
o ambos ojos. Según otra versión,
Set, en forma de cerdo negro, arrancó
y se tragó el ojo de la luna de Horus y
lo hizo pedazos. (Estos mitos podrían
referirse a eclipses lunares o a la fase
creciente y menguante de la luna.)
Thot, dios de la luna, buscó el ojo
en la oscuridad, encontró los trozos
y lo recompuso mediante la magia.
Después, con la luz del ojo de Horus se
devolvió la vida a Osiris en los infiernos.

El enfrentamiento entre Horus y Set, en ocasiones violento, constituye un elemento fundamental de la mitología egipcia. En las primeras versiones de este mito, Set y Horus
aparecen como hermanos, pero más adelante
se los consideraba tío y sobrino. Tras la muerte
de su hermano Osiris, padre de Horus *(véase p. 42)*,
Set se apoderó del trono y Horus se
presentó ante un
tribunal divino presidido por Geb o Ra para reclamar la sucesión. Shu y Thot
declararon que era Horus, no Set, quien tenía derecho a reinar. El dios del sol
se enfadó porque no le habían pedido su opinión y se negó a aceptar la sentencia. Uno de los dioses le insultó y el dios del sol se retiró a su tienda, todo
mohíno. Más tarde, de mejor humor, les dijo a Set y a Horus que defendieran
sus reclamaciones por sí mismos. Set aseguró que merecía ser rey porque sólo
él poseía fuerza suficiente para defender la barca del sol. Varios miembros de
la Enéada *(véase p. 40)* le apoyaron, pero Isis les convenció de que cambiaran
de idea.

Set se negó a proseguir el juicio en presencia de Isis y el dios del sol accedió a
que el consejo se reuniese en una isla. Se ordenó al barquero divino, Nemti, que

*Horus, representado como hombre
con cabeza de halcón, conduce el alma
del escriba Ani hacia Osiris. El dios
lleva ropajes de rey y la doble corona
del Alto y Bajo Egipto. Detalle de
un papiro del siglo XIII a. C.*

Los seguidores de Set

Los egipcios representaban a Set como animal mítico, en parte asno salvaje y en parte cerdo u oso hormiguero. Sus dominios eran el desierto y se asociaba con él a la mayoría de los animales de esta región, como bueyes y burros, porque se utilizaban para la trilla de la cebada y pisoteaban el cuerpo de la víctima de Set, Osiris, padre de Horus, que se encontraba en el grano. Horus condenó a estas bestias a que las apalearan eternamente. Una serie de mitos localizados en el norte del Alto Egipto tratan sobre los conflictos entre los seguidores humanos de Set y los aliados de Horus.

Set intentaba continuamente maltratar el cuerpo de Osiris

Set, el más fuerte de los dioses, defendía la barca solar de la serpiente Apep. En este papiro del siglo XI a. C. aparece Set ante el dios del sol enfrentándose a Apep.

adoptando la forma de diversos animales. En cierta ocasión se transformó en pantera, pero Thot recitó unos hechizos contra él y Set cayó al suelo. Anubis lo ató, lo marcó con un hierro y lo despellejó. Sus seguidores intentaron rescatarlo, pero Anubis los decapitó.

Set se recuperó de sus heridas y reunió a otros seguidores en las montañas del desierto, pero Isis se volvió contra él. Set se transformó en toro, Isis en perro con un cuchillo en el extremo de la cola y lo persiguió y la diosa Hathor en serpiente venenosa que picó a los seguidores de Set, cuya sangre tiñó de rojo las montañas.

no llevara a Isis, pero la diosa se disfrazó de anciana y sobornó a Nemti con un anillo de oro. Al llegar a la isla se transformó en una muchacha de gran belleza, para que Set la deseara, y le pidió ayuda: le contó que era la viuda de un vaquero y que un desconocido le había robado el ganado de su hijo. Set le respondió que era una verdadera injusticia que un muchacho se viera despojado de la herencia de su padre. Isis se convirtió inmediatamente en gavilán y voló hasta la copa de un árbol, desde la que le dijo a Set que se había condenado con sus propias palabras.

Set se quejó a la Enéada por este incidente y los nueve dioses le cortaron a Nemti los dedos de los pies como castigo. Set retó a Horus a una prueba de fortaleza, consistente en que ambos se transformaran por turnos en hipopótamos e intentaran permanecer bajo el agua durante tres meses. Horus accedió, pero como Isis temía que perdiera su hijo, hizo un arpón de cobre y lo lanzó al agua. Primero golpeó a Horus por error y después a Set, que pidió clemencia. La diosa se apiadó de él y lo dejó marchar. Encolerizado, Horus salió del agua, le cortó la cabeza a su madre y huyó con ella a las montañas del desierto. Isis se transformó en estatua de piedra para disfrazarse y regresó a la asamblea de los dioses, pero Thot la reconoció. El dios del sol ordenó a la Enéada que castigara a Horus por lo que le había hecho a su madre. Después Set lo encontró dormido y le sacó los ojos, pero la diosa Hathor le devolvió la vista al joven dios con la leche de una gacela.

Después de que Horus hubiera pedido justicia una vez más, los dioses escribieron una carta al difunto Osiris, que les respondió preguntándoles por qué se había privado a su hijo de su herencia y los amenazó con enviar a los demonios de los infiernos al reino de las divinidades. El rey del sol accedió por fin a que Horus fuese rey, obligaron a Set a que aceptase la sentencia e Isis se regocijó al ver a su hijo coronado. El dios del sol llamó a Set para que viviera con él en el cielo y lo convirtió en dios de las tormentas.

MITOS SOLARES

El eterno ciclo de la renovación

Esta estela (h. 1000 a. C.) representa
a una mujer adorando a Herajti-Ra,
cuyo disco irradia rayos beneficiosos.
Arriba vemos al jeroglífico del sol,
con otro disco solar y dos ojos uedjat.
Los lados están conformados por las
plantas heráldicas del Alto y el Bajo
Egipto, y de la base sobresalen las
cabezas de sus habitantes, o quizá
del dios de la tierra Aker.

Pectoral de la tumba de Tutankamón
que representa el nombre del faraón,
«el Señor de las Manifestaciones de Ra»,
y simboliza el nacimiento del sol con
el escarabajo en el centro.

El dios del sol fue la principal deidad egipcia en la mayoría de las épocas. El mundo estaba organizado según dos principios interdependientes: la aparición y acciones del creador y el ciclo diario del sol a través del cosmos, un cosmos que, en lo esencial, se identificaba con Egipto.

Todos los días, al amanecer, nacía el dios del sol de la diosa del cielo. Llegaba a la madurez a mediodía, a la vejez por la tarde y al caer la noche entraba en el infierno *(véase p. contigua)*. Cada día, mes y año, así como el reinado de cada monarca, renovaban la creación del mundo, y esta constante renovación llevaba implícita una continua amenaza, visión pesimista que aparece en series de himnos al dios del sol y en composiciones que describen su tránsito por los infiernos, todos ellos destinados a contribuir al mantenimiento del orden de las cosas. El dios viajaba en una barca y le servían innumerables seres, entre ellos los difuntos bienaventurados. Sólo se representaban unos cuantos, aspectos del ser del dios del sol o deidades que conducían y defendían la barca. Los eternos adversarios del dios, encabezados por la gigantesca serpiente Apep, trataban de impedir que transitara por el cielo y el infierno.

La creación entera aclamaba el nacimiento del sol, y esta bienvenida sustentaba el tránsito del dios del sol. Algunas tradiciones se centraban en la benevolencia esencial del dios, y los textos que lo presentaban a esta luz proporcionaron el punto de partida de las ideas religiosas monoteístas del faraón Akenatón *(véase p. 52)*.

El dios del sol, su travesía noctura y las estrellas

*L*os antiguos creían que el dios del sol atravesaba los infiernos en su travesía nocturna, ilustrada en los voluminosos Libros de los Infiernos *que están inscritos en los enterramientos reales del Imperio Nuevo con el fin de que el faraón pudiera unirse al ciclo solar en la vida de ultratumba.*

Los *Libros de los Infiernos* están divididos en las doce horas de la noche, cada una de las cuales se centra en el dios sol en su barca, rodeado por los seres que habitan esa región. En una composición aparecen unas mil figuras: los difuntos bienaventurados, los demonios y deidades de la región y los condenados, que sufren tormentos infinitos. Cuando el dios del sol pasa por allí, saluda a los seres de cada hora, que le dan la bienvenida y reviven con la luz que irradia la divinidad. Las descripciones son muy detalladas y ofrecen las dimensiones de los espacios que recorre. Su barca suele navegar por un sendero de agua, pero en cierto momento se desplaza por arenas sin fin, remolcada por una manada de chacales.

Algunas composiciones representan al dios sol, en mitad de la noche, descendiendo a las regiones más profundas de los infiernos y fundiéndose con el señor de ese mundo, Osiris. La imagen lleva las leyendas «Ra, que descansa en Osiris» y «Osiris, que descansa en Ra». Pero, mientras que Ra podía vincularse con Amón para dar una deidad con un solo nombre (Amón-Ra), Ra y Osiris presentaban diferencias fundamentales. Su breve asociación desembocaba en la renovación diaria, pero no era permanente.

El dios del sol tenía que luchar en el transcurso de la noche con su peor enemigo, la serpiente Apep *(véase p. 45),* pero en las últimas horas penetraba en una serpiente de la que salía rejuvenecido y renacía el alba. El ciclo del sol se conmemoraba a diario en muchos templos, no sólo en

los santuarios solares. Los sacerdotes celebraban el culto dentro del edificio y en el exterior se sabía poco de él. Los puntos esenciales del culto se mantenían en secreto y se conocen gracias a ciertos testimonios a partir de 1100 a.C. y de época posterior. Se ocultaba el significado último de gran parte del ciclo solar. Un texto dice que el faraón, en calidad de sumo sacerdote, «conoce» ocho cosas sobre el sol naciente, entre ellas las «palabras que pronuncian las Almas de Oriente», los mandriles, animales que suelen chillar al amanecer. Sólo el faraón conocía el significado oculto de sus chillidos.

El dios del sol adoptaba múltiples formas durante su ciclo diario. Como dios de la mañana, podía ser un niño, pero por lo general era un escarabajo, Khepra. Este animal *(véase p. anterior),* que empuja una bola de estiércol de forma comparable a la del sol, simbolizaba la regeneración, el renacimiento y la transformación. A mediodía, el dios del sol se presentaba como Herajti-Ra, «Ra, Horus del horizonte», y se le representaba con frecuencia como una figura humana con cabeza de halcón rematada por un disco solar. Herajti era un dios antiguo, y la idea de un halcón que atravesaba el cielo en una barca se conocía desde la I dinastía. Herajti-Ra era el nombre más utilizado en los mitos sobre el papel del dios en la tierra. El sol vespertino era Atón o Atón-Ra, con forma humana y la doble corona que llevaban los faraones. Su forma nocturna, con cabeza de carnero, era simplemente una figura pictórica sin nombre específico, pero se le denominaba «Carne (de Ra)», nombre que implica que la imagen era un vehículo para la presencia del dios del sol aunque no se le identificara estrictamente con él.

Había otros dioses asociados a los cielos, y algunas deidades importantes a las estrellas o los planetas: Thot era la Luna; Set, Mercurio; y Osiris la constelación de Orión. Los mitos de la Enéada se representaban en los complejos movimientos de los cuerpos celestes, sobre todo los que cruzan la zona de los cielos por la que pasa el sol o que, como Venus, anuncian el amanecer.

Escena pintada en el techo de la tumba de Ramsés VI (h. 1130 a.C.) que representa el viaje nocturno del sol. La larga serpiente podría simbolizar la barca solar, y el dios con cabeza de carnero se alza sobre la doble figura de un ser humano venerando. La figura yacente con la cabeza levantada es Osiris, unido a Ra por las noches, y la figura femenina de la derecha es la diosa del cielo, Nut.

MITO Y MAGIA

El nombre secreto de Ra. El ibro de Thot

Bes era una de las numerosas deidades de aspecto monstruoso que protegían de las desgracias. Su imagen aparecía en diversos motivos ornamentales, sobre todo en objetos pequeños de uso doméstico o que servían de amuletos. Placa de fayenza de la época grecorromana.

Para los egipcios, la magia poseía gran valor, en este mundo y en el otro, como medio para anticipar e impedir las desgracias. En algunos conjuros mágicos se narran episodios míticos, y se recitaban mientras el paciente, a quien se identificaba con el protagonista del mito, ingería una medicina o se la aplicaban al cuerpo. Los himnos mágicos se dirigían a los dioses, cuyos verdaderos nombres se mantenían en secreto porque constituían una fuente de poder mágico.

Un relato, que forma parte de uno de estos conjuros mágicos, cuenta que Isis descubrió el nombre divino más secreto, el del dios del sol, Ra, que se estaba haciendo viejo y a veces babeaba. Isis vio dónde caía su saliva, la mezcló con arcilla y formó una serpiente, a la que dio vida y después dejó junto al camino por el que solía pasear el dios del sol.

Cuando Ra pasó por allí, la serpiente le picó y desapareció. El dios sintió de inmediato un dolor terrible, pues el veneno se extendía por su cuerpo. A sus gritos acudieron los nueve dioses y les dijo que le había herido algo que él no había creado. Isis prometió curarlo si revelaba su verdadero nombre, a lo que Ra respondió que era el creador cuyo nombre era Khepra al alba, Ra a mediodía y Atón por la tarde *(véase p. 47)*. Isis protestó, pues no había pronunciado su verdadero nombre. Como aumentaba el dolor y Ra no podía soportarlo, abrió su corazón a Isis y le dijo su nombre secreto. La diosa sacó el veneno pronunciando el verdadero nombre de Ra y le curó, prometiendo que no transmitiría el poder del nombre secreto a nadie, salvo a Horus. En el conjuro no aparece el nombre.

La magia de Thot

*T*hot, dios de la luna, que se representaba en forma de mandril, ibis u hombre con cabeza de ibis, tenía un vínculo especial con el conocimiento secreto de la magia. Su principal centro de culto estaba en Khemenu, Heliópolis para los griegos, quienes lo identificaban con Hermes (véase p. 144). El siguiente relato se escribió en época ptolomaica.

Un príncipe llamado Setna Khaemuese oye decir que un libro de magia escrito por Thot está enterrado en una antigua tumba cerca de Menfis. Irrumpe en la tumba y se encuentra con unos fantasmas, que le cuentan que Thot los mató por haber robado su libro de magia, que se encontraba en un cofre en el

Grupo escultórico del Imperio Nuevo que representa a Thot como divinidad protectora de los escribas. Dejaba constancia de las decisiones de los dioses e inventó la escritura jeroglífica.

fondo del Nilo. Setna hace caso omiso de la advertencia, vence a los fantasmas con poderosos amuletos y se apodera del libro de Thot. A continuación se topa con una mujer muy bella de nombre Tabubu que le seduce, pero antes de permitirle a Setna que le haga el amor, le exige que le dé todas sus riquezas y que mate a sus propios hijos. El príncipe accede, pero en cuanto se abrazan se ve solo y desnudo en medio de un camino.

Después descubre que sus hijos están sanos y salvos y que la hermosa mujer era un simple fantasma. Prudente, decide devolver el libro de Thot.

SERPIENTES Y ESCORPIONES

Los agentes del caos

Serpientes y escorpiones suponían algo más que peligros cotidianos: encarnaban las potencias del caos que amenazaban el orden del mundo. Al igual que otros seres a los que se consideraba enemigos, por lo general vivían en el desierto y la persona a la que mordían o picaban quedaba expuesta a riesgos preternaturales.

Existe un texto literario que ilustra el vínculo de las serpientes con los márgenes del cosmos. Habla de un funcionario del gobierno cuyo barco naufraga en el mar Rojo y llega a una isla fabulosa. Oye un terrible estrépito y ante él aparece una enorme serpiente, posiblemente con cabeza humana. Sin duda se trataba de un dios, y el hombre se desmayó de la impresión. La serpiente lo cogió con la boca y lo llevó a un lugar seguro, donde el hombre le contó que todos sus compañeros de viaje habían perecido en el naufragio, y la serpiente le contó a su vez que un día, al volver a su casa, encontró a las 74 serpientes que componían su familia reducidas a cenizas por la acción de una estrella fugaz y que se encontraba completamente sola. La historia desprende una moraleja de resignación: que se deben soportar las pérdidas con fortaleza. Pero el número 74 posee un significado más profundo: se refiere a las 74 manifestaciones del dios del sol que se consumieron en el holocausto final de la creación. La forma serpentina del dios vive en un mundo más allá de la creación, y al encontrarse con él, el viajero se situaba fuera del tiempo.

Si se podían dominar las serpientes y los escorpiones en este mundo, resultaban beneficiosos. Hubo dos reyes que se llamaban Escorpión y Serpiente, pero en época posterior los poderes de estos seres empezaron a asociarse fundamentalmente con diosas, a las que podía designarse con el jeroglífico de una serpiente. La principal diosa-escorpión era Selket, protectora de los nacimientos y de los cadáveres momificados durante el enterramiento. Algunas diosas-serpientes se asociaban con lugares en los que abundaban estos animales; Renenet, diosa de la cosecha, con los sembrados y graneros, y Mertseger, diosa de la Cumbre Tebana, con el desierto.

Había multitud de conjuros mágicos para combatir las heridas producidas por serpientes y escorpiones, que no podían tratarse médicamente. Algunos iban acompañados por narraciones de mitos en los que aparecían estos animales. En uno de ellos se cuenta que Isis huyó del taller en el que la había confinado Set para que tejiese una mortaja para Osiris y que se dirigió a Chemis, donde criaba en secreto a su hijo Horus, escoltada por siete escorpiones, a los que ordenó que fueran discretos. Al aproximarse a una población, una mujer rica vio el extraño cortejo y cerró la puerta de su casa. La mujer de un pescador acogió a Isis, pero los escorpiones se ofendieron por la actitud de la mujer rica hacia Isis y uno de ellos se deslizó en su casa, picó a su hijo y el veneno provocó un incendió en la vivienda. La mujer recorrió las calles, gimiendo angustiada, e Isis formó una tormenta para que extinguiese el fuego. Se apiadó del hijo de la mujer que, por implicación, se identificó con su propio hijo, Horus, pronunció un conjuro mágico y curó al niño, cuya madre lamentó haberle cerrado su puerta a la diosa. Arrepentida y agradecida, entregó sus bienes a la mujer del pescador.

Esta historia tiene un fuerte sabor moralizante y subraya el hecho de que la generosidad conlleva su recompensa y que se encuentra más fácilmente entre los pobres y marginados que entre los ricos. La tormenta, casi antinatural en un país sin lluvias como Egipto, muestra que el orden de las cosas puede perturbarse gracias a un acontecimiento desfavorable. Algunos conjuros mágicos incluso presentan la amenaza de que el sol deje de aparecer y que las estaciones no se sucedan si no se obtiene el efecto deseado.

Horus niño, cuya madre, Isis, le protegía de Set y de los peligros de las marismas del delta (véase p. 43), simboliza el amparo y la superación de la adversidad. En las estelas (losas de piedra verticales con inscripciones) de la Época Baja, como la de la ilustración, aparece Horus desnudo empuñando serpientes y otros símbolos y erguido sobre dos cocodrilos. La superficie de la estela está cubierta de imágenes de deidades con grandes poderes mágicos.

DIOSAS PODEROSAS

Neith, Sekhmet y Bast

En muchos casos, las diosas de la mitología egipcia inspiran más temor que las deidades masculinas y envían la guerra o la destrucción contra quienes las encolerizan. Entre ellas destaca Neith, la Gran Madre, cuyo principal centro de culto se encontraba en Sais *(véase mapa, p. 37)*. Se le asociaba con la guerra y la caza y su símbolo era un escudo con dos flecha cruzadas. También era una deidad creadora, que surgió del Nun para crear a dioses y hombres, y al escupir en aquel abismo acuoso, de su saliva nació Apep, la serpiente del caos. Era asimismo madre de Sobek, el dios-cocodrilo. En el enfrentamiento entre Horus y Set *(véase p. 44)*, los dioses escriben a Neith para pedirle consejo y la diosa responde con la amenaza de provocar el derrumbamiento del cielo si no se aceptan sus recomendaciones.

Sekhmet («la Poderosa») era una diosa-leona terrorífica. El dios del sol le ordenó que matara a una humanidad rebelde *(véase p. 41)*, y en ocasiones se sacrificaba a delincuentes en su honor. Las enfermedades contagiosas eran sus emisarias y sus sacerdotes actuaban como médicos.

Había otras diosas menos imponentes, si bien con una influencia igualmente importante: Bast, por ejemplo, otra deidad felina, diosa del amor, el sexo y la fertilidad. Diosa-leona en sus orígenes, a partir del II milenio a.C. se la empezó a representar en forma de gata.

La gata y la leona

En este mito, el ojo de Ra, identificado con la diosa Hathor, se va a vivir a Nubia, al sur de Egipto. En el relato se manifiesta bajo dos formas felinas: Sekhmet, la diosa-leona, y Bast, la diosa-gata.

El ojo de Ra se peleó con su padre y se retiró al lejano desierto de Nubia. Thot se dirigió hacia el sur en su busca, disfrazado de mandril (en principio, era Shu o un dios guerrero llamado Anhur, «el que trae a la Distante», quien perseguía a la diosa, pero en época posterior se atribuyó este papel a Thot). La encontró bajo la forma de diosa-gata e impidió que le atacase contándole una historia. Después le habló de Egipto, para que la diosa sintiera nostalgia, pero ella comprendió la estratagema y se transformó en rugiente diosa-leona. Thot la calmó contándole más cuentos, le prometió ofrendas en todos los templos de Egipto y la convenció de que fuera con él al norte. Cuando llegaron a la frontera, la diosa fue recibida por una multitud jubilosa. Una serpiente del caos intentó matarla mientras dormía, cerca de Tebas, pero Thot la despertó a tiempo. En Heliópolis se reunió con Ra y se convirtió en Hathor.

Estatuilla de oro de la leona Sekhmet. Tumba de Tutankamón. Como hija de Ra, lleva un disco solar en la cabeza. Se le rendía culto en Menfis como consorte de Ptah.

Figura de bronce de la diosa-gata Bast, Época Baja. Los gatitos simbolizan el papel de Bast como deidad de la fertilidad, en cuyo honor se celebraba anualmente un festival en el templo de Bubastis consagrado a ella.

OTRAS DIOSAS

Anat, Astarté, Hathor y Taueret

En una carta dirigida a la asamblea de los dioses en el transcurso del enfrentamiento entre Horus y Set *(véase p. 44)*, Neith sugería que se le concediesen a Set dos diosas extranjeras, Anat y Astarté, en compensación por haberle cedido sus derechos al trono a Horus, circunstancia que podría implicar que Set no era digno de casarse con una diosa egipcia. En otra narración de un texto de magia se cuenta que Set se abalanzó sobre Hathor mientras la diosa se bañaba en el río, como un carnero, y la violó. La semilla fértil voló de la diosa a la frente de Set, que se puso enfermo, porque Hathor era la prometida del sol nocturno y sólo el fuego divino podía dejarla preñada. Anat, esposa de Set, corrió a pedir ayuda a Ra, e Isis recuperó la semilla divina y curó a Set.

Astarté, la otra esposa extranjera de Set, aparece en un mito en el que los dioses egipcios se hallan enfrentados con la deidad del mar. Ptah y la Enéada se vieron obligados a rendir tributo al mar. Renenutet llevó oro, plata y laspislázuli a la orilla, pero el insaciable mar quería aún más y amenazó con esclavizar a los dioses de Egipto si no recibía más tesoros. Renenutet envió un pájaro a la casa de Astarté con el mensaje de que llevara su tributo al mar y la diosa se echó a llorar. Llevó su parte del tributo a la orilla, pero al llegar a su destino se puso a cantar y a burlarse del mar, que exigió que le entregasen a la propia Astarté. La bella diosa se presentó ante la Enéada *(véase p. 40)*, que le dio varias joyas, entre ellas el collar de Nut y el sello de Geb. Astarté fue a la orilla con las joyas, pero acompañada por un Set dispuesto a luchar contra el mar. No se conserva el final de la narración, pero lo más probable es que Set venciera al mar con su fuerza y que salvase a Astarté.

DIOSAS EXTRANJERAS
A finales del II milenio a. C. se incorporaron varias diosas de Siria y Palestina al panteón egipcio, entre las que destacan las siguientes:
ANAT. Diosa guerrera, normalmente se la representaba con escudo, lanza y hacha. En Siria, era la hermana y amante de Baal, adorado en Egipto bajo la forma de Set. En la mitología egipcia, Anat era hija de Ra. Vestía como un guerrero varón, pero era asimismo una diosa-vaca.
ASTARTÉ. Otra diosa guerrera, cuyo equivalente en Mesopotamia era Istar *(véase p. 61)*. En Egipto, era hija del dios del sol o de Ptah. Aparecía como una mujer desnuda con armas y a veces se la representaba en forma de caballo.
KUDSHU. Consorte de Mío, dios de la fertilidad egipcio, a veces se la presentaba en la forma de Hathor. Aparecía como una mujer desnuda a lomos de un león, con serpientes y flores de loto.

Hathor y Taueret

*H*athor, protectora de los amantes, era una de las deidades egipcias más complejas, y su templo principal se encontraba en Dendera. Al igual que Taueret, protegía a mujeres y niños y se le asociaba con la muerte y el renacer.

Hathor ayudaba a las mujeres a concebir y dar a luz. Crió a Horus en forma de vaca, en Chemis. Recibía a las almas en el inframundo y les daba de beber y de comer. Taueret ayudaba a los muertos a renacer en el Nun *(véase p. 38)*. Podía presentarse como una bestia temible, parte hipopótamo, parte león y parte cocodrilo. Como Set podía adoptar forma de hipopótamo, a veces se la consideraba su consorte, y cuando la pierna del dios fue lanzada al cielo *(véase p. 42)*, Taueret evitó que causara más daños.

Hathor y Taueret, identificadas aquí con una vaca divina, la Gran Inundación, a la entrada de los infiernos en las montañas al oeste de Tebas. Escena del Libro de los Muertos.

DIOSES Y REYES

El papel sagrado de los faraones

Desde el momento en el que accedía al trono, el faraón o rey egipcio desempeñaba el papel de dios. Era una manifestación de Horus, dios del cielo, e hijo de Ra, dios del sol, y Nekhbet y Uadjet, diosas del Alto y del Bajo Egipto, respectivamente, sus protectoras. Los títulos de un rey expresaban éstas y otras conexiones familiares, y el nombre que adoptaba en el trono, único para cada monarca, proclamaba su forma de manifestar al dios del sol: Tutmosis IV, por ejemplo, era Menkheprura, «el Duradero de las Manifestaciones de Ra».

El faraón podía ser «hijo» de cualquier deidad importante, pero en muchos casos esto significaba poco más que ocupar un lugar por debajo de la divinidad.

La idea del progenitor y el descendiente divinos se prolongaba a los representantes del faraón amamantado por el pecho de una diosa, como un niño. Existían además numerosos relatos del monarca como descendiente del dios del sol. En su forma básica, esta deidad se presentaba como el faraón reinante y mantenía relaciones con la madre de su sucesor, quien reconocía al dios por su aroma, lo recibía y concebía tras pasar una noche juntos. El dios creador Khnum *(véase p. 39)* formaba al niño con su torno de alfarero, y al parto asistían numerosas deidades. El divino padre bendecía al niño, a quien amamantaban las diosas.

Algunos faraones sobrepasaban su papel tradicional y eran deificados en vida: Amenhotep III, por ejemplo, aparecía presentando ofrendas a su propia persona deificada. Otros monarcas eran deificados después de morir. A Senuosret III, que extendió los límites meridionales de Egipto hasta Nubia en el siglo XIX a.C., se le rendía culto en la frontera como deidad local, al igual que su hijo, Amenemhat III, en el oasis de Fayum, donde acometió numerosos proyectos para reclamar tierras.

Hathor, madre de faraones, recibe a Seti I. Relieve de la tumba de este faraón, en Tebas.

Rudjedet y Khufu

*E*l mito del origen divino de los faraones podía entretejerse con el relato de un acontecimiento histórico real. La siguiente narración, procedente de un papiro, cuenta cómo nacieron y sobrevivieron los tres primeros faraones de la V dinastía.

Rudjedet, esposa de un sacerdote, quedó embarazada de trillizos del dios Ra, señor de Sakhebu (cerca de Letópolis). Al enterarse, el faraón de la IV dinastía, Khufu (también conocido como Keops), que construyó la Gran Pirámide, quiso intervenir, pero no pudo llegar a casa de Rudjedet. Ra envió a Isis y Neftis, así como a Meskhent, Heket (dos diosas del parto) y

Akenatón (h. 1350 a.C.) con su familia. Rechazó la mayoría de los cultos, pero se proclamó hijo del dios del sol.

Khnum, a proteger a Rudjedet de Khufu. Llegaron disfrazadas de músicas, asistieron al parto, dieron nombre a los tres niños y se marcharon, dejando tres coronas reales ocultas en un saco de cebada como símbolo de realeza. Cuando fueron a coger la cebada, oyeron el sonido de las celebraciones en honor de los reyes y comprendieron que los trillizos estaban destinados a ocupar el trono.

Más adelante, Rudjedet discutió con su criada, quien en venganza ententó delatarla a Khufu, pero la devoraron unos cocodrilos —animales que servían como agentes del castigo divino—, gracias a cuya intervención los niños se salvaron y sucedieron a Khufu.

Dioses y personas

En la mitología egipcia, los encuentros entre deidades y seres humanos son relativamente raros. El siguiente relato, fechado a finales del II milenio a.C., trata de dos hermanos que despiertan el interés de los dioses. Sin embargo, los dos hombres tienen nombre de dios: Anubis (el dios-chacal) y Bata (un dios-toro que era un aspecto de Set). Esta historia refleja muchos otros mitos.

Bata, que poseía una fuerza exepcional y entendía el lenguaje de los animales, vivía con su hermano mayor, Anubis, a quien ayudaba a labrar la tierra y a cuidar el ganado. Un día, mientras araban, se les acabó la semilla y Anubis envió a Bata a casa para que cogiera más. Bata encontró a la mujer de Anubis sentada en el suelo, trenzándose el cabello, y le pidió que abriera la despensa y le diera simiente. La mujer le contestó que la cogiera él, porque estaba ocupada.

Bata salió de la despensa con dos sacos de cebada y tres de trigo, y al ver lo fuerte y guapo que era su cuñado, la esposa de Anubis intentó seducirlo. Bata lo rechazó y se dirigió a los campos, enfadado. Temerosa de que Bata le contase a su hermano el intento de seducción, la mujer se frotó la piel con grasa para que pareciera que tenía señales y se acostó, simulando que estaba enferma. Cuando regresó su marido, le dijo que Bata había intentado violarla y que la había golpeado ante su resistencia. Anubis, enfurecido, afiló una lanza para matar a su hermano. Una vaca avisó a Bata del peligro y éste rezó al dios del sol, que puso un río lleno de cocodrilos entre los dos hermanos. Bata defendió su inocencia desde la otra orilla y se castró; Anubis le creyó y mató a su mujer.

Bata se fue a vivir al valle del Pino, en Siria. Ocultó su corazón en la copa del pino y se construyó una mansión. Un día, fue a verle la Eneada *(véase p. 40),* que se apiadó de su soledad, y Ra ordenó a Khnum que hiciera una esposa para Bata. Era una mujer de divina belleza, pero las siete diosas que pronunciaban el destino de una persona predijeron que moriría asesinada.

Anubis, en forma de hombre con cabeza de chacal, obliga al toro Bata a llevar la momia de Osiris. Papiro de la época grecorromana con los mitos locales de Saka, Alto Egipto. En esta versión, Anubis y Bata son enemigos.

Bata estaba encantado con su esposa y la aconsejó que no abandonase la casa mientras él estuviera de caza porque el mar podía raptarla. La mujer le desobedeció y el mar estuvo a punto de apoderarse de ella: le arrancó un mechón de cabello y lo llevó a Egipto, donde lo encontraron los lavanderos del faraón. Se lo presentaron al monarca, que quedó cautivado por su belleza y fragancia y envió emisarios a todas las tierras extranjeras en busca de su propietaria. Bata mató a casi todos los que llegaron a su valle, pero uno escapó y contó dónde estaba la mujer. El faraón envió soldados y a una anciana, que tentó a la mujer de Bata con joyas. Ésta desveló el secreto del corazón de Bata y los soldados derribaron el pino. Bata murió y su mujer fue la favorita del faraón.

Anubis fue al valle y vio el pino cortado y a su hermano muerto. Buscó durante cuatro años hasta encontrar el corazón marchito de su hermano, que depositó en un cuenco con agua. Bata recobró la vida, se transformó en un magnífico toro y le pidió a Anubis que lo llevara como regalo al faraón. En la corte, le dijo a la reina quién era, y a la siguiente vez que el faraón estaba deleitándose con ella, la mujer le pidió a su esposo que le concediese un deseo. El faraón accedió, y la mujer dijo que quería comer el hígado del toro. El faraón se enfadó, pero el toro fue sacrificado y entregaron su hígado a la reina. Mientras el animal agonizaba, dos gotas de su sangre cayeron junto a las puertas del palacio y se convirtieron en dos hermosas perseas. Al faraón le gustaron, pero la reina sabía que los árboles eran Bata y pidió que le hicieran unos muebles con la madera. Mientras los derribaban, se tragó sin querer una espina y se quedó embarazada. Tuvo un hijo que, tras la muerte del faraón, anunció que era Bata y contó su historia. Ordenó la ejecución de la reina, reinó treinta años y le sucedió Anubis.

SACERDOTES-MAGOS

Setna Khaemuese e Imhotep

El ba *era la fuerza espiritual de un individuo, por lo general representado como un ave con cabeza humana. El* ba *de un difunto podía moverse por los infiernos y volver a la tierra de día. Detalle* (derecha) *de un papiro del siglo XI a. C.*

Por lo general, los héroes humanos de los relatos egipcios no son guerreros, sino magos o maestros-sacerdotes, hombres que estudiaban los libros de magia que se guardaban en los templos. En un papiro fechado a mediados del II milenio a. C. aparecen varias narraciones sobre sus hazañas mágicas: por ejemplo, un maestro-sacerdote dio vida a un cocodrilo de cera para que matara al amante de su mujer, y otro mago, un simple aldeano, domesticó un león y volvió a unir la cabeza con el cuerpo de un ganso decapitado.

El ciclo sobre el príncipe Setna Khaemuese *(véase también recuadro, p. 48)*, de época posterior, cuenta la rivalidad entre los sacerdotes-magos de Egipto y los hechiceros de Nubia. El auténtico Setna Khaemuese era hijo de Ramsés II (h. 1279-1213 a.C.), y en calidad de sumo sacerdote de Ptah estudió y restauró varias pirámides y enterramientos de Giza, actividades que debieron de granjearle fama de mago. Según este ciclo, un jefe nubio desafía al faraón a encontrar a un hombre capaz de leer una carta sin abrirla. Lo consigue Siosire, el joven hijo de Setna, y la carta dice lo siguiente: «Hace mucho tiempo, el hechicero de un rey nubio dio vida a cuatro figuras de cera que secuestraron al monarca egipcio y le propinaron quinientos golpes antes de devolverle a su palacio. La humillación fue vengada por un egipcio llamado Horus, hijo de Paneshe, que trató del mismo modo al rey nubio y después venció al hechicero nubio en una competición de magia y le desterró de Egipto durante 1.500 años». Una vez leída la carta, el jefe nubio declara que él es el hechicero, que ha regresado para vengarse y Siosire revela que él es Horus, hijo de Paneshe. El egipcio derrota al nubio y vuelve a los infiernos.

Imhotep y la hambruna de siete años

*E*n los mitos aparece una persona real, Imhotep, ministro y arquitecto del faraón Djoser en el siglo XXVII a.C. *Según la tradición, era hijo de Ptah y de una mujer. El siguiente relato proviene de una inscripción cerca de Asuán, supuestamente un decreto de Djoser, pero que en realidad fue escrita por los sacerdotes de Khnum alrededor del siglo II a.C.*

Durante siete años, el Nilo no creció lo suficiente como para irrigar los campos. Como los súbditos del faraón Djoser estaban a punto de morir de hambre, el monarca consultó a Imhotep, el principal maestro-sacerdote, sobre la causa de que la inundación fuera insuficiente e Imhotep descubrió que Hapi, el espíritu de la crecida, vivía en unas cavernas gemelas bajo la isla de Elefantina. Cuando llegó la época de la crecida, las juntas eran contenidas por el dios-carnero Khnum, que podía abrir las puertas de las cavernas. Al oír aquello, Djoser presentó generosas ofrendas de Khnum y aquella noche, en sueños, el dios prometió al faraón que libraría a Hapi. Una abundante cosecha puso fin a la hambruna.

También se atribuye a Imhotep (izquierda) *la invención de la arquitectura en piedra y la autoría de libros de sabiduría. Mucho después de su muerte, se le veneraba como dios de la medicina.*

VIDA DESPUÉS DE LA MUERTE

El alma en los infiernos

En el episodio del ciclo de Setna *(véase p. anterior),* Siosire lleva a su padre a los infiernos para mostrarle el destino de dos hombres después de haber muerto y haber sido juzgados por Osiris: uno, un hombre cruel y rico, está condenado a tormentos eternos, y al otro, pobre y virtuoso, se le han concedido todos los objetos de la tumba del rico y es un espíritu bienaventurado. En este texto tardío el juicio de los muertos se presenta como elemento central de la religión egipcia. En épocas anteriores, constituía uno de los múltiples peligros que debía superar el alma al llegar al paraíso conocido como Campo de los Juncos.

Los egipcios imaginaban los infiernos como un complicado paisaje de ríos e islas, desiertos y lagos de fuego. Para acceder a él, o para aplacar o vencer a los dioses y demonios que lo habitaban, el alma tenía que convertirse en héroe-mago. A partir de finales del III milenio a.C. se grababan conjuros en el ataúd de las personas adineradas y de alto rango, y más adelante, estos conjuros pasaron a formar parte de un cuerpo de textos denominado *Libro de los Muertos.* A partir del siglo XVI a.C. se enterraban rollos de papiro con selecciones ilustradas de este libro junto a los egipcios acaudalados. Se representaba a los difuntos superando los peligros de los infiernos, como los cuatro cocodrilos del Occidente.

Al entrar en el salón del trono de Osiris, el difunto tenía que declararse inocente de diversos delitos ante los cuarenta y dos jueces de los infiernos. Se pesaba el corazón (es decir, la conciencia) en una balanza, con el contrapeso de la pluma de la diosa Maat, personificación de la justicia y la verdad. Un monstruo femenino, la Devoradora de los Muertos, se acuclillaba junto a la balanza, dispuesto a comerse al difunto si el corazón pesaba más que la pluma. Podía evitarse tal destino utilizando un conjuro que impedía que el corazón declarase los delitos cometidos por su dueño. Quienes superaban la prueba eran puros y se convertían en espíritus con el poder de moverse entre los dioses y en algunos casos se les invitaba a unirse a los millones de seres que viajaban en la barca solar y luchaban contra Apep, la serpiente del caos *(véanse pp. 45 y 47).*

Escena de un papiro fechado en el siglo XIV a.C. en la que Anubis conduce el alma del escriba Hunefer ante Osiris. El corazón del escriba se pesa con el símbolo de la justicia y la verdad, Thot anota el resultado y Horus lleva a Hunefer ante Osiris. Los cuatro hijos de Horus están sobre un loto, frente a Osiris, e Isis y Neftis detrás del trono.

ORIENTE PRÓXIMO

Relieve en piedra del palacio de Sargón II (721-705 a.C.), en Korsabad. En
el arte asirio aparece con frecuencia este tipo de genio protector alado.

El núcleo del Oriente Próximo se encontraba en la antigüedad en Mesopotamia, limitada al oeste por el río Éufrates y al este por el Tigris. Un pueblo no semita, los sumerios, penetró por el sur de esta región en h. 3300 a.C. y más adelante fue conquistado por unos invasores semitas, que habían ocupado Acad, al norte. El centro de poder de los invasores se hallaba en la ciudad de Babilonia, nombre con el que se conocía también a Sumeria y Acadia. En época posterior, los asirios, que se habían asentado más al norte, en el valle del Tigris, conquistaron Babilonia y acabaron por establecer un gran imperio. En los alrededores de Mesopotamia existían las regiones de Asia Menor, Siria-Palestina y Persia, todas ellas bajo la influencia de la cultura y la religión mesopotámicas.

Los sumerios desarrollaron un sistema político y un cuerpo religioso que siguió constituyendo la base de la vida de Mesopotamia durante mucho tiempo. La sociedad estaba organizada en torno a la ciudad-estado, cada una de ellas con una deidad tutelar. La religión popular era animista: se creía que el mundo estaba plagado de fuerzas misteriosas e impredecibles. Se ha conservado una gran cantidad de textos que consisten en conjuros para rechazar a los demonios, y también abunda la literatura de adivinación, con la que se esperaba predecir el futuro. Junto a esto convivía la religión oficial, con sus grandes templos, sus complicados rituales y sus sacerdotes profesionales, de los que dependían el bienestar de la sociedad y el Estado. Los grandes dioses estaban organizados en un panteón, fruto de las especulaciones teológicas de los sacerdotes. El derecho al trono era un don divino, otorgado por el cielo: el bienestar de la nación iba unido al del rey, figura sagrada que desempeñaba el papel fundamental en las principales celebraciones religiosas.

La mayoría de los mitos surgió en los centros de escribas dependientes de los templos y se encuentran en las tablillas de arcilla (en la escritura cuneiforme desarrollada por los sumerios) que se han hallado en los archivos de ciudades como Ur, Babilonia y Nínive. En muchos casos, los textos —sofisticadas composiciones poéticas que narran las hazañas de un número limitado de deidades, así como motivos folclóricos y leyendas de héroes semidivinos— son fragmentarios y aún se debate su interpretación exacta.

TABLA CRONOLÓGICA

h. 2600-1850 a.C.	Ciudades-estado sumerias
	Tercera dinastía de Ur, h. 2113-1991 a.C.
h. 1890-900 a.C.	Los reyes semíticos dominan Mesopotamia.
	Primera dinastía de Babilonia, h. 1894-1550 a.c.
	Reinado de Hamurabi de Babilonia, h. 1792-1750 a.C.
h. 1740-1200 a.C.	Los hititas en Asia Menor
	Reino Antiguo, h. 1742-1460 a.C.
	Imperio hitita, h. 1460-1200 a.C.
h. 1500-1200 a.C.	Edad de oro de Ugarit
h. 883-612 a.C.	Dominación asiria de Mesopotamia.
	Senaquerib (h. 705-681 a.C.) hace de Nínive capital del imperio.
	Reinado de Asurbanipal, h. 669-627 a.C.
	Caída de Nínive, 612 a.C.
h. 625-539 a.C.	Imperio neobabilónico
	Reinado de Nabucodonosor, 605-562 a.C.
h. 539-331 a.C.	El imperio persa domina Mesopotamia.
	Conquista de Babilonia, 539 a.C., por Ciro (539-530 a.C.).
	Darío I (552-486 a.C.) construye la nueva capital en Persépolis.
	Alejandro Magno conquista el imperio persa, 331 a.C.

BABILONIA

El plano de la ciudad muestra Babilonia tras la expansión y restauración realizadas por Nabucodonosor. Tenía más de cincuenta templos, pero el centro era el gran complejo religioso consagrado a Marduk, denominado Esagila, «la casa de la cabeza exaltada», que contenía el templo de Marduk y la E-temen-an-ki, la «casa de los cimientos del cielo y la tierra»: era el zigurat de Babilonia, posiblemente el prototipo de la Torre de Babel del Génesis. De Esagila partía un camino que llegaba a la puerta de Istar, profusamente ornamentada con ladrillos vidriados y representaciones de animales míticos. En esta ruta llegaba al punto culminante la celebración primaveral del Año Nuevo, suprema festividad religiosa de Mesopotamia en la que se conmemoraba el triunfo de Marduk sobre las fuerzas del caos con una gran procesión encabezada por el rey, con las imágenes de Marduk y Nabu, hasta un templo situado al norte de la ciudad.

LOS ZIGURATS

El zigurat era el templo característico de Mesopotamia, y la mayoría de las ciudades importantes contaban con uno. Era una gran torre escalonada de ladrillo de hasta 45 metros de altura. En la parte superior había un templo y, por lo general, otro al pie de la construcción. Posiblemente se consideraba una escalera que unía tierra y cielo (como la escala de Jacob en el Génesis). En el templo superior, la deidad se comunicaba con sus fieles. Si hemos de creer al historiador griego Herodoto, allí se celebraba la ceremonia sagrada del matrimonio, papel fundamental en la religión mesopotámica.

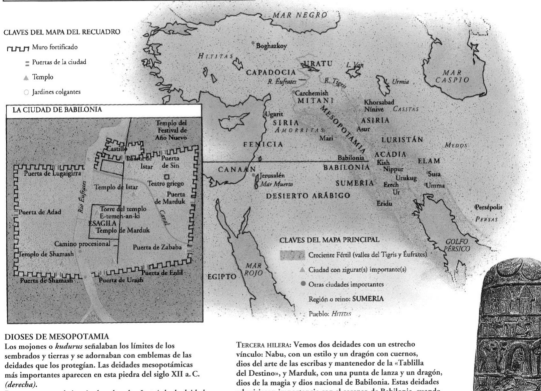

CLAVES DEL MAPA DEL RECUADRO

꒒꒒꒐꒐ Muro fortificado

꒐꒐ Puertas de la ciudad

▲ Templo

○ Jardines colgantes

LA CIUDAD DE BABILONIA

CLAVES DEL MAPA PRINCIPAL

░ Creciente Fértil (valles del Tigris y Éufrates)

▲ Ciudad con zigurat(s) importante(s)

● Otras ciudades importantes

Región o reino: **SUMERIA**

Pueblo: *HITITAS*

DIOSES DE MESOPOTAMIA

Los mojones o *kudurus* señalaban los límites de los sembrados y tierras y se adornaban con emblemas de las deidades que los protegían. Las deidades mesopotámicas más importantes aparecen en esta piedra del siglo XII a. C. *(derecha)*.

PRIMERA HILERA, de izquierda a derecha: La tríada de deidades astrales. Una estrella de ocho puntas para Istar (la Innana sumeria), diosa de la guerra y el sexo, identificada con el planeta Venus; una media luna para Sin (Nanna), dios de la luna, la mayor deidad astral; un disco solar para Shamash (Utu), dios del sol.

SEGUNDA HILERA: Las coronas con cuernos sobre pedestales simbolizan los «grandes dioses» de los mitos: Anu (An), jefe del panteón; Entil, dios nacional de Sumeria, y Ea (Enki), dios de la sabiduría y las aguas.

TERCERA HILERA: Vemos dos deidades con un estrecho vínculo: Nabu, con un estilo y un dragón con cuernos, dios del arte de las escribas y mantenedor de la «Tablilla del Destino», y Marduk, con una punta de lanza y un dragón, dios de la magia y dios nacional de Babilonia. Estas deidades adquirieron importancia con el ascenso de Babilonia, cuando Marduk se convirtió en jefe del panteón. El tercer símbolo podría mostrar unos pañales, símbolo de una de las grandes diosas madre.

Entre las demás deidades hemos de destacar otras tres. En la cuarta hilera, la maza con un león bicéfalo representa a Nergal, el temido dios de la peste y los infiernos. En la quinta vemos al hombre-escorpión, importante en numerosos mitos mesopotámicos. En la última, la rayos dobles y el toro simbolizan a Adad, dios del tiempo atmosférico.

SUMERIA Y BABILONIA

Mitos de las primeras ciudades

Estatua de la diosa de la fertilidad que aparece en todo Oriente Próximo bajo diversas formas, como Inanna (Istar).

Hasta el presente siglo no se ha podido apreciar el verdadero significado de la civilización, la religión y la mitología sumerias. Los rasgos principales de la cultura mesopotámica, como la ciudad-estado, la monarquía, el panteón, el templo y su culto son creaciones de los sumerios, y sus características esenciales permanecieron inalteradas en el transcurso de la historia de Mesopotamia.

Los textos cuneiformes que contienen los mitos sumerios se escribieron durante el reinado de la III dinastía de Ur, o en la época siguiente, en diversas ciudades de la región. Hemos de destacar los de la biblioteca de Nippur, supremo centro religioso de Sumeria, pero no cabe duda de que los mitos se remontan a una época muy anterior. Con la posible excepción de Egipto, podría asegurarse que representan la mitología más antigua del mundo.

En estos textos, los escribas y pensadores de la III dinastía de Ur dejaron constancia de un sistema cosmológico y teológico que pasaría a ser el credo y dogma fundamentales del Oriente Próximo. En muchos casos, los documentos plantean dificultades de interpretación, y los mitos sumerios no presentan uniformidad, ya que los principales centros religiosos desarrollaron ciclos independientes con deidades propias como protagonistas. No obstante, la mitología que evolucionó con los sumerios tiene un carácter homogéneo y ofrece un cuadro de un orden mundial armónico en última instancia, en el

Dumuzi y Enkidu

*E*n *el relato sumerio de Dumuzi y Enkidu aparece representada en forma mítica la secular rivalidad entre los modos de vida agrícolas y pastoriles, tema semejante al que sirve de base a la historia de Caín y Abel del Génesis. No obstante, el punto central del mito consiste en el cortejo de Dumuzi a Inanna, diosa de la fertilidad, y su unión.*

La diosa Inanna debe elegir esposo, y los dos rivales son Dumuzi, el pastor, y Enkidu, el agricultor. Utu, dios del sol y hermano de Inanna, la insta a que acepte a Dumuzi, pero al principio Inanna muestra preferencia por Enkidu. Sin embargo, Dumuzi insiste, asegurando que puede ofrecer un producto mucho más valioso con sus rebaños que Enkidu. Los rivales se encuentran y se pelean a orillas de un río, pero Enkidu se rinde y permite que los rebaños de Dumuzi pasten en su isla. Después, el pastor invita al agricultor a su boda con la diosa, y el texto acaba con la promesa de Enkidu de regalar a Dumuzi e Inanna varios productos agrícolas.

En otros mitos, Dumuzi aparece como esposo de Inanna y en numerosas composiciones de carácter marcadamente erótico se conmemora el amor de la diosa por él. Como diosa de la fertilidad, Inanna renovaba la vegetación y favorecía el nacimiento de seres humanos y animales: Dumuzi era la encarnación de las fuerzas creativas de la primavera y su matrimonio con Inanna simbolizaba y llevaba a cabo la renovación de la vida al inicio del año. Este acontecimiento se actualizaba periódicamente en el rito del Matrimonio Sagrado, que se celebraba en varias ciudades, en el que el rey asumía el papel de Dumuzi o Tammuz *(véase p. 61)* y supuestamente mantenía relaciones sexuales con la diosa, asegurando la fertilidad y prosperidad de la tierra.

Un texto sumerio cuenta que Shulgi, rey de la III dinastía de Ur, celebró en la realidad este ritual, y al entrar en la cámara nupcial le recibió Inanna con un apasionado canto de amor. Una vez consumada la unión, la diosa pronunció un «buen destino» para el rey y el país al año siguiente.

que la creación y el panteón surgieron pacíficamente del mar primigenio, el hombre fue hecho para servir a los dioses y el universo puede controlarse y mantenerse gracias a unos decretos divinos inmutables, los *me*.

Los mitos babilónicos reflejan un universo impredecible, que plantea interrogantes cruciales a la humanidad: ¿cómo pueden afrontar los hombres las actividades imprevisibles de los dioses (tema de los mitos del Diluvio)? ¿Por qué no disfrutan de la inmortalidad, que los dioses guardan tan celosamente para sí (tema de la epopeya de Gilgamesh)? Sobre estos dos puntos trata el relato de Adapa.

Uno de los Siete Sabios de la prehistoria (poderosos seres a los que se evoca en los ritos mágicos), Adapa, era sacerdote de Ea en la ciudad de Eridu. En una ocasión, el viento del sur volcó su barca de pesca. Adapa maldijo al viento y le impidió que soplase, de modo que la tierra no recibía la humedad que traía. Anu, dios supremo, llamó a Adapa al cielo para que se justificase, y el patrón de éste, Ea, le aconsejó cómo podía aplacar al dios y le dijo que no bebiera ni comiera nada que le ofreciera, porque sería la comida y la bebida de la muerte. Pero le engañó, porque Anu quiso darle a Adapa el agua y el alimento de la vida, que le proporcionarían la inmortalidad, como a los dioses.

Cuando Adapa rechazó los regalos, Anu se echó a reír y le devolvió a la tierra. No se conserva el final de la historia pero, posiblemente, Anu otorgó privilegios especiales a Eridu y sus sacerdotes, mientras que imponía enfermedades y demonios como destino al común de los mortales, males que podría combatir Adapa con sus poderes mágicos.

Otro mito babilónico importante, pero también fragmentario, es la historia de Zu, adaptación acadia de un mito sumerio de época anterior. El dios-ave Zu, que moraba en los infiernos, robó al dios Enlil la Tablilla del Destino, que otorgaba a quien la portaba el dominio sobre el universo. Anu pidió a dos dioses que lo mataran, pero éstos se negaron, temerosos del supremo poder que poseía Zu. Por último aparece el héroe: Marduk según las fuentes babilonias, Lugalbanda en Sumeria. No se conservan los detalles de la derrota de Zu, pero de un cilindro-sello *(véase arriba, derecha)* se desprende que compareció ante Ea, representado como dios del agua, para ser juzgado.

EL JUICIO DE ZU
Este cilindro-sello probablemente representa a Zu juzgado por Ea tras haber robado la Tablilla del Destino. Zu suele aparecer como enemigo de los dioses, y seguramente, este mito refleja un cambio en el modelo religioso de Mesopotamia, por el que con el influjo de las nuevas poblaciones, las antiguas deidades ctónicas (de los infiernos) quedaban subordinadas a dioses del cielo más recientes.

Etana

El mito acadio de Etana refleja el papel clave de la monarquía en la sociedad mesopotámica.

En la lista de reyes sumerios, Etana aparece como soberano de Kish, «un pastor que ascendió a los cielos». Los dioses le encomiendan la tarea de llevar a la humanidad las bendiciones de la monarquía; pero no tiene un hijo para continuar la dinastía (la misma situación de Keret en el mito ugarítico, *véase p. 64)* y sabe que la única solución consiste

Cilindro-sello que representa el ascenso del rey-pastor, presenciado por dos pastores con sus rebaños y perros.

en subir al cielo para que Istar, señora del nacimiento, le dé la planta de la vida. Aconsejado por Shamash, dios del sol, se procura la ayuda de un águila a la que rescata de una sima donde fue condenada el ave por haber traicionado a su amiga la serpiente, y el águila lleva a Etana sobre la espalda, en un vuelo espectacular.

En este punto se termina el texto, pero como la lista de reyes sumerios consigna el nombre del hijo y heredero de Etana, seguramente coronó con éxito su búsqueda de la planta del nacimiento.

GILGAMESH

La gran epopeya de la mortalidad

Máscara de terracota del demonio Humbaba (el Huwawa sumerio), de la ciudad de Ur. Este tipo de máscaras servían para combatir a los múltiples demonios que, supuestamente, habitaban el mundo mesopotámico.

La versión más completa de la epopeya de Gilgamesh aparece en un texto acadio de la biblioteca de Asurbanipal en Nínive. Gilgamesh, al que se describe como «dos tercios dios y un tercio hombre», oprime a sus súbditos en Erech, y cuando éstos acuden a los dioses para pedirles un homólogo que mantenga a raya a su soberano, los dioses crean a Enkidu, el salvaje arquetípico, cubierto de pelo y que vive entre las bestias. Enkidu pierde sus características al mantener relaciones con una prostituta, que le introduce en la civilización. Después entabla combate con Gilgamesh, tras lo cual se hacen amigos íntimos y se embarcan en heroicas empresas, como matar a Humbaba. Al regresar a Erech, la diosa Istar invita a Gilgamesh a ser su consorte, pero él la rechaza, despectivo. Enfurecida, la diosa envía al «Toro de los Cielos» para que le ataque, pero Gilgamesh y Enkidu matan al animal.

Los dioses deciden que Enkidu debe morir por haber participado en el asesinato de Humbaba y del Toro. Ante la suerte que corre Enkidu, Gilgamesh comprende la realidad de la muerte, y se propone descubrir el secreto de la vida eterna. Atraviesa las Aguas de la Muerte, va a ver al único hombre que ha obtenido la inmortalidad, Utnapishtim, que le habla de una planta que da la inmortalidad y que crece en el fondo del mar. Acompañado por el barquero de Utnapishtim, Gilgamesh recoge la planta, pero antes de que pueda usarla se la roba una serpiente (así es como obtiene el don del rejuvenecimiento este animal, que cambia la piel). Gilgamesh regresa a Erech y enseña su magnífica ciudad al barquero.

Las versiones sumerias

Se conservan cinco textos sumerios sobre Gilgamesh, rey de Sumeria deificado en época posterior. Los escribas babilonios los entretejieron y reinterpretaron para crear una epopeya completa.

El tercer texto cuenta que la diosa Inanna envió al «Toro de los Cielos» contra Gilgamesh después de que éste rechazara sus tentativas de seducción *(véase arriba)*.

En el cuarto texto, Inanna quiere cortar un árbol para hacer una cama y una silla, pero no puede porque el árbol está defendido por varios seres demoníacos. A petición de la diosa, Gilgamesh expulsa a los monstruos e Inanna fabrica con la madera dos objetos, llamados *pukku y muk-*

Muerte del demonio Humbaba, narrada en los textos sumerios y acadios. Gilgamesh aparece a la izquierda, con corona.

ku, quizá un tambor y un palo rituales. Por alguna razón, ambos caen a los infiernos, y Enkidu va a rescatarlos. Una vez allí, no puede regresar; pero el dios Enki practica un agujero en el suelo, por el que sale la sombra de Enkidu, y le cuenta a Gilgamesh la triste situación de quienes están allí confinados.

Por lo general, la última composición de la secuencia se titula Muerte de Gilgamesh, pero el texto podría referirse a la muerte de Enkidu. De todos modos, el tema es la inevitabilidad de la muerte y lo vano de las esperanzas de inmortalidad, y es el mensaje de la epopeya de Gilgamesh tal y como se expresa en su versión más completa, la babilonia.

ISTAR Y TAMMUZ

El descenso a los infiernos

Inanna, o Istar en la versión acadia, es la diosa suprema del amor sexual y la fertilidad, y también de la guerra, «la señora de las batallas». El mito más importante en el que aparece como figura central es el de su descenso a los infiernos.

No se da ninguna razón para el viaje de la diosa al inframundo; posiblemente se deba a que quiere extender su poder hasta allí. Antes de partir, ordena a su visir Ninshubur que vaya a ver a tres dioses distintos para pedirles su ayuda en el caso de que no regrese. En los infiernos tiene que atravesar siete puertas, en cada una de las cuales debe despojarse de una prenda de ropa y una joya hasta quedar desnuda y desprovista de todos los poderes que estos objetos simbolizan. Se enfrenta a la diosa Ereshkigal, reina de los infiernos y hermana suya, e intenta apoderarse del trono, pero es condenada a muerte y cuelgan su cadáver de un gancho en la pared. Al sospechar que ha ocurrido una catástrofe, Ninshubur se presenta ante el dios Enki que, con la suciedad acumulada en sus uñas, crea dos seres asexuados y les entrega la Planta y el Agua de la Vida. Penetran en Istar y la reviven, pero sólo se permite salir a la diosa a la condición de que entregue a un sustituto. Abandona los infiernos, acompañada por terribles demonios, y designa a su esposo Dumuzi para sustituirla.

El poema acaba con un discurso en el que se decreta que Dumuzi pase la mitad del año en los infiernos y su hermana Geshtinanna, «Señora de la Vid», la otra mitad.

Inanna (Istar) aparece en esta estela bajo el aspecto de diosa de la guerra, a lomos de un león y armada con una aljaba en cada hombro y una espada en el costado izquierdo. Su descenso a los infiernos y su regreso a la tierra representan míticamente la interrupción y recuperación de la fertilidad.

Tammuz, el dios moribundo

*D*umuzi, o Tammuz en hebreo, posee más de un aspecto. Aunque no era uno de los grandes dioses, la religión popular lo tenía en alta estima y su culto estaba muy extendido.

En uno de sus aspectos, Tammuz encarnaba la vegetación: en un relieve aparece sujetando algo que parecen uvas que comen unas cabras y flanqueado por dos diosas cuyos vasos, de los que mana agua, proporcionan la humedad necesaria para los cultivos. Pero lo más importante es que representaba el dios moribundo arquetípico, y por eso se le asimiló a otras deidades del mismo tipo, como Adonis en la mitología griega.

El marchitamiento anual de la vegetación durante la estación cálida queda simbolizado por su muerte y cautiverio en los infiernos. Tammuz es el objeto de numerosas liturgias mesopotámicas que lamentan su desaparición y la consiguiente desolación de la naturaleza, ritos celebrados fundamentalmente por mujeres, incluso en Jerusalén, como demuestra una referencia de la profecía bíblica de Ezequiel. Se cree asimismo que también se celebraba ritualmente su resurrección, y si bien no existen pruebas de tal extremo, debido al hecho de que la estancia en los infiernos sólo durase la mitad del año parece probable que su regreso a la vida constituyese el núcleo de un rito de primavera. No obstante, sólo Inanna (Istar) proporciona un ejemplo claro de la muerte y resurrección de una deidad en la literatura mesopotámica.

MITOS DE LA CREACIÓN

Enki, Marduk y los decretos divinos

Cilindro-sello que probablemente representa la muerte de Tiamat a manos de Marduk. En principio, Tiamat es el océano de agua salada, y en el mito encarna el caos primordial, simbolizado por un monstruo femenino en forma de dragón al que hay que vencer para poder crear el universo ordenado. Un texto menciona las armas de Marduk, la maza con la que aplasta la cabeza de Tiamat, el rayo para atacarla y, posiblemente, una red para capturarla a ella y a sus compañeros.

Hay que reconstruir la cosmogonía sumeria a partir de diversos mitos sobre los orígenes en los que intervienen varias deidades cuyas actividades no se pueden reconciliar fácilmente y parecen reflejar la rivalidad entre los dioses de distintas ciudades de Sumeria. En última instancia, todo procedía del mar primordial, personificado por la diosa Nammu. Ella dio a luz al dios del cielo, An, y a la diosa de la tierra, Ki, de cuya unión nacieron los «grandes dioses», entre los que se contaba Enlil, causa del orden universal y responsable de la vegetación, el ganado, las herramientas agrícolas y las artes de la civilización. El hombre fue creado para servir a los dioses y para proporcionarles sustento.

El mismo papel se atribuye a Enki, que habita en Apsu, el agua subterránea. En calidad de dios de la sabiduría, Enki posee los *me*, concepto fundamental en la religión sumeria. Los *me* son decretos divinos preordenados (probablemente en tablillas) que determinan el desarrollo de todas las instituciones religiosas y sociales. Su posesión confería un poder absoluto, y por eso no puede sorprender que los dioses quisieran adquirirlos.

Un mito cuenta que la diosa Inanna fue a ver a Enki con tal propósito. El dios la recibió con un gran banquete y, bajo la influencia del vino, le dio los *me*, cuya lista asciende a más de cien. Cuando se marchó Inanna, Enki intentó recuperarlos, pero la diosa rechazó a los emisarios con conjuros mágicos y llegó a su ciudad, Erech. Este mito explica el destacado papel de la ciudad y de la diosa en Sumeria.

El mito babilónico de la creación

*L*a epopeya babilónica de la creación presenta un conjunto coherente. Centrada en Marduk, reelabora mitos más antiguos protagonizados en un principio por otras deidades. Su objetivo primordial consistía en justificar la posición de Marduk como deidad principal y la importancia de su ciudad. El texto es un poema litúrgico de carácter mágico, cuyo recitado constituía parte integrante del festival primaveral de Año Nuevo, principal celebración religiosa de Babilonia destinada a renovar la creación.

Al principio nada existía, salvo Apsu, el océano de agua dulce, y Tiamat, el océano de agua salada. De su unión surgió una serie de dioses, que culminó con los grandes dioses Anu y Ea, que engendró a Marduk. Pero surgió el conflicto entre los dioses más jóvenes y

Marduk sobre una serpiente cornuda y el océano primordial. Sello de lapislázuli babilónico.

las deidades primordiales. Ea mató a Apsu y Tiamat decidió vengarse. Reunió una horda de monstruos feroces, como el hombre-escorpión, con su hijo Kingú a la cabeza, a quien invistió con la «Tablilla del Destino», equivalente de los *me* sumerios.

Varios dioses trataron de someter a Tiamat, pero no lo lograron, y al final el panteón eligió a Marduk como jefe. Marduk aceptó con la condición de que fuera reconocido como rey de los dioses. Derrotó y mató a Tiamat, dividió su cuerpo en dos, y con una mitad formó el cielo y, con la otra, la tierra. Le arrebató la Tablilla del Destino a Kingú, lo mató y creó a la humanidad mezclando la sangre de Kingú con tierra. Los dioses construyeron un templo en Babilonia para Marduk, con un zigurat.

EL DILUVIO

Destrucción y supervivencia

El mito del diluvio constituye una dramática reflexión sobre las inundaciones impredecibles de los ríos Tigris y Éufrates. La historia más completa se desarrolla en la epopeya de Atrahasis. Se crea la humanidad para que sirva a los dioses y los libere de la necesidad de trabajar, pero al cabo de mil doscientos años la humanidad se multiplica con tal rapidez que el ruido que hace molesta a los dioses. Enlil se propone reducir su número enviando primero la peste y después una sequía, que se repite dos veces, pero en cada ocasión fracasan sus planes gracias a la intervención del sabio Enki, que revela las intenciones de Enlil a Atrahasis, virtuoso rey de Shurupak, y le da instrucciones para contrarrestarlas. Por último, Enlil obliga a las demás deidades a que provoquen un gran diluvio y a que presten juramento de mantenerlo en secreto.

Enki soluciona la situación no hablando directamente a Atrahasis, sino a la choza de cañas en la que vive el rey. Siguiendo el consejo de Enki, Atrahasis construye un barco en el que se refugia junto con su familia y varios animales cuando sobreviene el diluvio. Los dioses descubren que sin seres humanos carecen de sustento y necesitan volver a trabajar, por lo que lamentan lo sucedido. Al cabo de siete días remite la inundación y Atrahasis ofrece un sacrificio a los dioses. Al principio, Enlil se enfurece, pero acaba aceptando la continuidad de la humanidad. No obstante, propone una serie de medidas para limitar el crecimiento de la población: instituye sacerdotisas a quienes se prohíbe tener hijos e introduce la mortalidad infantil. Atrahasis es recompensado con la vida eterna y un lugar entre los dioses.

EL DILUVIO DE LA EPOPEYA DE GILGAMESH
Utnapishtim, superviviente del diluvio en la epopeya de Gilgamesh *(véase p. 60)*, cuenta que construye un barco en forma de cubo perfecto y ofrece una vívida descripción de los efectos de la inundación. Cuando remitieron las aguas, soltó una paloma, una golondrina y un cuervo para que reconocieran el terreno y a continuación abandonó la embarcación para ofrecer un sacrificio, alrededor del cual se reunieron los dioses para «oler el dulce aroma», detalles que establecen un estrecho vínculo entre el relato babilónico y el bíblico. Por último, Ea le dijo al encolerizado Enlil que no debía procurar la aniquilación de la raza humana sino castigarla, cuando fuera necesario, enviando animales salvajes, hambrunas o la peste. Enlil aceptó el consejo y recompensó a Utnapishtim con la inmortalidad.

El mito del diluvio sumerio

El mito del diluvio sobreviene en tres versiones cuyos rasgos básicos demuestran que proceden de un prototipo común. La humanidad ofende gravemente a los dioses y es castigada a instancias de Enlil con un diluvio destinado a extinguirla; pero se salvan un hombre y su familia gracias a la intervención del dios Enki o Ea. El mito sumerio se conserva fragmentariamente, pero constituye la fuente de las versiones mesopotámicas posteriores y describe la institución de la civilización, la monarquía, las ciudades-estado y la irrigación en Sumeria.

Tras una laguna en el texto, aparece Enki hablando sobre la decisión de los dioses de destruir a la humanidad con un diluvio, a pesar de las protestas de Inanna, la diosa madre. Enki desea salvar al virtuoso rey Ziusudra y le cuenta las intenciones de los dioses hablándole a través de la pared de cañas de su casa. En este punto vuelve a interrumpirse el texto, pero probablemente Ziusudra recibiría instrucciones para construir un barco, porque continúa con una descripción de un diluvio de siete días, en los que «los vientos azotaron el enorme barco sobre las grandes aguas». Después aparece Utu, el dios del sol, en su barca, y devuelve la luz. Ziusudra sale para ofrecer un sacrificio a An y Enlil, que parecen los causantes del diluvio. Aplacados, repueblan la tierra, renuevan la vegetación y por último conceden a Ziusudra la «vida eterna, como un dios».

La tercera versión del mito se encuentra en la undécima tablilla de la epopeya de Gilgamesh *(véase arriba, derecha)*, en la que el héroe Utnapishtim cuenta cómo sobrevivieron su familia y él.

Utu en su barca, con otras deidades. En esta embarcación, en la que cruzaba el cielo a diario, se aparece el dios del sol a Ziusudra en el mito del diluvio.

MITOS UGARÍTICOS

Monarquía y sucesión

DEIDADES UGARÍTICAS

A la cabeza del panteón ugarítico figura El, suprema autoridad en todos los asuntos divinos y humanos: es el creador, «el padre de dioses y hombres», y se le representa como un hombre de edad y aspecto venerable. No obstante, la deidad más activa en los mitos es el joven Baal, identificado con Hadad, dios de la tormenta, y con el principio deificado de la fertilidad, que vive en una montaña del remoto norte. Se asocia con ellos a dos figuras femeninas, Asherah o Astarté y Anat, ejemplos de diosas de la fertilidad que se encuentran en todo el antiguo Oriente Próximo. Asherah es la consorte de Él y madre del panteón, y Anat la hermana de Baal y su principal ayuda, con un carácter violento y belicoso. Otras divinidades de menor importancia son Reshef y Horon, dioses de la peste, y Athar, el planeta Venus, el equivalente de Istar en Mesopotamia. En los mitos también aparecen dos adversarios de Baal: Yam, el mar, y Mot, el poder destructivo de la sequía y la esterilidad.

El dios Él en su trono, aceptando la ofrenda de un fiel con corona, quizá el rey de Ugarit. La deidad lleva una corona con cuernos de toro y la mano izquierda se alza en un gesto de bendición. Esta estela ugarítica ilustra las características de Él que le atribuye el texto con los términos rey, toro, benévolo, misericordioso y santo.

A partir de 1928, en las excavaciones del yacimiento de Ugarit (la actual Ras Shamra), al norte de Siria, se han descubierto numerosas tablillas con textos poéticos míticos que proporcionan testimonios de primera mano de la religión de los cananeos, tema sobre el que se sabía relativamente poco hasta entonces. Los textos se han fechado entre 1400 y 1350 a. C., aproximadamente, pero los mitos que contienen pertenecen a una época muy anterior: son creaciones de generaciones de cantores populares u oficiales y algunos desempeñaban un papel en la liturgia de los templos. Los mitos y leyendas ugaríticas muestran muchos rasgos comunes con los mesopotámicos, pero también poseen características distintas.

Dos textos tratan sobre importantes aspectos de la sociedad cananea. El primero es la leyenda del rey Keret, que comienza con los lamentos del rey por la pérdida sucesiva de siete esposas, hecho que destruye sus esperanzas de tener un heredero. El dios supremo Él se le aparece en sueños y le ordena que invada un reino vecino y se case con Huray, la hija de su rey. Keret parte, tras haber prometido ofrecer a Asherah, diosa de la fertilidad, el peso de Huray en oro y plata si triunfa en su empresa. Consigue su objetivo y, al regresar, Él le bendice y le promete que Huray le dará ocho hijos, al mayor de los cuales amamantarán Asherah y Anat. Los niños nacen en el transcurso de siete años, pero después resulta que Keret no ha cumplido su juramento a Asherah. El rey cae gravemente enfermo, no puede administrar justicia y la fertilidad de los campos disminuye. Se celebra una ceremonia en el palacio de Baal para que sobrevengan las lluvias, tras lo cual Keret recupera la salud y el trono y sofoca la tentativa de uno de sus hijos para destronarle. El relato proporciona numerosos datos sobre el concepto de monarquía tal y como se entendía en el antiguo Oriente Próximo: se consideraba al rey una figura sagrada, el canal de las bendiciones que llevaba orden y fertilidad a la tierra y la sociedad, y sus súbditos sufrían o prosperaban al unísono con él.

La leyenda de Ahat presenta puntos semejantes. El patriarca Daniel (el mismo nombre de la Biblia) no tiene descendencia, pero a instancias de Baal, Él le promete un hijo, Ahat. Cuando crece, un artesano divino le da un arco y unas flechas. La diosa Anat los codicia e intenta convencer a Ahat de que renuncie a ellos, pero él se niega y la diosa envía a su sirviente Yatpan para matarle, pero el arco se rompe en la lucha y el intento se va a pique. Después Baal retiene las lluvias y no hay cosecha. Daniel busca los restos de Ahat, los encuentra, los entierra en el panteón familiar y celebra ceremonias mortuorias durante siete días.

No se conserva el final del mito, pero, en opinión unánime de los expertos, narra la resurrección de Ahat, la vuelta de la fertilidad al país y quizá la recuperación del arco. Tras el relato bien podría ocultarse el mito original que explicaría la sequía estival y su fin, simbolizados por la muerte y resurrección de Ahat, mientras que el arco podría representar la constelación de Orión, cuyo nacimiento y ocaso corresponden al comienzo y el final de la estación seca.

Existen otros dos mitos, en esencia teogonías, es decir, versiones sobre el nacimiento de los dioses. Uno cuenta que Él mantiene relaciones sexuales con dos mujeres, que probablemente representan a las diosas Asherah y Anat, y primero es padre de dos divinidades, Shachar («Alba») y Shalim («Crepúsculo») y después del resto de las deidades ugaríticas.

En el segundo mito se habla de los preparativos para la boda del dios de la luna, Yarih, con la diosa de la luna, Nikkal, en el transcurso de los cuales se convoca a las *kotharat*, las comadronas divinas, para que asistan al nacimiento de un hijo.

Baal, dios de la tormenta

Los mitos ugaríticos más importantes, que constituyen un ciclo de tres episodios interrelacionados, tratan sobre el joven dios de la tormenta Baal. Probablemente, el conjunto se recitaba en una gran celebración de otoño que conmemoraba el final del año agrícola y el deseo de que llegaran las primeras lluvias (al igual que la epopeya de la creación babilónica se recitaba en la festividad del Año Nuevo).

El primer texto habla de la victoria de Baal sobre Yam, el «mar». También llamado Nahar («río») y «dragón», «serpiente» y «Leviatán» en otros documentos ugaríticos, Yam era el equivalente de la Tiamat mesopotámica *(véase p. 62)*.

Al principio del mito, Yam reclama el poder regio y El, dios supremo, decide concedérselo, pero a condición de que primero venza a Baal. Esta parte del texto muestra tensiones y rivalidades entre el viejo El y el joven Baal, que también aparecen más adelante. Con la ayuda de las armas mágicas que le da el artesano divino, Baal entabla combate con Yam, le mata, desperdiga sus restos y se autoproclama rey. Yam representa las fuerzas ingobernables del caos, que amenazan a los hombres y a la naturaleza. Al derrotarle, Baal demuestra que puede dominar el fluir de las aguas del cielo y enviar a la tierra las lluvias de las que depende la agricultura.

El segundo episodio se inicia con un gran banquete para celebrar la victoria de Baal sobre Yam, a pesar de lo cual Baal pasa a un segundo plano, y sigue un relato de la sangrienta matanza de los fieles de Baal a manos de Anat, que quizá refleje la angustia de la población al final de la estación seca. Baal trata de dominar a Anat prometiéndole revelarle el secreto de las tormentas, que provocarían las lluvias portadoras de vida. A continuación, Baal se queja de no tener un palacio como los demás dioses, y Anat se presenta ante El para pedirle que le conceda una casa a Baal, pero al principio El se niega. Por último, su consorte, Asherah, le convence, y

Baal o Hadad como dios de la tormenta. Sobre las montañas, sujeta una maza que representa el rayo, y una lanza que representa el relámpago.

sigue una descripción del edificio del palacio en el que se establece Baal, acontecimiento que se celebra con una gran fiesta. Tras esta narración se oculta un mito sobre el templo de Baal en Ugarit, semejante al edificio de Esagila consagrado a Marduk tras vencer a Tiamat *(véase p. 62)*. Al final, Baal pregunta si existe alguien que pueda resistirse a su poder supremo y reta a Mor, dios de la muerte, monstruo primordial de la tierra (el paralelo de Yam, monstruo primordial del mar), y esto sirve de introducción a la tercera parte del mito.

El tema del último capítulo es la tentativa de Mot de usurpar el trono de Baal por medio de dos confrontaciones. En primer lugar, Mot obliga a Baal a someterse a su poder y a descender a los infiernos, provocando así la sequía estival. En ausencia de Baal y a petición de El, Asherah designa rey a su hijo Ashtar, quien demuestra no estar capacitado para la tarea, y mientras tanto, Anat va en busca de Baal. Cae sobre Mot, lo mata, lo trilla y lo quema. Pero parece que sólo se presenta un aspecto terrenal de Mot, ya que en un episodio que rememora el peligroso viaje de Istar *(véase p. 61)*, Anat desciende a los infiernos para intentar convencer a Mot de que libere a Baal. Por último, y gracias en gran parte a la intervención de Shapash, diosa del sol, Baal regresa y recupera su posición anterior.

Después, Mot lanza su segundo reto: abandona su morada subterránea y se enfrenta cara a cara con Baal por primera vez. Se entabla una lucha que acaba en empate, pues aparece El y convence a Mot de que reconozca a Baal como rey.

Como personificación del último enemigo del hombre, la muerte, Mot no puede ser vencido; Baal únicamente puede mantenerlo a raya con la ayuda del jefe supremo de los dioses. En este punto, el mito toca un tema tratado con mayor patetismo en la epopeya de Gilgamesh (véase p. 60): la tragedia universal de la muerte.

MITOS DE LOS HITITAS

Dragones y dioses perdidos

Bajorrelieve de la ciudad hitita de Malatya. El dios del tiempo atmosférico (quizá con su hijo) ataca a una gran serpiente y le arroja granizo. Según los textos, al principio el dios es derrotado por el dragón Illuyankas, pero al final sale victorioso. El mito se recitaba en el festival hitita de Año Nuevo.

Los hititas, un pueblo no semita, se establecieron en Asia Menor a principios del III milenio a.C. y acabaron por crear un imperio que abarcaba gran parte de Oriente Próximo y que duró hasta 1225 a.C., aproximadamente. El panteón hitita era mucho más amplio que el mesopotámico, porque su religión absorbió los cultos de otros pueblos, como los hati (los anteriores habitantes de Asia Menor) y los hurritas (del norte de Mesopotamia). La religión babilónica también ejerció gran influencia y su panteón contaba con varias deidades babilónicas.

Los mitos hititas se agrupan en dos categorías principales: la muerte del dragón y el dios perdido. El mejor ejemplo de la última es el mito de Telipinu, dios de la agricultura e hijo del tiempo atmosférico. Por alguna razón inexplicada, a Telipinu le da por esconderse y su ausencia destruye la naturaleza y la sociedad. El trigo y la cebada no crecen, bueyes, ovejas y seres humanos no pueden concebir y las hembras preñadas no pueden dar a luz. Incluso los dioses tienen hambre. Las divinidades (especialmente la del tiempo atmosférico) van en busca de Telipinu. Finalmente lo encuentran y Telipinu regresa volando sobre un águila. La prosperidad vuelve a la tierra y se promete vida y fortaleza al rey y la reina. Este relato quizá sirviera como invocación para inducir a un dios a que regresara a un fiel descarriado.

Ullikumi y Teshub

En los textos mitológicos hititas aparece una deidad especialmente importante: el dios del tiempo atmosférico, Teshub, versión hitita de Hadad. La posición destacada de Teshub se explica en dos textos, que tratan sobre la lucha por la jefatura del cielo entre los dioses jóvenes y los viejos.

El primer mito se centra en Kumarbi, padre de los dioses, que podría compararse con el sumerio Enlil. Sin embargo, Kumarbi no fue el primer dios. Antes que él, Alalu era el rey del cielo, y lo depuso Anu. Entonces Kumarbi le declaró la guerra y le arrancó el pene de un mordisco, se impregnó de su esperma y al cabo del tiempo nacieron tres «dioses terribles», todos ellos aspectos del dios del tiempo atmosférico. En este punto la tablilla está mutilada, pero probablemente el siguiente episodio narra la derrota de Kumarbi. En el segundo mito, el Canto de Ullikumi, Kumarbi desea vengarse de Teshub, que lo ha destronado, y con la ayuda del mar, el caos personificado, tiene un hijo, Ullikumi, a quien colocan sobre los hombros de Upelluri, un gigante que vive en medio del mar. Ullikumi alcanza un tamaño enorme, lo que preocupa a Teshub, que organiza a los dioses para que le ataquen, pero la empresa fracasa y Ullikumi obliga a Teshub a abdicar. Teshub acude al sabio dios Ea, que idea un medio para apartar a Ullikumi de Upelluri, fuente de su fuerza, y reúne a los dioses para que reanuden la lucha. No se ha conservado el final del mito, pero casi con toda seguridad habla de la restauración de Teshub y de la derrota de Kumarbi y su hijo.

En principio deidad hurrita, se representa a Teshub como guerrero y como dios de la tormenta, con espada, hacha, un rayo triple y casco con cuernos.

MITOS PERSAS

Ahura Mazda y la lucha entre el bien y el mal

MITRA

Quizá la deidad persa más conocida sea Mitra, debido a que su culto se extendió por Occidente. En principio, personificaba a *mitra* («contrato»), y como tal, mantenía el orden y la ley. Era asimismo dios de la guerra y se le representaba en su carro de oro tirado por cuatro caballos, combatiendo a los demonios y a sus adoradores, y se le asociaba con el sol. En el imperio romano se convirtió en objeto de un culto mistérico. Prácticamente en todos lo santuarios de Mitra había un relieve central en el que el dios aparecía matando al toro, antiguo rito persa instituido por Yima, el primer hombre, que en el mitraísmo simboliza un acto de renovación de la creación: al sacrificar al toro, se creía que Mitra volvía a traer al mundo el reinado de Yima sin hambre ni muerte y garantizaba la inmortalidad a sus fieles.

La religión de los antiguos persas sólo se conoce por las escrituras zoroástricas, el *Avesta,* y sobre todo por un conjunto de himnos denominados *Yashts.* Los persas adoraban a las fuerzas de la naturaleza, pero también deificaban conceptos y fenómenos sociales. Reconocían un dios supremo, Ahura Mazda («Señor Sabio»), el cielo que todo lo abarca. A él se oponía Angra Mainyu o Ahriman, dios de la oscuridad y la esterilidad. Por consiguiente, la vida consistía fundamentalmente en una batalla entre las fuerzas del bien y del mal. Entre ambas deidades estaba Vayu, dios del aire y el viento, y había otro dios importante, Tishtrya, dios de la lluvia, cuyo mito ejemplifica el relato del conflicto universal en Oriente Medio. Tishtrya desciende al océano cósmico en forma de caballo blanco con orejas y arreos de oro y se encuentra con Apaosha, demonio de la sequía, en forma de caballo negro. Luchan durante tres días y al principio vence Apaosha y la sequía domina la tierra, pero Tishtrya recurre a Ahura Mazda, que le da de comer para fortalecerlo hasta que vence a Apaosha y vuelven las lluvias. Otra figura de la mitología persa es Anahita, diosa de la fertilidad, origen de las aguas de la tierra, de la reproducción humana y del mar cósmico. El mito del dios desaparecido adopta la forma de Rapithwin, señor del calor del mediodía y de los meses estivales: todos los años, el demonio del invierno invade la tierra y Rapithwin se retira bajo tierra para mantener calientes las aguas subterráneas.

En el siglo VI o VII a.C., el profeta Zoroastro formalizó el dualismo inherente a la fe persa y Ahura Mazda pasó a ser la única divinidad digna de adoración absoluta. Los principales mitos zoroástricos tratan sobre la creación: Ahura Mazda crea el universo benéfico, en el que está incluido Gayomart, el hombre arquetípico, pero Angra Mainyu, jefe de las hordas demoníacas, crea a sus propios descendientes malignos: animales crueles, torbellinos, tormentas de arena y enfermedades que atacan el cosmos y destruyen su estado ideal. En última instancia, este conflicto debe acabar con la victoria del bien sobre el mal.

En la época de los aqueménidas, Ahura Mazda pasó a ser el protector de la casa real y se le representaba simbólicamente con alas extendidas sobre el rey, a la manera de los babilonios y egipcios.

INDIA

El grupo de tres dioses del panteón clásico hindú (de izquierda a derecha): *Brahma, Siva con su toro Nandi debajo, y Visnú, bailando con la música de los músicos divinos, los Gandharvas. Escultura en piedra del siglo XII.*

En el transcurso de la historia, la cultura india ha estado sometida a una continua interacción entre los diferentes grupos religiosos, lingüísticos y sociales y de ella ha surgido una mitología de ricas texturas cuya diversidad y cantidad rivalizan con el cuerpo mitológico de toda Europa. Se conserva gran número de narraciones en las lenguas regionales del país, pero los mitos más populares se han extendido más gracias a su adopción a la lengua suprarregional, el sánscrito, y a haberse reunido en los *Puranas,* que a partir del siglo IV sustituyeron a las epopeyas (el *Mahabharata* y el *Ramayana)* como archivo de las tradiciones religiosas y míticas.

En esta rica variedad mitológica subyace un tema central, el de la tensión entre la creación y la destrucción. Un rasgo característico del pensamiento indio consiste en el proceso mediante el cual el orden surge del caos y el universo vuelve a disolverse en el caos, siguiendo una pauta cíclica inmensa. Otro tema básico es que las cosas no son lo que parecen y que la realidad es en cierto sentido ilusoria. Entre todos estos detalles destaca la manipulación consciente de los materiales por parte de los narradores, que los desarrollan y transforman de modo que una forma del mito constituya una crítica deliberada de otras formas.

A medida que la religión fue desarrollándose y surgió el hinduismo, el grupo de dioses más antiguo del panteón védico (treinta y tres en muchos casos) dio paso al concepto del *trimurti,* agrupación formal de Brahma con las dos deidades que más adelante serían las dominantes, Visnú y Siva. A Brahma se le considera el inventor, a Visnú el mantenedor y a Siva el destructor del cosmos. En época más reciente se optó por un grupo de cinco dioses (Visnú, Siva, Devi, Surya y Ganesha).

LUGARES SAGRADOS

Himalaya («morada de nieve»). En el Himalaya se encuentra
la residencia predilecta de Siva, el monte Kailasa, el mítico monte
Meru (ombligo del mundo y sede de los cielos de Brahma e Indra)
y el monte Mandara, que sirvió de remo para batir el océano
(*véase p. 71*). Personificada, la gran cordillera es esposo de Mena
y padre de Parvati, consorte de Siva, «hija de la montaña». Según
otro mito, las montañas eran elefantes voladores hasta que Indra
los castigó por su tozudez y les cortó las alas.

Ganga (Ganges). La más sagrada de las tres grandes diosas de ríos
del hinduismo (los otros son el Yamuna y el Sarasvati y los tres
se unen en Prayaga, actual Allahabad, según la tradición. En otros
casos, se citan siete ríos sagrados). Bajada del cielo por Bhagiratha,
la caída de Ganga quedó amortiguada por los rizos acolchados de Siva,
que estaba meditando en el monte Kailasa. Como llegó hasta los infiernos,
se dice que riega los tres mundos. Ganga también alimentó al embrión
que al nacer adoptó la forma de Skanda o Karttikeya, de seis cabezas.
Mathura. Ciudad gobernada por Kamsa, enemigo de Krisna, rodeada
por Brindaban, donde Krisna realizó sus hazañas juveniles.
Ayodhya. Capital del reino heredado por Rama de su padre, Dasharatha,
y, por tanto, ciudad en la que se manifestaba su gobierno ideal.
Varanasi (Benarés). También llamada Kashi («ciudad de la luz»),
es la ciudad de Siva, en la que éste reside en persona, y se cree que
sobrevive a la disolución periódica del universo. Los hindúes creyentes
piensan que vivir allí garantiza la liberación y lo consideran el mejor
lugar para ser incinerado.

PAKISTÁN

CACHEMIRA

R. Indo

Chamba
Kangra

TÍBET

R. Brahmaputra

HIMALAYA

Delhi

Mathura
Ayodhya

NEPAL   BUTÁN

Sarnath
Prayaga   R. Ganga (Ganges)
Benarés

Deogarh   BANGLADESH

Sánci
Khajuraho

R. Narmada

Calcuta

Ajanta   INDIA

Bombay   R. Godavari

Bhubaneswar

MYANMAR
(BIRMANIA)

R. Krisna   MESETA
DEL DECAN

Badami

BAHÍA
DE
BENGALA

Madrás
Mamallapuram

Tanjavur

Madurai

SRI
LANKA

OCÉANO ÍNDICO

CLAVES DEL MAPA

● Ciudad o emplazamiento de especial importancia religiosa o cultural

○ Otra ciudad

▨ Región montañosa

País actual: **PAKISTÁN**

RELIGIONES DE LA INDIA

El HINDUISMO agrupa las tradiciones religiosas que se desarrollaron
en diversas etapas a partir de las creencias védicas que llevaron
a la India los arios. Al principio se ofrecían sacrificios de animales,
que después se sustituyeron por ofrendas vegetales; las deidades
femeninas adquirieron más importancia y el culto se popularizó.
Se considera dios supremo a Visnú o Siva, y la transmigración es un
concepto característico: el continuo renacer en una sucesión de vidas
hasta que se alcanza la liberación final mediante el conocimiento,
la acción o la devoción.
El BUDISMO surgió en los siglos VI-V a.C. al noroeste de la India,
en una época de creciente descontento por el dominio de la ortodoxia
de los sacrificios. Siddharta Gautama, el Buda («el Iluminado»)
proponía un enfoque pragmático de la búsqueda de la liberación
del ciclo de reencarnaciones. Sostenía que los problemas de la
humanidad derivaban de los deseos y de la creencia en un alma
eterna. Su mensaje del Noble Sendero Óctuple que lleva al *nirvana*
se extendió por las rutas de la India y pasó a través de Asia central
hasta la China y el Japón en la forma *mahayana*, mientras que
la modalidad *theravada* se estableció en Sri Lanka y Birmania.
El JAINISMO considera a Mahavira, el Jaina («Conquistador»),
coetáneo de Buda, su último gran maestro. Predicó una
religión muy austera que, entre otras cosas, resaltaba la
presencia de almas vivas en una gama muy amplia de seres
y el deber de evitar despojarles de la vida (el concepto de *ahimsa*).

LOS ORÍGENES DEL MUNDO
Sacrificio y conflicto

En la cosmología del hinduismo, el mundo se somete a ciclos regulares de emanación y reabsorción. En este cuadro del siglo XVII, Visnú reposa entre un período de emanación y el siguiente sobre la serpiente Ananta, mientra Shri le da masaje en los pies. En el registro superior (de izquierda a derecha) aparecen Visnú montado sobre Garuda (que lleva una serpiente en el pico), Brahma y Siva.

EL PANTEÓN VÉDICO
Los textos indios más antiguos son los himnos védicos, cuatro colecciones de composiciones que se han transmitido oralmente desde comienzos del I milenio a.C. y que se consideran demasiado sagradas como para escribirlas. Estos textos, poemas de alabanza e invocación a las numerosas deidades y que, por lo general, sólo hacen alusión a los mitos, constituyen la parte más antigua de los Vedas, la literatura védica que continúa con los *Brahmanas* (dedicadas al ritual de los sacrificios y rico archivo de mitos), los *Aranyakas* y los *Upanishads* (textos especulativos que se sirven de los mitos para expresar sus ideas).
Los Devas, deidades védicas (con predominio masculino), presentan todas las características humanas. Solían ser treinta y tres y después se los dividió a partes iguales entre las tres regiones del cosmos: cielo, atmósfera y tierra. Su principal atributo es el poder y, por tanto, tienen capacidad para ayudar a la humanidad.

En el pensamiento indio, el mundo no se origina mediante un acto de creación, sino mediante un acto de ordenación: el orden surge del caos, punto en el que coinciden todos los mitos cosmogónicos y las teologías formales. Sin embargo, aparte de este detalle, existe poca coherencia. Los mitos de los orígenes abarcan una larga serie de expresivas metáforas, tomadas de todas las actividades humanas, y especialmente en la literatura védica tardía tales metáforas corresponden al sacrificio de animales. En un himno, Viswakarma, «el hacedor de todo», aparece celebrando el primer sacrificio, el de la creación. En otro himno, Purusha, persona cósmica o ser primigenio, es ofrecido en sacrificio, y de su cuerpo desmembrado nacen todas las entidades del universo, desde los dioses védicos tradicionales hasta los animales y el hombre, pasando por la atmósfera, el cielo y la tierra. Sin embargo, sólo se manifiesta de este modo una cuarta parte de Purusha, ya que las otras tres cuartas partes constituyen la inmortalidad en los cielos.

Estas ideas quedan reflejadas en los ritos de los sacrificios, considerados como una representación de la creación y, por consiguiente, vitales para el mantenimiento del cosmos.

Después de los himnos védicos aparecen frecuentes alusiones al Germen Dorado o embrión, el huevo del mundo que flota sobre las aguas primigenias del caos, de las que emerge la primera deidad, hacedora u ordenadora del mundo. La analogía de embarazo implícita en este concepto se expresa explícitamente en diversos mitos, el más conocido de los cuales es el de Prajapati («el señor de la progenie») quien, con el poder de su ascetismo, crea niños, entre ellos una niña, el Alba. Pero Prajapati se excita sexualmente con su hija e intenta cometer incesto con ella. Avergonzada y asustada, el Alba se transforma en cierva, Prajapati en ciervo y su semen origina los primeros hombres. En otra versión, Prajapati se aparea con el Alba bajo diversas formas de animal y crea o procrea «todas las parejas, hasta las de hormigas».

También abundan las descripciones del Cielo y la Tierra en calidad de divinos progenitores. En algunos himnos, la diosa Aditi, «la Ilimitada», queda encinta de

Daksha, el «arte ritual», da a luz a siete grandes dioses (llamados Adityas) y al sol, el octavo dios, que nace muerto. Después, los dioses crean el cosmos a partir del caos. Pero, al igual que Daksha nace de Aditi, éste nace de Daksha, porque ambos principios son interdependientes.

Una de las deidades védicas menores es Twashtri, el carpintero o arquitecto divino, a quien algunos himnos atribuyen la creación del Cielo y la Tierra o de todas las formas. En dos himnos aparece la pregunta: «¿Cuál fue la madera, cuál fue el árbol con el que modelaron cielo y tierra?»; y en el segundo, en el que aparece Viswakarma celebrando el primer sacrificio, se añaden las imágenes del alfarero y el herrero, que se encuentran en más textos. Según otra versión, el papel cosmogónico de Twashtri es secundario: fabrica el rayo para que Indra mate a Vritra y fija así la tierra y libera las aguas. La muerte de Vritra a manos de Indra *(véase p. 72)* ejemplifica la creación mediante la oposición y el conflicto, en las que se concede cierto grado de personalidad a las fuerzas del caos, aspecto éste de un conflicto más amplio entre los Devas (los dioses, benévolos con la humanidad) y los Asuras (los antidioses). En el mito sobre el batir del océano *(véase recuadro, abajo),* la encarnizada pugna entre estos grupos se convierte en combate formalizado, en una especie de tira y afloja.

LAS SERPIENTES EN LOS MITOS

Las serpientes —cobras por lo general— desempeñan un papel fundamental en la mitología india. Vasuki, que sirve de cuerda para batir el océano, es uno de los reyes de las *nagas* o serpientes, y en algunos mitos se dice que el mundo se apoya sobre sus múltiples cabezas y que cuando se mueve sobreviene un terremoto. Vasuki y otra serpiente, Takshaka, y los descendientes de ambas, llevan una joya en la capucha. Ananta («infinito«) o Shesha («recordatorio«) es la serpiente cósmica entre cuyos anillos descansa Visnú en las aguas cósmicas en los intervalos entre las emanaciones del cosmos. Las tres son hijas de Kadru, hija de Daksha y antepasada de todas las serpientes, y su hermana es la madre de Garuda, el ave divina y gran enemiga de estos seres.

El batir del océano

Este mito, que se encontró por primera vez en los Brahmanas, está muy extendido en los Puranas. La siguiente versión es una forma condensada del Mahabharata (una de las dos grandes epopeyas en sánscrito compuestas entre el siglo IV a. C. y el IV d. C.), y se centra en la obtención del amrita («inmortal»), o elixir de la inmortalidad. Con la ambigüedad característica de la mitología india, el cosmos ya existe en cierto sentido antes de que aparezcan éste y otros puntos esenciales.

Los dioses, reunidos en el monte Meru, reflexionaban sobre cómo obtener el *amrita.* Visnú propuso: «Que los Devas bastan el balde del océano y al batirlo surgirá el elixir, junto con todas las hierbas y joyas».

Fueron al monte Mandara, lo arrancaron y lo colocaron en el lomo de una tortuga a modo de paleta, y sirviéndose de la serpiente Vasuki como cuerda, se pusieron a batir el océano. Los Asuras y los Danavas sujetaron un extremo de Vasuki y los Devas el otro y dieron

vueltas al monte Mandara, de modo que sus árboles se tambalearon y la fricción los incendió. Indra apagó las llamas con agua de sus nubes, pero la savia de todas las plantas fluyó hasta el océano, que se transformó en leche y después en mantequilla.

Con un último esfuerzo, los dioses siguieron batiendo, y así surgieron el Sol, la Luna, la diosa de la fortuna, otros tesoros y, al final, el divino médico Dhanvantari, con el elixir. Visnú convenció a los Asuras de que renunciasen al elixir y se lo diesen a los Devas, pero Rahu se apoderó de una gota y antes de que pudiera tragarla Visnú lo decapitó. Desde entonces Rahu y la Luna (con la que se identifica el *amrita)* mantienen una lucha continua, lo que explica la desaparición y aparición periódicas de nuestro satélite por el cuello cortado de Rahu. Enfurecidos, los Asuras entablaron batalla, pero fueron derrotados y los dioses victoriosos volvieron a colocar el monte Mandara en su sitio.

Miniatura kangra del siglo XVIII que representa el batir del océano: los antidioses tiran de las cabezas de la serpiente Vasuki y los dioses, de la cola.

INDRA

Guerrero y rey de los dioses

LOS TÍTULOS DE INDRA

Muchos de los títulos de Indra aluden a su rasgo más destacado, la fuerza:
SHAKRA («poderoso»). Tan frecuente que aparece como otro de sus nombres.
SHACHIVAT («que posee fuerza»)
SHACHIPATI («señor de la fuerza»). Se interpretó posteriormente como «esposo de Shachi», con lo que se le reconocía una consorte.
SHATAKRATU («que tiene cien poderes»). También se volvió a interpretar: «que celebra cien sacrificios».
A Indra se le llama asimismo «el de los mil ojos», en principio por su omnisciencia. Con el declinar de su estima, en algunos relatos posteriores se da a entender que Gautama no maldijo a Indra por su adulterio con Ahalya con la pérdida de sus testículos sino con la aparición de genitales femeninos en todo el cuerpo, que después se transformarían en ojos.

Indra fue la deidad más popular entre los poetas de la primera colección de himnos védicos y también la más conocida, el *Rigveda*. Se le invoca en una cuarta parte de los himnos. Es el dios que domina la región intermedia, la atmósfera, y aparece con rasgos más antropomórficos que la mayoría de las divinidades. Tiene un cuerpo enorme y fuerte, brazos poderosos para empuñar sus armas, el pelo leonado, el vientre distendido por el embriagador *soma* y, por encima de todo, es el guerrero más destacado del panteón védico.

Jefe de los dioses, los dirige en su lucha contra los Asuras y en él se centran los mitos a los que se hace alusión en los himnos védicos. Nacido del Cielo y la Tierra (a los que separa para siempre) despliega su característica energía desde el principio. Los relatos sobre su nacimiento y sus hazañas juveniles hablan de su rivalidad con una deidad más misteriosa, Varuna, que debió ser jefe de los dioses y gradualmente dejó su lugar a Indra. Mientras que Varuna representa los aspectos estáticos y jurídicos de la soberanía (simbolizados en su función de guardián del *rta*, u orden cósmico), Indra representa de una forma más inmediata el poder sobre el que descansa la jefatura. El principal mito sobre Indra cuenta su lucha contra la serpiente Vritra *(véase recuadro, abajo),* pero también se enfrenta a muchas otras fuerzas hostiles y ayuda a los arios en sus batallas sobre la tierra. En algunos casos aparece como destructor de poderes hostiles en general, expulsando a los Asuras o fulminando a los *rakshas* (poderes maléficos

La muerte de la serpiente Vritra

En los himnos védicos se hace alusión a la muerte de Vritra a manos de Indra. Ofrecemos una versión abreviada de un himno del Rigveda.

«Proclamaré las heroicas hazañas que en los comienzos realizó Indra, el que empuña el rayo. Mató a la serpiente, abrió un canal para las aguas y cortó las entrañas de las montañas. Como vacas mugientes, las aguas descendieron hasta el mar. Exultante en su virilidad como un toro, Indra tomó el *soma* y bebió el jugo de los cuencos de los árboles. El generoso cogió su rayo y su arma y mató al primer dragón. Y así, Indra, en aquel instante hiciste el sol, el cielo y el alba. Desde entonces no has encontrado rival digno de ti. Con su gran arma, Indra mató a Vritra, la que no tiene hombros. Como el tronco de un árbol con las ramas cercenadas, yace postrado el dragón en el suelo. Sobre él, como un junco tronchado, fluyeron las aguas para la humanidad, las aguas que Vritra había encerrado con su fuerza. Las aguas fluyen sobre el cadáver oculto de Vritra, porque el que halló en Indra un adversario demasiado poderoso se ha sumido en larga oscuridad. Tú, oh dios valiente, tú ganaste el *soma,* tú liberaste los siete arroyos que ahora fluyen.»

Indra seduce a Ahalya

En el Ramayana *(la otra gran epopeya en sánscrito compuesta en la misma época que el* Mahabharata*), Visvamitra le cuenta a Rama que Indra sedujo a Ahalya, esposa del gran sabio Gautama.*

En una ermita, Gautama, en compañía de Ahalya, llevaba una vida de gran austeridad desde hacía muchos años. Al enterarse un día de la ausencia del sabio, Indra se visitió como el eremita y le dijo a Ahalya que quería acostarse con ella. La mujer reconoció a Indra el de los mil ojos con el atuendo de asceta, pero accedió a su petición movida por la curiosidad. Cuan-do se marchaba, Indra se encontró con Gautama, que volvía de bañarse, y encolerizado, el sabio le dijo: «Como has tomado mi forma y has cometido esta maldad, perderás los testículos.» Y al instante, los testícu-los de Indra cayeron al suelo. Después, el sabio maldi-jo a su mujer: «Serás invisible en esta ermita. Vivirás del aire y te acostarás sobre cenizas, hasta que Rama, hijo de Dasharatha, venga a este bosque. Sólo enton-ces, al darle hospitalidad, recobrarás tu forma en mi presencia.»

Visvamitra continúa diciendo que los dioses sustituyeron los testículos de Indra por los de un carnero y que después entraron en la ermita, donde Ahalya se apresuró a recibir a Rama y se libró de la maldición.

menores) con su rayo. Al vencer a Vritra, Indra dotó de forma a lo informe, el caos, y activó el proceso de diferenciación y evolución. Al matar a la serpiente, separó la tierra del agua, las regiones superiores de las inferiores, e hizo que salie-ra el sol en un acto de creación que se repite todas las mañanas, episodio que le hizo acreedor al título de vencedor de toda resistencia. Sin embargo, en una ver-sión sacerdotal del mito de Vritra, Indra derroca a Vala con un himno o por otros medios rituales.

Por su excesivo consumo de *soma,* bebida euforizante, Indra tiene mucho en común con el guerrero ario, pendenciero y bebedor, que lo convirtió en su héroe. Extraído de una planta cuyo nombre sigue siendo tema de combate, el *soma* constituía un elemento fundamental de los rituales de los sacrificios védi-cos. Después de beberlo, el vientre de Indra es como un lago, se hincha hasta adquirir un tamaño portentoso y llena los dos mundos, el Cielo y la Tierra. Su zumo le confiere poderes para hacer que salga el sol y para realizar sus grandes hazañas.

En los *Vedas* se aprecia una aprobación implícita cuando Indra vence a Vri-tra, pero en el hinduismo posterior se atribuye menos valor al papel del dios como parangón de la ética bélica. Se considera a Vritra un brahmán (matarle constituye un crimen nefando) y, por tanto, Indra debe expiar su pecado. Mata a Namuci soslayando los términos del pacto de no agresión que habían firma-do, disimulando su rayo (*vajra*), o más bien transformándolo al envolverlo en espuma. A otra de sus víctimas, Trishiras («Tricéfalo») se la considera herma-nastro suyo. Seduce a Ahalya, esposa del sabio Gautama, y éste le maldice. El asesinato de parientes, la violación de pactos y el adulterio se convierten en tema de los *Puranas* —Indra como pecador triple— y en consecuencia pierde su brillo, su fuerza y su belleza.

En el período clásico, Indra pasó a ser dios de la lluvia. En algunas versiones del mito del batir del océano, uno de los tesoros que brotan es Surabhi, la vaca de la abundancia, madre del ganado común y corriente. En el *Mahabharata* se dice que un día fue a ver a Indra angustiada porque unos campesinos habían maltratado a un hijo suyo, un toro. Indra le preguntó por qué se preocupaba por un solo hijo entre tantos millares, y como Surabhi insistiera, Indra se puso a llover sobre el lugar de los hechos con tal fuerza que tuvieron que dejar de arar. Así se vincula al dios guerrero con la agricultura y los rayos de Indra se convierten en guía de la lluvia, produciéndose otra domesticación de sus anti-guos atributos marciales.

En la mitología india clásica, Indra sufre frecuentes humillaciones a manos de dioses más jóvenes. Tras haber convencido a su pueblo de que deje de adorar a Indra, Krisna levantó el monte Govardhana para proteger a los suyos de las lluvias de Indra. Después, Indra, provisto de arco y flechas, ataca a Krisna montado sobre Garuda. Ilustración de un manuscrito mogol, h. 1590.

BRAHMA

El dios creador

Brahma se representa en algunos casos como demiurgo que realiza las intenciones de Visnú: mientras Visnú yace sobre la serpiente cósmica en las aguas de la disolución, de su ombligo surge un loto y, al abrirse, aparece Brahma sentado (derecha), preparándose para emitir el mundo. Debajo está el Brahma cuatricéfalo sobre su montura, el ganso silvestre (hamsa), cuyo vuelo simboliza los esfuerzos del alma por liberarse.

Brahma, el creador y el que concede favores, aparece con frecuencia en la mitología de época posterior, por lo general con un papel subordinado al de los otros dos grandes dioses, Visnú y Siva, si bien en los primeros siglos de nuestra era debió ser el centro de un culto, seguramente como deidad creadora. En varios pasajes de las epopeyas se atribuye a Rama, también llamado Pitamaha, el Gran Padre, varios mitos cosmogónicos que se asociarían con Prajapati en el período védico posterior, como la creación de una hermosa joven, hija suya, a partir de su propio cuerpo. Queda fascinado con la belleza de aquella mujer, que al caminar a su alrededor en un gesto de respeto despierta en el dios el deseo de mirarla y aparece una serie de caras. De la unión de ambos nace Manu, el primer hombre.

Mientras medita, Brahma emite los elementos materiales del universo y los conceptos mediante los cuales los comprendemos. La duración del universo se cuenta según la duración de la vida de Brahma, cien años, cada uno de ellos compuesto por 360 días, que equivalen a 1.000 años de los dioses, y cada día a un año humano. En cada día de Brahma se crea el universo y en cada noche se reabsorbe. Dentro de cada ciclo, desde la emanación hasta la disolución, se suceden cuatro eras, desde la mejor, la Krita Yuga, hasta la peor, la Kali Yuga. Por último, la actividad creativa se trivializó y se transformó en la capacidad de conceder ciertos privilegios a cualquiera que haga penitencia o lleve una vida ascética, independientemente de las consecuencias.

BRAHMA Y BRAHMÁN

El concepto de Brahma como deidad masculina, una forma personalizada de brahmán, abstracción neutra, se encuentra sobre todo en dos grandes epopeyas sánscritas. En esencia, es la fusión de una deidad creadora con el Brahmán impersonal que aparece en los *Upanishads*, que considera el empeño religioso como unión con este absoluto, mientras que las formas populares de religión que presentan las epopeyas tienen un enfoque más personal y de devoción. El prestigio de Brahma declinó frente al de Visnú y Siva, quizá debido a su vinculación con los brahmanes, guardianes de la tradición y especialistas en los rituales, al igual que se vinculaba a Indra con los guerreros, los *kshatriyas*.

Brahma, el que concede privilegios

El siguiente relato del Mahabharata es uno de los muchos que ilustra el papel de Brahma como la deidad que concede privilegios a los Asuras.

«Tres hermanos Daitya acometieron fuertes penitencias y Brahma les prometió ciertos privilegios. Le pidieron invulnerabilidad absoluta, pero el Gran Padre les dijo que no existía tal cosa. Entonces replicaron: "Permítenos establecer tres ciudades en la tierra y errar por el mundo hasta que, al cabo de mil años, volvamos a reunirnos, las tres ciudades formen una y el mejor de los dioses destruya las ciudades unidas con una sola flecha." Brahma accedió, y Maya, el gran Asura, construyó las ciudades: una de oro en el cielo, una de plata en el aire y una de hierro en la tierra. Los tres hermanos fundieron los tres mundos y gobernaron durante muchos años. Millones de demonios invadieron las ciudades y Maya les proporcionó cuanto quisieron con su magia. Los dioses se enfadaron ante tal laxitud moral y en el momento en el que se unieron, Siva quemó la triple ciudad y a todos los Asuras y los arrojó al océano occidental.»

VISNÚ

El protector del mundo

En el *Rigveda* se alaba repetidamente a Visnú, el «de los grandes pasos», por haber dado tres pasos que difundieron y distribuyeron el cosmos, estableciendo así el universo habitable para dioses y hombres. Es amigo y aliado de Indra, le ayuda en su lucha contra Vritra y extiende los espacios entre el cielo y la tierra. Es benévolo, y jamás se enemista con la humanidad y siempre está dispuesto a cubrir de favores a sus fieles.

La omnipresencia de Visnú también queda patente en su identificación con la columna cósmica, el centro del universo que lleva hasta los cielos y los sustenta, la estaca a la que se ataba a la víctima del sacrificio ritual védico. En la literatura védica posterior, las actividades de Visnú adoptan una forma más narrativa, como cuando se convierte en enano para arrebatarle el mundo a un demonio, por ejemplo *(véase p. 76)*. Empieza a darse una expresión a su benevolencia y sus actividades que con el transcurso del tiempo llega al punto culminante con el concepto de avatar.

A la consorte de Visnú, Shri, diosa de la prosperidad y de la buena fortuna, conocida también como Lakshmi, se la reconoce con frecuencia como una de las cosas buenas que surgieron cuando se batió el océano *(véase p. 71)*: se siente atraída hacia Visnú, que vigila la operación, y el dios tiene derecho a la bella diosa en virtud del papel que desempeña. En el período épico tardío se vinculó constantemente a Shri con Visnú, pero varios mitos primitivos cuentan que Indra pierde, adquiere o recupera el privilegio de la presencia de Shri, asociada con la fertilidad. En un mito se dice que cuando Shri se sentó junto a Indra, el dios empezó a emitir lluvia y los sembrados crecieron.

Visnú con su consorte Shri, relieve en piedra del siglo VII. En el período épico tardío se vinculó a ambas deidades, y Shri, como consorte, se convirtió en símbolo de la lealtad, en esposa hindú modélica, fiel y sumisa al marido. Otros nombres de Shri aluden al loto.

Los tres pasos de Visnú

En el himno de alabanza del Rig-veda que reproducimos, el poeta se centra en los tres pasos, en su primera forma símbolos del poder y la omnipresencia del dios, que atraviesan la tierra y el cielo y las regiones más allá del conocimiento humano y alcanzan grandes dimensiones.

«Proclamaré las heroicas hazañas de Visnú, que distribuyó los reinos terrenales, que sustentó la morada superior, que cubrió gran distancia con sus tres pasos. Por sus heroicas hazañas alaban a Visnú, que deambula por las montañas libre como un animal salvaje, en cuyos tres grandes pasos habitan todos los seres. Que mi inspiración se dirija a

Visnú con su consorte, Shri, sobre Garuda, el ave celestial. Detalle de un cuadro del siglo XIX.

Visnú, el toro que recorre grandes distancias y mora en las montañas, el que, solo, con tres pasos, cubrió esta larga morada, cuyos tres pasos, siempre rebosantes de miel, se regocijan en su energía, el que, solo, ha sustentado tres veces la tierra, el cielo y todos los seres. Que pueda llegar a su amado sendero, en el que se regocijan los hombres a los dioses entregados, pues allí, en el más elevado de los grandes pasos de Visnú, se halla la proximidad, una fuente de miel. Deseamos ir a tus moradas, donde vive el ganado incansable, de múltiples cuernos. Allí, el más elevado paso del toro que recorre grandes distancias irradia luz.»

ENCARNACIONES DE VISNÚ

Los avatares

Varias figuras animales y humanas constituían ejemplos de la actividad benévola de Visnú sobre la tierra y se las identificaba con él como avatares o encarnaciones, que se presentan sucesivamente siempre que el mundo se ve sometido a la amenaza del mal. Su número se fijó en diez, pero con identidades flexibles. En un pasaje del *Harivamsha* (complemento del *Mahabharata),* por ejemplo, aparece el loto (que brota del ombligo de Visnú) en lugar del pez y la tortuga, así como Dattatreya (que otorga cien brazos a Arjuna Kartarirya), pero no el Buda.

La lista de los avatares de Visnú más generalizada es la que ofrecemos aquí *(izquierda),* representada en la miniatura del siglo XVIII *(abajo).* Los avatares, que rodean la representación de Visnú y Shri del centro, siguen el orden de la lista *(desde la hilera superior izquierda),* salvo la sexta, con Rama y Sita (con Hanuman), la séptima, con Krisna tocando la flauta con Radha, y la octava, con Parashurama.

LOS DIEZ AVATARES

MATSYA, el pez, protege a Manu, el primer hombre, durante el gran diluvio. Manu rescata un pequeño pez de las fauces de otros mayores, lo cuida hasta que alcanza enormes proporciones y lo devuelve al océano. Después, el pez le avisa de la llegada del diluvio, le aconseja que construya un barco y lo llene con la semilla de todos los seres y lo remolca hasta un lugar seguro.

KURMA, la tortuga, lleva el monte Mandara sobre la espalda mientras se bate el océano *(véase p. 71).*

VARAHA, el jabalí, se manifiesta cuando la tierra, concebida como una hermosa mujer, se hunde en el océano y la levanta con su cuerno.

NARASIMHA, el hombre-león, es la forma que adopta Visnú para matar al demonio Hiranyakashipu, al que Brahma ha concedido invulnerabilidad: no le pueden matar ni hombres ni dioses, ni con armas ni con objetos contundentes, ni de día ni de noche, ni dentro ni fuera de su casa. Cuando el demonio siembra el pánico en el universo, Visnú se transforma en un ser mitad hombre mitad león y le destripa en la terraza de su casa, al crepúsculo.

VAMANA, el enano, es la forma que adopta Visnú para salvar al mundo de Bali (otro demonio) y de sus secuaces. De esta guisa pide a Bali que le conceda la tierra que pueda cubrir con tres pasos. Cuando Bali accede al deseo del enano, Visnú se transforma en gigante y recupera el mundo.

PARASHURAMA es un brahmán que mata con su hacha a Arjuna, que tiene cien brazos, aniquila a todos los guerreros tres veces siete veces y decapita a su madre por orden de su padre.

RAMA Y KRISNA, séptimo y octavo avatares, son figuras fundamentales en la mitología hindú por derecho propio *(véanse pp. 77-79).*

EL BUDA es el noveno avatar. Engaña a los pecadores para garantizar su castigo.

KALKI, décimo y futuro avatar, es una figura milenaria que inaugurará una nueva era. Aparecerá como un guerrero a lomos de un caballo blanco, y en las creencias populares del sur de la India es él mismo un caballo.

RAMA

El avatar virtuoso

Rama es actualmente una de las dos encarnaciones de Visnú más populares, a pesar de que su culto surgió mucho más tarde que el de Krisna *(véanse pp. 78-79)*. Es el héroe del *Ramayana* (del que se ha extraído el siguiente resumen) y en el centro de este texto, la historia de Rama presenta ciertas analogías con los mitos védicos de Indra: por ejemplo, recibe la armas mágicas de Indra, más adelante la ayuda del auriga de este dios y cuando mata a Valin nos recuerda el solapado ataque de Indra contra Namuci *(véase p. 73)*. Su esposa, Sita, aparece en la literatura védica como el Surco deificado, la esposa de Indra.

Dasharatha, rey de Ayodhya que no tiene descendencia, realiza un sacrificio con el fin de que se le conceda. A petición de los dioses, Visnú se encarna en los cuatro hijos que al fin tiene Dasharatha para matar a Ravana, el malvado rey de Lanka. De los cuatro, Rama y Bharata desempeñan los papeles principales, mientras que los gemelos Lakshmana y Shatrughna se convierten en fieles compañeros de sus hermanastros. El sabio Visvamitra va a la corte para pedir ayuda a Rama en una misión contra los intrusos *rakshas* y, una vez coronada con éxito, lleva a Rama y a Lakshmana a la corte del rey Janaka.

Aquí se nos habla del milagroso nacimiento de Sita y de su adopción por Janaka, y del arco de Siva, que ningún hombre puede tensar. Rama no sólo lo tensa, sino que lo rompe y se casa con Sita.

Más adelante, Dasharatha decide nombrar heredero a Rama, pero su madrastra se las ingenia para que lo suplante su hijo, Bharata, y para que los destierren a la selva durante catorce años. Rama prepara su partida sin protestar y se marcha en compañía de su esposa, Sita, y de su hermano, Lakshmana. A pesar de la decisión de Rama de vivir ascéticamente, entra en escena su papel de guerrero al proteger a los indefensos sabios que habitan en las ermitas de la selva. Shurpanakha, la *raksha* femenina tan odiosa como adorable, trata de seducir a los hermanos y, furiosa por sus desdenes, ataca a Sita, tras lo cual Lakshmana la mutila en castigo. Shurpanakha se venga por mediación de su hermano, Ravana, rey de Lanka, a quien incita a que rapte a Sita, y Ravana, disfrazado de mendigo, se lleva a Sita a Lanka.

Angustiados, Rama y Lakshmana se ponen a buscar a Sita y durante la búsqueda se encuentran a Hánuman, ministro de Sugriva, el rey de los monos exilado. Sugriva obtiene la ayuda de Rama para expulsar a su hermano Valin, que había usurpado el trono, y Rama lo mata. Tras múltiples peripecias, Hánuman descubre dónde han llevado a Sita. (En el culto desarrollado de Rama, Hánuman constituye el modelo del servicio fiel a la deidad: *[véase texto del margen, derecha].*)

Mientras Rama y los simios súbditos de Sugriva se dirigen al sur, los *rakshas* se preparan para la guerra. El relato continúa con una larga serie de combates que acaban con la muerte de los *rakshas* más temibles a manos de Rama, Lakshmana y los jefes de los monos. Por último, sólo queda Ravana. Su duelo con Rama se prolonga pero cuando Rama recibe ayuda divina por mediación del carro y el auriga de Indra, también Rabana muere. Rama duda de la fidelidad de Sita y la rechaza fríamente, tras lo cual Sita se somete a la ordalía del fuego. Los dioses se aparecen a Rama y le revelan que en realidad es una encarnación de Visnú y el dios del fuego devuelve a Sita a su marido, sana, salva y exculpada. También Dasharatha se aparece a sus hijos, les bendice y le dice a Rama que regrese a Ayoidhya y reanude su reinado, pues ya han expirado los catorce años de exilio. Rama reina con justicia durante mil años.

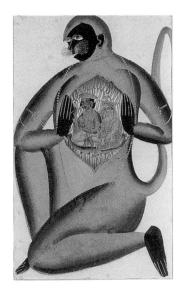

Dibujo kalighat de Hánuman, siglo XIX. En un relato, Rama le da a Hánuman un collar de perlas y éste las abre con los dientes. Ante las protestas de Lakshmana, Hánuman dice que quiere comprobar si las perlas contienen el nombre de Rama y después se desgarra el pecho, dejando al descubierto a Rama y Sita en su corazón.

HÁNUMAN, EL FIEL AYUDANTE

Hánuman muestra una lealtad asombrosa a Rama desde el momento en que se conocen. Rama le confía su anillo a modo de señal para Sita cuando parten varios grupos de monos en su busca, y cuando las huestes de Hánuman se enteran de que Sita se encuentra en la isla de Lanka, Hánuman decide dar un extraordinario salto sobre el mar para llegar hasta ella. Una vez en Lanka, le revela su identidad y le enseña el anillo de Rama y en lugar de regresar discretamente se dedica a una serie de ostentosos actos de destrucción y deja que el hijo de Ravana lo aprese. Disuaden a Ravana de que maten a Hánuman en el acto y se limita a prenderle fuego a la cola, pero Hánuman la emplea como tea para completar la destrucción de Lanka. Cuando hieren a Rama y Lakshmana en combate, se dirige velozmente a los Himalayas para coger la montaña en la que crece una hierba curativa.

KRISNA, EL ADORABLE

El octavo avatar de Visnú

La travesura favorita de Krisna en la infancia consistía en robar mantequilla. La cogía a puñados del tarro, la restregaba por todas partes y regalaba pellas a sus compañeros los monos, gateando por el suelo. Ya un poco mayor, se la quitaba a sus vecinos, subido a los hombros de un amigos o valiéndose de un palo para tirar los tarros que no le quedaban al alcance de la mano. Tras una de estas trastadas las otras *gopis* se quejaron a su madrastra, Yasoda, que le ató a un mortero. Años después, un día que las *gopis* llevaban mantequilla, leche y requesón al mercado, Krisna y unos jóvenes les salieron al paso y les exigieron un «regalo» para dejarlas continuar. El detalle que muestra a Krisna robando mantequilla a Yasoda *(arriba, derecha)* está basado en un dibujo jainista.

Krisna aparece en el *Mahabharata* como compañero de los héroes, pero constituye el personaje central del complemento de este texto, el *Harivamsha*. Su historia se cuenta en el *Vishnu Purana* (del que se ha extraído el siguiente resumen) y en el *Bhagavata Purana*.

Existía la profecía de que el octavo hijo de Devaki mataría al rey Kamsa, y el rey la encarcela, pero su marido consigue sacar al niño de la prisión y lo cambia por el hijo recién nacido de Nanda y Yashoda, que crían al niño adoptado entre los vaqueros de Brindaban. Al caer en la cuenta del engaño, Kamsa decreta una matanza, al estilo de Herodes, de todos los varones. Desde el momento de su nacimiento, Krisna demuestra habilidades portentosas: le quita la vida mamando a la diablesa Putana, arranca de cuajo dos árboles con el mortero al que le ha sujetado Yashoda y mata a la serpiente Kaliya, todo ello junto a su hermanastro Balarama. Insta a su padrastro a que deje de adorar a Indra y, cuando Indra contraataca con un diluvio, Krisna alza la montaña local, del monte Govardhana, a modo de paraguas sobre los vaqueros y su ganado, tras lo cual Indra reconoce a Krisna como señor de las vacas. Krisna y Balarama juguetean con las jóvenes de la tribu (las *gopi*), que invariablemente se enamoran de Krisna.

Krisna mata al toro-demonio Arishta, al caballo-demonio Keshin y al campeón de lucha de Kamsa antes de liquidar al malvado rey. Derrota en repetidas

Radha y Krisna

*A*l crecer, las travesuras que hacía Kirsna a las gopis *de Brindaban se convirtieron en juegos amorosos.*

En una ocasión, Krisna les robó la ropa mientras se bañaban en el río Yamuna y se negó a devolvérsela a menos que salieran desnudas, de una en una y con las manos alzadas, suplicantes. Al poco tiempo, todas las pastoras estaban enamoradas del encantador Krisna y, superando cuandos obstáculos se les presentaran, acudían a sus citas. Al sonido de su flauta, abandonaban sus casas y a sus maridos las noches de otoño, se veían con él en la selva a orillas del Yamuna y ejecutaban con él la danza del *ras:* cada una pensaba que era su única pareja y se extasiaba.

Antes de que acabara el baile, Krisna se escapaba con una de ellas. Desconsoladas, las demás *gopis* seguían sus huellas y se reanudaba el baile. Radha era la favorita de Krisna y le robó el corazón desde niño. El apasionado amor de Radha por Krisna, en calidad de amante o de esposa (las tradiciones no coinciden) y su nostalgia cuando se separaron son elementos fundamentales de la historia. Pero era un amor recíproco: Krisna la adoraba y estaba dispuesto a humillarse ante ella para hacer las paces. La morenez de Krisna (su nombre significa «oscuro») y la dorada belleza de Radha se complementaban.

ocasiones a otro malvado monarca, el de Magadha, Jarasandha, suegro de Kamsa, y conduce a los Yadava, los miembros de su clan, desde Mathura hasta la nueva ciudad de Dvaraka. Se lleva como esposa a Rukmini y se casa con muchas otras mujeres. Rukmini da a luz a Pradyumna, quien a su vez tiene un hijo, Anirudha. El demonio Bana captura a Anirudha, que ama a la hija de aquél, y Krisna rescata a su nieto: la consiguiente batalla es tan espantosa que parece inminente la disolución del mundo, pero Siva, aliado de Bana, reconoce a Krisna como dios supremo, idéntico a él, ante lo cual Krisna perdona a Bana y libera a su nieto. Como siguiendo los pasos del abuelo, otro nieto de Krisna, Samba, se lleva a la hija de Duryodhana y es capturado por el padre y liberado por Balarama.

Unos chicos Yadava visten de mujer a Samba y le preguntan a unos sabios cómo será el hijo que tendrá. Ofendidos ante semejante conducta, los sabios lanzan una maldición sobre «ella»: que dará a luz una mano de mortero que destruirá a los Yadava. Reducen la mano de mortero a polvo y lo arrojan al mar, pero el polvo se convierte en cañas de las que se desprende un trocito puntiagudo que se traga un pez al que coge un cazador. Pasa el tiempo y un buen día, los Yadava, Krisna y Balarama se emborrachan, acaban peleándose, recogen las cañas y se matan los unos a los otros. Balarama se sienta bajo un árbol para morir, mientras Krisna, también sentado, se sume en sus propias reflexiones. Se aproxima el cazador que había encontrado el trocito puntiagudo de caña y que había fijado a la punta de una flecha y la dispara, alcanzando a Krisna en la planta de un pie (su único punto vulnerable) al confundirlo con un ciervo. Krisna muere y recupera su naturaleza divina.

Radha y Krisna en un bosque junto al Yamuna. Cuadro kangra, h. 1785 (véase recuadro, p. anterior). *La naturaleza lujuriante y las parejas de aves simbolizan sus sentimientos amorosos, mientras que las hojas de plátano evocan los muslos de Radha, según un concepto común en la India. El amor de Radha y Krisna constituye una alegoría de la intimidad de la deidad con el devoto.*

SIVA

Combinación de lo erótico y lo ascético

Siva a lomos de su toro Nandi. Cuadro de principios del siglo XIX, por encargo de la East India Company (la autoridad colonial británica). Ante el santuario principal de los templos de Siva suele haber una estatua yacente de Nandi.

LINGAM

Se rinde culto a Siva en forma de lingam o falo sagrado *(abajo).* Según un mito, Visnú y Brahma discutían quién era más grande cuando apareció Siva con una columna deslumbrante, lingam. Brahma, en forma de ganso silvestre, voló para buscar el extremo superior, y Visnú, en forma de jabalí, buscó el extremo inferior. No lo lograron y tuvieron que admitir la autoridad de Siva.

Los aspectos erótico y ascético de Siva se combinan en la historia en la que el dios, tiznado con cenizas e irreconocible, va a un pinar en el que viven unos sabios ascetas, quienes sospechan que intenta seducir a sus esposas y le maldicen con la pérdida del pene. La castración se efectúa, pero con la secreta complicidad de Siva. Después el mundo se oscurece y los sabios pierden la potencia viril y vuelven a la normalidad tras haber propiciado a Siva fabricando un lingam.

En el *trimurti,* el trío sagrado, Siva aparece como destructor. Sus orígenes se remontan al Rudra védico, el «aullador» o el «rubicundo», dios malévolo de la tormenta al que más adelante se llamaría *siva* («favorable») con el fin de propiciarle. Entre las múltiples deidades indias, Siva es el vengador iracundo, así como el pastor de almas. Con una ambivalencia semejante, no sólo está vinculado con el yoga y el ascetismo (se sienta a meditar en el grandioso monte Kailasa), sino que presenta un acusado aspecto erótico.

La esposa de Siva aparece como Sati y Uma o como Parvati. En algunos casos, se empareja a Siva con la «inaccesible» Durga y con la tenebrosa diosa Kali. Se le suele representar pálido o ceniciento, con el cuello azul, por haber tragado el veneno que se generó al batir el océano y que amenazaba con destruir la humanidad, ejemplo del Siva protector que también encontramos en el mito en el que impide la caída de Ganga, la diosa del río, cuando fue arrojada del cielo para limpiar el mundo. Entre otros atributos de Siva destacan un collar de calaveras, una guirnalda de serpientes, las guedejas del asceta, la media luna y el tercer ojo de la iluminación (y la destrucción).

La interrupción del sacrificio de Daksha

El suegro de Siva, señor del ganado, era Daksha, un Prajapati (señor de los seres) que había brotado del dedo gordo del pie derecho de Brahma. En este relato, basado en el Mahabharata, *se habla del sacrificio de un caballo que había preparado Daksha según los ritos védicos. Sati, esposa de Siva, es la hija de Daksha.*

Todos los dioses, encabezados por Indra, decidieron asistir a la ceremonia. Sati, la esposa de Siva, los vio montados en sus carros, que desprendían destellos de luz. «¿Por qué no vas tú también, oh ilustre?», le preguntó a Siva, y éste le respondió que los dioses pensaban que él no debía participar en ningún sacrificio. Sita replicó: «Señor, entre todos los seres, tú eres el superior, pero me avergüenza que te nieguen la participación en el sacrificio».

En un relato, Siva se arranca un mechón de cabello y con él crea un monstruo de múltiples brazos y los suelta en el sacrificio de Daksha.

Picado por sus palabras, el señor del ganado reunió sus poderes de yoga, cogió su potente arco e irrumpió en el sacrificio con sus temibles sirvientes. Unos rugían, otros emitían terribles carcajadas, otros rociaban las llamas con sangre, otros arrancaban los postes del sacrificio y otros devoraron a los sacerdotes oficiantes. Después, el animal del sacrificio se transformó en ciervo, pero Siva lo persiguió con arco y flechas.

En pleno vuelo, la cólera de Siva destiló una gota de sudor de su frente y en el punto de la tierra en el que cayó la gota brotó una enorme hoguera de la que surgió un hombre rechoncho y peludo con brillantes ojos rojos y dientes monstruosos que redujo a cenizas al animal del sacrificio y obligó a los dioses a huir aterrorizados. Era la Enfermedad, que llevaba pesar y dolor allí donde iba, hasta que Brahma le prometió a Siva que participaría en los sacrificios futuros y le rogó que moderase su ira y dominase el mal que había creado. En respuesta a las súplicas de Brahma y ante la perspectiva de participar en los sacrificios, Siva dividió la Enfermedad en múltiples formas. Así, cada ser tuvo su propio mal: los elefantes, dolor de cabeza; los toros, dolor en las pezuñas; la tierra, salinidad; las vacas, ceguera; los caballos, tos; los pavos, la cresta partida; los cucos, enfermedades de los ojos; los loros, hipo; los tigres, cansancio, y la humanidad, fiebre.

Según otra narración, el sacrificio acaba en una reyerta celestial de la que los dioses salen con la nariz rota, las mandíbulas partidas y el pelo arrancado. Siva le corta la cabeza a Daksha y la arroja a la hoguera del sacrificio. Una vez apagada la cólera del dios, le pone a Daksha la cabeza de una cabra. Según otra versión, Brahma interviene después de que el fulgurante tridente de Siva haya atravesado el pecho de Visnú, protector de este mundo. Brahma finalmente convence a Siva de que propicie a Visnú, y tras su reconciliación el universo recobra la armonía.

EL SEÑOR DE LA DANZA

Como Nataraja, Siva es el señor de la danza, la fuente de todo movimiento en el universo. Esta escultura del bailarín cósmico (*abajo*, bronce del sur de la India, siglo XVIII) es una figura de cuatro brazos rodeada por un círculo de llamas, el proceso de la creación universal. Sus pasos están destinados, mediante la iluminación, a aliviar los sufrimientos de sus fieles y por eso mantiene el equilibrio sobre la espalda de un enano, símbolo de la ignorancia. Sus gestos y los atributos que porta simbolizan los aspectos de su divinidad: el tambor (la creación), en la mano derecha trasera, la llama (la destrucción) en la mano izquierda trasera, el gesto de protección (mano derecha delantera) y la pierna levantada simboliza la liberación.

DEVI

La diosa múltiple

Devi, con cuatro
brazos, consorte
de Sadashiva, una de
las manifestaciones
de Siva, bailando
sobre una especie
de enano. Bronce
del siglo XII.

Bajo el nombre de Devi («la diosa») o de Mahadevi («la gran diosa») se agrupan las diversas diosas individuales del panteón hindú clásico. En ocasiones se considera a esta diosa compuesta una deidad mayor y se la vincula con Siva (debido al papel de Parvati como esposa de Siva), de carácter benévolo, o es totalmetne independiente, en cuyo caso suelen predominar los rasgos terribles. Parvati o Uma, esposa de Siva, es una reencarnación de la primera esposa del dios, Sati, tras haberse autoinmolado en la hoguera avergonzada por la exclusión de Siva del sacrificio de Daksha, su padre *(véase p. 81).* De joven se somete a una vida sumamente austera con el fin de recobrar a Siva como esposo y se niega a dejarse desanimar por su conducta y costumbres groseras. Por lo general, se retrata su vida en común como algo idílico: Parvati domestica a la deidad ascética y misántropa.

Durga («difícil de abordar») es una diosa guerrera, inalcanzable para los pretendientes e invencible en combate. Su principal tarea consiste en luchar contra los demonios que amenazan la estabilidad del mundo. En algunos casos se dice que brota de Visnú como el poder para dormir o como potencia creativa de este dios; en otros, que surge de Parvati cuando ésta se enfada, y en otros que la creen todos los dioses masculinos que acumulan sus atributos y la consideran su defensora contra los demonios.

Durga y el búfalo

En el principal mito sobre Durga, la diosa mata a Mahisha, el búfalo. Tras ser sometidos por Durga, los Devas piden ayuda a Siva y a Visnú, y la ira de ambos se une formando una diosa.

Los demonios se precipitaron hacia la diosa, que los mató a centenares: derribó a unos con su garrote, apresó a otros con el lazo, a otros rebanó con la espada, atravesó a otros con el tridente, mientras Mahisha, en forma de búfalo, sembraba el pánico entre sus filas. Después atacó al león de Durga, y éste se enfureció. Lo atrapó con el lazo, Mahisha abandonó la forma de búfalo y se transformó en león. Durga le cortó la cabeza y Mahisha apareció como hombre, espada en mano. Cuando atravesó al hombre, éste se convirtió en elefante y agarró al león de Durga con la trompa, pero Durga se la cortó con la espada y Mahisha volvió a adoptar la forma de búfalo. Apartando con un leve movimiento las montañas que le arrojaba, Durga saltó sobre él, le sujetó el cuello con un pie y le atravesó con el tridente. A continuación le cortó la cabeza con su poderosa espada.

Durga, con
ocho brazos,
matando al
búfalo,
Mahisha
(representado
como figura
humana sobre
el búfalo).
Escultura del
siglo XIII.

Kali

La tarea de Kali «la oscura» o el «tiempo») consiste en destruir a los demonios que amenazan el orden cósmico, pero a veces se emborracha de tal modo con la sangre de la batalla que se pone a destruir el mundo. Se la representa con frecuencia como una bruja demacrada, con un collar de calaveras o de cabezas cortadas, asidua de los campos de batalla o de los crematorios. En un mito, Kali se enfrenta con Chanda y Munda, jefes de los demonios, y mata al demonio Raktavija, el que se autorreproduce.

Kali era oscura y flaca, con colmillos prominentes, y llevaba un collar de cabezas humanas y una piel de tigre. Mató a los demonios, entre rugidos. Después la llamó Durga para que la ayudase en la lucha contra el demonio Raktavija, que tenía el poder de producir réplicas de sí mismo con cada gota de sangre que caía al suelo. Durga y las Matrikas («madrecitas», normalmente siete) le infligieron varias heridas, pero no acabaron con él.

Kali con una cabeza cortada en la mano. Los peregrinos que van a su santuario de Kalighata compran cuadros como éste.

Entonces apareció Kali, jubilosa, y derrotó al demonio: cogió su sangre antes de que cayera, le chupó el cuerpo hasta secárselo y se tragó a todos los pequeños Raktavijas.

Los Thugs (que cometían asesinatos rituales estrangulando) daban validez a sus prácticas con una variante de la historia de Raktavija. Cansada de tanto esfuerzo, Kali hizo dos hombres con el sudor de sus brazos, le dio a cada uno un cuadrado de tela y les dijo que siguieran matando a los demonios sin derramamiento de sangre. Al poco, habían estrangulado a todos, y Kali les dijo que guardaran las telas y que continuaran ofreciéndole víctimas a modo de sacrificios.

El sacrificio de animales forma parte del culto a las diosas locales en toda la India, pero los más espectaculares están vinculados a Kali. En su templo de Kalighata se sacrifican cabras a diario, y según la tradición, en épocas pasadas se le ofrecían víctimas humanas.

Aún más aterradora resulta Kali, que brota de la frente de Durga cuando ésta se encoleriza *(véase recuadro, p. siguiente)*.

A otras diosas temibles (Candi, Camunda, Bhairavi y similares) se las considera en ocasiones individuos independientes y en otras se las identifica totalmente con Kali, mientras que hay diosas relacionadas con problemas más específicos, como Sitala (diosa de la viruela y, desde la erradicación de esta enfermedad, de diversas afecciones de la piel); Manasa (diosa bengalí de las serpientes), y Hariti y Shashti (diosas del parto). Además, están las diosas de las aldeas, a algunas de las cuales se rinde culto con los sacrificios animales abandonados hace tiempo en otras formas de hinduismo. Muchas de estas deidades se consideran independientes e incontrolables: los mitos sobre Kanyakumari («princesa doncella») giran en torno a la prohibición que pesaba sobre ella de casarse con Siva y al poder de su virginidad. En otros casos se piensa que están casadas con su aldea. A muchas de ellas se les ofrece el sacrifico de búfalos, reflejo del mito de la muerte de Mahisha, el demonio-búfalo, a manos de Durga. En ocasiones dominan o infligen enfermedades.

Se dice que Minakshi («ojos de pez»), la diosa de Madurai, nació con tres pechos y que sus regios padres la criaron como a un niño. Sucede a su padre en el trono y somete al mundo entero. Un día llega al monte Kailasa y reta a Siva, pero cuando están juntos, asume de repente una modestia y un pudor femeninos y pierde el tercer pecho. Esta imagen de la reina guerrera domesticada por Siva refleja los mitos de Parvati y su domesticación de Siva.

MARIYAMMAN
Uno de los nombres más comunes de la diosa local es Mariyamman. Se dice que era una joven de la casta de los brahmanes que se casó con un intocable disfrazado como uno de los de su clase y que cuando descubrió el engaño se suicidó y se convirtió en una diosa que castiga a los intocables reduciéndolos a cenizas.

EL CÍRCULO FAMILIAR DE SIVA

Siva, Parvati, Skanda, Ganesha

En el arte hindú se representa con frecuencia a Siva y su familia en una atmósfera acogedora, aunque no se trata de una familia muy moral (véase derecha). En este cuadro, cada personaje tiene un vahana o montura, símbolo de un aspecto de la deidad: Parvati, por ejemplo, tiene el león (su instinto asesino, como Durga) y Ganesha la rata o el ratón (la habilidad para superar obstáculos).

SKANDA Y GANESHA

El nacimiento de Skanda suele vincularse con el primer coito de sus padres, interrumpido por los dioses, que temen que los hijos de ambas deidades posean demasiados poderes. Siva derrama su semen y aquella sustancia, tan caliente que nadie puede cogerla, pasa de un dios a otro hasta que llega al Ganga, donde es incubada. Amamantado por las seis Krittikas (personificaciones de las Pléyades), Skanda vence al demonio Taraka y salva al mundo. Se convierte en jefe de los dioses y Parvati lo acepta como hijo: la primera vez que lo ve, fluye leche de sus pechos.
Parvati quiere un hijo propio que la proteja de los intrusos. Crea a Ganesha frotándose el cuerpo al bañarse y lo aposta a la puerta de su habitación. Cuando Siva intenta entrar, Ganesha se lo impide y Siva le corta la cabeza. Parvati le pide que le devuelva la vida y Siva le pone la primera que encuentra, la de un elefante *(abajo)*.

Al domesticar al ascético Siva, Parvati le inicia en la vida familiar. En los textos se mencionan numerosos detalles domésticos, como los juegos de su hijo Skanda con las calaveras que sirven de adorno a Siva o cuando el niño confunde la media luna del padre con un capullo de loto. Algunos mitos hablan de las riñas entre Siva y Parvati, una de las cuales empieza juguetonamente: Parvati se acerca a Siva por detrás y le tapa los ojos, pero con ello el mundo se sume en la oscuridad y Siva, furioso, se abre un tercer ojo en la frente. A veces pelean jugando a los dados, o Siva se burla de Parvati por su piel oscura y ella hace penitencia para obtener una piel dorada (según algunas versiones, Kali adquiere su piel). En los mitos bengalíes, Siva aparece como aficionado al *cannabis* y Parvati como esposa gruñona pero resignada.

MITOLOGÍA JAINISTA

Una respuesta al hinduismo

Tanto en su cosmología como en su «historia universal» (una compleja visión de la historia del mundo), el jainismo ha heredado muchos elementos del hinduismo, si bien los ha desarrollado de una forma específica, sobre todo con una tendencia racionalista que se combina con el gusto por los números desmesurados y las ideas complicadas que dan como resultado una multitud de nombres de deidades, detalles cosmográficos y períodos de tiempo extraordinariamente largos.

En el jainismo, la historia universal se centra en sesenta y tres figuras denominadas Shalakapurushas, una serie de dirigentes espirituales y temporales distanciados por cada mitad de los ciclos de ascenso y descenso que continuamente atraviesa el universo.

Cada serie está compuesta por veinticuatro Tirthankaras o Salvadores, doce emperadores universales y nueve tríadas de héroes, cada una de las cuales comprende un Baladeva, un Vasudeva y un Prativasudeva. Aunque hay constancia al menos de los nombres de algunos Shalakapurushas de las mitades anterior y próxima del ciclo, aquellos cuyos mitos se narran pertenecen a la mitad actual, de declive.

El modelo de las tríadas de héroes se basa en la mitología hindú de Krisna. El Baladeva es siempre el hermanastro mayor del Vasudeva y el Patrivasudeva un adversario malvado, e incluso las representaciones iconográficas de los Baladevas y Vasudevas coinciden en gran medida con las representaciones hindúes de Balarama y Krisna. El Vasudeva, el guerrero más poderoso, tiende a ocupar el primer plano, al contrario que el Baladeva, más bondadoso, pero debido al pecado que comete al luchar irá al infierno. No obstante, el Baladeva renuncia al mundo, se ordena de sacerdote y obtiene la liberación.

Nacimiento de Parshvanatha, vigésimo tercer Tirthankara o Salvador, según una ilustración de un manuscrito jainista de los siglos XV-XVI. Las imágenes de Parshva suelen destacarse por un dosel de capuchas de cobra. En un nacimiento anterior, Parshva salvó a una serpiente de la pira del sacrificio de un brahmán y, tras su renacimiento como vigésimo tercer Tirthankara, el brahmán le atacó en forma de demonio y le defendió la serpiente, por entonces un príncipe llamado Dharanendra.

La cosmología jainista

*E*l universo jainista es un sistema mundial triple, generalmente representada como un hombre cósmico.

El infierno comprende siete regiones o niveles, habitadas por distintos tipos de demonios. El mundo intermedio tiene en su núcleo el continente circular de Jambudvipa (como en la cosmología hindú de los *Puranas),* centrado en el monte Mandara (o Meru) y rodeado por el océano Salado. Fuera de él hay otros siete continentes y siete océanos que se alternan en círculos concéntricos. El mundo superior comienza sobre la cima del monte Mandara, tiene por lo general forma ahusada y ocho niveles, sobre los cuales existen otras dos regiones habitadas por diversas clases de dioses. Más arriba, en la cumbre del sistema, la corona de la cabeza del hombre cósmico, se extiende la morada de los individuos liberados. A diferencia del concepto hindú de los cuatro Yugas o períodos de progresivo declive, en la teoría jainista de los períodos cósmicos cada «rueda del tiempo» o ciclo abarca dos mitades, una de ascenso y otra de descenso, cada una de ellas dividida en seis eran en las que las condiciones de vida mejoran o empeoran continuamente.

VERSIONES JAINISTAS DEL MITO HINDÚ
La evidente influencia del mito de Krisna podría ser consecuencia de la propagación del jainismo hacia Occidente, hasta la región de Mathura, pero una vez absorbido, el jainismo se sirvió del mito hindú de una forma concreta, en parte como crítica.
La historia de Rama *(véase p. 77)* gozaba aún de mayor popularidad entre los jainistas: los *rakshas* y los monos suelen transformarse en Vidyadharas, maestros semidivinos de la magia, mientras que Lakshmana (no Rama) mata a Ravana, representado como piadoso jainista con la única debilidad de sentir una gran pasión por Sita.

EL ILUMINADO

Mitos budistas

Como el budismo es una filosofía de salvación, en teoría no tiene ningún uso para la mitología; pero en la práctica, los budistas de todos los países han acudido a las mitologías locales para rellenar su visión del mundo. En la India, donde surgió esta religión, las ideas sobre Buda se envolvieron en los ropajes de la mitología hindú y los dioses hindúes pasaron a ser espectadores y actores secundarios del drama de Gautama en su búsqueda del conocimiento, que culminó con su transformación en Buda, el Iluminado. Con la aparición del *mahayana* («gran vehículo») a principios de la era cristiana, los elementos mitológicos adquirieron mayor importancia y el culto a los Bodhisattvas constituyó la base de una floreciente mitología budista, si bien continuaron los antiguos motivos y narraciones. Al principio, estos Bodhisatt-vas debieron de personificar fundamentalmente los diferentes aspectos del carácter de Gautama, pero al cabo de poco tiempo desarrollaron una identidad muy real. Maitreya tipifica la *maitri* («amabilidad»): la vida bajo él es el milenio budista, pero, entre tanto, abandona el cielo Tushita para visitar el mundo bajo diversas formas con el fin de salvar y enseñar.

La vida de Buda

Según numerosos relatos, la reina Mahamaya, madre de Buda, soñó que un Bodhisattva descendía hasta su vientre en forma de elefante blanco con un loto en la trompa, mientras toda la naturaleza manifestaba su júbilo.

Los brahmanes interpretaron este sueño como predicción del nacimiento de un hijo que sería un emperador universal o un Buda. Nació de forma milagrosa: su madre lo dio a luz de pie, por un costado, agarrada a un árbol. Brahma y los demás dioses recibieron al niño, que dio siete pasos, y declararon que era su última encarnación. Criado entre grandes lujos, Gautama fue protegido de todos los aspectos desagradables de la vida, se casó y tuvo un hijo, Rahula («traba»). Un día, al circular en carro por la ciudad, descubrió los problemas de la vejez, la enfermedad y la muerte, así como la serenidad de un asceta vagabundo. Una noche escapó de los lazos de su familia y su posición e

Estatua de Buda con la protuberancia del cráneo, lóbulos alargados y urna entre los ojos, algunos de sus treinta y dos rasgos más importantes.

inició la búsqueda de la iluminación.

A los siete años de haber abandonado su casa, el Buda decidió quedarse sentado bajo un árbol (que más adelante se conocería como un árbol Bhodi, en la actual Bodh Gaya) hasta que resolviera el problema del sufrimiento. Los dioses se regocijaron en el cielo, y Mara, dios de la muerte y del deseo, empezó a tentarle con distracciones. Al cabo de cuarenta y nueve días, Gautama obtuvo la iluminación, transformándose en un Buda, y permaneció otras siete semanas sentado, meditando, mientras el rey serpiente le proporcionaba sombra con sus siete capuchas. Al principio no confiaba en encontrar a nadie capaz de comprender las verdades que había aprendido, pero cuando Brahma le instó a que predicara, Buda accedió a su petición. En el transcurso de su ministerio convirtió a casi toda su familia: para convertir a su madre ascendió al cielo de los Treinta y Tres Dioses y Saka (Indra) y las demás deidades le escoltaron en su regreso a la tierra.

Las anteriores vidas de Buda

La perfección del Buda sólo puede lograrse tras una larga serie de vidas, en el transcurso de las cuales el Bodhisattva se prepara para la existencia final, cultivando las cualidades morales necesarias, la más importante de las cuales es dar. Muchas narraciones sobre las vidas del Buda son cuentos populares adaptados a tal fin. En una de ellas, Buda es una liebre en una existencia anterior y al darse cuenta un día de que no tiene comida que ofrecer a un posible huésped, decide ofrecer su propia carne. Para poner a prueba su resolución, Sakka (Indra) se presenta ante la liebre en forma de mendigo y ésta le invita a encender una hoguera y se dispone a arrojarse a las llamas. Sakka se lo impide y para conmemorar el acontecimiento dibuja una imagen de la liebre sobre la luna. En el siguiente cuento, el último y más largo del Jataka *(«relatos del nacimiento»), libro de las escrituras de Theravada, el príncipe Vessantara es la última encarnación humana del Buda antes de nacer como Gautama (entre medias nace como dios, en el cielo Tushita).*

Vessantara, hijo y heredero del rey Sanjaya, vivía en la capital con Maddi, su esposa, su hijo y su hija. Era de una extraordinaria generosidad. Tenía un elefante blanco mágico que siempre concedía la lluvia, pero un día se lo regaló a los emisarios de otro reino. Enfurecidos, los ciudadanos obligaron al rey a que le desterrase. Maddi decidió compartir su suerte y llevarse también a sus hijos. Vessantara se desprendió de todos sus bienes y emprendió un largo viaje con su familia hacia un valle de los Himalayas, donde se establecieron. Un día llegó un viejo brahmán llamado Jujaka, a quien su joven esposa no paraba de molestar porque quería criados, a pedir los hijos de Vessantara, y éste se los dio. A la mañana siguiente, Sakka, temeroso de que también le diera a su esposa, se disfrazó de brahmán, le rogó a Vessantara que se la regalase y se la devolvió (como era un regalo, Vessantara ya no podía disponer de ella). Entre tanto, Jujaka y los niños llegaron a la corte de Sanjaya, donde el rey rescató a sus nietos y Jujaka murió de un atracón de comida. Arrepentido, Sanjaya fue con su séquito a la montaña e invitó a Vessantara y a Maddi a que regresaran. Toda la familia volvió a unirse y Vessantara fue rey.

El redondel de este pasamanos alrededor de la gran estupa budista de Amaravati representa una escena de los relatos del Jataka.

Avalokiteshvara, èl Bodhisattva compasivo que «mira hacia abajo», con el loto en la mano izquierda y ademán tranquilizador de la derecha. Las lujosas joyas resaltan su carácter laico. En China se le conoce como Guan Yin (véase p. 96). Relieve en piedra de la India oriental siglos IX-X.

BODHISATTVAS

El concepto del Bodhisattva («aquel cuya esencia es Bodhi, iluminación», en realidad un futuro Buda) es común a todo el budismo, pero adquiere especial importancia en el *mahayana*, donde destaca el deseo del Bodhisattva de compartir su bondad con cualquiera que acuda a él con fe. Arriba vemos una representación de Avalokiteshvara («el señor que mira hacia abajo»), también llamado Padmapani, cuya principal característica es la compasión. Entre otros Bodhisattvas importantes se cuentan Maitreya («amabilidad»), Manjusri («afablemente majestuoso»), encargado de eliminar la ignorancia, y Vajrapani, «el que tiene un trueno en la mano», destructor del mal.

CHINA

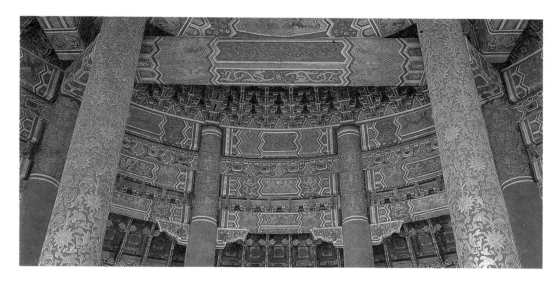

Interior del techo del Quiniandian (Sala de Oración para una Buena Cosecha), en el extremo septentrional del complejo del Templo del Cielo, Pekín. El emperador, en calidad de representante del cielo en la tierra, ofrecía oraciones destinadas a obtener una buena cosecha en esta sala.

La mitología china tiene casi cuatro milenios de antigüedad, si bien los restos hallados en el norte del país atestiguan la existencia de asentamientos humanos desde 3000 a. C., aproximadamente: los xia, pueblo tribal, dominaron gran parte de esta región desde 2000 a. C. o antes hasta h. 1500 a. C. En principio, su animal totémico era la serpiente, que aparece en algunos de los mitos chinos más antiguos, y después el dragón, símbolo que ha perdurado en la mitología y la cultura de este país *(véase p. 92)*.

Los yin se enfrentaron a los xia y establecieron la dinastía Yin o Shang alrededor de 1500 a. C. Dominaban la técnica del bronce y su emblema era el «ave roja», símbolo del sur. Ofrecían sacrificios a numerosas divinidades, como el sol, la luna, las nubes, la tierra, las montañas, los ríos y los cuatro puntos cardinales, y la más importante era Shang Di, venerada como antepasado de la dinastía. Intentaban ponerse en contacto con los espíritus leyendo las grietas de los «huesos oraculares» chamuscados y mediante otras prácticas chamanísticas, como cánticos, bailes y trances extáticos.

Con la siguiente dinastía, la Zhou, las familias adoptaron apellidos hereditarios y se extendió el culto a los antepasados, pero no desaparecieron las antiguas dei-

dades y los dioses de la tierra, la lluvia y los ríos siguieron gozando del favor popular. Los monarcas Zhou preferían el culto a Tian «Cielo» *(véase p. 100)*.

A punto de acabar la dinastía Zhou surgieron diversas filosofías políticas. El modo de vida establecido por Confucio (latinización de Kong Fuzi o «maestro Kong», 551-479 a. C.) se basaba en el ritual, el amor filial y la educación y dominó la vida china hasta la llegada del comunismo. La segunda gran escuela, la del taoísmo *(véase p. 98)*, abogaba por un estado no intervencionista y por la vuelta a la sencillez rural y, por encima de todo, creía que la humanidad debía vivir en armonía con la naturaleza en lugar de tratar de someterla. El yin y el yang (los principios femenino y masculino, *véase p. 90*) debían estar en equilibrio.

Entre los confucionistas existía tendencia al agnosticismo respecto a los dioses y espíritus tradicionales; sin embargo, ante la aparición del budismo *(véase p. 96)*, el taoísmo adquirió un carácter más religioso y su propia mitología. Taoísmo, budismo, confucionismo y las creencias tradicionales más antiguas convivieron en una atmósfera de respeto e influencia recíprocos y esta coexistencia pacífica explica la rica herencia cultural de la mitología china.

LOS CINCO ELEMENTOS Y LAS CINCO MONTAÑAS SAGRADAS

No se sabe por qué, pero el número cinco tiene especial importancia para los chinos desde la antigüedad. Se dice, por ejemplo, que la estructura material del mundo está compuesta por cinco elementos (Madera, Fuego, Tierra, Metal y Agua), fuerzas dinámicas que se influyen mutuamente. Cada elemento se asocia a una de las cinco estaciones (incluyendo un «centro» místico), uno de los puntos cardinales (también con un «centro», *véase p. 21*) y un planeta:

Madera	primavera	este	Júpiter
Fuego	verano	sur	Marte
Tierra	centro	centro	Saturno
Metal	otoño	oeste	Venus
Agua	invierno	norte	Mercurio

Desde la antigüedad se venera a las montañas como deidades activas que responden a oraciones y sacrificios. Los monarcas chinos reconocían cuatro montes especialmente sagrados: Hengshan (pico septentrional y pico meridional: en la ortografía pinyin son idénticos); Huashan (pico occidental); Songshan (pico central) y Taishan (pico oriental), este último el de mayor prestigio. Se encuentra cerca de Chufo, pueblo natal de Confucio, y en el transcurso de los siglos se le otorgaron diversos títulos nobiliarios, desde duque hasta emperador. Ningún emperador podía ofrecer sacrificios allí a menos que su reinado hubiera sido muy destacado. Aparte de estas cinco, hay otras montañas sagradas para budistas y taoístas, y Kunlun, fuera del antiguo imperio, al oeste, se consideraba morada de los dioses, casi como una colonia celestial.

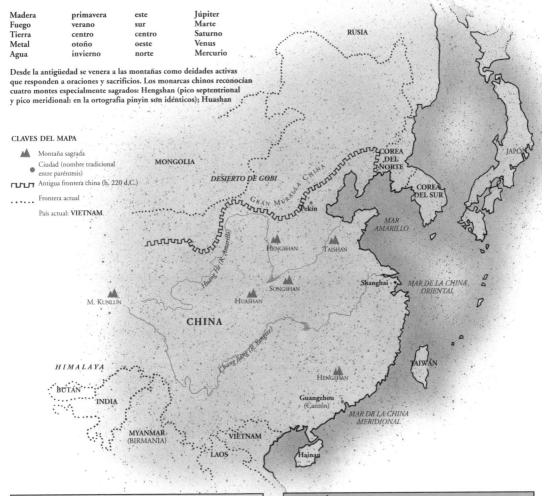

CLAVES DEL MAPA

Montaña sagrada

Ciudad (nombre tradicional entre paréntesis)

Antigua frontera china (h. 220 d.C.)

Frontera actual

País actual: **VIETNAM**

TABLA DE PRONUNCIACIÓN

En este capítulo se han transcrito los nombres chinos con el sistema de latinización denominado pinyin, que difiere del Wade-Giles, aún utilizado en algunos libros.

Pinyin	Wade-Giles	Equivalente castellano más aproximado
c	tz'	ts
z	tz	ds
j	ch	y (como en *yin*)
zh	ch	ch
q	ch'	ch
r	j	r (suave)

DINASTÍAS CHINAS

Xia	h. 2000-h. 1500 a.C.
Shang o Yin	h. 1500-1050 a.C.
Zhou	1050-221 a.C.
Chin	221-206 a.C.
Han	202 a.C.-220 d.C.
Wei, Jin y septentrional y meridional	220-581
Sui	581-618
Tang	618-907
Cinco dinastías y diez reinos	907-960
Song	960-1279
Yuan	1279-1368
Ming	1368-1644
Ching	1644-1911

ORDEN QUE SURGE DEL CAOS

Pangu y Hun Dun

En el relato chino de la creación más importante se describe cómo formó el mundo una divinidad primordial llamada Pangu, cuyo culto se mantiene aún entre una población minoritaria del sur de la China, como los miao, los yao y los li. Pangu nació de Yin y Yang, las dos fuerzas vitales del universo *(véase ilustración, izquierda;* el ser de la parte inferior podría representar a Pangu). En la oscuridad de un enorme huevo primordial Pangu cobró vida y creció durante dieciocho mil años, hasta que el huevo se rompió. La luz y las partes ligeras del huevo ascendieron y formaron los cielos, mientras que las pesadas y opacas se hundieron y formaron la tierra.

Pangu se puso de pie y para evitar que volvieran a unirse la tierra y el cielo, fluidos, creció y fue separando cielo y tierra más de tres metros al día. Al cabo de otros dieciocho mil años, la tierra y el cielo se solidificaron y Pangu se tendió a descansar. Murió, y su aliento se transformó en viento y nubes, su voz en trueno, su ojo izquierdo en el sol, el derecho en la luna y el pelo y los bigotes en las estrellas. Las demás partes de su cuerpo se convirtieron en los elementos que componen la tierra, como las montañas, los ríos, los caminos, las plantas, los árboles, los metales, las gemas y rocas, y su sudor en lluvia y rocío.

El mito de Pangu adquirió esta forma en el siglo III, si bien el personaje aparece como tal en textos anteriores. En una de las múltiples variantes posteriores se explica la alternancia de noche y día por los movimientos de Pangu al abrir y cerrar los ojos.

YIN Y YANG

Yang, que en un principio significaba sol o luz, y Yin, sombra u oscuridad, se consideraban las dos fuerzas cósmicas interdependientes que producían los fenómenos del universo. Yang representa lo masculino, la actividad, el calor, la sequedad, la dureza, etcétera; y Yin lo femenino, la pasividad, el frío, la humedad y la blandura. En un plano más filosófico, Yin y Yang son complementarios y recíprocamente dependientes. El redondel de laca rojo *(arriba)* lleva el símbolo de Yin y Yang, rodeado por los ocho símbolos que se emplean en la adivinación.

La muerte de Caos

Entre las mejores fuentes de la antigua mitología china se encuentran los relatos de las obras de los filósofos clásicos. Un buen ejemplo sería una narración breve pero muy conocida sobre la creación, con la muerte de Caos, que aparece en el Zhuangzi, *escrito por un erudito taoísta del mismo nombre alrededor del siglo IV a.C. El mito presenta los dos principios de influencia recíproca del universo primordial y el caos que se extiende entre ambos en la forma antropomórfica de tres emperadores.*

Shu, emperador del mar del Norte, y Hu, emperador del mar del Sur, se reunían con frecuencia en el territorio de Hun Dun («Caos»), emperador del Centro, que les brindaba su hospitalidad. Un día, Shu y Hu discutieron cómo pagar la amabilidad de Hun Dun. Observaron que ambos tenían siete orificios corporales que les permitían ver, oír, comer y demás, mientras que Hun Dun no tenía ninguno. Los dos emperadores decidieron mostrar su gratitud a Hun Dun abriendo unos agujeros en su cuerpo con taladros, a un ritmo de uno por día. Al cabo de siete días terminaron el trabajo pero, por desgracia, Hun Dun murió mientras lo hacían, y en el mismo momento en que murió Caos cobró vida el mundo ordenado.

NUGUA Y FUXI

La creación de la humanidad. Mitos sobre inundaciones

Los mitos sobre la diosa creadora Nugua y el dios creador Fuxi se cuentan entre los más antiguos de China. Su procedencia es incierta, pero ambos nombres derivan de vocablos que significan calabaza o melón, frutos que también aparecen en los mitos sobre la fecundidad y los orígenes de otras culturas. Con la dinastía Han se los solía representar como una pareja casada, con cabeza humana y colas de serpiente entrelazadas, pero cabe la posibilidad de que al principio Nugua y Fuxi fueran deidades independientes cuyas vidas se vincularon, como sucede, por ejemplo, con Zeus y Hera en la mitología griega *(véase p. 132)*. Las colas serpentinas denotan una posible conexión con la serpiente totémica de los primitivos xia.

A partir del siglo IV a.C. Nugua y Fuxi aparecen en muchos libros relacionados con diversos mitos, con tres temas principales: la creación de la humanidad, las primeras luchas contra las catástrofes naturales (sobre todos los diluvios) y la guerra. Se veneraba especialmente a Nugua como creadora y protectora de los primeros seres humanos *(véase recuadro, abajo)*.

Un importante mito cuenta que, mientras la diosa vivía en la tierra, estalló un conflicto entre el dios del fuego y rey del universo, Zhu Rong, y el dios del agua, Gong Gong, al que en ciertas versiones se consideraba hijo de Zhu Rong. El primero gobernaba el universo con firmeza y prudencia y se encargaba de que el sol apareciera regularmente en el cielo y de que las personas creadas por Nugua disfrutaran de condiciones favorables para continuar con su vida cotidiana. Gong

FUXI, EL PRIMER EMPERADOR

En el reinado de los Han (202 a.C.-220 d.C.) se inventaron nuevas dinastías para explicar los oscuros inicios de la historia. Se presentaron numerosos mitos como hechos reales y varias figuras míticas fundamentales como emperadores. Fuxi pasó a ser el primer emperador, uno de los «cinco emperadores de la Alta Antigüedad», y se estableció su reinado entre 2852 y 2737 a.C. Un mito le atribuía cuatro caras (cada una vigilaba uno de los puntos cardinales), que los historiadores oficiales convirtieron en cuatro ministros gubernamentales. Se transformó en héroe cultural, que enseñó a su pueblo a pescar con redes y a domesticar animales. También se le atribuyó la invención de instrumentos musicales y la primera escritura china, que sustituyó a las cuerdas con nudos como medio de comunicación.

La raza del barro

Se cuenta que Nugua cobró vida en la tierra tras la separación de ésta y el cielo y la creación de montañas, ríos, animales y plantas. El siguiente mito narra cómo modeló a la raza humana con barro.

Cuando llevaba algún tiempo en la tierra, Nugua empezó a sentirse sola y a pensar que en el mundo faltaba algo. Un día vio su reflejo en una charca y tuvo una idea. Cogió un puñado de barro y modeló una minúscula copia de sí misma: el primer ser humano. Al dejar aquel ser sobre el suelo cobró vida de inmediato y se puso a gritar y a bailar alegremente. Encantada con su obra, Nugua cogió más barro e hizo un montón de personas, que se des-

perdigaron por el campo, pero la diosa siempre oía sus voces y no volvió a sentirse sola.

Al poco tiempo comprendió que para poblar el mundo entero tenía que hacer personas con más rapidez y eficacia. Hundió una vid en agua embarrada, la sacudió y el barro saltó por todos lados. Cada gota de barro se convirtió en un ser humano. Así, Nugua pobló el mundo y pudo descansar de sus tareas. Más adelante, cuando algunas personas envejecieron y murieron, enseñó a los seres humanos a reproducirse y criar niños.

Nugua, representada con cuerpo de serpiente. Principios del siglo XX.

Gong, un ser espantoso con cuerpo de serpiente y cabeza humana cubierta de greñas pelirrojas, envidiaba a Zhu Rong y estaba decidido a arrebatarle el dominio del universo. Se entabló una encarnizada batalla entre los dos dioses, primero en el cielo y después en la tierra. Gong Gong reunió a todos los seres del mar y los ríos para atacar a las fuerzas del dios del fuego, pero al final no pudieron soportar el calor del sol, que hervía el agua y los dejaba chamuscados e impotentes.

Los planes de conquista de Gong Gong se vinieron abajo y su decepción se tornó en cólera. Enfurecido, le dio un cabezazo a la montaña Imperfecta, que se desplomó y quedó reducida a escombros. Este monte de extraño nombre era el principal punto de apoyo del cielo al noroeste del mundo y al desaparecer se abrió un enorme agujero en el firmamento, complementado por la depresión que surgió en la tierra, al sureste.

El mundo perdió el equilibrio y la humanidad sufrió mucho con las catástrofes que sobrevinieron: los incendios arrasaron montes y bosques y las llanuras quedaron anegadas. Las aguas se precipitaron hacia el sureste, donde la tierra había descendido, razón por la que, según se dice, los ríos chinos discurren de oeste a este.

Nugua no podía permanecer tranquilamente observando los sufrimientos de sus sriaturas Con el fin de reparar el agujero del cielo fue al lecho de un río, eligió gran cantidad de piedras, construyó un horno y las fundió, y a continuación les dio la forma deseada. Voló hasta el cielo y llenó los orificios con las piedras fundidas, sin dejar ninguna grieta. Para asegurarse de que no volviera a romperse el cielo, decidió matar una tortuga gigante y colocar sus cuatro patas como soporte en lugar de la montaña Imperfecta. A continuación quemó unas cañas y con las cenizas tapó los huecos de las orillas de los ríos para controlar las crecidas.

Tortuga de bronce de la Ciudad Prohibida (Palacio Imperial), en Pekín. Las tortugas eran símbolo de fuerza y permanencia, capaces de soportar grandes pesos sobre sus espaldas. Según el mito, la diosa Nugua sujetó los cielos con las patas de una tortuga cuando se desplomó la montaña Imperfecta (véase derecha).

Yu el Grande

Existen numerosos mitos chinos sobre una antigua inundación, además de las otras en las que intervienen Nugua y Fuxi. En el más popular aparece una figura heroica, Yu el Grande. En la versión original, Yu era un dragón o un ser mitad humano mitad dragón, a cuyo padre, Gun, habían enviado de los cielos para dominar una gran inundación. En otra versión posterior se presenta a Yu con forma totalmente humana.

El mítico emperador Shun ordenó a Yu que hallase un medio para controlar las aguas de una gran inundación. Yu trabajó sin cesar durante trece años; sus manos se agrietaron con el esfuerzo, sus pies se cubrieron de callosidades y cojeaba lastimosamente. Tenía la piel negra por el sol y estaba delgado como una espátula.

Pero sus sufrimientos fueron al fin recompensados. Construyó canales artificiales para desviar las aguas hasta el mar y, en reconocimiento a sus servicios, Shun abdicó en su favor y Yu fue el primer emperador de la dinastía Xia. Se dice que reinó desde 2205 hasta 2197 a.C. y aún puede verse su supuesta tumba cerca del actual Shaoxing, en la provincia de Zhejiang.

En principio, Yu, mítico fundador de la dinastía Xia, era un dragón, y se consideraba a cada emperador encarnación de este ser. El dragón (arriba) se encuentra en la Ciudad Prohibida.

Los hijos de la calabaza

Los mitos de Fuxi y Nugua también aparecen en las tradiciones orales de los miao y yao del sur de China, por lo general de una forma mucho más vivaz y completa que las versiones escritas de los chinos han. Ofrecemos una versión abreviada de la leyenda de Fuxi y Nugua tal y como la cuentan los yao de la provincia de Guizhou.

Un día de verano, hace mucho tiempo, un hombre trabajaba en sus campos cuando oyó el retumbar lejano de un trueno. Mandó a casa a sus hijos, un chico y una chica, y colgó una jaula de hierro bajo el alero del tejado. Al poco se puso a llover con tal fuerza que el hombre cogió un tridente afilado, como los que se usan para atrapar tigres, abrió la puerta de la jaula y montó guardia frente a la casa.

De repente brilló un relámpago y restalló un trueno, y de las nubes descendió el dios del Trueno, empuñando una enorme hacha. El hom-

Wen Zhong, ministro del Trueno. En los mitos antiguos, el dios del Trueno aparece como una bestia repugnante, pero en las tradiciones posteriores se atribuían los fenómenos naturales a un gobierno celestial reflejo de la administración dinástica terrenal.

bre arremetió contra el dios, lo insertó en el tridente y con un solo movimiento lo metió en la jaula y cerró la puerta. Una vez apresado el dios del Trueno cesó la lluvia y amainó el viento. A la mañana siguiente el hombre fue al mercado a comprar hierbas y salsas para escabechar al dios cuando lo matara y les dijo a sus hijos que bajo ninguna circunstancia le dieran agua mientras él estuviera ausente. En cuanto se hubo marchado, el dios del Trueno pidió tan lastimosamente una gota de agua que los niños accedieron a sus ruegos. El dios se reanimó y escapó de la jaula. Para recompensar la bondad de los niños se arrancó un diente y les dijo que lo plantaran en

la tierra, porque si no se destruiría y se marchó. Los niños plantaron el diente y al cabo de unos minutos se convirtió en una calabacera que unas horas después empezó a dar una calabaza. Volvieron las lluvias y las aguas cubrieron la tierra. Al regresar a casa del mercado, el hombre les dijo a los niños que se metieran en la calabaza y él construyó un barco, en el que subió al firmamento para rogar al Señor de los Cielos que parase el diluvio. El Señor de los Cielos atendió su petición y le ordenó al dios del Agua que detuviese la lluvia. Ansioso por obedecer, el dios del Agua puso fin a la inundación tan deprisa que el barco del hombre se estrelló contra la tierra y él murió. Sin embargo, los niños continuaron a salvo en la calabaza y fueron los únicos supervivientes del diluvio.

No se conocen los nombres originales de los niños, pero a partir de entonces se les llamó Fuxi («Botella de calabaza»). Vivieron juntos muy felices y cuando crecieron el joven sugirió que se casaran. La muchacha no parecía muy dispuesta, porque eran hermanos, pero dijo que aceptaría si su hermano la perseguía y la atrapaba. El chico lo consiguió, se casaron, y su hermana se cambió el nombre por el de Nugua, palabra que también significa calabaza o melón.

Más adelante, Nugua dio a luz una bola de carne. La cortaron en trozos y subieron con ellos por la escalera que lleva al cielo. Un golpe de viento dispersó los trozos de carne por toda la tierra, y allí donde aterrizaron se convirtieron en personas: así fue como volvió a existir la humanidad.

SOL, LUNA Y ESTRELLAS

Mitos de los cuerpos celestes

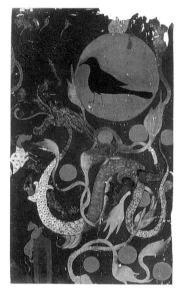

Tránsito de un alma al reino de los Inmortales, detalle de la parte superior de un estandarte funerario del siglo II a.C. El disco rojo grande representa al sol y el cuervo a su espíritu. Cuando Yi, el arquero divino, disparó contra el primer sol, el cuervo solar de su interior cayó muerto a sus pies (véase p. contigua).

El sol, la luna y las estrellas destacaban entre las deidades animistas de la antigua China y los dos primeros continuaron siendo venerados en ceremonias y sacrificios hasta principios del siglo XX. Aún se pueden contemplar altares consagrados al sol y la luna en la capital china, Pekín, si bien ya no se utilizan. No obstante, el sol nunca se singularizó como deidad suprema, y en la jerarquía divina reconocida por el estado imperial, sol y luna figuraban por detrás del cielo, la tierra, los antepasados imperiales, los dioses del grano y el suelo y Confucio.

La mayoría de los chinos tiene un apego sentimental a la luna y sobre todo a la luna llena, cuya forma redonda simboliza la reunión definitiva del círculo familiar. Aún goza de gran popularidad el festival de mediados de otoño, que se celebra el decimoquinto día del octavo mes del calendario lunar, cuando la luna está llena. Esa noche se reúnen las familias y, entre otras cosas, comen «pasteles de la luna» redondos.

Los dioses estelares, cada uno de ellos asociado a una estrella o grupo de estrellas concretos, existen desde la antigüedad y eran especialmente numerosos en el panteón taoísta: dioses de la literatura, de la longevidad, de la felicidad, etcétera. La mayoría de los mitos estelares se desarrolló relativamente tarde en la religión y el folclore chinos, pero uno muy famoso, el de Yi, arquero divino dotado de poderes mágicos, se remonta al menos al siglo XI a.C. Según este mito, en los orígenes había diez soles que rodeaban la tierra. Todos ellos vivían en un árbol gigantesco llamado Fu Sang, que crecía en un manantial caliente más allá del horizonte oriental, y eran hijos del Señor de los Cielos, Di Jun, y de la diosa Xi He, quien había decretado que sólo apareciese un sol en el cielo cada vez. Xi He lo escoltaba en su carro y después lo llevaba a casa, al árbol Fu Sang, al final del día. A la mañana siguiente le tocaba el turno al segundo sol y así sucesivamente hasta que volvía a llegarle el turno al primero.

Pasaron los años y todo parecía indicar que esta situación se mantendría indefinidamente. Pero no ocurrió así, porque a los diez hermanos empezaron a resultarles molestos sus deberes y se quejaban de la disciplina impuesta por su madre. Celebraron una asamblea en las ramas del árbol Fu Sang para discutir cómo librarse de aquella esclavitud y elaboraron un plan. Un día, sin previo aviso, los diez soles aparecieron en el cielo al mismo tiempo. Habían abandonado el árbol Fu Sang juntos y pensaban que podrían quedarse en el cielo cuanto quisieran. Al principio, la gente estaba encantada con la luz y el calor que proporcionaban los diez soles, pero cuando se agostaron los sembrados y se destruyeron, empezaron a buscar un medio para disminuir su potencia. El monarca terrenal era por entonces Yao, reconocido más adelante, junto a Shun y Yu *(véase p. 92),* como uno de los reyes sabios de la antigüedad. Yao era un hombre humilde que vivía austeramente en una choza con techo de paja y comía cereales ásperos y sopas hechas con plantas silvestres. Sufría las mismas privaciones que su pueblo, cuyo bienestar le preocupaba profundamente. Rogó a los cielos que intervinieran en favor de la humanidad e imploró a Di Jun que restableciera el antiguo orden, en el que sólo aparecía un sol cada día.

Di Jun, Señor de los Cielos, oyó los ruegos de Yao y ordenó a los otros nueve soles que volvieran al árbol Fu Sang; pero los soles disfrutaban tanto de su libertad que se necesitaban algo más que palabras para que acataran las órdenes. Di Jun decidió enviar a la tierra a uno de sus ayudantes más poderosos, Yi, para que se encargase de sus díscolos hijos y resolviera al mismo tiempo otros problemas de Yao.

Yi tenía fama de arquero experto y antes de que partiese hacia la tierra Di Jun le dio un arco rojo y una aljaba llena de flechas blancas. El Señor de los Cielos no quería que Yi hiciera daño a los soles, sino que los asustara para que le obedecieran.

Yi descendió a la tierra junto con su esposa, Chang E *(véase recuadro, abajo)*, y al ver el estado al que había quedado reducida la gente se encolerizó. Sacó inmediatamente una flecha de la aljaba y la disparó hacia el cielo. Se oyó un golpe seco y después se vio una cascada de chispas que se dispersaron por todos lados desde uno de los soles. Después, entre una lluvia de plumas doradas, cayó a los pies de Yi un gran cuervo de tres patas, con el pecho atravesado por una flecha blanca. Era el espíritu del primero de los diez soles. (Se dice que el cuervo en el interior del sol demuestra que los chinos observaron las manchas solares ya en la antigüedad.)

La muerte de un sol no tuvo gran influencia sobre el clima, y Yi siguió disparando contra los demás hasta que sólo quedó uno en el cielo y todo volvió a la normalidad. A consecuencia de esta hazaña, Yi pasó a ser considerado un gran héroe.

EL PASTOR Y LA HILANDERA

La estrella Vega de la constelación de Lira se conoce entre los chinos como la Hilandera. Era hija del dios del Sol, quien, preocupado por su soledad, la casó con el pastor (Aquila). La feliz pareja pasaba todo el tiempo haciendo el amor en lugar de atender a sus deberes, el dios del Sol se disgustó y los condenó a vivir separados, uno en cada extremo del Río Celestial (Vía Láctea). Una vez al año, el séptimo día del séptimo mes, las urracas se congregan en el Río Celestial y forman un puente que atraviesa la Hilandera para ver al pastor. Si ese día llueve, las urracas no se reúnen y la pareja tiene que esperar al año siguiente.

Chang E y la luna

Después de que Yi matara a los nueve soles, Di Jun se enfadó y le condenó a él y a su esposa, Chang E, a vivir en la tierra como mortales. Yi fue a buscar el elixir de la vida eterna que poseía la Reina Madre de Occidente, diosa tiránica que vivía en el monte Kunlun. Le dio suficiente elixir para dos, pero le advirtió que si lo tomaba todo uno solo abandonaría el mundo, hacia regiones más elevadas.

Yi llevó al elixir a su mujer, Chang E, que echaba de menos su despreocupada vida en el cielo. Cuando su marido le contó la advertencia de la diosa, pensó en tomarse todo el elixir y volver al cielo, pero preocupada por la idea de que la condenaran las otras deidades por abandonar a su marido, consultó a un astrólogo. Éste le dijo que debía ir a la luna, donde quedaría libre de los trajines de la vida de los mortales y de las acusaciones de los dioses. Le prometió ade-

Chang E asciende a la luna tras tomar el elixir de la inmortalidad. Yi, su marido, el divino arquero, la contempla consternado. Principios del siglo XX.

más que cuando llegase a la luna se transformaría de una forma prodigiosa.

Chang E decidió poner en práctica el plan. Un día, en ausencia de Yi, cogió el elixir, escondido entre las vigas, bebió toda la botella y empezó a ascender al cielo. Intentó gritar, pero sólo emitió una especie de graznido, porque se había convertido en sapo. Sus únicos compañeros en la luna eran una liebre, que no paraba de machacar hierbas medicinales con un mortero, y un anciano que trataba vanamente de talar un árbol casia.

Al ver que habían desaparecido su esposa y el elixir, Yi comprendió de inmediato qué había ocurrido y el error que había cometido al tratar de escapar de la existencia humana.

En una versión posterior del mito, Chang E recupera la forma humana y vive en el Palacio de la Luna, mientras que Yi regresa al cielo tras perdonársele sus errores.

EL BUDISMO CHINO

Amitabha y Guan Yin

El budismo empezó a ganar adeptos en China en el siglo II d.C. y muy pronto alcanzó gran popularidad, hasta convertirse en uno de los grandes sistemas religiosos del país, junto al taoísmo y el confucianismo; y ocupa un lugar mucho más importante en China que en la India, su lugar de origen, desde hace tiempo. El fundador del budismo, Gautama Sakyamuni o Buda (nacido h. 560 a.C. y conocido generalmente entre los chinos como Fo), prometió la salvación únicamente a quienes obedecieran la ley budista, llevaran una vida ascética y renunciaran a todos los placeres mundanos. Una vez liberadas de todos los vínculos con este mundo, tales personas escaparán del ciclo del nacimiento y la muerte y alcanzarán el estado de bienaventuranza denominado *nirvana*. Inevitablemente, se trata de un proceso largo y doloroso, que supone renunciar a los lazos emocionales con familiares y amigos y llevar una vida monástica.

Pero los chinos prefirieron venerar una manifestación de Buda llamada Amitabha (Emituofo en chino), que reinaba en el paraíso occidental. Prometía la salvación a cuantos se arrepintiesen de sus pecados e invocasen su hombre. Podía llegarse al estado de salvación mediante la fe, no sólo mediante el ascetismo, y por consiguiente, estaba abierto a más personas. Después de que el budismo se hubiera establecido en la China, en los templos de todo el país surgieron innumerables imágenes de Amitabha entronizado en una flor de loto.

Los mitos sobre la vida de Buda se propagaron por toda China, en algunos casos un tanto adornados para que resultaran más asequibles a la mentalidad china. Los monjes asumieron el papel de narradores y dejaron constancia de los mitos en forma de libros. Un relato cuenta que un discípulo de Buda llamado Maudagalyayana, Mulian en chino, descendió al infierno para rescatar a su madre *(véase p. contigua)*, idea que atraía a los chinos, porque no sólo expresaba el concepto budista de *karma* (doctrina según la cual las buenas y malas acciones tienen sus consecuencias en esta vida y en las futuras), sino la tradicional virtud china del amor filial.

En el calendario budista, el festival de Avalambana («Colgar») señala la época en la que los monjes interrumpen su tradicional retiro durante la estación de las lluvias. El nombre de esta festividad deriva del mito hindú sobre un asceta indio que vio a sus antepasados colgados cabeza abajo cuando él se apartó del mundo y no se casó ni dio descendencia que mantuviera los sacrificios a los muertos.

La Bodhisattva Guan Yin, *figura de madera de finales del siglo XIII. Derivada de un Bodhisattva masculino indio, en el budismo chino se convirtió en diosa de la Misericordia.*

Amitabha recibía frecuentemente la ayuda de la Bodhisattva Guan Yin, llamada en muchos casos diosa de la Misericordia. Los Bodhisattvas eran un rasgo característico del budismo mahayana que se popularizó en China y Japón, seres que vacilan a la hora de alcanzar el *nirvana* porque desean salvar a la humanidad sufriente. Su compasión y su promesa de salvación introdujeron un elemento nuevo y humano en la vida religiosa china. En principio, Guan Yin era el Bodhisattva indio Avalokiteshvara *(véase p. 87)*, cuyo nombre tomaron los chinos como «escuchar los lamentos del mundo». Al poco de entrar en la China, Avalokiteshvara pasó a encarnar las virtudes maternales chinas de la compasión y se convirtió en Bodhisattva femenino. Se escribieron numerosos relatos sobre ella: por ejemplo, salvó los libros sagrados de un peregrino budista chino que regresaba a su país desde India, y si se la invocaba, podía romper las cadenas de los presos, quitarles el veneno a las serpientes y la potencia a los rayos. Las mujeres le rezaban por sus hijos, y en algunos casos se le representaba con muchos brazos, símbolos del alcance de sus poderes como intercesora.

Rábano y la señora Puerro

En los pueblos y ciudades de China se representaban obras sobre el personaje Rábano en el transcurso de la festividad budista anual de Avalambana. Algunas duraban varios días y contenían tantos adornos que casi se perdieron los detalles de la historia original y la obra se transformó en puro entretenimiento. Ofrecemos un resumen del relato, según fuentes del siglo IX.

Buda tenía un discípulo virtuoso llamado Rábano, que tuvo que emprender un largo viaje. Antes de partir, Rábano le confió a su madre, la señora Puerro, una suma de dinero que habría de dar a los monjes budistas que llamaran a su puerta. Pero en ausencia de Rábano, su madre no dio nada a los monjes y cuando volvió su hijo le mintió y le dijo que había cumplido sus deseos, a consecuencia de lo cual murió y fue de cabeza al infierno, donde sufrió terribles tormentos.

Rábano se había hecho por entonces aún más virtuoso y más sabio y alcanzó el estado de iluminación, de *arhat* o

Yanluo, o Yama, rey del infierno, en su corte, observando a varios demonios que obligan a las almas de los condenados a entrar en sus correspondientes recintos de castigo.

santo. Le pusieron de nombre Mulian. Al enterarse de que su madre estaba en el infierno, decidió rescatarla, y en el camino se encontró a Yama (Yanluo), rey del infierno, que le desanimó con las siguientes palabras: «Las sentencias decretadas en el Taishan [una de las montañas sagradas: *véase mapa p. 89]* no se revocan fácilmente. Se redactan en el cielo y re ratifican en el infierno. La retribución de los pecadores provienen de sus acciones pasadas, y nadie puede salvarlos.»

Sin desalentarse, Mulian fue a ver a todos los funcionarios encargados de la sentencia, archivo y destino de los pecadores y visitó numerosos departamentos del infierno. Al fin se enteró de que su madre estaba en uno de los puntos infernales más bajos, el infierno Avici. Al ir hacia allí se topó con cincuenta demonios con cabeza de toro (o de caballo), con hileras de dientes como bosques de espadas, boca como una tinaja de sangre, voz como el trueno y ojos como relámpagos. Agitó una varita mágica que le había dado el mismísimo Buda y los monstruos desaparecieron.

En el infierno Avici, Mulian le preguntó al carcelero dónde estaba su madre y el carcelero subió hasta una alta torre, agitó un estandarte negro y golpeó un tambor de hierro, gritando: «¿Está la señora Puerro en el primer recinto?» No hubo respuesta. Hizo la misma pregunta en cada recinto hasta encontrarla en el séptimo, clavada a una cama con cuarenta y nueve largos clavos. Pero Mulian no pudo liberarla, pues, con sus pecados, sólo podía hacerlo Buda.

Mulian fue a ver a Buda y le contó la lastimosa situación de su madre. El Buda sintió piedad y, tras el festival de Avalambana, el decimoquinto día del séptimo mes, liberó a la señora Puerro. Para que la encontrase, Buda le dijo a Mulian que recorriese las calles de la ciudad en la que vivía, pidiendo limosna al azar hasta llegar a la casa de un hombre rico. Al llegar allí, saldría un perro negro que le tiraría de la túnica. El perro era su madre.

Mulian siguió las indicaciones de Buda y encontró al perro. Pero su madre no recobró la forma humana hasta que Mulian hubo recitado las escrituras durante siete días y siete noches ante la pagoda de Buda, confesando, orando y observando abstinencia.

Después, Mulian aconsejó a su madre que, como la reencarnación en ser humano y la conversión a los buenos pensamientos resultaban difíciles de obtener, acumulase bendiciones haciendo buenas obras.

MITOLOGÍA TAOÍSTA

Dioses e inmortales

*Xilografía de los inmortales Cao Guojiu
y Li Xuan (con su muleta).*

*Los inmortales Han Zhongli y Lan Caihe,
el juglar de la túnica azul.*

El taoísmo, uno de los dos grandes sistemas religiosos autóctonos de la China, deriva su nombre del vocablo Tao («camino» o «sendero»), Dao según la transliteración del pinyin. Para los taoístas, no se trata de un camino espiritual especial, sino de un principio existencial causante de todas las cosas. Para los confucianistas, todo fenómeno o institución humana tiene su propio Dao, pero para los taoístas sólo existe un Dao, para todo. El individuo alcanza la sabiduría y la iluminación si comprende el Dao y vive en armonía con él.

Hacia el 100 a.C. el taoísmo estaba bien establecido. El fundador del taoísmo filosófico fue un hombre (deificado más adelante) conocido como Laozi, que significa «El Viejo Maestro». Aunque la tradición posterior le dio nombre e inventó detalles de su trayectoria, no se sabe nada cierto sobre él, y posiblemente, el libro cuya autoría se le atribuye *(Dao De Jing,* o *El clásico del camino y su poder)* es una recopilación anónima.

Ante la llegada y la creciente popularidad del budismo *(véase p. 96),* el taoísmo, sistema filosófico en sus orígenes, adquirió carácter religioso. Absorbió muchos de los cultos místicos populares tan abundantes en China y atribuyó su fundación al mítico «Emperador Amarillo», supuesto progenitor de la raza china, y a Laozi. Adoptó los símbolos de la religión —templos, monjes, imágenes, incienso— del budismo y creó un panteón de deidades animistas, figuras heroicas del pasado y otros personajes. Algunos creyentes se dedicaron a la alquimia, en busca de un elixir de la longevidad o la inmortalidad, y los escritores recopilaron una nueva mitología de seres espirituales, no divinos, sino humanos, que habían obtenido la inmortalidad gracias a las prácticas taoístas y podían realizar proezas mágicas y moverse por medios sobrenaturales.

Las divinidades taoístas eran planetas y estrellas humanizadas, antiguos héroes (como los espíritus que presidían diversas actividades), todas las actividades humanas (como el estudio, el comercio, el robo, la fornicación o la embriaguez) y animales tales como dragones, tigres, serpientes y saltamontes. Los sacerdotes se ganaban la vida sobre todo expulsando a los espíritus malignos, a los que se achacaban todos los males posibles, motivo por el cual el clero tenía que saber qué espíritu era responsable de qué hecho y elegir el remedio adecuado, ya se tratara de conjuros, ceremonias religiosas, drogas o cuidado en la orientación de los edificios.

Elemento fundamental de la mitología taoísta son los Ocho Inmortales, con numerosas representaciones artísticas. Surgieron en época relativamente tardía y hasta el siglo XV d.C. no aparece ningún relato de cómo lograron la inmortalidad, si bien se mencionan algunos nombres antes de esta fecha.

Los ocho personajes obtuvieron la inmortalidad de distintas formas. El primero fue Li Xuan, o Muleta de Hierro, que aprendió el secreto de Xi Wang Mu, Reina Madre de Occidente *(véase p. 95).* Como tenía una pata de palo, la reina le regaló

*Figura de bronce de Laozi a lomos de un búfalo.
Tras escribir el* Dao De Jing *se dirigió hacia
el oeste montado en uno de estos animales.*

una muleta de hierro, y así adquirió su nombre. A su vez, Li Xuan le enseñó el camino a Zhong-li Quan, que se convirtió en emisario del cielo y al que se suele representar con un abanico de plumas.

A continuación está Lü Dongbin, quizá el más famoso de los Ocho Inmortales. Cuando estaba en una posada conoció a un hombre llamado Han Zhongli, que se puso a calentar un recipiente con vino. Lü se quedó dormido y soñó que le ascendían a un cargo importante y disfrutaba de buena suerte durante cincuenta años. Pero tras la buena racha cayó en desgracia y se arruinaron él y su familia. Al despertarse se dio cuenta de que sólo habían transcurrido unos minutos: continuaba en la posada y Han Zhongli no había acabado de calentar el vino. Tras el sueño, Lü quedó convencido de la vanidad de las ambiciones mundanas y siguió a Han a las montañas para buscar el Dao (cuya esencia se encuentra en la naturaleza) y lograr la inmortalidad. En algunos casos, se representa a Lü Dongbin empuñando una espada.

Se decía que Han Xiang era sobrino-nieto de Han Yü, ensayista y filósofo de la dinastía Tang. Se hizo discípulo de Lü Dongbin, quien, cuando estaba a punto de alcanzar la inmortalidad, lo llevó al cielo, al árbol que daba los melocotones celestiales de la vida eterna. Han empezó a trepar por el árbol, pero se escurrió y cayó a la tierra y obtuvo la inmortalidad segundos antes de golpearse contra el suelo. Se le representa con un ramo de flores en la mano.

Cao Guojiu era hermano de la emperatriz Cao, de la dinastía Song. Decepcionado por la corrupción de la corte, se retiró a las montañas, en busca del Dao. Llegó a un río y, como no tenía dinero, trató de deslumbrar al barquero enseñándole la tablilla de oro que le permitía entrar en la corte. El barquero dijo: «¿Buscas el Dao pero quieres presumir de rango?» Avergonzado, Cao arrojó la tablilla al río. El barquero era Lü Dongbin disfrazado: se llevó a Cao como discípulo y le enseñó el Dao. Cao Guojiu aparece con la tablilla de oro.

El sexto inmortal era Zhang Guo, que vivió en la época de la emperatriz Wu, de la dinastía Tang. Se le suele representar a lomos de una mula blanca, con la cara hacia la cabeza o la cola del animal, que podía recorrer varios miles de kilómetros al día y doblarse y guardarse en una bolsa cuando no se la necesitaba. El viejo Zhang Guo, como también se le llama, destacaba por sus habilidades como nigromante, así como por conceder descendencia a las parejas recién casadas o sin hijos, y su retrato se colgaba en la cámara nupcial. También se le representa con los melocotones de la inmortalidad y la bolsa con la mula doblada.

Lü Dongbin (izquierda) y He Xiangu, la única inmortal.

Lan Caihe era una muchacha o un hombre «que no sabía cómo ser hombre», según las enigmáticas palabras de un escritor. Su familia se dedicaba a manipular hierbas medicinales. Un día, cuando estaba recogiendo algunas en las montañas, se encontró con un mendigo vestido de harapos, con el cuerpo cubierto de llagas y, a pesar de las dificultades, Lan le lavó y restañó sus heridas. El mendigo era Li Muleta de Hierro disfrazado y recompensó la bondad de Lan con la eterna juventud. Convertido en inmortal, Lan recorrió el país como juglar, con una andrajosa túnica azul, instando a las gentes a buscar el Dao. Se le (o la) suele representar con una cesta de fruta.

He Xiangu, el único ser inmortal claramente de sexo femenino, obtuvo el don después de que un espíritu le dijera que machacara y comiera una madreperla que encontraría en la montaña en la que vivía. Se la representa como una muchacha sujetando una flor de loto o de melocotón.

El relato más famoso en el que intervienen todos los inmortales trata sobre el viaje que emprendieron juntos para contemplar las maravillas del mundo submarino. En lugar de viajar sobre las nubes, su habitual medio de transporte, decidieron demostrar sus poderes mágicos arrojando al mar los objetos que llevaban y utilizarlos como barcas o balsas. En la travesía, el hijo del rey Dragón del Mar Oriental robó el instrumento musical de Lan Caihe e hizo prisionero a éste. Los demás declararon la guerra al rey Dragón y lo derrotaron tras una encarnizada batalla, y Lan Caihe quedó libre.

Los inmortales Zhang Guuoli (el viejo Zhang Guo) y Hang Xiang (derecha).

El emperador de Jade y su corte

En la antigüedad, el soberano de los cielos recibía diversos nombres, dependiendo de la dinastía reinante. Siguiendo el ejemplo de los fundadores de la dinastía Zhou, los confucianistas preferían el nombre impersonal de Tian («Cielo»), si bien en la mente popular siguió siendo una persona, no una abstracción. Finalmente, surgió una deidad llamada Yuhuang, o emperador de Jade, como soberano supremo de los cielos, cuyo estatus fue confirmado por uno de los emperadores de la dinastía Song, quien aseguraba recibir instrucciones directas de él. En su culto se mezclaban creencias taoístas y budistas.

El emperador de Jade vivía en un palacio y contaba con una extensa burocracia, al igual que su homólogo terrenal. Su principal asesor era Dongyue Dadi, o gran gobernador de las montañas Orientales, en cuyas oficinas había no menos de setenta y cinco departamentos, cada uno de ellos al cargo de una deidad menor. Su mujer se llamaba Wang Mu Niangniang, otro de los nombres que recibía Xi Wang Mu (la Reina Madre de Occidente) y vivía en el monte Kunlun *(véase recuadro p. 95).* El único ser humano con el que trataba directamente el emperador de Jade era el emperador de China, mientras que los mortales de rango inferior eran responsabilidad de sus funcionarios, entre los que se contaban dioses y diosas, Budas y Bodhisattvas, emperadores y emperatrices difuntos, seres celestiales e inmortales. En la novela del siglo XIV *Viaje a Occidente,* también conocida como *Mono,* aparece una vívida descripción del régimen celestial. En la narración, Sun Wukong, el rey de los monos, sube al cielo, roba los melocotones de la inmortalidad y lucha contra toda la jerarquía celestial hasta que lo captura el Buda. La bondadosa Bodhisattva Guan Yin *(véase p. 96)* intercede por él y se le permite que acompañe y proteja a Tang Seng, un peregrino budista, en su viaje a la India.

Cuando empezó a reconocerse al emperador de Jade como soberano de los cielos, ya se estaban entremezclando las creencias de las principales religiones de China. Los taoístas, por ejemplo, aceptaron de buena gana las teorías budistas (en definitiva indias) del *karma* y la reencarnación, que se extendieron fácilmente entre la población china, salvo entre algunos musulmanes y seguidores de otras religiones. Por consiguiente, tenía gran importancia para los burócratas celestiales que servían al emperador de Jade mantener un archivo de las sucesivas encarnaciones de los que vivían en la tierra, con el fin de calcular el balance total de los méritos y deméritos de un individuo, balance que determinaba el carácter de la siguiente encarnación de dicho individuo. En el registro de encarnaciones se incluía a los animales, ya que algunos especialmente virtuosos podían adquirir forma humana en otra vida.

Plato decorado con una escena de la novela Viaje a Occidente *en la que aparecen Guan Yin con el rey de los monos, que ha robado los melocotones de la inmortalidad.*

MITOS DE LA FAMILIA

Amor filial y dioses del hogar

Un hombre se humilla ante su padre en esta ilustración de una edición de la colección china clásica de cuentos morales Los veinticuatro ejemplos de amor filial, *recopilada en el siglo XIV.*

Tradicionalmente, en las familias chinas se concedía gran importancia al respeto a los mayores, sobre todo a los padres y abuelos, actitud extensible a los difuntos: en numerosos aspectos, una familia trataba a sus antepasados como si aún estuvieran vivos y celebraba ceremonias en su honor en los cumpleaños y aniversarios de su muerte, con ofrendas de alimentos a sus espíritus.

La veneración a las generaciones anteriores era tema repetido en la literatura y el teatro chinos y los mitos de alabanza al amor filial lectura obligada para los jóvenes. La colección de cuentos edificantes de este tipo más conocida es *Los veinticuatro ejemplos de amor filial,* recopilada por Gui Jujing en el siglo XIV. Estas narraciones se tomaron de diversas épocas de la historia china y aunque se asignaron a cada una un momento y un lugar concretos para darles aire de autenticidad —costumbre muy común en la narrativa china—, son bastante inverosímiles. En una de ellas, un hombre llamado Lao Laizi se pone ropas de bufón y juega como un niño —a la edad de setenta años— para complacer a sus padres. En otra, un muchacho yace desnudo sobre el hielo para que al deshacerse pueda pescar y dar de comer a sus padres, y en otra, un chico se corta un trozo de carne del muslo y hace sopa con él para sus padres enfermos.

Como cualquier otra institución china, el hogar tenía sus propios dioses y espíritus. Se pegaban representaciones de los dioses guardianes del hogar a ambos lados de la puerta de la casa y había deidades protectoras del dormitorio e incluso del retrete. La deidad doméstica más importante era la de la cocina, cuya tarea consistía en subir al cielo una vez al año para dar información sobre la conducta de la familia. El día vigésimo tercero del duodécimo mes se le ponía una pasta dulce en la boca para que no pudiera abrirla a la hora de dar dicha información.

LA SEÑORA GUSANO DE SEDA

La seda llegó al mundo gracias al amor filial de una muchacha. Hace mucho tiempo vivía un hombre que tuvo que ausentarse de casa una larga temporada por motivos de negocios. Su joven hija le echaba mucho de menos y un día, mientras almohazaba su caballo, dijo: «Me casaré con cualquiera que traiga a mi padre». De repente, el caballo salió al galope y desapareció. Al día siguiente, en una ciudad lejana, el padre vio con sorpresa que el caballo se aproximaba a él, relinchando. Como pensó que algo le había ocurrido a la familia, subió a lomos del animal y partió hacia su casa. Al llegar, vio con alivio que todo estaba en orden y le preguntó a su hija qué había impulsado al caballo a ir a buscarle, y ella respondió que debía de saber que le echaba en falta. El hombre, agradecido, le dio más raciones del mejor heno durante los días siguientes, pero el caballo no parecía contento y apenas tocaba la comida, y cada vez que se acercaba la muchacha se ponía muy nervioso, relinchaba y se encabritaba. Al cabo de unos días, mientras almohazaba el caballo, la muchacha recordó sus palabras y se lo contó a su padre. Furioso porque un caballo se atreviera a pensar que podía casarse con su hija, el hombre lo sacrificó y tendió la piel al sol para que se secara. Una vez, cuando la muchacha y sus amigos se burlaban de la piel como si estuviera viva, ésta se envolvió bruscamente alrededor de ella y desapareció. Su padre y los vecinos la vieron al fin en la copa de un árbol, y la muchacha estaba dentro, transformada en un ser parecido a un gusano de seda, Can Nü (señora Gusano de Seda). Movió la cabeza de un lado a otro y de su boca salió un hilo blanco, fino y brillante. Todos se quedaron atónitos y comentaron que era el hilo más fuerte que hubieran visto jamás y que podía hilarse y tejerse para confeccionar bonitas prendas.

TÍBET Y MONGOLIA

La diosa dPal-ldan lha-mo, furibunda asesina de los enemigos de la religión, en un thangka *(pintura sobre un rollo de lienzo) del palacio de Potala, en Lhasa. La ferocidad de la imaginería es típicamente tibetana.*

Siglos antes de que el budismo llegara al Tíbet se propagó por esta región y por Mongolia una cultura chamanística. Los primeros mitos cuentan que el mundo es creado y mantenido por numerosos dioses y demonios que habitan en incontables lugares especiales de la tierra, los cielos y los laberintos subterráneos. Se honraba a estos espíritus con ofrendas realizadas en los pasos de montaña para propiciar el tránsito de los viajeros. Se invocaba su ayuda antes de iniciar cualquier empresa y cuando provocaban enfermedades o problemas eran exorcizados con ritos sacerdotales.

Sólo el chamán en estado de trance podía atravesar los tres reinos y comprender el complejo funcionamiento del universo. Adivinaba las causas de la enfermedad o la desgracia y rescataba a las almas perdidas y secuestradas por los espíritus. Él recomendaba el sacrificio adecuado, por lo general tejer una «cruz trenzada» *(mdos)* y ofrecer un rescate al espíritu ofendido o maligno.

En el Tíbet se abandonó la antigua mitología del chamanismo en el siglo VIII, cuando el rey Khri Srong-lde'u-btsan decidió que la fuerza civilizadora más poderosa era el budsimo. Admirador de las sofisticadas culturas de sus vecinos budistas, el rey envió emisarios a la India en busca de los hombres más cultos de la época, y le aconsejaron que llevara a su país a un *tantrika* (practicante de una religión ocultista) llamado Padmasambhava. Halagado por el oro que le regaló el rey, Padmasambhava aceptó la invitación de ir al Tíbet, y con la ayuda de los espíritus locales estableció el templo «Inconcebible» (bSam-yas). Basada en los conceptos cosmológicos budistas, la torre central, de tres pisos, representaba la montaña del mundo, Sumeru, y a su alrededor había unos santuarios con la situación de los continentes menores del mundo, el sol y la luna. En el monasterio budista contiguo se tradujeron textos budistas del sánscrito al tibetano. Padmasambhava vivía en una cueva cercana con sus discípulos y cuando abandonó el Tíbet prometió que regresaría todos los meses, el décimo día de la luna creciente, para bendecir a quienes invocaran su nombre.

TABLA CRONOLÓGICA

En la época prehistórica, los chamanes vagabundos del Tíbet y Mongolia compartían una visión mitológica semejante, si bien los detalles de los relatos variaban enormemente de una región a otra. A partir del siglo XIII sus respectivas religiones empezaron a presentar más similitudes, cuando el budismo se propagó desde el Tíbet hasta Mongolia. En el siglo XVI, los mongoles acuñaron el término «Dalai Lama» para aplicarlo retrospectivamente a dos generaciones de maestros y desde entonces los Dalai Lamas tibetanos han constituido un elemento clave en la unificación de la cultura religiosa de ambos países.

h. 120 a.C.	Gri-gum, último de los reyes descendidos del cielo, asesinado por Lo-ngam
433	El rey Lha-tho-tho-ri recibe textos sagrados budistas.
670-692	Máximo poderío militar del imperio tibetano.
762	Padmasambhava, invitado a ir al Tíbet.
763	Fundación del monasterio de bSam-yas.
794	El budismo indio se declara superior al chino.
1252	Invasión mongola del Tíbet.
1270	Mongolia se convierte a la escuela Sa-skya de budismo tibetano.
1543	Altan Kan de Mongolia otorga el título de «Dalai Lama».
1642	El quinto Dalai Lama toma el poder en el Tíbet.

GUÍA DE PRONUNCIACIÓN

La lengua tibetana se escribe silábicamente. A primera vista, la complejidad de muchas sílabas parece impedir su pronunciación, pero la mayoría de los prefijos y sufijos silábicos son mudos, por lo que aconsejamos al lector que busque la vocal de cada sílaba y la vocalice, junto con la consonante anterior. Si una vocal va seguida de consonante, se suele elevar el tono de la vocal. Pueden surgir problemas con la regla según la cual se transforma la pronunciación de *bya* en *ja*, *pya* en *cha* y *phya* en *chha*. Por ejemplo, el nombre tibetano del dios budista Avalokiteshvara (en su versión sánscrita) se escribe sPyan-ras-gzigs y se pronuncia *Chen-ray-zee*. Cuando el budismo pasó de la India al Tíbet empezaron a utilizarse nombres y términos sánscritos en este país, muchos de los cuales se emplean en el presente capítulo.

CLAVES DEL MAPA

- Antiguo reino del Tíbet
- - - - - Frontera meridional del imperio mongol, mediados del siglo XIII
- Centro del budismo, desde el siglo VI a.C.
- Migración del budismo desde la India al Tíbet
- Valle de Yar-lung: tumbas de los reyes tibetanos.

En el Tíbet aún se rinde culto a Padmasambhava, que llevó el budismo a este país. Se cree que vive en una montaña de color de cobre, rodeado de fieles.

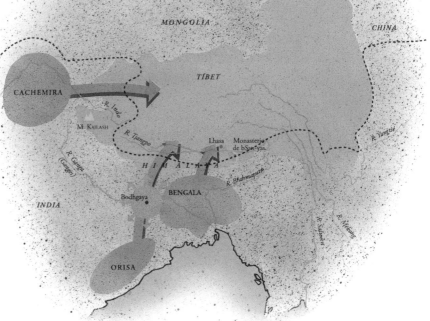

PADMASAMBHAVA Y EL TEMPLO INCONCEBIBLE

Se cuenta que cuando Padmasambhava atravesaba las montañas y los valles del Himalaya se sirvió de su clavo mágico *(kila)* para dominar a los espíritus malignos de la tierra que se mostraban hostiles a la nueva religión. Al llegar al Tíbet vio que el nuevo templo del rey se había desmoronado, porque los demonios destruían de noche lo que los hombres construían de día. Padmasambhava puso a trabajar a los espíritus locales y el templo quedó terminado al poco tiempo y después lo consagró con ritos del clavo mágico para garantizar su longevidad.

EL REGALO DEL REY

El rey Khri Srong-Ide'u-btsan ofreció en honor de su *guru* a su esposa más joven, la princesa Ye-shes mTsho-rgyal, para que actuase como consorte divina en los ritos esotéricos. La princesa se quedó con Padmasambhava mientras éste estuvo en el Tíbet y se encargó de transmitir sus doctrinas más importantes, así como de que se guardaran «los tesoros ocultos» *(gter-ma)*, instrucciones religiosas que habrían de revelarse en el futuro, cuando el mundo necesitara una revelación nueva, sin corromper.

LAS ENSEÑANZAS BUDISTAS

Padmasambhava enseñó el método budista del «sacrificio de sangre». En el ritual religioso estaba prohibido el sacrificio de animales inocentes y en su lugar, los yogins imaginaban su propia sangre como símbolo de la pasión sexual y la sometían a la deidad. Se creía que sus huesos eran los huesos de la cólera y su carne un montón tembloroso de ignorancia. Al renunciar al mundo, los practicantes del budismo ofrecían simbólicamente sus propias calaveras como copas, que se llenaban con las «flores» de sus órganos sensoriales, de modo que todo lo que experimentaban se ofrecía a la deidad.

MITOS DE LOS ORÍGENES

Radiante, Negra Aflicción y el viento kármico

EL MONO Y LA OGRESA

Una vez, un mono santo se dirigió al Himalaya para disfrutar a solas del éxtasis de la meditación profunda. La belleza de su personalidad cautivó a la diablesa de una roca, cuyos intentos por seducirlo *(ilustración de la derecha, en la cueva del ángulo inferior derecho)* no lograron debilitar el voto de castidad del mono, y la diablesa padeció las penas del amor no correspondido. Pero cuando uno de estos seres está frustrado y enfadado representa un gran peligro para el mundo, y el mono lo sabía. Por eso, comprendiendo sus sufrimientos, acabó por ceder a sus ruegos y al cabo del tiempo, de su unión nacieron seis hijos y, según se dice, de ellos desciende toda la población del Tíbet.

Como devotos budistas, los tibetanos creen que sus antepasados son el santo Bodhisattva sPyan-ras-gzigs (Avalokiteshvara) en la forma de mono y la diosa sGrol-ma (Tara) en la forma de ogresa de una roca *(brag srin mo)*. Ambos, como deidades protectoras del Tíbet, vigilan a sus descendientes desde entonces, sobre todo Avalokiteshvara, que se manifiesta repetidamente como Dalai Lama. Los tibetanos explican la diversidad de los tipos de personalidad con los seis primeros monos, entre los que había un representante de cada uno de los seis reinos que existen en la cosmología budista.

Cuentan los viejos mitos que en una época, cuando nada existía, nacieron dos luces. Una era negra y se llamaba Negra Aflicción *(myal ba nag po)*, la otra blanca y se llamaba Radiante *('od zer ldan)*. Después, del caos surgieron arroyos multicolores de luz que se separaron como un arco iris y de sus cinco colores surgieron la dureza, la fluidez, el calor, el movimiento y el espacio. Estos cinco elementos se unieron y fusionaron para formar un enorme huevo; después, Negra Aflicción produjo la oscuridad del no ser a partir de ese huevo y llenó la oscuridad con la peste, la enfermedad, la desgracia, la sequía, el dolor y toda clase de demonios. La brillantez llenó el mundo con la luz de bondades propicias y emitió vitalidad, bienestar, alegría, prosperidad, longevidad y un grupo de dioses benévolos que derramaron bendiciones sobre la creación. Cuando se aparearon dioses y demonios, de los huevos que surgieron nacieron seres de todas clases, y estos hijos, a su vez «hicieron magia» los unos con los otros hasta que el mundo se llenó con sus descendientes. En algunos casos, los relatos sobre estos seres están muy localizados. Los árboles, montañas, ríos, lagos y rocas que constituyen el paisaje sagrado se consideran las moradas de dioses y demonios o los dioses y demonios propiamente dichos.

La mitología del budismo fue sustituyendo gradualmente las ideas indígenas, que trataban de explicar los ciclos periódicos del tiempo cosmológico. Para el sabio indio, los espíritus y demonios locales pertenecen al reino del *maya*, o ilusión. Según las creencias budistas, el universo actual es el efecto residual del *karma*, las acciones de los habitantes de un universo que ha dejado de existir. Es el viento del *karma* lo que primero se mueve en el universo vacío, no el capricho creativo de un demiurgo. Por último, este viento kármico se hace tan denso y espeso que puede servir de apoyo a la lluvia que se precipita desde arriba, y entonces surge un océano cósmico, en cuyo centro se yergue Sumeru, la montaña del mundo. Cuando se llena el contenedor exterior del universo, tras millones de años de evolución, empiezan a manifestarse los seres sensibles cuyo destino consiste en vivir en el mundo. Al principio tienen cuerpos hechos únicamente de mente y habitan en el cielo, hasta que, por último, adoptan una forma sólida, carnal, y viven en la tierra material. Tras eones de malas obras, moran en los abismos más profundos del infierno, en las entrañas de la tierra, y allí permanecen hasta que el universo empieza a deshacerse, al final de los tiempos.

MITOS DE LOS ANTIGUOS REYES

Los monarcas que descendieron del cielo

Se cuenta que, antes de los albores de la historia, el Tíbet se mantuvo unido gracias a una serie de reyes no humanos, los primeros de los cuales fueron los *gnod-sbyin* negros, unos demonios armados con arcos y flechas. Las siguientes razas de demonios poseían distintas clases de armas, como martillos y hachas, hondas y catapultas y otras hechas de acero templado. Entre los espíritus gobernantes se contaban los heroicos hermanos *ma-sang,* que dieron al Tíbet el nombre de Bod, con el que aún se le conoce hoy en día.

El primer rey humano descendió del cielo hasta una montaña en Kongpo y al final de su reinado volvió a subir a los cielos por medio de una cuerda *dmu,* sin dejar restos terrenales. Sus seis descendientes hicieron lo mismo, pero el séptimo cortó la cuerda mágica al término de su vida y fue sepultado en la tierra.

Así comenzó el culto de los enterramientos reales, que se construyeron en el valle del Yar-lung hasta el siglo IX y se mantuvieron continuamente vigilados.

Tras veintisiete generaciones de reyes humanos, subió al trono Lhatho-tho-ri, quien, en el año del ave acuática del 433, a los sesenta años de edad, fue el primer monarca que aprendió budismo. Según la leyenda, el cielo se llenó un día de arco iris y los textos e imágenes budistas cayeron sobre el tejado de su palacio. No pudo descifrar los escritos sagrados, pero se profetizó que su significado sería revelado a su familia al cabo de cinco generaciones. Adorando aquellos objetos milagrosos como si fueran sagrados, el rey vivió hasta los ciento veinte años, pero su cuerpo nunca representó más de dieciséis.

En cumplimiento de la profecía, el rey Srong-btsan sgam-po, de la quinta generación, ordenó la creación de un alfabeto para la lengua tibetana y así surgió el arte de la escritura. Entre las cinco esposas del rey había dos princesas budistas de China y Nepal, y como parte de su dote ambas llevaron al Tíbet estatuas de Buda y de los santos de esta religión. Ante su insistencia, el rey empezó a domesticar el salvaje terreno del país, al que se consideraba una ogresa malévola, y a prepararlo para recibir una religión extranjera. Demostrando sus conocimientos del arte de la geomancia, la princesa china, Kong-jo, señaló unos puntos en la tierra en los que podían construirse templos para comprimir y someter el cuerpo de la ogresa.

LA CUERDA CORTADA

El primer rey tibetano que no regresó al cielo por una cuerda al final de su reinado fue Gri-gum, y la suya fue la primera tumba real. Enfurecido por la profecía de su curandero chamánico, según la cual moriría asesinado, y decidido a demostrar lo contrario, retó en duelo a sus ministros y aceptó Lo-ngam, que cuidaba los caballos del rey. Supersticioso, el monarca entró en combate rodeado por un rebaño de yaks con bolsas de hollín en el lomo y, con un turbante oscuro abrochado a la frente con un espejo, se colocó los cadáveres de un zorro y un perro en los hombros. En cuanto empezó la batalla, los yaks rompieron las bolsas de hollín en los cuernos y el aire se cubrió de una densa nube de polvo negro. Agitando con fuerza la espada por encima de la cabeza, Gri-gum cortó la cuerda mágica que le unía con el cielo y no inflingió heridas a su adversario. Abandonado por sus dioses protectores, que se sintieron agraviados por los hediondos cadáveres que llevaba sobre los hombros, Gri-gum fue asesinado por Lo-ngam, que apuntó una flecha a lo único visible en aquella nube oscura: el espejo de la frente del rey. El dibujo de la izquierda representa esta escena.

LA ESTATUA DEL GRAN SEÑOR

La estatua de oro recubierta de joyas de un Buda de doce años que llevó al Tíbet la reina Kong-jo desde su China natal se encuentra hoy en día en el templo de Ra-sa'phrul-snang, construido sobre un lago de Lhasa que se formó con la sangre del corazón de la ogresa. Según la creencia popular, la estatua, conocida como Jo-bo chen-po («Gran Señor»), fue modelada por un artista divino en vida de Buda y sigue siendo la imagen más venerada del Tíbet.

EL REY GESAR

El rey guerrero

El rey Gesar con todas sus armas. Sus aventuras hablan de traiciones, engaños, cobardía, avaricia, envidia y otros defectos humanos, y se desarrollan de forma impredecible.

Las leyendas sobre el rey Gesar (Gesar Kan) son muy conocidas en la región de Mongolia y Tíbet. Se trata, fundamentalmente, de una tradición oral: los bardos vagabundos recitan, escenifican y cantan numerosos episodios que exaltan el valor, la astucia y los poderes mágicos del héroe. En la actualidad no existe constancia escrita completa del enorme ciclo de narraciones sobre esta figura legendaria, pero se calcula que su extensión es cinco veces superior a la de la Biblia.

En su forma actual, el ciclo de Gesar está impregnado por la ideología y las mitologías del budismo, pero mantiene recuerdos de muchos dioses chamánicos más antiguos, como poderosas deidades de las montañas o espíritus menores de los lugares en los que se desarrollan las narracions, y son estos seres quienes asignan a Gesar su misión en la tierra. Amargados por su mala suerte y enfadados con los dioses y con sus adoradores, una anciana y sus tres hijos mueren maldiciendo todas las religiones. Destinados a convertirse en monstruos demoníacos en las vidas venideras, estas cuatro personas representan una amenaza insólita para el orden y la armonía de la humanidad. Los dioses eligen a Gesar para que descienda de los cielos y se enfrente a estos demonios y sus sucesores en la tierra. Al principio, Gesar no parece muy dispuesto a acatar las órdenes de los demás dioses e intenta eludir la encarnación, diciendo que llevará a cabo su misión únicamente si se cumplen ciertas condiciones «imposibles». «Exijo que mi padre sea un dios y mi madre una diablesa-serpiente *(klu)*», pide. «Quiero un caballo inmortal que pueda volar por el cielo y hablar las lenguas de todos los hombres y animales. Deseo una silla recamada de joyas y un casco, una armadura y una espada que no sean de manufactura humana, así como un arco y unas flechas de origen milagroso, y compañeros fuertes y heroicos. También quiero una esposa, tan bella que cuantos la vean entren de buena gana a su servicio, y un tío cuyas inteligentes estratagemas me permitan ganar todas las batallas. Por último, exijo que cuantos de vosotros vayáis a permanecer aquí cómodamente durante mi ausencia me vigiléis y protejáis en todo momento y acudáis en mi ayuda siempre que la solicite.» Satisfechas todas las condiciones, a Gesar no le queda más remedio que iniciar su viaje a la tierra.

Gesar nace de un huevo blanco con tres manchas en forma de ojo que salen de la cabeza de su madre, circunstancia que se emparenta con los mitos chamánicos de los orígenes. Precedido por excelentes augurios, llega a la tierra con tres ojos, pero su madre, aterrorizada, le saca uno inmediatamente.

Aunque su tarea consiste en restablecer el orden y la armonía en el mundo, a Gesar se le olvida con frecuencia tras sus victorias y su ángel guardián (identificado actualmente con un *dakim* budista) tiene que recordársela. Si bien está saturado de elementos mágicos y divinos, el ciclo tiene firmes raíces en la experiencia humana y muchos tibetanos siguen asegurando hoy en día ser descendientes de los personajes de la narración, incluso de Gesar.

Tras una vida de aventuras como implacable rey guerrero que sofoca la injusticia allí donde la encuentra, Gesar y sus compañeros se retiran a meditar a unas cuevas situadas en las laderas de la montaña sagrada, Margye Pongri. Al cabo de tres años o más, tras haberse purificado mediante ritos religiosos de los efectos negativos de toda una vida de guerra y derramamiento de sangre, Gesar regresa al cielo sabiendo que algún día tendrá que volver a la tierra, porque no se puede erradicar permanente el mal de este mundo.

DOMESTICACIÓN DE DIOSES

El impacto del budismo

Las fuerzas caóticas de la naturaleza, temidas y honradas por la tradición chamánica, encajaban armónicamente en el modelo cosmológico indio bajo la influencia del budismo. El clero budista adoptó los antiguos ritos chamánicos, que se entremezclaron con su liturgia y su simbolismo. Los monjes adornaban sus templos con objetos tan arcaicos como la flecha de adivinación del chamán, el espejo mágico y trozos de cristal de roca. De los bordes de la túnica de los chamanes derivaron las vestimentas teatrales para las danzas «budistas» del águila, el ciervo, la onza y el esqueleto. El águila del chamán, con la que ascendiera una vez hasta su nido en el Árbol del Mundo, empezó a identificarse con el indio Garuda; se contaba que el ciervo fue el primero en oír las enseñanzas del señor Buda en el parque de Varanasi y la onza se identificó con el monte en el que habitaban deidades budistas como Vairocana o Manjusri. Los esqueletos danzantes de la iniciación traumática del chamán herido mediante el desmembramiento se convirtieron en guardianes del osario sagrado de Vajrayana. A veces, los sacerdotes budistas asumían el papel de portavoz oracular de las deidades chamánicas y se apropiaron del arco y las flechas o del tambor del chamán, del amplio sombrero ribeteado de piel y de la túnica del «hechicero del sombrero negro» *(zhva nag)* festoneada de símbolos chamánicos del árbol cósmico (la montaña del mundo), del sol y la luna, las cintas parecidas a serpientes y el espejo de la adivinación, con rebordes de hueso, piel y plumas.

La apoteosis de Padmasambhava

En el Tíbet se rinde culto a Padmasambhava (ver páginas 102-103), el místico indio que llevó el budismo a aquel país, como un «segundo Buda».

Se cree que emanó, a los ocho años de edad, de una flor de loto. Criado por el rey de Oddiyana, fue desterrado por asesinar a un ministro real y condenado a llevar vida de asceta en e l osario situado más allá de los asentamientos humanos, donde habló con seres sobrenaturales *(dakini)* y obtuvo gran poder espiritual.

Ordenado por el primo de Buda, vivió más de mil años siguiendo el sendero budista.

Padmasambhava, «el guru de ocho nombres», a lomos de un tigre, como se ve en este cuadro.

EL *KILA*

El culto de Vajrakila, el pico o púa colérico deificado (*kila* en sánscrito; *phur-ba* en tibetano) surgió en la India pero debió de perderse allí y actualmente se considera característico del budismo tibetano. Es la encarnación de un dios poderoso, y golpeando el suelo con él se someten todas las influencias malignas. Si se clava en las esquinas o a la entrada de un lugar sagrado, crea una barrera mágica que no puede traspasar el mal. En la ilustración vemos un *kila* con la efigie de un demonio, simbólicamente atravesado en el ritual, y otros cuatro picos más pequeños.

EL CHAMANISMO MONGOL

Encuentros con el reino espiritual

EL ÁGUILA Y LA SERPIENTE

Cuando el mundo era joven, el rey de todos los seres voladores ordenó a la avispa y a la golondrina que probaran el sabor de la carne de todos los seres vivos. Los dos súbditos debían regresar por la noche y explicar cuál era la carne más dulce y más adecuada para la dieta de un rey. Como hacía un día precioso, la golondrina se perdió, henchida de alegría, cantando y volando por el cielo azul. Por su parte, la avispa cumplió la orden y pasó el día picando a cuantos encontraba y probando su cálida sangre. Cuando se reunieron los dos animales, al anochecer, y antes de presentarse ante el rey, la golondrina le pidió su opinión a la avispa. «Sin ninguna duda, la comida más dulce es la carne humana», contestó la avispa. Temiendo que aquel veredicto causase futuros problemas, la golondrina le arrancó la lengua a la avispa con su pico, y cuando el rey le preguntó aquella noche, lo único que pudo hacer la pobre fue zumbar incoherentemente. «Majestad, hemos llegado a la conclusiónde que la mejor carne para un rey es la de serpiente», respondió la golondrina. Y hasta el presente, al águila y al halcón, descendientes de aquel ancestral rey de todos los seres voladores, les encanta comer serpientes.

El cosmos del chamán mongol tiene una estructura vertical: un eterno cielo azul arriba y la madre tierra abajo. El padre de los cielos gobierna noventa y nueve reinos *(tngri)*, cincuenta y cinco de los cuales se encuentran en occidente y cuarenta y cuatro en oriente. Los demonios de la madre tierra están formados por setenta y siete *tngri*. Todos los reinos están interrelacionados y sostenidos por una red de vida en la que todo ser vivo, de arriba y de abajo, desempeña un papel. El conjunto tiene la forma de un árbol cósmico con ramas que se extienden en todos los niveles, con orificios entre las capas por los que puede ascender el chamán.

Entre los primeros chamanes de la antigüedad había un joven de quince años llamado Tarvaa que se cayó, se desmayó y lo dieron por muerto. Asqueado por el apresuramiento con el que su familia sacó el cuerpo de la casa, el alma de Tarvaa voló al reino de los espíritus, donde le abordó el juez de los muertos y le preguntó por qué había llegado tan pronto. Complacido por el valor del muchacho, que había ido a un lugar jamás alcanzado por hombre vivo, el señor de los muertos le ofreció el regalo que él mismo escogiese para llevárselo al reino de los vivos. El joven rechazó riquezas, fama, placeres y longevidad y se decidió por regresar con el conocimiento de todas las maravillas que había encontrado en el reino de los espíritus y con el don de la elocuencia. Cuando volvió a su cuerpo, los cuervos ya le habían sacado los ojos. A pesar de su ceguera, Tarvaa podría prever el futuro y vivió próperamente muchos años con los relatos de magia y sabiduría que se había traído de la otra orilla de la muerte.

Hasta el día de hoy, los chamanes seguidores de Tarvaa tejen en sus ropas el conocimiento de la luz y la oscuridad, de las deidades de arriba y de abajo y de espíritus benévolos y malévolos. Mientras descansa en el Árbol del Mundo, el chamán aprende el camino del sacrificio para asegurar la armonía y el orden dentro de la red de la vida y regresa a los hombres conociendo a los cinco dioses del viento, los cinco dioses del relámpago, los cuatro de las esquinas, los cinco del horizonte, los cinco de la entrada y los ocho de los límites. Conoce a los siete dioses del vapor, a los siete del trueno y a otros dioses innumerables, y tal conocimiento le proporciona un gran poder, que pone al servicio de sus semejantes y le permite invocar a quien le plazca con su tambor. Al parecer, los primeros chamanes eran tan poderosos que podían llamar a las almas de quienes habían muerto mucho tiempo atrás, de modo que el señor de los muertos llegó a temer que su reino quedara vacío y, en un acceso de cólera, redujo el tambor chamánico, en principio doble, a su actual forma de uno, con el fin de proteger sus dominios.

En la cosmología chamánica aparecen numerosos animales como demonios familiares y colaboradores. El murciélago, por ejemplo, se cuelga cabeza abajo para vigilar el cielo y avisarnos si diera muestras de ir a desmoronarse. La marmota vigila el sol, siempre con la esperanza de atraparlo. Hace mucho tiempo, este animal era un hombre, y se cuenta que derribó seis de los siete soles que desecaban la tierra y provocaban sequías y desgracias, pero el séptimo sol sigue saliendo y poniéndose para escapar de la última flecha.

En los mitos chamanísticos sobre la creación aparecen gatos y perros. Hace mucho tiempo hubo una época en la que los mares del mundo eran sólo barro y las montañas poco más que montículos. Después, Dios creó al primer hombre y la primera mujer con arcilla y les puso un perro y un gato por guardianes mientras él iba a coger las aguas de la vida eterna al manantial de la inmortalidad, pero en su ausencia el demonio distrajo a estos animales ofreciéndoles leche y carne y orinó sobre los seres recién creados. Dios se enfadó al ver mancillado el bonito pelo de su obra y ordenó al gato que lo lamiera para quitarlo, todo menos el de la cabeza, el único que había quedado intacto. Con su áspera lengua, el gato quitó todo el pelo sucio que pudo y dejó unas zonas pilosas en las axilas y junto a las ingles y después Dios le colocó al perro al que había arrancado el gato. A continuación roció a los seres que había creado con arcilla con las aguas sagradas del manantial eterno, pero debido al ultraje del demonio no pudo concedernos vida eterna.

Tradicionalmente, los chamanes buriat comienzan sus bailes y llamadas con las palabras: «Si el cisne alza el vuelo alguna vez, escuchadme, mis soldados del abedular, escúchame, mi Khudar con márgenes de abedul, escúchame, mi Oikon con bordes de agua.» Las orillas del río Khudar están cubiertas de abedulares y, hace mucho tiempo, en la islita de Oikhon, en el lago Baikal, Khori Tumed vio nueve cisnes que volaban desde el noroeste y que al quitarse sus vestidos de plumas se convirtieron en nueve hermosas muchachas que se bañaron desnudas en el lago. Khori robó uno de los vestidos para que sólo ocho cisnes emprendieran el vuelo después de bañarse y se casó con el que se quedó, que le dio once hijos. Vivían muy felices, pero Khori Tumed no quería decirle a su esposa dónde había escondido su vestido de cisne, y un día ella volvió a implorarle: «Por favor, deja que me ponga mi viejo vestido. Si intento salir de casa con él, podrás cogerme fácilmente. No hay peligro de que me escape.» Convenció a Khori Tumed, que le dejó probarse el vestido, y ella salió volando por el techo de su *yurt* (tienda de pieles). Khori Tumed la cogió a tiempo por los tobillos y le rogó que se quedara al menos el tiempo suficiente para dar nombre a sus hijos. Ella accedió y los once hijos se convirtieron en hombres. Después, Khori Tumed permitió a su esposa que se marchara y ella voló sobre la tienda repartiendo bendiciones hasta que desapareció por el noroeste.

Desde la llegada del budismo a Mongolia, en el siglo XIII, se han devaluado y perdido muchos mitos chamánicos. La figura budista mongola del «anciano blanco» representa lo que queda de una deidad chamánica, antaño orgullosa, que gobernaba cielos y tierra. Se dice que el anciano se convirtió en el transcurso de un encuentro con el Buda y que ahora actúa como ayudante del clero y defensor del sendero budista. Su cayado mágico no es más que un simple bastón.

LA INICIACIÓN

Los chamanes han contado su iniciación juvenil: los espíritus de los antepasados entran a la fuerza en el joven y hacen que se desmorone su personalidad. Mientras el neófito experimenta el desmembramiento de su cuerpo físico, su espíritu se refugia en un nido sobre una de las ramas del Árbol del Mundo y permanece allí hasta que se nutre y recupera la salud y los espíritus que le ayudan le enseñan a ver el mundo desde el privilegiado mirador del árbol.

La quema del libro amarillo

En las creencias religiosas mongolas las ovejas revisten especial importancia. Al final del año se ofrece el esternón de uno de estos animales al dios del fuego que mantiene la fertilidad en los rebaños. Los chamanes saben que la clavícula de una oveja puede pronosticar con toda exactitud y que este poder deriva de la quema del libro amarillo.

El libro amarillo de la adivinación pertenecía a un rey y sus páginas invariablemente le descubrían al culpable de cualquier delito. El rey tenía una hija muy bella a la que mantenía oculta y sus criados sabían que si revelaban la identidad de la muchacha a un desconocido les descubriría el libro amarillo y serían castigados. Para confundir al libro, Tevne cavó un profundo agujero en el suelo, en el que logró introducir a una criada de la princesa. Encima encendió una hoguera y colocó una cacerola con agua. Cogió un trozo de tubo de hierro, envolvió un extremo con algodón y atravesó con él la cacerola para poder hablar a la mujer que estaba en el agujero, a quien le preguntó cómo podía reconocer a la princesa y a continuación la dejó libre. Cuando reconoció a la princesa entre varias muchachas parecidas, con vestidos similares, el rey se enfadó, pero se vio obligado a concederle su mano. Al consultar el libro, se enteró de que quien había dado la información era un hombre con el trasero de tierra, cuerpo de fuego, pulmones de agua y un tubo de hierro por cuerdas vocales. Incapaz de resolver el acertijo, perdió confianza en el libro y lo quemó. Las ovejas chuparon las cenizas y así adquirieron poderes de adivinación.

JAPÓN

Todo santuario sintoísta tiene un torii *(pórtico) a la entrada del recinto.*
Este torii *que surge del mar está unido con el santuario de Miyajima, cerca*
de Hiroshima, consagrado a las tres hijas divinas de Susano, dios de la
tormenta.

Situado frente a la costa nororiental del continente euroasiático, del que lo separa el estrecho de Tsushima, el Japón está en el este de Asia pero en realidad no *es* del este de Asia. Su historia, en el sentido estricto de una tradición histórica culta, comenzó en época tardía según los patrones occidentales: convencionalmente, se fecha en el año 552, cuando el rey del reino coreano de Paekche (cerca del actual Pusan) envió a unos misioneros budistas al emperador del Japón en un gesto de buena voluntad. En aquella época, la principal institución japonesa era el *uji* o clan. Cada *uji* controlaba su propio territorio y estaba formado por plebeyos y aristócratas, y casi con toda certeza tenía su propia mitología, que se centraba en un antepasado divino.

A principios del siglo VI, uno de estos clanes (a los que en algunos casos se denomina Yamato, de la región del Honshu central que aún lleva este nom-

bre) impuso su hegemonía sobre los demás y, por extensión, también sus antepasados divinos. La familia imperial, cuya línea se ha proclamado hasta la época actual, se convirtió en foco de la mitología japonesa.

La religión nativa del Japón, el sintoísmo, se basa en la adoración a una multitud de dioses, espíritus y objetos de veneración. Su mitología gira en torno a narraciones sobre Amaterasu, diosa del sol, y las peripecias de sus descendientes, que unificaron al pueblo japonés. Con la llegada del budismo se inició una época de préstamos culturales, en principio de Corea, y después de China, la «civilización madre» del este de Asia. El budismo se mezcló con el sintoísmo de una forma muy compleja, pero a partir del siglo XVII se produjo un fuerte renacer de la religión nativa, que culminó con la adopción del sintoísmo como religión estatal con el gobierno Meiji (1868-1912).

FUENTES DE LA MITOLOGÍA JAPONESA

Principal fuente de la mitología japonesa, el *Kojiki*, o Archivo de Asuntos Antiguos, es la genealogía imperial más antigua que se conserva. El texto definitivo fue recopilado por un cortesano llamado Ono Yasumaro a partir de varios textos anteriores (que ya no existen), tras recibir el encargo de la emperatriz Gemmei en 711. La obra se presentó formalmente en la corte cuatro meses después, a principios del año 712. Escrito en una extraña mezcla de japonés y chino arcaicos, el *Kojiki* comienza con la creación del mundo, el origen de los dioses y los antepasados divinos de la familia imperial y termina con la muerte del emperador Suiko, en 641.

La segunda fuente más importantes es el *Nihonshoki* o Crónica del Japón, recopilado por diversos eruditos en la misma época que el *Kojiki* y acabado en 720. Excepto la poesía, está escrito en chino clásico, con fuertes influencias de las tradiciones mitológicas e históricas y las crónicas dinásticas chinas y coreanas, razón por la que, en conjunto, el *Nihonshoki* es menos fiable que el *Kojiki* como fuente de la mitología indígena.

Entre otras fuentes se cuentan el *Kogoshui*, o Fragmentos de Antiguas Narraciones (807), los *fudoki* («gacetas») provinciales del siglo VIII), diversos *norito* (antiguas oraciones sintoístas) y la primera gran antología de poesía japonesa, el *Manyoshu* (h. 760)

TABLA CRONOLÓGICA

660 a.C.	Fecha tradicional del acceso del primer emperador, Jimmu-tenno.
Siglos IV-V	Surge la corte de Yamato, según la tradición tras una invasión de Yamato desde el suroeste.
552	Misioneros budistas del reino coreano de Paekche van al Japón.
710	Fundación de Nara, primera capital permanente de Japón, según el modelo de la capital de los Tang, Changan (actual Xian).
712	El *Kojiki*, recopilación de mitos, presentado a la emperatriz Gemmei.
720	Se termina el *Nihonshoki*, recopilación de mitos.
794-1868	Heian (actual Kioto) sirve de capital imperial del Japón.
1192	Establecimiento del primer gobierno militar (*shogunate*) en Kamakura.
1600	Unificación de Japón tras la batalla de Sekigahara.
1603-1868	Tokugawa shogunate: época de aislamiento nacional.
1868-1912	Período Meiji: restablecimiento del poder imperial.
1872	El sintoísmo, religión estatal.
1946	El emperador niega su carácter divino.

EMPLAZAMIENTOS MÍTICOS Y LUGARES SACRADOS

MONTE TAKACHIO. Montaña de Kyushu en la que Honinigi descendió del cielo (*véase p. 120*).

ISE. Emplazamiento del Gran Santuario de Amaterasu y del dios del Arroz, el lugar más sagrado de la religión sintoísta (*véase p. 115, margen*).

RÍO HI. Actualmente en la prefectura de Shimane. Susano descendió cerca de su cabecera cuando fue desterrado del cielo (*véase p. 117*).

IZUMO-TAISHA. Emplazamiento del Gran Santuario de Okuninushi (también llamado Daikokusama), hijo de Susano y protector de la familia imperial (*véanse pp. 118-120*).

KUMANO. Lugar de encuentro de Jimmu-tenno con el espíritu del oso (*véase p. 122*),

LLANURA DE KANTO. Lugar de la batalla de Yamato-takeru con los Emishi (*véase p. 122*).

ESTRECHO DE URAGA. Aquí se autoinmoló la consorte de Yamato-takeru a un espíritu del agua para calmar las olas (*véase p. 122*).

EL SINTOÍSMO

El Sinto, «el Camino de los Dioses», se centra en el culto de los *kami*, divinidades que viven en todos los fenómenos de la naturaleza, incluidos los seres humanos. Entre 1872 y 1945 el sintoísmo fue la religión estatal del Japón, pero tras la segunda guerra mundial volvió a ser una religión «congregacional», en la que cada santuario o *jinja* no está estrechamente relacionado con los demás. El acontecimiento anual más importante en todo *jinja* es el *matsuri*, o festival del santuario. Los jóvenes de ambos sexos llevan a hombros una imagen del *kami* local por los alrededores, santificando así la zona y a los portadores de la imagen.

HOKKAIDO

Sado

HONSHU

LLANURA DE KANTO

Edo (Tokio)

Estrecho de Ugara

MAR DEL JAPÓN

Lago Biwa

M.Fuji

Izumo-taisha

Heian (Kioto)

Nara Ise

YAMATO

Hi

Kumano (Wakayama)

OCÉANO PACÍFICO

REINO COREANO DE PAEKCHE

Tsushima

Estrecho de Tsushima

Mar Interior

SHIKOKU

TAKACHIO

KYUSHU

CLAVES DEL MAPA

➤ Ruta de la conquista de Yamato por Jimmu-tenno, el legendario primer emperador del Japón, h. 300-400

▨ Llanura de Kanto

◆ Emplazamiento de un episodio mítico

▲ Montaña de un episodio mítico

▪ Lugar sagrado

IZANAGI E IZANAMI

La pareja primordial

En los inicios, cuando la tierra era joven y no estaba completamente formada (el *Kojiki* dice que «parecía aceite flotante e iba a la deriva, como una medusa»), cobraron vida tres dioses invisibles en lo que los japoneses denominan Takamagahara, o las «Elevadas Llanuras del Cielo». El mayor se llamaba Amanominakanushino-kami, o «Señor del Centro del Cielo», e iba seguido por Takamimusubi y Kamimusubi, ambos poderosos *kami* por derecho propio. Los tres, junto con dos divinidades menores (Umashiashikabihikoji-no-kami y Amanotokotachi-no-kami), constituían las cinco «Deidades Celestiales Separadas» primordiales. Les siguieron otras siete generaciones de dioses y diosas «celestiales», que culminaron en la pareja primordial, Izanagi y su hermana y esposa Izanami, cuyos nombres completos eran Izanagi-no-Mikoto («El Varón Augusto») e Izanami-no-Mikoto («La Mujer Augusta»).

Obedeciendo la orden de las deidades de «terminar y solidificar esta tierra movediza», Izanagi e Izanami se situaron en el Puente Flotante del Cielo (quizá un arco iris) y agitaron el mar con una lanza recubierta de gemas. Al levantar la lanza, las gotas formaron una isla llamada Onogoro, la primera tierra sólida. Poco después descendieron a ella erigiendo una columna «celestial»,

Grabado del siglo XIX que representa a Izanagi e Izanami con la lanza recubierta de joyas en el Puente Flotante del Cielo. Fue la octava pareja de divinidades que surgieron del caos primordial tras la creación del cielo y la tierra.

construyeron un palacio y decidieron procrear. Izanagi le preguntó a su hermana cómo estaba formado su cuerpo, y ella contestó que le faltaba una parte, mientras que Izanagi dijo que a él le sobraba una parte y sugirió que las uniesen. La pareja divina inventó un ritual matrimonial que consistía en que ambos rodeaban la columna celestial, Izanagi por la izquierda y su hermana por la derecha, y al encontrarse intercambiaban cumplidos y mantenían relaciones sexuales.

Al cabo del tiempo Izanami dio a luz, pero su primogénito fue el deforme Hiruko («Niño-Sanguijuela»: *véase derecha*), a quien la desgraciada pareja metió en una barca de juncos que confió al mar. En una «gran adivinación», los dioses llegaron a la conclusión de que el nacimiento del niño-sanguijuela era culpa de Izanami, porque en el ritual de cortejo había hablado la primera. Con este conocimiento (que ha servido hasta el día de hoy para legitimar las desigualdades sexuales en el Japón), la pareja regresó a Onogoro y volvió a poner en práctica el ritual. En esta ocasión Izanagi habló el primero cuando ambos se encontraron en la columna, e Izanami tuvo muchos hijos. En primer lugar dio a luz una serie de islas (el archipiélago japonés), después a una serie de dioses y diosas, entre ellos los del viento, las montañas y los árboles, pero cuando nació Kagutsuchi (o Homusubi), dios del Fuego, sus genitales se quemaron de tal manera que enfermó y murió. Sin embargo, Izanami siguió engendrando deidades en plena agonía, en las heces, la orina y los vómitos. Izanagi lloró su muerte, inconsolable, y de sus lágrimas surgieron más deidades. Más adelante, su tristeza se convirtió en cólera y decapitó al dios del Fuego por ser el culpable de la muerte de su amada esposa. De los restos del dios del Fuego nacieron más divinidades.

Izanagi decidió ir a Yomi, el reino subterráneo de los muertos *(véase recuadro, abajo)*, para intentar devolverle la vida a Izanami. Cuando ésta apareció en la entrada de Yomi, con su sudario de sombras, Izanagi la saludó con cariño y le rogó que volviera con él. Izanami accedió a discutir su petición con los dioses del inframundo y antes de retirarse a la oscuridad pidió a su marido que no la mirase, pero a Izanagi le consumía un deseo tan ardiente de ver a su amada esposa que rompió un diente de la peineta que llevaba en el moño izquierdo y le prendió fuego, a modo de antorcha. Entró en la tierra de los muertos y vio que Izanami era un cadáver putrefacto, cubierto

EL NIÑO-SANGUIJUELA

La idea de que un primogénito deformado (o unos gemelos) es indigno y debe ser abandonado para que muera tiene múltiples resonancias en la mitología. En numerosos relatos concurren circunstancias similares, como los de Moisés, Perseo *(véase p. 156)* y Rómulo y Remo *(véase p. 174).* Posiblemente, el relato del niño-sanguijuela nacido de Izanagi e Izanami refleja un antiguo ritual japonés en el que se conmemoraba el nacimiento del primer hijo colocando una figurita de barro en un bote de juncos que se lanzaba a las aguas, a modo de chivo expiatorio.

La Tierra de la Oscuridad: el infierno japonés

El mundo subterráneo de los muertos también se conoce como la Tierra de la Oscuridad (Yomi-tsu-kuni), la Tierra de las Raíces y la Tierra Profunda.

La descripción de Yomi que aparece en el *Kojiki* podría reflejar la costumbre prehistórica japonesa de enterrar a los muertos en cámaras profundas rodeadas de piedras en el interior de grandes túmulos *(kofun)*, y el hecho de que Izanagi tapara la entrada de Yomi con un enorme canto rodado quizá sea un eco del sellado de estas tumbas, así como una metáfora de la infranqueable barrera entre la vida y la muerte.

Existen sorprendentes semejanzas entre este relato y dos mitos griegos: el de Perséfone *(véase p. 142)*, quien al ingerir semillas de granada en el Hades se ata a la tierra de los muertos en invierno, y el de Orfeo, que intenta rescatar a Eurídice del mismo lugar *(véase p. 165).*

Los expertos siguen debatiendo en la actualidad si los elementos de estos mitos griegos se difundieron hasta Japón o si los paralelismos reflejan una tendencia general en la mitología de la humanidad. En muchas culturas se cree que al comer el alimento de los muertos se crea un vínculo con ellos. Cuando Izanami ve a su marido a la entrada de la tierra de los muertos le dice que ojalá hubiera venido antes porque ya «ha comido en el hogar» de allí, acto que podría explicar su dramática transformación, de amante esposa en demonio monstruoso.

de gusanos. Aterrorizado, huyó de aquel lugar, pero Izanami, encolerizada al ver que Izanagi había contrariado sus deseos, envió en su busca a las «brujas de Yomi», a las ocho deidades del trueno y a una horda de guerreros. Al llegar al paso de Yomi, que llevaba a la tierra de los vivos, Izanagi encontró tres melocotones y se los arrojó a sus perseguidores, obligándoles a retroceder. Izanami, convertida en un ser demoníaco, se unió a la persecución pero antes de que diera alcance a Izanagi, éste cerró el paso con una enorme roca. Los dos se vieron frente a frente, a ambos lados de la roca, y «rompieron su compromiso».

Izanagi se sentía sucio por su experiencia en Yomi y decidió purificarse de una forma típicamente japonesa: con un baño. Al llegar a un arroyo de Hyuga (al noroeste de Kyushu) se desnudó. De sus ropas nacieron varios dioses y diosas y surgieron otras mientras se bañaba. Por último, Izanagi dio a luz a las tres divinidades más importantes del sintoísmo: la diosa del sol, Amaterasu-no-mikoto (literalmente «Augusta Persona que Hace Brillar el Cielo») apareció cuando se lavó el ojo izquierdo; Tsuki-yomi-no-mikoto («La Augusta Luna») apareció de su ojo derecho, y Susano-no-mikoto («El Augusto Varón Colérico»), de su nariz. Izanagi decidió dividir el reino entre sus tres hijos: le dio su sagrado collar, símbolo de soberanía, a Amaterasu, con el mandato de que gobernase las Elevadas Llanuras del Cielo; a Tsuki-yomi, dios de la luna (en la mitología japonesa la luna se considera masculina), le confió los reinos de la noche y al otro hijo, Susano, el océano.

Amaterasu y Tsuki-yomi aceptaron sus tareas obedientemente, pero Susano se puso a llorar y a aullar. Izanagi le preguntó la causa de su aflicción y Susano contestó que no quería gobernar las aguas sino ir a la tierra en la que vivía su madre, Izanami. Encolerizado, Izanagi desterró a Susano y a continuación se retiró, tras haber terminado su misión divina. Según una versión del mito, subió al cielo, donde vive en el «Palacio Más Joven del Sol». Se dice que está encerrado en Taga (prefectura de Shiga, Honshu).

Los hijos de Izanagi

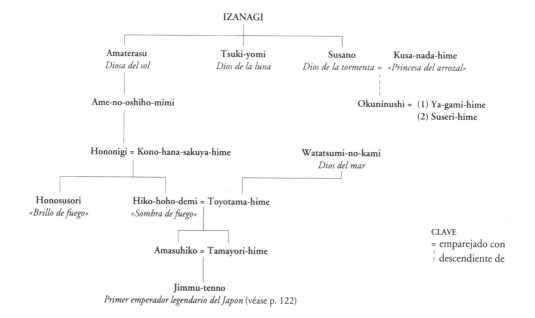

IZANAGI

Amaterasu
Diosa del sol

Tsuki-yomi
Dios de la luna

Susano
Dios de la tormenta = Kusa-nada-hime
«*Princesa del arrozal*»

Ame-no-oshiho-mimi

Okuninushi = (1) Ya-gami-hime
(2) Suseri-hime

Hononigi = Kono-hana-sakuya-hime

Watatsumi-no-kami
Dios del mar

Honosusori
«*Brillo de fuego*»

Hiko-hoho-demi = Toyotama-hime
«*Sombra de fuego*»

Amasuhiko = Tamayori-hime

Jimmu-tenno
Primer emperador legendario del Japón (véase p. 122)

CLAVE
= emparejado con
descendiente de

(véase p. 122)

AMATERASU Y SUSANO

La competición de las deidades hermanas

Cuando Susano, dios de la tormenta, fue desterrado por su padre, Izanagi, anunció su intención de despedirse de su hermana, la diosa del sol, Amaterasu. La diosa sospechó que su hermano quería usurpar sus tierras y se preparó para la batalla: se recogió el largo pelo en moños y se armó con un arco y dos aljabas llenas de flechas. Agitó el arco furiosamente y pateó el suelo mientras le esperaba, pero Susano le aseguró que no albergaba malas intenciones. Le propuso que demostrasen quién era más poderoso con un concurso de reproducción: vencería quien diera a luz deidades masculinas.

Para empezar, Amaterasu le pidió a su hermano la espada; la rompió en tres trozos, los masticó y al escupir aparecieron tres hermosas diosas. A continuación, Susano cogió las largas ristras de *magatama*, o cuentas de la fertilidad, que Amaterasu llevaba alrededor de los moños, en la frente y en los brazos, y creó con ellas cinco dioses, proclamándose vencedor. Amaterasu objetó que la descendencia masculina de su hermano procedía de sus posesiones y que, por tanto, ella era la ganadora. Susano se negó a aceptarlo y celebró su propia victoria rompiendo los bordes de los arrozales divinos y cubriendo las acequias. Después defecó y restregó sus excrementos por el salón en el que, según la costumbre, se probaban los primeros frutos de la cosecha. Por último, despellejó un caballo «celestial» rodado (quizá una referencia a las estrellas, por las manchas) y lo arrojó por el tejado de paja de la sagrada hilandería *(véase recuadro, abajo),* en la que trabajaban Amaterasu y sus doncellas, una de las cuales se asustó tanto que se golpeó los genitales contra la lanzadera del telar y murió. Amaterasu huyó aterrorizada. En el *Nihonshoki* aparece una versión de esta historia, según la cual Amaterasu es la víctima de la desagradable travesura de su hermano, si bien no muere, sino sólo recibe heridas.

LA DIOSA DEL SOL
Amaterasu, diosa del sol e hija mayor de Izanagi, es una de las deidades más importantes de la mitología japonesa. Nació del ojo izquierdo de su padre, mientras éste se lavaba a su regreso de Yomi, el infierno. Se la venera como divinidad espiritual y como antepasada sagrada de la familia imperial y antaño se le rendía culto en el palacio imperial, hasta que la autoridad del emperador se separó del poder de las sacerdotisas y se erigieron santuarios en honor de Amaterasu en otros lugares, el principal de los cuales se encuentra en Isa, en la prefectura de Mie y constituye el templo sintoísta más importante del Japón. El edificio principal es una choza de cipreses, sin pintar y con techo de paja, al antiguo estilo japonés. Se reconstruye periódicamente de la misma forma: entre los siglos VII y XVII cada veinte años y, desde esta fecha, cada veintiuno.

La hilandería sagrada

*N*i *el* Kojiki *ni el* Nihonshoki *precisan con claridad la función de la hilandería sagrada ni qué tejían Amaterasu y sus doncellas, pero se han apuntado diversas posibilidades.*

Amaterasu era una reina-sacerdotisa, encargada de tejer las ropas de los dioses, y la hilandería podría haber sido su taller. Según algunos expertos, sus ayudantes y ella confeccionaban prendas que llevaban las sacerdotisas que oficiaban las ceremonias del culto al sol, y según una posibilidad más profunda, tejían la tela del universo, aún incompleto. Las acciones de Susano podrían interpretarse como un ataque del caos contra el cosmos u orden universal, y la hilandería sagrada, como escenario de la creación, seria un foro adecuado para la confrontación entre las encarnaciones divinas del cosmos (Amaterasu) y el caos (Susano).

Amaterasu y sus doncellas en todo su divino esplendor. Grabado del siglo XIX.

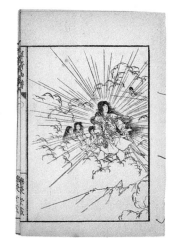

LA CRISIS DIVINA

Amaterasu retira el sol

LA DIOSA DEL ALBA

En calidad de chamán femenina prototípica, o *miko*, que ejecuta periódicamente danzas extáticas, la diosa del alba, Ama-no-uzume, vuelve a aparecer en el relato, según la versión del *Nihonshoki*. En esta ocasión despliega sus encantos para distraer a una deidad solar local, Sarutahiko, o «Príncipe Mono», que había intentado impedir descender de los cielos al nieto de Amaterasu, Honinigi. Se casa con Sarutahiko y de su unión nace un clan de bailarinas Heian, las Sarume, cuya existencia está comprobada.

Amaterasu sale de la cueva y devuelve la luz del sol al mundo, según un tríptico del siglo XIX. Algunos expertos interpretan este acontecimiento como la vuelta de la primavera tras la oscuridad invernal, en cuyo caso la danza erótica frente a la cueva, que empuja a Amaterasu a abandonar su escondite, sería una especie de ritual de fertilidad, pero en opinión de otros, el episodio deriva de la observación de un eclipse solar.

Amaterasu, diosa del sol, se asustó terriblemente cuando su hermano Susano arrojó un caballo despellejado por el techo de la hilandería sagrada *(véase p. 115)* y al decidir retirarse a lo que en el *Kojiki* se denomina «Cueva de las Rocas Celestiales» (o Ama-no-iwato) se produjo una crisis divina análoga a las que se encuentran en casi todas las mitologías, como el relato egipcio del triunfo temporal del malvado dios Set *(véase p. 44)* y el mito griego del rapto de Perséfone *(véase p. 142),* que provocaron enormes catástrofes en el mundo. Algunos expertos interpretan la retirada de Amaterasu como una muerte y una sepultura simbólicas, pero también podría tratarse de una metáfora de un eclipse total de sol, desencadenado por el acto que acababa de presenciar la diosa del sol.

El retiro voluntario de Amaterasu sumió en la oscuridad absoluta las Elevadas Llanuras del Cielo y la Tierra Central de la Llanura de Juncos, es decir, el reino de los mortales, a consecuencia de lo cual quedaron en barbecho los arrozales y sobrevinieron diversas calamidades. Desesperados, la «miríada de ochocientos» dioses se reunieron en solemne asamblea junto al río celestial para discutir la forma de convencer a Amaterasu de que abandonara su escondite. (En este contexto, el número ocho japonés, el *ya*, es sagrado e implica un contingente y no un total específico.)

Omori-kane-no-kami, el hijo sabio de Takamimusubi, ofreció una solución. Como los sonidos de ciertas aves «que gritaban desde tiempo atrás» (probablemente gallos) no dieron los resultados deseados, Omori-kane y las demás divinidades concibieron una complicada estratagema. En primer lugar, construyeron un espejo mágico que suspendieron de las ramas del árbol de sakaki sagrado arrancado de un bosque de montaña. Después, mientras varias deidades empuñaban objetos mágicos y celebraban una solemne liturgia, una hermosa diosa joven llamada Ama-no-uzume (en este contexto probablemente una diosa del alba, como la Aurora romana, la Eos griega o las Ushas védicas,

si bien ninguna de las fuentes antiguas la caracteriza de esta forma) subió sobre una tina colocada al revés y ejecutó una danza erótica. Su objetivo consistía en engañar al sol para que volviese a aparecer, con unos métodos como los de la antigua *miko*, la chamán. Cuando enseñó los pechos y se levantó las faldas hasta los genitales, los dioses soltaron tales carcajadas que las Elevadas Llanuras del Cielo temblaron como sacudidas por un terremoto y el ruido penetró en el escondite de Amaterasu. Curiosa, abrió la puerta de la cueva, sólo una rendija, y gritó: «¿Por qué canta y baila Ama-no-uzume y por qué ríe la miríada de ochocientas deidades?» La joven diosa respondió en nombre de todos: «Nos regocijamos porque aquí hay una deidad superior a ti.» Mientras pronunciaba estas palabras, dos dioses dirigieron el espejo hacia la puerta entreabierta y otro dios, cuyo nombre incluye el término para designar la fuerza *(chikana)*, se escondió allí cerca.

Al ver su reflejo, Amaterasu salió lentamente de su refugio y se aproximó al espejo y mientras se miraba intensamente, el dios que estaba oculto la cogió de la mano y la obligó a salir del todo. Otra divinidad tendió una cuerda mágica *(shiru-kume)* ante la puerta y dijo: «¡Hasta aquí puedes llegar!», tras lo cual todo volvió a la normalidad y el sol iluminó cielo y tierra. Se había resuelto la crisis divina.

La miríada de ochocientas deidades se reunió de nuevo para deliberar sobre la suerte de quien había provocado la crisis, el caprichoso y destructivo Susano, y le impusieron un duro castigo: una multa de «mil mesas de regalos de restitución», cortarse la barba, las uñas de manos y pies y, por último, expulsarle del cielo, obligándole una vez más a descender a la Tierra de la Llanura de Juncos.

Susano y la diosa de la comida

*S*usano, dios de las tormentas, creaba problemas sin cesar, y antes de su destierro a la Tierra Central de la Llanura de Juncos, su carácter violento lo enfrentó con casi todos los que se cruzaban en su camino. Según ciertas fuentes, uno de tales desgraciados fue Ogetsu-no-hime, diosa de la comida.

En un incidente que no guarda relación con el relato principal, Susano ordena a Ogetsu que le dé algo de comer y ella responde de una forma insólita, que desagrada al dios: sacándose la comida de la nariz, la boca y el recto. Para vengarse del insulto, Susano la mata.

Pero la muerte de Ogetsu tiene resultados positivos para la mitología japonesa, porque su cuerpo produce los alimentos básicos con los que siguen subsistiendo los japoneses en la actualidad: en sus ojos crecen semillas de arroz, en sus orejas mijo, en sus genitales trigo, en su nariz judías pintas y en su recto soja.

Este relato recuerda el mito chino de Pangu *(véase p. 90)*, un gigante primordial cuyos restos se transformaron en la materia prima de la creación, incluyendo los alimentos: la piel y el pelo se convirtieron en plantas y árboles. Sin embargo, la mayoría de los expertos opina que el mito de Ogetsu es anterior a la profunda influencia china sobre Japón, que comenzó en el siglo VI d.C.

En realidad, el relato sobre la suerte de la diosa japonesa de la comida presenta curiosas semejanzas con un mito indonesio en el que matan y desmembran a una diosa llamada Hainuwele, entierran sus restos y de ellos surgen los alimentos básicos (la batata, por ejemplo) que se cultivan en esa región. Podría existir un vínculo muy antiguo entre Ogetsu y Hainuwele y es posible que, en última instancia, ambos mitos deriven de un prototipo común en el sureste asiático.

En el *Nihonshoki* se presenta a Tsuki-yomi, dios de la luna, no a Susano, como asesino de la diosa de la comida. Cuando Tsuki-yomi le cuenta a Amaterasu, diosa del sol, lo que ha hecho, ésta le riñe y jura no volver a poner los ojos en él, motivo por el que el sol y la luna viven separados. Según varios expertos, ésta es la versión más antigua, y quien recopiló el *Kojiki* sustituyó a Susano por Tsuki-yomi con el fin de subrayar el carácter violento del dios.

EL CICLO DE IZUMO

El descenso de Susano a la tierra. Okuninushi y el Conejo Blanco

Susano, dios de la tormenta, con su esposa, Kusa-nada-hime, a quien el dios transformó en peineta para salvarla de un dragón de ocho cabezas.

Al ser desterrado de los cielos, Susano descendió a la tierra, al reino de Izumo *(véase mapa, p. 111)*, y la primera aventura que vivió allí constituye el vínculo con un grupo de mitos localizados en esta región que se conocen como ciclo de Izumo. El protagonista es la deidad principal de la región, Okuninushi (o Daikokusama), el «Gran Señor del País», descendiente de Susano y Kusa-nada-hime, y posiblemente hijo suyo *(véase árbol genealógico, p. 114)*.

En su exilio, Susano llegó a la cabecera del río Hi y al ver unos palillos flotando en sus aguas dedujo que debía de haber gente viviendo en sus orillas y se propuso encontrarla. Al poco se topó con una pareja mayor y una hermosa joven que lloraban inconsolables y que le contaron que un ser de ocho colas y ocho cabezas llamado Yamato-no-orochi había devorado a siete de sus ocho hijas y estaba a punto de apresar a la más joven, Kusa-nada-hime («Princesa del Arrozal»). El dios les reveló su identidad y se ofreció a matar al dragón a cambio de que le concedieran en matrimonio a Kusa-nada-hime. La pareja accedió y Susano convirtió a la princesa en una peineta, que se colocó en uno de sus moños. Después ordenó que llenaran ocho grandes tinajas con *sake* (licor de arroz) y que las colocasen sobre ocho plataformas rodeadas por una valla con ocho entradas.

Cuando llegó Yamato-no-orochi metió sus ocho cabezas por las ocho coberturas y se puso a beber el *sake*. Susano esperó hasta que el monstruo se emborrachó, salió de su escondrijo y lo hizo pedazos con su espada. Cuando cortaba la cola del medio descubrió en su interior la famosa espada que más adelante se llamaría Kusanagi, o «Cortacésped» *(véase p. 122)* y después devolvió a Kusa-nada-hime su forma humana y construyó un gran palacio en Suga, en Izumo.

El relato más famoso del ciclo de Izumo es el de Okuninushi y el Conejo Blanco. Okuninushi tenía ochenta hermanos y todos querían casarse con la bella princesa Ya-gami-hime de Inaba. Un día, los hermanos se dirigieron a Inaba a cortejar a la princesa, con Okuninushi a la zaga. En el viaje se toparon con un conejo despellejado que padecía grandes dolores. Le dijeron que recuperaría su piel si se bañaba en agua salada, pero esta solución empeoró su situación.

Cuando Okuninushi llegó allí le preguntó al conejo por qué lloraba, y el animal le contestó que había estado en la isla de Oki con intención de pasar a Izumo, pero que no había puente. Convenció a una familia de cocodrilos de que formaran un puente sobre el agua, a cambio de lo cual prometió contar el número de cocodrilos que había de un extremo a otro para determinar quiénes eran más numerosos, si los seres del mar o ellos, pero a pocos pasos del final del puente viviente el conejo confesó que su promesa era un ardid, una estratagema para cruzar el mar y, furiosos, los cocodrilos que estaban al final de la cadena lo apresaron y lo despellejaron vivo.

Okuninushi le dijo al conejo que fuera a la cabecera del río y se lavara en sus aguas puras y que después rodara por el suelo salpicado con el polen de la hierba *kama*. El conejo, que era en realidad una deidad, siguió sus instrucciones, recuperó su blanca piel y le recompensó con la promesa de que obtendría la mano de Ya-gami-hime en lugar de sus hermanos. Los ochenta hombres se enfurecieron con Okuninushi y las consiguientes peleas entre ellos constituyen la base de otros relatos *(véase p. 119)*. Estos conflictos, de los que Okuninushi salió victorioso, redujeron Izumo a la anarquía, circunstancia que aprovechó la astuta Amaterasu. Como quería extender sus dominios hasta aquella región, envió a uno de los hijos que había concebido en la competición con

Las ordalías de Okuninushi

La unión de Okuninushi con Ya-gami-hime desencadenó varios ataques de sus ochenta celosos hermanos y cuando el joven dios intentó resolver la disputa se vio envuelto en un conflicto aún más terrible con el poderoso dios de la tormenta, Susano.

Los vengativos hermanos lograron dar muerte a Okuninushi en dos ocasiones, pero en ambas ocasiones su madre, que intercedió por él ante los dioses, le devolvió la vida. En primer lugar, los hermanos calentaron al rojo vivo una gran roca y la echaron a rodar por una montaña. Pensando que era una jabalí y que sus hermanos querían que lo detuviera, Okuninushi la paró, se abrasó y murió. En la segunda tentativa, los hermanos aplastaron a Okuninushi en las ramas de un enorme árbol y tras esta experiencia, a instancias de su madre, Okuninushi decidió poner fin a la rivalidad buscando el consejo de Susano, dios de la tormenta, que por entonces vivía en el infierno.

Al llegar al palacio de Susano, Okuninushi vio a la hermosa Suserihime, hija del dios; ambos se enamoraron y se casaron, pero su impetuosa conducta enfureció a Susano, que también decidió deshacerse de Okuninushi. Simuló aceptar a su nuevo yerno y le pidió que durmiese en una habitación que resultó estar llena de serpientes, pero, por suerte, la mujer de Okuninushi le dio un pañuelo mágico que espantaba a aquellos animales cuando se agitaba tres veces. A la noche siguiente, cuando Susano invitó a Okuninushi a dormir en una estancia plagada de centípodos y abejas, el pañuelo volvió a salvarle la vida.

Por último, el enfurecido suegro disparó una flecha hacia una gran llanura y ordenó a Okuninushi que fuera a recogerla. El joven dios obedeció, pero en cuanto emprendió camino, Susano prendió fuego a la hierba que crecía en la llanura. Okuninushi buscó en vano una salida de aquel infierno, hasta que acudió en su ayuda un ratón, que le dijo que diera una patada, porque el suelo estaba hueco. Okuninushi siguió su consejo, dio una patada, el suelo se abrió y el joven dios se refugió en su interior, mientras las llamas pasaban por encima de su cabeza, inofensivas. Entretanto, el ratón encontró la flecha y se la dio.

Okuninushi le devolvió la flecha a Susano, que empezó a tomarle cierto cariño a su yerno, a pesar de lo cual Okuninushi se puso a hacer planes para escapar de la esfera de influencia del dios de la tormenta. Un día, después de haberle lavado el pelo a Susano, éste se quedó dormido y, aprovechando la oportunidad, Okuninushi le ató los cabellos a las vigas del tejado del palacio. Después, armado con el arco y la espada de su suegro y con Suseri-hime a la espalda, abandonó la morada infernal de Susano y se dirigió hacia su país, la Tierra de la Llanura de Juncos.

Cuando Okuninushi hubo recorrido cierta distancia, Susano se lanzó en persecución del raptor de su hija y al llegar a un punto en que la pareja podía escuchar sus gritos, en la frontera entre el infierno y la tierra de los vivos, decidió dejar en paz a la feliz pareja, pero le dio a Okuninushi el consejo que éste había ido a buscar: cómo poner fin al enfrentamiento con sus hermanos. Le dijo que los derrotaría con el arco y la espada que se había llevado de su palacio.

BRILLO DE FUEGO Y SOMBRA DE FUEGO

Honinigi, nieto de Amaterasu, tenía dos hijos, Honosusori («Brillo de Fuego») e Hiko-hoho-demi («Sombra de Fuego»). El primero, el mayor, vivía de pescar con su anzuelo, y su hermano menor, Sombra de Fuego, se dedicaba a cazar. Insatisfecho con su suerte, Sombra de Fuego propuso que intercambiasen sus ocupaciones y así lo hicieron, pero Sombra de Fuego no tuvo más éxito en su nuevo papel que en el anterior. Para empeorar las cosas, perdió el anzuelo y no pudo dárselo a Brillo de Fuego, y aunque le ofreció varios sustitutos, éste no aceptó ninguno. Pesaroso, Sombra de Fuego se internó en las aguas y llegó al palacio del dios del mar, Watatsumi-no-kami, que no sólo encontró el anzuelo en la boca de un pez, sino que ofreció a Sombra de Fuego la mano de su hija. Tras varios años de cómoda vida en el palacio de su suegro, Sombra de Fuego empezó a sentir nostalgia de su tierra, y como regalo de despedida, el dios le dio dos joyas mágicas: una para hacer que el mar se elevase y otra para que descendiese, y además, le pidió a un cocodrilo amigo que llevase a su yerno a la espalda.
Sombra de Fuego le devolvió el anzuelo a Brillo de Fuego, pero como éste siguió causándole problemas, Sombra de Fuego arrojó al agua la joya que hacía elevarse al mar. Su hermano se asustó y le pidió perdón, ante lo cual Sombra de Fuego también arrojó la otra joya al mar. Cuando descendieron las aguas, Brillo de Fuego, agradecido, juró servir a su hermano para siempre. Jimmu-tenno *(véase p. 122)*, nieto de Sombra de Fuego, fue el primer emperador. Este grabado del siglo XIX *(derecha)* representa a Sombra de Fuego regresando a casa sobre un cocodrilo.

Susano a que juzgara la situación. Al enterarse de los problemas, la diosa del sol envió a otro hijo suyo a que subyugase la zona, pero como éste no volviera al cabo de tres años, consultó con las demás deidades y decidieron despachar a un dios llamado Ame-no-waka-hiko para que averiguase qué le había sucedido, pero éste les traicionó, se casó con la hija de Okuninushi y decidió apoderarse de aquellas tierras. Pasados ocho años, Amaterasu le envió un faisán divino para que le preguntase la razón de su prolongada ausencia del cielo; Ame-no-waka-hiko le disparó una flecha, que atravesó al ave y se clavó en el dios Takamimusubi, quien se la devolvió y mató al traidor mientras estaba en la cama.

Exasperada ante tantos fracasos, Amaterasu envió a dos de las deidades en las que más confiaba, Takamimusubi y Kamimusubi, para que le dijeran a Okuninushi que debía entregar las tierras a la diosa del sol. Sentados en la punta de las espadas, que se habían incrustado en la cresta de una ola frente a la playa de Inasa, en Izumo, los dioses comunicaron el ultimátum de Amaterasu, y Okuninushi, impresionado ante semejante despliegue, le pidió opinión a uno de sus hijos. El joven dios le aconsejó que capitulara, a lo que Okuninushi accedió, a condición de que se le reservara un lugar entre las grandes deidades veneradas en Izumo, y Amaterasu se lo concedió. Después de Ise *(véase p. 115, margen)*, Izumo es el santuario sintoísta más importante.

Tras la capitulación de Okuninushi, Amaterasu envió a la tierra a su nieto Honinigi con tres talismanes sagrados de soberanía: el espejo divino que había contribuido a que Amaterasu abandonase la cueva de la oscuridad *(véanse pp. 116-117)*, la espada Kusanagi que encontró Susano en la cola del dragón *(véase p. 118)* y las cuentas *magatama* de las que surgieron muchos hijos *(véase p. 115)*. En la actualidad se siguen regalando copias de estos talismanes al emperador en el día de su coronación.

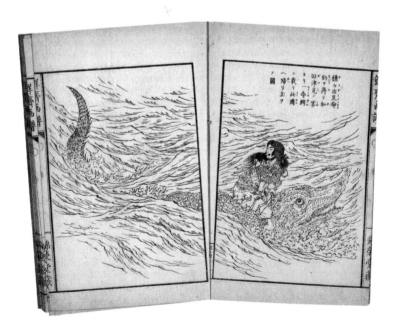

DIOSES, HÉROES Y DEMONIOS

Inari, Hachiman y los Oni

El panteón sintoísta cuenta con una serie de divinidades importantes que no aparecen en los mitos mencionados hasta el momento, y una de ellas es Inari, dios del arroz. Estrechamente vinculado a Ogetsu-no-hime, diosa de la comida *(véase p. 117)*, se le rinde culto no sólo como deidad que garantiza una abundante cosecha de arroz, sino también como protector de la prosperidad en general, y en condición de tal, sobre todo por los comerciantes. El emisario de Inari es el zorro y dos imágenes de este animal flanquean la efigie de Inari en todos sus santuarios.

En la antigüedad se consideraba a Inari protector de los fabricantes de espadas, de los comerciantes y de los cultivadores de arroz. Entre otras deidades populares hemos de mencionar a Kamado-no-kami, dios de las cocinas, y a Ebisu, el dios que vigila el trabajo, y por último, a numerosas figuras históricas o semihistóricas. Una de las más importantes es el emperador Ojin (muerto h. 394), famoso por sus hazañas militares y que fue deificado posteriormente con el nombre de Hachiman, dios de la guerra. En numerosas regiones del Japón aún se conserva la costumbre de que los jóvenes celebren su mayoría de edad (a los veinte años) con un ritual en uno de los múltiples santuarios consagrados a Hachiman.

Los demonios

*A*l igual que otras religiones tradicionales, el sintoísmo también presenta un lado oscuro: los pecadores están condenados al equivalente japonés del infierno, un reino subterráneo, Jigoku, compuesto por ocho regiones de fuego y ocho de hielo.

El soberano de Jigoku se llama Emma-ho y juzga las almas de los pecadores varones y las asigna a una de las dieciséis regiones de castigo según el carácter de sus ofensas. La hermana de Emma-ho juzga a las pecadoras. Como parte de este proceso, el pecador ve reflejados sus pecados en un enorme espejo y las almas pueden salvarse mediante la intercesión de los Bosatsu o Bodhisattvas *(véase p. 123)*. Otra clase de demonio, que se encuentra en Jigoku y en la tierra, está integrada por unos seres llamados Oni, fuerzas malignas responsa-

bles de todas las desgracias, como las enfermedades y las hambrunas, que también pueden robar almas y tomar posesión de personas inocentes. Aunque se considera a algunos Oni dotados con la capacidad de asumir forma humana o animal, o ambas, la mayoría es invisible. Los adivinos (las *miko,* por ejemplo, *véase p. 117*) y las personas especialmente virtuosas pueden detectar a veces a estos demonios.

Por lo general, se piensa que los Oni son extranjeros, que llegaron a Japón desde China, junto con el budismo, una forma de vida a la que algunos se convierten.

Escultura del siglo XIX de marfil y raíz de árbol que representa a numerosos Oni con dos guerreros que los han sometido, entre ellos Shoki, que aparece pisoteando a uno de los derrotados.

EL REINO DE SAGA

Las hazañas de Jimmu-tenno y Yamato-takeru

EL NOMBRE DE YAMATO-TAKERU
Yamatu-takeru, famoso nombre por el que se conocia a O-usu-no-mikoto y que adquirió en su juventud, significa «El Valiente de Yamato». Su primera hazaña consistió en matar a su hermano mayor por no mostrar el debido respeto a su padre, el emperador, quien, impresionado por la fiereza de su hijo, decidió enviarlo a una misión peligrosa, matar a dos poderosos guerreros, los hermanos Kumaso. Disfrazado de mujer, O-usu consiguió entrar en el palacio de los hermanos, que le invitaron a una fiesta, y cuando ésta se encontraba en pleno apogeo, sacó la espada que llevaba oculta bajo sus ropas femeninas y le atravesó el pecho al mayor de los Kumaso, que murió al instante. El menor huyó aterrorizado, pero O-usu le dio alcance y le clavó la espada en las nalgas. Moribundo, Kumaso le dio el nombre con el que se le conocería a partir de entonces.

Jimmu-tenno inicia su viaje hacia oriente en busca de nuevas tierras. El ser alado podría representar a Sawo-ne-tsu-hiko, que guió a Jimmu y a su hermano por el estrecho que separa Kyushu de Honshu.

Un capítulo del *Kojiki* trata sobre la «Edad de los Hombres», dominada por figuras semihistóricas, no por dioses. La primera de estas figuras en la tradición japonesa es Jimmu-tenno (también llamado Kamu-yamato-iware-biko), nieto de Sombra de Fuego *(véase p. 120)* y fundador de la familia imperial. Existen ciertas pruebas de que no fue el primero de la línea, sino que tenía un hermano mayor, Itsu-se, que murió en combate mientras los hermanos se dirigían hacia oriente con el fin de encontrar el mejor lugar desde el que gobernar su reino y de buscar nuevos territorios. Tras enterrar a su hermano, Jimmu continuó hasta llegar a la región de Kumano (actual prefectura de Wakayama), donde una deidad local adoptó la forma de oso y lanzó un hechizo contra los invasores que los sumió en un profundo sueño.

Uno de los criados de Jimmu se enteró en sueños de la existencia de una espada mágica, enviada por Amaterasu y las demás divinidades para ayudar a Jimmu a pacificar la Tierra Central de la Llanura de Juncos, es decir, Yamato. Al despertar, el criado localizó la espada y se la entregó a Jimmu. El ejército continuó su marcha hacia el este guiado por un cuervo gigantesco enviado del cielo y cuando se internaron en Honshu, los jefes locales rindieron homenaje a Jimmu. Al llegar a Yamato, Jimmu construyó un palacio, se casó con una princesa local de ascendencia divina (Isuke-yori-hime) y se dedicó a gobernar su nuevo reino.

El héroe legendario más importante del Japón es Yamato-takeru, llamado en principio O-usu-no-mikoto. Tras diversas hazañas juveniles, su padre, Keiko, le encargó que sometiese la tierra de Izumo y que matara a su jefe, Izumo-takeru, poderoso guerrero que accedió a un duelo con Yamato-takeru y a intercambiar las espadas para la lucha. Al comenzar el duelo, Izumo-takeru no pudo desenvainar la espada de Yamato (que no era más que una imitación) y éste lo mató.

A continuación, el padre de Yamato-takeru le encomendó la misión de pacificar a los bárbaros del este, los Emishi. Yamato partió con la espada mágica Kusanagi que había encontrado Susano *(véase p. 118)* y una bolsa también mágica, ambos objetos regalo de su tía, Yamato-hime, que se los dio en el santuario de Ise. En el camino conoció a una princesa, Miyazu-hime, se enamoró de ella y le prometió casarse a su regreso. Al llegar a Sagamu (actual provincia de Kangawa) un jefe local le imploró que liquidara a una deidad díscola que vivía en un gran estanque en medio de una llanura cubierta de hierba, pero se trataba de una estratagema: en cuanto puso el pie en la llanura, el jefe prendió fuego a la hierba, pero la espada Kusanagi se movió por sí sola, cortando el césped (de aquí deriva el nombre con el que se conocería este arma más adelante: Cortacésped), Yamato abrió la bolsa mágica, sacó de ella material para provocar un contraincendio y escapó de aquella trampa.

Durante el viaje de regreso, Yamato-takeru precipitó su propia caída. Antes de la partida se casó con Miyazu-hime y dejó a su cuidado la espada Kusanagi. En el desfiladero de Ashigara mató a una deidad de la montaña en forma de ciervo blanco y, más adelante, en el monte Ibuki, encontró otra deidad, encarnada en un jabalí blanco, y violó cierto tabú al asegurar que mataría a aquel ser. Debido a ambas transgresiones, al cabo de poco tiempo le acometió una enfermedad mortal y, moribundo, el héroe se dirigió hacia la costa de Otsu, cerca de Ise, para recoger otra espada que había dejado allí. Después, mientras cantaba una canción sobre su hermosa tierra natal, que no volvería a ver, se encaminó a la llanura de Nobo, donde murió. Antes de que su cuerpo fuera enterrado en la tumba que había erigido el emperador, se transformó en una gigantesca ave blanca que echó a volar hacia Yamato.

MITOS BUDISTAS

Tres figuras misericordiosas

Rollo del siglo XVII que representa la muerte de Buda. El budismo se desarrolló rápidamente en el Japón en los siglos VII y VIII.

El sintoísmo ha convivido con el budismo durante más de 1.500 años en el Japón, y con la influencia recíproca de ambas religiones, numerosas deidades sintoístas han adoptado forma budista: por ejemplo, al dios de la guerra, Hachiman, también se le conoce como un *Bosatsu,* es decir, una encarnación de Buda (del sánscrito *Bodhisattva).* La mezcla de enseñanzas budistas y sintoístas se conoce en muchos casos como Ryobu-Shinto, o «doble sintoísmo». Sin embargo, también existen numerosos Bosatsu que guardan poca relación, o ninguna, con el sintoísmo y cuyos orígenes se remontan a la China y, en última instancia, al norte de la India, cuna del budismo.

Entre las deidades budistas más importantes destacan tres figuras en la tradición popular: Amida, Kannon y Jizo. Amida-butsu («Buda»), que deriva de la figura sánscrita Amitabha, es un Bodhisattva que demoró voluntariamente su propia salvación (es decir, su entrada en el *nirvana)* hasta que se hubieran salvado todos los seres humanos. Constituye el personaje central de las sectas de la «Tierra Pura» (Jodo-shu y Jodo-shinshu), basadas en la creencia de que, invocando a Amida en el momento de la muerte, los fieles pueden renacer en una hermosa «Tierra Pura» donde todos se verán libres del dolor y la necesidad hasta estar preparados para la Iluminación final.

A Kannon, equivalente de la china Guan Yin *(véase p. 96)* y del indio Avalokiteshvara *(véase p. 87)* se le rinde culto bajo diversos nombres. Es el *Bosatsu* a quien acuden los creyentes en busca de misericordia y consejo, protector de los niños, las parturientas y las almas de los muertos. Una de sus manifestaciones más populares es Senju Kannon, o el «Kannon de los mil brazos», todos ellos tendidos compasivamente hacia quien lo adora. En la iconografía japonesa se le suele representar con un Amida en miniatura sobre la cabeza, pues se le consideraba compañero de este Buda.

Jizo también guarda relación con los niños, sobre todo con las almas de los difuntos. En todo Japón existen pequeños Jizo-yas, o templos consagrados a esta divinidad, pero es asimismo protector de quienes padecen dolor, y se le cree capaz de redimir las almas del infierno y devolverlas al Paraíso Occidental.

Guarda de espada del siglo XIX en la que aparece Kannon sobre una carpa. A veces se le representa con mil brazos, o de otras formas, como una figura sedente con dos brazos sujetando un loto, o como figura con cabeza de caballo y tres ojos. El culto a Kannon pasó de Corea al Japón poco después de la llegada del budismo al archipiélago.

GRECIA

El más famoso de los templos griegos, el Partenón ateniense
(visto desde el este, arriba), *fue construido entre 447 y
438 a.C. por los arquitectos Calícrates e Ictino bajo la
supervisión del escultor Fidias (h. 490-430 a.C.) y
consagrado a la diosa protectora de la ciudad, Atenea
Partena (Atenea la Virgen).*

El rico legado de relatos, imágenes decorativas y obras arquitectónicas inspirados por los dioses y héroes de la antigua Grecia ha ejercido una profunda influencia en la cultura occidental. Salvo en los inicios de la Edad Media, desde la época romana hasta la actual, pasando por el revivir de la cultura antigua del Renacimiento, las sucesivas generaciones han admirado, adoptado y adaptado la herencia mitológica griega.

Toda ciudad del antiguo mundo griego —que se extendía desde el sur de Italia hasta la costa de Asia Menor e incluía todas las islas del Adriático y del Egeo— poseía sus propios mitos, héroes y festividades religiosas, circunstancia que dificulta la comprensión de la mitología griega, porque incluso para los acontecimientos más importantes de la biografía de las grandes divinidades circulaban innumerables versiones, en ocasiones incompatibles. Además, existían ritos y celebraciones, como los Juegos Olímpicos, en los que participaban todos los griegos y ciertos héroes, como Heracles *(véase p. 148),* a quienes les estaban consagrados santuarios en todo el mundo griego. Entre los numerosos relatos y obras literarias que se conocían en el mundo helénico destacan las epopeyas de Homero, y el desarrollo de un núcleo de narraciones que resultaban familiares a todos contribuyó a la creación de un sentimiento de nación griega que servía de vínculo a las ciudades-estado antagonistas de los «bárbaros», por quienes se sentían rodeadas. Muchos de los mitos griegos más famosos hoy en día son producto de esta tendencia a la evolución de una mitología canónica.

MONTE OLIMPO

La cima más elevada de Grecia, venerada como morada de las principales deidades (los Olímpicos), encabezadas por Zeus. Las demás eran Afrodita, Apolo, Ares, Artemisa, Atenea, Démeter, Dioniso, Hefesto, Hera, Hermes, Hestia y Posidón.

DELFOS

Considerado el centro del mundo, Delfos estaba consagrado a Apolo. Su oráculo, al que consultaban las ciudades principales, aparece con frecuencia en la historia y la mitología griegas *(véase p. 138)*.

ATENAS

Una de las ciudades mayores y más poderosas del Mediterráneo clásico y capital cultural del mundo griego. El arte y la literatura atenienses son fuente primaria de la mitología griega, y Atenas alberga el templo griego más famoso, el Partenón *(véase p. anterior)*. Construido en el siglo V a.C., el centro era una gran estatua de Atenea de marfil y oro de 12 metros de altura, obra de Fidias, quien también esculpió la estatua de Zeus en Olimpia *(véase abajo, izquierda)*.

OLIMPIA

En ella se celebraban los juegos Olímpicos, festival cuatrienal en honor de Zeus *(véase abajo)*, en el que competían atletas de todo el mundo helénico a imitación de los héroes mitológicos. Los Juegos fueron abolidos en 393 por el emperador romano cristiano Teodosio I, quizá por sus connotaciones paganas.

TEBAS

Supuestamente fundada por Cadmo *(véase p. 130)*, Tebas es escenario de tragedias como *Edipo rey*, de Sófocles, y *Los Siete contra Tebas*, de Esquilo.

ESPARTA

Centro de un poderoso estado, austero y militarista, Esparta dejó una literatura y una arquitectura muy pobres. Aparece en la mitología como la ciudad de Menelao *(véase p. 157)*.

ARGOS

Argos y sus ciudadanos, los argivos, desempeñan m papel fundamental en la épica y la tragedia griegas, pero tuvo poca importancia después de 500 a. C.

TROYA

Ciudad de los legendarios Príamo, Hécuba y sus hijos, como los héroes Héctor y Paris, inmortalizados por Homero en *La Ilíada*, historia de la guerra de Troya *(véase p. 157)*.

Reconstrucción de la estatua de Zeus, de 13 metros de altura, de su templo en Olimpia. Terminada h. 430 a.C. y esculpida en oro y marfil, es la obra maestra de Fidias.

TABLA CRONOLÓGICA (*La mayoría de las fechas son aproximadas*)
1600-1110 a.C. Edad micénica, o Edad del Bronce, griega tardía.
1400-1100 a.C. Edad minoica, así llamada por Minos, rey legendario de la isla de Creta *(véase p. 150)*, donde se desarrolla una cultura propia.
1100 a.C. Fecha probable de la guerra de Troya.
1100-800 a.C. Edad oscura griega, sobre la que se sabe muy poco.
800-700 a.C. Época de Homero: desarrollo de la ciudad-estado y del alfabeto.
750-550 a C. Muchas ciudades establecen colonias en el extranjero.
700-600 a.C. Época de los tiranos, de gran desorden social.
600-400 a.C. Época de la democracia. Atenas, primer estado democrático, alcanza su máximo poder con Pericles (h. 495-429 a.C.).
490 a.C. Atenas y sus aliados derrotan a Persia.
431-404 a.C. Guerras cid Peloponeso, victoria de Esparta sobre Atenas.
400-300 a.C. Época de Alejandro Magno (365-323 a.C.), cuyas conquistas llevan la cultura griega hasta las fronteras de la India.
338 a.C. Filipo de Macedonia obtiene la supremacía sobre Grecia.
336 a.C. Alejandro sucede a su padre, Filipo, como soberano de Grecia.
300-301 a.C. Época de los reinos. Tras la muerte de Alejandro, en 323 a.C., su imperio se divide en varios grandes dominios que, como la propia Grecia, serán conquistados por los romanos.

MITO Y SOCIEDAD
Costumbres públicas y privadas

**Relieve de los frisos del Partenón
que representa a unos atenienses con
el toro del sacrificio en las Panateneas
anuales, antiguas fiestas en honor
de su diosa protectora, Atenea, y el
acontecimiento religioso más importante
y brillante del calendario ateniense.
En ellas, ciudadanos destacados y
representantes de todos los territorios
de la ciudad ofrecían animales a la
diosa. Los sacrificios tenían lugar
en el momento culminante de la
celebración, con una gran procesión
que acababa con la entrega de una
nueva túnica bordada (*peplos*) a la estatua
de Atenea en el Partenón, su principal
templo.**

*Oinochoe (copa de vino) de figuras rojas
de h. 450-400 a. C. decorado con una
escena de un rito sacrificial El sacrificio
a los dioses, como acto de agradecimiento,
súplica o propiciación constituía un punto
fundamental de las prácticas religiosas griegas.
En los ritos oficiales como las Panateneas
(véase arriba) era normal el sacrificio
de animales, pero en la vida privada se
presentaban también ofrendas de vegetales,
miel o queso.*

Aunque los orígenes de las antiguas creencias religiosas griegas continúan envueltos en oscuridad, el panteón griego ya estaba claramente establecido hacia
750 a.C. Sus principales figuras desempeñan un papel destacado en los grandes
poemas épicos de Homero, *La Ilíada* y *La Odisea (véase p. 157)*, que probablemente fueron compuestos en esa época y muestran signos de una tradición poética muy antigua.

Los griegos creían que su vida y su destino estaban regidos por múltiples divinidades, las más importantes de las cuales eran los Olímpicos, los dioses y diosas
que vivían en el monte Olimpo *(véase p. 125)*. Una estatua del dios Hermes
podía señalar la entrada de una casa griega, mientras que el hogar estaba consagrado a Hestia *(véase p. 144)*. Se rendía culto a los héroes, por lo general hijos
de un dios y una mujer, en calidad de espíritus eternos que podían interceder
en favor de los mortales. Se consideraban ejemplares su valor y su nobleza, y sus
batallas contra los monstruos *(véase p. 147)* eran temas populares en el arte y
la literatura. Muchos estados tenían a una deidad o un héroe como fundador o
protector, pretensión que se apoyaba en mitos como el de la competición entre
Ateneo y Posidón *(véase p. 136)*. Algunas familias nobles aseguraban descender
de un héroe, un Argonauta, por ejemplo *(véase p. 154)*.

También se rendía culto como divinidades a una serie de cualidades abstractas
positivas, como la «Justicia» o la «Juventud». En un extremo más tenebroso, los
griegos temían caer víctimas de las fuerzas de la oscuridad, como las Furias o la
hechicera Hécate *(véase p. 146)*.

Los Olimpos *(véase p. 125)* eran objeto de los cultos más populares y extendidos. La mayoría de los ritos religiosos en su honor tenían lugar en santuarios consagrados al dios o la diosa en cuestión, cuya estatua se alzaba en un templo que
constituía el centro del santuario. Delante del templo, al aire libre, los sacerdotes
realizaban sacrificios en un altar mientras los fieles observaban, en algunos casos

en una *stoa* (galería cubierta), y después comían la carne asada del animal sacrificado. Entre las ofrendas votivas, que se colocaban alrededor del templo y en las escaleras, había estatuas de bronce, marfil y, para los menos acaudalados, de terracota. Fuera de los santuarios de los Olímpicos se presentaban ofrendas a otras figuras divinas o semidivinas, como los héroes, en numerosos altares y lugares sagrados.

Los templos eran importantes centros públicos para la expresión de la cultura estatal. En sus frisos y pedimentos solían aparecer batallas mitológicas entre las fuerzas de la civilización, representadas por la ciudad-estado y los Olímpicos, y las fuerzas de la transgresión y la barbarie, representadas por gigantes y monstruos. Los atenienses del siglo V a.C. poseían dos instituciones para narrar los mitos a gran escala: el teatro y los recitales de poesía. Atenas creó el teatro como gran espectáculo público en el que unos 16.000 ciudadanos podían presenciar las tragedias, casi siempre basadas en mitos y leyendas. La poesía, sobre todo la de Homero y Hesíodo, era recitada por profesionales, los rapsodas, y se declamaban *La Ilíada* y *La Odisea* completas en las Panateneas *(véase margen p. anterior)*. Se encargaban y leían en público poemas sobre mitos para conmemorar acontecimientos como la victoria de un ciudadano en los Juegos Olímpicos, por ejemplo.

La educación y la vida intelectual contaban con el soporte de la mitología. Los mitos narrados por Homero y Hesíodo constituían el núcleo de la enseñanza y fueron tema de debate entre filósofos, científicos e historiadores a partir del siglo V a.C.

Las deidades también servían de ornamentación a las joyas. Placas pectorales de bronce de Camiro, Rodas, con la imagen de la diosa Artemisa. Siglo VII a.C.

El simposio

*S*e decoraban numerosos objetos domésticos con escenas mitológicas, sobre todo las copas, jarras y vasijas que se utilizaban en el simposio, *simposion* en griego, «beber juntos» o «banquete».

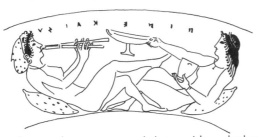

El simposio era un importante acontecimiento social para los hombres griegos. Se tendían en divanes y bebían (beber vino tenía un profundo carácter ritual), conversaban, se divertían y cimentaban vínculos políticos y sociales. Se recitaban poemas de tema mitológico y se entonaban canciones de poetas famosos. Las únicas mujeres que asistían eran contratadas y se encargaban de la música, el baile y el sexo. En la ilustración *(arriba)*, tomada de una vasija, aparecen dos mujeres desnudas, quizá animadoras, en un simposio.

Alfabeto griego normalizado (sólo se ofrecen las mayúsculas, empleadas en la mayoría de las inscripciones, y no se incluyen los diptongos) con la transcripción castellana debajo según las normas de pronunciación del griego moderno.

Α Β Γ Δ Ε Ζ Η Θ Ι Κ Λ Μ Ν Ξ Ο Π Ρ Σ Τ Υ Φ Ψ Χ Ω
A B G D E TS E Z I K L M N X O P R S T Y/U PH PS J O

LA LENGUA GRIEGA
Al actual conocimiento de la mitología griega contribuye el hecho de que se hayan encontrado innumerables inscripciones y documentos en lo que constituía el antiguo mundo helénico. Al igual que el latín y el inglés, por ejemplo, el griego pertenece a la familia del indoeuropeo y es una lengua escrita desde hace unos 3.000 años. Si bien el griego moderno difiere considerablemente del antiguo, emplea un alfabeto *(véase recuadro)* que ha permanecido en gran medida inalterado durante unos 2.500 años. Se desarrolló a partir de un alfabeto semítico (probablemente fenicio), hacia 950 a.C., y durante muchos siglos existieron numerosas variantes locales. En 403 a.C., la variante oriental, denominada jónico, pasó a ser el griego normalizado, al ser adoptado como alfabeto oficial de Atenas, centro de la vida intelectual griega.
La inscripción humorística de la ilustración *(recuadro, izquierda)* está escrita desde atrás hacia adelante, como era la costumbre, y dice lo siguiente: ΠΙΝΕ ΚΑΙ ΣΥ (PÍNE KE SÍ), que significa «¡Bebe tú también!»

NACIMIENTO DE LOS DIOSES

El ascenso de los Olímpicos

Una monumental cabeza de piedra, que se cree representa a Gea, primera diosa terrenal de los griegos.

Circulaban múltiples mitos sobre el origen de las cosas, pero ninguna versión fue aceptada por todos. No obstante, el relato más completo y el que obtuvo mayor popularidad aparece en la *Teogonía*, de Hesíodo, compuesta en el siglo VIII a. C. *(véase recuadro en la p. siguiente)*. Se trata de la primera tentativa importante de trazar un árbol genealógico del panteón griego a partir de las numerosas creencias reinantes. Cosmogonía en igual medida que teogonía, remonta con detalle los antepasados de los dioses olímpicos hasta la creación del mundo, que surge del caos, y los Órficos, seguidores de un culto místico denominado orfismo, ofrecían un relato alternativo sobre los orígenes del mundo, más abstracto y de carácter más filosófico que el de Hesíodo y, por consiguiente, con un atractivo popular mucho menor. Comienza con Crono («tiempo», reinterpretación órfica del nombre Kronos), acompañado por Adrastea («necesidad»). De Crono surgieron Éter, Érebo y Caos («aire superior», «oscuridad» y «el vacío primordial»). En Éter, Crono forma un huevo del que nace Fanes, creador de todo, una deidad bisexual con alas doradas y cuatro ojos. Fanes recibe muchos nombres, Eros entre ellos, y tiene una hija, Noche, que es su consorte y concibe a Gea y a Urano. Cuando Zeus asume el poder vuelve a crearlo todo, se traga a Fanes, copula con Core (Perséfone) y de esta unión nace Zagre-Dioniso.

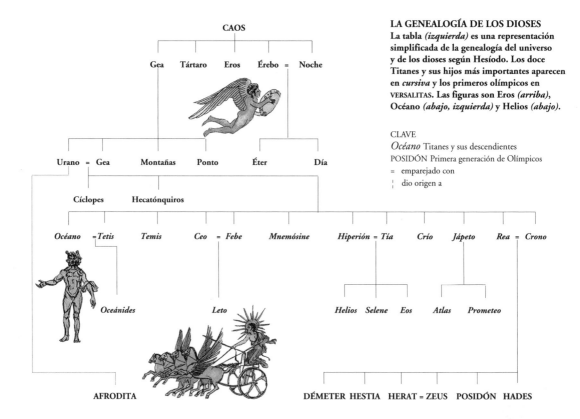

LA GENEALOGÍA DE LOS DIOSES
La tabla *(izquierda)* es una representación simplificada de la genealogía del universo y de los dioses según Hesíodo. Los doce Titanes y sus hijos más importantes aparecen en *cursiva* y los primeros olímpicos en VERSALITAS. Las figuras son Eros *(arriba)*, Océano *(abajo, izquierda)* y Helios *(abajo)*.

CLAVE
Océano Titanes y sus descendientes
POSIDÓN Primera generación de Olímpicos
= emparejado con
⁝ dio origen a

Los antepasados de los dioses

La Teogonía de Hesíodo se inicia con una sencilla frase: «Al principio de todo, Caos cobró vida», pero no queda claro si Caos (el vacío primordial) se concibe como una divinidad. Después de Caos (quizá como hijos, pero también resulta ambiguo) aparecieron Gea o Ge (la tierra), Tártaro (el infierno), Eros (el deseo), Érebo (las tinieblas del infierno) y Noche (las tinieblas de la tierra). Noche copuló con Érebo y nació Éter (el éter, o luminoso aire superior) y Día (la claridad del mundo).

Gea parió ella sola a Urano (el cielo), «para que la cubriese y la rodease por completo y fuera hogar seguro y eterno para los bienaventurados dioses» y a continuación a las Montañas y al Ponto (el mar). Copuló con Urano y nacieron las primeras divinidades: doce poderosos Titanes (seis varones y seis mujeres, las Titánides) tres Cíclopes, llamados Brontes («Trueno»), Estéropes («Relámpago») y Arges («Brillantez») y tres monstruos con cien manos cada uno, los Hecatónquiros, llamados Coto, Briareo y Giges. Urano quedó horrorizado con sus retoños y los encerró en las entrañas del mundo, pero en venganza, Gea convenció al Titán más joven, Crono, de que castrase a su padre y se hiciese con el poder. La sangre de la herida de Urano engendró gigantes, ninfas y a las Furias, mientras que sus genitales cayeron al mar y se convirtieron en espuma blanca, de la que nació Afrodita, diosa del deseo y la sexualidad.

Los Titanes poblaron el mundo de semidioses copulando con ninfas o entre ellas: los hijos de Hiperión y su hermana Tía, por ejemplo, fueron Helios (el sol), Selene (la luna) y Eos (el alba). Otro Titán, Jápeto, se apareó con la Oceánide Clímene, que tuvo cuatro hijos, los más famosos de los cuales fueron Prometeo («Previsor», *véanse pp. 130-131*) y Atlas, quien, tras la derrota de los Titanes, fue condenado por Zeus a sujetar los cielos en el extremo occidental del mundo *(véase p. 149)*: el Atlántico deriva de su nombre. Sus hermanos eran Menecio y Epitemeo («Deseoso»), marido de Pandora *(véase p. 131)*. Cándido y temerario, Epitemeo era la antítesis de Prometeo. Crono tuvo varios hijos con Rea y, como temía que lo derrocasen, se los tragaba en cuanto nacían; pero cuando Rea dio a luz a Zeus engañó a su marido cubriendo una piedra como si se tratara de un niño y Crono se la tragó. Zeus creció y planeó una venganza. Venció en la batalla contra los Titanes, la Titanomaquia, tras haber fortalecido su posición con un truco: Metis, hija del Titán Océano, le sirvió a Crono una bebida que le hizo vomitar a los hermanos y hermanas de Zeus (Posidón, Hades, Hera, Démeter y Hestia), que se sumaron a la causa de Zeus. También le apoyaron los Cíclopes y los Hecatónquiros, a quienes Crono tenía prisioneros y Zeus liberó.

Tras la caída de los Titanes, unos gigantes monstruosos que habían nacido de la sangre de Urano, retaron a Zeus, que dirigió a los dioses en la Gigantomaquia, la batalla contra los Gigantes, de la que salió victorioso, estableciéndose como jefe supremo de los cielos y la tierra. Declaró al Olimpo, el monte más alto del mundo, morada de los dioses vencedores.

HESÍODO, CAMPESINO Y POETA
Hesíodo era un agricultor, rapsoda (recitador profesional de poesía) y escritor sobre temas como ética y teología, que vivió en Ascra, Beocia, hacia el 700 a.C. Se han conservado íntegras dos de sus obras poéticas más importantes, la *Teogonía* y *Los trabajos y los días*, y de otras sólo se conocen fragmentos o los títulos. La *Teogonía* es el resumen y la narración de los mitos reinantes en su época sobre los orígenes del universo y los dioses que lo gobernaban. *Los trabajos y los días* tiene un carácter más práctico y en gran medida se trata de una relación del año agrícola. Sin embargo, en la primera parte Hesíodo aconseja a su hermano Perses que viva según las normas de la justicia y le cuenta numerosos mitos a modo de ilustración.

ORÍGENES DE LA HUMANIDAD

Prometeo, Pandora, Deucalión, Pirra

Vasija de figuras negras de Laconia, Peloponeso, que representa el tormento impuesto por Zeus a Prometeo, atado a un árbol (o a una roca) mientras un águila le picotea el hígado (véase recuadro, página contigua). Su hermano, el Titán Atlas, observa la escena.

NACIDOS DE LA TIERRA

Los atenienses tenían un mito sobre un hombre que nació de la tierra. El dios Hefesto intentó violar a Atenea, que lo rechazó, y entonces él eyaculó sobre un muslo de la diosa. Ésta se limpió el semen con un trozo de lana y lo tiró al suelo, asqueada. Del trozo de lana nació Erectonio, futuro rey de Atenas, que en muchos casos aparece representado en parte como serpiente, por su vinculación con la tierra.

Los tebanos contaban que Cadmo, fundador de Tebas, mató a una gran serpiente en el emplazamiento de la futura ciudad. Cogió los dientes del reptil, los plantó en el suelo y de ellos surgieron hombres armados que lucharon entre sí hasta que sólo quedaron cinco. Se llamaban los Esparti («hombres sembrados»), y de ellos descendían las familias nobles de Tebas.

La mitología griega no ofrece un relato único sobre los orígenes de la raza humana y atribuye la creación de los primeros seres humanos a la tierra (Gea), los Titanes o los Olímpicos. La idea del nacimiento a partir de la tierra misma —«autoctonía»— aparece con frecuencia. Según cierto mito, el primer hombre fue Pelasgo, que brotó del suelo de la Arcadia, en el Peloponeso, y fundó la raza de los pelasgos, antiguo pueblo no griego cuyos descendientes vivían aún en algunas localidades en el siglo V a.C.

Otro mito cuenta que Zeus envió un gran diluvio a la tierra para destruir a la humanidad en castigo por los desmanes del Titán Prometeo *(véase recuadro, página contigua).* Prometeo aconsejó a Deucalión, su hijo, y a la esposa de éste, Pirra, hija de Epitemeo y Pandora, que construyesen un arca para sobrevivir a la catástrofe. Cuando remitieron las aguas, Deucalión y Pirra fueron a Delfos a orar a la Titánide Temis, que, según algunos relatos, era la madre de Prometeo. Temis les dijo que arrojasen por encima del hombro los huesos del ser de quienes ambos descendían. Confusos al principio, después comprendieron que debía de referirse a Gea, la tierra, cuyos huesos eran las piedras del suelo, y al seguir su consejo, cuando aterrizaba cada piedra que tiraban se convertía en un ser humano: las que arrojó Decaulión en hombres y las de Pirra mujeres. Así volvió a crearse la raza humana, con la tierra.

Se cuenta que Deucalión fundó en Atenas un templo en honor de Zeus, cuya ira se había calmado. Según una variante más sencilla de este mito, tras el diluvio la pareja ofreció un sacrificio a Zeus, que así quedó aplacado. Le prometió a Deucalión que le concediera un deseo y éste pidió que se volviese a crear la humanidad.

Los griegos consideraban a Deucalión el antepasado de su nación, el primer rey y fundador de numerosos templos y ciudades. El posterior desarrollo de la humanidad se explicaba con el mito de las eras o razas del hombre, cuya versión más conocida es la de Hesíodo en *Los trabajos y los días*. Según Hesíodo, en la época de Crono, los dioses hicieron a los primeros hombres, la raza de oro, que no estaban sujetos ni a la vejez, ni a la enfermedad, ni al trabajo, porque cogían los frutos de la tierra sin esfuerzo. Todos ellos murieron —no se sabe bien por qué— como si se quedaran dormidos, pero siguieron existiendo en forma de espíritus para proteger a los humanos. A continuación, Zeus y los Olímpicos crearon una raza de plata, que tardó un siglo en madurar; eran arrogantes y violentos y no adoraban a los dioses. Zeus los escondió bajo la tierra, donde también continuaron existiendo como espíritus.

Las tres últimas razas fueron asimismo creación de Zeus. La tercera, la de bronce, descubrió los metales y dio los primeros pasos para construir una civilización, pero acabaron matándose entre sí y pasaron ignominiosamente a los infiernos. A continuación apareció la raza de los héroes (siempre según Hesíodo, pues no todas las versiones incluyen a esta raza), nacidos de madres humanas y padres divinos. Eran mortales valientes de fuerza sobrehumana y al morir iban a las Islas de los Bienaventurados. La quinta raza era la de hierro, los seres humanos modernos, para quienes el mal siempre se mezclaba con el bien y necesitaban trabajar. Según Hesíodo, esta raza desaparecería cuando los niños nacieran grises y los hombres deshonrasen a sus padres, destruyesen las ciudades y alabasen a los malvados.

Prometeo y Pandora

Los mitos de Prometeo y Pandora contribuyeron a explicar las penurias que padece la humanidad. La historia de Pandora, creada después del hombre y origen de muchas desgracias humanas, sirvió para justificar la inferioridad social de la mujer entre los griegos.

Aunque Prometeo no colaboró con los Titanes en su lucha contra Zeus *(véase p. 129)*, lamentaba la derrota de su raza y trató de recuperar la suya ayudando a los hombres, a quienes se trataba como iguales en la época de Crono pero se los consideraba por entonces inferiores a los dioses. (Según cierto relato, el propio Prometeo creó al primer hombre, Fenón, con barro y agua.)

Zeus se enfureció al ver cómo protegía Prometeo a la nueva raza y para vengarse les arrebató el fuego a los humanos, que tuvieron que vivir sin luz ni calor. Prometeo acudió en su ayuda: robó una llama

La creación de Pandora representada en este vaso ático de figuras rojas de comienzos del siglo V a.C. De izquierda a derecha vemos a Zeus, Hermes, Hefesto y Pandora.

de la fragua del dios Hefesto y la ocultó en un tallo de hinojo.

Zeus pidió a Hefesto que modelara a la primera mujer, Pandora, con tierra. Después de que Atenea y las demás diosas la hubieran adornado con belleza, delicadeza y encanto y de que Hermes le hubiera enseñado las artes del engaño, la enviaron con una jarra («la caja de Pandora») a modo de regalo al hermano de Prometeo, Epitemeo, que la presentó en sociedad. Pandora abrió la jarra y soltó lo que contenía, el mal y la enfermedad y solo quedó dentro la esperanza.

Tras haber castigado a los seres humanos, Zeus ató a Prometeo a una roca y envió a un águila para que le picoteara el hígado. Cada vez que el ave le arrancaba aquel órgano, volvía a crecer y el tormento se iniciaba de nuevo *(véase ilustración, página anterior)*. La tortura de Prometeo se prolongó durante milenios, hasta que lo liberó Heracles.

ZEUS

El rey de los dioses

Zeus accedió al poder gracias a una mezcla de violencia y estratagemas *(véase página 129)* y, una vez establecido, su dominio fue permanente e incontrovertible. Consideraba los cielos su territorio privado (al parecer, su nombre deriva de una antigua raíz que significa cielo, circunstancia de la que se desprende que en principio era un dios del cielo), mientras que sus hermanos Posidón y Hades se convertían en señores del mar y de los infiernos, respectivamente. Según cierta versión del mito, la división de los reinos se decidió echando suertes, pero la supremacía de Zeus nunca se puso en duda. Se casó con Metis («inteligencia astuta») y a continuación se la tragó, a pesar de que le había ayudado a derrotar a Crono, y con la diosa en su interior, nadie podía engañarlo ni manipularlo como había hecho él para obtener el poder.

A continuación, Zeus se casó con Temis («justicia»), diosa del orden fijo, y con ella tuvo a las Parcas, las estaciones, el buen orden, la justicia y la paz. Por último se casó con Hera, su hermana, y de su unión nacieron Ares (dios de la guerra), Hebe («juventud»), Ilitía (diosa de los partos) y, según ciertas versiones, Hefesto (el dios-artesano). Engendró a las demás divinidades del Olimpo, salvo Afrodita, en otras relaciones sexuales.

Existen numerosos mitos sobre las relaciones del dios con mujeres divinas (y también con hombres), muchas de las cuales sirven de telón de fondo a su tempestuoso matrimonio con Hera *(véase margen izquierdo, abajo y p. siguiente)*. En realidad, muy pocas historias sobre Zeus y Hera no están directamente relacionadas con su tormentosa relación, una de las principales fuentes de conflicto en la mitología griega. Suele retratarse a la diosa como una figura amargada que persigue continuamente a las parejas y los hijos adúlteros de Zeus, casi sin excepción. Sin embargo, la persecución no siempre es unilateral. En un mito, Zeus se enfada tanto con Hera que le ata un yunque a cada tobillo y la cuelga del monte Olimpo. Homero describe con frecuencia los conflictos de Hera y Zeus, muchas veces en tono jocoso e irónico. Pero a pesar de las aventuras extramaritales de Zeus y de los celos y la cólera de Hera, su denominado Matrimonio Sagrado simboliza la importancia del vínculo matrimonial en la cultura griega.

Zeus representaba el poder supremo en el Olimpo. Presidía el consejo de los dioses y su autoridad y sus designios determinaban el curso de todas las cosas. La grandiosa estatua de Zeus en Olimpia, de oro, marfil y mármol *(véase p. 125)* era una de las siete maravillas del mundo. Con una altura de unos doce metros, la escultura encarnaba el temible poder del dios. En el mundo humano, Zeus garantizaba el poder de los reyes y la autoridad de las leyes de una ciudad y era asimismo guardián del orden social. Entre sus múltiples manifestaciones destacan Zeus Xenios (defensor de la «amistad con los huéspedes», las corteses relaciones sociales entre familias y ciudades), Zeus Hikesios (protector de quienes se acogían a sagrado) y Zeus Horkios (protector del carácter sagrado de los juramentos). Los símbolos de su poder son el rayo y el relámpago, como corresponde al dios de los cielos, y el águila, rey de las aves. A veces se le representa con un cetro, signo del poder real, o con un rayo.

Cleantes (h. 330-h. 232 a. C.), que encabezó la escuela filosófica del estoicismo desde el 263 a. C., presentaba a Zeus de una forma más abstracta, considerándolo el éter esencial del universo viviente. En su obra más destacada, el *Himno a Zeur,* Cleantes denomina al dios «señor del universo», y dice: «Nada se produce sin ti, ni en la tierra ni en los cielos ni en el mar».

Estatua de bronce de tamaño mayor que el natural, casi con toda certeza de Zeus, fechada en h. 450 a. C. y hallada en el mar, frente a Sicilia. Seguramente empuñaba un rayo.

HERA
Hera, hermana y esposa de Zeus, es una figura fundamental en el panteón griego por derecho propio, si bien pocos relatos sobre ella no están relacionados con su turbulento matrimonio con Zeus. Había varios templos importantes consagrados a esta diosa, especialmente vinculada con la fertilidad y la santidad del matrimonio. El más famoso era el Hereon de Argos, en el Peloponeso.

LAS PAREJAS DE ZEUS

Consortes humanos y divinos

La mitología griega atribuye a Zeus una serie de aventuras amorosas con parejas humanas y divinas. A veces, por razones prácticas o para evitar la intervención de su celosa esposa, Hera, se veía obligado a adoptar formas distintas, como la de un animal, con el fin de aproximarse al objeto de su deseo. De todos modos, no podía presentarse ante los mortales en todo su divino esplendor porque la visión resultaba tan abrumadora que conllevaba la muerte instantánea, suerte que corrió Sémele, por ejemplo. A continuación ofrecemos una lista de las relaciones más importantes de Zeus, *que continúa en la página 135*: las tres primeras parejas son divinas, las demás humanas *(véase asimismo la tabla de la p. 134)*.

Metis

Zeus se casó con la Titánide Metis inmediatamente después de acceder al poder y la dejó embarazada. Gea y Urano habían profetizado que Metis tendría hijos extraordinarios: una diosa, Atenea, que igualaría a Zeus en sabiduría, y un hijo que sería rey de los dioses y de los hombres. Para evitar que nacieran, Zeus se tragó a Metis, y si bien el hijo no llegó a ser concebido, Atenea sí nació, con todas sus armas, de la cabeza de su padre.

Leto

Hija de los Titanes Ceo y Febe, Leto copuló con Zeus y concibió gemelos divinos, Artemisa y Apolo. Artemisa nació en Ortigia, pero Leto se vio obligada a viajar por el mundo, transida de dolor, en busca de un lugar para dar a luz a Apolo. Celosa, Hera impidió a su hija Ilitía, diosa de los partos, que oyese los lamentos de Leto, y sólo le permitió asistir al nacimiento cuando los habitantes de Delos,

GANIMEDES
No todas las parejas de Zeus eran mujeres: también se acostó con Ganimedes, hijo de Tros, rey de Troya, y célebre por su belleza. Zeus quedó fascinado por el joven y decidió raptarlo, para lo cual envió un águila que recogió a Ganimedes de la llanura troyana y lo llevó al monte Olimpo, donde ocupó el cargo de copero de los dioses. Según otra versión del mito, Zeus se transforma en águila y apresa a Ganimedes. Las figuritas de terracota fechadas h. 450 a.C., de un tejado de Olimpia, representan a Zeus llevando al joven.

La diosa Atenea brota, con todas sus armas, de la cabeza de Zeus. Según ciertas versiones, el dios-herrero Hefesto la ayudó a nacer abriendo la cabeza del dios con un hacha. Ánfora ática de figuras negras, h. 540 a.C.

Consortes e hijos de Zeus

En esta tabla, los consortes de Zeus aparecen en **negrita** y los hijos en *cursiva*.

CONSORTES DIVINOS

Hera, esposa y hermana de Zeus.
Ares, dios de la guerra, que copuló con Afrodita y apoyó a los troyanos contra los griegos *(véase p. 158).*
Hebe, diosa del juventud, copera de los dioses y esposa celestial de Heracles.
Ilitía, diosa de los partos. Hera le ordenó que intentase evitar el nacimiento de los hijos de Zeus con otras consortes.

Metis, hija de Océano y de Tetis *(véase p. anterior).*
Atenea, diosa de la sabiduría y de los héroes, que nació adulta de la cabeza de Zeus y con todas sus armas.

Temis, diosa de la tierra y Titánide, hija de Urano y Gea.
Las *Horas* (estaciones), las *Moiras* (Parcas), *Eunomía* («orden»), («justicia») e *Irene* («paz»), divinidades femeninas que gobiernan los destinos humanos y divinos. Se representa a las Parcas como tres mujeres: *Cloto,* que teje el hilo de la vida; *Láquesis,* que lo enrolla, y *Átropo,* que lo corta. En algunos casos, se las considera hijas de la Noche.

Eurínome, ninfa del mar, con forma de mujer y cola de pez.
Las *Tres Gracias* o *Cárites,* divinas sirvientas de Afrodita: *Áglae* («esplendor»), *Talía* («alegría») y *Eufrósine* («alborozo»).

Démeter, diosa de los cultivos y de la tierra y hermana de Zeus.
Perséfone, deidad pregriega en sus orígenes *(véase p. 142),* fue raptada por Hades para que fuera señora de los infiernos.

Mnemósine («memoria»), Titánide

Hera con todas sus armas, imagen tomada de un ánfora.

hija de Urano y Gea.
Las *Musas,* nueve divinidades de las artes, la historia y la astronomía.

Leto, una de las Titánides *(véase página 133).*
Apolo, gran dios de la profecía, la música, el tiro con arco y la medicina.
Artemisa, diosa de la caza, los bosques y los animales salvajes, la virginidad, los partos y las enfermedades femeninas.

Maya, *(véase p. siguiente),* hija del Titán Atlas.
Hermes, mensajero de los dioses.

Tetis, ninfa del mar. Según la profecía, tendría un hijo más importante que su padre y Zeus se la cedió a Peleo, rey de Tesalia, con quien tuvo al gran héroe Aquiles *(véase p. 158).*

CONSORTES HUMANOS

Ío, hija de Ínaco, primer rey de

Argos *(véase p. 165).*
Épafo, rey de Egipto y África.

Europa, princesa fenicia *(véase margen, p. siguiente).*
Minos, que poseía el monstruoso Minotauro y el Laberinto *(véanse páginas. 150-151).*
Radamantis, quien, al igual que Minos, era juez de los muertos en los infiernos.

Sémele, hija de Cadmo, fundador de Tebas *(véase p. 135).*
Dioniso, dios olímpico *(véase página 140).*

Dánae, princesa de Argos *(véase página 135).*
Perseo, héroe que mató a la Gorgona Medusa y salvó a Andrómeda de ser devorada por un monstruo marino *(véase p. 156).*

Leda, princesa de Esparta *(véase página siguiente).*
Cástor y *Polideuces,* gemelos semidivinos. Se los conoce como los Dioscuros, *Dios kuri* («hijos de Zeus») en griego.
Helena, cuya fuga con Paris provocó la guerra de Troya.
Clitemnestra, esposa y asesina de Agamenón, rey de Argos, que dirigió a los griegos contra los troyanos.

Antíope, princesa tebana a quien Zeus visitó en forma de sátiro.
Zeto y *Anfión,* constructores de los muros de Tebas y reyes conjuntos de esta ciudad.

Alcmena, reina de Tiro *(véase página 135).*
Heracles («gloria de Hera»), el héroe griego más importante *(véase página 148),* perseguido por Hera toda su vida.

Ganimedes, hermoso joven troyano *(véase p. 133).*

una isla del Egeo, accedieron a que Apolo viniera al mundo en su suelo. Por eso Delos se convirtió en uno de los principales centros de culto a Apolo *(véase p. 138)*.

Maya

Maya era hija del Titán Atlas *(véase p. 129)* y una de las Pléyades, siete ninfas a las que Zeus transformaría en estrellas más adelante. Vivía en una cueva oculta, lo que permitió a Zeus realizar su deseo sin despertar las sospechas de Hera. No se sabe nada más de Maya, salvo que de ella nació el dios Hermes.

Alcmena

Alcmena *(véase ilustración, abajo, derecha)* estaba casada con Anfitrión, rey de Tirinto, quien, al igual que ella, era descendiente del héroe Perseo. Cuando Anfitrión se fue a la guerra, Zeus visitó a Alcmena adoptando la forma de su marido un día antes de que éste regresara. El dios prolongó la noche el triple de su duración normal para ampliar su placer, y cuando volvió Anfitrión le decepcionó la falta de ardor de su esposa, mientras que a ella le sorprendió que su marido pareciese haber olvidado los excesos de la noche anterior. Ambos acabaron por saber la verdad por boca del profeta Tiresias, ciego y andrógino.

Alcmena tuvo gemelos. El mayor, hijo de Zeus, era Heracles, el más importante de los héroes, y el menor, de Anfitrión, Íficles, cuyo hijo, Yolao, ayudaría a Heracles a matar a la Hidra de Lerna *(véase p. 149)*.

Dánae

Un oráculo le dijo a Acrisio, rey de Argos, que le mataría un hijo de su hija Dánae, y el rey la encerró en una torre o cámara de bronce de su casa. Zeus entró allí en forma de lluvia de oro y copuló con Dánae, que concibió y dio a luz a Perseo, a quien ocultó en la cámara para protegerlo de Acrisio. Pasados cuatro años, el rey descubrió la verdad y encerró a su hija y a su nieto en un cofre, que arrojó al mar; pero el cofre fue arrastrado hasta la orilla, y tras múltiples aventuras *(véase página 156)*, Dánae y Perseo regresaron a Argos. Un día, cuando participaba en unos juegos, Perseo lanzó un disco que golpeó y mató a Acrisio, cumpliéndose así la predicción del oráculo.

Leda

Leda estaba casada con Tindáreo, rey de Esparta. Zeus fue a verla en forma de cisne, y al cabo del tiempo Leda puso dos huevos, de los que nacieron cuatro niños. De unos surgieron Polideuces, más conocido por su nombre latino, Pólux, y Helena, y del otro Cástor y Clitemnestra. Cástor y Polideuces, que aparecen juntos en casi todos los mitos, formaron parte de la tripulación del *Argo* encabezada por Jasón que fue en busca del Vellocino de Oro *(véase p. 154)*. Clitemnestra se casó con Agamenón, rey de Argos, y Helena con el hermano de éste, Menelao, rey de Esparta. Ambas desempeñan papeles importantes en la guerra de Troya y sus consecuencias: la fuga de Helena con el príncipe troyano Paris precipitó la guerra *(véase p. 157)* y Clitemnestra fue responsable del asesinato de su marido a su triunfal regreso de la batalla *(véase p. 161)*.

Sémele

Zeus tubo una aventura, disfrazado de mortal, con Sémele, hija de Cadmo, fundador de Tebas. Celosa, Hera se disfrazó de anciana y persuadió a Sémele de que convenciera a su amante de que se presentara ante ella en todo su esplendor. Zeus accedió, de mala gana y consciente de que verle a bordo de su carro celestial, rodeado de rayos y relámpagos, resultaría excesivo para cualquier mortal: la desgraciada Sémele quedó reducida a cenizas, de las que Zeus rescató a su hijo nonato, Dioniso *(véase p. 140)*.

EUROPA Y EL TORO

El mito de la relación de Zeus con Europa, la bella hija del rey Agenor o, según otras versiones, de Fénix, rey de Fenicia, es casi con toda certeza de origen cretense, como se desprende de su localización (Creta) y de su vinculación con la historia del rey Minos.

Un día, Zeus adoptó la forma de toro blanco y se aproximó a Europa, que estaba cogiendo flores con sus amigas en un prado cercano al mar. La dulzura y la hermosura del animal vencieron sus temores y sintió la tentación de sentarse en su lomo. El toro llegó a la orilla del mar, se adentró en las aguas y se puso a nadar, llevándose a la indefensa Europa. Al llegar cerca de Gortina, Creta, Zeus se transformó en águila y copuló con la muchacha, quien más adelante se casó con el rey cretense, Asterio, que adoptó a los hijos de Zeus y Europa: Minos, Radamantis y, según algunas versiones, Sarpedón.

Entre tanto, los hermanos de Europa la buscaban infructuosamente. Uno de ellos, Cadmo, acabó en Beocia, en el continente, y fue el primer rey de Tebas *(véase p. 130)*.

La vasija, pintada por Pitón h. 330 a.C., muestra a Alcmena, amante involuntaria de Zeus, a punto de ser sacrificada en una pira por el celoso Anfitrión, en la versión del mito de Eurípides. La pira se apaga en el último momento gracias a la intervención de las diosas del Olimpo.

ATENEA

La diosa virgen

Estatua de mármol de h. 350 a.C. que representa a Atenea como portadora de la paz. La diosa no lleva armas; sólo el casco y la égida o coraza.

Moneda de plata ateniense de cuatro dracmas con la lechuza, símbolo de la sabiduría de Atenea, y las letras «ΑΘΕ» (AZE), abreviatura de Atenea (Aziná en griego) y de Atenas (Azína).

Una de las diosas más poderosas del panteón griego es Atenea, que nació de la cabeza de Zeus con todas sus armas, razón por la que se la suele representar con armadura y casco, lanza y escudo. También aparece con la égida, especie de peto o coraza adornado con la cabeza de la Gorgona Medusa que le dio el héroe Perseo *(véase p. 156)*. En calidad de figura militar y gran consejera, Atenea era reverenciada por los reyes, y en muchos casos se la asociaba con la fundación de la acrópolis o ciudadela de una ciudad, donde generalmente se encontraba el palacio real. Era asimismo protectora de héroes y sentía predilección por Odiseo, debido a sus cualidades de sabiduría, astucia y maña, muy semejantes a las suyas. El héroe fabricó con su ayuda el caballo de madera con el que fue capturada Troya, y la diosa también ayudó a Heracles y a Perseo en sus aventuras.

Se rendía culto a Atenea como defensora de ciudades, sobre todo de Atenas, de la que era protectora y constituía el centro de su culto. Según el mito, Posidón y ella se pelearon por la protección de la ciudad y del Ática, la región circundante, y los atenienses propusieron a los dos Olímpicos que cada uno de ellos inventara un regalo práctico para Atenas y que el mejor sería recompensado con el título de protector de la ciudad. Posidón golpeó la Acrópolis con su tridente y del punto en el que había golpeado brotó una fuente de agua salada (según otra versión, el primer caballo). Después, Atenea tocó la Acrópolis con su lanza y produjo el olivo, fuente del aceite para iluminar, cocinar y perfumarse. Encantados con el invento de Atenea, los atenienses (o, en otras versiones, su primer rey, Cécrope), la eligieron como protectora, y para aplacar a Posidón, que inundó la llanura que rodeaba la ciudad en venganza por haber perdido la competición, decidieron rendirle culto también a él en Atenas. En la época clásica se mostraba a los visitantes de la Acrópolis el olivo sagrado y la supuesta señal dejada por el tridente de Posidón.

Como podría desprenderse de su insólita forma de nacer, se asociaba especialmente a Atenea con las actividades de la cabeza: rivalizaba con Zeus, su padre, en cuanto a sabiduría, y con su madre, Metis, en cuanto a «inteligencia astuta». Uno de sus símbolos era la lechuza, la más inteligente de las aves. Al igual que Hefesto, era protectora de los oficios, como la construcción de barcos y carros, y de actividades domésticas tradicionalmente femeninas como hilar y tejer, pero a pesar de su vinculación con estas artes propias de mujeres casadas era una diosa virgen, soltera. Se le atribuía asimismo la invención del torno de alfarero, de las primeras vasijas y de la flauta. Le encantaba el sonido de este instrumento, que según se contaba, se inspiró en los lamentos de las demás Gorgonas tras la muerte de Medusa, si bien en otro mito se asegura que la flauta imita el extraño silbido que emitió Medusa cuando le cortaron el cuello. Pero un día, mientras tocaba la flauta, Atenea vio el reflejo de sus facciones distorsionadas y arrojó disgustada el instrumento, maldiciendo a quien lo recogiese, y la maldición recayó sobre el sátiro Marsias *(véase p. 138)*.

Atenea recibía los títulos de Palas (término que probablemente significa «muchacha», referencia a su virginidad) y Tritogenia («nacida de Tritón», un arroyo de Creta cercano al lugar en el que supuestamente vino al mundo) y se la conocía como *glaucópide* («de ojos brillantes»). Entre las múltiples ceremonias en honor de Atenea, la más famosa eran las Panateneas atenienses *(véase p. 126)*, en el transcurso de las cuales los habitantes de esta ciudad ofrecían una túnica sagrada *(peplos)* a su estatua del Partenón.

POSIDÓN

El dios del mar

Posidón, hermano de Zeus, es un dios temible y violento a quien se asocia con múltiples fuerzas elementales de la naturaleza. Gobierna el mar, sobre todo las tempestades y el mal tiempo, y por lo general lleva un tridente, que se asemeja al arpón de pescador. Preside además los terremotos y a menudo se le adjudica el título de Enosigeo («el que agita la Tierra»). Podía partir la tierra y las montañas con un golpe de su tridente, como hiciera cuando los Olímpicos se enfrentaron a los Gigantes *(véase p. 129)*. En el arte, sus representaciones se asemejan a las de Zeus en cuanto a aspecto y postura, salvo que empuña el tridente en lugar del rayo.

La competición por Atenas *(véase p. anterior)* es uno de los numerosos mitos en el que Posidón aparece enfrentado a Atenea. En el relato de Odiseo, la diosa apoya al guerrero, pero el dios lo obliga a vagar por los mares. Otro mito cuenta que Posidón adoptó la forma de caballo (un ave según otras versiones) para copular con la Gorgona Medusa en un templo consagrado a Atenea, quien se enfureció tanto ante semejante sacrilegio que transformó en serpientes la cabellera de Medusa. Cuando el héroe Perseo le cortó la cabeza a Medusa *(véase p. 156)*, de su sangre surgieron los frutos de su unión con Posidón, el caballo alado Pegaso y un niño llamado Crisaor, a través del cual Posidón fue antepasado de algunos de los monstruos más famosos de la mitología griega: la Equidna y sus descendientes, Cerbero, la Quimera, la Hidra y la Esfinge *(véase p. 147)*, y el león de Nemea *(véase p. 149)*.

La turbulenta vida amorosa de Posidón desembocó en otra serie de monstruos y seres y divinidades marinos. Se casó con la ninfa del mar Anfítrite —una Nereida o una Oceánide—, con la que tuvo un hijo, Tritón, hombre de cintura para arriba y pez de cintura para abajo (una concha representa a Tritón). Pero, al igual que Zeus, Posidón engendró a la mayoría de sus hijos en relaciones extraconyugales. Con Gea tuvo a Anteo, un gigante al que combatió y mató Heracles, y Caribdis, monstruo marino que vomitaba agua tres veces al día y ponía los barcos en peligro. Cuando Posidón empezó a insinuarse a Escila, una hermosa ninfa, Anfítrite, movida por los celos, tiró unas plantas mágicas al agua en la que se bañaba la ninfa, quien se transformó en un monstruo con cabeza canina que, al igual que Caribdis, suponía una amenaza para los navegantes.

Entre los símbolos de Posidón figuran el tridente, el toro (que posiblemente representa su agresividad) y el caballo (el mito cuenta que creó el primer caballo para los atenienses y se le conocía por el nombre ritual de Domador de Caballos). Se le rendía culto en numerosos templos, el mejor conservado de los cuales se alza en un hermoso acantilado que se asoma al mar en Sunio, al sur de Ática.

Además de Posidón, existían otras muchas deidades acuáticas. Gea hizo el Ponto (el Mar) en la primera fase de la creación, y dos Titanes, Océano (Océano era un gran río que, según creían los griegos, rodeaba al mundo) y Tetis, crearon a las Oceánides o ninfas del mar. Ponto y Gea engendraron a Nereo, el «Viejo del Mar», que poseía el don de la profecía y tuvo con Doris a las Nereidas, cincuenta ninfas del mar entre las que se cuentan Tetis, madre de Aquiles, y Galatea, amada por el cíclope Polifemo.

Posidón, con el tridente y un pez, en un vaso de figuras rojas de finales del siglo VI a.C. pintado por Oltos.

Fragmento de vaso con Posidón (derecha) y Anfítrite. El delfín representa a Delfine, uno de los seguidores de Posidón.

APOLO

El dios radiante

Apolo, patrón de la música, tocando la cítara. Stamnos (jarra de vino) de figuras rojas, h. siglo V a. C.

Según el mito, Apolo era hijo de Leto y Zeus y hermano gemelo de la diosa Artemisa. Nació en Delos, emplazamiento de la celebración más importante de su culto, razón por la cual también se le conoce como Apolo Délico. El otro emplazamiento más importante del culto apolíneo era Delfos *(véase recuadro, abajo)*. Su abuela era la Titánide Febe y en ocasiones se le denomina con la forma masculina de este término, Febo («Radiante»). En época posterior empezaría a asociársele con la luz y el sol.

Apolo posee una de las gamas más amplias de atributos divinos y su representación más extendida es la de un joven muy apuesto. Protector del tiro con arco, sus flechas llevaban enfermedad y calamidades a los humanos pero, paradójicamente, también era protector de la medicina y padre de Asclepio, el más grande de los médicos míticos. Protector asimismo de la música y de las artes, suele aparecer con una lira *(véase ilustración, izquierda)*. Según cierto mito, el sátiro Marsias recogió la flauta que había maldecido Atenea *(véase p. 136)* y se atrevió a desafiar a Apolo a una competición musical. Al igual que la mayoría de los Olímpicos, Apolo detestaba que se pusiera en entredicho su poder, y cuando Marsias perdió, el dios ordenó que lo desollaran vivo por su insolencia.

Apolo vivió numerosas aventuras amorosas, la mayoría de las cuales acabaron trágicamente. Casandra, hija del rey Príamo de Troya, accedió a entregarse al dios, quien en compensación le prometió el don de la profecía, pero como la muchacha no cumplió su palabra, Apolo añadió a su don el detalle de que nunca la creyeran.

Delfos, centro del mundo

*U*n mito cuenta que Zeus soltó dos águilas desde extremos opuestos de la tierra para que descubriesen el centro exacto del mundo. Se reunieron en Delfos, que pasó a ser uno de los lugares de culto más importantes para los griegos y principalmente santuario de Apolo.

Zeus señaló el punto de Delfos en el que se encontraron las águilas con una gran piedra llamada *ónfalos* («ombligo»), protegida por una serpiente monstruosa, Pitón. Apolo estableció allí su santuario y mató a Pitón, acto por el que cumplió penitencia en Tesalia durante nueve años, transcurridos los cuales regresó a Delfos. Al oráculo que fundó en el lugar acudían a consultar ciudades e individuos y sus profecías aparecen en los mitos y en la historia. En el templo del oráculo había una sacerdotisa, la Pitia (de Pitón, por lo que encontramos

Consulta al oráculo de Delfos. Temis («ley fijada») sentada en el trípode (izquierda). De un vaso de figuras rojas, h. 440 a. C.

con frecuencia el epíteto «Pítico» aplicado a Apolo), que hacía profecías sentada en un trípode en respuesta a las preguntas de los visitantes. Hablaba en tono frenético, como enloquecida, y los sacerdotes transcribían sus palabras en verso o prosa. Los griegos creían que sus predicciones siempre se cumplían, si bien al principio podían interpretarse erróneamente.

Delfos era la sede de los Juegos Píticos, gran acontecimiento deportivo instituido por Apolo que se celebraba en honor del dios cada cuatro años. Tenía lugar el tercer año de la Olimpiada, el intervalo de cuatro años entre los festivales atléticos más famosos en honor de Zeus, en Olimpia. El período que distanciaba unos Juegos Píticos de los siguientes se denominaba Pitiada.

ARTEMISA

La casta diosa de la caza

Artemisa desempeña numerosas funciones en la mitología griega, al igual que Apolo, su hermano gemelo. Como diosa virgen, protegía encarnizadamente su castidad y las de sus compañeras *(véase recuadro, abajo)*. Era diosa de la caza y correteaba por los bosques con sus sirvientas. Aunque mataba animales, era también la protectora divina de los seres jóvenes y, en una contradicción similar, protegía a las parturientas como diosa del parto pero también enviaba la muerte y la enfermedad a las mujeres.

Artemisa aparece representada con un arco, al igual que Apolo, como una joven con vestimenta de cazadora, a veces rodeada de animales jóvenes o tocada con cuernos en forma de media luna, pues se la asociaba con nuestro satélite, del mismo modo que se asociaba a Apolo con el sol. Muchos de sus numerosos cultos estaban vinculados a los momentos de tránsito femeninos, como el nacimiento, la pubertad y la muerte. Al llegar a la pubertad, las muchachas atenienses nobles se sometían a los ritos de iniciación artémicos en Brauron, a pocos kilómetros de Atenas, donde las llamaban «osas», pues este animal era un símbolo de la diosa.

IFIGENIA
Se asocia a Artemisa con el sacrificio de Ifigenia en Áulide, donde se reunió la expedición griega contra Troya *(véase página 157)*. Agamenón, jefe de los griegos, provocó la cólera de Artemisa, o por haber matado un ciervo en el bosque sagrado de la diosa o por jactarse de ser mejor cazador que ella. Enfurecida, Artemisa detuvo los vientos y exigió el sacrificio de Ifigenia, la hija virgen del rey, anes de que partiese la flota. Agamenón accedió, pero (según cierta versión), en el último momento Ifigenia fue sustituida por un ciervo y se la llevaron misteriosamente a Táuride para que fuera sacerdotisa de Artemisa.

La ira de Artemisa

*C*omo Atenea, Artemisa era virgen, y si la veían los mortales o alguien impedía que preservase su castidad se cobraba una terrible venganza.

Acteón, que era cazador, se perdió en los bosques y fue a parar inadvertidamente al estanque en el que se bañaba Artemisa, quien se enfureció porque la hubiera visto desnuda y transformó a Acteón en ciervo. Sus propios perros lo acosaron y lo despedazaron.

Calisto era una de las ninfas que servían a Artemisa. Una noche dormía sola, agotada tras la caza, y Zeus la violó. Calisto trató de ocultar a Artemisa que había perdido su virginidad, pero al cabo de unos meses la diosa vio que estaba embarazada mientras se bañaban. Encolerizada, expulsó a Calisto, dejándola expuesta a los celos de Hera. Cuando la ninfa dio a luz a Arcas,

Artemisa y su hermano Apolo dan muerte a los Nióbides. Su afligida madre, Níobe, pidió a Zeus que la transformase en estatua de mármol, que siguió derramando lágrimas.

Hera descubrió la infidelidad de su marido, Zeus, y transformó a Calisto en osa. Arcas la mató con una flecha y se convirtió en la constelación Ursa Major, la Osa Mayor.

Níobe, esposa de Anfión, rey de Tebas, era hija de Tántalo *(véase p. 146)* y nieta del Titán Atlas. Tuvo siete hijos y siete hijas (los Nióbides) y se jactaba de ser mucho más afortunada que Leto, madre de Artemisa y Apolo, que sólo tenía dos hijos. Enfurecida, Leto envió a sus hijos para que castigaran a Níobe: Artemisa mató con sus flechas a las siete muchachas y Apolo a los siete muchachos.

Orión, gran cazador, intentó violar a Artemisa, quien produjo un escorpión de la tierra que mató a Orión y a su perro. Después, Orión se transformó en constelación y su perro en la estrella Sirio.

DIONISO

El dios del vino y de los estados alterados

PENTEO

Eurípides narra en *Las bacantes* una dramática historia en la que Penteo se opone a Dioniso. Penteo, hijo de Cadmo, rey de Tebas, descubre que todas las mujeres han abandonado sus hogares para entregarse al éxtasis en las montañas, siguiendo a un «extranjero oriental» que asegura ser portador del nuevo culto de Dioniso. Penteo ordena que se capture al extranjero (en realidad Dioniso disfrazado), pero éste escapa fácilmente. Poseído por el dios y vestido de mujer, Penteo va a las montañas para espiar las orgías de las bacantes, pero ellas lo sorprenden y, encabezadas por su propia madre, Ágave, le despedazan. Detalle de una copa de figuras rojas de h. 490 a.C. que representa la muerte de Penteo.

Los antiguos griegos creían que cuando las personas estaban borrachas, actuaban o se sumían en estado de éxtasis religioso, se encontraban en los dominios del dios Dioniso, que presidía la ilusión y los estados alterados de la conciencia. El dios aparecía con frecuencia disfrazado, de animal, por ejemplo (por lo general un león o un toro), o de ser humano (hombre o mujer), razón por la que en ocasiones resulta difícil reconocerle y definirle. Aunque participó en la batalla contra los Titanes *(véase p. 129)*, se le representa en muchos casos con aspecto afeminado y ridículo. Eurípides lo calificaba de «sumamente dulce y sumamente terrible».

También conocido como Baco, Dioniso es el dios del vino en todos sus aspectos. El vino fue siempre una bebida sagrada en Grecia y su consumo constituía un rito: desempeñaba un papel importante en la mayoría de las celebraciones religiosas y había fiestas que señalaban la vendimia y la apertura de nuevos barriles, actividades presididas por Dioniso. Era objeto de un culto místico a cuyos iniciados se les prometía una vida de ultratumba de fiestas y consumo de alcohol ininterrumpidos. Según cierto relato, muy famoso, Dioniso resucitó, circunstancia que explica uno de sus epítetos rituales, «el dos veces nacido». Zeus y Perséfone tuvieron un hijo llamado Zagreo (otro de los nombres de Dioniso). Celosa, Hera instó a los Titanes a que devorasen a la criatura, pero Atenea salvó su corazón y regresó con Zeus. A continuación Sémele, amante de Zeus e hija de Cadmo, rey de Tebas, lo llevó en su seno y cuando murió, Zeus rescató al nonato y se lo cosió a su propio muslo, de donde nació. Por eso Dioniso es el único dios del Olimpo de ascendencia en parte mortal. El lugar exacto en el que nació seguía siendo

Dioniso y los piratas (véase p. siguiente), escena pintada en el fondo de una vasija. El dios, tras hacer que crezcan uvas en el mástil, transforma a los piratas en delfines.

tema de debate incluso en la época de Homero, en la que se situaba en diversos puntos: la isla de Cos, la isla de Ícaro, junto al río Alfeo, en Elis, y Tebas. Tras su nacimiento, Zeus confió a Dioniso al cuidado de las ninfas de Nisa, montaña de situación desconocida que a veces se ubica en Egipto.

Aunque deidad antigua, Dioniso aparecía en ocasiones como un recién llegado que viajó por el mundo concediendo dones a los mortales, exigiendo reconocimiento y castigando a quienes no le aceptaban. Se enfrentó a una fuerte oposición en el transcurso de sus viajes, que, según ciertas versiones, comenzaron «por oriente». Huyendo del rey de Tracia, Licurgo, el dios se arrojó al mar para refugiarse con Tetis, que había sido consorte de Zeus, y los seguidores de Dioniso cegaron y despedazaron a Licurgo. En Argos, las hijas de Proteo se negaron a acoger al dios, quien las enloqueció en castigo. En Orcomenos, las hijas de Minias se negaron a adorar a la nueva deidad y se quedaron en casa, tejiendo. Dioniso adoptó la forma de una muchacha para aconsejarlas que cambiaran de actitud, pero en vano, y también ellas se volvieron locas. En Atenas, en la época del rey Pandión, Dioniso fue recibido por Icario y en señal de agradecimiento regaló el vino a la ciudad. Al sentir sus efectos, los atenienses pensaron que les habían envenenado, se rebelaron contra Icario y lo mataron. Erígone, la hija del rey, encontró su cadáver y, transida de dolor, se ahorcó, tras la cual la peste asoló Atenas y remitió cuando se estableció una festividad en honor de Erígone y de Icario.

Uno de los relatos más pintorescos cuenta la captura del dios por unos piratas: trataron de atarlo, pero los nudos se deshacían continuamente. Como no querían soltarlo, Dioniso obró una serie de prodigios que los dejó pasmados. Hizo que un vino delicioso fluyera alrededor del barco y que sobre él crecieran vides e hiedra; después se transformó en fiero león, los marineros saltaron al mar, aterrorizados, y se convirtieron en delfines *(véase ilustración, p. anterior)*.

Se representa a Dioniso en forma de joven y de adulto barbado, a veces con sátiros y ménades, sus seguidores *(véase recuadro, abajo)*, y presidiendo alguna celebración con una copa de vino.

Sátiros y ménades, seguidores de Dioniso, participando en un rito dionisíaco bajo la influencia del dios. Escena que decora una vasija para beber.

Sátiros, ménades y el teatro

Vasija de figuras rojas de h. 490 a.C., con actores preparándose para representar una obra satírica.

*L*os místicos seguidores de Dioniso eran los sátiros, mitad hombre y mitad cabra con cola de caballo. Sus seguidores, tanto en el mito como en la realidad, se llamaban bacantes («mujeres de Baco») o ménades («mujeres posesas»).

Los sátiros eran adictos al vino, la fiesta y la lujuria, y solía representárselos desnudos, con continua excitación sexual. Perseguían a las ménades, pero también consumaban su deseo con cualquier ser o incluso con objetos inanimados. Las sátiras teatrales atenienses eran comedias subidas de tono que por lo general se representaban después de una tragedia, con un coro de hombres vesti-

dos de sátiro. En Atenas se representaban obras teatrales en dos festivales de Dioniso, las Dionisías y las Lenias. Su culto se caracterizaba por una liberación extática producida por el baile, la música y el vino, y de aquí deriva uno de los epítetos rituales del dios: Lusio («el liberador»).

Las ménades se vestían con pieles de sátiro, se adornaban con guirnaldas de hiedra y llevaban un tirso o cayado adornado en un extremo con una especie de piña. Se reunían en grupos rituales para ir a las montañas, donde se entregaban al canto y el baile en honor del dios hasta el agotamiento. Se decía que eran capaces de descuartizar un animal con las manos desnudas y después comerlo.

DIOSAS DE LA TIERRA

Démeter y Perséfone

Restos de una escultura ateniense de mármol de Core (Perséfone), de h. 510 a.C., con una manzana o granada en la mano.

LOS MISTERIOS DE ELEUSIS

Los misterios de Eleusis, localidad del Ática, constituían el culto mistérico más extendido y conocido del antiguo mundo helénico. A sus iniciados se les prometía una vida de ultratumba especial y sus ritos se han mantenido tan secretos en el transcurso de los siglos que en la actualidad no se sabe con certeza en qué consistían. Cualquiera podía iniciarse en ellos, incluso los esclavos y las mujeres. La fiesta de iniciación mística era un acontecimiento de carácter internacional y todos los años, en septiembre y octubre, se decretaba una tregua de 55 días en cualquier guerra que estuviera desarrollándose con el fin de permitir su celebración. Había grandes procesiones desde Atenas hasta Eleusis y otros ritos. En la fiesta iniciática, que duraba dos días, se representaba el mito de Démeter y Perséfone, se revelaban ciertos objetos sagrados, se oraba y los iniciados ayunaban. Los motivos centrales del culto eran los temas agrícolas de la historia de Démeter.

La diosa Démeter («Madre del Grano» o «Madre Tierra), hija de Crono y de Rea y hermana de Zeus y Hades, protegía los cultivos y la riqueza de la tierra. En los cultos en su honor también intervenía la fecundidad femenina, y probablemente guarda relación con la antigua Diosa Madre.

Su hija Perséfone, a veces llamada simplemente Core («doncella»), era reina de los infiernos, y normalmente se representa a madre e hija juntas.

Las dos figuras se hallan vinculadas en un mito muy importante para los misterios de Eleusis, el culto más importante de iniciación mística en la sociedad griega.

Un día, Perséfone estaba cogiendo flores en un prado con las Océanides, las hijas de Océano y Tetis, cuando Hades la raptó y se la llevó en su carro a los infiernos. Perséfone gritó, pidiendo ayuda a Zeus, pero el dios no la oyó desde su lejano templo, y sólo escucharon sus lamentos Helios, el sol, y Hécate, diosa de la hechicería. Al oír el eco de la voz de su hija en el mar, Démeter se despojó de su tocado y recorrió la tierra durante nueve días sin comer ni dormir, alumbrándose con antorchas. Al décimo día se encontró con Hécate, que la envió a Helios. El sol le contó lo que había ocurrido y culpó a Zeus, quien había dado permiso a Hades para tomar a Perséfone por esposa. Encolerizada y transida de dolor, Démeter se negó a permanecer en el Olimpo y se internó en el mundo de los mortales disfrazada como una anciana cretense, de nombre Doso.

Llegó a Eleusis, donde, a instancias de sus hijas, el bondadoso rey Céleo la contrató como sirvienta de su esposa Metanira, quien reconoció en seguida la nobleza de Démeter y le ofreció asiento y bebida, que la diosa rechazó, prefiriendo quedarse de pie y en silencio hasta que llegó una esclava llamada Yambe, hija de Pan y Eco, y le hizo reír con sus bromas aliviando su pesar. (De aquí procede la poesía «yámbica», caracterizada por la sátira.) Metanira le pidió a Démeter que criase a su hijo Demofonte; la diosa le daba a escondidas ambrosía, el alimento de los dioses, y todas las noches lo colocaba en una hoguera para hacerle inmortal. Una noche la interrumpió Metanira, que gritó horrorizada al ver a su hijo entre las llamas. Démeter se apresuró a retirarlo y reveló su verdadera identidad, pero le dijo a Metanira, enfadada, que Demofonte moriría como cualquier mortal. Ordenó que se establecieran los misterios de Eleusis en su honor y abandonó a sus anfitriones.

De nuevo apenada por la pérdida de Perséfone, Démeter decidió detener las cosechas. Zeus y los demás dioses le rogaron que permitiese que los cultivos creciesen, pero ella se negó y amenazó con matar de inanición a la humanidad si no volvía a ver a su hija. Zeus cedió y envió a Hermes a los infiernos para que recogiese a Perséfone. Hades permitió que Perséfone regresara con su madre, pero antes la convenció de que comiese unos granos de granada, símbolo del vínculo matrimonial indisoluble. Démeter recibió jubilosa a su hija y le preguntó si había comido algo en los infiernos, pues en tal caso tendría que regresar con Hades para siempre. Como había comido los granos de granada, todo parecía indicar que Perséfone estaba perdida, pero intervino Zeus: decretó que Perséfone pasara dos terceras partes del año en el Olimpo y regresara a los infiernos en invierno.

Madre e hija celebraron juntas el acontecimiento y la fecundidad volvió a la tierra. A instancia de Démeter, Triptolemo (en algunos casos asociado con Demofonte), hijo de Céleo, llevó las artes de la agricultura a todos los pueblos del mundo.

ARES Y AFRODITA

Guerra, amor y sexo

Aunque se rendía culto a Ares, dios de la guerra, en todo el mundo griego, existen muy pocos mitos sobre él. Hijo de Zeus y Hera, normalmente se le representa como un guerrero fuerte, incluso brutal, pero en la mitología figura fundamentalmente como amante de Afrodita, gran diosa del amor y del deseo. El nombre de Afrodita significa «Nacida de la espuma»: se creía que surgió de la espuma del mar en el punto en el que habían caído los genitales cortados de Urano *(véase p. 129)*. La llevaron a Citera, en Chipre, donde sus sirvientas, las Gracias y las Estaciones, le pusieron adornos y aceites. Se le solía llamar «amante de la risa» y se la asociaba con todos los aspectos de la sexualidad, el matrimonio y la atracción física. En ocasiones se la representa desnuda y acompañada por Eros, el dios alado del deseo.

Afrodita estaba casada con el dios-artesano Hefesto *(véase* p. 145), pero tuvo varios amantes. La historia de su aventura con Ares se cuenta en *La Odisea*. Helios, el sol, descubrió a Afrodita y Ares juntos y se lo dijo a Hefesto, que fabricó una red prodigiosa, fina como una telaraña y resistente como el diamante, la dejó caer sobre los amantes y los capturó en pleno adulterio. Triunfal, Hefesto convocó a los dioses para que fueran testigos de aquel escándalo, pero ellos se rieron, y Hermes y Apolo comentaron que valía la pena sufrir aquel bochorno con tal de acostarse con Afrodita. Ares quedó libre tras acceder a dar a Hefesto una recompensa, y Afrodita y él abandonaron el lugar, avergonzados.

Otro de los amantes de Afrodita fue Adonis, un cazador joven y guapo. La diosa le previno de los peligros de la caza, pero él siguió yendo a los bosques y un día lo mató un jabalí, que lo corneó en la ingle. Todos los años, en la festividad ateniense de las Tesmoforias, se entonaban cantos rituales de lamento por Adonis.

LOS HIJOS DE AFRODITA
Afrodita tuvo varios hijos en sus numerosas aventuras. Entre los más destacados figuran los siguientes:

ENEAS, hijo del príncipe troyano Anquises, a quien sedujo (y aterrorizó) cuando éste era pastor. La diosa protegió a Eneas en la guerra de Troya, y tras la derrota, el caudillo huyó para fundar Roma *(véanse páginas 172-173)*.

EROS («deseo»), el dios alado que en muchos casos acompaña la imagen de Afrodita. Según algunas versiones, es hijo suyo, pero su ascendencia suponía un gran problema para los griegos. Algunos atribuyen la paternidad a Ares. Normalmente se le representa con arco y flechas.

HERMAFRODITO, hijo de Hermes y Afrodita. Lo amaba Salmacis, una ninfa acuática. Él intentó eludirla, pero cuando se sumergió en el arroyo en el que vivía la ninfa, ésta le abrazó hasta que se fundieron. Mientras agonizaba, rogó que cuantos entrasen en aquel arroyo adquiriesen atributos masculinos y femeninos, y de aquí deriva el término «hermafrodita».

PRÍAPO, dios rústico de la fertilidad que protege los jardines y huertos. Se le representa como un viejo feo con un gran falo erecto. Existen numerosos relatos obscenos y cómicos sobre Príapo, cuya paternidad se atribuye a Hermes, Dioniso, Pan o Zeus.

Figura de terracota que representa el nacimiento de Afiodita, que surge de las olas flanqueada por conchas. Obra del siglo I a. C., de la Magna Grecia, la zona griega del sur de Italia.

CASA, HOGAR Y FUEGO

Hermes, Hestia y Hefesto

Placa de terracota del sur de Italia en la que aparece Hermes, con sombrero y sandalias aladas, como portador de las almas a los infiernos. Sube a un carro en el que espera Afrodita, que dio a luz al hijo de ambos, Hermafrodito (véase p. 143). Eros y Psique tiran del vehículo.

HERMES EL LADRÓN
El *Himno a Hermes* de Homero ofrece un humorístico relato sobre el nacimiento del dios. Hijo de Zeus y Maya, hija del Titán Atlas, nació al alba y a mediodía ya había inventado la lira y aprendido a tocarla. Como dios de los hallazgos casuales, encontró una tortuga a la entrada de la cueva en la que vino al mundo, tendió una piel sobre la concha, confeccionó cuerdas y un puente e inmediatamente ejecutó un himno erótico en honor de sus padres. También el primer día, por la noche, Hermes le robó el ganado a Apolo y condujo las vacas hacia atrás para confundir a su dueño. (Incluso confeccionó calzado especial para que la estratagema resultase más efectiva.) Apolo le dio alcance y lo llevó ante Zeus para que lo castigase. Al principio, Hermes mintió y trató de disculparse con su corta edad; después tocó la lira de tal modo que Apolo la aceptó como regalo y a cambio retiró sus acusaciones. En algunos mitos de época posterior, Apolo y Hermes aparecen juntos, como compañeros.

El dios Hermes y la diosa Hestia aparecen vinculados en muchas ocasiones como protectores conjuntos del hogar. Junto a la puerta de la casa griega se erigía una estatua de Hermes, que supuestamente traía buena suerte (protegía asimismo las ganancias y los hallazgos inesperados). Como se desprende de sus funciones, Hermes no era una figura de estabilidad y permanencia, al contrario que Hestia, sino de movimiento, transición e intercambio, circunstancia que puede apreciarse en las múltiples esferas en las que actuaba. Equivalente del dios romano Mercurio, era el mensajero de los dioses y solía representársele con sandalias aladas, *petasos* o sombrero de viajero, con o sin alas, y cayado de heraldo, que también funcionaba como varita mágica. Era la deidad de los viajeros y la carreteras y en el Ática se colocaba una estatua suya en las encrucijadas. También se le conocía como Psicopompo («el que transporta las almas»), porque escoltaba las almas de los muertos a los infiernos, razón sin duda por la que Zeus lo eligió para que rescatara a Perséfone del Hades *(véase p. 142)*. Muchas veces su cayado aparece adornado con dos serpientes entrelazadas, símbolos de la tierra y de los infiernos.

Hermes representaba la transacción y el intercambio; era el dios del mercado y el protector de los comerciantes… y de los ladrones. Este doble papel, de intercambio lícito e ilícito, se refleja en el lenguaje: era el portador de la palabra divina a los mortales, pero también protegía las comunicaciones taimadas y corruptas, las mentiras, los falsos juramentos y engaños. Cuando en una conversación sobrevenía un silencio repentino (en otras palabras, cuando se interrumpía la comunicación), los antiguos griegos solían decir: «Está pasando Hermes.» Sus dotes comunicativas tuvieron buena aplicación en la más famosa de sus hazañas, la muerte de Argos, el monstruo de cien ojos: lo adormeció contándole cuentos y después lo liquidó, lo que le hizo acreedor a su título más conocido, Argiofonte, «matador de Argos».

Se asociaba a Hestia, diosa virgen del hogar, con la estabilidad, la permanencia y la prosperidad, y por lo general se la representaba como una mujer austera, sentada y cubierta con una túnica. En la tradición mitológica existen pocas narraciones sobre ella, pero revestía gran importancia simbólica y ritual. Presidía el rito en el que se daba nombre y se legitimaba a los niños, el *anfidromion,* en el que se les daba vueltas alrededor del hogar que tenían todas las casas y que constituía el centro del culto a Hestia.

Hefesto, equivalente del dios romano Vulcano, era la deidad del fuego y los volcanes e inventor y constructor divino de cosas mágicas. En la poesía griega se empleaba con frecuencia su nombre con el único significado de «fuego», pero solía representársele como un herrero cojo que forjaba objetos extraordinarios. Presenta un aspecto más benévolo y menos iracundo que la mayoría de los Olímpicos, pero no necesariamente menos apasionados como demuestra su intento de violación de Atenea *(véase p. 130).*

El culto a este dios nació en el Asia Menor y en las islas cercanas, sobre todo en Lemnos, y uno de sus principales santuarios se encontraba en el monte Olimpo de Licia (actual sureste de Turquía), denominado Olimpo Licio para distinguirlo de su homónimo, más célebre. Hefesto aparece en algunos mitos como hijo de Zeus y Hera, pero con más frecuencia se le considera hijo solamente de Hera, que lo concibió sin el concurso masculino en venganza por el nacimiento de Atenea, que surgió de la cabeza de Zeus, sin madre. En algunos relatos, Hefesto nació primero y después asistió al nacimiento de Atenea *(véase margen derecho).* En muchos casos se asocia a ambas deidades como origen de las artes y las técnicas.

Hefesto era cojo, motivo por el que frecuentemente se convertía en blanco de las burlas de los demás dioses del Olimpo. Estaba casado con Afrodita, diosa de la sexualidad, pero tuvo que pagar un alto precio por ser el cónyuge de una deidad tan deseable: que le pusieran frecuentes cuernos, como hizo Ares *(véase p. 143).* Cuando nació, Hera sintió tal vergüenza por el defecto de su hijo que lo arrojó desde los cielos hasta el Océano, el gran río que rodeaba al mundo. Hefesto se vengó enviando a Hera un hermoso trono de oro que él mismo había fabricado y que se aferró a un muslo de la diosa con correas invisibles cuando ella se sentó. Sólo Hefesto podía liberarla, pero se negó a abandonar el Océano a menos que se le permitiera casarse con Afrodita.

Fracasaron todas las tentativas para que Hefesto regresara al Olimpo, hasta que Dioniso lo emborrachó, lo sentó en una mula y lo llevó ante los demás dioses, que lo recibieron muertos de risa. Pero venció el espíritu de reconciliación: Hefesto dejó libre a su madre y le concedieron la mano de Afrodita. El relato del regreso de Hefesto al Olimpo es uno de los episodios sobre el dios más frecuente en la mitología y sirvió de decoración a numerosos vasos griegos.

La habilidad técnica de Hefesto suponía una compensación por su minusvalía física. Además del trono de oro para su madre, fabricó ayudantes femeninas del mismo material que colaboraban con él, perros guardianes también de oro que no dormían jamás para el palacio de Alcínoo (como cuenta *La Odisea*) y muchas otras creaciones mágicas. Cuando fue arrojado al Océano le consoló Tetis, a petición de la cual fabricó un escudo para su hijo, el héroe Aquiles, cuya detallada descripción aparece en *La Ilíada.* En muchos mitos se ubica la fragua de Hefesto en el monte Olimpo o cerca de éste, en Grecia, y en otros bajo tierra, sobre todo en zonas de actividad volcánica. Los Cíclopes, que forjaron el rayo de Zeus, eran sus ayudantes.

Se suele representar a Hefesto con la túnica corta de los herreros y otros artesanos, como en este recipiente griego de figuras rojas del siglo V a.C., hallado en una tumba etrusca de Vulci, Italia. El dios (centro) *empuña el hacha con la que acaba de abrirle la cabeza a Zeus* (derecha) *para dejar salir a Atenea* (véase p. 136). *Posidón está a la izquierda.*

LOS INFIERNOS

El reino de Hades

Los infiernos aparecen con frecuencia en los mitos griegos, gobernados por el dios Hades, nombre que también se emplea para designar este reino como tal. Hades era hermano de Zeus y Posidón pero por lo general se le excluía de la lista de los Olímpicos porque su reino era el polo opuesto del Olimpo celestial. En los infiernos se juzgaba el alma de los difuntos, quienes, en caso necesario, recibían su castigo en las oscuras regiones de Érebo o Tártaro; pero el inframundo también abarcaba las tierras de los muertos divinos, los Campos Elíseos o Islas de los Bienaventurados. Una tradición recogida por Homero sitúa el Hades en la región privada de sol allende el gran río Océano que rodea la tierra, pero a medida que los griegos fueron descubriendo el mundo surgió otra tradición que lo ubicaba en el centro de la tierra y lo conectaba con el reino de los vivos a través de cuevas insondables y ríos en parte subterráneos, como el Aqueronte (río de la aflicción), al norte de Grecia. Los otros cuatro ríos infernales eran el Estige (río del odio), que rodeaba los infiernos, el Lete (río del olvido), el Cocito (río de las lamentaciones) y el Piriflegetonte (río del fuego). Caronte, el barquero de los infiernos, llevaba las almas de los muertos por el Estige y, según otros mitos, también por los demás ríos.

FIGURAS DE LOS INFIERNOS

En esta vasija de figuras rojas aparece la mayoría de los personajes importantes de los infiernos.

PERSÉFONE, reina de los infiernos, esposa de Hades e hija de Démeter (*véase p. 142*).

MÉGARA, esposa de Heracles con dos HERACLIDAS (*izquierda*), sus descendientes. El héroe los mató en un arrebato de locura inducido por Hera (*véase p. 148*).

ORFEO, con complicados ropajes rituales y su lira, con la que realizaba encantamientos para llegar a los infiernos (*véase p. 165*), acompañados por los Órficos, iniciados en los misterios órficos. El hombre, la mujer y el niño siguen a su maestro, Orfeo, a su morada de bienaventuranza tras la muerte.

SÍSIFO, rey de Corinto, que trató de engañar a la murte y fue condenado a empujar eternamente una roca hasta la cima de una montaña: cuando llegaba allí, volvía a descender. Lo azota una de las FURIAS (Erinias), crueles deidades femeninas que buscaban a los culpables en la tierra e imponían los castigos a los muertos.

HERMES, mensajero de los dioses (*abajo, centro*), que aparece aquí en su papel de Hermes

Psicopompo, encargado de llevar las almas de los muertos a los infiernos.

HADES, hermano de Zeus y señor de los infiernos, entronizado en su templo. También se le conoce como Plutón.

DOS PENITENTES (*arriba, derecha*) ante una Furia sentada que empuña un flagelo o una tea. Podría tratarse de HÉCATE, diosa de la hechicería y de la magia negra.

LOS JUECES DE LOS MUERTOS, Minos (que en la tierra fue rey de Creta: *véanse pp. 150 y 162*), Radamantis y Éaco, que ayudaban a Hades a valorar la vida de una persona y a decidir su destino en los infiernos.

TÁNTALO, rey del Asia Menor que, según un mito, les robó a los dioses el néctar y la ambrosía. Su castigo eterno, que aparece en la ilustración, consistía en tratar de acceder a comida y bebida fuera de su alcance.

HERACLES aparta a CERBERO, el perro tricéfalo que defiende la entrada a los infiernos (*véase p. 149*). A su derecha, una Furia con antorchas.

HÉROES Y MONSTRUOS

Los prodigios del mundo

Vasija decorada con una Gorgona y los cuerpos de dos de sus víctimas.

En la mitología griega, las hazañas de individuos intrépidos y poderosos ocupan un lugar casi tan importante como las de los dioses y se veneraba a estos héroes prácticamente del mismo modo que se rendía culto a los antepasados e incluso en muchos casos se consideraba a los héroes antepasados nacionales, fundadores de las grandes familias y ciudades de Grecia.

Los príncipes que habitan el mundo de las dos grandes epopeyas homéricas, *La Ilíada* y *La Odisea*, empleaban el término «héroe» como título. En estos primeros textos, la palabra parece referirse a grandes personajes, príncipes o reyes, en ocasiones con un nutrido séquito o una relación especial con los dioses del Olimpo y otras deidades. Aquiles, por ejemplo, era hijo de Tetis, Sarpedón de Zeus y Odiseo el favorito de Atenea.

Para Homero (h. 750 a.C. o antes), los héroes eran figuras del pasado, no merecedores de culto religioso ni con una posición especial después de la muerte, mientras que para Hesíodo (h. 700 a.C.) constituían una de las cinco razas de hombres que habían existido hasta entonces *(véase p. 131)*, un grupo especial que en la época del escritor vivían bajo la tierra y recibían ofrendas y honores de los vivos. En el siglo V a.C. el culto a los héroes se había convertido en una forma popular de adoración religiosa: se creía que la persona que tenía a un héroe de su parte contaba con grandes ventajas y se les presentaban ofrendas especiales a estos personajes en santuarios normalmente construidos en el lugar de sus supuestos enterramiento o muerte. Existían numerosos héroes locales y se honraba a muchas grandes figuras míticas en emplazamientos concretos: a Edipo en Colona, a Ayax en Salamina y a Teseo en Atenas *(véase p. 150)*.

Los antiguos griegos creían que honrar a un héroe con ofrendas rituales contribuía a garantizar su ayuda en épocas de crisis, mientras que ofenderlo conllevaba el riesgo de incurrir en su cólera. Los héroes podían mostrar poderes benéficos y maléficos. Heracles, por ejemplo, el gran civilizador que libró al mundo de monstruos, sufrió un acceso de locura transitorio provocado por la diosa Hera y asesinó a su mujer, Mégara, y a sus hijos *(véase p. 149 e ilustraciones p. anterior)*. Edipo, rey tebano bondadoso y sabio, cometió inadvertidamente los monstruosos crímenes de parricidio e incesto *(véase p. 163)*.

MONSTRUOS

Los héroes griegos se enfrentaban con frecuencia a seres monstruosos. Éstos son algunos de los más destacados:

EQUIDNA, con la parte superior del cuerpo de ninfa y la inferior de serpiente repulsiva, fue madre de otros monstruos: Cerbero, Hidra, Quimera, la Esfinge y el León de Nemea.

LAS GORGONAS, tres mujeres, Esteno, Euríale y Medusa, con serpientes por cabellera, cuya mirada convertía a las personas en piedra *(véase página 156)*.

LAS SIRENAS *(derecha)*, seres femeninos generalmente representados con alas que con sus cantos hechizaban a los navegantes, los cuales encontraban así la muerte *(véase p. 161)*.

LA ESFINGE *(derecha)*, literalmente «estranguladora», con rostro de mujer, cuerpo de león y alas de ave. Planteaba acertijos y destruía a quienes no los resolvían *(véase p. 163)*.

LAS GRAYAS, las «viejas», tres hermanas de las Gorgonas que compartían un ojo y un diente *(véase p. 156)*.

LA HIDRA *(derecha)*, «serpiente de agua», enorme serpiente *(véase p. 149)* con más de nueve cabezas.

CERBERO, perro tricéfalo que guardaba las puertas de los infiernos *(véase p. 149 e ilustración p. anterior)*.

LA QUIMERA, ser semejante a un león con una cabeza de cabra en la espalda y una serpiente por cola que escupía fuego.

HERACLES

El héroe arquetípico

Heracles, Hércules para los romanos, fue el único héroe venerado en todo el mundo griego y el único ser humano al que se concedió la inmortalidad entre los dioses. Resume gran parte de las paradojas del heroísmo tal y como aparece en la mitología griega. Venció monstruos y luchó contra la Muerte para salvar a un amigo, pero fue víctima de la lujuria y la avaricia: violó a mujeres, destruyó ciudades y en un acceso de locura asesinó a sus propios hijos. En textos griegos de época posterior se transforma en héroe filosófico que elige el camino de la virtud y se somete al sufrimiento en su búsqueda, entrando así a formar parte de las tradiciones cristianas.

Según el mito, Heracles fue el fruto de la relación adúltera de Zeus y Alcmena, descendiente del héroe Perseo. Alcmena participó involuntariamente en el adulterio *(véase p. 135),* circunstancia que podría explicar por qué Hera, esposa de Zeus, descargó sus celos sobre Heracles y no sobre su madre. La diosa persiguió al héroe durante toda su vida, dando lugar a muchas de sus hazañas, como los famosos Doce Trabajos, de donde deriva la explicación más común del nombre de Heracles: «gloria de Hera.» Su valor se puso a prueba a los pocos días de nacer, cuando lo colocaron en una cuna (un escudo según ciertas versiones) junto con su hermanastro Ificles y Hera envió unas serpientes monstruosas para que los matara, pero Heracles las estranguló.

El héroe aparece con frecuencia librando combates. Mató a Cicno, el hermano ladrón de Ares, que vivía en Tracia, y al rey de Áulide Sileo, que obligaba a los forasteros a trabajar en sus viñas y después les cortaba el cuello. Luchó contra los lapitas, raza fabulosa de Tesalia, y contra los egipcios. En éstos y otros muchos mitos se presentaba a Heracles como el más grande de los luchadores, cuyas hazañas le llevaron a recorrer el mundo entero. Formó parte de la expedición de Jasón y los Argonautas *(véase p. 154)* y se llevó con él a Hilas, el joven que era su amante; pero un día, Hilas fue a buscar agua, le apresaron las ninfas acuáticas y Heracles pasó tanto tiempo buscándolo que el *Argo* levó anclas sin él.

Heracles aparece con frecuencia como esclavo de sus pasiones. La comedia griega lo presenta borracho, glotón y lascivo, y según los mitos, se acostó con las cincuenta hijas del rey Tespio en una sola noche. Fue precisamente su lujuria lo que le llevó a la muerte. Se casó con Deyanira, hija de Eneo, rey de Etolia, tras haber derrotado al dios del río Aqueloo para obtener su mano. Poco después mató al centauro Neso, que intentó violar a su flamante esposa, y mientras agonizaba le dio una poción a Deyanira que, según le aseguró, mantendría el amor de su marido eternamente. Deyanira decidió probarla cuando Heracles se enamoró de Yole, hija del rey de Ecalia, Éurito, y el héroe llegó a asesinar al padre y a los hermanos de la muchacha y a saquear su ciudad para ganarla. Con la intención de recuperar el afecto de Heracles, Deyanira impregnó una camisa de su marido con la poción del centauro y se la envió; pero Neso le había mentido: en realidad, se trataba de un terrible veneno, que destrozó el cuerpo de Heracles. Afligida, Deyanira se suicidó, pero el hijo de ambos, Hilo, llevó a su padre agonizante al monte Eta, donde el héroe ordenó que se construyese una pira funeraria. Heracles se tendió en la pira y le prendió fuego Filoctetes, el único de sus seguidores preparado para cumplir tan triste tarea (por lo que el héroe, en agradecimiento, le dio su arco y sus flechas). Cuando empezó a arder la leña apareció una nube que se llevó a Heracles a los cielos entre un prodigioso despliegue de rayos y truenos. Entró en el Olimpo, reino de su padre, Zeus, donde le fue concedida la inmortalidad, se reconcilió con Hera y le dieron como esposa a Hebe, diosa de la juventud.

Vaso ático de figuras rojas (h. siglo V a.C.) que representa la apoteosis de Heracles, que asciende al Olimpo en un carro acompañado por los dioses. En la parte inferior se ven la pira funeraria y a sus sirvientes.

Los trabajos de Heracles

Las hazañas más famosas de Heracles se sistematizaron finalmente en el relato de los Doce Trabajos. Según la versión más extendida del mito, Hera provocó en Heracles un acceso de locura, en el transcurso del cual el héroe mató a su esposa e hijos. El oráculo de Delfos le dijo que, en penitencia, debía servir a Euristeo, rey de Tiro, durante doce años. Euristeo le impuso doce penosas tareas, que se narran más adelante. Las seis primeras tuvieron lugar en el Peloponeso.

Heracles lucha con el león de Nemea, mientras lo observa Atenea (derecha). Vaso de figuras negras, h. 550 a.C.

1. El león de Nemea. Heracles fue a Nemea con la misión de matar un monstruoso león cuya piel no podían atravesar las armas normales. El héroe fabricó un gigantesco bastón con el que golpeó al animal; después lo estranguló y le cortó la piel con sus garras. Se la puso y se hizo invulnerable.

2. La hidra de Lerna. Heracles tenía que matar a esta serpiente de agua, de nueve cabezas, que vivía en un pantano cerca de Lerna, pero cada vez que le cortaba una cabeza crecían dos más en su lugar. Por último le ayudó Yolao, hijo de su hermanastro Ificles, que cauterizó cada cuello decapitado con una antorcha y así impidió que nacieran más cabezas.

3. La cierva de Cerinia. Esta bestia con pezuñas de bronce y cuernos de oro vivía en el monte Cerinia y estaba consagrada a Artemisa. Heracles debía capturarla intacta o incurriría en la ira de la diosa. Tras un año de perseguirla la hirió y se la llevó a Euristeo, a quien culpó de las heridas, con lo que evitó la cólera de Artemisa.

4. El jabalí de Erimanto. Un jabalí monstruoso asolaba la región del monte Erimanto y se ordenó a Heracles que lo capturase vivo. Cuando se dirigía allí derrotó a los Centauros. Regresó al reino de Euristeo con el jabalí, que aterrorizó de tal modo al rey que lo escondió en una urna de bronce.

5. Los establos del rey Augias. Augias, hijo de Helios, poseía numerosos rebaños pero nunca se limpiaban los establos, que rebosaban de estiércol. Heracles recibió la desagradable tarea de limpiarlos en un solo día y lo logró haciendo pasar los ríos Alfeo y Peneo por los edificios.

6. Las aves del Estinfalo. En el lago Estinfalo, de la Arcadia, vivía una bandada de aves monstruosas con pico, garras y alas de hierro que devoraban a los seres humanos y a las que Heracles debía destruir. Las asustó tocando unas castañuelas de bronce, emprendieron el vuelo y las abatió una a una con su arco.

7. El toro de Creta. Un toro gigantesco aterrorizaba a las gentes de las isla de Creta y Heracles lo capturó por orden de Euristeo y lo llevó vivo a Tiro.

8. Las yeguas de Diomedes. Heracles recibió la orden de capturar una manada de yeguas propiedad del tracio Diomedes, que las alimentaba con carne humana. El héroe lo mató y se lo dio de comer a las yeguas, a las que domó y llevó a Euristeo.

9. El ceñidor de Hipólita. Hipólita, reina de las belicosas Amazonas de Asia Menor, poseía un hermoso ceñidor que codiciaba la hija de Euristeo. Heracles luchó contra las Amazonas, las venció, mató a Hipólita y le quitó el ceñidor a su cadáver.

10. Los bueyes de Geriones. Geriones, monstruo de tres cuerpos, vivía en el lejano occidente y tenía rebaños de bueyes, que guardaban un gigantesco boyero y sus perros. Heracles tomó prestada la Copa del Sol para navegar sobre Océano *(véase p. 137)* y llegar a la tierra de Geriones. Mató a éste, al boyero y a la jauría y regresó al reino de Euristeo con el ganado. Las Columnas de Heracles (estrecho de Gibraltar) señalan esta aventura de Heracles, la más occidental.

11. Las manzanas de las Hespérides. Las Hespérides eran ninfas del lejano occidente, hijas del Titán Atlas, y cuidaban un árbol que daba manzanas de oro. Heracles mató a Ladón, el dragón guardián del árbol, robó las manzanas y se las llevó a Euristeo.

12. Cerbero. La última tarea de Heracles consistió en llevar a Euristeo el feroz perro tricéfalo Cerbero, que defendía las puertas de los infiernos. El héroe entró allí, luchó con el can, se lo presentó a Euristeo *(véase ilustración p. 146)* y a continuación lo devolvió a los infiernos.

TESEO

Héroe y estadista ateniense

Vaso de h. 480 a.C. (reconstruido abajo)
en el que aparece Teseo luchando con
Escirón (izquierda) y Procrustes (derecha),
camino de Atenas. El vaso, procedente de un
yacimiento etrusco de Cerveteri, Italia, es
obra del pintor y ceramista Eurfonio y
probablemente fue pintado por Onésimo, dos
de los artistas griegos más destacados de su
época.

ARIADNA
Tras salir del Laberinto de Creta, Teseo
navegó hacia Atenas con los jóvenes y
Ariadna. Al llegar a la isla de Naxos la
abandonó dormida en una playa, bien
porque la olvidó o bien, como dice la
versión más extendida, porque la
traicionó deliberadamente.
Sin embargo, la historia de Ariadna tiene
final feliz: el dios Dioniso, acompañado
de todo su séquito, encontró a la
muchacha llorando en la playa y se casó
con ella con grandes fiestas a las que
asistieron los dioses. Más adelante la
transformó en Corona, constelación que
sirve de guía a los navegantes. En el vaso
ateniense de figuras rojas de abajo
(h. 390-380 a.C.) vemos a Dioniso y a
Ariadna con Eros, dios alado del amor.

Teseo es un héroe claramente ateniense, pero sus primeros años de vida siguen
la pauta común: nacimiento insólito, regreso a un hogar abandonado a edad temprana, hazañas con monstruos para demostrar su hombría y posterior acceso al
trono. El padre de Teseo era Egeo, rey de Atenas, si bien otras versiones atribuyen la paternidad del héroe a Posidón. Egeo no tenía hijos y fue a Delfos para
consultar al oráculo, que le aconsejó que no «abriera la boca del odre» hasta que
llegara a su casa pues si no un día moriría de pena. Pero cuando regresaba a Atenas fue a ver al rey de Trecén, Piteo, que le emborrachó y le ofreció a su hija Etra
para que se acostara con ella. La muchacha se quedó embarazada y cuando Egeo
partió de Trecén le dijo que si daba a luz un niño debía ir a Atenas en cuanto
pudiese levantar una roca concreta, bajo la que Egeo había dejado una espada y un
par de sandalias a modo de señales de reconocimiento. El niño era Teseo y Etra le
confesó su verdadero origen cuando era joven. Teseo recogió la espada y las sandalias y se dirigió a Atenas.

En el camino puso a prueba su valor derrotando a una serie de monstruos y
bandidos. Cerca de Corinto, por ejemplo, mató a Sinis, conocido como Pitio-
camptes («doblador de pinos»), que ataba a los viajeros entre dos pinos doblados
y después los soltaba, con lo que las víctimas se desgarraban. En Mégara se topó
con Escirón, que obligaba a los viajeros a lavarse los pies y mientras estaban arro-
dillados les empujaba al mar, donde los devoraba una enorme tortuga. Teseo lo
arrojó por un acantilado. En Eleusis venció a Cerción, que obligaba a los viajeros
a luchar contra él para darles muerte. Entre Eleusis y Atenas mató a Procrustes,
que adaptaba a todos los viajeros a la misma cama: cortaba a los que les quedaba
demasiado corta y estiraba a los que les quedaba demasiado larga. Por último,
Teseo llegó a la ciudad de su padre, donde trató de envenenarle la hechicera
Medea *(véase p. 153)*, tentativa que quedó abortada cuando Egeo reconoció la
espada y las sandalias y acogió a su heredero. La primera proeza de Teseo al servicio de su padre consistió en capturar un toro (el mismo que trajera Heracles
de Creta; *véase p. 149)*, que sembrara el terror en el Ática, por los alrededores de
Maratón.

Atenas se veía obligada a pagar el tributo de siete muchachos y siete muchachas a Minos, rey de Creta, y Teseo se ofreció voluntario para acompañar a las

Fedra, la reina trágica

*U*no de los episodios más famosos de los mitos sobre Teseo es la tragedia de Fedra, su segunda esposa, que narra Eurípides en su célebre obra Hipólito.

Tras la muerte de su esposa, la amazona Antíope *(véase abajo)*, Teseo se casó con Fedra, una princesa cretense que, *según ciertas versiones, era hermana de Ariadna*. Hipólito, fruto de su primer matrimonio, ya era adulto, pero se negaba a mantener ningún contacto con Afrodita, diosa de la sexualidad, y prefería dedicar su tiempo a Artemisa, cazando en las montañas. Afrodita se enfadó ante semejante desprecio a su autoridad y planeó la caída de Hipólito, haciendo que Fedra se enamorase perdidamente de su hijastro. Fedra trató de ocultar su pasión, pero su nodriza se lo

contó a Hipólito, que huyó, asqueado. Fedra se suicidó, pero dejó una carta en la que acusaba a Hipólito de violación. Teseo encontró la carta y, con permiso de su divino padre, Posidón, lanzó una maldición sobre su hijo. Cuando Hipólito viajaba en su carro, un monstruo surgió del mar y asustó a los caballos. que lo arrastraron hasta que murió.

Llevaron el cadáver de Hipólito a su padre, que se enteró de la inocencia de su hijo por mediación de Artemisa, y con la bendición del héroe, la diosa estableció un culto en honor de Hipólito.

Crátera (vasija grande para mezclar agua y vino) en la que aparece Hipólito arrastrado por sus caballos debido a la mentira de su madrastra, Fedra.

víctimas que habrían de servir de alimento al Minotauro, monstruoso híbrido de hombre y toro que Minos guardaba en el Laberinto, recinto subterráneo construido por Dédalo *(véase p. 162)*. Pero Ariadna, hija de Minos, se enamoró de Teseo y le dio un ovillo de hilo, con el que podría entrar en el Laberinto y salir volviendo sobre sus pasos. Guiado por los lejanos mugidos del monstruo, Teseo recorrió el oscuro laberinto tras los jóvenes y les dio alcance justo cuando la bestia estaba a punto de embestirlos. Se batió con ella, la mató y dirigió a los muchachos hacia la salida del recinto, donde esperaba Ariadna. Partieron hacia Grecia, pero en el camino Teseo abandonó a Ariadna *(véase margen p. anterior)*. Regresó triunfal a Atenas, pero olvidó las instrucciones de su padre, que le había dicho que izara una bandera blanca si todo había ido bien o negra si la misión había fracasado. Teseo entró en el puerto de Atenas con la bandera negra ondeando, y al verla, Egeo creyó que su hijo había muerto. Transido de dolor, se arrojó al mar, que desde entonces se llama Egeo, y así se cumplió la profecía que hicieran al rey en Delfos (que moriría de pena). Teseo le sucedió en el trono.

Tras regresar de Creta, Teseo luchó junto a Heracles contra las Amazonas *(véase p. 148)*, y como botín recibió a una guerrera de este pueblo, Antíope, con quien tuvo a Hipólito *(véase recuadro, arriba)*. Más adelante, las Amazonas invadieron el Ática, pero Teseo volvió a derrotarlas (Antíope murió en la batalla).

Esta victoria aparece representada en el arte ateniense del siglo V a.C. y destaca la escena del Partenón. La siguiente campaña de Teseo comenzó cuando asistió a la boda de Pirítoo, rey de los lapitas, en Tracia. Los centauros atacaron a los invitados y Teseo intervino en la batalla contra ellos, que también está representada en el Partenón.

TESEO EL ESTADISTA

Los griegos pensaban que la ciudad de Atenas y la Acrópolis existían mucho antes de Teseo y los atenienses hablaban de reyes anteriores, como Cécrope (mítico fundador de la ciudad), Erecteo y Egeo, padre de Teseo. Pero se honraba de forma especial a Teseo por haber reunido en un solo estado los diversos pueblos y ciudades del Ática, región de la que Atenas era localidad principal. Se pensaba que todos los tribunales y asambleas atenienses formaban parte de la herencia de Teseo. Las leyendas sobre este personaje articularon los ideales del estado democrático y los mitos atenienses lo presentan como un rey bueno y justo. Carecemos de pruebas sobre el Teseo real, si acaso existió. Cimón, político del siglo V a.C., descubrió unos huesos enormes en la isla de Esciro, adonde se cree que se retiró el rey ateniense, y se atribuyeron a Teseo. Volvieron a enterrarse en Atenas con todos los honores debidos a un héroe sagrado del estado.

JASÓN

El gran aventurero

Las aventuras de Jasón, príncipe tesalio de Yolco, eran tan populares como las de Odiseo. Al igual que los de Teseo, los primeros años de vida de Jasón estuvieron marcados por el alejamiento de la corte y por el regreso final, aún joven, para reclamar sus derechos reales. Cuando Pelias, hermano del padre de Jasón, el rey Esón de Yolco, se apoderó del trono, la madre del héroe lo envió al monte Pelión para que lo educara Quirón, sabio centauro que le enseñó las artes de la música, la medicina, la caza y la guerra. Al cumplir los veinte años, Jasón regresó a Yolco y en el camino se topó con un río en el que conoció a una anciana —en realidad la diosa Hera disfrazada—, quien le pidió que la ayudara a cruzar la corriente. Jasón la ayudó gustosamente y con ello obtuvo la protección de la diosa en sus aventuras.

Al ayudar a Hera a cruzar el río, Jasón perdió una sandalia y llegó a Yolco con un pie descalzo. Un oráculo había aconsejado a Pelias que vigilase la llegada de un forastero con un solo zapato, y Pelias se asustó al ver aproximarse al héroe. Accedió arteramente a cederle el trono a su sobrino si el joven realizaba una empresa en apariencia imposible, consistente en llevarle el Vellocino de Oro, que se encontraba en Cólquide, en el extremo más alejado del mar Negro. Jasón aceptó el reto y rescató el Vellocino tras múltiples aventuras con su barco, el *Argo (véanse pp. 154-155)*.

El héroe regresó a casa con Medea, hija de Eetes, y descubrió que Pelias había dado muerte a Esón. Medea ayudó a Jasón a vengar la muerte de su padre planeando el espantoso asesinato de Pelias. Muchos años después del trágico fin del matrimonio de Jasón y Medea *(véase p. siguiente)*, el héroe murió al caerle en la cabeza una pieza del *Argo* que estaba consagrada en un templo.

Atenea (derecha, con una lechuza, uno de los emblemas) rescata a Jasón de las fauces del dragón que defiende el Vellocino de Oro (véanse pp. 154-155). *El Vellocino cuelga de un árbol del fondo. Escena tomada de un vaso de figuras rojas.*

Medea, la reina hechicera

Tras el viaje con los Argonautas (véanse página 154-155), *Jasón regresó a Yolco con la hechicera Medea, personaje central del trágico epílogo de sus aventuras. El episodio corintio de la vida de Medea constituye la base de la tragedia del mismo nombre, de Eurípides.*

Crátera ática (véase p. 151) *decorada con la muerte del gigante de bronce Talos, que intentó impedir que los Argonautas desembarcasen en Creta. Medea* (izquierda) *le dio una bebida que le hizo dormir y mientras dormía le abrió la única vena de su cuerpo y murió desangrado.*

Al llegar a Yolco, Jasón y Medea planearon la venganza por la muerte de Esón, el rey justo, padre de Jasón, al que había ejecutado Pelias. Medea convenció a las hijas de éste de que le convertiría en un hombre joven mediante un encantamiento, pero que para prepararlo para el rejuvenecimiento primero debían cortarlo y cocinarlo. Las hijas de Pelias accedieron al plan, mataron a su padre y cocinaron su cuerpo en trozos, y entonces Medea les mostró el engaño.

A pesar de la muerte del usurpador, Jasón no pudo ocupar el trono de su padre, porque la forma en que había muerto Pelias causó tal escándalo que Medea y él se vieron obligados a huir de Yolco. Fueron al Peloponeso y se establecieron en Corinto, donde tuvieron varios hijos.

Muchos años después, el rey de Corinto, Creonte, ofreció a Jasón el matrimonio con su hija por razones políticas. Jasón le propuso a Medea que se divorciasen y que emprendiera el exilio voluntariamente, pero Medea se enfureció ante semejante traición, envió unas túnicas envenenadas a Creonte y a su hija, futura esposa de Jasón, y ambos murieron entre terribles dolores.

Después, según Eurípides, les cortó el cuello a sus propios hijos para hacerle daño a su padre y escapó a Atenas triunfalmente, a bordo del carro de Helios, el sol, tirado por dragones, y en este momento termina la tra-gedia de Eurípides, mientras Jasón se queda tristemente en Corinto.

En Atenas, Medea se casó con el rey Egeo, padre del héroe Teseo, y tuvo un hijo, Medo. Medea quería que sucediera a su padre en el trono, y cuando Teseo, legítimo heredero de Egeo, llegó a la ciudad de vuelta de Trecén *(véase p. 150),* Medea adivinó en seguida quién era e intentó deshacerse de él antes de que motrase las señales de reconocimiento con las que debía revelar su identidad a su padre.

Medea convenció al rey de que el recién llegado, cuyas proezas camino de Atenas *(véase p. 150)* ya le habían granjeado la fama, quería deponerle, y planearon juntos asesinar a Teseo en un banquete que se ofrecería para celebrar que había capturado el toro salvaje de Maratón.

Medea puso veneno en el vino de Teseo, pero cuando el héroe estaba a punto de tomarlo Egeo le reconoció y derribó la copa. Al comprender la motivación de su esposa, la desterró para siempre de su reino y también a sus hijos.

Según ciertas versiones, después de morir, la hechicera fue a las Islas de los Bienaventurados, donde se casó con Aquiles, el gran héroe griego muerto en la guerra de Troya (véanse pp. 157-159).

LOS ARGONAUTAS

Jasón y la búsqueda del Vellocino de Oro

Atenea (izquierda) *ayudando a un constructor de barcos, posiblemente Argo, con la vela del* Argo. *Relieve de terracota.*

Jasón llevó a cabo sus mayores proezas en el transcurso del viaje a Cólquide para obtener el Vellocino de Oro a petición de su tío, el usurpador Pelias. El Vellocino procedía de un mágico carnero volador que había enviado Hermes para ayudar a Frixo y a Hele, hijos de otro tío de Jasón, el rey de Beocia, Atamante, cuando su madrastra, Ino, puso sus vidas en peligro. Escaparon a lomos del carnero, pero Hele se cayó y se ahogó en lo que a partir de entonces se llamaría el Helesponto («mar de Hele»). Frixo logró llegar a Cólquide, en el extremo más oriental del mar Negro, donde sacrificó el carnero a Zeus y dio su piel al rey local, Eetes, que le había ofrecido hospitalidad. Desde aquel momento Eetes guardó al Vellocino bajo la vigilante mirada de un dragón insomne.

Para el viaje, Jasón ordenó que se construyera un barco, el *Argo,* que, según ciertas versiones, fue el primer barco jamás construido. Se encargó de la fabricación el carpintero Argo *(véase ilustración, izquierda),* que contó con la ayuda de Atenea o de Hera, y le puso una rama del roble profético de Zeus en Dodona. Dotaron al navío de cincuenta remos, uno para cada miembro de la tripulación, los Argonautas *(véase izquierda),* entre los que se contaban muchos de los héroes más célebres de la mitología griega, como Heracles. Una vez acabados los preparativos, Jasón y sus compañeros levaron anclas rumbo a la tierra del Vellocino de Oro.

LOS ARGONAUTAS

No existe una lista definitiva de los miembros de la tripulación de Jasón, porque las familias griegas más destacadas aseguraban tener un Argonauta entre sus antepasados. Sin embargo, apenas cabe duda sobre su número, cincuenta, o sobre las figuras más famosas, entre las que se cuentan las siguientes:

ARGO, carpintero, constructor del *Argo.*

ATALANTA, cazadora, la única Argonauta.

CÁSTOR y POLIDEUCES, los Dioscuros *(véase p. 134).*

HERACLES *(véanse pp. 148-149),* que se quedó en tierra buscando a su amante Hilas.

IDMON y MOPSO, legendarios videntes.

LINCEO, de vista tan aguda que veía debajo de la tierra.

MELEAGRO, hermano de Deyanira, esposa de Heracles *(véase p. 148).*

NAUPLIO, padre de Palamedes, destacado embustero que aparece en *La Ilíada*

OILEO, padre de Ayax, héroe de *La Ilíada (véase p. 158).*

ORFEO, gran músico *(véase p. 165),* que tocaba la lira para los Argonautas.

PELEO, padre de Aquiles, héroe protagonista de *La Ilíada* y esposo de Tetis, ninfa marina.

PERICLÍMENO, hijo de Posidón. Poseía el don, otorgado por su padre, de adoptar cualquier forma en la batalla.

TELAMÓN, padre del otro Ayax, «el Grande», uno de los héroes más famosos de *La Ilíada.*

TIFIS, timonel del *Argo.*

ZETES y CALAIS, hijos alados de Bóreas, viento del norte. Lucharon contra las Harpías que atormentaban a Fineo *(véase p. siguiente).*

El mapa muestra la ruta del Argo *según la versión más famosa de la travesía, la* Argonáutica, *del poeta Apolonio de Rodas, h. siglo III a.C.*

LAS AVENTURAS DEL *ARGO*

(Los topónimos en VERSALITA *están señalados en el mapa, abajo.)*

Cuando el *Argo* llegó a LEMNOS, el primer puerto de la travesía, Jasón vio que no había hombres en la isla: las isleñas los habían matado a todos cuando tomaron concubinas porque, según aseguraban los hombres, sus esposas apestaban. Invitaron a los Argonautas, a los que simplemente contaron que los isleños habían tenido que huir, a que se quedaran varios meses en Lemnos para repoblarla. La reina, Hipsípila, se emparejó con Jasón y tuvo gemelos.

Los Argonautas fueron después a CÍCICO, cuyo rey los recibió bien, y Heracles limpió la isla de gigantes, pero su estancia acabó con un penoso incidente. Cuando el *Argo* levó anclas, una tempestad lo devolvió a la orilla aquella misma noche. Creyendo que los atacaban unos piratas, los isleños abordaron el navío y los Argonautas los asesinaron, ignorantes de la identidad de los atacantes. Al descubrirse la verdad, Jasón ordenó que se celebrasen juegos funerarios en honor de sus anfitriones.

En el país de los BÉBRICES, siguiente punto en la ruta del *Argo*, reinaba Ámico, hijo de Posidón, que desafiaba a los forasteros a un combate de boxeo mortal. El hombre más fuerte sobre la tierra, Heracles *(véase p. 148)* se había quedado atrás, camino de Cícico, pero Ámico encontró digno rival en Polideuces, que aceptó el reto y le dio muerte.

Los Argonautas continuaron y cerca del MAR NEGRO se encontraron con Fineo, un anciano ciego continuamente atormentado por las Harpías, monstruos con cara de vieja y cuerpo y garras de ave que le arrebataban la comida o defecaban sobre ella. Zetes y Calais las espantaron y, agradecido, Fineo le dio a Jasón valiosas indicaciones para el viaje.

En este punto, el camino quedaba interrumpido por las SIMPLÉGADES, dos enormes rocas móviles cercanas al mar Negro que chocaban entre sí como címbalos y no permitían el paso de los navíos. Fineo había aconsejado a los Argonautas que enviaran una paloma por delante del barco, pues si el ave lograba atravesar el angosto paraje, ellos también lo harían. Como la paloma lo franqueó y sólo perdió las plumas de la cola, el *Argo* siguió navegando, con la ayuda de Atenea y Hera, pero perdió al timonel, Tifis, y después las rocas quedaron inmóviles para siempre.

El *Argo* subió por el río Fasis y arribó al fin a CÓLQUIDE, la tierra del Vellocino de Oro. El rey Eetes dijo que lo entregaría si Jasón realizaba una serie de tareas: uncir a sus bueyes, que tenían pezuñas de bronce y escupían fuego, arar con ellos unos campos,

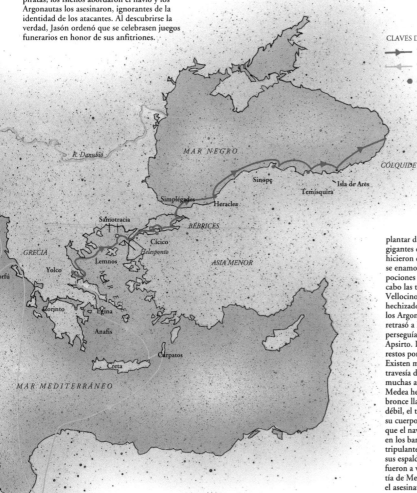

CLAVES DEL MAPA

→ Travesía de ida del *Argo*

→ Travesía de regreso del *Argo*

● Ciudad o isla: Cícico

Región: *GRECIA*

plantar dientes de dragón y matar a los gigantes que nacerían de ellos. Los dioses hicieron que Medea, la hechicera hija de Eetes, se enamorase de Jasón, y ella le dio unas pociones mágicas con las que el héroe llevó a cabo las tareas impuestas. Se apoderó del Vellocino después de que Medea hubiera hechizado al dragón que lo protegía, y cuando los Argonautas escapaban de Cólquide, Medea retrasó a Eetes y sus hombres, que los perseguían, asesinando a su propio hermano, Apsirto. Después lo desmembró y arrojó los restos por la borda del *Argo*.

Existen múltiples versiones sobre la larga travesía de regreso del *Argo* a YOLCO. Entre las muchas aventuras destaca el episodio en el que Medea hechiza y destruye a un gigante de bronce llamado Talos, que sólo tenía un punto débil, el talón, del que partía la única vena de su cuerpo *(véase p. 153)*. También se cuenta que el navío recorrió el DANUBIO y que encalló en los bancos de arena de SIRTES, en LIBIA. Los tripulantes tuvieron que cargar el *Argo* sobre sus espaldas durante doce días. Jasón y Medea fueron a ver a Circe, la bruja de *La Odisea* y tía de Medea, que los purificó ritualmente por el asesinato de Apsirto, y también se toparon con otros monstruos de *La Odisea* antes de llegar a Yolco.

PERSEO

El que dio muerte a Medusa

Perseo, con sus sandalias aladas y su capa de invisibilidad, se lleva la cabeza de Medusa. Jarra de agua de figuras rojas, h. 350-330 a.C.

Una de las figuras que aparece con más frecuencia en los mitos y en el arte es la de Perseo, hijo de Zeus y de su amante humana Dánae. Llegó a la edad adulta en Sérifos, isla del Egeo, en el reinado de Polidectes, cuyo hermano, el pescador Dictis, salvó al héroe y a su madre *(véase p. 135)*. Polidectes se enamoró de Dánae, pero ella lo rechazó. Entonces, el tirano invitó a los nobles de Sérifos a una fiesta y les exigió a todos que le regalasen un caballo. En broma, Perseo dijo que le resultaría tan fácil obtener la cabeza de una de las tres Gorgonas —monstruos con cabellera de serpiente— como un caballo; Polidectes le tomó la palabra y envió al protector de Dánae a aquella misión en apariencia irrealizable.

Pero los dioses Hermes y Atenea acudieron en ayuda de Perseo. En primer lugar, el héroe fue a ver a las Grayas, tres viejas con un solo ojo y un solo diente que compartían entre las tres y las únicas que podían llevarle ante las Gorgonas. Perseo les robó el ojo y el diente y se negó a devolvérselos hasta que le dieran la información que necesitaba. Las Grayas le dijeron que se presentara ante unas ninfas que le darían una capa de invisibilidad que le haría invisible, sandalias aladas para que volara y una bolsa de cuero. Hermes le regaló una espada curva, y con todo ello Perseo voló hasta las Gorgonas. Sólo una de ellas, Medusa, era mortal, pero cuantos miraban directamente su cara se transfomaban en piedra en el acto. Perseo la vio reflejada en un escudo (según otra versión, Atenea guió su mano), la decapitó y guardó la cabeza en la bolsa. Volvió a Séfiros volando, rescató a Andrómeda en el camino *(véase abajo)* y al enseñar la cabeza de Medusa, Polidectes y sus seguidores se convirtieron en piedra. El héroe, que pasó el resto de su vida rodeado de paz y prosperidad, entregó la cabeza de la Gorgona a Atenea, que la llevaba sobre sus ropas para petrificar —literalmente— a sus enemigos.

Perseo y Andrómeda

Entre los episodios de la vida de Perseo destaca el del rescate de la bella Andrómeda, tema favorito del arte griego y romano de la antigüedad.

Casiopea, esposa del rey Cefeo de Etiopía, alardeaba de ser más hermosa que las Nereidas, cincuenta ninfas marinas hijas de Nereo, el Viejo del Mar, divinidad que vivía en el océano y ayudaba a los navegantes. Enfurecido por la presunción de Casiopea, Posidón inundó el reino de Cefeo y envió un monstruo marino que asoló aquellas

Perseo luchando contra el monstruo para salvar a Andrómeda. Vaso griego (h. 250 a.C.) del sur de Italia.

tierras. Cefeo consultó a un oráculo, quien le dijo que sacrificase a su hija Andrómeda al monstruo encadenándola a una roca.

Cuando yacía sobre la roca, Perseo pasó volando por allí, se enamoró de Andrómeda y se ofreció a matar al monstruo a cambio de casarse con ella.

Cefeo aceptó la oferta: Perseo se puso la capa de invisibilidad y las sandalias aladas y liquidó al monstruo con su espada curva. Liberó a Andrómeda, la desposó y ella le dio un hijo, Perses, que heredó el trono de Cefeo.

LA GUERRA DE TROYA

La epopeya bélica de Homero

Menelao (izquierda), *uno de los jefes griegos, se enfrenta al guerrero troyano Héctor. Vaso de h. 610 a. C.*

LAS EPOPEYAS HOMÉRICAS

La historia de la guerra troyana se narra por primera vez en una serie de poemas épicos, los más famosos e influyentes de los cuales son *La Ilíada* y *La Odisea*, que representaban y aprendían muchos griegos en la antigüedad y, según la tradición, son obra de un bardo ciego llamado Homero *(abajo)*, de cuya vida apenas se tienen datos, salvo su supuesta condición de ciego y nativo de la isla de Quíos. Incluso los estudiosos de la época dudaban que ambas obras fueran escritas por la misma persona. Si bien en la actualidad se piensa que las dos son el producto final de una larga tradición oral, siguen considerándose la fuente de la literatura occidental.
La Ilíada se centra en los escasos días que duró la guerra de Troya: el enfrentamiento entre Aquiles, el gran héroe griego, y Agamenón, jefe del ejército heleno. La Odisea narra el regreso del héroe griego Odiseo a su hogar, Ítaca, desde Troya.

La Ilíada, el gran relato poético de Homero sobre la guerra entre Grecia y la ciudad de Troya, al noroeste del Asia Menor, constituía lectura fundamental en la antigua Grecia, donde se reconocía plenamente su importancia literaria, pues, además, servía de texto básico en su sistema educativo. Los griegos consideraban este poema épico la narración de la historia de sus antepasados. Los hallazgos arqueológicos han venido a demostrar que Troya, cuyo tamaño y situación, próxima a la costa, le conferían gran importancia, fue realmente destruida por el fuego y abandonada hacia 1100 a. C. Estos acontecimientos tuvieron lugar en las postrimerías de la Edad del Bronce, y los guerreros que describe Homero emplean este metal y también el hierro. Troya se conocía asimismo en la antigüedad con el nombre de Ilión o Ilium, del que deriva el título de la epopeya.

La narración se inicia con los personajes de Príamo y Hécuba, reyes de Troya. Al nacer Paris, uno de sus cincuenta hijos, Hécuba sueña que ha dado a luz a un personaje que destruye la ciudad. El niño es abandonado, pero sobrevive milagrosamente y se hace pastor. Años más tarde vence a sus hermanos en un combate de boxeo, es reconocido como hijo de Príamo y aceptado en la casa real.

Entretanto, se celebra la boda del mortal Peleo con Tetis, ninfa marina. Un oráculo había predicho que Tetis tendría un hijo más glorioso que su padre: Aquiles, el mejor de los guerreros griegos *(véase p. 158)*. Ofendida por no haber recibido invitación para la boda, la diosa Eris («disensión»), envía una manzana de oro al banquete nupcial, con la siguiente inscripción: «Para la más bella». Atenea, Hera y Afrodita se autoproclaman vencedoras de la competición y Zeus designa a Paris para que juzgue quién es la más bella de las tres. Atenea le promete a Paris sabiduría y la victoria en la guerra si gana ella, Hera el poder real y Afrodita la mujer más bella del mundo. El sensual Paris elige a Afrodita y, en

LOS HÉROES DE LA GUERRA DE TROYA

Según Homero, en la guerra de Troya lucharon muchos grandes soldados, entre los que destacan los siguientes:

GRIEGOS:

AGAMENÓN, jefe de la expedición, a quien se califica de «sumamente regio».

AYAX, hijo de Oileo, conocido como Ayax el menor. Violó a Casandra, hija de Príamo, en el saqueo de Troya y profanó los altares de los dioses, que por este motivo hicieron naufragar la flota griega en la travesía de regreso.

AYAX, hijo de Telamón, el guerrero más importante después de Aquiles. Testarudo y taciturno, enloqueció cuando le dieron a Odiseo la armadura de Aquiles. Intentó matar a los comandantes griegos, pero en su lugar liquidó varias ovejas y, abochornado, se suicidó.

CALCANTE, vidente de los griegos, que interpretaba los presagios divinos.

DIOMEDES, destacado guerrero, pero un tanto violento en los consejos. Hirió a Ares y después a Afrodita.

MENELAO, hermano de Agamenón que aparece frecuentemente como persona ineficaz.

NÉSTOR, el griego de más edad, pródigo en consejos.

ODISEO, el griego más astuto y prudente, partidario de Agamenón. Concibió la idea del caballo de Troya.

TROYANOS:

ENEAS, hijo de Afrodita. Huyó del saqueo de Troya y, según la mitología latina, fundó Roma (véase p. 172).

GLAUCO, aliado licio de Troya, que intercambió su armadura con la del griego Diomedes como símbolo de sus antiguos lazos de amistad y hospitalidad.

HÉCTOR, hijo de Príamo y destacado guerrero troyano. Su muerte constituye el punto culminante de La Ilíada. A diferencia de los griegos, presenta una imagen enternecedora, con su familia.

PARIS, hijo de Príamo, seductor, sensual y afeminado. No vivió en palacio con Helena, cuyo rapto desencadenó la guerra. No se distinguió como guerrero y normalmente empleaba el arco, arma de cobardes.

PRÍAMO, rey de Troya. Le arrebató a Aquiles el cuerpo de su hijo Héctor y murió cuando cayó la ciudad.

SARPEDÓN, hijo de Zeus, muerto por Patroclo. Zeus sintió la tentación de salvarlo, pero Hera le recordó que incluso los héroes eran mortales.

consecuencia, Troya se hace acreedora de la eterna enemistad de Atenea y Hera.

El premio que obtiene Paris es Helena, hija de Leda y Zeus (véase p. 135) y esposa de Menelao, rey de Esparta, adonde acude Paris en calidad de huésped de honor y después, con la ayuda de Afrodita, se fuga con Helena a Troya.

Todos los príncipes griegos que habían sido pretendientes de Helena prometen protegerla de cualquier futuro desmán. Se reúnen a instancias de Menelao y su hermano Agamenón, rey de Argos, y emprenden una gran expedición en Áulide para ir a Troya y vengar el rapto de Helena. Al principio, dos guerreros, Aquiles y Odiseo, se resisten a formar parte del grupo. Aquiles se disfraza de mujer en la isla de Sicros, pero se traiciona cuando suena una trompeta de guerra y sólo él empuña un arma. Odiseo simula estar loco y ara el mar, pero su estratagema se descubre cuando colocan ante el arado a su hijo de pocos meses.

Después, los dos hombres deciden unirse a la expedición. Los griegos se reúnen en Áulide, pero Artemisa, partidaria de los troyanos, detiene su flota. Agamenón se ve obligado a sacrificar a su hija Ifigenia para obtener vientos favorables. Por último, el grupo expedicionario leva anclas, rumbo a Asia Menor, establece el campamento a las afueras de Troya y asedia la ciudad durante diez años.

En el transcurso del asedio, Agamenón se apodera de Criseida, hija del sacerdote de Apolo Crises, como botín de guerra, y en este punto se inicia La Ilíada. El sacerdote le ruega que le devuelva a su hija y, al no ser atendida su petición, implora a Apolo que destruya a los griegos. La peste asola el campamento; al cabo de unos días se desvela el motivo de la enfermedad y Agamenón entrega a Criseida a su padre. Enfurecido por la pérdida, Agamenón quiere adueñarse de otra mujer, Briseida, premio del griego Aquiles, quien se niega a continuar luchando y ora por la derrota de los griegos, que así lamentarán su ausencia. Héctor, hijo mayor de Príamo y principal guerrero troyano,

Aquiles

Tal y como aparece en La Ilíada, *Aquiles es el héroe griego típico: fuerte, orgulloso, temerario, apasionado e iracundo, el mejor pero también el más destructivo de los guerreros, y como tal, encarnación de la paradoja del heroísmo griego, que se manifiesta igualmente en Heracles.*

Hijo de Peleo y de la ninfa marina Tetis, Aquiles fue educado por Quirón, un sabio centauro. Al nacer, su madre lo sumergió en el Estige para hacer su cuerpo inmortal e invulnerable, salvo el talón por donde lo sujetó: de aquí deriva la expresión «talón de Aquiles» para referirse a una debilidad fundamental. Las Parcas le dieron

Aquiles (izquierda) mata a Pentesilea, reina de las Amazonas. Ánfora de h. 540 a.C., decorada por Exequias, uno de los pintores y ceramistas griegos más importantes.

a elegir entre una vida larga, tranquila y oscura, o una muerte temprana y gloria inmortal, y Aquiles se decidió por lo segundo.

Aquiles representaba para los griegos el modelo del hombre noble que no tolera una conducta deshonrosa como la de Agamenón cuando tomó como botín de guerra a la troyana Briseida. Luchó en Troya y mató a Pentesilea, reina de las Amazonas, pero se enamoró de ella mientras agonizaba.

dirige el avance desde Troya, llega al lugar en el que están anclados los navíos griegos y da muerte e hiere a muchos héroes. Patroclo, el mejor amigo de Aquiles, le ruega al ocioso guerrero que le preste su armadura para que los troyanos crean que el héroe está participando en el combate y se retiren. Al principio Aquiles se niega pero finalmente accede y aconseja prudencia a Patroclo, quien desatiende la advertencia y, si bien obliga a retroceder a los troyanos, muere a manos de Héctor.

Indeciblemente afligido, Aquiles regresa a la batalla en busca de venganza. En una escena célebre, persigue tres veces a Héctor alrededor de las murallas de Troya y lo mata en combate singular. Se celebran un grandioso funeral y juegos funerarios en honor de Patroclo, pero los troyanos no pueden hacer otro tanto para honrar a Héctor porque Aquiles ha escondido y profanado su cadáver. Encolerizados, los dioses obligan al héroe griego a aceptar un rescate y a devolver el cuerpo del troyano a Príamo (*La Ilíada* acaba con el funeral de Héctor). Aquiles muere cuando Paris le clava una flecha en el talón, su único punto vulnerable, y su armadura va a parar a manos de Odiseo, el segundo mejor guerrero. Poco después, el arquero Filoctetes mata de un disparo a Paris.

Troya está condenada a la caída desde la muerte del principal guerrero, Héctor. A Odiseo se le ocurre la idea de construir un enorme caballo de madera hueco en cuyo interior se esconde la flor y nata del ejército griego mientras su flota se aleja, como si aceptara la derrota. Los troyanos creen que el caballo es una ofrenda a los dioses y lo meten en la ciudad. Por la noche, los griegos salen de la estructura de madera y abren las puertas de la ciudad a los demás guerreros, que han vuelto a desembarcar. Troya es saqueada y asolada por el fuego, Príamo y sus hijos asesinados y Hécuba y las troyanas tomadas como esclavas.

Los héroes griegos Aquiles y Ayax jugando a las damas tras una batalla. Detalle de un ánfora de figuras negras siglo VI a.C., obra de Exequias.

DESPUÉS DE TROYA

Odiseo y Agamenón

Odiseo ciega al cíclope Polifemo. Ánfora de h. 510-530 a. C.

ODISEO

**Odiseo, personaje destacado de *La Ilíada* y protagonista de *La Odisea*, es una figura que se repite en la tragedia griega, conocido por su astucia y pragmatismo político. Para los filósofos, constituía el arquetipo del hombre complejo y calculador, frente al sencillo y noble Aquiles. En algunas de las múltiples versiones de su vida no se le considera hijo legítimo del héroe Laertes, como dice Homero, sino bastardo de Sísifo, cuyos continuos engaños le valieron el eterno castigo de empujar una roca por la ladera de una montaña que volvía a deslizarse cuesta abajo al llegar a la cima (*véase p. 146).*
El profeta Tiresias prevé que la muerte de Odiseo vendrá del mar. Según ciertas versiones, Telégono, hijo del héroe y de Circe, va a Ítaca y mata accidentalmente a su padre.**

El saqueo de Troya no puso punto final a las aventuras de los héroes griegos. Existen numerosos mitos sobre su regreso a Grecia, el más famoso de los cuales es la gran epopeya de Homero, *La Odisea*, así titulada por el nombre de su protagonista, Odiseo, o Ulises para los latinos. Los griegos profanaron los altares de Troya durante el saqueo de la ciudad, razón por la que los dioses se encolerizaron y provocaron tempestades que dispersaron la flota griega en la travesía de vuelta. Muchos héroes pasaron por Italia o África antes de llegar definitivamente a Grecia.

Después de que los barcos de Odiseo y sus seguidores se separasen de la flota, arribaron a la ciudad de los cicones y la saquearon. Otra tempestad los desvió de su ruta y los llevó a un mundo de monstruos y brujas: en primer lugar, al país de los lotófagos, donde los hombres de Odiseo que comieron estas flores perdieron la memoria y se sumieron en tal letargo que sus compañeros tuvieron que llevarlos a los navíos. l.a siguiente aventura sucede en la isla habitada por los Cíclopes, monstruos de un solo ojo que viven en cuevas y carecen de leyes y de sistema social. Provisto de vino, Odiseo explora la isla con varios hombres y descubre en una cueva signos de pastoreo de ovejas. Desoyendo los consejos de su tripulación, se queda allí para ver al pastor, el cíclope Polifemo, que cuando regresa con su rebaño tapa la entrada de la cueva con una enorme roca. Sorprende a los griegos y devora a dos de ellos crudos en la cena y a otros tantos en el desayuno. Nadie puede escapar, porque únicamente el cíclope es capaz de mover la roca; pero a Odiseo se le ocurre un plan. Emborracha a Polifemo, y cuando éste le pregunta cómo se llama contesta que «Nadie». Mientras el cíclope duerme bajo los efectos del vino, Odiseo le ciega con una tea encendida y cuando acuden otros cíclopes al oír sus gritos y le preguntan por la causa de su dolor él responde: «¡Nadie me está haciendo daño!» Convencidos de que todo marcha bien, se marchan, tras lo cual Odiseo ata a cada uno de sus hombres bajo el vientre de una oveja y él se aferra al de un carnero. A la mañana siguiente, cuando el cíclope ciego abre la cueva para que salgan los animales, los griegos huyen. Odiseo se burla de Polifemo desde el barco y éste lo maldice: Posidón, dios del mar y padre de Polifemo, obliga a Odiseo a recorrer los mares durante diez años.

A continuación, los marineros se topan con Eolo, rey de los vientos, y Odiseo recibe un saco lleno de vientos que permiten navegar a los barcos hasta avistar Ítaca, pero el héroe se duerme y sus hombres abren el saco, pensando que contiene un tésoro. Los vientos escapan y desencadenan una tormenta que devuelve a los hombres a Eolo, y desde allí llegan al país de los lestrigones, gigantes antropófagos que destruyen todos los barcos de Odiseo menos uno y devoran a sus tripulantes.

El siguiente episodio se desarrolla en la isla de la maga Circe. La mitad de la tripulación se aproxima a su palacio, que se alza entre los bosques por los que deambulan lobos, osos y leones como si se tratara de animales domésticos. Circe los invita a entrar, les da una bebida narcótica, los transforma en cerdos y los encierra en una pocilga. El único hombre que se ha quedado fuera corre a contarle lo sucedido a Odiseo, quien, con la ayuda de Hermes y de una planta mágica, se inmuniza a los hechizos de Circe y la obliga a liberar a sus compañeros.

Todos permanecen en la isla un año entero, entre continuas fiestas, y Circe aconseja a Odiseo sobre el resto del viaje. En primer lugar, debe ir a los infiernos para consultar con Tiresias sobre cómo regresar a Ítaca. El profeta le encamina hacia una tierra que no conoce el mar y le dice que ofrezca un sacrificio a Posidón: se refiere a los infiernos, y durante su estancia allí, Odiseo ve a los grandes héroes y heroínas del pasado y a los grandes pecadores en pleno tormento. Entre otros, se encuentra con Aquiles y Ayax, sus compañeros en la guerra de Troya.

Después, el héroe pasa frente a la isla de las Sirenas, monstruos con cuerpo de ave y cabeza de mujer cuyos cantos atraen irresistiblemente a los navegantes y les llevan a la muerte. Odiseo se libra del hechizo atándose al mástil, como le aconsejara Circe, mientras que sus hombres continúan remando con los oídos tapados con cera.

Sortean dos monstruos marinos, Escila y Caribdis, y arriban a Trinacria, la isla del Sol. Circe les ha prevenido de que no coman las Vacas del Sol, pero, hambrientos, los hombres sacrifican varias reses, cuya carne continúa mugiendo incluso entre las ascuas y cuya piel se mueve como si tuviera vida. Enfurecido, el Sol destruye el barco y a todos sus tripulantes, salvo a Odiseo, que sobrevive al naufragio y llega a la isla de Calipso, una ninfa que lo retiene como su cónyuge, en contra de la voluntad del héroe, durante ocho años, al cabo de los cuales Odiseo queda libre gracias a la intervención de Atenea. Construye una balsa y desembarca en el país de los feacios, una tierra prodigiosa de mágica fertilidad en la que lo rodean de lujos. Su rey, Alcínoo, le envía a Ítaca en un navío mágico cargado de regalos.

Una vez en Ítaca, Odiseo encuentra a su esposa, Penélope, asediada por los pretendientes y a su hijo, Telémaco, amenazado por los rivales. Penélope siempre se ha negado a creer que su esposo haya muerto, pero ya no puede mantener a raya a los pretendientes con sus estratagemas. Disfrazado, el héroe pone a prueba en primer lugar la lealtad de su familia y de sus compatriotas. Después, con la ayuda de Telémaco y de sus fieles seguidores, da muerte a los pretendientes y se reúne con Penélope, tras veinte años de ausencia. *La Odisea* finaliza con el ensalzamiento de las proezas del héroe y de los valores familiares, mensaje éste que confería a la obra gran valor moral a ojos de los antiguos griegos.

Agamenón, rey de Argos

*E*ntre las numerosas obras griegas en las que se narra la suerte que corre el rey Agamenón, victorioso jefe griego en la guerra de Troya, destaca sobremanera La Orestiada, de Esquilo.

Tras la guerra, Agamenón regresa triunfal al palacio de Argos con su botín y concubina, la profetisa Casandra, hija del rey Príamo. Pero su esposa, Clitemnestra, y el amante de ésta, Egisto, le tienden una trampa. Clitemnestra le recibe y le lleva al baño; después de haberse bañado Agamenón, ella hace ademán de ofrecerle una toalla, le arroja

Agamenón bajo la red que le ha arrojado Clitemnestra (derecha), apuñalado por Egisto (izquierda). Crátera ática, h. 470 a.C.

una red y el rey es asesinado. La reina da muerte también a Casandra.

Cuando Orestes, hijo de Agamenón, que está ausente, llega a la edad adulta, regresa para vengarse. Entra en palacio, disfrazado, y mata al usurpador Egisto y a Clitemnestra (con la ayuda de su hermana, Electra, según ciertas versiones de algunos historiadores).

Las Furias persiguen al matricida, quien huye a Delfos para purificarse del crimen. Desde allí va a Atenas, donde es juzgado y absuelto gracias al decisivo voto de Atenea. Después reina en Argos.

TRANSGRESORES

Violadores del orden natural

Numerosos mitos griegos tratan sobre los transgresores y sus castigos y quizá contribuyeran a mantener el orden establecido, sobre todo en la familia, pues muchos de ellos hablan de la violación de las barreras de la propiedad sexual. Casi todos están protagonizados por seres humanos, ya que, por lo general, dioses y diosas podían obrar el mal con impunidad, mientras que los desmanes de los mortales recibían severo castigo, paradoja de la que tenían plena conciencia los antiguos griegos. A continuación citamos algunos de los transgresores más destacados:

Atreo y Tiestes, hijos de Pélope, hijo a su vez de Tántalo *(véase p. 146)*. Cuando Atreo impidió que su hermano se apoderase del trono de Argos, Tiestes sedujo a Aérope, esposa de aquél. En venganza, Atreo invitó a Tiestes a una fiesta y le sirvió a sus propios hijos. Los hijos de Atreo eran Agamenón y Menelao, que se casaron con Clitemnestra y Helena, quizá las adúlteras más famosas. Egisto, un hijo de Tiestes que sobrevivió, fue amante y cómplice de Clitemnestra en el asesinato de su primo Agamenón, esposo de ésta *(véase página 161)*.

Dédalo, considerado por los griegos el mayor de los artesanos e inventores mortales, también fue un transgresor. Pertenecía a la casa real de Atenas pero tuvo que abandonar la ciudad tras dar muerte a su sobrino Pérdix, artesano rival que había inventado la sierra basándose en la espina de un pez. Cuando Dédalo lo arrojó por un acantilado, el joven se transformó en perdiz *(pérdix* en griego).
Dédalo huyó a Creta, donde entró al servicio del rey Minos, quien había recibido de Posidón un toro para ofrecérselo en sacrificio, un animal tan espléndido que decidió quedarse con él. Furioso, Posidón hizo que Pasífae, esposa de Minos, se enamorase del toro. Dédalo construyó una novilla hueca, de tamaño natural, en la que Pasífae podía esconderse para consumar su antinatural pasión, que dio como fruto al Minotauro, bestia salvaje mitad hombre, mitad toro. Enfadado con el artesano, Minos le ordenó que construyese el Laberinto, la prisión del monstruoso híbrido, del que más adelante saldría Teseo tras haber matado al Minotauro con la ayuda del ovillo que Dédalo le había dado a Ariadna *(véase p. 150)*.

Las Danaides, las cincuenta hijas de Dánae, descendiente de Zeus e Ío *(véase página 134)*. Se casaron contra su voluntad con los cincuenta hijos de su tío Egipto, y la noche de bodas, cuarenta y nueve de ellas mataron a sus esposos. (La otra, Hipermestra, amaba a su marido, Linceo, y de su unión nacieron Perseo y Dánae.) Las cuarenta y nueve asesinas recibieron el castigo de llenar eternamente una jarra de agua con un cedazo en los infiernos.

Tereo, rey de Tracia. Ayudó a Pandión, rey de Atenas, tomó a la hija de éste, Procne, como esposa, y tuvo un hijo con ella, Itis. Filomela, la otra hija de Pandión, fue a ver a su hermana y Tereo la violó y le cortó la lengua para que no pudiera delatarlo, pero Filomela tejió un tapiz que representaba su sufrimiento y se lo enseñó a Procne. En venganza, las dos hermanas mataron a Itis, lo cocinaron y se lo sirvieron a su padre, quien al descubrir los hechos se lanzó en su persecución. Como habían cometido un asesinato, se transformaron en aves: Procne en golondrina y Filomela en ruiseñor.

DÉDALO E ÍCARO

Quizá se conozca mejor a Dédalo por la historia de su hijo, Ícaro. El rey de Creta, Minos, se enfureció de tal modo con Dédalo por haber ayudado a Teseo en su lucha contra el Minotauro *(véase derecha)* que lo encarceló, junto con Ícaro. Con el fin de escapar de la isla, el artesano confeccionó unas alas para ambos con cera y plumas y aconsejó a su hijo que no volara cerca del sol, pero en cuanto se lanzaron al aire Ícaro olvidó el consejo, se fundió la cera de las alas y cayó al mar, que desde entonces se conoce con su nombre. Dédalo llegó a Sicilia (o a la Italia continental según otras versiones) y vivió allí el resto de sus días.
La ilustración está basada en una figurita de bronce de Ícaro con las alas puestas, preparado para volar.

Edipo

Edipo es el transgresor sexual más destacado de la mitología griega, y la versión más famosa de su historia es la que cuenta Sófocles en Edipo rey. Edipo constituye el ejemplo característico del héroe griego poseedor de todas las cualidades nobles y heroicas pero condenado por el destino a cometer graves delitos contra el orden natural. Tebas, lugar en el que se desarrolla la narración, es un escenario frecuente en la tragedia griega.

El oráculo de Delfos les había dicho a los reyes de Tebas, Layo y Yocasta, que su futuro hijo mataría a su padre y se acostaría con su madre. Cuando Yocasta dio a luz un niño, Layo le perforó los pies, se los ató y lo abandonó en la ladera de una montaña; pero un pastor lo salvó y lo llevó a Corinto, cuyos reyes, Pólibo y Mérope, le impusieron el nombre de Edipo («pie hinchado»).

Años más arde, en una fiesta, un desconocido se burló de Edipo y dijo que no era hijo de Pólibo. El insulto le dolió y consultó al oráculo de Delfos, quien le vaticinó que mataría a su padre y se casaría con su madre. Convencido de que Pólibo y Mérope eran sus verdaderos padres, Edipo huyó de Corinto, y en el camino a Tebas dio muerte a un desconocido que le había insultado: Layo, su padre. En aquella época, Tebas era asolada por la Esfinge, un ser que mataba a cuantos no sabían resolver el acertijo que planteaba: «¿Qué tiene cuatro piernas por la mañana, dos a mediodía y tres por la tarde?» Edipo retó al monstruo y dio la respuesta correcta: «el hombre» (que gatea de recién nacido, camina erguido en la madurez y con un bastón en la vejez). La Esfinge se arrojó al mar y Edipo fue recibido como salvador de la ciudad. Le rogaron que fuera su rey y que se casara con la reina, que acababa de enviudar: su madre, Yocasta. Con ella tuvo cuatro hijos, dos muchachos, Polinices y Eteocles, y dos muchachas, Antígona e Ismene, y Tebas prosperó durante su reinado.

Al cabo de muchos años, la ciudad padeció sequía, hambruna y enfermedades. El oráculo de Delfos dijo que las calamidades acabarían cuando los tebanos expulsaron al asesino de Layo, cuya búsqueda inició el propio Edipo. Descubrió la verdad por boca de Tiresias *(véase p. 165)* y del pastor que le había salvado; se cegó y se exilió, mientras que Yocasta se ahorcó.

Kylix (copa de poco fondo) de h. 470 a.C. que representa a Edipo, con sombrero y cayado de viajero, y la Esfinge en el camino hacia Tebas.

IXIÓN
Otro destacado transgresor sexual fue Ixión, rey de los lapitas, raza fabulosa de Tesalia. Intentó violar a la diosa Hera, pero ella lo engañó poniendo en su cama una nube con su forma, con la que Ixión copuló, borracho. Zeus le castigó por su delito condenándolo a estar atado a una rueda ardiente que giraría eternamente en los infiernos. El fruto de la unión de la nube e Ixión fue Centauro, que más adelante cometería también una transgresión sexual al copular con una yegua, de la que nacería el primer Centauro *(véase p. 164)*. El dibujo, procedente de una vasija, representa el castigo de Ixión.

CENTAUROS Y AMAZONAS

Razas de seres fabulosos

Centauros luchando contra los lapitas. Friso de un templo de Arcadia, Peloponeso.

Amazonas luchando contra los atenienses. Friso del Partenón, 447-432 a.C.

Centauros y Amazonas eran seres fabulosos que subvertían las normas de la conducta civilizada. Se enfrentaban con frecuencia a los héroes, y tanto la centauromaquia (batalla de los Centauros) como la amazonomaquia (batalla de las Amazonas) se repiten con frecuencia en el arte y la mitología.

Los Centauros, descendientes de Ixión *(véase p. 163)*, tenían torso de hombre y cuerpo de caballo. Se les asociaba con la licencia sexual y la violencia. En la boda de Perifante, rey de los lapitas, los Centauros intentaron raptar a la novia y se desencadenó una batalla en la que Teseo ayudó a los lapitas. Pero existían algunos centauros bondadosos y sabios, como Quirón, que educó a varios héroes, Jasón y Aquiles entre ellos, y Folo, anfitrión de Heracles, cuya visita acabó con una nota desagradable cuando otros centauros quisieron compartir el vino que Folo había ofrecido al héroe, que acabó derrotándolos. Otro centauro, Neso, fue el causante de la muerte de Heracles *(véase p. 148)*.

Las Amazonas eran mujeres belicosas que vivían en el oriente y se vestían frecuentemente como los persas (eran, por consiguiente, «bárbaras»): montaban a caballo, cazaban y saqueaban y no cultivaban la tierra. Solían utilizar el arco y, según ciertas versiones, se cortaban un pecho para facilitar el tensado del arma. (Según ciertas fuentes, Amazona significa «sin un pecho», pero siempre se representa a estas mujeres con los dos.) Tenían a los hombres como esclavos y los utilizaban para procrear durante un mes al año. Abandonaban a los niños recién nacidos y criaban a las niñas como a sus madres. En *La Ilíada*, Aquiles mata a la reina de las Amazonas, Pentesilea *(véase p. 158)*, y a los viajeros que iban a Atenas se les enseñaban las supuestas tumbas de las Amazonas que habían caído en combate contra Teseo.

TRANSFORMACIONES

Mitos sobre metamorfosis. Orfeo

En la mitología griega suele llegarse a un punto crucial en la narración cuando un personaje cambia de forma, convirtiéndose por lo general en una planta, un animal o un accidente de la naturaleza. Entre los mitos más conocidos sobre metamorfosis destaca el de Alcíone (o Halcíone) y su esposo, Ceix, que decidieron autodenominarse Hera y Zeus, por lo que los dioses los convirtieron en aves marinas. Todos los inviernos, durante siete días, Eolo, rey de los vientos, mantenía las olas en calma para que Alcíone, que se había convertido en martín pescador o alción, pudiera empollar los huevos tranquilamente.

La ninfa Eco interviene en dos mitos de metamorfosis. En el más famoso, su torrente verbal distrae a Hera durante el tiempo suficiente para que Zeus abandone el escenario de una de sus aventuras amorosas sin ser descubierto por su esposa. En castigo, Hera le deja a Eco sólo un hilo de voz. La ninfa se enamora perdidamente de Narciso, el bello hijo del dios del río Cefiso, pero cuando intenta seducirlo se limita a repetir las últimas palabras del joven. Languidece y se consume, hasta que sólo queda el eco de su voz. Maldice a Narciso, quien más adelante se asoma a un estanque y se enamora del reflejo de su imagen, que no puede poseer. Él también languidece y al morir se transforma en la flor que lleva su nombre.

En el segundo mito de metamorfosis, a Eco la persigue Pan, dios de los bosques y prados, que suele aparecer representado con patas y cuernos de cabra. La ninfa lo rechaza y el dios enloquece a un grupo de pastores, que destrozan a Eco, y lo único que queda de ella es el lamento de su voz, que resuena en las montañas.

Hera también interviene en el mito de Ío, amante de su marido, Zeus. Ío es asimismo hija del dios de otro río, Ínaco. Zeus la desea y adopta la forma de nube para copular con ella, pero como Hera empieza a sospechar, intenta engañarla transformando a Ío en una hermosa novilla blanca. Simulando que se cree la estratagema, Hera le pide a Zeus que le regale el animal, y una vez que tiene a Ío en sus manos ordena a Argos, monstruo de cien ojos, que la vigile constantemente. Para liberar a su amante, Zeus se procura la ayuda del astuto Hermes, que adormece a Argos contándole cuentos (*véase ilustración, arriba, derecha*) y le corta la cabeza. Hera entonces envía un tábano que atormenta a Ío, quien, enloquecida por el insecto, recorre el mundo hasta llegar a Egipto. Allí, Zeus le devuelve la forma humana con una suave caricia (*epafein*), que al mismo tiempo la deja embarazada de Épafo, fundador de las familias reales de Egipto y Argos y antepasado de las Danaides (*véase página 162*).

Se cuenta que Tiresias, el más famoso vidente del ciclo tebano, vivió durante siete generaciones. Según cierto relato, ve a dos serpientes apareadas y al golpearlas con el bastón se transforma en mujer. Al cabo de ocho años se topa con las mismas serpientes, también copulando, vuelve a golpearlas y recupera la forma de hombre.

Más adelante, Zeus y Hera discuten un día sobre quién recibe más placer en el sexo; según Hera, las mujeres mucho menos que los hombres. Consultan a Tiresias, la única persona que conoce el tema desde los dos puntos de vista, y su respuesta, que las mujeres disfrutan nueve veces más, enfurece tanto a Hera que lo deja ciego.

Pero su ceguera queda compensada con el don de la profecía y es Tiresias quien revela que Edipo ha matado a su padre y se ha casado con su madre (*véase página 163*).

Hermes se prepara para decapitar al guardián de Ío, Argos, a quien el dios ha adormecido con sus cuentos. Decoración de una vasija, h. 470 a.C.

ORFEO Y LOS ÓRFICOS

Uno de los mitos sobre metamorfosis más difundidos es el de Orfeo y Eurídice, en el que el gran músico logra que su amada vuelva de la muerte en los infiernos, pero la pierde de nuevo. El propio Orfeo regresa de la muerte a una vida eterna, si bien desmembrado. El tracio Orfeo era hijo de Calíope, musa de la poesía épica y de la elocuencia, y considerado el mejor de los cantores. Se casó con Eurídice, cuya muerte le embargó de tal aflicción que fue a los infiernos con su lira. Su música y sus cantos convencieron a los dioses de la muerte de que permitieran a Eurídice regresar a la tierra, a condición de que Orfeo no volviese la vista atrás mientras la llevaba a la luz. Pero al llegar a la salida de los infiernos, Orfeo, rebosante de amor y temor, se dio la vuelta y miró a Eurídice, que fue arrastrada a los infiernos para siempre. Transido de dolor, Orfeo rechazó a todas las mujeres, actitud que ofendió de tal modo a un grupo de tracias que lo desmembraron, mas en vano, pues su cabeza cortada y su lira siguieron cantando. Sobre la cabeza de Orfeo se construyó un templo, en el que se hacían profecías.

Se consideraba a Orfeo fundador de una religión mistérica, el orfismo (*véase página 128*).

ROMA

El Foro romano, centro religioso, cívico y comercial de la ciudad.
En él se alzaban los templos de Jano y Saturno y el de Vesta, en el
que se mantenía la llama de la ciudad permanentemente
encendida.

El imperio romano dominó la mayor parte de la Europa moderna y otras regiones durante los primeros cuatro siglos de nuestra era. La ciudad de Roma tenía un millón de habitantes y el imperio abarcaba cincuenta o más, que hablaban más de cien lenguas además del latín, idioma de la administración central.

El alcance de la influencia de Roma constituye un punto crucial para comprender su mitología, y no podría haberse mantenido un cuerpo único de tradiciones mitológicas y religiosas en un área tan exensa. Los mitos egipcios de Isis y Osiris, los griegos de Edipo y Agamenón, los celtas que se contaban en la Galia (la actual Francia) y Britania eran, en cierto modo, *romanos:* los habitantes del imperio, o de algunas partes del imperio, podían considerarlos propios.

Los romanos asimilaron los mitos de los pueblos conquistados. Para el observador contemporáneo, el resultado de tal proceso es una serie de imágenes en apariencia contradictorias: templos de deidades latinas nativas junto a los de dioses griegos u orientales; sacerdotes «romanos» de alto rango codo con codo con los sacerdotes vistosos y extraños de la Gran Madre, que se autocastraban. No puede extrañar que algunos romanos debatieran sobre la «auténtica» religión o mitología romanas.

Pero en esta cultura tan ecléctica se consideraban claramente romanos una serie de mitos, el más conocido de los cuales trata sobre la fundación de la ciudad (sobre Eneas y Rómulo) y sobre los héroes legendarios de las épocas primitivas. Para los romanos, el mito más importante era el de la historia de su ciudad.

LA CIUDAD DE ROMA

Los habitantes del imperio consideraban a Roma ciudad sagrada y demarcada por unos límites igualmente sagrados, el *pomerium*. Según la tradición, en el interior de este espacio religioso se desarrollaron muchos de los acontecimientos del pasado de Roma, cuya localización exacta aún se «conocía» y conmemoraba en los primeros siglos de nuestra era. Muchos de estos episodios formaban parte del mito del fundador de la ciudad, Rómulo. La gruta del Lupercal, en la que la loba amamantó a Rómulo y Remo (*véase p. 174*) se identificaba con una cueva situada en la ladera de la colina

Palatina, en la que se presentaban ofrendas rituales. En la misma colina se conservó durante toda la historia de la ciudad una choza de madera en la que supuestamente vivió el propio Rómulo, y a pesar de las diversas ampliaciones, volvió a reducirse el *pomerium* al surco que Rómulo trazó con un arado alrededor de la nueva ciudad. Un pequeño estanque del Foro llamado *Lacus Curtius* señala el lugar en el que el joven Curcio, guerrero sabino, cayó del caballo y estuvo a punto de ahogarse en las guerras entre su pueblo y Rómulo. En éste y otros ejemplos, la ciudad de Roma sirvió como continuo recuerdo de la tradición mítica.

LA CIUDAD DE ROMA

Capitolio
Foro
COLINA P...
COLINA AVENTINA

CLAVES DEL MAPA INTERIOR

- Línea aproximada del *pomerium*, siglo I a. C.
- Altar de la Paz
- Templo de la Gran Madre
- Emplazamiento del Lupercal
- Templo de Esculapio

BRITANIA

GERMANIA

GALLIA (GALIA)

R. Rin
R. Rin
R. Ródano

Danubio

MAR NEGRO

TRACIA

HISPANIA

R. Tíber
Roma
Ostia   Alba Longa
Cumas

Troya
M. ÍDA

Quíos
Delfos
Atenas

Tiro

Cartago

MAR MEDITERRÁNEO   CRETA

Alejandría

EGIPTO

R. Nilo

CLAVES DEL MAPA PRINCIPAL

- La ciudad de Roma
- El imperio romano en su cenit, siglo II
- Límite del dominio romano, 241 a.C.

LOS DIOSES Y EL IMPERIO

Los romanos creían haber adquirido su imperio con la ayuda de los dioses, que recompensaron su virtud con victorias militares. Con las conquistas se asimilaron nuevos dioses, los de los pueblos conquistados, que al principio de la expansión romana presentaban semejanzas con las deidades de la ciudad ya existentes. Al aumentar las dimensiones del imperio, los romanos se toparon con divinidades más claramente «extranjeras», como la Gran Madre (*véase p. 171*), más difíciles de incorporar a sus propias tradiciones.

TABLA CRONOLÓGICA

753-510 a.C.	**Época de la monarquía.**
753 a.C.	Fundación legendaria de la ciudad.
509-531 a.C.	**Época republicana (Roma gobernada por magistrados electos).**
241 a.C.	Roma domina la mayor parte de Italia, incluida Sicilia.
218-201 a.C.	Guerra de Roma contra Aníbal.
206 a.C.	España bajo dominio romano.
146 a.C.	Grecia y la costa norteafricana bajo dominio romano.
44-31 a.C.	Guerras civiles, que acaban con la victoria del futuro emperador Augusto.
Desde 31 a.C.	**Época imperial.**
31 a.C.-14 d.C.	Reinado de Augusto, fundador del sistema imperial. Augusto añade Egipto y partes de Alemania al imperio; emperadores posteriores añaden más territorio.
Mediados s. III.	Grandes invasiones bárbaras; el imperio en peligro.
284-305	El emperador Diocleciano restablece la unidad del imperio.
307-337	Reinado de Constantino; primer emperador que se bautiza.
364	Imperio romano dividido en mitades, Oriental y Occidental, bajo emperadores distintos.
476	Rómulo Augústulo, último emperador romano de Occidente, depuesto.

DIOSES Y DIOSAS

Un panteón prestado. Dioses domésticos y virtudes cívicas

Se consideraba a Venus (asociada con la griega Afrodita) hija de Júpiter, esposa de Vulcano y madre de Cupido, así como de Eneas. Mural de Pompeya que representa el nacimiento de Venus.

JANO

Los poderes de Jano, dios de las puertas y los arcos, quedaron establecidos en la religión romana en época temprana. No tenía un equivalente griego y se le representaba en las monedas mirando en dos direcciones, debido a su vínculo con las entradas y salidas *(abajo).*

No es simple coincidencia que las deidades más importantes del panteón romano tuvieran un carácter semejante al de las griegas. Algunas se importaron directamente del mundo griego: Esculapio, por ejemplo, dios de la medicina, deriva del griego Asclepio, y entró en Roma en el 293 a.C., siguiendo las instrucciones de un oráculo tras una peste devastadora.

Otras deidades nativas se sometieron a reinterpretaciones graduales, a medida que fueron aumentando los contactos de Roma con Grecia y se convirtieron en equivalentes de dioses griegos concretos (Júpiter, por ejemplo, es el equivalente de Zeus, y Venus de Afrodita). Palas Atenea se transformó en Minerva, protectora de las artes, entre los etruscos, cuya civilización prerromana floreció al norte del Tíber en el siglo VI a.C., y los romanos tomaron a esta diosa de sus predecesores etruscos. A Diana, diosa de los bosques itálicos, se la identificaría con el tiempo con la griega Artemisa, y Apolo, dios griego de la luz y el intelecto, también llegó a los romanos por mediación de los etruscos, pero no ocupó un lugar destacado hasta la época del emperador Augusto, a comienzos del siglo I de nuestra era.

No existían mitos nativos en los que estas deidades derivadas desempeñasen un papel. De vez en cuando se aparecían a los humanos en visiones o tomaban partido por los romanos en la guerra (como la intervención de Cástor y Pólux en la batalla del lago Regillus, en el 496 a.C.), pero la mayoría de los mitos que los romanos tejieron en torno a sus dioses eran préstamos griegos o tímidas invenciones según el modelo griego. Los relatos poéticos de transformación de Ovidio, *Las metamorfosis* (43 a.C.-17 d.C.), constituyen vivos disfraces romanos de mitos helenos, y entre ellos destaca el que cuenta que Júpiter engaña a su esposa Juno (la Hera griega) convirtiendo a su amante, Ío, en vaca, o la transformación de la ninfa Dafne en laurel para escapar a los deseos de Apolo, o la historia del cazador Acteón, castigado por haber visto desnuda a Diana a convertirse en ciervo y a ser descuartizado por sus propios perros.

Paralelismos griegos y romanos

Deidad	«Equivalente» griego	Principales funciones
Júpiter	Zeus	Dios del cielo, dios supremo
Juno	Hera	Consorte de Júpiter
Minerva	Atenea	Diosa de la sabiduría
Apolo	Apolo	Dios de la curación, la poesía y la música
Diana	Artemisa	Diosa de la caza
Ceres	Démeter	Diosa de los cultivos
Baco	Dioniso	Dios del vino
Marte	Ares	Dios de la guerra
Venus	Afrodita	Diosa del amor
Neptuno	Posidón	Dios del mar
Mercurio	Hermes	Dios del comercio, mensajero divino
Vesta	Hestia	Diosa del hogar
Liber	Dioniso	Dios del éxtasis y del vino
Saturno	Crono	Dios de la siembra y las semillas
Dis Pater	Hades	Dios de los infiernos
Fauno	Pan	Dios de los bosques
Cupido	Eros	Dios del amor; hijo de Venus
Vulcano	Hefesto	Dios del fuego y de las fraguas
Esculapio	Asclepio	Dios de la medicina
Cástor y Pólux	Cástor y Polideuces	Hijos divinos de Júpiter

Los Lares eran dioses del hogar vinculados con los Penates, dioses de la despensa y, por consiguiente, de la riqueza familiar. En muchos santuarios caseros había estatuillas de los Lares, con túnica corta y un cuerno y un plato en las manos (arriba).

Mural que representa a Fauno, antigua deidad itálica cuyos atributos asimilaron los del griego Pan en la época romana.

DIOSES GRIEGOS Y ROMANOS COMPARADOS

Ya los autores de la antigüedad reconocían una diferencia entre las deidades griegas y las romanas. Según Varrón, escritor romano del siglo I a. C., en los primeros días de la ciudad no se representaban con forma humana a las divinidades romanas, a diferencia de sus equivalentes griegas. Dionisio de Halicarnaso, historiador griego de la misma época, destaca la superioridad moral de los dioses romanos sobre los helenos: Rómulo elevó el perfil moral de las divinidades porque, al fundar la ciudad, rechazó todos los antiguos mitos sobre los hechos deshonrosos de éstas.

HOMBRES TRANSFORMADOS EN DIOSES

Entre los dioses romanos había algunos que iniciaron su vida como mortales. El fundador de Roma, Rómulo, fue supuestamente deificado tras su muerte y pasó a ser el dios Quirino. Según el mito, desapareció misteriosamente y después se presentó en sueños a un ciudadano y le explicó que lo habían raptado y se había unido a los dioses. En época posterior, el Senado romano divinizó formalmente a muchos personajes al morir, y en algunos casos también a sus esposas e hijos. El emperador Vespasiano dijo bromeando en su lecho de muerte: «Ay, creo que me estoy convirtiendo en dios». Al igual que a los inmortales, se rendía culto a estos emperadores divinos, que tenían templos consagrados a ellos. Este panel tallado, hallado en Roma, representa la deificación del emperador Antonino y de su esposa, Faustina.

Los dioses romanos carecen de personalidad propia. Tal y como aparece en *La Eneida* de Virgilio, Júpiter no posee el carácter tiránico ni los instintos libidinosos de Zeus, ni Venus la sensualidad ni la crueldad de Afrodita. A diferencia de su equivalente griego, el dios de la guerra Ares, a Marte se le asocia con la agricultura, un reflejo de la preocupación romana por las virtudes cívicas y las responsabilidades comunes. Presenta además un aspecto patriótico como padre de Rómulo, primer rey de Roma. Y los antiguos dioses del hogar, los Lares, eran especialmente misteriosos. Sus santuarios, muy frecuentes en las casas, solían decorarse con estatuas o pinturas de figuritas vestidas con una túnica corta acampanada y un cuerno y una vasija para las ofrendas en las manos *(véase p. 169)*, pero estas deidades no desempeñaban ninguna función en las narraciones míticas: no se les asignaban nombres individuales e integraban un grupo indiferenciado. Tampoco existían mitos relacionados con las deidades que personificaban las cualidades humanas, como Fides («fe»), Honos («honor»), Spes («esperanza») y similares. Se trataba de simples cualidades emblemáticas, a las que debían sus nombres.

Además de los dioses del hogar, había otras deidades menores asociadas con diversas actividades humanas. En su ataque al paganismo, san Agustín las consideraba temas especialmente apropiados para la ridiculización. Confeccionó una lista con la ingente cantidad de deidades triviales que supuestamente vigilaban la noche de bodas de una mujer romana: Domidicus (el dios que «encabeza el hogar»), Subigus (el dios que «somete»), Prema (la diosa que «sujeta»), etcétera. Nunca se las representaba con forma humana y no constituían material para la creación de mitos.

La Gran Madre

Una de las deidades más exóticas que se introdujeron en Roma fue la Gran Madre (Magna Mater), tomada del Asia Menor (actual Turquía) en 204 a. C. Muchos escritores romanos describieron su llegada a Roma y los increíbles acontecimientos que la rodearon. El siguiente relato procede en gran parte del poeta Ovidio, que vivió en el siglo I a. C.

Con la esperanza de vencer en la guerra contra los cartagineses encabezados por Aníbal, los romanos consultaron a un oráculo local, que dio una extraña respuesta: «La madre está ausente: buscad a la madre. Cuando venga, debe ser recibida por manos castas.» Desconcertados, pidieron una segunda opinión al oráculo de Delfos, que les aconsejó que «recogieran a la Madre de los Dioses, que se encuentra en el monte Ida». Enviaron una embajada al rey Átalo, en cuyo territorio se alzaba el monte Ida, y le preguntaron si podían llevarse la imagen de la Gran Madre a Roma.

Átalo les negó el permiso, pero la diosa habló milagrosamente y dijo que era su deseo partir. Atemorizado ante sus palabras, el rey dio su consentimiento y se construyó un barco para que transportase la preciada carga.

La larga travesía por el Mediterráneo finalizó en Ostia, el puerto de Roma, en la desembocadura del Tíber, donde se congregaron todos los ciudadanos para recibir a la diosa. Intentaron empujar la embarcación hasta la orilla, pero estaba encallada en el lodo y no se movía. Los romanos temieron no poder cumplir los términos del oráculo; pero apareció Claudia Quinta, una mujer noble a la que se había acusado injustamente de no ser casta basándose en que vestía con demasiada elegancia y en que tenía la lengua demasiado afilada en las discusiones con los hombres. Sabiéndose inocente, llegó a la desembocadura y alzó las manos, suplicando a la Gran Madre. «¡Si soy inocente de todas las acusaciones, ven a mis castas manos, oh diosa!», exclamó. Liberó el barco sin esfuerzo y la imagen fue escoltada hasta su nuevo templo.

Los romanos siempre tuvieron una actitud ambigua ante la Gran Madre. Por un lado, su culto extático, con sacerdotes que se autocastraban, y la música y las danzas frenéticas se les antojaban demasiado extraños; por otro, debido a que su tierra natal, junto a Troya, era el origen en última instancia de la raza romana (según la leyenda de Eneas) la consideraban deidad «nativa».

Cabeza de piedra (arriba) *de la Gran Madre, también denominada Cibeles.*

Plato de plata que representa a Cibeles en un carro tirado por leones, sentada junto a su «consorte», el pastor Atis.

LA FUNDACIÓN DE ROMA

El destino de Eneas el troyano

Mural de Pompeya que representa a Eneas mientras le curan una pierna herida. Rodea con un brazo a su hijo, Ascanio, y la madre del héroe los contempla.

En la mitología griega, Eneas es un héroe troyano de importancia secundaria en el conflicto entre Grecia y Troya, hijo de Anquises y Afrodita, quien profetizó antes del nacimiento del niño que un día reinaría sobre los troyanos y sería el predecesor de una dinastía eterna. Al menos desde el siglo III a.C. en Roma se le consideraba fundador mítico de la raza romana, historia que se narra en el gran poema épico latino *La Eneida,* escrito por Virgilio en el siglo I a.C.

Cuando los griegos destruyeron la ciudad de Troya, Eneas escapó con vida, llevando a la espalda a su padre y en los brazos a su hijo, Ascanio, y las imágenes de sus dioses ancestrales. Inició una larga y peligrosa travesía por el Mediterráneo (el anciano Anquises murió en el camino) y llegó a Cumas, Italia. Allí consultó a la Sibila, sacerdotisa de Apolo, quien le sirvió de guía en su visita a los infiernos donde, según Virgilio, se reunió con su padre, quien le habló de la futura grandeza de la raza que estaba destinado a fundar y le mostró las almas de famosos romanos del porvenir, que esperaban a nacer.

Eneas volvió a levar anclas en Cumas y arribó al reino itálico del Lacio, cuyo rey, Latino, le prometió la mano de su hija Lavinia, quien, según las predicciones de un oráculo, habría de casarse con un príncipe extranjero. Pero Lavinia había sido prometida anteriormente a Turno, jefe de los rútulos, otra tribu itálica, y en parte a consecuencia de este insulto a Turno estalló una guerra en el transcurso de la cual Eneas y Latino firmaron una alianza con Evandro, rey de Palanteo, emplazamiento de la futura ciudad de Roma. Por último, Eneas dio muerte a Turno en combate singular.

La obra de Virgilio acaba con la derrota de Turno, pero existen varias tradiciones que narran el resto de la historia de la creación de la dinastía iniciada por Eneas, en algunas de las cuales el héroe aparece como fundador de la propia Roma. Pero, según la más extendida, Eneas estableció la ciudad de Lavinium (en honor de su prometida) y su hijo Ascanio fundó una segunda ciudad, Alba Longa.

Sin duda, el propósito de estos relatos, en los que Eneas y Ascanio aparecen como fundadores de los primeros asentamientos troyanos «prerromanos» en Italia, consistía en hacer compatible la historia del héroe con el otro relato sobre la fundación de Roma, por Rómulo, que descendía de la línea real de Alba Longa *(véase p. 174).*

Eneas constituía un símbolo importante de los valores morales romanos, sobre todo la piedad que demuestra el heroico rescate de su padre, y la perseverancia y el sentido del deber que caracterizan sus primeros esfuerzos por fundar la raza romana, simbolismo que se puso de relieve de forma muy especial en el reinado del emperador Augusto (31 a.C.-14 d.C.), cuya familia, los Julios, aseguraban descender directamente de Eneas. En uno de sus proyectos arquitectónicos más impresionantes, el «foro de Augusto», el emperador colocó estatuas no sólo de Eneas, sino también de Ascanio, de los siguientes reyes de Alba Longa y de otros antepasados que representaban su vinculación directa con el fundador de Roma.

En el relato de Virgilio sobre Eneas se cuenta la aventura amorosa del héroe troyano con Dido, reina de Cartago *(véase p. siguiente).* Probablemente, en otras versiones anteriores de la historia de Dido, Eneas no desempeñaba ningún papel, y al unir los dos personajes, Virgilio creó una de las leyendas romanas de mayor renombre.

Eneas y Dido

En el transcurso de su viaje por el Mediterráneo, antes de arribar a Italia, Eneas desembarca en Cartago, al norte de África, y allí, según Virgilio, se enamora de la reina Dido.

Dido era fenicia de nacimiento, de la ciudad de Tiro. Obligada a huir de su patria tras el asesinato de su esposo, estaba terminando de construir una nueva ciudad en Cartago cuando Eneas y sus hombres fueron arrastrados hasta la playa próxima. Los recibió generosamente y casi de inmediato se enamoró del troyano. Alentada por su hermana, Ana, empezó a aceptar su deseo por el extranjero y a esperar que la pidiera en matrimonio.

Un día, cuando Eneas y ella estaban de caza, se desencadenó una tormenta y ambos se refugiaron a solas en una cueva. Hicieron el amor mientras rugía la tempestad y a partir de entonces vivieron juntos como marido y mujer y Eneas actuó casi como si fuera rey de Cartago.

Cuando llegó el mensajero de los dioses a recordarle a Eneas su deber, fundar una nueva Troya en Italia, el troyano decidió abandonar a su amada y continuar su camino. Dido descubrió en seguida sus intenciones y le

Eneas y Dido abrazados (arriba). *Detalle de un suelo de mosaico. La escena de abajo, del mismo lugar, representa la atracción de ambos en una cacería.*

recriminó su traición. Aunque profundamente afligido, Eneas sólo pudo argumentar que los dioses le obligaban a marchar y rogarle que no hiciera su partida aún más dolorosa.

Desesperada, Dido resolvió suicidarse. Erigió una enorme pira funeraria, simulando que estaba destinada a un rito mágico para recuperar a Eneas o al menos para curarse de su amor. Tras una noche de insomnio, vio que el barco de Eneas ya había levado anclas. Maldiciéndolo y rogando por la eterna enemistad entre Cartago y los descendientes del troyano, subió a la pira, cogió la espada de su amante y se infligió una herida mortal.

Eneas no escapó por completo de Dido. En su viaje a los infiernos, vio al fantasma de la reina e intentó una vez más justificar su conducta; pero Dido se negó a hablarle y volvió con el fantasma de su marido.

La leyenda de Dido y Eneas presenta estrechos vínculos con la historia política y militar de Roma: el ruego de la reina por la enemistad entre Roma y Cartago proporcionó una justificación mitológica para la guerra entre ambas ciudades durante el mandato de Aníbal (218-201 a.C.).

RÓMULO Y LOS REYES DE ROMA

La loba y los mitos del pasado

LA LOBA Y LOS GEMELOS
Roma emplearía la imagen de Rómulo y Remo amamantados por la loba como símbolo de su creciente poder. A principios del siglo II a.C., cuando la influencia militar romana se extendió hacia oriente, se erigió un monumento que representaba a los gemelos en un lugar tan alejado de Roma como la isla griega de Quíos. En la propia ciudad, el emperador Augusto desplegaba con frecuencia la imagen de la loba y Rómulo y Remo junto a la de Eneas, y algunos romanos sugirieron que Augusto adoptase el nombre de Rómulo como título oficial, pero el destino quiso que fuera el último emperador, Rómulo Augústulo, quien lo hiciera. Este mosaico, de la Britania romana, ilustra el poder simbólico de la imagen de la loba.

El rapto de las sabinas, friso de la Basílica Emilia del Foro romano. En otra parte del friso (finales del siglo I a.C.) aparece el castigo de Tarpeya (véase p. siguiente).

El nombre de la ciudad de Roma deriva de Rómulo, su legendario fundador. Él y su hermano gemelo Remo eran hijos de Rea Silvia, una mujer del linaje real de Alba Longa, y del dios Marte, que la sedujo en una gruta sagrada en la que Rea buscaba agua. Cuando el tío de ésta, Amulio, observó su misteriosa preñez, la encarceló, y en cuanto nacieron los niños la obligó a que los abandonara a orillas del Tíber para que muriesen.

Encontró a los gemelos una loba, que los amamantó hasta que los descubrió un pastor, Fáustulo, que los crió como a sus propios hijos. Al crecer, Rómulo y Remo se dedicaron al robo, y en una ocasión atacaron a unos pastores de Amulio que apacentaban sus rebaños en la colina Aventina (parte de la futura Roma). Capturaron a Remo y lo llevaron ante Amulio, y Fáustulo eligió aquel momento para explicarle a Rómulo las circunstancias de su nacimiento (según cierta versión, había presenciado el abandono). Tras oír la historia, Rómulo fue a rescatar a Remo, asesinó a Amulio y asignó el trono vacante de Alba Longa a su abuelo, Numitor.

Rómulo y Remo decidieron fundar su propia ciudad en el lugar en el que los había recogido la loba, pero entre ambos surgió una disputa sobre la localización exacta. Rómulo, que había recibido una señal de los dioses, empezó a marcar los límites en el punto elegido, en la colina Palatina, pero Remo saltó sobre el foso (el *pomerium* original) como para demostrar la debilidad de sus defensas. Al ver semejante sacrilegio, Rómulo lo mató y pasó a ser el único rey de la nueva ciudad.

Su problema más inmediato radicaba en la mano de obra: tenía que poblar Roma. Para ello estableció un refugio en el que podían residir delincuentes y proscritos de toda Italia en calidad de primeros ciudadanos, y para encontrar suficientes mujeres recurrió a una estratagema. Invitó a las gentes de los alrededores —las tribus sabinas— a celebrar una fiesta religiosa conjunta, y en mitad de los actos dio una señal a sus hombres para que raptasen a las mujeres en edad de contraer matrimonio.

En respuesta, Tito Tacio, rey de los sabinos, reunió a su ejército e invadió el territorio romano. Tras diversos enfrentamientos, en el transcurso de los cuales los sabinos penetraron las defensas romanas de la colina Capitolina, las sabinas, ya esposas romanas, decidieron intervenir y rogaron a sus padres y maridos que cesaran las hostilidades. Se hizo la paz y los dos pueblos se unieron. Tito Tacio reinó conjuntamente con Rómulo hasta su muerte, acaecida poco después de la guerra. A continuación, Rómulo quedó al frente de toda la comunidad y reinó treinta y tres años más, en calidad de primer rey de Roma.

Mitos de la historia de Roma

*R*esulta difícil definir con precisión los límites entre la historia temprana y la mitología romanas. Al igual que ocurre con los relatos británicos sobre el rey Arturo o el rey Alfredo, los elementos reales se entretejen con los legendarios. Muchos relatos que los escritores romanos trataron como «historia» se considerarían en la actualidad como «mitos», y contienen muchos de los temas que se encuentran en las mitologías del mundo entero. En estos relatos destaca el papel de las mujeres, su castidad o sus traiciones.

En el transcurso del conflicto entre romanos y sabinos que siguió al rapto de las sabinas *(véase p. anterior),* una romana de nombre Tarpeya, hija del comandante romano al cargo del Capitolio, intentó traicionar a la ciudad. Al ver a Tito Tacio en el campamento enemigo se enamoró de él y accedió a dejarle entrar en la ciudad a cambio de que se casara con ella. Según otra versión, la motivó la codicia: deseaba los brazaletes de oro de las sabinas y pidió «lo que llevan las sabinas en el brazo izquierdo». Tito Tacio traspasó las defensas de Roma con su ayuda, pero se negó a recompensarla por su traición y Tarpeya murió aplastada por los sabinos, que, efectivamente, le arrojaron «lo que llevaban en el brazo izquierdo»: escudos, no brazaletes. Se dio su nombre a una roca de la colina Capitolina, la «Roca Tarpeya», desde la que se arrojaba a los traidores y asesinos condenados a muerte.

El último rey de Roma, Tarquino el Soberbio, fue depuesto por la virtud de una romana, Lucrecia. El hijo del rey quería acostarse con ella, a pesar de que estaba casada y de que era sobradamente conocida su inquebrantable fidelidad. Fue a su casa mientras el marido luchaba en la guerra y la mujer lo recibió hospitalariamente; pero después él la sujetó, espada en mano, y le rogó que hicieran el amor. Lucrecia lo rechazó y el joven ideó una forma irresistible de chantaje: la amenazó con matarla, pero no sólo a ella, sino a uno de sus esclavos y dejar sus cuerpos juntos, para que pareciera que una dama de la nobleza había sido sorprendida en pleno adulterio con un sirviente. Ante el inminente escándalo, Lucrecia cedió, pero una vez que el violador se hubo marchado, llamó a su padre y a su marido y les contó lo ocurrido. A pesar de los ruegos de los dos hombres, quienes le aseguraron que era inocente, Lucrecia se suicidó.

En venganza, sus familiares se rebelaron contra el rey, que huyó a la cercana ciudad de Caere. La monarquía fue derrocada y el marido de Lucrecia fue uno de los primeros magistrados (los cónsules) del gobierno «republicano libre» que se estableció en su lugar. La violación de Lucrecia sirvió como mito de fundación de la nueva república, y a partir de entonces se adoptó una actitud hostil en Roma hacia el título de «rey».

Más adelante, el rey de Clusio, en una tentativa de restaurar a Tarquino en el trono, sitió la ciudad de Roma, pero, según la leyenda, fue derrotado por el heroísmo de Horacio Cocles, quien con otros dos hombres rechazó al enemigo cuando se aproximaba al puente del Tíber.

Los siete reyes legendarios de Roma

Nombre	Reinado legendario	Logros
Rómulo	753-715 a.C.	Fundador de Roma.
Numa	715-673 a.C.	Grandes instituciones religiosas.
Tulio Hostilio	673-642 a.C.	Renombrado guerrero.
Anco Marcio	642-616 a.C.	Amplía Roma.
Tarquino el Viejo	616-579 a.C.	Funda los templos de Júpiter y Minerva en el Capitolio; construye otros edificios.
Servio Tulio	579-534 a.C.	Reformas constitucionales.
Tarquino el Soberbio	534-510 a.C.	Amplía el territorio romano. Déspota.

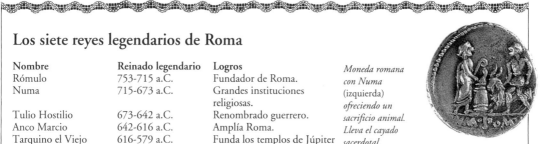

Moneda romana con Numa (izquierda) ofreciendo un sacrificio animal. Lleva el cayado sacerdotal.

EL MUNDO CELTA

Vista aérea de la fortaleza de Dun Aonghusa en Inishmore, islas de Arán, Irlanda. Según la leyenda, sus muros fueron construidos por una raza mítica, los Fir Bholg, que llegó aquí tras ser derrotada en la primera batalla de Magh Tuiredh (véase p. 180).

«Céltico» es esencialmente un término lingüístico, y las regiones célticas son las áreas de Europa y Asia Menor en las que se han hablado lenguas célticas en diversas épocas, desde Irlanda al oeste hasta Turquía al este.

Por desgracia, no existe un sistema único de mitología pancéltica. Hay ciertas similitudes entre las deidades galas consignadas por los romanos y los dioses de las literaturas «insulares» (es decir, las de las islas Británicas e Irlanda), pero estas correspondencias rara vez son sencillas y carentes de toda ambigüedad.

En realidad, la interpretación romana de los cultos célticos arroja más oscuridad que luz sobre el tema. Cuando Julio César presenta un panteón galo con supuestas precisión y claridad clásicas, lo que hace es reducir una multiplicidad de deidades a una uniformidad derivada de prejuicios romanos, además de asignar nombres latinos a los dioses galos.

Cabe la posibilidad de que los celtas del continente rindieran culto a deidades locales, tribales. Cuando en una inscripción gala aparece el nombre de un dios romano, en algunos casos podría referirse a una deidad local equiparada a un dios romano y en otros a una deidad pancéltica con nombre romano.

Según César, el mayor de los dioses célticos es el que él denomina Mercurio, casi con toda certeza Lugus, el irlandés Lugh. En opinión de la mayoría de los expertos, «Lugus» significa «el Brillante», y se adoraba al sol como dador de vida y protector de la fertilidad y la curación, con la rueda como símbolo.

Como no se han conservado mitos célticos del continente en forma de narraciones, los relatos insulares revisten una importancia especial como fuente de la tradición mitológica. Sin embargo, existen dudas sobre su exactitud. En galés, se ha demostrado que algunos relatos de la colección medieval *Mabinogion* están basados en cuentos populares del mundo entero, muy conocidos, y por consiguiente, no pueden tomarse como mitos con plena confianza. No cabe duda de que las primitivas sagas irlandesas recurren a elementos arcaicos, pero en la actualidad se consideran ficciones literarias características de la primera civilización cristiana de Europa.

TABLA CRONOLÓGICA

Siglo IX a.C.	Los celtas se establecen al norte de los Alpes y por el Mediterráneo.
Siglo VI a.C.	Los celtas se expanden por la moderna Francia y antigua Checoslovaquia.
h. 400 a.C.	Los celtas invaden el norte de Italia.
387 a.C.	Los celtas saquean Roma.
280 a.C.	La Confederación Gálata entra en el Asia Menor.
279 a.C.	Los celtas invaden Grecia y saquean el santuario de Delfos.
Siglo II a.C.	Los romanos ocupan la Galia.
Siglo I	Los romanos ocupan Britania.
Siglo V	Los anglosajones invaden Inglaterra.
Siglos V-VI	Los celtas británicos se asientan en Bretaña.

EL DIOS LUGH EN LOS TOPÓNIMOS

El dios Lugh constituye un buen ejemplo del reflejo de ciertas deidades en los topónimos. Probablemente se trata del mismo dios céltico al que César identifica con Mercurio y sitúa en la cima de la jerarquía gala: el «Mercurio» de César es «el inventor de todas las artes», mientras que en irlandés se le califica de «poseedor, diestro en muchas artes». El dios afín a Lugh en galés es Lleu, y la forma más antigua de estos nombres es Lugus, que encontramos en el topónimo Lugdunon (*Lugdunum* en latín), origen lingüístico de las ciudades francesas de Laón y Lión (esta última elegida por César Augusto como capital de la Galia y emplazamiento de su festival anual), de Leiden en los Países Bajos y de Leignitz, en Silesia. Luguvalium, o Luguvallum, nombre latino-británico de la actual Carlisle, al norte de Inglaterra, deriva de *Luguvalos*, que significa «fuerte como Lugus» o «fuerte en Lugus».

CLAVES DEL MAPA

Áreas de asentamiento celta, siglos IV-III a. C.

Direcciones de expansión temporal de los celtas

Siglo VI a. C.

Siglo IV a. C.

Siglo III a. C.

LAS LENGUAS CÉLTICAS

En las islas Británicas se hablaban lenguas célticas antes de la ocupación romana, y se mantuvieron hasta la llegada de los anglosajones a Inglaterra en el siglo V. Había dos ramas lingüísticas principales de céltico «insular»: goidélico y britónico. El primero comprende el irlandés y gaélico escocés, que aún se conservan, y el manx, extinto en el siglo XX. Estas dos últimas lenguas surgieron con la colonización irlandesa. El britónico comprende el galés, el córnico (que se extinguió en el siglo XVIII) y el bretón, la lengua de Bretaña.
De las lenguas célticas del continente europeo sólo se conservan testimonios fragmentarios, como inscripciones y topónimos.

GUÍA DE PRONUNCIACIÓN

Ofrecemos los sonidos aproximados en castellano.
Pronunciación del irlandés
c como en *cama*
dh parecido a *d* en *todo*
gh más *a, o* ó *u,* como en *gana*
gh más *i* ó *e,* como *y* en *reyes*
ch tras *a, o* ó *u,* como *j* en *rojo*
s más *i* ó *e* como en la onomatopeya para pedir silencio
bh y *mh* como *v* (labiodental)
th como *c* en *cien*
Pronunciación del galés
ll como *tl*
dd parecido a *d* en *atado*
w (como vocal) parecido a *u* en *uno*

ORÍGENES Y EXPANSIÓN DE LOS CELTAS

Las regiones célticas se extendían desde Francia (Galia o Gallia), Iberia y Galicia al oeste hasta Turquía (Galacia) al este. Los celtas aparecen en la historia en los escritos griegos de los siglos V y VI a.C, y es el historiador Herodoto el primero que menciona a los *Kelti,* en el siglo V. Hacia 400 a.C. unas tribus celtas invadieron el norte de Italia; en 279 a.C. otras saquearon el santuario de Delfos, en Grecia, y en 280 a.C. una confederación de celtas conocida como los gálatas llegó al Asia Menor. Fue ésta una época de expansión: probablemente, los celtas procedían de una región al este del Rin, que después sería Baviera y Bohemia, y al oeste de dicho río.

EL PANTEÓN CELTA

Miscelánea de dioses

*El dios de la rueda de esta escena perteneciente
a la caldera de Gundestrup (véase p. 181) no
puede identificarse con precisión, pero el
símbolo de la rueda probablemente representa
el sol y el ciclo de las estaciones.*

EL DAGHDHA

El Daghdha, «el Buen Dios», es asimismo
«el Poderoso de Gran Conocimiento», que
al copular con la diosa de la guerra (que es
además diosa de la tierra), a la que encuentra
en un río lavando las cabezas y los miembros
de quienes morirán en combate, asegura la
victoria de su propio pueblo. Vigila los
cultivos y el tiempo atmosférico, funciones
por las que se le podría comparar con el
romano Silvano, deidad de los bosques, el
crecimiento y la labranza.

El Daghdha posee dos atributos especiales:
un palo, con uno de cuyos extremos mata,
mientras que con el otro da la vida, y una
caldera de la que saca eterna hospitalidad
en calidad de Señor del Otro Mundo.

*Las diosas (y con menor frecuencia los dioses)
celtas aparecen en muchos casos en forma triple.
En la mitología irlandesa existe una tríada de
diosas de la guerra, considerada a veces como
una sola deidad y a veces como tres, así como
tres diosas denominadas Macha, con los
aspectos de profetisa, guerrera y matriarca. En
el continente europeo, las deidades femeninas
(Deae matres o Matronae) se representan en
tríadas, y en la Gran Bretaña céltico-romana se
encuentran grupos semejantes, como las diosas
madre de la ilustración.*

Los druidas, la casta sacerdotal celta, pensaban que todos descendían del dios
de los muertos, en irlandés Donn, «el Oscuro», pero el título de «Gran Padre» se
reserva en este idioma para el Daghdha, «el Buen Dios», protector de la abundancia y la fertilidad. La consorte de Sucellos, el «Buen Golpeador», es Nantosvelta,
diosa de un río.

César denomina «Minerva» a la protectora gala de las artes y las técnicas, y salta a la vista que su equivalente irlandesa es Brighid, hija del Dagdha. Algunos
autores contemporáneos identifican a Oenghus, hijo del Daghdha, con el dios
del amor, debido en parte al papel que desempeña al ayudar a los amantes Diarmaid y Gráinne *(véase p. 184)*.

El irlandés Nuadhu Airgedlámh (el equivalente galés es Nudd Llaw Eireint) es
una de las figuras más destacadas del llamado Ciclo Mitológico *(véanse páginas
180-181)*. Dios-antepasado y rey de su pueblo, pierde un brazo en la batalla contra los invasores y lo sustituye por otro de plata: su epíteto significa «de Brazo (o
Mano) de Plata».

El galo Taranis es el «Tronador», equiparado con Júpiter por los romanos, y
está muy extendido, pero no se lo encuentra en Irlanda.

Ogmios, vinculado en la Galia con la elocuencia, podría estar relacionado con
el dios irlandés Oghma, supuesto inventor del alfabeto Ogham, a base de muescas y rayas grabadas sobre piedra o madera.

Se conocen pocas deidades de la tradición narrativa
irlandesa con funciones claramente definidas. Dian
Cécht es el Médico Divino, que cantaba sus conjuros sobre un pozo al que se lanzaba a quienes
habían recibido una herida mortal y del que sa-
lían curados. Goibhniu es la figura principal de
una tríada de dioses-artesanos formada también
por Luchta y Creidhne, además de anfitrión de la
Fiesta del Otro Mundo, en la que quienes tomaban una bebida embriagadora obtenían la inmortalidad. Manannán está vinculado con el océano y la travesía al Otro Mundo, lugar de regocijo, y
Mapono, venerado en la Galia y Britania y equiparado con Apolo, es el Joven Divino, el equivalente del irlandés Oengus.

*Moneda celta acuñada en la Galia
que probablemente representa a
una deidad. Siglo I a.C.*

Cernunnos, el dios con cuernos

Cernunnos, «el Cornudo» es un nombre que se aplica a diversas imágenes de un dios con cuernos. Es Señor de los Animales (domésticos y salvajes), dador de la fruta, el grano o el dinero, dios de la fertilidad y la abundancia. Se le ha equiparado con Dis Pater, dios de los muertos, y casi con toda certeza es anterior a sus representaciones célticas.

Por lo general, los cuernos simbolizan agresividad y virilidad. En un cuento popular gaélico, unos viajeros comen unas manzanas que encuentran en una isla misteriosa e inmediatamente les salen cuernos. Según una leyenda histórica escocesa, a los guerreros que se preparan para el combate les nacen repentinamente estos apéndices.

La primera representación de Cernunnos que se conoce es un grabado sobre roca del siglo IV a.C. hallado en el norte de Italia, en el que aparece un dios cornudo con una tira retorcida de metal precioso conocida como torques en ambos brazos, atributo común a las figuras divinas, que normalmente llevan en el cuello. Lo acompañan una serpiente con cabeza de carnero y una figurilla con el pene erecto.

El nombre de Cernunnos sólo se ha encontrado en una ocasión, en un relieve dedicado por unos marineros de principios del siglo I. El dios tiene orejas de ciervo y de cada cuerna cuelga un torques.

En muchos casos se le representa acompañado de animales, a veces un toro. En un relieve de Reims aparece sentado como un Buda, flanqueado por Mercurio y Apolo, y a sus pies tiene un ciervo y un toro, animales que comen de un gran saco de cuya abertura sale algo que parece grano. En otras representaciones galas aparece el dios cornudo sentado y entrelazado con dos serpientes con cabeza de carnero que comen de un montón de fruta que tiene en el regazo.

Hemos de destacar dos representaciones británicas. Un relieve en piedra del suroeste de Inglaterra muestra al dios con las piernas formadas por dos grandes serpientes con cabeza de carnero encaramadas sobre unas bolsas de dinero abiertas a ambos lados del dios. En una moneda de plata del sureste de Inglaterra fechada h. 20 aparece la deidad con una rueda entre los cuernos. Como la rueda es un símbolo solar, esta imagen quizá represente la fertilidad y el renacer de la tierra en primavera.

La asociación con la serpiente tiene connotaciones interesantes, ya que este animal es un símbolo muy extendido de fertilidad y renacimiento, vinculado con los infiernos. En la tradición gaélica, reaparece el día de santa Brígida, señalando el regreso de la primavera. Por tanto, la serpiente con cabeza de carnero vinculada con Cernunnos tiene un simbolismo doble, de virilidad y de renovación.

Cernunnos: detalle de la caldera de Gundestrup (ilustrada en su totalidad en p. 181). La figura con cuernos está sentada con las piernas cruzadas, con un torques en el cuello y otro en la mano, acompañada por una serpiente con cabeza o cuernos de carnero. La «postura de Buda» podría tener orígenes orientales.

MITOS Y DIOSES DE IRLANDA

El Ciclo Mitológico

LA VICTORIA DE LUGH
EN MAGH TUIREDH
Antes de la Segunda Batalla de Magh Tuiredh, los Tuatha Dé celebran una fiesta regia cuya entrada está restringida a quienes ejercen las artes, y aparece Lugh, guerrero joven y apuesto vestido como un rey, que asegura tener derecho a entrar por ser «diestro en todas las artes»: afirma ser escritor, arpista, guerrero, poeta, hechicero, médico, copero y muchas cosas más. Nuadhu le cede el asiento del rey y Lugh se encarga de los preparativos de la batalla. El abuelo de Lugh es Balar el del Mal de Ojo, uno de los jefes fomorianos. Existía la profecía de que Balar moriría a manos de su nieto, razón por la que encerró a su única hija cuando fue seducida y tuvo trillizos, a quienes Balar arrojó al mar. Pero un herrero salvó y crió a uno de ellos, Lugh. Balar tiene un ojo de mirada ponzoñosa que puede inutilizar a un ejército de millares de hombres cuando lo abre. Cuando Lugh ve el párpado levantado en plena batalla, le lanza una piedra con una honda y el ojo atraviesa la cabeza de Balar, a consecuencia de lo cual sus tropas son destruidas por la mirada fatal.

LAS DOS BATALLAS
Existen dos relatos sobre la Primera y Segunda Batallas de Magh Tuiredh en la mitología irlandesa. El más importante es el de la segunda; el texto de la primera es posterior, y en ciertos aspectos deriva del de la segunda. Ambas historias adquieren su contexto en *El libro de la conquista de Irlanda*, más conocido como *El libro de las invasiones*, texto de carácter monástico que enumera las sucesivas invasiones de Irlanda desde el Diluvio.

El relato central del cuerpo de mitos irlandeses, denominado por los especialistas Ciclo Mitológico, narra la Primera y Segunda Batalla de Magh Tuiredh (Moytirra). El mito trata sobre el enfrentamiento entre dos ejércitos de seres sobrenaturales y el establecimiento del orden cósmico y social.

El telón de fondo viene dado por el relato sobre cinco pueblos que invaden sucesivamente el país. En primer lugar aparece Cessair, hija de Bith, hijo de Noé, cuarenta días antes del Diluvio. Perecen todos sus compañeros, salvo Fintan mac Bóchra, que vive otros 5.500 años en forma de salmón, águila y halcón y actúa como testigo de los subsiguientes acontecimientos.

La segunda invasión, 300 años después del Diluvio, corre a cargo de Partholon, descendiente de Jafet, hijo de Noé. Su pueblo establece un modo de vida ordenado: limpian y hacen habitables cuatro llanuras, descubren el ganado, construyen casas y elaboran cerveza. Los enemigos de esta raza son los fomorianos, descendientes de otro hijo de Noé, Cam, a quien su padre maldijo. A consecuencia de dicha maldición, son seres monstruosos, de un solo brazo y una sola pierna. Partholon y sus gentes son destruidos por la peste, no por sus enemigos, y sólo queda un superviviente, Tuan mac Sdairn.

Treinta años después de la invasión de Partholon aparece Nemhedh, cuyos descendientes son atacados con el paso del tiempo por los fomorianos en la isla que les sirve de fortaleza. La mayoría muere en el intento, pero quienes sobreviven a la batalla (treinta hombres) abandonan Irlanda y se dispersan: unos van a Gran Bretaña, las «islas septentrionales del mundo», y otros a Grecia.

Las dos siguientes invasiones están encabezadas por descendientes de Nemhedh. De quienes han sido reducidos a la esclavitud en Grecia proceden los Fir Bholg, los «Hombres de Bolsas o Sacos», nombre que reciben porque durante su exilio en Grecia los obligaron a dejar arable la tierra cubriendo las rocas con arena que llevaban en sacos. Tienen cinco jefes y dividen la tierra en cinco provincias, de donde deriva la división de Irlanda en Ulster, Leinster, Connacht, Munster y Meath como centro. Dominan el país durante treinta y siete años e instituyen la monarquía. El último de sus reyes, Eochaidh mac Eirc, es el prototipo del buen monarca, que inicia una larga tradición en la que fertilidad y justicia están vinculadas. En su reinado no llueve; tan sólo cae rocío, no hay ningún año sin cosecha y la falsedad es erradicada de Irlanda.

La quinta invasión corresponde a los Tuatha Dé Danann, descendientes del pueblo que se autoexilia a las «islas septentrionales del mundo». Su llegada desencadena la Primera Batalla de Magh Tuiredh, librada contra los Fir Bholg, en la que éstos son derrotados. Durante su estancia en las «islas septentrionales», los Tuatha Dé aprenden las artes de los druidas, la ciencia popular y los conocimientos demoníacos y llevan a Irlanda cuatro talismanes: la Piedra de Fál, que chilla cuando se sienta sobre ella un rey legítimo; la lanza de Lugh, que garantiza la victoria a quien la empuña; la espada de Nuadhu, de la que nadie puede librarse cuando se la saca de su vaina, y la Caldera del Daghdha (*véase recuadro, página siguiente*).

En la Primera Batalla, Sreng, un guerrero de los Fir Bholg, le corta el brazo derecho a la altura del hombro al jefe de los Tuatha Dé Danann, Nuadhu, ocupa la jefatura y firma la paz con los Tuatha Dé, concediéndoles toda Irlanda excepto Connacht, que ocupa su propio pueblo, pero Nuadhu pierde el trono, porque un hombre con un defecto físico no puede reinar, y Bres ocupa su lugar.

Al poco tiempo Bres empieza a oprimir a su pueblo e incluso el Daghdha se ve reducido a excavar y construir una fortaleza para el monarca. Coirbre, un poeta, satiriza a Bres, quien se ve obligado a renunciar al trono y empieza a reunir un ejército de fomorianos para luchar contra los Tuatha Dé. Mientras tanto, el médico Dian Cécht fabrica un brazo de plata para Nuadhu, que recupera la corona pero abdica después en favor de Lugh, un forastero que impresiona a la corte de Tara con su destreza en todas las artes. Lugh sale victorioso de la Segunda Batalla y empuja a los fomorianos al mar. Le perdona la vida a Bres, cuyo comportamiento ha desencadenado el conflicto, a cambio de que revele los secretos de la prosperidad agrícola, y el gran mito termina con dos profecías de Morríghan, diosa de la guerra, después de la batalla, una sobre el orden cósmico y la prosperidad y otra sobre el caos y el fin del mundo.

En la cronología de *La conquista de Irlanda*, todas las invasiones preceden a la llegada de los gaélicos, los Hijos de Míl. El nombre completo, Míl Espaine, es sencillamente un préstamo del latín *miles Hispaniae*, «soldado de Hispania» (se cree que *Hibernia*, término latino para designar Irlanda, deriva de Iberia, o España). Los Hijos de Míl desembarcan al suroeste de Irlanda en la fiesta de Beltane (1.º de mayo) y vencen en combate a los Tuatha Dé Dannan. Después se dirigen hacia Tara e infligen la derrota final. A continuación, el poeta Amhairghin divide Irlanda en dos y adjudica la mitad subterránea del país a los Tuatha Dé Dannan, que se exilian a las montañas y regiones de las hadas.

La caldera del Daghdha

*L*a cacerola del Gran Padre desempeña un papel funda- *mental en la Fiesta del Otro Mundo, idea que aparece en la literatura con tratamientos paralelos. En la Fiesta de Goibhniu, el dios de los infiernos es el Herrero Divino: quienes comen y beben a su mesa no envejecen ni mueren. También aparece la caldera de Da Derga, que guisa conti- nuamente para los hombres de Irlanda, y al pertenecer al Gran Padre, la caldera del Daghdha debe considerarse simplemente como prototipo de todas ellas.*

La caldera del Daghdha es fuente de abundancia: «ningún comensal se mar- chó jamás insatisfecho». La Segunda Batalla de Magh Tuiredh contiene un relato sobre la humillación del Daghdha. Durante una tregua antes de la batalla con el Daghdha, los fomorianos, sabiendo que es su plato preferido, le preparan una enorme cantidad de gachas de avena con la idea de burlarse de él. Llenan la caldera con 80 medidas de leche y las mismas de avena y

grasa y añaden cabritos, ovejas y cerdos. A continuación hierven la mezcla, la vierten en un agujero del suelo y ordenan al Daghdah que se lo coma todo o lo matarán. El dios se lo comió todo e incluso rebañó los restos con los dedos, tras lo cual se quedó dormido. Al despertarse vio a una hermosa muchacha, pero no pudo hacer el amor con ella porque tenía el vientre enorme- mente hinchado.

Caldera de Gundestrup, recipiente de plata de 36 centímetros de altura destinado a fiestas rituales, hallada en cinco piezas en una turbera de Jutlandia.

En la literatura galesa, y sobre todo en la historia de Branwen, hija de Llyr, también aparece una Caldera de la Resurrección. Ponen en la cacerola los cadáveres de unos guerreros, encienden una hoguera debajo y a la mañana siguiente los guerreros salen tan fieros como siem- pre, pero privados de habla.

La caldera de este relato es de origen galés. La Caldera de la Resurrección no es una idea irlande- sa, pero existen paralelismos con otra que sí lo es, la de devolver la vida a los muertos bañándolos en un foso lleno de leche o arrojándolos a un pozo sobre el que se han entonado conjuros.

EL HÉROE DEL ULSTER

Cuentos de Cuchulainn

EL TELÓN DE FONDO
El relato épico de *Táin Bó Cualinge* (La incursión del ganado de Cooley) reúne las proezas de los héroes irlandeses, enfrentando a los «Hombres de Irlanda» (Connacht) con los «Hombres del Ulster». Colección de relatos escritos probablemente hacia el 700, el *Táin* incluye varias historias preliminares que dotan de una dimensión distinta a la narración, y entre ellas destaca la de Deirdre, que explica por qué Ferghus, héroe del Ulster, tomó el partido de Connacht. Una versión posterior y armonizada de la epopeya sitúa el escenario del conflicto de la siguiente manera. Ailill, rey de Connacht, y su esposa, Medhbh, discuten en la cama sobre un gran toro —el de los Cuernos Blancos— que en un principio le pertenecía a ella, pero que pasó a formar parte del rebaño del rey porque no deseaba ser propiedad de una mujer. Medhbh jura que encontrará otro igual, pero el único comparable es el Toro Castaño de Cooley. Envía emisarios al propietario para ofrecerle una generosa recompensa, pero los emisarios aseguran que si no se lo regala lo cogerán por la fuerza y estalla el conflicto.

La vinculación de Cuchulainn con los perros deriva de la ocasión en la que mató a los perros guardianes de Culann el Herrero (véase margen, p. siguiente). A pesar de su aspecto moderno, la escultura de este perro procede de un santuario romano-celta de Lydney, Gloucestershire, al suroeste de Inglaterra.

En la guerra entre los Hombres de Irlanda y los Hombres del Ulster *(véase margen, izquierda)* se asigna a Ferghus la tarea de guiar al ejército de Connacht, pero debido a sus sentimientos hacia su propio pueblo acaba por extraviar al ejército y por enviar mensajes de aviso al Ulster. A consecuencia de una antigua maldición que les habían impuesto por su brutalidad para con una mujer sobrenatural, Macha, los hombres del Ulster sufren una enfermedad que los debilita y que les sobreviene en momentos de peligro. Sólo Cuchulainn y su padre humano, Sualtamh (su padre divino es el dios Lugh), están libres de la maldición, y parten para enfrentarse al enemigo.

Cuchulainn mata a cien guerreros, y a continuación, con la aprobación de Medhbh, se enzarza en una larga serie de combates singulares en un vado, enfrentándose a un guerrero distinto cada día y derrotándolos a todos. Después, al defender su propio territorio, descubre que van a llevarse al Toro Castaño: mata al guerrero que encabeza la operación pero pierde el animal, circunstancia que le llena de consternación.

Lugh acude en ayuda de Cuchulainn y le cura las heridas mientras el guerrero permanece dormido durante tres días y tres noches. Entre tanto, los hombres del Ulster libran una batalla contra los guerreros de Medhbh y matan al triple de su propio contingente, pero caen 150 hombres. Cuando Cuchulainn despierta y se entera del desastre, mata a 130 personas, reyes, mujeres y niños incluidos, y se lanza de lleno a un frenesí vengativo.

Medhbh recurre a Fer Diadh, hermano de leche de Cuchulainn, para que se enfrente a él, y los dos hombres luchan durante tres días, sin que ninguno obtenga ventaja sobre el otro. Todas las noches, Cuchulainn le envía hierbas a Fer Diadh para curar sus heridas, y Fer Diadh le envía comida a Cuchulainn. Al cuarto día, Cuchulainn decide luchar en el vado en el que tantas victorias ha obtenido. Se enfrentan durante mucho tiempo, hasta que Cuchulainn pide la *gae bolga*, arma terrible que Scáthach, guerrera que antaño instruyera a los dos hermanos de leche, sólo le ha enseñado a utilizar a él. El arma penetra en el cuerpo como una flecha única, pero en la herida su fuerza se multiplica como si fueran veinticuatro flechas. Fer Diadh muere y Cuchulainn entona un canto fúnebre sobre su cadáver.

Sualtamh, padre de Cuchulainn, acude al lugar de la batalla, y su hijo, postrado por las heridas, le envía a alentar a los hombres del Ulster. Conchobhar, rey del Ulster, reúne a sus guerreros, y Ferghus y él luchan escudo con escudo. Ferghus descarga tres poderosos mandobles, de modo que el escudo mágico de Conchobhar chilla. Al oír el grito, Cuchulainn se despierta con frenesí bélico. Ferghus, que ha prometido no enfrentarse jamás en combate a Cuchulainn, se retira con los hombres de Leinster y Munster, Cuchulainn arremete, vence a los últimos combatientes y cae sobre Medhbh, pero le perdona la vida por ser una mujer y permite a su ejército que atraviese el Shannon para llegar a Connacht.

Medhbh ha enviado el Toro Castaño a Connacht, y al llegar allí, el animal emite tres potentes mugidos; el Toro de Cuernos Blancos los oye y corre a enfrentarse con él, mientras los guerreros supervivientes presencian la escena. La prodigiosa tauromaquia se prolonga hasta la noche y tiene lugar por toda Irlanda. A la mañana siguiente, se ve al toro con su rival vencido sobre los cuernos. Regresa al Ulster, esparciendo fragmentos de la carne del Toro de Cuernos Blancos, y al llegar a la frontera de Cooley, su corazón se rompe y muere. Ailill y Medhbh hacen las paces con Cuchulainn y los Hombres del Ulster y durante siete años no libran ninguna batalla y nadie muere.

La muerte de Cuchulainn

En la guerra contra Medhbh, reina de Connacht, Cuchulainn mata a un guerrero, Cailidín, cuya esposa da a luz a tres niños y tres niñas. Medhbh los envía al extranjero a que estudien hechicería y cuando regresan los enfrenta a Cuchulainn.

Al enterarse de que se preparaba una traición, Conchobhar le ordenó a Cuchulainn que se quedase en Emhain Mhacha hasta que acabase la lucha. El héroe estuvo protegido allí por mujeres, hijas de reyes y nobles, entre las que se contaban Niamh, su amante, y por los druidas del Ulster, que le llevaron a un valle que ofrecía mayor seguridad, pero cuando Cuchulainn vio aquel lugar comprendió que se trataba del Valle de los Sordos y se negó a entrar.

Al mismo tiempo, los hijos de Cailidín hicieron aparecer unos batallones fantasmales que rodearon el valle, y Cuchulainn creyó que la tierra era asolada por guerreros y que los ruidos que oía coincidían con los de una batalla. Desconcertado y no sintiéndose suficientemente preparado para el combate, ordenó que engancharan sus caballos al carro, pero Niamh lo abrazó y lo convenció de que se quedara con ella. Entonces, Conchobhar ordenó a sus servidores que llevaran inmediatamente a Cuchulainn al Valle de los Sordos, porque allí no oiría el fragor de la batalla. El héroe los acompañó de mala gana, después de que fueran a verlo mujeres, poetas y arpistas.

Los hijos de Cailidín lo buscaron, mas en vano. Pensando que lo había escondido el druida Cathbhadh, recorrieron la provincia entera volando como aves con sus artes mágicas hasta llegar al Valle de los Sordos, donde vieron al Liath Macha (el Gris) y al Dubh Saingleann (el Negro), los caballos de Cuchulainn, al cuidado del auriga Laegh, y comprendieron que Cuchulainn estaba allí también a oír el ruido y la música.

Entonces, los hijos de Cailidín recogieron cardos afilados, bejines y hojas secas que revoloteaban por los bosques y modelaron con ellos guerreros armados, de modo que no quedó colina del valle en la que no apostaran soldados. La tierra resonó con los gritos guerreros, audibles incluso en las nubes del cielo, y con el retumbar de cuernos y trompetas.

Cuchulainn creyó que los Hombres de Irlanda estaban arrasando la provincia, pero el druida Cathbhadh le persuadió de que se trataba tan sólo de los espectros que habían lanzado el los hijos de Cailidín. Una de las hijas de éste, Badhbh, adoptó la forma de Niamh y le pidió a Cuchulainn que luchase contra los Hombres de Irlanda. Cathbhadh y las mujeres trataron de detener al héroe, pero no lo lograron. Cuchulainn oía los terribles gritos como antes y veía fantasmas extraños y terribles. La verdadera Niamh le dijo que no era ella sino Badhbh quien había hablado con él adoptando su forma, pero Cuchulainn no la creyó y entró en combate.

Los hijos de Cailidín habían preparado tres jabalinas mágicas. La primera mató al auriga de Cuchulainn, la segundo hirió al Liath Macha y la tercera alcanzó al héroe. Al comprender que su muerte estaba próxima, se ató a una columna para poder enfrentarse erguido a sus enemigos. Nadie se atrevió a acercarse a él durante tres días, hasta que se posó sobre la columna una de las hijas de Cailidín en forma de cuervo, momento en el que todos supieron que Cuchulainn había muerto.

CÓMO ADQUIRIÓ SU NOMBRE CUCHULAINN

El rey Conchobhar invitó a su hijo adoptivo Sédanta (que más adelante se llamaría Cuchulainn) a una fiesta ofrecida por Culann el Herrero, pero el muchacho estaba jugando y prometió ir más tarde. El rey se olvidó de Sédanta; cuando éste llegó, lo atacó el perro de Culann y él lo mató con las manos desnudas. Todos se disgustaron por el peligro que había corrido el muchacho y Culann lamentó haberse quedado sin protección. Sédanta se ofreció a actuar él mismo como perro guardián hasta que pudiera criar un cachorro de la misma raza, y el druida Cathbhadh le dijo que a partir de entonces se llamaría Cuchulainn, nombre que significa «el sabueso de Culann».

DEIRDRE

En cumplimiento de una profecía según la cual Deirdre sería muy bella pero llevaría la muerte y la destrucción a los hombres del Ulster, el rey Conchobhar la crió en secreto para casarse con ella cuando creciera. Un día, la joven Deirdre vio a su padre adoptivo desollando un ternero en la nieve mientras un cuervo bebía la sangre del animal y le dijo a su nodriza, Lebhorcham: «Mucho amaría yo a un hombre con esos tres colores: cabello como el cuervo, mejillas como la sangre y cuerpo como la nieve», a lo que Lebhorcham replicó que allí cerca vivía un hombre así: Naoise, hijo de Uisneach. Cuando se conocieron se fugaron a Escocia; Conchobhar les invitó a que regresaran y envió al gran guerrero Ferghus para que los escoltara, pero al llegar a Emhain, el rey ordenó a Eoghan que diese muerte a Naoise y que le llevaran a Deirdre con las manos atadas a la espalda. Enfurecidos por la traición, Ferghus y sus hombres saquearon el Ulster y se aliaron con la corte hostil de Medhbh, reina de Connacht.

Deirdre se vio obligada a vivir con Conchobhar, y cuando al cabo de un año (durante el cual no sonrió ni alzó la cabeza de las rodillas ni una sola vez) el rey le preguntó qué detestaba más, ella contestó: «A ti y a Eoghan.» El rey le dijo que tenía que vivir con Eoghan y al día siguiente los dos hombres se la llevaron en un carro: «una oveja entre dos carneros», como dijo Conchobhar. Al aproximarse el carro a una roca, Deirdre se golpeó la cabeza a propósito contra ella y murió, poniendo fin a su infelicidad.

FINN Y SUS GUERREROS

Los mitos fenianos

LA CAZA DEL JABALÍ

El jabalí era un símbolo fundamental para los celtas. Existen testimonios de sacrificios de estos animales, y la deidad gala Mercurio Moccus (*moccus* es una forma latinizada del término galo para «cerdo» o «puerco») podría haber sido protectora de los cazadores de jabalíes, animales que desempeñan un papel destacado en los cuentos populares de Diarmaid y Gráinne.

Gráinne queda prometida en matrimonio, contra su voluntad, con Finn, un viudo de edad por aquel entonces. La noche del banquete de bodas Gráinne se fuga con Diarmaid, a quien la muchacha ha hechizado, y cuando Finn y sus hombres salen en su persecución, Oenghus, dios del amor y padre adoptivo de Diarmaid, hace desaparecer misteriosamente a los fugitivos. La pareja llega a Munster tras atravesar Connacht, se hacen amantes y viven felices hasta el día de la gran cacería del jabalí mágico de Beann Ghulban (Ben Bulben), en Sligo. El jabalí había sido hermano de leche de Diarmaid, y habría de causar su muerte, según una profecía. El animal hiere a Diarmaid, y la única posibilidad de que éste sobreviva radica en que beba agua de las manos de Finn, que posee propiedades curativas. Finn acude dos veces con el agua, pero al acordarse de Gráinne la deja correr entre los dedos. Diarmaid muere y Oenghus lleva su cuerpo a Brugh na Bóinne, antiguo enterramiento de Newgrange, en County Meath.

La ilustración del ángulo superior derecho muestra un carro de bronce ritual de los siglos VI o VII a.C.

En numerosas imágenes de jabalíes celtas aparece este animal con la espina dorsal erizada. En una versión del relato de Diarmaid y la caza del jabalí, el joven muere a consecuencia de la herida infligida por la espina dorsal ponzoñosa del jabalí.

El gran *corpus* literario denominado Ciclo Feniano deriva su nombre de Finn (*Fionn* en gaélico moderno) y de sus seguidores, los Fian, una banda de guerreros y cazadores en cuya existencia, en el siglo III, se creyó durante mucho tiempo, pero a los que en la actualidad se atribuye carácter mítico. Finn y sus héroes fueron personajes destacados en las postrimerías del medievo, circunstancia que claramente representa un resurgimiento y, en cierta medida, la reelaboración de una tradición narrativa que ya se conocía en época muy anterior. Las referencias a Finn de los siglos VIII, IX y X lo vinculan con luchas, amores y expediciones de caza y lo enfrentan con seres sobrenaturales en combates localizados en toda la geografía irlandesa. Más adelante aparece como guerrero-vidente. Posiblemente se le puede identificar con el dios Lugh, pues ambos nombres significan «el Rubio» o «el Brillante», y al igual que Lugh lucha con Balar, el de un solo ojo, Finn lucha con Goll «el de Un Ojo», su principal adversario del Otro Mundo, también llamado Aodh, o «Fuego». A finales del siglo XII, los Fian (representados con frecuencia como gigantes) ocupaban un lugar destacado en la tradición gaélica, sobre todo en cuentos populares y baladas de Escocia e Irlanda.

En la gran recopilación literaria del siglo XII *El coloquio de los ancianos* se identifica a Finn con el hijo de Cumhall, jefe de la casa de Baoisgne, enemistado con Goll, jefe de la casa de Morna. Finn es cazador y poeta y actúa fuera de los límites del orden social. En algunos relatos adquiere el don de la profecía y del conocimiento sobrenatural al ingerir la bebida del Otro Mundo; según otra tradición, que ha persistido en el folclore hasta la actualidad, en una ocasión tocó el Salmón del Conocimiento con un dedo *(véase recuadro, p. siguiente)*.

Finn tiene un hijo, Oisín, cuya madre, una mujer-cierva del Otro Mundo, lo cría en un paraje aislado. Tradicionalmente, Oisín es el poeta de los Fian, y uno de los grandes temas de las baladas fenianas que supuestamente compuso consiste en la amenaza de los vikingos. En las creencias gaélicas, la fabulosa tierra de Lothlind (posteriormente Lochlann, «Noruega») es la patria de los vikingos, que se presentan como seres de otro mundo.

Los Fian, cazadores de lugares desolados, tienen afinidad natural con los animales. Los perros preferidos de Finn, Bran y Sceolang, son sus propios sobrinos metamorfoseados (o un sobrino y una sobrina). Uno de los héroes fenianos que aparece con más frecuencia es Conán, el pendenciero, cuyo nombre significa «Pequeño Sabueso». En la tradición escocesa, la madre adoptiva de Finn, Luas Lurgann («Velocidad de Zanca»), posee la rapidez de una cierva.

El coloquio de los ancianos habla de una división de Irlanda: la nobleza expresa su preferencia por las ciudades, las fortalezas y los tesoros, mientras que los Fian se inclinan por los estuarios y acantilados de Irlanda, sus bosques, su hermoso salmón moteado y su caza. Oisín y Caílte (actual Caoilte) sobreviven a los demás miembros de su banda durante suficiente tiempo como para conocer a san Patricio. Según versiones posteriores, ambos discuten sobre el paganismo y el cristianismo durante un viaje por Irlanda en compañía del santo.

Diarmaid, cuya fama se basa en el papel que desempeña en su fuga con Gráinne, es el héroe joven y apuesto de los Fian. En los cuentos populares tiene un «punto amoroso»: toda mujer que lo veía se enamoraba perdidamente de él. En algunos casos se le conoce como Diarmaid Donn, nombre que indica una vinculación con Donn, dios de los muertos.

Conán el Calvo es hermano del gran guerrero Goll, hijo de Morna, a un tiempo seguidor y rival de Finn. La literatura del siglo XII retrata a Conán como un personaje impulsivo y malicioso, mientras que en los relatos posmedievales aparece como figura cómica. En una narración, los Fian quedan pegados al suelo de una morada del Otro Mundo, el Albergue del Serbal, por obra de las artes mágicas de sus adversarios, y se liberan todos menos Conán, quien, al ser arrancado de su asiento, se deja la piel de las posaderas en él.

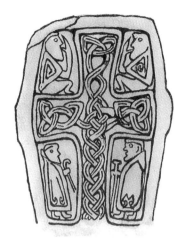

Cruz celta con dos figuras que se chupan el pulgar, probablemente representaciones de Finn, que, cuando tenía que recurrir a su sabiduría mágica se ponía el dedo sobre el «diente del conocimiento» (véase recuadro, abajo).

Finn y el Salmón del Conocimiento

El eo fis, el Salmón del Conocimiento, adquirió su sabiduría sobrenatural al comer los frutos de tres avellanos que cayeron al Manantial de Seghais, el arroyo del Otro Mundo en el que vivía, y emitir burbujas de inspiración divina. Se considera este manantial fuente de los dos grandes ríos de Irlanda, el Boyne y el Shannon, y Linn Feic, una charca del Boyne, aparece como una de las moradas del salmón.

Cuando Finn era muchacho (y entonces no se llamaba Finn, sino Demhne) fue a educarse con Finn el Poeta, a quien se considera emanación de la sabiduría atemporal del río Boyne. Finn el Poeta llevaba siete años esperando al Salmón de Linn Feic, porque, según la profecía, al comerlo obtendría conocimientos ilimitados. Capturó el salmón y se lo dio a Demhne para que lo cocinase, pero le advirtió que no se lo comiese. Cuando el muchacho le presentó a Finn el pez cocinado, le dijo que no lo había probado siquiera pero que se había quemado el pulgar al tocarlo y se

lo había llevado a la boca. El poeta replicó que a partir de entonces debía llamarse Finn y que era él a quien se le había concedido que comiese el salmón. El muchacho así lo hizo y aprendió las tres habilidades del poeta: «conocimiento que ilumina», «masticar la médula» y «encantamiento de las puntas» (probablemente las yemas de los dedos). Desde entonces, siempre que el héroe se metía el pulgar en la boca y cantaba «Masticar la médula» (quizá carne cruda o prohibida) se le revelaba cualquier cosa que no conociese.

Según otra versión, que siguen los cuentos populares modernos, Finn recibió el don de la profecía de una forma similar. Le piden que cocine el salmón, que debe prepararse con la piel intacta, pero ve una ampolla y Finn la aprieta, quemándose el dedo. Se lo mete en la boca para aliviar el dolor y descubre el don de la profecía.

LAS DIOSAS

Maternidad, guerra y soberanía

LA DIOSA CABALLO
La diosa caballo Epona, el Caballo Divino, era venerada en todo el mundo céltico, desde Gran Bretaña hasta el Danubio. Tenía el honor, único entre las deidades galas, de que los romanos le dedicaran una festividad, y sus devotos se encontraban sobre todo en la caballería gala del ejército romano. Se vincula a Epona con el agua, la fertilidad y la muerte, aspectos que parecen relacionarla con la Diosa Madre.

El culto de la diosa madre ha dejado claras huellas en la mitología celta. Los Tuatha Dé Dannan son la familia de la diosa Danu, mientras que en Gales los dioses descienden de Dôn, y Anu, diosa de la tierra vinculada con Danu, aparece como madre de los dioses de Irlanda

Las diosas de la guerra adoptan diversos nombres: la Morríghan, Bodhbh (o Badhbh), Nemhain y Macha, y otras diosas instruyen o dan a luz a héroes, como Scáthach, «la Umbrosa», maestra de Cuchulainn. Medhbh de Cinnacht, que dirigió los ejércitos de los Hombres de Irlanda, se identificaba con la potencia sexual: ningún monarca de Tara podía reinar sin haber copulado con ella antes. Sexo y guerra aparecen igualmente unidos en Flidhais, la única pareja que satisfacía a Ferghus: equivalente celta de la Diana romana, es diosa de la caza y de la luna.

Diana se equipara asimismo con diosas de la caza celtas del continente, como Abnoba, de la Selva Negra, y Arduinna, protectora de los jabalíes, de las Ardenas. Hasta cierto punto, Bodhbh y Nemhain son intercambiables con la Morríghan, y sus gritos infundían tal pavor que los guerreros morían al oírlos. Boann, espíritu divino del río Boyne, era la esposa de Nechtan, dios del agua. Tras copular con el Daghdha (al igual que la Morríghan) nació Oenghus, dios del amor, y al violar la prohibición de visitar el manantial de Nechtan, las aguas ascendieron y se la tragaron, y así se convirtió en el Boyne, el gran río de la mitología irlandesa.

Todos estos atributos se unen en el concepto de soberanía. En el mito, el rey «se casa» con su reino en una ceremonia en la que la novia, la Soberanía, le ofrece una libación. La Soberanía de Irlanda puede aparecer como una vieja fea, símbolo del desolado y sangriento reino, pero cuando la besa el pretendiente legítimo a la corona se transforma en una hermosa muchacha que revela su condición de diosa.

Brighid y santa Brígida

*L*a diosa Brighid era tan popular que pasó al cristianismo como santa (santa Brígida de Kildare), con los mismos atributos de fertilidad y la capacidad de infundir terror en los ejércitos enemigos.

El nombre de Brighid deriva de la raíz celta *brig* («exaltado»,), frecuente en topónimos y nombres tribales, circunstancia que sugiere que era una diosa de la soberanía. Hija del Daghdha, era experta en poesía y en conocimientos arcanos. Sus dos hermanas, llamadas también Brighid, se asociaban con las artes curativas y la artesanía, y en muchos casos se trataba a las tres como una sola deidad.

La diosa romano-celta Minerva (arriba) *se identificaba con Brighid y se conmemoraba a ambas con una llama eterna.*

El culto a santa Brígida, con un claro aspecto de fertilidad, perpetuó el nombre de la diosa. La santa asumió muchas funciones divinas: sus vacas producían un lago de leche, proporcionaba alimentos inagotables y con una medida de su malta se elaboraba cerveza para todas sus parroquias. Su fiesta se celebra el 1 de febrero, como la fiesta precristiana de Imbolg, vinculada con la lactancia de las ovejas y una de las cuatro grandes festividades estacionales célticas. En las creencias populares, santa Brígida es protectora de los rebaños, del hogar familiar y de los partos, así como madre adoptiva de Cristo.

VIAJES DE ULTRATUMBA

Conla, Mael Dúin y Bran

Los Viajes y Aventuras irlandeses hablan de periplos al Otro Mundo, paraje ambiguo y misterioso. Aunque sus poderes pueden mostrarse hostiles, se trata en esencia de un lugar de júbilo atemporal, de continuas fiestas y música encantada, en el que se desconocen la vejez y la muerte. Se accede a él por cuevas o lagos, o mediante encuentros casuales con sus representantes, que invitan o seducen a los mortales para que entren en una de sus moradas. Entre otros muchos nombres, se lo conoce como la Llanura de las Dos Brumas, la Tierra de los Jóvenes y la Tierra de los Vivos y, en los Viajes aparece con frecuencia como la Tierra Prometida del Occidente, situada en el océano o allende los mares.

En la aventura de Conla, una mujer a la que sólo él ve lo llama a la Llanura del Placer. El padre de Conla, Conn el de las Cien Batallas, ordena a su druida que impida a la mujer invisible, cuya voz pueden oír todos, que se lleve a su hijo. Los cánticos del druida la alejan, pero al desaparecer le arroja a Conla una manzana, que lo mantiene durante un mes entero: rechaza cualquier otro alimento o bebida y el fruto no disminuye. A Conla le invade un fuerte deseo de ver de nuevo a la mujer, y cuando ella aparece por segunda vez le dice a Conla que pueden irse juntos en su barco de cristal y él la sigue. Se marchan en una embarcación de cristal y no se vuelve a tener noticia de ellos.

En la travesía del barco de Mael Dúin se cuenta que el héroe decide vengar la muerte de su padre, para lo cual debe viajar por mar y recibir las instrucciones de un druida sobre la construcción del navío y el número exacto de tripulantes, pero los hermanos de leche de Mael Dúin violan esta última orden y llegan al barco a nado. Cuando arriban a la isla en la que vive el asesino del padre de Mael Dúin se desencadena un gran tempestad que los empuja a alta mar y dejan que el barco les lleve a donde Dios quiera. Desembarcan en treinta y una islas, todas ellas con terrores y prodigios distintos: enjambres de hormigas tan grandes como potros, una bestia con patas como las de un perro que brinca jubilosa al ver a los viajeros porque quiere comérselos a ellos y al navío y demonios que disputan carreras de caballos.

Tras múltiples aventuras, se topan con una columna de plata en cuyo extremo superior hay una red del mismo metal que se extiende hasta lo lejos. El navío atraviesa la malla y uno de los tripulantes corta un trozo para colocarlo en el altar en Armagh, si regresan a su patria. Un día, llegan a la Tierra de las Mujeres, donde, tras un banquete, cada hombre se acuesta con una mujer y Mel Dúin con la reina, que invita a los visitantes a quedarse con ella para siempre, disfrutando de los placeres que acaban de probar; pero al cabo del tiempo, los compañeros de Mael Dúin le convencen de que emprendan el regreso. La reina arroja un ovillo de hilo cuando levan anclas; Mael Dúin lo coge y la reina tira del extremo que ella sujeta hasta que el navío vuelve a la orilla, algo que se repite tres veces. Después, Mael Dúin deja que otro hombre recoja el ovillo de hilo, que se aferra a su mano, pero uno de los hombres le corta el brazo y se hacen a la mar. Tras otros encuentros prodigiosos, ven un halcón que vuela hacia el sureste, lo siguen y por fin regresan a Irlanda. Tienden el trozo de red sobre el altar de Armagh y cuentan lo que les ha sucedido.

En opinión de algunos expertos, tanto las Aventuras como los Viajes son mitos paganos con interpolaciones o detalles cristianos. Otros sostienen que los Viajes son composiciones cristianas y las Aventuras paganas, pero cada día existen más especialistas que consideran ambos alegorías cristianas.

Barco de oro en miniatura, con mástil y remos, fechado en el siglo I a.C., de Broighter, County Derry, Irlanda del Norte.

EL VIAJE DE BRAN
Existe la opinión unánime de que *El viaje de Bran*, relato en prosa salpicado de poemas, es una alegoría del tránsito del alma. Una mujer va a ver a Bran con una rama de árbol que ha cogido en los infiernos, le insta a que vaya a aquel lugar mágico y profetiza el nacimiento de Cristo, un gran señor sin comienzo ni fin que nacerá de una virgen. Con veintiséis compañeros, Bran cruza la Llanura del Placer, un paraíso en el que no existe el pecado, y llega a la Isla del Alborozo, cuyos habitantes no hacen mas que reír y gritar. A continuación arriban a la Isla de las Mujeres, lugar de placeres libertinos. Nechtán, uno de los viajeros, siente nostalgia de su patria, y la reina de la isla les permite partir, pero les aconseja que no pongan pie en tierra. Al llegar a Irlanda Nechtán desoye la advertencia y queda reducido a cenizas. Cuando Bran anuncia su nombre, los que se encuentran en la orilla dicen: «No lo conocemos, pero la Travesía de Bran es uno de nuestros antiguos cuentos.» Bran cuenta sus aventuras desde el barco, leva anclas y no se vuelve a saber nada de él.

RELATOS DE GALES

El Mabinogion

LA CABEZA PRODIGIOSA

En la Segunda Rama del *Mabinogion* aparecen los tres miembros de la familia de Llyr: Branwen, Manawydan y Brân el Bienaventurado. En la tradición antigua existe un vínculo entre Manawydan y Brân como hijos de las hermanas de Beli el Grande, dios-antepasado de varias casas reales galesas.

El gigantesco Brân encabeza el ejército britano contra los irlandeses, a quienes no vencen hasta que se destruye la caldera mágica de la resurrección, en manos de los irlandeses. Herido en el pie (como Bron, el rey pescador de las narraciones artúricas), Brân ordena que siete supervivientes de la batalla le corten la cabeza, que entierran en el monte Blanco de Londres con el fin de proteger el reino. Durante los siete años en Harlech y los ocho en Gwales, en Penvro, dedicados a fiestas continuas, la cabeza permanece intacta, «tan buena compañera como siempre».

Aunque se han descubierto elementos míticos en los relatos galeses medievales, la rica literatura de Gales no constituye un almacén de mitos tan claro como la literatura primitiva de Irlanda en opinión de muchos expertos. Sólo existe una colección galesa importante: el *Mabinogion*. Su relatos fueron recopilados fundamentalmente por animadores de la corte galesa con afición a la literatura y las antigüedades, pero una serie de preocupaciones sociales y políticas más amplias debieron ejercer una influencia consciente e inconsciente sobre la forma de recontar estas antiguas narraciones.

El principal relato del *Mabinogion* está dividido en las Cuatro Ramas de los Mabinogi: las historias de Pwyll, Branwen, Manawydan y Math. (*Mabinogion* es un título del siglo XIX.) La primera y tercera ramas tratan sobre la familia de Pwyll, la segunda sobre la familia de Llyr y la cuarta sobre la familia de Dôn. Pryderi, hijo de Pwyll, aparece en las cuatro ramas.

De los demás relatos, aparte de las Cuatro Ramas, el de Culhwch se considera el más antiguo de la colección. Culhwch obtiene la mano de Olwen, hija del jefe gigante Ysbaddaden, que le impone una serie de tareas imposibles antes de dar su consentimiento. Culhwch recluta a varios hombres extraordinarios, cada uno de los cuales posee una habilidad mágica, y con su colaboración lleva a término las tareas y obtiene a la muchacha. En el relato interviene Arturo, quizá en su primera aparición en la prosa galesa, que ayuda a Mabon (hijo de Modron) y a Culhwch a cazar por Irlanda, el sur de Gales y Cornualles al jabalí mágico Twrch Trwyth, entre cuyas orejas hay un peine y unas tijeras prodigiosos.

En los relatos de Pwyll hallamos varios temas folclóricos extendidos por todo el mundo que no pueden considerarse antiguos mitos celtas, pero su nombre significa «sentido» o «sabiduría», reminiscencia del epíteto del Daghdha irlandés, «el de gran conocimiento», y el nombre de su prometida, Rhiannon, deriva de Rigantona, «reina grande o divina». Se ha vinculado a Rhiannon y a su hijo Pryderi con Modron y Mabon («Gran Madre» y «Gran Hijo») y algunos expertos ven una relación entre Rhiannon y la diosa de los caballos Epona (*véase página 186*).

Dôn, cuya familia domina la Cuarta Rama, podría ser el equivalente de la irlandesa Donu (Danu), «Madre de los Dioses». Math, señor de Gwynedd, sólo puede vivir si pone los pies entre los pliegues del regazo de una virgen, excepto cuando lo impide la guerra. Su sobrino Gilfaethwy seduce a la virgen Goewin con la ayuda del hermano de aquél, Gwydion, mientras Math se encuentra en una campaña. Al regresar, Math se venga transformando a los dos hermanos en animales. La siguiente virgen debe ser Arianrhod, hija de Dôn, que no supera una prueba de virginidad y da a luz a dos muchachos, al segundo de los cuales oculta Gwydion, que ha recuperado su forma humana. Arianrhod jura que este hijo suyo no tendrá nombre hasta que ella misma se lo imponga, pero, con engaños, Gwydion consigue que le llame Lleu Llaw Gyffes, «el Brillante de Hábil Mano», y su madre jura que Lleu jamás tendrá una esposa humana. Math y Gwydon hacen aparecer una mujer de flores, llamada Blodeuwedd, «Aspecto de Flor», quien, con su amante, Gronw Pebyr, planea dar muerte a Lleu, que está herido y se marcha volando en forma de águila. Gwydion lo encuentra, le devuelve la forma humana y le dice a Blodeuwedd que en lugar de matarla por la deshonra que ha llevado a Lleu la convertirá en un ave con la que todas las demás se mostrarán hostiles: un búho, que tal es el significado del nombre de Blodeuwedd en galés moderno.

LA LEYENDA ARTÚRICA

Arturo y sus caballeros

La leyenda artúrica está enraizada en la tradición céltica pero no alcanzó su prodigiosa popularidad hasta que pasó a ser tema dominante en la literatura medieval del continente europeo, en primer lugar en Francia. Las versiones inglesas y galesas derivaron o recibieron la influencia del francés.

El principal vínculo entre la poesía y la prosa célticas y la leyenda artúrica en la literatura europea es *La historia de los reyes de Inglaterra*, escrita a mediados del siglo XII por Geoffrey de Monmouth, y si bien pudo basarse en auténticas tradiciones galesas, no cabe duda de que los materiales bíblicos y clásicos constituyen una parte importante de su historia legendaria.

No obstante, Arturo era una figura conocida en la tradición galesa al menos desde el siglo VIII. En una de las primeras referencias, la de Nennio en su historia de los britanos, Arturo aparece como jefe guerrero que defiende su país contra los invasores sajones. Su nombre deriva incuestionablemente de Artorius, nombre latino muy conocido, pues se trata del título de un clan romano, el de la *gens Artoria*, y existen testimonios de que un romano del siglo II llamado Artorius vivió en Britania. Por consiguiente, el nombre de Arturo debió pasar a las lenguas célticas de Britania durante la ocupación romana, al igual que otros nombres latinos.

Sin embargo, la mayoría de los relatos artúricos sitúan a Arturo en un contexto de folclore y mitos. En el poema *El botín de Annwfn*, en antiguo galés, Arturo va al Otro Mundo con el fin de llevarse la caldera mágica del reino de los muertos, que es asimismo la Ciudad del Alborozo, que contiene vino espumoso. Arturo se enfrenta a enemigos monstruosos, gigantes o animales mágicos, y en algunos textos del siglo XII es el monarca de un reino subterráneo. En la tradición topográfica de la época moderna aparece él mismo como un gigante.

Todos estos relatos presentan numerosos paralelismos con los de Finn (que también aparece como un gigante, sobre todo en la tradición folclórica) y sus seguidores *(véanse pp. 184-185)*, y cabe la posibilidad de que los dos ciclos se basen en una fuente céltica común de tradición mitológica.

Cuando sir Bedivere arroja al lago la espada mágica de Arturo, Excalibur, en cumplimiento de los deseos del rey agonizante, la recoge la Dama del Lago antes de que toque el agua. Ilustración medieval que representa esta escena.

Merlín el mago

Los escritos latinos de Geoffrey de Monmouth proporcionan los vínculos entre la leyenda de Merlín con fuentes celtas y su posterior desarrollo en la literatura del continente europeo. El nombre de Merlino de la obra de Geoffrey deriva del galés Myrddin (Merddin).

En principio, Myrddin era un vidente o un loco visionario que vivía en el sur de Escocia, por entonces anglohablante. El relato irlandés del Frenesí de Suibhne (Sweeney) y el escocés de Lailoken (Llallogan) son versiones de la leyenda de Myrddin, que se centra en el Hombre Salvaje de los Bosques. En las tres narraciones, el protagonista pierde la razón a consecuencia de los horrores de la guerra y se siente culpable por las muertes que ha provocado. Los dos primeros, y también Myrddin en algunas versiones, tienen después una terrible visión en los cielos. Este relato septentrional llegó a Gales poco tiempo después de que se trasladaran a la región los habitantes del sur de Escocia, en el siglo V, y se desarrolló en el IX y el X. Geoffrey lo vincula con Ambrosio, niño prodigioso y héroe de una leyenda sin ninguna otra conexión, de la que deja constancia Nennio en su historia de los britanos (h. 800). Geoffrey atribuye al niño, a quien llama Merlino Ambrosio, la derrota de los magos del rey Vortigern.

EUROPA SEPTENTRIONAL

*Detalle de un carro de madera tallada de un barco funerario de
Oseberg, sur de Noruega, con serpientes y monstruos estilizados.
Finales del siglo IX.*

Los pueblos de habla germánica ocuparon en principio la región de Europa comprendida entre el Rin, el Danubio y el Vístula, agrupados en diversas tribus encabezadas por reyes y jefes guerreros. Con el declive del poder de Roma se expandieron en múltiples direcciones y se asentaron en el sur de Noruega y Suecia y en el sur y este de Inglaterra. Otras tribus avanzaron hacia oriente, hasta el sur de Rusia, y hacia el sur, hasta Italia, España y el norte de África, pero estas invasiones no desembocaron en asentamientos duraderos. El cristianismo llegó en época relativamente temprana a la Inglaterra anglosajona y al continente europeo, pero en Dinamarca, Suecia y Noruega se conservó la antigua religión, que se trasladó a Islandia cuando los escandinavos crearon un «estado libre» en la región. El cristianismo no se estableció en el norte hasta el siglo XI, y existen numerosos testimonios de su presencia en epocas anteriores en Islandia, donde se desarrolló la erudición tras la conversión y surgió un gran interés por el pasado escandinavo. El actual conocimiento de los mitos procede fundamentalmente de la literatura medieval del norte de Escandinavia, sobre todo de Islandia en las postrimerías de la época vikinga.

Los mitos germánicos hablan del conflicto entre dioses y monstruos: los dioses instituyeron el orden, la ley, las riquezas, el arte y la sabiduría en los reinos divino y humano, mientras que los monstruos y los gigantes del hielo suponían una continua amenaza para tal estado de cosas, empeñados como estaban en restablecer el caos. En estos relatos aparecen personajes vigorosos e inquietos, acostumbrados a la guerra, la inseguridad y el mal tiempo, guerreros que han llegado lejos en sus incursiones y que han peleado entre sí para apoderarse de nuevas tierras. Los escandinavos de la época vikinga continuaron esta tradición y recorrieron los mares en busca de riqueza y fama. El pueblo acudió a los Aesir y los Vanir, deidades del cielo y de la tierra, para que preservaran la ley y el orden y procurasen la fertilidad. Los dioses garantizaban asimismo el conocimiento del pasado y del futuro, la inspiración en la poesía y la oratoria, el apoyo a los reyes y la victoria en la guerra y, tras la muerte, la acogida en el reino de los antepasados.

TABLA CRONOLÓGICA

Siglo I a.C.	Pueblos germánicos que viven al este del Rin.
Siglos III-VI	Período de expansión germánica (período de migraciones).
Siglo V	Asentamiento de anglos y sajones en Inglaterra.
597	El cristianismo llega a Kent, Inglaterra.
Siglos VIII-XI	Expansión de los escandinavos (época vikinga).
Desde el 995	Fomento del cristianismo en Dinamarca.
995	Olaf Tryggvason inicia la conversión en Noruega.
1000	Islandia acepta el cristianismo.

DEIDADES ESCANDINAVAS DE LA ÉPOCA VIKINGA

BALDER, hijo de Odín, destinado a morir.
FREYJA, diosa de la fertilidad, hermana de Freyr.
FREYR, dios de la fertilidad y de los antepasados regios.
FRIGG, reina de los cielos y esposa de Odín.
HEIMDALL, vigilante de Asgard, conocido como padre de la humanidad.
HOENIR, dios silencioso, compañero de Odín.
LOKI, compañero embustero de los dioses.
NJORD, dios del mar y de los barcos, padre de Freyr y de Freyja.
ODÍN, dios de la magia, la inspiración, la batalla y los muertos y jefe de los dioses.
TOR, dios del cielo y del trueno, protector de la ley y la comunidad.
TYR, recordado por haber atado al lobo.
ULL, dios con esquíes y arco.

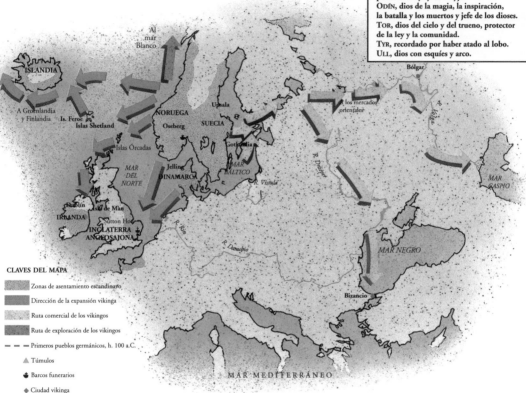

CLAVES DEL MAPA

Zonas de asentamiento escandinavo
Dirección de la expansión vikinga
Ruta comercial de los vikingos
Ruta de exploración de los vikingos
— — — Primeros pueblos germánicos, h. 100 a.C.
▲ Túmulos
⚓ Barcos funerarios
◆ Ciudad vikinga

VESTIGIOS DE LOS MITOS

Los vestigios de la mitología germánica y escandinava son ricos, pero fragmentarios y dispersos.
La mayor parte de la literatura se creó en monasterios cristianos. Los relatos en prosa, conocidos como sagas islandesas, fueron compuestos mucho después de la conversión al cristianismo, pero contienen recuerdos de antiguas creencias y costumbres. Se han conservado algunos poemas precristianos, y Snorri Sturluson escribió en el siglo XIII un libro en islandés, la *Edda en prosa*, en la que recogió todo cuanto pudo sobre los antiguos mitos. También contamos con valiosos testimonios sobre la mitología escritos en latín por historiadores, como el anglosajón Beda (siglo VIII) y el danosajón Gramático (finales del XII).

Los testimonios literarios tienen un paralelismo en los de los objetos antiguos. Entre los funerales precristianos se cuentan los de barcos de Sutton Hoo y Oseberg *(véase ilustración, p. anterior):* se enterraba o incineraba a hombres y mujeres en barcos, y entre los tesoros hallados en los enterramientos destacan amuletos y objetos rituales de metal, figuritas, láminas de yelmos y empuñaduras de espadas.
Algunos altares y piedras votivas de regiones ocupadas por los romanos muestran deidades nativas y romanas, y en las estelas conmemorativas de la época vikinga, sobre todo las de la isla de Gotlandia, en el Báltico, y las de la isla de Man, encontramos escenas mitológicas.

DEIDADES GERMÁNICAS PRIMITIVAS

DONAR, dios del cielo y del trueno (nombre anglosajón: Thunor).
FREA, diosa principal, esposa de Wodan (nombre anglosajón: Frig).
ING, dios de la fertilidad, conocido por los anglosajones.
NEHALENNIA, diosa de la fertilidad y del mar, venerada en la costa de Holanda.
NERTHUS, diosa de la tierra, venerada en Dinamarca.
TIWAZ, dios del cielo, la ley y la batalla (anglosajón: Tiw or Tig).
WODAN, dios del infierno, la magia, la inspiración, la poesía y la batalla (anglosajón: Woden).

DIOSES PRIMITIVOS Y PERDIDOS

Fragmentos de mitos septentrionales

Águila de un escudo que forma parte del tesoro enterrado en un barco en Sutton Hoo, este de Inglaterra, siglo VII. El águila simboliza al dios Wodan.

EL NOMBRE DE LOS LONGOBARDOS

Pablo el Diácono narra un mito sobre Wodan y su esposa Frea en su historia de los longobardos, escrita en latín en el siglo VIII. La diosa Frea estaba empeñada en que Wodan favoreciese a la tribu de los winiles en lugar de los vándalos, a quienes apoyaba el dios. Frea les dijo a los hombres de la tribu que salieran al atardecer con las mujeres, que debían soltarse la larga cabellera sobre el rostro para que pareciesen hombres barbudos. Después giró la cama de Wodan hacia oriente, de modo que cuando el dios despertó miró a los winiles, no a los vándalos, y preguntó: «¿Quiénes son esos barbas largas?» La diosa le contestó que, como les había dado nombre, debía concederles la victoria en la guerra, y así adquirieron el nombre de longobardos, en señal de la protección divina. En este relato Wodan aparece como dios del cielo, no de los infiernos.

Grabado sobre roca sueco de la Edad del Bronce que muestra una figura masculina con una lanza, probablemente un dios del cielo. También existen testimonios de una diosa de la tierra.

Entre los primeros vestigios de la mitología de la Europa septentrional destaca un grabado sobre roca de la Edad del Bronce en el que aparece una figura con una lanza *(abajo, izquierda),* que quizá se transformara en Tiwaz, dios germánico identificado con Marte, dios de la guerra romano, pero vinculado asimismo con la legislación. Podría tratarse también de la deidad a la que Tácito denomina «dios y gobernante de todo», venerada en bosques sagrados. Quienes se internaban en ellos tenían que ser atados, idea vinculada al Tyr escandinavo, forma posterior de Tiwaz, célebre por haber atado al lobo *(véase p. 195).*

Se identificaba a Donar, dios del trueno asociado con los grandes robledales del norte de Europa, con los romanos Júpiter y Hércules, y tenía como símbolo el hacha, que representaba la potencia del rayo.

En la literatura anglosajona hallamos trazas de mitos sobre un joven dios que sale del mar para repartir bendiciones. Al igual que la tierra, el mar se asociaba con la fertilidad, y el barco era uno de los principales símbolos de las deidades de la fertilidad. En Dinamarca había una poderosa diosa, Nerthus, y en los Países Bajos otra diosa de la costa del mar del Norte llamada Nehalennia, así como una reina de los cielos y un consorte de la diosa del cielo, Frea. En numerosas estelas de época romana de regiones germánicas y célticas aparecen grupos de deidades femeninas conocidas como Madres (frecuentemente en tríadas), muchas de ellas con niños: probablemente, las mujeres se encomendaban a tales diosas en el parto y les pedían ayuda para la crianza. Otro símbolo de las deidades de la fertilidad era el jabalí, utilizado asimismo como conjuro de protección en la guerra.

Una importante deidad primitiva era Wodan, identificado con el romano Mercurio, que daba buena suerte en combate. En algunos casos se le representaba como un guerrero a caballo; pero se trata de una figura siniestra, que condenaba a sus seguidores a la derrota y la muerte y a quien se sacrificaban hombres, ahorcándolos. Si bien servía de guía para los infiernos (al igual que Mercurio), también se le asociaba con el cielo y su símbolo era el águila, además del cuervo y el lobo, animales relacionados con el campo de batalla. Se le vinculaba con la adivinación, los símbolos rúnicos y el don del éxtasis, pues inspiraba a guerreros y a poetas. Antepasado de los reyes, les concedía los favores de los que dependía un buen reinado. Al igual que Tiwaz, poseía una lanza y el poder de atar y desatar mediante su conocimiento de los conjuros de guerra.

LA COSMOLOGÍA DE LA ÉPOCA VIKINGA

El Árbol del Mundo y sus dominios

Detalle de una tumba de la época vikinga, al norte de Inglaterra. El relieve representa cuatro figuras sujetando un arco, quizá los enanos que sujetan el cielo en la creación.

Estela conmemorativa de Sanda, Gotlandia, h. 500 (abajo), *seguramente un primitivo diagrama del cosmos: el disco de los cielos, el sol y la luna debajo y el Árbol del Mundo en el centro. El barco de abajo, que aparece en numerosas obras de este tipo, quizá represente la partida de los muertos de este mundo.*

Los poemas mitológicos islandeses reflejan un profundo interés por la creación del mundo y su destrucción y recreación definitivas. Se representa la tierra como un círculo de tierra rodeado por el océano. En las profundidades del océano yace la Serpiente del Mundo, y en el centro de la tierra hay un magnífico árbol, el Fresno del Mundo, Yggdrasil, cuyas raíces descienden hasta los infiernos, y por encima de él borbotea un torrente, fuente de la sabiduría oculta. Una ligera ardilla recorre el tronco de arriba a abajo, transmitiendo mensajes entre el águila de la copa y la serpiente que roe las raíces. Un ciervo se alimenta de sus ramas, y de sus cuernos surgen tumultuosos ríos. También pasta aquí una cabra, que no da leche sino aguamiel para los guerreros del palacio de Odín. Yggdrasil probablemente significa Caballo de Ygg, uno de los nombres de Odín, dios que, según el mito, se autoinmoló, colgándose del árbol, para obtener poder sobre las runas que concedían el conocimiento a quienes sabían interpretarlas. De Yggdrasil cae rocío sobre la tierra, y sus frutos ayudan en los partos. Es el árbol guardián de los dioses, que se reúnen en consejo bajo su dosel, y símbolo de la universalidad, que vincula las diferentes razas de seres y constituye el centro de nueve mundos. Cabe la posibilidad de que la concepción anterior del universo se basara en este árbol, sobre el que se asentaban nueve mundos superpuestos.

A partir de los datos con que contamos resulta difícil trazar un diagrama o mapa cosmológico consistente, y no cabe duda de que existían diversas tradiciones. Se dice que dos razas de dioses, los Aesir (dioses del cielo) y los Vanir (dioses de la tierra) moran en Asgard, situado en los cielos; pero los Vanir también tienen sus propios dominios, Vanaheim, debajo de la Tierra. Entre las raíces del árbol se extiende Jotunheim, el país de los gigantes, y existe también un reino de los muertos, gobernado por Hel, hija de Loki el embustero *(véase p. 195)*. En los poemas se habla asimismo de otros mundos: el de los elfos y los enanos, el de los héroes del palacio de Odín y las misteriosas Poderosas Potencias (quizá las Parcas). Jotunheim se encuentra debajo de Asgard, pero puede accederse a él tras un largo

LA OBTENCIÓN DEL AGUAMIEL MÁGICA

Odín llevó el aguamiel de la inspiración a los dioses. Cuando los Aesir y los Vanir, las dos razas de dioses, hicieron las paces, todos escupieron en una vasija y así crearon a un gigante sabio, Kvasir, quien más adelante murió a manos de dos enanos, que mezclaron su sangre con miel para elaborar el aguamiel mágica de la inspiración y llenaron tres enormes vasijas con ella. Pero Suttung, un gigante a cuyos padres habían matado los enanos, se llevó el aguamiel para vengarse y la escondió en el interior de una montaña. Odín decidió recuperarla y entregársela a los dioses. En primer lugar hizo que nueve hombres que trabajaban para Baugi, hermano de Suttung, se peleasen y matasen entre sí y ocupó su lugar, pidiendo en pago únicamente un trago de aguamiel. Suttung se negó, pero Baugi ayudó a Odín a introducirse en la montaña en forma de serpiente y el dios durmió allí tres noches con la hija del gigante, a quien convenció de que le diese tres vasos de aguamiel. Bebió el contenido de los tres, regresó a Asgard volando en forma de águila y escupió el líquido en unas vasijas preparadas por los dioses, escena probablemente representada en la piedra de Gotland *(abajo)*, y el aguamiel quedó así en poder de los dioses.

Panel de una estela hallada en Gotlandia, con un águila y dos figuras, probablemente una representación del regreso de Odín a Asgard con el aguamiel mágica. El líquido fluye del pico del águila mientras dos figuras tienden vasos para recogerlo.

y peligroso viaje por tierra, y hay otra ruta que une Asgard con el reino de los muertos. El puente de acceso a Asgard, Bifrost, está protegido contra los gigantes: se dice que es el arco iris, que une cielo y tierra, pero en sus orígenes quizá coincidiese con la Vía Láctea. Los mitos crean un vivo cuadro del tránsito constante ente los mundos, con peligrosos periplos por vastas regiones.

En el principio había un gran abismo, Ginnungagap, el Vacío Absoluto (o quizá Engañoso), lleno de energía latente. De la unión de capas de hielo y chispas de fuego nació el gigante primordial Ymir, ser andrógino, cuyo cuerpo engendró a los gigantes y al primer hombre y la primera mujer. El gigante fue amamantado por una vaca primordial que chupó los bloques de hielo salados hasta que surgieron los Hijos de Bor, tres dioses creadores que mataron a Ymir y formaron la tierra con su cuerpo, el mar con su sangre y el cielo con su cráneo. Mantenían el cielo en alto cuatro enanos, seres que se criaban como gusanos en la tierra. Según otra tradición, cuando los tres dioses dieron forma, aliento y entendimiento humanos a dos árboles situados a orillas del mar crearon un hombre y una mujer.

A continuación, los dioses establecieron el orden, situaron el sol y la luna en sus correspondientes trayectorias, instituyeron leyes, construyeron hermosos palacios en Asgard y configuraron objetos de oro. Al principio se enfrentaron dos grupos de dioses, los Aesir y los Vanir, pero dictaron una tregua que se aprovechó para elaborar el aguamiel de la inspiración *(véase margen izquierdo)*, uno de los tesoros de los dioses. Otro, que les mantenía jóvenes, eran las manzanas de oro, custodiadas por la diosa Idun *(véase p. 202)*, y algunos habían sido forjados por los enanos: Odín tenía un anillo de oro, Draupnir, del que se desprendían ocho anillos más cada nueve noches, y una lanza, Gungnir, que regía los destinos de la guerra. Tor poseía una potente hacha-martillo, Mjollnir, que provocaba el rayo, y los Vanir Freyr y Freyja un jabalí de oro que corría por el cielo y los infiernos, así como un barco mágico al que siempre favorecían los vientos.

La fortificación de Asgard

*C*uando los dioses establecieron el reino de Asgard vieron que necesitaba una muralla alrededor.

Un hábil artesano se ofreció a construirla, pero exigió en pago la luna y el sol y a la diosa Freyja como esposa. Los dioses accedieron a condición de que acabase la obra en un invierno y de que no le ayudara ningún hombre, convencidos de que la empresa estaba fuera del alcance de sus posibilidades y de que no tendrían que pagarle. Pero el constructor contó con la ayuda de su caballo, un semental de gran fuerza e inteligencia que por la noche izaba piedras y realizaba el doble de trabajo que su amo. Para consternación de los dioses, la muralla estaba casi acabada tres días antes de la llegada de la primavera. Le echaron la culpa a Loki, quien les había convencido de que firmaran el acuerdo, y fue él quien decidió actuar. Se transformó en yegua y el semental lo siguió, de modo que la muralla no se llegó a terminar. El constructor se encolerizó terriblemente, y al descubrir que era un gigante enemigo de Jotunheim, los Aesir (dioses del cielo) acudieron a Tor, que lo mató con su martillo. El fruto de la unión de Loki con el caballo fue un potro gris con ocho patas, Sleipnir, la famosa montura de Odín, con el que cabalgaba entre los mundos *(véase p. 196)*.

LOKI Y RAGNAROK

El embustero, el lobo y la última gran batalla

Piedra de un horno de Shaptun, Dinamarca. Se cree que representa a Loki con los labios cosidos por los enanos en castigo por haber intentado engañarlos cuando fabricaban los tesoros de los dioses (véase p. 194).

Loki, que desempeña un importante papel en los mitos septentrionales, es una figura de embustero, ladrón y difamador, que abusa de los dioses y les pone en peligro con sus travesuras pero que también es capaz de salvarlos con su astucia. Aunque es compañero de Odín y de Tor, engendra a los monstruos que los destruirán y provoca la muerte de Balder con su maldad *(véase p. 197)*. No se sabe con certeza si se trata de un gigante o de un dios, pero no cabe duda de que hasta cierto punto es una figura creadora, encargada de que los enanos fabriquen algunos de los tesoros de los dioses y padre del caballo de Odín *(véase p. 194)*, así como de monstruos: la Serpiente del Mundo y Hel, reina de los muertos.

Uno de los seres monstruosos engendrados por Loki es el lobo Fenrir. Creció entre los dioses, y sólo Tyr, que parece ser una forma posterior de Tiwaz y dios de la batalla, se atrevía a darle de comer. El animal rompía todas las cadenas, y Odín ordenó a los enanos que confeccionasen una cinta mágica, suave como la seda pero increíblemente fuerte, con cosas impalpables como la raíz de una montaña y el ruido de un gato en movimiento. El lobo empezó a sospechar y no permitió que le colocaran la cinta alrededor del cuello a menos que uno de los dioses le metiera la mano entre las fauces en prueba de buena voluntad, algo que sólo Tyr accedió a hacer. Al apretar la cinta, todos los dioses se echaron a reír, todos menos Tyr, que perdió la mano derecha. Colocaron una espada entre las fauces del animal y lo ataron a una enorme roca, y así permaneció hasta Ragnarok.

En castigo por causar la muerte de Balder, ataron a Loki sobre tres rocas de las que no podría liberarse hasta la última gran batalla, momento en el que se unió a los gigantes para atacar Asgard en Ragnarok *(véase margen derecho)*. En el transcurso de la batalla, Loki y su peor enemigo, Heimdall, centinela de los dioses, lucharon y se mataron entre sí.

RAGNAROK

Tras liberarse de sus ataduras, Loki dirigió a los gigantes en la última gran batalla contra los dioses, Ragnarok. Los gigantes, que codiciaban los tesoros de los dioses y a la diosa Freyja, amenazaron con volver a implantar el caos y la esterilidad. Odín reclutó a los mayores héroes del Valhalla caídos en combate para que apoyasen a los dioses y Tor mantuvo alejados de Asgard a los gigantes con su martillo hasta Ragnarok.

En un poema titulado *Voluspá* (Profecía de los videntes), fechado h. 1000, se describe la creación y destrucción del mundo, como en una visión. En Ragnarok, los hijos de Muspell, de la región del fuego, destruyen el puente Bifrost, mientras los gigantes llegan por mar con Loki como timonel. Los monstruos se liberan y el lobo Fenrir devora a Odín. Tor mata a la Serpiente del Mundo, pero su veneno lo destruye. Surt, gigante de fuego, incendia la tierra; el cielo se desploma y el mar se traga el mundo. Pero aún no ha llegado el fin, porque la tierra vuelve a emerger, verde y hermosa, una pareja humana que se ha refugiado en el Árbol del Mundo repuebla los cielos y la tierra y un sol nuevo y más brillante recorre el cielo. Este cuadro de destrucción podría haberse inspirado en parte en las terribles erupciones que sufrió a comienzos de la Edad Media el volcán Hekla, de Islandia, pero sean cuales fueren los orígenes de la idea, los testimonios del arte y la literatura indican que Ragnarok ejerció una fuerte influencia sobre la imaginación de la época vikinga.

ODÍN

Señor de Asgard

ODÍN Y EL VALHALLA

Odín convocaba a reyes y héroes muertos en combate a su Palacio de los Muertos, el Valhalla, donde pasaban el tiempo entre fiestas y combates, siempre dispuestos a defender Asgard de cualquier ataque. En sus orígenes, el Valhalla pudo haberse basado en la tumba en la que los difuntos celebraban fiestas con sus antepasados, pero en la literatura de los vikingos el reino de los muertos distinguidos tenía mayor esplendor y se accedía a él con grandes ceremonias: los héroes muertos eran escoltados por los aires hasta el palacio de Odín en Asgard por diosas guerreras, las Valquirias. *A la derecha* vemos una estela conmemorativa de Alskog, Gotland, que representa a Sleipnir, el caballo de ocho patas de Odín, con un jinete (un dios o un héroe muerto), recibido por una valquiria con un cuerno de aguamiel en el palacio.

En las creencias vikingas, Odín, el Todo-Padre, era señor de Asgard y heredero de la lanza de Tiwaz, que le confería el dominio en las batallas. Su antecesor, Wodan, era el dios supremo de los longobardos y otras tribus germánicas *(véase p. 192)*. Al igual que Wodan, Odín estaba estrechamente vinculado con los infiernos y los muertos. Era dios de los reyes, apoyaba a los jóvenes príncipes prometedores y les daba espadas mágicas y otros regalos en señal de su predilección, pero los destruía implacablemente cuando llegaba el momento. La cremación, necesaria en muchos casos para deshacerse de los cadáveres después de la batalla, se asociaba con el culto a Odín.

Existen numerosos relatos sobre los fieles seguidores de Odín, los Berserks, que llevaban pieles de oso o de lobo en combate y se entregaban a un éxtasis que les insensibilizaba al dolor. Odín también podía conceder el don del éxtasis a poetas y oradores, y en la poesía islandesa existen numerosas referencias al aguamiel mágica que obtuvo el dios, que concedía la inspiración *(véase p. 194)*. Odín también otorgaba riquezas a sus seguidores, simbolizadas por su anillo, Draupnir, que se automultiplicaba para garantizar una buena cantidad de oro.

Además, Odín era dios de la magia y la adivinación, sobre todo en el contexto militar. Se le ofrecían sacrificios de prisioneros de guerra, a quienes se ahorcaba o apuñalaba. Tales sacrificios podían ser una forma de adivinación, pues se creía que los últimos movimientos de las víctimas predecían la victoria o la derrota. El propio Odín se ofreció en sacrificio ahorcándose del Árbol del Mundo con el fin de conocer los símbolos rúnicos empleados en la adivinación y dio un ojo para obtener el conocimiento, tras lo cual se presentó en la tierra en forma de anciano tuerto, con una capa y un sombrero de ala ancha o capucha. Iba constantemente acompañado por seres que frecuentan el campo de batalla, lobos y cuervos, y dos de estas aves le llevaban las noticias de las batallas del mundo entero. Poseía gran habilidad para cambiar de forma y enviar su espíritu convertido en ave u otro animal, circunstancia que, junto a la capacidad de viajar al reino de los muertos, le asemeja a los chamanes de los pueblos del norte de Eurasia.

Balder, hijo de Odín

*M*uchos de los viajes de Odín estuvieron motivados por su deseo de conocer el futuro. Consultó las runas y la cabeza del gigante sabio Mimir, muerto a manos de los Aesir. Realizó peligrosos periplos para ver a otros gigantes célebres por su sabiduría e incluso convocó a los difuntos para interrogarlos. Por ellos se enteró de que estaba destinado a que lo devorase el lobo Fenrir y de que Loki conspiraba constantemente contra los dioses.

La primera amenaza grave que recibió Odín sobrevino con la pérdida de su hijo Balder, el más hermoso de los dioses y uno de los más amados por Odín y su esposa Frigg, aunque en la tradición danesa no se le recuerda como dios sino como guerrero e hijo de Odín que luchó sobre la tierra. Balder sufría terribles pesadillas, y para protegerlo, Frigg pidió a todos los seres creados, incluso a los árboles y plantas y a todos los objetos de metal, madera y piedra, que jurasen que nunca le harían daño. Después, los dioses se divertían arrojándole armas a Balder, a sabiendas de que no le ocurriría nada. Pero Loki descubrió que una pequeña planta, el muérdago, no le había prestado juramento a Frigg, porque la diosa la consideraba demasiado joven para producir daño. Loki la transformó en dardo y se la dio al dios ciego Hother, que la lanzó contra Balder dejando que Loki le guiara la mano para dar en el blanco. Cuando el dardo atravesó a Balder, el dios cayó muerto y Odín y las demás deidades recogieron su cadáver y lo tendieron en una pira funeraria construida en su propio barco, junto al cuerpo de su esposa, Nanna, que había muerto de pena, y el de su caballo.

Tras la muerte de Balder, Frigg rogó que alguien fuese a Hel, el reino de los muertos, e intentase traer a su hijo, y fue Hermod el Temerario, hermano de Baldes, quien se ofreció voluntario. Partió en el caballo de Odín, *Sleipnir*, y cabalgó durante nueve días y nueve noches por valles oscuros y profundos hasta llegar a un puente de oro que cruzaba el río Gjöll. La doncella que lo custodiaba le dijo que no podía ser un difunto, porque el puente resonaba bajo los cascos del caballo, algo que no había

Un gigante atado, posible alusión al castigo de Loki por su participación en la muerte de Balder. Cruz de piedra de Cumbria, Inglaterra.

Colgante de plata de la época vikinga que representa un mensajero a caballo, evocación de Hermod en su viaje a los infiernos.

ocurrido cuando pasaron por él cinco huéspedes de los muertos, hacía poco tiempo. Cuando Hermod le respondió que estaba buscando a Balder, la doncella le indicó que siguiera el camino septentrional, hasta las puertas de Hel, y *Sleipnir* cubrió la distancia sin esfuerzo. Hermod entró en el salón en el que Balder estaba sentado y se quedó allí tres noches. Le rogó a Hel, la reina cuyos dominios llevaban su nombre, que le permitiese a Balder regresar con él, pero ella replicó que sólo lo conseguiría el llanto de todas las gentes y las cosas del mundo entero.

Hermod volvió a Asgas con el anillo Draupnir, que había sido quemado en la pira funeraria de Balder, como prueba de que había cumplido su misión. Después se enviaron mensajeros para que pidieran a todos que demostrasen con lágrimas su amor a Balder, que así podría abandonar Hel. No sólo lloraron hombres y mujeres, sino piedras, árboles y metales, como lloran estas cosas cuando sobreviene el deshielo. Pero los mensajeros encontraron a una giganta que vivía en una cueva que se negó a llorar, aduciendo que a ella Balder no le servía de nada. Pensaron que la giganta era Loki disfrazado, que quería impedir el regreso de Balder.

Y así, el dios permaneció en Hel, y cuando se supo de la responsabilidad de Loki, el dios tuvo que escapar a la cólera de los dioses y esconderse en un río adoptando forma de salmón. Lo apresaron en una red que él mismo había inventado, y los dioses lo ataron sobre tres rocas, con unas serpientes que vertían veneno sobre su cara. Sigyn, su fiel esposa, intentaba recoger las gotas de veneno en una vasija, mientras las convulsiones de Loki provocaban terremotos. Permaneció atado hasta que pudo liberarse en Ragnarok, el juicio final de los dioses, y atacar Asgard con los gigantes.

La muerte de Baldes supuso el primer paso hacia Ragnarok, cuando Odín fue devorado por el lobo y vengado por su joven hijo Vidar, que despedazó a la bestia. Vidar fue uno de los hijos de los dioses que sustituyeron a sus padres después de Ragnarok.

TOR
El dios del trueno

Fíbula de la edad vikinga de Birka, Suecia, con dos cabras que flanquean una «piedra del trueno» —un erizo de mar fosilizado—, objeto que, según las creencias, caía durante las tormentas.

LOS RITUALES Y EL CULTO A TOR

Tor gozaba de especial popularidad en el oeste de Noruega y en Islandia: el tono humorístico de numerosos mitos sobre el dios podría considerarse muestra de afecto. Cuando el cristianismo llegó a Islandia, el culto a Tor fue el más difícil de erradicar, y existían diversos rituales asociados con él: por ejemplo, se colocaba un martillo en el regazo de las novias en las bodas, se alzaba sobre los recién nacidos y la herramienta aparece también en los mojones.

Los escandinavos llevaban amuletos de plata en forma de martillo: el que mostramos abajo, sueco, representa al dios con rostro de águila, barba estilizada y un símbolo serpentino debajo. También se grababa el martillo de Tor en las lápidas.

Deidad de la comunidad, guardián de quienes cultivaban la tierra y se reunían en asambleas locales, Tor era asimismo dios del cielo, semejante a Júpiter y Zeus, con su hacha-martillo como símbolo del rayo y el trueno. Rayos y truenos señalaban su tránsito por los cielos y ante él temblaban rocas y montañas. Existen numerosos relatos, tan humorísticos como crueles, sobre sus expediciones a Jotunheim, donde mató a los gigantes, enemigos de los dioses. Era un personaje muy popular, representado como una figura enorme pero entrañable que no iba a caballo sino a pie y atravesaba vigorosamente los ríos o a veces conducía un carro tirado por cabras. Célebre por su prodigioso apetito, era capaz de merendarse a sus propias cabras, recoger después sus huesos y devolverles la vida con el poder de su martillo.

Se cree que su barba pelirroja representa el rayo (tal vez por las líneas rojas del rayo cuando cae sobre un árbol), y también destacaba por sus ojos fieros, su tremenda fuerza y su temible cólera. En las estelas conmemorativas el martillo aparece sujeto a una cuerda, y en algunos casos lo arrojaba sobre el cráneo de sus enemigos.

En un antiguo poema se habla de la visita de Tor a los dominios del gigante Geirrod, incitado por el malicioso Loki. Tor tuvo que hacer acopio de toda su divina fuerza para cruzar un turbulento río y evitar morir aplastado por las dos hijas del gigante, a las que también mató. Otro mito narra un famoso duelo con el gigante Hrungnir, que había logrado entrar en Asgard. Le lanzó a Tor una piedra de amolar, y un fragmento se alojó en la cabeza del dios, pero abatió a su adversario con el martillo. Su peor enemigo era la Serpiente del Mundo, a la que en una ocasión alzó del lecho marino. El dios del cielo que vence al monstruo del caos en el momento de la creación, idea muy extendida, podría ser una forma más primitiva de este mito, pero en la versión de la época vikinga, Tor derrota a la serpiente en Ragnarok y después lo destruye el veneno del monstruo.

A Tor no le servía de nada su fuerza cuando le engañaban con artes mágicas. En un viaje al misterioso reino de Utgard, el dios encontró a un gigante tan descomunal que pudo entrar en su guante como si se tratase de un salón. El gigante le dio un cuerno de cerveza para que lo vaciase, pues el mar lo llenaba continuamente, le puso a luchar contra Age, que derrotaba a los más fuertes, y le retó a levantar del suelo un gato gris, que en realidad era la Serpiente del Mundo, todas ellas tareas irrealizables, pero Tor hizo alarde de tal fuerza que el astuto gigante quedó aterrorizado: el nivel del mar descendió con la bebida que consumió el dios y el mundo estuvo al borde de la destrucción cuando levantó una pata del gato (podría tratarse de otra versión del mito en el que Tor alza la Serpiente del Mundo de las profundidades del océano).

La madre de Tor era Fjorgyn, nombre aplicado a la tierra por los poetas, y poco se sabe de su esposa, Sif, salvo que destacaba por su pelo dorado, que cortó en una ocasión el malvado Loki; pero el embustero se asustó tanto ante la ira de Tor que ordenó a los enanos que confeccionasen una cabellera de oro puro para Sif. Este suceso tuvo importantes repercusiones para los dioses, pues continuó con la fabricación de algunos de sus tesoros más valiosos, como el martillo de Tor (*véase p. 194*).

EL ROBO DEL MARTILLO

Un día, Tor perdió su martillo, única arma eficaz contra los gigantes. Loki adoptó la forma del halcón de Freyja y fue en su busca. Regresó con la noticia de que se encontraba en poder del gigante Thrym, que lo había enterrado a gran profundidad y se negaba a devolverlo a menos que la diosa Freyja fuese su esposa. Freyja se enfureció tanto que destrozó su célebre collar. El sabio Heimdall le aconsejó a Tor que se disfrazase de Freyja con velo de novia y fuese con Loki a Jotunheim, el reino de los gigantes. Tor accedió, a regañadientes, y partió con Loki en su carro, en compañía de rayos y truenos. Los gigantes recibieron encantados a la novia, pero se quedaron un tanto sorprendidos al ver su apetito en el banquete nupcial y sus feroces ojos, que centelleaban tras el velo. El astuto Loki, disfrazado de sirvienta de la novia, los tranquilizó asegurándoles que la insólita conducta de Freyja se debía a que no comía ni dormía desde hacía ocho noches, consumida por el deseo de casarse. Cuando trajeron el martillo y lo depositaron en el regazo de la novia para bendecirla, Tor aprovechó la oportunidad: cogió el arma, liquidó al novio y a los invitados y regresó triunfal a Asgard, en compañía de Loki.

Tor y la pesca de la Serpiente del Mundo

*U*no de los mitos más populares de la época vikinga trata sobre la visita de Tor al gigante marino Hymir. El encuentro se describe en algunos de los poemas más antiguos que se conservan y aparece en tres piedras talladas de la época. Existe una piedra del siglo VIII hallada en Gotlandia que probablemente representa a Tor con cabeza de buey, remando en la barca de un gigante.

Tor pescando a la Serpiente del Mundo. Detalle de una estela de Cumbria, norte de Inglaterra.

Según cierto relato, Tor fue al mar disfrazado de joven y le preguntó al gigante si podía acompañarlo a pescar. Al principio, Hymir no parecía muy dispuesto a llevarle y le dijo que debía buscar su propio cebo; entonces, Tor se acercó al rebaño de bueyes del gigante, mató al más grande y se llevó su cabeza.

Partieron en una barca y Tor remó con enorme fuerza hasta que se encontraron fuera de la zona en la que solía pescar el gigante. El dios puso como cebo la cabeza del buey y la lanzó por la borda. La cogió la Serpiente del Mundo, que estaba en las profundidades del mar, y Tor tiró hasta que la cabeza del monstruo apareció sobre las olas.

La fuerza de Tor fue aumentando a medida que tiraba, y llegó a apoyar los pies en el lecho marino. La serpiente escupió veneno, Tor la miró y alzó su martillo, pero el gigante, presa del pánico, cortó el sedal.

Según la *Edda en prosa* de Snorri, los narradores no coinciden en que Tor golpeara a la serpiente, pero se creía que el monstruo escapó y regresó al mar, mientras que Tor arrojó al gigante por la borda y nadó hasta la orilla.

FREYR Y LOS VANIR

Dioses del cielo, de la tierra y del agua

Se cree que esta figurita fálica (7 centímetros de altura), de Railinge, Suecia, representa a Freyr.

El principal dios escandinavo de la fertilidad y la abundancia es Freyr, nombre que significa «señor», posiblemente empleado como título. Es uno de los Vanir, un grupo de deidades masculinas y femeninas asociadas fundamentalmente con las profundidades de la tierra y del agua enfrentadas a los Aesir, dioses del cielo. Los Vanir llevaban paz y prosperidad a la tierra y apoyaban a los señores de la tierra mientras no cometieran ningún delito. El culto a Freyr gozó de popularidad en Suecia en la época vikinga y se propagó poco a poco hasta Noruega e Islandia. En las sagas islandesas aparecen familias que adoraban al dios y lugares consagrados a él. Al igual que Odín y Tor, Freyr proporcionaba ayuda y consejo, y la adivinación desempeñaba un papel importante en su culto. Seguramente, se identificó con él a los reyes Yngling de Upsala, Suecia, tras su muerte, y se creía que estos monarcas habían traído la prosperidad a la tierra. Se depositaban ofrendas de oro y plata en el túmulo de Freyr y se llevaba la imagen del dios en un carro por Suecia para que bendijera las granjas, al igual que viajara por Dinamarca la diosa de la tierra Nerthus varios siglos antes, según el romano Tácito.

Uno de los símbolos de los Vanir era el jabalí de oro, que recorría el cielo y penetraba en la tierra bajo la forma del sol. Aunque no era dios del cielo, Freyr vivía con los Aesir, y el sol desempeñaba un importante papel en su culto. Era dios de la paz, pero los guerreros llevaban el símbolo del jabalí en los yelmos como protección en la batalla. Los yelmos con jabalíes de los reyes suecos de Upsala (los Ynglings) constituían tesoros nacionales. También los caballos estaban consagrados a Freyr, y se creía que el dios guardaba varios en su templo.

Otro de los símbolos de los Vanir era el barco, y Freyr tenía uno especial, en el que viajaba a donde deseaba: podía albergar a todos los dioses, pero cuando no se utilizaba se doblaba y se metía en una bolsa. A partir del siglo VII las familias rea-

El cortejo de Gerd

*F*reyr osó sentarse en el trono de Odín, desde el que contempló los mundos inferiores. En los infiernos vio a la bella Gerd y le embargó un irresistible deseo de poseerla.

Freyr pensó que le resultaría imposible obtener a Gerd en el reino de los gigantes hostiles. Skadi, su madre, le rogó a Skirnir (personaje que sólo aparece en este relato) que ayudase a su hijo, y Freyr le dio un caballo y una espada mágicos para el viaje, largo y peligroso. Al llegar al palacio de Gymir, padre de Gerd, el caballo saltó sobre las llamas que rodeaban el edificio y le ofreció a Gerd manzanas de oro y el anillo de Odín que concedía riquezas, pero Gerd se negó a casarse con Freyr, aun cuando Skirnir la amenazó con la espada. Por último, Skirnir la convenció de que su negativa desencadenaría la ira de los dioses y Gerd accedió al matrimonio.

Placa de hoja de oro (1,5 centímetros de altura), que quizá represente el matrimonio de Freyr y Gerd.

Los espíritus de la tierra

*Los espíritus de la tie-
rra moraban en coli-
nas, cascadas, lagos, bosques o grandes rocas.*

En muchos relatos se
habla de los colonos
que llegaron a Islandia
en el siglo IX y estable-
cieron contacto con los
espíritus de la nueva
tierra, que les ayudaron
a cambio de ofrendas
de alimentos. Estos es-
píritus prestaban ayuda en la caza, la pesca y la cría de
animales domésticos y daban buenos consejos sobre el
futuro en sueños. Un granjero que había perdido gran

*Según la creencia, los mascarones
de proa en forma de dragón y
los postes tallados como éste, de un
funeral en barco de Oseberg, protegían
contra las fuerzas hostiles. Los espíritus de la tierra
se oponían a que atracasen navíos con mascarones
de proa semejante en los puertos islandeses.*

parte de su ganado se asoció con un espíritu de la tierra y un extraño macho cabrío se unió a su rebaño,
tras lo cual sus cabras se multiplicaron. Entre estos
espíritus también había gigantes benévolos de las
montañas, que protegían a hombres y mujeres de los seres hostiles y los ayudaban cuando
hacía mal tiempo. La creencia en estos be-
nefactores sobrenaturales queda reflejada en
la tradición folclórica de Escandinavia y de
otros países europeos, que se mantuvo hasta
mucho después de la llegada del cristianismo. Los espíritus estaban siempre dispuestos
a defender la tierra contra los enemigos y mostraban su ira contra los infractores de la ley.
Resulta difícil distinguir claramente a estos seres de los
Vanir, pero todo parece indicar que a los espíritus de la
tierra se les rendía culto individual, no colectivamente.

les y también las gentes de menor rango celebraban funerales en los barcos: se
enterraba a hombres y mujeres en navíos o botes, o se les incineraba con ritos
crematorios, costumbre de la que se desprende una posible relación con el culto
a los Vanir. El padre de Freyr era Njord, deidad de cierta importancia en la época
vikinga asociada con los barcos y el mar. Su madre era Skadi, diosa misteriosa
que viajaba sobre esquíes y cazaba en los bosques septentrionales. Un fascinante
fragmento poético narra la ruptura del matrimonio de Njord y Skadi: el marido
no soportaba vivir lejos del mar, mientras que la diosa sólo era feliz en las montañas.

Freyr cortejó a Gerd, hermosa muchacha de los infiernos, hija de un gigante, y se casó con ella. Su unión podría simbolizar el calor del sol que
penetra la tierra y produce cereal, y las laminitas de oro con las figuras de un
hombre y una mujer abrazados *(véase recuadro, p. anterior)* o con una rama
con hojas entre ellos, halladas en los cimientos de casas y en emplazamientos sagrados, podrían representar este matrimonio del dios y la diosa de los
Vanir.

Aparte de Freyr y Njord, quizá también pertenecieran a los Vanir Balder *(véase
p. 197)* y Heimdall, llamado el Dios Blanco. Heimdall estaba vinculado al mar y
le habían dado a luz nueve doncellas gigantescas. En un antiguo poema aparece
engendrando niños en el mundo humano. Se vincula con Freyr al germánico
Ing, considerado fundador de la dinastía de los Yngling.

Las diosas son también miembros importantes del grupo de los Vanir y por lo
general se las representa como hijas de gigantes de los infiernos. Existían además
los elfos, frecuentemente mencionados en la poesía junto a los Aesir, y los espíritus de la tierra, seres sobrenaturales adscritos a determinados lugares que podían
prestar ayuda a los labradores y pescadores. Había asimismo gigantes sabios (distintos a los gigantes del hielo), capaces de recordar las épocas más primitivas,
antes del advenimiento de los dioses del cielo.

Ningún monarca podía olvidarse de los Vanir, porque se creía que las buenas
cosechas y los reinados prósperos dependían de su beneplácito, y se conservan
relatos sobre los primeros reyes que fueron depuestos o incluso asesinados por el
pueblo cuando los dioses les negaban buenas cosechas.

*Hombres con cascos adornados con
un jabalí, pieza de bronce de un yelmo.
Los guerreros invocaban la protección de
Freyr en el combate con este tipo de objetos.*

DIOSAS Y ESPÍRITUS FEMENINOS

Freyja, las Manzanas de Oro, las Valquirias y las Nornas

Colgante sueco de la época vikinga que podría representar a Freyja con el maravilloso collar de oro, Brisingamen, obra de los enanos.

Suele subestimarse a la principal diosa de los Vanir, Freyja, hermana de Freyr, cuyo nombre significa «señora», porque la literatura resalta más a las deidades masculinas; pero se trata de una figura poderosa, venerada no sólo por las mujeres (que dejaron pócos testimonios), sino también por reyes y héroes. Compartía con los Vanir los símbolos del jabalí y el barco y se la vinculaba con el culto al caballo, aunque su carro iba tirado por gatos. Según cierta tradición, estaba casada con su hermano, algo habitual entre los Vanir. Circulaba el rumor de que concedía sus favores libremente a todos los dioses y aceptaba como amantes a reyes humanos, a quienes apoyaba durante su reinado y recibía tras la muerte. Se cuenta que Jarl Hakon, el último pagano que reinó en Noruega, era devoto de la diosa Torgerd, quizá la esposa de Freyr, Gerd, y podría identificarse a ambas con Freyja. Al igual que Freyr, se asociaba a Freyja con la riqueza: derramaba lágrimas de oro y poseía un hermoso collar *(véase ilustración, izquierda)*, símbolo de la Gran Diosa de época muy anterior.

Otra figura que podría asimilarse a Freyja es la diosa Gefion, que transformó a sus cuatro hijos en bueyes y desprendió una porción de Suecia para formar la isla danesa de Zealandia. Los dos nombres de Freyja, Gefion y Gefn, derivan del término que designa «dar», y Freyja era una diosa que daba, que concedía fertilidad a la tierra y al mar y ayudaba en el matrimonio y el parto. Una parte de su culto la vincula con la conservación de la familia, otra con el desenfreno sexual y con la magia negra. En las sagas islandesas se recuerda un ritual conocido como *seid*, en

El robo de las Manzanas de Oro

Freyja desempeña un papel pequeño pero importante en la recuperación de las Manzanas de Oro de la imortalidad, robadas por un gigante a la diosa Idun, su guardiana en Asgard.

Odín, Loki y Hoenir viajaban juntos y un día intentaron asar un buey para la cena, pero la carne no se cocinaba debidamente. Un gran águila (en realidad el gigante Thiazi) que estaba encaramada en un roble se ofreció a ayudarles a cambio de que la invitaran a compartir la comida. Lograron asar al animal y el ave cogió la mayor tajada. Furioso, Loki la atacó con un gran palo, pero el águila echó a volar con el palo en el cuerpo y Loki sujeto al otro extremo. Thiazi arrastró al dios por el suelo y aseguró que no lo soltaría hasta que Loki jurase que lo llevaría hasta la diosa Idun y las Manzanas de Oro de la inmortalidad.

Al llegar a Asgard, Loki consiguió que la diosa se internase con las Manzanas de Oro en un bosque con el pretexto de enseñarle unas frutas más bonitas que las suyas. Apareció el gigante Thiazi en forma de águila, se apoderó de la diosa y se la llevó a Jotunheim, el país de los gigantes.

Despojados de las manzanas, los dioses empezaron a envejecer y a arrugarse, y cuando se enteraron de que Loki había participado en el robo le amenazaron con matarlo a menos que les devolviera a Idun. Loki adoptó la forma del halcón de Freyja, voló hasta el palacio de Thiazi, transformó a Idun en nuez y partió con ella entre las garras. Al poco, el gigante salió en su persecución, pero mientras Loki volaba hacia Asgard los dioses prendieron fuego a un montón de virutas de madera, y cuando Thiazi iba a traspasar el umbral se quemó las alas. Cayó al suelo, los dioses le dieron muerte y a partir de entonces las Manzanas de Oro permanecieron en Asgard, procurando eterna juventud a los dioses.

el que una mujer viaja por la tierra y contesta desde una elevada plataforma a las preguntas sobre el futuro que le plantean, algo que Freyja enseñó a los dioses. Existen testimonios de que la diosa tenía sacerdotisas a su servicio, una de las cuales podría haber sido la mujer de alto rango enterrada en el barco de Oseberg, al sur de Noruega, en el siglo IX, con símbolos de fertilidad como manzanas y frutos secos y un espléndido carro procesional *(véase p. 190)*. Frigg, esposa de Odín, presenta muchos puntos en común con Freyja, y posiblemente ambas derivan de la diosa germánica Frea, de época anterior. Ambas podían viajar en forma de ave y se las describe como diosas que lloran (quizá lamentando el destino de hijos y amantes).

Un mito posterior sobre Freyja, probablemente elaborado por un narrador cristiano, cuenta cómo obtuvo su famoso collar, obra de cuatro artesanos enanos. Freyja lo deseaba e intentó comprarlo, pero el precio que pusieron los enanos consistía en que la diosa pasara una noche con cada uno de ellos, a lo que Freyja accedió con tal de poseer la joya. Loki se lo contó a Odín, y éste le ordenó que robara el collar. Loki entró en forma de mosca en la alcoba de Freyja mientras dormía, se transformó en pulga y la picó, obligándola a darse la vuelta en la cama, de modo que pudo abrir el broche y quitarle el collar. Al descubrir su ausencia, la diosa sospechó que era obra de Odín y le exigió que se lo devolviese. Odín accedió, a condición de que Freyja provocara la guerra entre dos poderosos reyes, algo que le convenía a Odín. A continuación, el relato desemboca en una de las grandes leyendas heroicas de la época vikinga.

La idea de diosas madres y deidades femeninas asociadas con lagos y arroyos especiales de la primera época en el norte de Europa se prolongó hasta la época vikinga. Algunas se transformaron en espíritus locales; otras fueron sustituidas por la Virgen María con la llegada del cristianismo. Los espíritus femeninos también prestaban ayuda en tareas propias de mujeres como tejer, fabricar productos lácteos y curar.

Varios grupos de espíritus femeninos pertenecientes a los Vanir estaban vinculados con la guerra. Los principales eran las Valquirias, que elegían a los muertos, enviadas por Odín para decidir el curso de la batalla y para llevar a los difuntos nobles al Valhalla. En la literatura de la época vikinga se las presenta como mujeres nobles armadas con lanzas que van a caballo, pero existe también una tradición de gigantas temibles que se aparecen en sueños como presagios de la muerte inminente, derraman sangre sobre la tierra y devoran hombres en la batalla o cabalgan sobre lobos en compañía de aves de presa. Aparecen con frecuencia rodeadas de cuervos, que se ceban en los cadáveres. Las Valquirias también presentan otro aspecto, el de espíritus protectores de la familia: en calidad de tales, amparan a los jóvenes príncipes, les dan nombre y espada, son sus esposas sobrenaturales, les enseñan la tradición bélica, los protegen en la guerra y los reciben en el túmulo cuando mueren. Existen múltiples nombres de Valquirias: los más sencillos significan «batalla», como en el caso de Hild, y muchos de ellos son invenciones poéticas, carentes de base mitológica.

También hay diosas individuales, de las que apenas se sabe nada, como Skadi, esposa de Njord, que lleva arco y esquíes *(véase p. 201)*, y Nanna (esposa de Balder), Sif (esposa de Tor) y Sigyn (esposa de Loki) son poco más que nombres. Todo parece indicar que Ran, casada con el dios del mar, recibía a los marineros ahogados en su palacio y era una personificación del océano, al igual que su esposo.

Suscitan mayor interés las Nornas, diosas o gigantas que decidían la suerte de los seres humanos y de los dioses. Visitaban las cortes reales para trazar el destino de los príncipes recién nacidos, y se las asociaba con el Manantial del Destino, el arroyo que discurre bajo el Árbol del Mundo, fuente del conocimiento secreto. En algunos casos se mencionan tres Nornas; en otros, un grupo mayor. También estaba muy extendido el culto a las Disir, diosas a las que, según la tradición, se ofrecían sacrificios, a veces humanos, en Upsala. Se cree que su principal festividad se celebraba en otoño, al comienzo del año nuevo, coincidiendo con el gran festival en honor de los dioses.

Las Valquirias aparecen en numerosas estelas conmemorativas de la isla de Gotlandia de la época vikinga, recibiendo a los héroes con cuernos de aguamiel.

DESTRUCTORES DE DRAGONES

Beowulf y Sigurd

Paneles de la puerta de una iglesia del siglo XII de Setesdale, Noruega: la forja de la espada de Sigurd, la prueba en el yunque (arriba, derecha), *la muerte del dragón* (sobre estas líneas), *el asado del corazón y la muerte de Regin.*

El mito del héroe que mata un gran dragón forma parte de la tradición del norte de Europa, y la versión más destacada es el relato del dragón Fafnir, al que dio muerte el joven héroe Sigurd el Volsung, personaje popular desde el siglo X.

Sigmund, padre de Sigurd, era uno de los mayores héroes de Odín e incluso podría haber matado él mismo al dragón, ya que en las primeras versiones no se menciona a Sigurd. Al morir en combate, el propio Odín rompió la prodigiosa espada que le había regalado, y su viuda, Hjordis, guardó los pedazos para su hijo, Sigurd, que se crió en la corte de su segundo marido, Hjalprek. El joven recibió la protección de Regin, herrero tan astuto como malvado que le enseñó sus habilidades. Un día, Odín, disfrazado de anciano, ayudó a Sigurd a elegir un caballo. Se trataba del mágico Grani, descendiente de Sleipnir, el caballo del dios, y Regin le habló sobre un gran tesoro custodiado por el dragón Fafnir, su hermano.

La historia del tesoro resulta sumamente complicada. Había un tercer hermano, llamado Nutria, al que un día mató Loki de una pedrada mientras comía pescado en un río bajo su forma animal, tras lo cual el dios se llevó su piel. Cuando Odín, Loki y Hoenir se alojaron con Hreidmar, padre de los hermanos citados, éste los apresó y pidió como rescate por su hijo que llenaran de oro la piel de una nutria. Enviaron a Loki a que capturase al enano Andvari y le arrebatase todo su oro, así como un anillo capaz de multiplicar las riquezas; pero el enano maldijo el anillo, para que quien lo poseyera fuera destruido. Para llenar la piel y liberar a los dioses se necesitaba todo el tesoro, anillo incluido; Fafnir mató a su padre, Hreidmar, se apoderó del oro y se transformó en dragón para protegerlo.

Regin instó a Sigurd a que acabase con Fafnir para apropiarse del tesoro y le forjó dos espadas, pero como ambas se rompieron al probarlas, Sigurd pidió los trozos de la espada Gram a su madre y Regin forjó con ellos un arma de extraordinaria potencia. Después aconsejó a Sigurd que excavase un hoyo, se escondiese en él y apuñalase al dragón cuando el monstruo pasase por encima para ir a beber, pero volvió a aparecer Odín disfrazado de anciano y le dijo a Sigurd que abriera varios hoyos para no ahogarse en la sangre del dragón, advertencia que le salvó la vida al héroe. Sigurd le asestó una puñalada mortal al monstruo debajo de un hombro y Regin le pidió que asase el corazón para comérselo. Mientras lo hacía, Sigurd se quemó un dedo; se lo metió en la boca y cuando la sangre le tocó la lengua, empezó a comprender el lenguaje de las aves, por las que se enteró de que Regin tenía intención de asesinarlo. El joven lo decapitó con su espada, cargó el tesoro a lomos de Grani y se marchó. La posesión del fatal anillo provocaría más adelante la muerte del héroe, gracias a las maquinaciones de Brynhild, que tenía celos de Gudrun, su esposa.

Este relato se repite en la tradición germánica de época posterior, con Siegfried y el tesoro de los nibelungos, pero sin apenas mencionar la muerte del dragón.

Combate entre un león y una serpiente. Lápida del cementerio de St. Paul, Londres, que conmemora la muerte de un escandinavo a mediados del siglo XI y muestra la influencia de la tradicional imagen del dragón.

Beowulf

El poema épico anglosajón Beowulf, fechado en el siglo VIII, ofrece una vívida descripción de un fiero dragón. A pesar de los antecedentes cristianos de la obra, la descripción de la muerte del monstruo a manos del héroe Beowulf presenta claros tintes de leyenda precristiana.

El joven Beowulf abandonó el país de los godos para prestar ayuda al anciano rey danés Hrothgar, y en un combate de lucha mató a Grendel, monstruo devorador de hombres que irrumpía por las noches en el palacio real. La madre de Grendel fue a vengar a su hijo y Beowulf la obligó a retroceder a su guarida, bajo un lago, y le dio muerte.

Beowulf reinó después sobre los godos, durante cincuenta años, y cuando ya era anciano su reino se vio amenazado por un dragón que llevaba siglos custodiando un gran tesoro en un túmulo. El monstruo se enfureció cuando un fugitivo robó una copa y aquella misma noche se propuso devastar el reino. Beowulf le salió al encuentro con un gran escudo de hierro para protegerse del fuego que arrojaba y un grupo de guerreros elegidos. Su espada no pudo atravesar la gruesa piel del dragón y cuando aquel engendro les atacó, los compañeros de Beowulf huyeron aterrorizados, todos menos un joven jefe, Wiglaf. El dragón apresó a Beowulf entre las fauces, pero Wiglaf le traspasó el vientre con su cuchillo. Beowulf sacó el suyo y juntos lo abatieron, pero el aliento ponzoñoso del dragón debilitó al héroe que, moribundo, entregó a Wiglaf el tesoro, su torques y su armadura.

El dragón en forma de serpiente que escupe fuego y está dotado de alas para volar de noche, probablemente debe algo a las serpientes monstruosas de los mitos y leyendas primitivos. La muerte de Beowulf recuerda la última batalla de Tor, Ragnarok, en la que mata a la Serpiente del Mundo, pero después sucumbe a su veneno.

EUROPA CENTRAL Y ORIENTAL

*Se cree que el motivo central de este tapiz eslavo tradicional representa
a la diosa Makosh, foco de un culto de la fertilidad muy extendido.*

Integrado por diversos pueblos, el grupo eslavo comprende desde los casubos al norte hasta los macedonios al sur, cada uno de ellos con una lengua propia reflejo de su identidad. Pero, debido a su relativa juventud entre los pueblos europeos, los eslavos comparten en gran medida una tradición mitológica, tradición que ha escapado a la influencia preservadora de la lengua escrita, ya que la escritura llegó a la región en los siglos IX y X, con la conversión al cristianismo, que desdeñó, representó erróneamente o condenó las prácticas paganas. Por ello, reunir los detalles de las creencias primitivas supone una tarea detectivesca, aunque el retraso y el aislamiento económicos (sobre todo de Rusia) han permitido la supervivencia, si bien de forma distorsionada, de una amplia gama de mitos muy antiguos.

La mitología eslava se ocupa de seres sobrenaturales con quienes se encuentran los mortales, que casi siempre corren riesgos en tales encuentros. Se conservan los nombres de los dioses, pero poco se sabe sobre sus cultos, salvo en casos excepcionales, como el de la diosa de la fertilidad Makosh *(ilustración de arriba)*. Los cuentos populares reflejan las antiguas creencias relacionadas con ritos de tránsito o con el chamanismo. El Otro Mundo al que acceden los chamanes está habitado o custodiado por monstruos, y los cantos épicos cuentan que estos seres malignos, si bien obtienen su poder del Más Allá, abandonan esa región para amenazar a la humanidad en la tierra.

También se conoce el culto a los antepasados difuntos, quizá animales totémicos en sus orígenes, que desempeña un papel fundamental en los cuentos y creencias populares actuales sobre los espíritus domésticos.

LOS PUEBLOS ESLAVOS

Los eslavos surgieron con una clara identidad
étnica hacia el siglo V. En el transcurso
de los dos siglos siguientes se dividieron en
tres grupos que se expandieron hacia oriente
desde su tierra natal, probablemente el
este de Eslovaquia, y ocuparon Bohemia,
Polonia y parte de Alemania. Otros se
dirigieron hacia el sur, atravesando los
Balcanes, y otros hacia el este y el norte,
para establecerse en la Ucrania y la Rusia
nororiental actuales. En el siguiente milenio
continuó la expansión hacia oriente, hasta
la Rusia europea, Siberia y Asia central.

CREENCIAS PRECRISTIANAS
DE LOS ESLAVOS

En la evolución de las creencias
mitológicas eslavas se distinguen tres fases
que se superponen:

LUZ CONTRA OSCURIDAD
La creencia dualista en un mundo regido
por la fuerza creadora de la luz y la destructora
de la oscuridad obligó a la humanidad a buscar
la ayuda del bien para aplacar al mal. Con la
conversión al cristianismo, las fuerzas del bien
se identificaron con la Iglesia, pero las del mal,
bajo la forma de los espectros de los muertos
(vampiros o espíritus que habitan en bosques
o arroyos) siguieron impresionando la
imaginación popular.

EL CULTO A LOS ANTEPASADOS DIFUNTOS
Toda casa estaba protegida por los antepasados
muertos, de quienes dependían la salud
y la fertilidad. Fuera de este nivel puramente
local existía un culto generalizado a un dios
de la fertilidad, Rod, junto a las Rozhanitsi,
hijas y madre también divinas. Los complicados
rituales, vinculados al ciclo de la muerte
y la resurrección, probablemente incluían
prácticas chamanísticas encaminadas a establecer
contacto con las almas de los antepasados
muertos en el Más Allá.

DIOSES ELEMENTALES
La aparición de dioses elementales antropomórficos
constituye la etapa final. Los dioses del sol
y del fuego expresan la veneración eslava por
las fuerzas de la luz y especialmente el respeto
al fuego. En una cultura en desarrollo, el dios
del trueno se convirtió, lógicamente, en dios de
la guerra, y surgió un protector del comercio;
pero las deidades omnipresentes eran las de
la fertilidad.

CLAVES DEL MAPA

- Área de asentamiento eslavo, siglo VI
- Expansión de los eslavos occidentales, siglos V-VII
- Expansión de los eslavos orientales, siglos VI-VIII
- Expansión de los eslavos meridionales, siglo VII
- Asentamiento de los eslavos orientales, siglo X
- Pueblos: **RUSOS**

GRUPOS LINGÜÍSTICOS ESLAVOS

Los grupos lingüísticos de los eslavos
reflejan las tres direcciones de la
migración: oeste, sur y este. Cuando
aparecieron los primeros textos escritos
(siglos IX-X) ya se distinguían claramente
muchos de los grupos étnicos eslavos
modernos. En la región oriental, las
lenguas de Ucrania y Bielorrusia no se
diferenciaron claramente hasta después
del siglo XIII.

OESTE	SUR	ESTE
Polabos	Eslovenos	Bielorrusos
Polacos	Croatas	Ucranianos
Kasubos	Serbios	Rusos
Lusacios	Búlgaros	
Checos	Macedonios	
Eslovacos		

LOS ANTIGUOS DIOSES ESLAVOS

Según el testimonio que aporta la terminología,
la religión eslava primitiva guardaba cierta
relación con las creencias persas, si bien algunos
dioses tenían carácter local.

SVAROG, relacionado con el sánscrito *svarga*
(cielo). El dios elemental de más edad.
Tenía dos hijos: DAZHBOC, dios del sol,
y SVAROZHICH, personificación del fuego.
SVANTOVIT, dios vinculado con un culto
a los antepasados. Tenía cuatro cabezas,
símbolos de su gran poder, y empuñaba
un cuerno lleno de vino, con cuyo nivel
se predecía la cosecha. El dios predecía
el resultado de la guerra con la ayuda
de un caballo blanco sagrado. En las
zonas eslavas orientales Svantovit estaba
representado por el culto a los antepasados

de ROD, deidad de la fertilidad, la luz
y la creación.
PERUN, dios del trueno, el rayo y la guerra
que a finales del siglo X sustituyó a Rod
en los círculos aristocráticos.
VELES, o Volos, deidad de los muertos y protector
de los rebaños y del comercio.
MAKOSH, o Mokosh, gran diosa de la fertilidad,
la abundancia y la humedad, de culto exclusivo
entre los eslavos orientales (*véase ilustración
p. anterior*).
STRIBOG, dios de los vientos entre los eslavos
orientales, reflejado en las creencias rusas sobre
los vientos tormentosos como vehículos de los
demonios de época posterior.
LAS ROZHANITSI, diosas de la fertilidad, madre
e hijas, estrechamente vinculadas con Rod, cuya
festividad coincidía con el final de la cosecha.

EL OTRO MUNDO

El tres veces décimo reino

RUISEÑOR EL BANDIDO
El enemigo sobrenatural más prodigioso
es Ruiseñor el Bandido *(aparece arriba,
en un azulejo tradicional),* un ser mitad
ave mitad hombre que vive en un árbol
que bloquea la carretera de Kiev. Puede
provocar un viento ululante que aplasta
árboles y flores y mata a los humanos.
Ilia de Murom, célebre *bogatir* (héroe
épico), obligando a su caballo a no hacer
caso del terrible estruendo, dispara
contra la sien derecha de Ruiseñor y lo
lleva a Kiev atado a un estribo.

El Otro Mundo puede extenderse más allá de un bosque impenetrable, en los
confines de un río turbulento, o allende o bajo los mares, o sobre o bajo la tierra,
y el héroe accederá a él tras el largo viaje destinado a obtener el objeto de su búsqueda. Para entrar en él quizá haya que escalar una escarpada montaña o descender a una sima; pero sea cual sea su situación, el «tres veces décimo reino» (como
se denomina en los cuentos populares eslavo-orientales) está estrechamente vinculado con el sol. El objeto de los esfuerzos del héroe es casi siempre de oro
(manzanas de este metal en un cuento búlgaro, una mágica Ave de Fuego de plumas doradas en una jaula también dorada en otro relato), y hasta los palacios
están adornados con oro y plata.

El remoto reino áureo recuerda la antigua creencia eslava en que la tierra es
una isla que flota en el agua y que debajo del agua existe otro mundo en el que
se hunde el sol por la noche. También cabe la posibilidad de que los mundos
inferior y superior reflejen vagamente las ideas chamanísticas del Árbol del
Mundo con raíces que descienden hasta los infiernos y ramas que llegan hasta
los cielos.

Se creía que el alma del chamán sumido en trance volaba hasta el mundo superior o bajaba para acompañar el alma de un difunto. De igual modo, el viaje del
héroe representa el viaje mágico del chamán a la tierra de los muertos y su regreso, dotado de mayor sabiduría y más poderes. Otra teoría ve los orígenes de los
viajes al Otro Mundo en los ritos iniciáticos en los que se creía que el iniciado
moría antes de renacer en una nueva etapa de su existencia.

Desde luego, el héroe debe enfrentarse a terribles peligros antes de salir del
Otro Mundo y, además, en algunas zonas de Rusia parece haberse conservado la
creencia en la muerte como viaje en el que interviene una ascensión, creencia que
queda reflejada en la costumbre de guardar los recortes de las uñas humanas para
que se conviertan en garras tras la muerte.

Dragones

El dragón o la serpiente aparecen en los cuentos
populares y en la épica folclórica rusa y serbia.
Conocida como la Fiera Serpiente, se la relaciona con el
fuego, el agua y las montañas, límites del Otro Mundo.
En la Rusia precristiana se creía que los relámpagos eran
dragones, y se los vinculaba con el dios del trueno,
Perun, circunstancia que podría explicar la historia de
Dobrinia y el dragón, que narra alegóricamente la conversión de Rusia (finales del siglo X) mediante la victoria
del héroe sobre un dragón, símbolo del
paganismo y de su principal deidad, Perun. El dragón eslavo
característico aparece como
raptor de mujeres próxi-
mas al héroe, a las que

lleva al Otro Mundo, o doncellas víctimas de una campaña de terror. El monstruo también suele actuar como
guardián del puente de madera de álamo que cruza el
turbulento río que lleva hasta el Otro Mundo. En
ambos casos, el héroe debe derrotar al dragón y rescatar
a la cautiva, cuando ésta existe. Antes de intentar decapi-
tarlo, debe hacer caso omiso a las burlas sobre la amenaza de que el monstruo lo devore y vencer el irresistible
deseo de dormir.

*El dragón aparece en numerosos
objetos. En esta viga tallada
(Novgorod, siglo XI) sus
formas se han resaltado en
verde, para mayor claridad.*

LA BABA YAGA Y LAS AMAZONAS

Seres femeninos de los cuentos populares

La figura mítica más célebre en los cuentos populares eslavos es, con mucho, la bruja, la Baba Yaga. Posee poder sobre los animales y viaja a bordo de un mortero, se impulsa con la mano del mortero y borra sus huellas con una escoba. Se la suele encontrar en su choza, que se alza sobre patas de pollo en medio de un espeso bosque, y para entrar en ella, el héroe o la heroína tienen que pronunciar una fórmula mágica, tras lo cual aparece la puerta. La Baba Yaga ocupa todo el interior con su repugnante cuerpo de vieja bruja, una nariz que llega hasta el techo y unas piernas que abarcan toda la estancia. Está tan escuálida que parece un esqueleto con dientes puntiagudos. La llaman «piernas flacas», y la cerca de su jardín está hecha de huesos. La remota situación de la casa parece indicar que sirve de puesto de vigilancia de la entrada al Otro Mundo, y penetrar en ella puede significar la muerte. Existe una clara vinculación con los ritos de iniciación prehistóricos: en muchas culturas, la iniciación a la edad viril se lleva a cabo en un edificio especial fuera del poblado, y se cree que los neófitos mueren antes de renacer. El día y la noche obedecen las órdenes de la Baba Yaga, de lo que se desprende que podría proceder de la antaño poderosa diosa del Otro Mundo, teoría respaldada por el papel positivo que desempeña a veces al ayudar al héroe en su búsqueda, reliquia de una época anterior a la supresión de su culto.

También existen entre los eslavos vestigios de la creencia en otro tipo de mujeres poderosas. Un relato legendario de Bohemia, del siglo XI, habla sobre un grupo de amazonas que luchan como hombres y toman la iniciativa sexual. Estas guerreras, encabezadas por Vlasta, la más valiente, viven en un castillo a orillas del río Vltava, y la guerra con los hombres acaba en la paz y el matrimonio. En la épica popular rusa, las *polenitsa,* como se denomina a las amazonas, son figuras que cabalgan en solitario. En el cuento de Dobrinia y el dragón, el héroe se topa con una mujer de tales características e intenta vencerla. Ella lo agarra por sus rizos rubios, lo arranca del caballo, se lo mete en el bolsillo y accede a liberarlo únicamente a condición de que se casen. Al final, las amazonas siempre mueren o se someten mediante el matrimonio.

LA BABA YAGA Y MARÍA MOREVNA

En un cuento popular, el príncipe Iván emprende la búsqueda de María Morevna, su esposa, raptada por el monstruo Kashchéi, pero descubre que sólo podrá rescatarla con un caballo al menos tan rápido como el de su enemigo. María se entera por Kashchéi de que la Baba Yaga, que vive en la otra orilla del turbulento río, posee una manada de caballos con tal característica. Cuando la encuentra su marido, María le concede el poder necesario para cruzar la corriente, pero antes de acceder a darle un caballo, la Baba Yaga le impone al príncipe una tarea irrealizable: custodiar a sus yeguas de cría durante tres noches. Todas las noches, siguiendo las instrucciones de su ama, las yeguas escapan, pero vuelven a reunirlas los insectos y otros animales a los que Iván ha tratado con bondad. Por último, le aconsejan que robe el potro sarnoso que yace sobre el montón de estiércol de la escuadra y escape con él. Iván sigue el consejo y, perseguido de cerca por la Baba Yaga en su mortero, atraviesa el río. Con el potro, que milagrosamente adelanta a la montura de Kashchéi, el príncipe rescata a su amada.

La Baba Yaga, a lomos de un cerdo, se enfrenta a un «cocodrilo» empuñando una mano de mortero, con la que se impulsa cuando viaja a bordo de su habitual medio de transporte. Xilografía, principios del siglo XVIII.

ANTEPASADOS Y ESPÍRITUS DEL HOGAR

Iván el Loco y el *domovoi*

ESPÍRITUS DE LA CASA DE LABRANZA
Existe un estrecho vínculo entre el *domovoi* y diversos espíritus de la casa de labranza: el *dvorovoi*, el *ovinnik* y el *bannik*. La actividad del *dvorovoi* se limita al corral; en lo demás, se parece mucho al *domovoi*. El *ovinnik*, espíritu de la era, se muestra mucho más hostil con la humanidad, pues mantiene el carácter peligroso de la era. También presenta un aspecto hostil el *bannik*, espíritu de la caseta de baños, lugar para la adivinación y la magia. La creencia en el *domovoi* y el *bannik* se conserva actualmente en las aldeas de Siberia.

Antiguamente, todos los grupos eslavos celebraban complejas ceremonias en honor de los muertos, pero en el siglo XIX ya sólo se conservaban entre los grupos de cristianos ortodoxos. Se honraba la memoria de los difuntos tres o cuatro veces al año, en días fijos, comiendo y bebiendo junto a las tumbas, y se apartaban porciones de comida para que las consumieran los antepasados.

El culto a los antepasados se refleja asimismo en los cuentos populares rusos, en la figura de Iván el Loco, que tiene un lugar reservado en la casa, sobre la estufa, y que en ocasiones se presenta cubierto de hollín. Iván está más próximo a los antepasados que sus hermanos mayores, y es él quien recibe una recompensa por cumplir los deseos del padre difunto. La creencia eslava en los espíritus domésticos, muy extendida, queda atestiguada por el *dedushka domovoi* («espíritu doméstico del abuelo» en la versión rusa). Existen otras formas en las demás lenguas). La familia debe tratar con respeto al *domovoi*, que actúa de noche, evitar dormir en su camino y dejarle platos de su comida favorita todas las noches, pues en otro caso, el *domovoi* suele portarse mal: rompe la vajilla o molesta a los animales. Casi siempre es invisible, pero quienes lo han visto lo describen como un anciano de barba gris, quizá con el cuerpo velludo, y si al tacto resulta peludo, presagia buena suerte, mientras que si parece frío y duro anuncia desgracias o muertes. Le presentan a los nuevos animales domésticos, y conviene criar sólo los del color que supuestamente le gusta. La prosperidad del hogar depende de su propia felicidad, y si las cosas van mal hay que redoblar los esfuerzos por agradarle. Se celebraban complicados ritos para garantizar que el *domovoi* acompañase a la familia si había mudanza, y en ocasiones lo tentaban con leña del antiguo hogar, una prueba más de su vinculación con el antiguo culto a los antepasados.

El ruano de plata

En el relato ruso del caballo ruano de plata se cuenta que es un guardián del hogar y en las tradiciones familiares es recompensado con un caballo mágico. Al morir, un anciano ordena a sus tres hijos que custodien su tumba durante tres noches, pero los dos mejor vestidos no cumplen sus órdenes y envían en su lugar a Iván el Loco, que se pasa la vida tumbado junto a la estufa, muy sucio. A las doce de la tercera noche se aparece el padre difunto y recompensa a Iván con el ruano de plata, un caballo que despide chispas por los ojos y humo por los ollares.

Cuando el zar proclama que el hombre capaz de coger el velo de su hija, colocado a gran altura, se casará con ella, Iván pronuncia un conjuro para que acuda el ruano de plata, se introduce en su oreja y se transforma en un apuesto joven. Gana el concurso a la tercera ocasión y a continuación vuelve a su mísera existencia, sin ser reconocido. El zar organiza fiestas con la esperanza de encontrar al apuesto joven. Iván, sentado detrás de la estufa en el salón del banquete, limpia su jarra de cerveza con el velo, lo reconocen y obtiene su justa recompensa, para consternación de sus hermanos.

Adorno de silla de montar del sur de Rusia.

EL ALMA
DE LOS DIFUNTOS

La *rusalka,* la *vila* y otros visitantes

La creencia de que el alma se separa del cuerpo y puede abandonarlo durante el sueño y en la muerte se encuentra entre todos los eslavos. Denominadas *zduhach* por los serbios, las almas se reúnen en la cima de las montañas y luchan entre sí. La victoria en tales combates lleva la prosperidad al durmiente, pero si su alma perece no despertará jamás. En Rusia, las almas pueden adoptar la forma de la *kikimora,* pequeño ser femenino de cabellera flotante que, al igual que el *domovoi,* mora en las casas, pero a la que no se dispensa tan buena acogida debido a su papel de oráculo de las catástrofes. Tras la muerte de un campesino, se dejan abiertas las puertas y ventanas de su casa para que pueda salir su alma en forma de ave sin ser vista. El alma de quienes mueren sin bautizar, en circunstancias violentas o tras haber sido maldecidos por sus padres, adopta diversas formas.

Una *nava* es el alma de un niño sin bautizar o mortinato. Los macedonios creen que adopta la forma de ave que vuela en busca de su madre y ataca a las mujeres parturientas. Se la puede liberar con la ceremonia del bautismo. Mucho más conocida es la *rusalka,* el alma de niños recién nacidos o de doncellas ahogadas en las creencias del sur de Rusia y Ucrania. Le gusta cantar y se creía que los hombres se ahogaban por el hechizo que ejercía su canto: con la forma de atractivas muchachas vestidas con hojas, seducían a los jóvenes aldeanos, que escapaban a sus moradas subacuáticas. Al final de la primavera, en la Semana Rusalnaya (la séptima después de Pascua) sale del agua, se abalanza por detrás sobre sus víctimas en campos y bosques y las mata a fuerza de cosquillas. Le desagradan especialmente las mujeres, y existen relatos en los que intenta robar el alma de muchachas incautas. Castiga a las mujeres por dedicarse a las tareas domésticas durante la Semana Rusalnaya, por ejemplo. Aunque en el siglo XIX la *rusalka* rusa se relacionaba con los muertos, podría tratarse de una evolución posterior: quizá en sus orígenes se vinculase con la fertilidad, y sobre todo con la fiesta pagana de Rusalii que se celebraba en Kiev en el siglo XI, la cual presentaba paralelismos con la fiesta romana de las rosas, la Rosalia.

LA *SIRIN*

La *sirin* es un ave del paraíso con rostro de muchacha. A diferencia de otros seres mitológicos, que surgen de la tradición popular eslava, tiene orígenes griegos y llegó con el cristianismo ortodoxo. Claramente relacionada con la sirena griega *(véase p. 147),* gozaba de especial popularidad en Rusia, donde su imagen adquirió tintes cristianos y folclóricos. Al igual que su prototipo griego, canta exquisitamente, pero no se la considera tanto un ser que induce a los marineros a una muerte acuática como un ave de felicidad y belleza, que desciende de los cielos a la tierra en recompensa por una vida virtuosa. Quien escucha su canto lo olvida todo y después muere.

La *vila*

*A*l igual que la rusalka, *la vila es una mujer eternamente joven y bella de cabellera larga y rubia. También se la asocia con el alma de los difuntos: muchachas muertas sin bautizar (creencia búlgara) o chicas frívolas cuyas almas flotan entre el cielo y la tierra (creencia polaca).*

La *vila* mantiene una relación estrecha y en ocasiones amistosa con la humanidad. En los países eslavos del sur es la figura mítica más conocida, que asimila rasgos de otros espíritus de identidad distinta en otras regiones.

La *vila* aparece con frecuencia en los cantos épicos de los eslavos del sur. En uno de ellos, el héroe Marko espía a un grupo de estos seres que baila, envía a su halcón a que se apodere de las alas y el tocado de Nadanojla, su jefa, y regresa a su casa perseguido por la *vila.* Se casa con ella haciéndole creer que se trata de una pastora, pero un día alardea de tener una *vila* por esposa y ella coge sus alas y escapa. Sólo después de que Marko vuelve a capturarla acepta su papel de esposa.

ESPÍRITUS MALIGNOS

Seres de los bosques, licántropos y vampiros

LICÁNTROPOS

Se creía que los que nacían con un antojo, mechones de pelo lupino o una protuberancia de piel en la cabeza eran licántropos. La protuberancia de piel solía enrollarse y guardarse como amuleto o coserse a las ropas, para que trajese buena suerte. Entre los serbios, los eslovenos, los casubos y en el norte de Polonia existía la creencia de que tales personas poseían poderes mágicos, los dones de la metamorfosis y la adivinación. Podían transformarse en diversos animales, pero preferían al osado y sangriento lobo, como aparece en este grabado de Lucas Cranach *(derecha)*, del siglo XVI, época en que la Iglesia rusa se creyó obligada a condenar tales creencias. La tradición de los licántropos queda reflejada en los diversos relatos sobre Vseslav, príncipe de Polotsk (actualmente en Bielorrusia) que vivió en el siglo XI. A diferencia de otros príncipes de Rus, que se convirtieron al cristianismo en 988, Vseslav y su familia siguieron siendo paganos. De las fuentes históricas se desprende que su nacimiento coincidió con un eclipse de sol (nació con una protuberancia en la cabeza). Hijo de una princesa violada por una serpiente, el príncipe-licántropo aprendió rápidamente las artes mágicas y las de la caza y la guerra. Ya adulto, obtuvo grandes victorias como guerrero y «corría a medianoche como una bestia salvaje, envuelto en una neblina azul», como dice un texto del siglo XII.

La *vila (véase p. 211)* tiene con frecuencia buena disposición hacia los mortales, pero los demás espíritus que habitan en las inmediaciones de la casa en las creencias eslavas son capaces, en el mejor de los casos, de gastarles bromas pesadas, y en el peor, de actuar con abierta hostilidad. Entre los eslavos orientales, el más temible es el *leshii* o espíritu del bosque, señor de la espesura y guardián de los animales que viven en ella. En 1859 se atribuyó una gran migración de ardillas por los Urales a los espíritus siberianos de los bosques que, tras haber perdido una partida de cartas con los espíritus de la Rusia Blanca, les entregaron a sus animales para pagar la deuda de juego. De carácter antropomórfico, el *leshii* se presenta en forma de campesino, de tamaño variable, según el hábitat: desde la altura del árbol más alto hasta la de una brizna de hierba. Posee el poder de metamorfosearse en diversos animales, pero, con el fin de engañar, puede adoptar la forma de un pariente. La desgracia recaía sobre el campesino que no tomaba precauciones al internarse en el bosque, sobre todo en determinados días, rezando una oración para protegerse o volviendo sus ropas del revés. El *leshii* hacía que se perdieran las personas, llevándolas a veces hasta el borde mismo de un precipicio, y se apoderaba de muchachas y niños, por lo general después de que una mujer le dijera impaciente a su hijo: «Ojalá te llevase el *leshii*».

Aún se mantiene la creencia en los espíritus del bosque en remotas comarcas de Rusia, mientras que la idea del espíritu del agua masculino y temible lleva más de un siglo en declive. El *vodianoi* se distingue de la *rusalka* no sólo por ser varón, sino por ser feo, cubierto de limo, velludo y con garras o hinchado y blanco, y le encanta ahogar a quienes le han ofendido. En una aldea del sur de Rusia se contaba que había un campesino que se sumergía en un profundo hoyo lleno de agua, en el que supuestamente vivía el *vodianoi,* para pescar carpas. Tras numerosas capturas, un día se jactó de ser capaz de atrapar al espíritu, y se ahogó.

Desde la antigüedad, todos los eslavos han creído en la existencia de los hombres-lobo (licantropía: *véase margen p. anterior),* creencia que con el tiempo se mezcló con la idea del vampiro. En los cantos serbios y bosnios sobre Zmaj Ognjeni Vuj (el Fiero Lobo Dragón) se relaciona a un héroe licántropo con un monarca del siglo XV, el déspota Vuk, al que se representa con una marca de nacimiento (roja y hasta el hombro del brazo con el que empuña la espada o en forma de sable), con mechones de pelo de lobo y escupiendo fuego. Crece con prodigiosa rapidez, y se hace guerrero, el único capaz de vencer al dragón, que quizá fuera quien lo engendró.

Vampiros

De todos los seres míticos conocidos por los eslavos y sus vecinos, ninguno tan célebre como el vampiro, término que deriva del eslavo meridional vampir, *con variantes en otras lenguas (*upir, upyr, upior, *etcétera).*

En el siglo XIX, la creencia en los vampiros no estaba más extendida entre los ucranianos y los bielorrusos que entre sus vecinos orientales, los rusos, pero ejercía mayor atracción aún sobre los eslavos occidentales, especialmente sobre los casubos, que vivían en la desembocadura del río Vístula) y los eslavos del sur. Entre los eslavos meridionales, el concepto de vampiro se ha entremezclado con el de licántropo, hasta el extremo de que el término moderno para designar a los vampiros es *vukodlak* (pelo de lobo). No obstante, y a diferencia de los licántropos, los vampiros son esencialmente manifestaciones del espectro del difunto inmundo. Cierta clase de personas se convierten en vampiros tras muerte: licántropos, hechiceros, brujas, pecadores y descreídos (entre los que se contaba a los herejes en Rusia), y en algunas regiones, como Bulgaria, se creía que también sufren tal metamorfosis los asesinos, ladrones, prostitutas y otras personas socialmente indeseables, y que incluso quienes no cometen delitos y mueren en condiciones normales pueden acabar como vampiros, sobre todo si no se han celebrado los ritos funerarios o si han muerto prematuramente (al suicidarse, por ejemplo). Las personas concebidas o nacidas en un día sagrado, los mortinatos y los nacidos con una excrecencia ósea en el extremo inferior de la columna vertebral o con dientes son vampiros seguros.

Estos seres se mantienen incorruptos en la tumba, a veces hinchados, y puede haber indicios de movimiento en el ataúd (los macedonios creen que el cadáver se vuelve boca abajo). A medianoche entran en las casas para chuparle la sangre a los durmientes y copular con ellos, en algunos casos sus propios familiares, que se consumen y mueren. También pueden chupar la carne de su propio pecho o sus ropajes funerarios, y en ambas ocasiones sus parientes mueren. Los vampiros deambulan asimismo por las encrucijadas o los cementerios, en busca de víctimas, con una mortaja sobre los hombros. Existen numerosos métodos para combatirlos, algunos destinados a permitirles descansar en paz, como colocar en la tumba crucecitas de madera de álamo o granos de mijo o lino para que se entretengan contándolos, como creen los macedonios y los casubos. Entre las medidas más extremas destaca la de clavarles en el cuerpo una rama afilada de espino o álamo o una estaca o un clavo en la cabeza. Existe también la variante de la decapitación (entre los eslavos occidentales), la desmembración (entre los eslavos orientales y occidentales) o cortarles los tobillos o los talones para impedirles el movimiento (croatas).

La creencia en los vampiros se mantiene en parajes remotos y en las comunidades casubas de Canadá.

LAS REGIONES ÁRTICAS

La fotografía muestra el acecho de unas morsas en Groenlandia.
Incluso en la actualidad, muchos pueblos árticos creen que los
animales son dones del Espíritu del Mar, que los ofrece en invierno
por los agujeros del hielo.

La mitología de las regiones árticas refleja un entorno duro y peligroso, un paisaje solitario con una población escasa y dispersa. Con un telón de fondo tan desolado, la amenaza de la inanición es un tema mitológico muy común: la agricultura resulta imposible y todo el alimento procede de los animales, que en los mitos aparecen ayudando y engañando a los humanos. Elementos fundamentales para la supervivencia, los animales en el Ártico aparecen dotados de alma propia y merecen gran respeto: el cazador pide excusas a la pieza que acaba de abatir. Algunos inuit lanzan al mar la vejiga de la foca que apresan para que así el animal renazca y en su siguiente reencarnación se ofrezca como presa al mismo cazador.

Las estaciones, la salud y fertilidad de humanos y bestias, la benignidad y dureza de los elementos naturales derivan del mundo de los espíritus. El papel de ayudar a la comunidad a lograr el bienestar y de evitar la desgracia recae sobre el mediador con los espíritus, el chamán, vocación que sólo algunos cumplen (por lo general, pero no siempre, hombres).

Golpeando un tambor especial en un ritual de intensidad dramática, el chamán entra en trance para comunicarse con el mundo de los espíritus, entre los que viaja mientras está inconsciente, descubrir la situación de la caza (o de un reno perdido o un oso peligroso concretos), qué espíritu está provocando enfermedades o rescatar el alma robada de un enfermo y salvarle así la vida.

En los relatos sobre curaciones chamánicas de las culturas inuit se describe un proceso de interrogatorio implacable, en el que el chamán trata de descubrir, a través del enfermo, por qué se sienten ofendidos los espíritus. Quizá el paciente haya fumado una pipa prohibida, o haya partido un hueso que no debería haber tocado, o comido un trozo de caribú crudo vedado a aquel individuo. Si se trata de una mujer, quizá se haya peinado después de haber dado a luz. El chamán hace preguntas sobre las posibles transgresiones, y la comunidad entera, reunida en el iglú de invierno, clama por la liberación del paciente.

LOS INUIT

Los pueblos de lengua esquimal del Nuevo Mundo ártico y Groenlandia se dividen en diversos grupos lingüísticos y políticos, los principales de los cuales son los kalaallit, los inuit, los inupiat y los yupik. El término inuit («pueblo auténtico») con el que se autodenominan los grupos canadienses se aplica actualmente a todos estos pueblos. Salvo en el sur de Alaska y en Labrador, los inuit viven más allá del límite septentrional de vegetación, con un modo de vida tradicionalmente nómada o seminómada, dedicados a la caza y a la pesca y en grupos raramente superiores a unos centenares de individuos. En invierno y primavera, en la costa, cazan mamíferos marinos (sobre todo focas, morsas y, donde existen, ballenas); en verano y otoño, a veces se adentran en el interior, y sus presas son el caribú (el reno norteamericano), los peces y aves. Desde el contacto con los europeos se añadió a este modelo de subsistencia un floreciente comercio de pieles.

LOS PUEBLOS DEL NORTE DE RUSIA

Esta vasta región se extiende desde Finlandia hasta el Pacífico y de sur a norte presenta dos tipos principales de paisaje: el bosque de coníferas (taiga), prácticamente ininterrumpido, y un cinturón de tundra desprovisto de árboles cercano al océano Ártico. Los numerosos pueblos nativos pertenecen a varias familias lingüísticas, algunas en el oeste (como el saami, o lapón), relacionadas con el finés, otras en el este, emparentadas con el turco y el tungús-manchú. La lengua ket no puede relacionarse con ninguna otra, mientras que el esquimal y el aleutiano están emparentados con los demás idiomas esquimales de Alaska, Canadá y Groenlandia.

Nómadas dedicados a la caza, la pesca y la cría de renos, estos pueblos se han visto muy afectados por los asentamientos rusos, sobre todo desde la revolución de 1917. Excepto los komi, los carelios y los yakutios, todos son vulnerables, debido a su escasa población, objeto de protección especial.

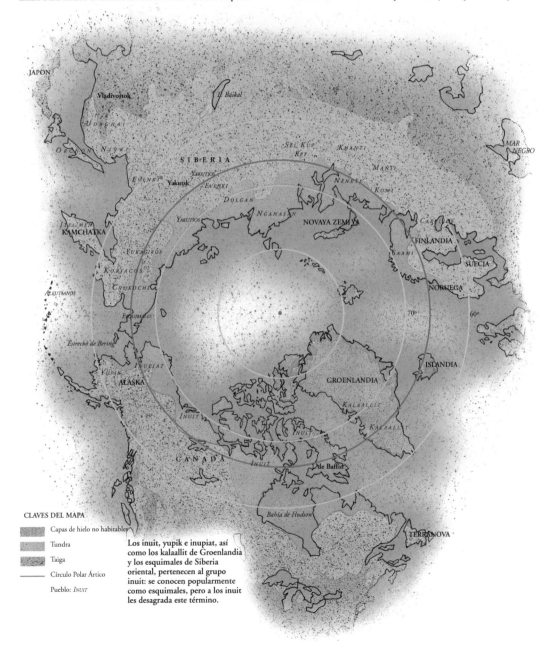

CLAVES DEL MAPA

- Capas de hielo no habitables
- Tundra
- Taiga
- ——— Círculo Polar Ártico
- Pueblo: *INUIT*

Los inuit, yupik e inupiat, así como los kalaallit de Groenlandia y los esquimales de Siberia oriental, pertenecen al grupo inuit: se conocen popularmente como esquimales, pero a los inuit les desagrada este término.

MITOS DE LOS INUIT

Espíritus del mar y del cielo

EL ESPÍRITU DE LA LUNA

Uno de los grandes espíritus de los inuit es el de la Luna (Tarkec), responsable de la fertilidad, la corrección moral y, entre los inuit de Alaska, del control de los animales. Es un poderoso cazador que habita en el reino del cielo. En la ilustración de la derecha vemos una máscara del Espíritu de la Luna del oeste de Alaska. El reborde que rodea la cara simboliza el aire, los arcos los niveles del cosmos y las plumas las estrellas.

EL ALMA DE LOS ANIMALES

La ilustración muestra la efigie de una ballena, amarrada a una barca. Los inuit creen que el cazador no «coge» a los animales, sino que ellos se dejan matar. Cuando el animal muere, el cazador ejecuta una breve ceremonia para asegurar que su alma regrese al mundo no terrenal y se reúna con la sociedad animal, dispuesto a volver como presa. En gran parte de Alaska, los inuit celebran importantes fiestas destinadas a reconocer la aparición de los animales en la tierra e influir en ella. La fiesta de la Vejiga, por ejemplo, es un acontecimiento invernal de cinco días de duración en cuyo punto culminante se meten las vejigas de los mamíferos marinos cazados durante el año en agujeros perforados en el hielo para devolver sus almas al mundo de los espíritus.

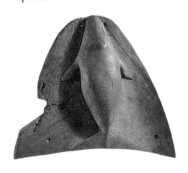

Los poderes espirituales, de mayor o menor importancia, dominan la vida de los inuit y el más conocido es el Espíritu del Mar de los inuit de Canadá y Groenlandia. Denominado Sedna (así como Nuliajuk y otros nombres), el Espíritu de Mar ejerce su soberanía sobre todos los animales que proporcionan alimento a los humanos. En su morada del fondo del mar, desde donde envía los animales de caza, adopta la forma de una mujer, a la que incluso los chamanes temen. Otro gran espíritu es el del Aire, conocido en muchas regiones como Sila («tiempo atmosférico», «inteligencia»). Reconocido prácticamente en todas las zonas inuit, rige la lluvia, la nieve, el viento y el mar desde un reino situado muy por encima de la tierra. Aunque se lo concibe como una persona, el Espíritu del Aire no se encarna. El Espíritu de la Luna es la tercera de las grandes fuerzas espirituales. Todas ellas son inherentemente benévolas, pero los humanos las consideran peligrosas, sobre todo al Espíritu del Mar, por su aguda sensibilidad a los malos actos de los hombres, a los que responde enviándoles mal tiempo, fracaso en la caza y enfermedades, y para protegerse, los inuit pronuncian palabras mágicas, se ponen máscaras y amuletos (preferentemente extremidades de animales) y acuden a sus chamanes. En el plantel de espíritus menores, tanto benévolos como malévolos, los más interesantes son los «espíritus de ayuda» de animales, objetos o personas muertas, que los chamanes encuentran en el transcurso de su largo aprendizaje: al poseer al chamán, uno de estos espíritus puede prestar una colaboración vital a sus esfuerzos.

La creencia inuit en unos reinos situados en el cielo y bajo la superficie de la tierra, cada uno de ellos definido por el gran espíritu que habita en él, ayuda a comprender el concepto de «alma» y de su reciclaje. La creencia en la existencia de un alma en los animales *(véase margen, izquierda)* explica el respeto especial que dispensa este pueblo a sus presas. La esencia espiritual del ser humano resulta más compleja. Tras la muerte física, una parte de esta esencia entra, quizá para siempre, en los infiernos o en el reino del cielo, dependiendo de cómo haya muerto la persona. Otra parte, encarnada en el nombre de la persona, se reincorporará a un pariente recién nacido: imponer a un niño el nombre de alguien fallecido hace poco significa que su antepasado le transferirá ciertas cualidades personales.

En la actualidad, prácticamente todos los inuit profesan el cristianismo, que han asimilado rápidamente a la luz de sus creencias tradicionales. La mitología de este pueblo no reconoce una deidad creadora omnipotente, pero asocia el dios cristiano con las principales potencias espirituales y a los chamanes con los misioneros. En algunas regiones del suroeste de Alaska, los inuit practican la fe ortodoxa rusa y participan en una ceremonia navideña que denominan Selavic, que, para ellos, incorpora significados cristianos y tradicionales y comienza y acaba con un servicio religioso. Dura hasta diez días, con una procesión encabezada por grandes representaciones de estrellas que va anunciando de casa en casa el nacimiento de Cristo, y en cada casa se cantan himnos y se reparten regalos.

Las procesiones de casa en casa eran importantes en la religión tradicional de estos pueblos de Alaska. Antes de la Fiesta de la Vejiga *(véase margen, p. anterior),* por ejemplo, la comunidad humana se abría al mundo espiritual llevando a los muchachos por la aldea de puerta en puerta. El reparto de regalos en Selavic es una versión moderna de la tradicional distribución de comida en la comunidad inuit, reflejo de su ética de generosidad.

EL CUERVO

El Padre Cuervo, figura clave en la mitología de los inuit de Alaska, y también en la de sus vecinos indios y siberianos, es la única manifestación clara de un creador personificado para este pueblo.

Tras descender del cielo, el Cuervo creó en primer lugar la tierra firme, después un hombre y diversas especies de animales y plantas y por último una mujer, como compañera del hombre. También fue maestro, en forma humana: enseñó al hombre y a la mujer a utilizar los animales, a cuidar a los niños, a encender fuego, etcétera.

Un rasgo curioso de este mito consiste en que el hombre brotara de una parra hecha por el Cuervo, de la que después brotaron más hombres: sencilla explicación de la evolución de la raza.

Tras estos «primeros tiempos», el Cuervo sólo ejerció poderes limitados. Puede propiciársele en su morada del cielo para que envíe buen tiempo, y si alguien mata un cuervo, sin duda habrá malas condiciones atmosféricas.

Los orígenes del Espíritu del Mar

Un mito de los inuit canadienses cuenta los orígenes del Espíritu del Mar y de los animales marinos.

El relato comienza con una joven a la que su padre obliga a casarse con un perro. El matrimonio empieza bien, pero tras el nacimiento de varios hijos, las cosas se ponen feas. El padre de la muchacha ahoga al perro y sus nietos intentan vengarse, pero al fracasar, son expulsados. Entonces aparece un ave (un petrel), en forma de viejo feo, y la muchacha se va con él, en calidad de esposa, en su *kayak.* El padre consigue recuperarla, pero el ave los alcanza y desencadena una tormenta que está a punto de hacer zozobrar la embarcación. Aterrori-

La foca surgió del dedo cortado de la mujer que se transformó en el Espíritu del Mar. Esta caja representa a una foca tumbada de espaldas, y la cara humana de la tapa el alma del animal.

zado, el padre trata de lanzarle a su hija al ave, pero ella se aferra al borde del bote, él le corta los dedos y la chica acaba por caer al mar. Así fueron creados los animales marinos: las focas más pequeñas con las yemas de los dedos de la chica, las mayores de las falanginas y las morsas de las falanges.

La muchacha cae al fondo del mar, donde se transforma en el gran Espíritu del Mar, y vive con los animales (posiblemente también los terrestres).

El padre, arrastrado igualmente a las aguas, se reúne con ella, y le sigue el perro, su primer marido.

El perro adopta el papel de guardián de la muchacha y el padre el de irascible castigador de los humanos que transgreden las normas de la vida.

MITOS DE SIBERIA

Animales, árboles y chamanes

Tradicionalmente, todos los pueblos de Siberia se han dedicado a la caza y a la pesca, y muchos de ellos a la cría de renos. Los yakutios y los buriatos emigraron a la región y llevaron desde el sur la cría del ganado vacuno y equino, así como un estilo de épica mitológica propia del Asia central.

Es en la caza donde se presenta con mayor claridad la relación especial con los animales. En las creencias siberianas, los animales se ofrecen por su propia voluntad a un cazador que los respeta, poseen el mismo estatus que él y en los mitos se transforman con frecuencia en seres humanos o se casan con ellos. El oso pardo, considerado señor del bosque, tiene un alma de inmenso poder que puede resultar peligrosa, pero que también puede emplearse para la curación. Todavía en la actualidad se siguen curando las heridas frotando la parte afectada con una garra de oso o con su grasa. La caza de este animal está rodeada de tabúes, y en muchas regiones se apacigua el alma de un oso muerto con complicados ritos, como coserle los ojos para evitar que persiga al cazador, por ejemplo.

Los yukaghir hablan de un héroe ancestral mitad humano y mitad oso. Según una versión del mito, un hombre se refugió un día en la madriguera de una osa que en primavera parió un niño, quien más adelante quiso ver el pueblo natal de su padre humano; pero no soportó la vida allí y regresó al bosque. Tras derrotar a varios enemigos mágicos bajo tierra, donde encontró esposa, el hombre-oso regresó una vez más al mundo humano, a lomos de un águila y con una esposa para su hermano.

En la mitología no sólo aparecen animales vivos. En la de los evenki, el mamut, animal del que con frecuencia se encuentran restos, es uno de los señores del inframundo, y recogió barro del agua con sus colmillos para hacer la tierra. Por donde caminaba iba creando ríos y allí donde se acostaba brotaban lagos.

Los habitantes de Siberia han creído tradicionalmente en la existencia de varios mundos, por lo general tres, cinco o siete, apilados unos sobre otros. Nuestro mundo está situado en el medio. Los superiores suelen ser los reinos de los espíritus benévolos, y los inferiores los de los espíritus malignos. Se imagina el camino entre estos mundos como un árbol con las raíces en el más bajo y las ramas en el más elevado. El chamán asciende o vuela hasta ellos en estado de trance con el fin de negociar o luchar con los espíritus y a veces sube paso a paso por muescas talladas en el tronco de un árbol, entonando a cada paso cánticos sobre su viaje por las distintas capas y sus encuentros con los espíritus.

Este árbol se repite una y otra vez en los mitos. Según los nivki, al principio había dos lunas y dos soles, por lo que el mundo era demasiado frío de noche y demasiado cálido de día y sólo quedaron con vida dos avecitas hermanas, que fueron a un alerce que se alzaba hasta los cielos y tomaron la comida que allí había dejado el anciano guardián del árbol. Aparecieron otras dos aves, una de oro y otra de plata, y retaron a un duelo a las hermanas. El ave de oro subió al cielo y una de las hermanas la siguió. Para escapar, el ave se transformó sucesivamente en oso, foca, pez y ser humano, pero su perseguidora hizo otro tanto y la apresó en cada ocasión. En su forma humana, el ave se convirtió en la hija de un anciano, a quien el héroe (anteriormente una de las aves hermanas) le pidió permiso para casarse con ella. El anciano accedió a condición de que el héroe matase al sol y la luna sobrantes, tarea en la que le ayudó el señor del mar, que lo encerró en una cacerola de hierro, lo coció, raspó los restos y con ellos modeló a una nueva persona. Así, el héroe se transformó en

Chamán tungús con ropas rituales y tambor en una antigua fotografía. Los detalles de los ropajes poseen significado ritual.

el hombre de hierro, quien, equipado con arco y flechas del mismo metal y un caballo volador, abatió al sol y la luna que sobraban, y el mundo volvió a ser habitable.

El cocimiento y reconstrucción del héroe constituyen signos inconfundibles de la iniciación chamanística. Los espíritus colocan al iniciado en un recipiente, despedazado, y después vuelven a unir los trozos, hueso a hueso, como persona renacida con poderes chamánicos. La potencia del hierro es tal que únicamente al herrero debe temer al chamán, por ser más fuerte que él.

Entre los mitos siberianos sobre los orígenes destaca el de los evenki, que atribuyen la sucesión del día y la noche a un poderoso alce que habita en el mundo superior. Un día, el animal escapó del bosque y subió a la cima de una montaña, donde empaló al sol en sus cuernos y se lo llevó al bosque, por lo que los seres humanos del mundo intermedio se sumieron en la oscuridad. Un héroe llamado Main se puso unos esquíes alados y ascendió al mundo superior, donde persiguió al alce. A medianoche lo alcanzó, le disparó una flecha y la luz volvió al mundo intermedio, pero Main no regresó a su propio mundo, sino que se transformó en espíritu para custodiar el sol. Desde entonces se ha repetido el episodio en el mundo intermedio: cada tarde, el alce captura al sol con sus cuernos y cada noche Main lo atrapa y lo devuelve a su pueblo por la mañana.

Ave bicéfala tallada en madera que representa la capacidad del chamán para viajar al mundo superior.

El chamán y el jefe de policía

A veces se asignaban los chamanes a un grupo o clan determinado, para que protegiesen su territorio y garantizasen la resurrección de sus almas. Debido a las guerras entre clanes, se desencadenaron extraordinarios combates de magia entre chamanes rivales. Tras la revolución de 1917, fueron perseguidos por los comunistas y se recrearon los mitos más antiguos sobre conflictos entre chamanes como enfrentamientos entre un chamán y el comisario que lo detiene. El siguiente relato yakut pertenece a esta categoría de mitos modernizados.

Un joven jefe de policía amenazó a un chamán con su revólver, y el chamán le aconsejó que no moviese el arma: «¡No hagas eso, hijo mío! ¡Vas a hacerte daño!» El policía se pegó un tiro en el pulgar y, furioso, encarceló al chamán, pero éste se escapó. El policía volvió a encarcelarlo varias veces, y en cada ocasión le puso en una celda más segura que la anterior, pero el chamán siempre huía.

Por último, lo condenaron a trabajos forzados en el bosque, a talar árboles para leña. Un equipo de inspectores fue al lugar en verano y vio que el hacha volaba mágicamente por el claro del bosque, derribando árboles y apilando la leña.

A comienzos del invierno, cuando volvieron los funcionarios, chamán y leña habían desaparecido. La madera se había unido y formado árboles, erguidos como antes de que el chamán empezara a trabajar.

Los hijos de algunos chamanes son en la actualidad poetas o médicos, profesiones que se consideran continuación de los dones de los padres. En la época poscomunista han surgido movimientos para resucitar el chamanismo.

Casco de chamán con cuernos de reno, de hierro, forjado por un herrero después de que el chamán demostrase sus poderes. El reno se asocia con el mundo superior.

NORTEAMÉRICA

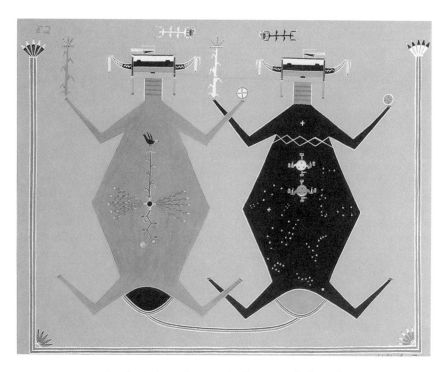

*Reproducción de una pintura navaja sobre arena con las figuras de
la Madre Tierra (izquierda) y el Padre Cielo, dos de los dioses
creadores más comunes en la mitología de los nativos
norteamericanos (véase p. 222).*

Desde la llegada de sus antepasados a Norteamérica, hace entre 12.000 y 60.000 años, los habitantes aborígenes del continente han desarrollado diversas culturas orales a pequeña escala, muchas de las cuales se conservan en las reservas en las que viven en la actualidad la mayoría de los nativos norteamericanos. Tradicionalmente, y dependiendo en gran medida del terreno, estas sociedades han estado integradas por cazadores nómadas o por agricultores sedentarios.

Para los nativos norteamericanos, la religión impregna todos los aspectos de la vida y de la naturaleza y consideran los mitos como algo sagrado, pues contribuyen a explicar el orden cósmico y social y las relaciones entre dioses y mortales. Espiritualmente, los más importantes son los que detallan las actividades de las deidades, sobre todo los de la creación y los que explican la estructura básica del universo y los orígenes de los seres humanos, la muerte, el maíz y los animales de caza. En muchos casos, tales mitos sólo pueden narrarse en determinadas circunstancias o épocas del año. También revisten gran importancia los mitos «institucionales», que cuentan cómo cobraron vida la cultura y las instituciones humanas, por lo general gracias a la actuación de un héroe cultural primordial que dio las primeras instrucciones a los antepasados humanos. Los mitos «rituales» constituyen la base de las ceremonias sagradas en las que vuelven a representarse los relatos bajo circunstancias prescritas ritualmente, como las ceremonias de los hopis, en las que se escenifican partes del mito de la «emergencia» *(véase p. 223).* Tales mitos destacan especialmente en las sociedades agrarias. Los de «entretenimiento», narrados para distraer e instruir moralmente, están abiertos a mayor libertad de interpretación, y en los más comunes intervienen figuras de embusteros *(véase página 227).*

LENGUAS Y PUEBLOS

De las aproximadamente 300 lenguas existentes en Norteamérica antes de la llegada de los europeos se conservan unas 200, habladas por unos tres cuartos de millón de personas: desde el navajo, con 160.000 hablantes, hasta lenguas en peligro como el chinukan, con sólo 30. El mapa muestra las regiones culturales de Norteamérica (no se corresponden exactamente con las geográficas) y las localizaciones históricas de algunos de los múltiples pueblos aborígenes. Desde el siglo XIX, la mayoría de los nativos viven en reservas. Aquí mostramos las mayores.

TABLA CRONOLÓGICA

Hace 60.000-12.000 años Llegan a Norteamérica los primeros pueblos desde el noreste de Asia, por tierra o hielo.

Hace 10.000-8.000 años Surgen las primeras culturas.

H. 1000-1300. Se hablan lenguas atabascas (apache, navajo) por las migraciones de Canadá al suroeste.

H. 1600-1750 Pueblos como los cheyenes y los dakotas se asientan en las llanuras. El caballo, llevado por los españoles, revoluciona la guerra y la caza en la región.

H. 1830-1840 EE UU expulsa hacia el oeste a la mayoría de los nativos que viven al este del Mississippi.

1890 La caballería de EE UU asesina a 200 dakotas en Wounded Knee, Dakota del Sur, y acaba la resistencia a la expansión blanca.

CLAVES DEL MAPA
Regiones culturales

Oeste y noroeste

Llanuras

Suroeste

Bosques y sureste

Reservas (EE UU)

Pueblo: *CHEROQUIS*

País actual: **CANADÁ**

NOROESTE

Los nativos de la cultura de la costa noroccidental viven en poblados de grandes casas de madera. Con un clima suave y abundante alimento (sobre todo salmón), pueden dedicar mucho tiempo a las ceremonias. Cada clan tiene un fundador animal mítico, representado en postes totémicos y otros objetos. El Cuervo, el Ave Trueno y el Espíritu Caníbal son importantes figuras míticas.

LAS LLANURAS

La cultura clásica de las Grandes Llanuras, morada de cazadores de búfalos anteriormente nómadas, se desarrolló tras la adopción del caballo y el influjo de los pueblos de los bosques. Las relaciones personales con los espíritus son importantes, y los mitos reflejan la trascendencia de los dioses de los elementos y la idea de un ser supremo. Destacan los mitos sobre animales y los relacionados con instituciones, como la de la pipa sagrada *(véase p. 231)*.

SUROESTE

En esta cultura de regiones desérticas se incluyen los diversos indios pueblo, así llamados por su vida sedentaria en poblados. Comparten ideas derivadas de la mitología de la «emergencia» *(véase p. 223)* y la agricultura, y en su religión tienen gran importancia las personificaciones enmascaradas de los espíritus míticos. Navajos y apaches llegaron a la región h. 1400 y adoptaron elementos de los mitos y rituales locales.

BOSQUES Y SURESTE

Por gran parte del norte y el este de Norteamérica se extienden densos bosques, sólo interrumpidos por lagos y ríos. Los mitos de la región, sobre espíritus, demonios y monstruos del bosque, reflejan el paisaje. Hay también dioses elementales, un ser supremo, un mundo superior y otro inferior. Bajo la presión de los colonos europeos, algunos de sus habitantes emigraron a las llanuras, pero conservaron gran parte de su mitología.

MITOS DE LA CREACIÓN

El Gran Espíritu y el Buceador de la Tierra

Esta máscara (derecha)*, hallada en 1913, representa a un creador-antepasado que llegó a la tierra en forma de águila, según los bichulas del noroeste.*

A pesar de la enorme diversidad de culturas de Norteamérica, existen relativamente pocos tipos de mitos sobre la creación del mundo. La mayoría de los pueblos nativos atribuyen la concepción del universo, si no su creación, a una divinidad suprema o «Gran Espíritu». Se dispensa gran veneración a este ser, conocido como Gitchi Manitú entre los algonquinos de los bosques nororientales y como Wakan Tanka entre los lakotas de las llanuras *(véase página 230)*, pero es demasiado pasivo y de definición excesivamente vaga como para considerarlo una personalidad diferenciada. En muchos casos, su único papel consiste en crear figuras más definidas, como la Madre Tierra y el Padre Cielo, deidades muy extendidas, o el Sol y la Luna, a los que se atribuyen otros actos de creación cuando el dios supremo se retira al cielo. Estas figuras también pueden aparecer como instrumentos de la creación de los seres humanos *(véase p. siguiente)*.

En la mayoría de los relatos sobre la creación encontramos figuras animales como deidades activas: por ejemplo, en zonas dispersas del oeste, se cuenta que la Araña tejió una tela que acabó formando la tierra. Pero el mito más común es el del Buceador de la Tierra, ser en muchos casos humilde que desciende hasta el fondo del mar primordial y recoge barro que, al expandirse, forma la tierra. El mundo descansa sobre la espalda de una tortuga, personaje corriente en la mitología de los bosques *(véase margen, izquierda)*. Al igual que los relatos sobre un gran diluvio que aparecen en algunas versiones del mito sobre la creación, este tipo de mito tiene paralelismos en Eurasia, circunstancia que indica que podría haber emigrado hacia el este.

EL BUCEADOR DE LA TIERRA
La tortuga, que aparece en este detalle de un escudo cheyene del siglo XIX *(derecha)*, desempeña un papel importante en los mitos sobre el Buceador de la Tierra de muchos pueblos. El relato cheyene contiene todos los elementos esenciales: Maheo, el «Todo Espíritu», creó el Gran Agua, los seres acuáticos y las aves; éstas se cansaron de volar y bucearon por turno en busca de tierra. No lo lograron hasta que lo intentó la focha que, al regresar, dejó caer en la mano de Maheo una bolita de barro que llevaba en el pico. Maheo la frotó entre las manos y se expandió de tal modo que sólo pudo transportarla la Gran Madre Tortuga. El barro siguió creciendo sobre su espalda y así se creó la primera tierra.

LOS ORÍGENES DE LA HUMANIDAD

La creación de los primeros seres humanos suele atribuirse a una o más divinidades, que también participaron en la creación del resto del mundo. Los paunís, por ejemplo, cuentan que Tirawa («Arco del Cielo»), la deidad primordial, ordenó a las divinidades de la Luna y el Sol que se uniesen para hacer al primer hombre, y a otro tanto a las Estrellas Vespertina y Matutina, de las que nació la primera mujer. Según algunos pueblos del sureste, la deidad suprema creó a los dioses Madre Tierra y Padre Cielo *(véase p. 220)*, que engendraron a los primeros seres vivos, los humanos incluidos. Los hopis creen que dos deidades gemelas crearon con barro primero los animales y despues a los seres humanos, y les dieron vida entonando un cántico ritual.

Según los iroqueses y los hurones de los bosques, el primer antepasado humano fue una mujer, Ataensic, hija de las Gentes del Cielo, divinidades que bajaron a la tierra, y también los navajos creen que los seres humanos descienden de una mujer.

Los mitos de «emergencia» de los indios pueblo y otros habitantes de las llanuras relatan con toda claridad cómo llegaron los seres humanos al mundo actual. Reflejo de las preocupaciones de una sociedad agrícola, los mitos presentan la tierra como madre fértil y criadora todopoderosa que pare personas, animales y plantas *(véase el ejemplo hopi, derecha)*. Los cuentos contienen una guía moral implícita, pues los seres humanos se ven obligados con frecuencia a ascender al mundo superior a consecuencia de sus malos actos. En algunas versionees, tales transgresiones provocan la destrucción de los mundos inferiores, en los que apenas quedan supervivientes. Los seres humanos se expandieron hasta sus hábitats actuales desde el punto en el que emergieron.

Según donde se cuente el mito, a los seres humanos los dirigen en su viaje a los mundos superiores la Madre Maíz o la Mujer Araña (ambas divinidades representan a la tierra), deidades gemelas o héroes.

LOS CUATRO MUNDOS

El mito de la «emergencia» de los hopis de Arizona cuenta que, cuando fue creado el universo, había cuatro mundos, el nuestro y otros tres debajo, situados en cuevas, y que los primeros seres vivían en el inferior. Cuando llegó a estar demasiado poblado y sucio, bajaron del cielo dos gemelos con todas las plantas, con la esperanza de que alguna tuviese resistencia y altura suficientes como para que los seres trepasen por ella hasta el mundo superior, y comprobaron que la caña era la ideal. Al cabo del tiempo, la segunda cueva también se superpobló, y los seres ascendieron por la caña hasta la tercera cueva, donde los dos dioses hermanos encontraron fuego y, con su luz, la gente construyó casas y pudo viajar. Pero sobrevino una mala época y la gente subió al cuarto mundo, el nuestro, dirigida por los gemelos.

La danza del sol

El papel del sol como deidad creadora y fuente de poder en la mitología de las llanuras se reflejaba antiguamente en la danza del sol, el ritual más importante de la región, que se conserva, modificada, entre algunos pueblos.

Todos los años, por lo general a principios de verano, la tribu se reúne para conmemorar sus creencias con una serie de ceremonias, cánticos y otros ritos. El eje de la celebración es la danza del sol, rito

Danza del sol lakota dibujada sobre una piel de bisonte. La cruz demuestra la influencia del cristianismo, religión que practica la mayoría de los lakotas.

que ejecutan quienes desean obtener poder espiritual ante la tribu, que forma un amplio círculo alrededor de un poste, vínculo simbólico entre el mundo situado encima de la tierra y el situado por debajo de ella. Los bailarines actúan alrededor del poste, a veces durante días enteros, hasta que se desmayan, en trance frenético, o de puro agotamiento Algunos bailarines se autoinflingían heridas: rasgarse la carne simboliza la liberación de las ataduras de la ignorancia.

DIOSES Y HÉROES

Los que conforman y rigen el mundo

EL ORIGEN DE LA MUERTE

En algunos mitos sobre los orígenes de la muerte se produce una discusión entre dos seres, como en el siguiente relato de los shoshones de las llanuras occidentales.

En la antigüedad, las dos figuras más importantes eran el Lobo y el Coyote, y éste siempre trataba de desbaratar los planes de aquél. El Lobo le dijo un día que cuando moría una persona podía devolvérsele la vida disparando una flecha sobre la tierra que había bajo ella, a lo que el Coyote replicó que no le parecía buena idea, porque si toda la gente recuperaba la vida acabaría por haber demasiada en el mundo. El Lobo aceptó su razonamiento, pero decidió que fuera el hijo del Coyote el primero en morir, y su deseo provocó la muerte del muchacho. Desolado, el Coyote fue a verlo, le contó lo sucedido y le recordó sus palabras: que las personas podían revivir disparando una flecha debajo de ellas. Mas el Lobo contraatacó con el argumento del Coyote, que el hombre debía morir, y desde entonces así ha sucedido.

Máscara kuakiutel que representa al sol, con rostro de águila. Se emplea en danzas rituales.

Los nativos norteamericanos creen que el Gran Espíritu rige toda la creación y que el funcionamiento cotidiano del mundo está en manos de las poderosas deidades y de los héroes culturales que libraron el mundo del caos y dieron a los seres humanos los objetos y conocimientos necesarios para la supervivencia. Atribuyen el origen de los planetas y las estrellas, las estaciones, la muerte, el fuego y el maíz a seres sobrenaturales o personificaciones de lo divino, como el Coyote en el sureste; Nanabush, Gluskap, la Gran Liebre, Wisakedyak, en las zonas boscosas, y el cuervo en el noroeste. Estos héroes culturales pueden también ser villanos y embusteros *(véase p. 227).*

Los mitos sobre los orígenes y la ordenación de los cielos aparecen en todo el territorio norteamericano, en muchos casos incorporados a otros mitos. Algunos pueblos cuentan que un héroe cultural diseminó las estrellas al azar (los tsimshian de la costa noroccidental, por ejemplo, dicen que un jefe avaricioso guardaba los cuerpos celestes hasta que los robó Cuervo, que los lanzó al cielo), mientras que otros piensan que los cielos se dispusieron de una forma más cuidadosa y sistemática. Los pauní relatan con detalle cómo el espíritu supremo Tirawa asignó una posición y una parte de su poder a cada cuerpo celeste. Shakuru (el Sol) fue a vivir al este, donde se yergue cada mañana para dar luz y calor, y Pah (la Luna) al oeste, para dar luz de noche. También se asignaron posiciones a la Estrella Matutina, la Estrella Vespertina, la de la Muerte y las cuatro que sujetan el cielo.

La Araña desempeña con frecuencia un papel importante en la creación del mundo (*véase p. 222*), y puede ser también un héroe cultural, como en el mito cheroqui sobre el robo del fuego. En el inicio de los tiempos no existía el fuego, pero un día, el dios del Trueno envió un rayo para que prendiera el tronco de un sicomoro hueco en una isla. La Araña del Agua tejió una tela en forma de vasija pequeña y se la colocó en la espalda. Fue hasta el árbol, metió un rescoldo en la vasija y se lo llevó a todos los seres.

La mayoría de los relatos sobre los orígenes de la muerte aceptan la lógica de que el espacio es limitado en la tierra y que la muerte hace sitio para la vida (*véase p. anterior*). Escasean los mitos que describen la vida de ultratumba, porque, por lo general, a los nativos norteamericanos les preocupa más este mundo que el otro, que suele imaginarse como un lugar muy parecido al que vemos, pero con más caza. El ejemplo más conocido es el «Terreno de la Caza Feliz» de los pueblos de las llanuras.

Los nativos norteamericanos creen que las fuerzas de la naturaleza están regidas por dioses y espíritus elementales en quienes delega sus diversos poderes el Gran Espíritu: el Sol, la Tierra, el Verano, el Invierno, la Lluvia, el Rayo y los Cuatro Vientos. Una de las fuerzas más poderosas es el Trueno (*véase recuadro, abajo*). Muchos pueblos de las llanuras conciben unos espíritus de la Tierra, del Fuego, el Agua o el Aire (el Trueno es un dios del Aire), y los habitantes de los bosques dividen los dioses y espíritus entre los que viven sobre la tierra y las aguas (como el Ave del Trueno) y los que viven debajo, generalmente malignos y encabezados por deidades semejantes a dragones que se representan como panteras o serpientes cornudas. Las divinidades de los indios pueblo también se integran en dos categorías: dioses elementales y espíritus ancestrales, denominados *kachinas*, intermediarios entre los humanos y los dioses, que se representan como personificaciones enmascaradas en los rituales.

Máscara del Ave Trueno de los haida (arriba y abajo), *que al abrirse muestra un rostro humano, símbolo del estrecho vínculo entre los animales y las personas. Según la creencia, en los tiempos primordiales no existían diferencias entre ellos y podían cambiar de forma a voluntad* (véase página 232).

El Ave Trueno, rey de los cielos

*E*l *Espíritu del Trueno se manifiesta en la tierra en forma de Ave Trueno. El pico o los ojos de este enorme animal, parecido al águila, despide centellas, y al batir las alas produce tronidos. Se le atribuyen temibles poderes creadores y destructores.*

Entre los lakotas, el Ave Trueno, Wakinyan, es un dios ayudante, una manifestación del ser supremo, y existe un culto asociado con la experiencia personal del encuentro con él. Según los iroqueses, adopta forma humana como Hino, el Espíritu del Trueno, guardián del cielo. En la costa noroccidental, el Ave Trueno figura entre los dioses principales del cielo y es tan grande que puede capturar ballenas, su presa favorita. Los pueblos del oeste creen en la existencia de cuatro aves trueno, cada una de ellas en un cuarto del mundo. En ésta y otras regiones, el Ave Trueno libra perenne combate con los espíritus o serpientes malignos del inframundo, como la pantera subacuática, y sus choques provocan los fenómenos naturales más violentos, como los terremotos, las inundaciones y las tempestades.

Los nativos norteamericanos creen que cualquier cosa tocada por el rayo del Ave Trueno ejerce un poder espiritual, que debe evitarse o venerarse, según la tradición local.

LOS ORÍGENES DEL MAÍZ
El maíz es el cereal más importante en la dieta de los nativos norteamericanos y existen múltiples mitos sobre su origen. En el de los mikasuquis de Florida se unen dos ideas muy extendidas: el papel de dos hermanos o héroes y la creación de algo a partir de otro ser. Había dos hermanos que vivían con su abuela, y un día, cansados de comer carne, pidieron algo nuevo. A partir de entonces, cuando volvían de cazar la abuela les sirvió maíz, que les parecía delicioso, pero como la anciana se negaba a decir de dónde procedía, el más joven la espió en una ocasión cuando entró en la despensa y vio horrorizado que obtenía el maíz frotándose los costados. Aquella noche los hermanos rechazaron el cereal y la abuela comprendió que conocían su secreto. Les dijo que tendría que dejarlos para siempre, pero que continuaría viviendo en el maíz que creciera sobre su tumba.

LOS CHAMANES

Búsquedas visionarias y espíritus guardianes

El dibujo del parche de este tambor representa un espíritu chamanístico con cuernos. Es obra de un asiniboine, pueblo de la frontera entre EE UU y Canadá, al oeste del lago Winnipeg.

En la mayoría de las culturas tradicionales de los nativos norteamericanos reviste gran importancia el contacto directo con el mundo de los dioses y los espíritus, contacto que suele lograrse mediante la «búsqueda visionaria», proceso de ayuno y oración en solitario en un lugar remoto gracias al cual una persona trata de obtener la visión de un espíritu guardián que por lo general se aparece en forma de animal o elemento natural. Quienes viven semejante experiencia visionaria más espontáneamente pueden alcanzar el grado de chamanes, sacerdotes-curanderos y principales intermediarios entre los seres humanos y el mundo de lo sagrado. Mientras que son muchos los individuos que pueden obtener poder de los espíritus guardianes y de las experiencias visionarias, sólo los más poderosos llegarán a chamanes completos, y a quienes no reúnen todos los atributos del chamán se les denomina «médicos». El sendero hacia el estatus de chamán suele iniciarse cuando el individuo (normalmente un hombre) cae enfermo a edad temprana y sufre una muerte y una resurrección visionarias, en el transcurso de las cuales encuentra a los espíritus y adquiere el conocimiento sagrado *(véase recuadro, abajo).*

La relación entre el chamán y el mundo de los espíritus supone casi una religión personal, y el relato del primer encuentro con los espíritus se convierte en el mito personal del chamán. Este mito tiene gran importancia a la hora de establecer las credenciales de los poderes del chamán ante la tribu, que le sirven para localizar la caza, encontrar objetos perdidos y, sobre todo, curar a los enfermos. El chamán puede entrar en trance a voluntad y viajar al mundo sagrado, a la tierra de los muertos. En su «fardo de medicinas», consistente en una serie de objetos de significación espiritual empleados para los rituales de curación, se encuentran representaciones visibles de los espíritus, y también se plasman los símbolos de los espíritus en las ropas y los objetos personales y rituales.

Un chamán recibe su llamada

En este relato abreviado, un chamán kuakiutl de la Columbia Británica narra su mito personal, el encuentro visionario que le proporciona sus poderes chamánicos.

«Todos padecíamos viruela, y yo llegué a creer que estaba muerto. Me desperté porque los lobos entraron en la tienda, gañendo y aullando. Dos de ellos me lamían el cuerpo: vomitaban espuma y trataban de cubrirme con ella, arráncandome las costras. Al caer la noche, los lobos descansaron. Me arrastré hasta una picea, y allí pasé la noche, acostado. Tenía frío. Los dos lobos se tendieron junto a mí, uno a cada lado, y por la mañana se pusieron a lamerme otra vez. Una figura de un sueño anterior, Arponero-Cuerpo, vomitó espuma y apretó su nariz contra mi esternón. Vomitaba sobre mí poder mágico, y en un sueño se echaba a reír y decía: "Amigo mío, cuida del poder de chamán que ha entrado en ti. Ahora puedes curar a los enfermos y enfermar a los miembros de tu tribu a quienes desees la muerte. Todos te temerán."»

«Recogedor de almas» empleado por el chamán para «rescatar» el alma de un enfermo. Lo fabricó un artesano tlingit del noroeste, región en la que el chamanismo está especialmente extendido.

LOS EMBUSTEROS

Entretenimiento y maldad

Los héroes culturales sobrehumanos de la mitología norteamericana *(véase página 224)* pueden actuar también como embusteros que se sirven de su astucia para robar fuego, destruir monstruos y gastar bromas a otros. En muchos pueblos, este tipo de relatos constituye un cuerpo mitológico distinto, y en algunas regiones, como la costa noroccidental, a veces se considera al embustero y al héroe cultural dos seres diferentes. Los mitos sobre embusteros permiten al narrador un amplio campo de maniobra y son sin duda los cuentos que gozan de mayor popularidad entre los nativos norteamericanos. Un personaje, el Conejo del Sureste, pasó a la moderna tradición norteamericana como el Conejo Brer después de que los esclavos del África occidental lo fusionaran con su personaje de la Liebre *(véase p. 276)*.

Como el embustero suele coincidir con el héroe cultural, por lo general se le reconoce por el mismo nombre: la Gran Liebre, Nanabush o Gluskap en la región de los bosques; Conejo en el sureste; Coyote en las llanuras y el oeste; Araña en algunas zonas de las llanuras, y Cuervo, Arrendajo Azul o Visón en la costa noroccidental. A pesar de las diferentes formas, presenta características similares en todo el continente, y circulan los mismos relatos en comarcas muy distantes entre sí. Puede ser hábil bromista o chapucero, y acaba atrapado en su propio juego, herido o incluso muerto, para reaparecer con una actitud igualmente imprudente a pesar de la experiencia. En ocasiones totalmente irreverentes y estúpidos, los actos de esta figura subrayan, en un contexto entretenido, la importancia de las reglas y los límites morales, y muchos de los mitos en los que aparece resultan sumamente vulgares *(véase margen, abajo)*.

A veces, se combina en un solo mito el doble papel del personaje como héroe cultural y embustero, como en el que el Cuervo roba los cuerpos celestes *(véase página 224)*. Un mito algonquino relata cómo llevó Gluskap el verano a las heladas regiones septentrionales. El héroe-villano fue al sur del país del gigante del hielo, Invierno, con su astucia raptó a la hermosa Verano, jefa de las «personas pequeñas» y la llevó al *tipi* de Invierno, que se derritió ante su presencia. Después, Gluskap permitió a Verano que regresara a casa.

EL CUERVO
La figura del cuervo como embustero o héroe cultural ocupa un lugar destacado en la mitología del extremo noroccidental y en la costa del Pacífico. Algunos pueblos, como los tlingit del sur de Alaska, distinguen entre dos cuervos, el héroe cultural y el embustero. Esta empuñadura de cuchillo de barba de ballena *(arriba)*, del siglo XIX, obra de los haida de Alaska, representa la cabeza del Cuervo, que también aparece en postes totémicos y sobre todo en las máscaras de los rituales invernales.

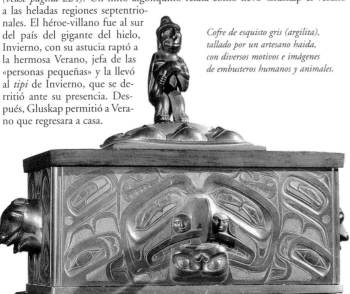

Cofre de esquisto gris (argilita), tallado por un artesano haida, con diversos motivos e imágenes de embusteros humanos y animales.

LA DOLOROSA LECCIÓN DE LA GRAN LIEBRE
El siguiente relato, de los winebagos de Wisconsin, sirve para ilustrar la torpeza del embustero (en este caso la Gran Liebre) y la vulgaridad de muchas narraciones sobre este personaje. La Gran Liebre mató varios patos; los puso a asar en una hoguera, mientras se echaba una siesta, y le dijo a su ano que vigilara. Unos zorros robaron la carne, y al despertar y ver lo sucedido, la Gran Liebre se volvió hacia su ano y le dijo, enfadada: «¿No te he dicho que vigilaras el fuego? ¡Voy a darte una lección!» Cogió una tea y quemó la entrada del ano, gritando. Gimiendo por su estupidez, la Gran Liebre se marchó cojeando. En el camino encontró un trozo de grasa. Se puso a comerla y le pareció deliciosa, pero de pronto se dio cuenta de que eran sus propios intestinos, que se le habían salido por el ano. «¡Qué razón tiene la gente cuando me llaman imbécil!», exclamó, y volvió a colocarse los intestinos. Al hacerlo, tiró con fuerza para trazar arrugas y curvas, razón por la que el ano de los humanos tiene la forma actual.

MITOLOGÍA DE LOS NAVAJOS

Ceremonias de curación y relatos sobre el coyote

Dos serpientes cruzadas, detalle de una pintura navaja sobre arena. Estos animales se asocian con la tierra y la fertilidad, elementos muy importantes para los pueblos agrícolas con un entorno desértico.

LOS DIOSES YEI

En la mitología de los navajos existe una clase de dioses denominados Yei, con un papel importante en la creación del mundo y personificados en ciertas ceremonias de curación. Las máscaras que se emplean en tales ceremonias se fabrican con ciervos a los que se sofoca introduciéndoles polvo de maíz en los ollares para que la piel quede intacta. Se confeccionan durante la celebración de la ceremonia del Cántico Nocturno, en la que los jóvenes navajos se inician en los secretos de los Yei. Las máscaras se consagran y «cobran vida» ritualmente «dándoles de comer» maíz e insuflándoles humo. El Dios Hablante es el jefe de los Yei, que se manifiestan individualmente (en las ceremonias) o en grupos (en las danzas a las puertas de la casa de ceremonias u *hogan*).

PINTURAS RITUALES SOBRE ARENA

Esta copia de una pintura navaja sobre arena *(derecha)* reproduce uno de los aproximadamente 600 dibujos que se emplean en las ceremonias de curación, como el Camino del Coyote *(véase margen, p. siguiente)*. Se trazan sobre arena limpia con polvos de colores, como carboncillo y polen, y representan escenas mitológicas estilizadas. Quienes participan en la ceremonia entran en ellas por el este *(a la izquierda en la ilustración)*, y se borran una vez utilizadas. Cada ceremonia tiene su propio mito, y como ha descendido el número de celebraciones en este siglo se han perdido muchos de ellos.

Los navajos de Arizona, Nuevo México y algunas zonas de Utah son los nativos norteamericanos más numerosos en la actualidad, con una población de más de 160.000 almas. Al igual que sus primos y casi vecinos, los apaches, emigraron en principio de Canadá y llegaron a la región probablemente antes de 1300. Aparte de algunos mitos de caza anteriores a esta fecha y en decadencia hoy en día, la mitología de los navajos muestra la influencia de las sociedades agrarias de ciertos indios pueblo, como los hopis, de quienes tomaron el mito de la «emergencia» y gran parte de su simbolismo *(véase p. 223)*. Puede decirse que la mayor parte de la mitología de los navajos deriva del relato de la creación-emergencia y de diversos mitos ceremoniales, vástagos de aquél. Los mitos ceremoniales hablan sobre figuras heroicas que reciben heridas o se pierden y buscan a los dioses con el fin de curarse. Una vez logrado su objetivo, y tras haber aprendido la ceremonia de curación, el héroe regresa a su hogar para enseñar la ceremonia y después parte para vivir con los dioses.

Un mito ceremonial característico habla de dos gemelos hijos de una muchacha navaja y la deidad Yei conocida como el Dios Hablante *(véase margen, izquierda)*. Los chicos siempre se escapan de casa y un día son aplastados por un desprendimiento de rocas: el mayor queda ciego y el menor cojo. Se convierten en una carga para su pobre familia, y les piden que se marchen. Así lo hacen, y van en busca de los dioses. El Dios Hablante les ayuda y les revela que es su padre; los dioses los acogen y preparan una ceremonia de curación en el pabellón del sudor (una especie de sauna). Se lleva a cabo la curación y los chicos gritan de júbilo, violando un tabú al hablar en el pabellón del sudor. Todo se desvanece y vuelven a su estado anterior. Hacen una ofrenda para apaciguar a los dioses, que finalmente los curan y los hacen tan apuestos como a sus hermanos. Al volver a casa enseñan a los demás la ceremonia de curación y después se marchan para convertirse en espíritus guardianes de la tormenta y de los animales.

El Coyote y el gigante

El coyote es uno de los personajes más populares de la mitología de los nativos norteamericanos. Lo encontramos en el suroeste, en el oeste y en las llanuras centrales, en una amplia gama de papeles: creador, héroe cultural, embustero, hechicero y amante. Su prominencia como espíritu y embustero refleja el carácter mismo del coyote, miembro de la familia canina que aparece desde Alaska hasta Costa Rica. Es astuto y rápido y come casi cualquier tipo de animal o planta. Uno de sus trucos consiste en fingir que está muerto para atraer a los carroñeros y devorarlos. El siguiente mito navajo ilustra a la perfección la astucia del coyote.

Hace mucho tiempo, asolaban la tierra unos gigantes aficionados a devorar niños. Un día, el Coyote atravesaba un paraje rocoso cuando se topó con uno de ellos y decidió darle una lección por su crueldad. Convenció al monstruo, que era muy estúpido, de que le ayudara a construir un pabellón para baños de sudor, asegurándole que le haría tan ágil como él. Cuando el oscuro interior se llenó de vapor, el Coyote le dijo que iba a obrar un milagro: romperse una pata y curarla. Cogió una piedra y golpeó una pata despellejada de ciervo que había metido a escondidas en el pabellón, hasta que se rompió con un fuerte crujido. El gigante tocó la pata rota y, engañado, escuchó al Coyote, que escupió sobre ella y exclamó: «¡Cúrate, pierna!» El gigante tocó la verdadera pierna del Coyote y se quedó atónito al comprobar que estaba ilesa. El Coyote se ofreció a repetir el milagro con la pierna del gigante; el monstruo accedió y se puso a gritar de dolor cuando el Coyote la golpeó con la piedra.

Al poco se rompió y el Coyote le dijo que para solucionar el asunto sólo tenía que escupir sobre ella. El gigante escupió hasta que se le quedó la boca seca, pero el dolor siguió resultándole insoportable. Finalmente imploró ayuda. «Tú sigue escupiendo», le aconsejó el Coyote, que salió de la estancia y dejó al devorador de niños sumido en su dolor.

Otros mitos atribuyen grandes poderes creativos al Coyote: en la versión navaja del mito sobre la «emergencia» de los pueblo, por ejemplo, hay tres figuras creadoras, el Primer Hombre, la Primera Mujer y el Coyote, y cuenta que, cuando emergieron de cuatro mundos subterráneos y vinieron a éste, el Coyote trajo semillas del cuarto mundo y se las dio a las diversas tribus a medida que fueron creadas.

El Coyote goza de gran popularidad en la mitología del suroeste. Esta figura de coyote fue pintada sobre un plato fabricado h. 1050-1200 por un artesano de la cultura mogollón, que floreció en la región entre 200 a.C. y 1200 d.C., aproximadamente. Probablemente, los orificios de estos platos estaban destinados a liberar a los espíritus de las figuras pintadas.

EL CAMINO DEL COYOTE

El Coyote es el espíritu tutelar del «Camino del Coyote», ceremonia de curación de los navajos en la que intervienen personificaciones enmascaradas de las divinidades. La ceremonia es necesaria si algún miembro de la tribu sufre la «enfermedad del coyote», que puede sobrevenir cuando se mata uno de estos animales o incluso si se ve su cadáver.

En el ritual, el paciente adopta el papel del héroe de un mito ceremonial; se sienta en una pintura trazada sobre arena que representa un episodio del mito y «encuentra» al Coyote, que aparece como personificación enmascarada. La ceremonia restablece la relación armoniosa del paciente con el Coyote y el mundo y garantiza la salud.

MITOS DE LAS LLANURAS

Wakan Tanka y la pipa sagrada

EL MITO LAKOTA SOBRE LA CREACIÓN

El mito lakota sobre la creación comienza con el ser supremo, Wakan Tanka (Gran Misterio), cuyo espíritu estaba en el primer dios, Inyan (Roca). Nada más existía, salvo Han (Negro de Oscuridad). Inyan deseaba mostrar sus poderes, pero como no había nada sobre lo que ejercerlos, creó con su sangre a la diosa Maka (Tierra) y las aguas azules, y de éstas surgió la gran bóveda de Skan (el Cielo), cuyo borde formó los límites de la tierra. Skan se sirvió de su energía para crear con Han la oscuridad terrestre y con Inyan a Maka, las aguas, y él mismo creó a Wi (el Sol), al que ordenó que brillara, con lo que el mundo se calentó. Se reunieron los cuatro dioses, Skan, Inyan, Maka y Wi, y Skan, el más poderoso, les dijo: «Aunque somos cuatro, tenemos un solo origen, Wakan Tanka, al que nadie, ni siquiera los propios dioses, pueden comprender. Él es dios de dioses.»

Los pueblos de las llanuras han dado al mundo la clásica imagen del modo de vida tradicional de los nativos norteamericanos. Nómadas y belicosos, vivían en poblados de *tipis* o tiendas y su subsistencia dependía de la caza mayor, sobre todo de las enormes manadas de búfalos que atravesaban las vastas praderas que se extendían desde Canadá hasta el sur de Texas. Esta forma de vida, que floreció en los dos siglos siguientes a la introducción del caballo por los españoles, hacia 1600, tocó a su fin en el siglo XIX, cuando los colonos europeos se expandieron hacia el oeste y la caza intensiva del búfalo estuvo a punto de extinguir la especie.

Algunos mitos de las llanuras se asemejan a los de las regiones de bosques, debido a que varios pueblos, como los cheyenes, emigraron desde el este presionados por los primeros colonos europeos. Al igual que en los bosques, está muy extendida la creencia en un Gran Espíritu, remoto y omnipotente, que recibe diversos nombres, como Wakan Tanka entre los lakotas y Tirawa entre los paunís. Sus poderes se manifiestan por mediación de una serie de deidades elementales, sobre todo el Sol, la Luna, la Estrella Matutina, el Viento y el Ave Trueno (*véase pp. 224-225*).

La mitología de las llanuras refleja el carácter de un paisaje poco accidentado y dominado por la inmensidad del firmamento. Se reconocía el poder del sol con la danza en honor de este astro (*véase p. 223*), y la Estrella Matutina, representada por un joven que propaga la vida sobre la tierra, resulta especialmente impaciente. Muchos mitos narran los encuentros de antepasados humanos con los espíritus que les transmitieron una información vital para la caza y la supervivencia, y algunos explican los orígenes de objetos ceremoniales importantes, como los «fardos de medicinas» y las pipas sagradas (*véase recuadro, p. siguiente*). También abundan los relatos sobre villanos y embusteros: el Viejo Coyote, o la Araña (Inktomi) entre los lakotas.

Los aspectos de Wakan Tanka

*P*ara los lakotas, Wakan Tanka, el «Gran Misterio», es el ser supremo. Según el mito de la creación de este pueblo, los dioses superiores (véase diagrama), *cada uno de los cuales es un aspecto de Wakan Tanka, se sintieron solos y crearon otras manifestaciones del dios. En sus oraciones, los lakotas emplean la palabra «Padre» para cualquiera de estos aspectos individuales y «Abuelo» para la deidad trascendente.*

Los dioses superiores crearon primero a los dioses asociados (Luna, Estrella Fugaz y Ave Trueno), y después a los dioses afines:

Bípedos (humanos y osos, considerados éstos parientes de las personas), Búfalo, Cuatro Vientos y Torbellino. El cuarto grupo, el de los seres semejantes a los dioses, está relacionado con el alma, la esencia espiritual y los poderes sagrados: *Nagi* (sombra o fantasma de los muertos), *Nagila* (semejante a una sombra), *Niya* (vida o aliento) y *Sicun* (poder espiritual). Estos cuatro grupos de cuatro aspectos, o *Tob Tob* («Cuatro-Cuatro») constituyen a Wakan Tanka, que se manifiesta a través de sus 16 aspectos pero es más grande que su suma.

WAKAN TANKA			
Dioses superiores	Dioses asociados	Dioses afines	Semejantes a los dioses
Sol	Luna	Bípedos	Nagi
Cielo	Viento	Búfalo	Nagila
Tierra	Estrella Fugaz	Cuatro Vientos	Niya
Roca	Ave Trueno	Torbellino	Sicun

La pipa sagrada

F umar la pipa sagrada constituye uno de los ritos más antiguos y extendidos entre los pueblos de las llanuras y de otras regiones. Compartir la pipa reafirma los vínculos que unen a la familia, la tribu y el universo, y la pipa misma, en muchos casos decorada con plumas y dibujos reflejo de los espíritus y visiones personales de su dueño, simboliza la creación. El siguiente mito explica los orígenes de la pipa sagrada de los lakotas. A diferencia de la piedra sagrada, se cree que la pipa aún existe, y muy pocas personas no lakotas la han visto.

Una mañana, hace muchos inviernos, se acercó a dos cazadores lakotas una mujer bella y misteriosa, vestida de ante blanco y con un fardo a la espalda. Uno de los hombres la deseó y al instante quedó reducido a huesos. La mujer dijo: «Quiero hablar con tu jefe. Ve a verle y dile que prepare un *tipi* grande». El cazador obedeció.

Al entrar en el *tipi*, la mujer entregó el fardo al jefe y dijo: «Soy la mujer Búfalo Blanco. Esto es sagrado, y ningún hombre impuro debe verlo. Con ello enviaréis vuestras voces a Wakan Tanka en los inviernos venideros». Sacó del fardo una pipa y una piedrecita redonda y las puso en el suelo. Después, sujetando la pipa con el cañón hacia el cielo, añadió: «Con esta pipa sagrada caminaréis sobre la tierra, pues la tierra es vuestra abuela y vuestra madre, y es sagrada. La cazoleta de la pipa es de piedra roja y representa a la tierra. Grabado en la piedra hay un búfalo joven, que representa a todos los seres de cuatro patas. El cañón es de madera y representa todo lo que crece. Las doce plumas que cuelgan de la pipa pertenecen al Águila Moteada y representan a todos los seres del aire. Los siete círculos de la piedra representan los siete ritos en los que se empleará pipa *(véase margen, derecha)*».

Tras hablar del primer rito, la mujer Búfalo Blanco anunció su partida y dijo que regresaría algún día, antes de lo cual serían revelados los demás ritos. Mientras se alejaba, se transformó primero en un joven búfalo rojo y pardo y después en un búfalo adulto negro. Inclinó la cabeza hacia los cuatro cuartos del universo y desapareció por la montaña.

LOS RITOS LAKOTAS DE LA PIPA
Según el mito lakota de la pipa, en la piedra redonda que dejó la mujer Búfalo Blanco *(reproducida sobre estas líneas)* **se grabaron siete círculos que representan los siete ritos asociados con la pipa. El primer rito, el mantenimiento y la liberación del alma, sirve para «guardar» el alma de un difunto durante varios años, hasta que es liberada adecuadamente y se garantiza su regreso al mundo de los espíritus. El segundo es el pabellón de sudor, rito de purificación anterior a todos los demás. El tercero, el llanto por la visión, traza el modelo ritual de la búsqueda de la visión, cuando un individuo se lanza en solitario a la búsqueda de una visión sagrada. El cuarto es la ceremonia de recreación comunitaria conocida como danza del sol** *(véase p. 223)*; **el quinto, la formación de familiares, la unión ritual de dos amigos con un vínculo sagrado; el sexto, la ceremonia de pubertad femenina; y el último se denomina «tirar la pelota», juego que representa a Wakan Tanka y la consecución de la sabiduría.**

Pipa sagrada de pizarra del siglo XIX, obra de un santee (sioux oriental). Representa una pareja y un caballo, quizás espíritus asociados con rituales de la pipa.

MITOS SOBRE ANIMALES
Los parientes de la humanidad

Biombo de separación de una casa tlingit en forma de oso acuclillado. La abertura oval permite el acceso a la estancia sagrada, situada en la parte trasera de la casa del jefe Shakes, de Wrangell, Alaska.

POSTES TOTÉMICOS

Las representaciones de seres míticos han alcanzado una riqueza expresiva especial en la costa noroccidental, sobre todo en los postes totémicos, cuyas imágenes talladas representan los seres animales que fundaron el clan, le ayudaron y le concedieron su poder. En esencia, estos postes son emblemas heráldicos, símbolos de posición social, riqueza o propiedad. Los «postes conmemorativos», erigidos a orillas de los lagos en los que se extienden algunos poblados (así los ven cuantos se aproximan a ellos en una embarcación) por el heredero de un jefe, forman parte del proceso previo a la herencia del título y las prerrogativas del jefe en cuestión. Otro tipo, el «poste mortuorio», se sitúa junto a la tumba de un jefe, y existe un tercer tipo, el de «portal», que se erige ante la puerta de la casa del clan, con los símbolos de éste. Presenta una gran abertura que representa la entrada simbólica al mundo sobrenatural. La ilustración *(abajo)* muestra el extremo superior de un poste totémico de Alert Bay, Columbia Británica. La figura tallada representa un águila antepasada.

Los animales desempeñan un papel importante en la mitología de los nativos norteamericanos porque se cree que guardan un estrecho parentesco con los seres humanos. Según el mito, en la antigüedad, antes de que sobreviniera el cambio que los dejó para siempre con su identidad actual, las personas no se distinguían de los animales y podían transformarse a voluntad. Algunos pueblos de la costa noroccidental, por ejemplo, creen que sus antepasados fueron animales que desembarcaron en las playas, se despojaron de su apariencia, convirtiéndose en humanos, y fundaron los diversos clanes. Numerosos mitos de matrimonios entre humanos y bestias narran cómo se separaron ambas especies.

Según la creencia, no existe animal más próximo al hombre que el oso, que a veces camina sobre dos patas y tiene un esqueleto como el de las personas, pero de mayor tamaño. En numerosos mitos los osos aparecen como una raza con forma humana que se pone la piel que le es propia en público. Un mito del noroeste cuenta que Rhpisunt, la hija de un jefe, estaba un día cogiendo bayas cuando se topó con dos jóvenes que la llevaron a una casa, la morada de las personas-osos. En el interior había un hombre gigantesco, el jefe oso, y por todas partes colgaban pieles de estos animales. Rhpisunt se casó con el hijo del jefe y tuvo oseznos mellizos.

Pasado el tiempo, los hermanos de Rhpisunt encontraron la osera en la que vivía la muchacha con su nueva familia, que regresó con sus hijos al poblado de su padre. Al despojarse de sus pieles, los oseznos resultaron ser dos apuestos muchachos, que crecieron y se hicieron excelente cazadores. Cuando Rhpisunt envejeció y murió, sus hijos volvieron con los osos, y a partir de entonces los descendientes de Rhpisunt tuvieron buena suerte en la caza siempre que recordaban a los osos de la familia de Rhpisunt.

Se cazan y matan los animales según ciertos rituales y mitos. Puede haber en la tribu un amo o una ama de las bestias, que posee autoridad para retener las presas capturadas si los cazadores no han observado correctamente el ritual correspondiente. Se considera a las bestias fuente importante de poder espiritual, y los chamanes cuentan con frecuencia con ayudantes animales, que transmiten sus poderes en el transcurso de los encuentros visionarios *(véase recuadro, p. 226)*.

La liberación de los animales de caza

Existen numerosos relatos sobre la liberación de los animales antes de la llegada de los humanos. La siguiente versión circula entre los navajos, que eran cazadores antes de emigrar al suroeste desde Canadá (véase página 228).

Antes de la creación de los seres humanos, el Pueblo Santo se reunió en el pabellón del sudor para discutir cómo localizar todos los animales de caza que habían desaparecido. En la habitación entró una misteriosa figura negra a quien nadie conocía. Dos personas santas la vieron ponerse la piel de un cuervo y emprender el vuelo.

Los reunidos urdieron una estratagema para recuperar los animales: transformar a uno de ellos en cachorro y dejar que se lo llevase el cuervo negro. El Cuervo cogió al Cachorro y lo llevó a un lugar llamado Colina del Borde, morada del Dios Negro, al que pertenecen todos los animales de caza.

El portero de la casa del Dios Negro era el Puercoespín, que tenía un palo de turquesa para remover el fuego y abrir la puerta. El Cachorro le dio un puñetazo, abrió la puerta con el palo y dentro vio animales por todas partes: los había recogido el Cuervo, que era el Dios Negro disfrazado. Al ver la puerta abierta, todos los animales escaparon.

El mito continúa contando que, cuando los cuatro primeros ciervos traspasaron la puerta, el Cachorro los tocó entre las patas para crear olores, y cuando pasaron los demás animales, les rozó el hocico con el viento para sensibilizarlos a esos aromas, origen de la capacidad de las bestias para percibir la presencia de alguien desde lejos.

El cuervo es una figura muy frecuente en los mitos de los nativos norteamericanos y probablemente aparece representado en el estilizado dibujo de esta manta tlingit, recogida en el siglo XVIII por el capitán James Cook, explorador inglés.

MESOAMÉRICA

*La pirámide escalonada es la forma omnipresente en la arquitectura sagrada
de Mesoamérica. En algunas culturas simbolizaba los cielos, concebidos
como una serie de basamentos, cada una de ellas ocupada por una deidad.
Aquí vemos la pirámide maya-tolteca de Chichén Itzd, en el Yucatán.*

Historiadores y antropólogos emplean el término «Mesoamérica» para referirse a la región de América Central (sobre todo México) que poseía una civilización muy desarrollada antes de la conquista española, a principios del siglo XIV, en la que se aprecia una sorprendente unidad cultural y religiosa por encima de la diversidad de naciones, lenguas y estilos artísticos: un rasgo común consiste, por ejemplo, en el complejo calendario basado en un ciclo sagrado de 260 días combinado con un año solar de 365, así como unos profundos conocimientos de astronomía, una escritura jeroglífica, un juego de pelota semejante al baloncesto que se ejecutaba en un patio especial con una pelota de goma maciza y un panteón de extraordinaria complejidad, con deidades del viento, la lluvia y el maíz.

La región está integrada por un mosaico de paisajes diametralmente opuestos, desde los desiertos del norte hasta las selvas tropicales del sur. Llovía demasiado o demasiado poco, los lechos secos de los ríos se transformaban en torrentes turbulentos de la noche a la mañana, los terremotos asolaban la tierra: semejante entorno de inestabilidad podría contribuir a explicar el mito azteca de los cinco soles, cada uno de los cuales equivalía a una era o un mundo cósmico, que acababa con un cataclismo *(véanse pp. 237-238).*

No fueron los aztecas los primeros en apaciguar a los dioses con sacrificios humanos. La religión tolteca (pueblo que estableció su capital, Tula, a finales del siglo XI) tenía un carácter igualmente sangriento, como ponen de manifiesto las esculturas *chacmul,* figuras reclinadas con platos tendidos para recoger las ofrendas del sacrificio *(centro de la fotografía).* Pero las prácticas aztecas son las que cuentan con mejor documentación. Para ayudar al dios Huitzilopochtli, el sol, en su batalla cotidiana contra las fuerzas de la noche, había que alimentarlo con corazones y sangre humanos, y los prisioneros de las campañas militares proporcionaban las víctimas necesarias.

En cierto sentido, se puede decir que los aztecas capturaron su panteón de la misma forma, adoptando los dioses de otros pueblos anteriores, como Tlaloc, dios de la lluvia, y Huehueteotl, deidad del fuego. Pero Huitzilopochtli era su dios tribal, desconocido en otras regiones.

TENOCHTITLÁN

Centro del culto a Huitzilopochtli: ciudad situada en la isla de un lago de más de 13 km², atravesada por canales y unida a tierra por calzadas elevadas. Fue el eje del imperio azteca hasta que la destruyeron los españoles, a quienes dejó atónitos su grandeza, en 1521. En la cima de la pirámide principal del gran templo había santuarios consagrados a Huitzilopochtli y Tlaloc.

LA CIUDAD DE LOS DIOSES

Teotihuacán («ciudad de los dioses»), en las montañas de México, era probablemente la mayor ciudad del Nuevo Mundo antes de la llegada de los conquistadores españoles. Floreció desde los inicios de la era cristiana hasta su destrucción, h. 650, y después los azteca siguieron empleándola como lugar sagrado. Vasto complejo presidido por las pirámides del Sol y la Luna y la Avenida de los Muertos, es en la actualidad uno de los mejores yacimientos arqueológicos de la región. Se creía que los dioses se habían reunido allí para crear el mundo por quinta vez. Se conserva bien el templo de Quetzalcóatl, con tallas de cabezas de serpientes emplumadas que se alternan con las del dios de la lluvia, Tlaloc.

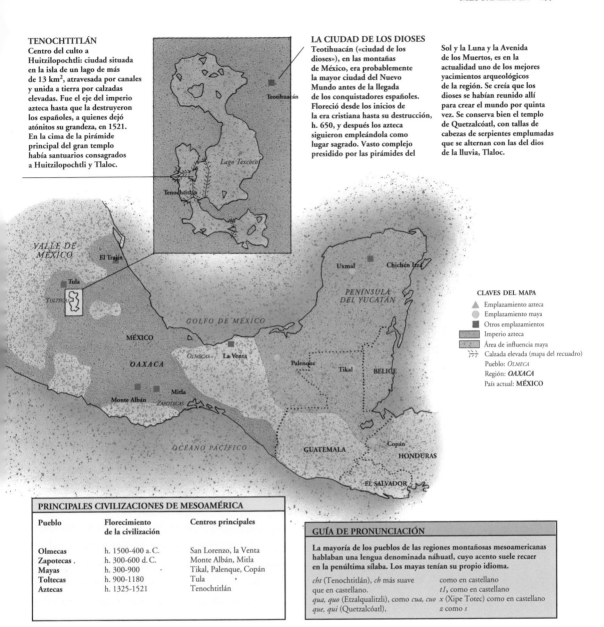

CLAVES DEL MAPA

▲ Emplazamiento azteca
● Emplazamiento maya
■ Otros emplazamientos
▨ Imperio azteca
▨ Área de influencia maya
⫽⫽ Calzada elevada (mapa del recuadro)
Pueblo: *OLMECA*
Región: ***OAXACA***
País actual: **MÉXICO**

PRINCIPALES CIVILIZACIONES DE MESOAMÉRICA

Pueblo	Florecimiento de la civilización	Centros principales
Olmecas	h. 1500-400 a. C.	San Lorenzo, la Venta
Zapotecas	h. 300-600 d. C.	Monte Albán, Mitla
Mayas	h. 300-900	Tikal, Palenque, Copán
Toltecas	h. 900-1180	Tula
Aztecas	h. 1325-1521	Tenochtitlán

GUÍA DE PRONUNCIACIÓN

La mayoría de los pueblos de las regiones montañosas mesoamericanas hablaban una lengua denominada náhuatl, cuyo acento suele recaer en la penúltima sílaba. Los mayas tenían su propio idioma.

cht (Tenochtitlán), *ch* más suave que en castellano.
qua, quo (Etzalqualitzli), como *cua, cuo*
que, qui (Quetzalcóatl),

como en castellano
tl, como en castellano
x (Xipe Totec) como en castellano
z como *s*

LOS DIOSES DE LOS AZTECAS

Los aztecas rendían culto individual (cada casa tenía un altar) y colectivamente, en fiestas sagradas. Asociaban a cada dios con un punto cardinal o con el eje central de un mundo en forma de disco rodeado de agua. Entre las principales deidades destacaban: CHALCHIUHTLICUE (Falda de jade). Emparentada con Tlaloc, diosa de los ríos y lagos. CHICOMECOATL (diosa del sustento). Deidad de la fertilidad.

COATLICUE (Falda de Serpiente). Diosa de la tierra y madre de Huitzilopochtli. HUEHUETEOTL (Viejo dios). Deidad del fuego, la más antigua. HUITZILOPOCHTLI (Colibrí del Sur). Dios tribal de los aztecas, deidad guerrera y del sol. (*Véanse pp. 242-243*). MICHLANTECUHTLI (Señor de los Muertos). Regía Mictlan, los infiernos, con Mictlancihuatl.

QUETZALCÓATL (la Serpiente Emplumada). Una de las cuatro deidades creadoras, dios de las Estrellas Matutina y Vespertina y, como Ehecatl, del viento. (*Véanse pp. 240.241*). TEZCATLIPOCA (Espejo Humeante). Uno de los cuatro dioses creadores, asociado con el cielo nocturno, la luna y las fuerzas del mar y la destrucción. Suele representarse por un jaguar. (*Véase p. 239*).

TLALOC (El que hace crecer las cosas). Dios del agua y la lluvia, servido por los cuatro Tlaloques. Chac para los mayas y Cocijo para los zapotecas. (*Véanse pp. 244-245*). XIPE TOTEC (Señor Desollado). Dios de la siembra, la primavera y los joyeros, se desollaba en su honor a las víctimas, cuya piel se ponían los sacerdotes.

LOS ANTIGUOS DIOSES

El jaguar y la deidad del fuego

La insistencia de los olmecas con la imaginería antropomórfica del jaguar queda reflejada en este hacha votiva de jadeíta que representa un ser sobrenatural, mitad humano, mitad felino.

Las primeras deidades de Mesoamérica con representaciones artísticas son las de la civilización olmeca, que floreció en las regiones pantanosas del este de México entre 1500 y 400 a.C., aproximadamente. Dichas representaciones, en piedra, cerámica, jade y en pinturas rupestres atestiguan la precocidad de la sociedad olmeca, el genio creativo de sus artesanos y la influencia de sus sacerdotes y monarcas.

El legado olmeca a las tradiciones religiosas mesoamericanas de época posterior es muy extenso, pero quizá se aprecie con la máxima claridad en la continua presencia de la imaginería del jaguar. Las figuras del «hombre-jaguar» aparecen vinculadas a mitos de Centro y Suramérica que testimonian la transformación mágica de los chamanes en felinos, personajes especialmente temidos como hechiceros capaces de conjurar las peligrosas fuerzas del mundo de los espíritus, idea ancestral muy extendida que ejerció un influjo profundo y duradero en las creencias religiosas de Mesoamérica. Los hombres-jaguar olmecas aparecen con frecuencia con los fauces abiertas, rugiendo. Asociado con la realeza, la fertilidad y la tierra, el motivo del jaguar se encuentra en el arte maya, zapoteca y de Teotihuacán, y alcanza su expresión más dramática en su manifestación como Texcatlipoca, suprema deidad azteca (véase p. 239). Pero también se observan otras influencias en el mundo olmeca: aves, cocodrilos, serpientes y seres antropomórficos ocupan un lugar destacado en los objetos de esta cultura. Algunos de estos seres son extraños híbridos, en los que se combinan los rasgos del jaguar con los de un ave o una serpiente.

Antaño se pensaba que los olmecas adoraban a una sola deidad, un dios de la lluvia, pero se ha desechado la idea. Entre los múltiples dioses identificados en el panteón olmeca se encuentran formas prototípicas de Tlaloc (deidad de la lluvia), un dios del maíz, Quetzalcóatl (la serpiente emplumada, otra deidad híbrida), Tezcatlipoca y una deidad del fuego, conocida en época posterior como Huehueteotl o Xiuhtecuhtli (véase recuadro, abajo) y que se repite en toda la región mesoamericana bajo diversos nombres.

Huehueteotl

L os aztecas consideraban al dios del fuego, Huehueteotl, Viejo Dios y primer compañero de la humanidad.

En una fiesta azteca, los muchachos cazaban pequeños animales de los pantanos, como serpientes, lagartos, ranas e incluso larvas de libélula que entregaban a los ancianos que custodiaban al dios del fuego, y los sacerdotes les daban comida a cambio de estas ofrendas.

En tales ocasiones, se mostraba ceremonialmente al dios en su aspecto joven, con plumas turquesa y de quetzal. Más avanzado el mes se le volvía a presentar, envejecido, recubierto de oro, negro y rojo, los colores de las ascuas.

Se rerepresenta a Huehueteotl como un anciano desdentado y encorvado, con un brasero en la cabeza, forma artística que se encuentra desde h. 500 a.C.

CREACIONES Y CATACLISMOS

Los mitos de los soles

La cosmología mesoamericana divide el
universo en cinco partes: cuatro puntos
cardinales y el centro. Una página del
Codex Fejervary-Mayer mixteca ilustra esta
clara visión al asignar las cuatro direcciones
del mundo a los hijos de Ometecuhtli, cada
una de las cuales encierra importantes
valores simbólicos. Se considera el este (parte
superior de la página), por ejemplo, la
región brillante de fertilidad y vida, cuyo
color sagrado era el rojo, mientras que el
norte simboliza una región fría y negra
asociada con la muerte. El dios Xiuhtecuhtli
ocupa el centro.

Al principio existía Ometecuhtli, Señor de la Dualidad autocreado, que también se presentaba en sus aspectos masculino y femenino como Ometeotl y
Omecihuatl. Los hijos de esta pareja cósmica fueron los cuatro Tezcatlipocas.
El Tezcatlipoca Rojo, también llamado Xipe Totec (el dios desollado), se asociaba con el este, el Azul o Huitzilopochtli con el sur, el Blanco o Quetzalcóatl
con el oeste y el Negro, el Señor del Cielo Nocturno, con el norte. A estos cuatro se añadían Tlaloc, dios de la lluvia, y su consorte, la diosa del agua Chalchiuhtlicue.

Los enfrentamientos entre estas deidades, enzarzadas en una lucha cósmica por
la supremacía, desembocaron en la creación y destrucción de cinco eras o «soles»
mundiales sucesivos, cada uno de ellos identificado por la forma concreta de cataclismo que lo sumergía. El primer sol estaba regido por Tezcatlipoca y se conocía
como «Cuatro-Jaguar». Al cabo de 676 años, Quetzalcóatl arrojó al agua a Tezcatlipoca y la tierra fue consumida por los jaguares. Después, Quetzalcóatl presidió el segundo sol, conocido como «Cuatro-Viento», y esta era acabó cuando
Tezcatlipoca se vengó y destronó a Quetzalcóatl, quien fue arrastrado por un
gran huracán. El tercer sol, «Cuatro-Lluvia», estaba dominado por el fuego y regido por el dios de la lluvia, Tlaloc. Acabó cuando Quetzalcóatl envió una terrible
lluvia que consumió la tierra. A continuación vino el cuarto sol, «Cuatro-Agua»,
identificado con Chalchiuhtlicue, diosa del agua, y tocó a su fin cuando el mundo quedó sumergido por un diluvio y las personas se transformaron en peces. A
la zaga de estos mundos imperfectos vino la creación más portentosa, el quinto
sol (véase p. 238).

OMETECUHTLI

El concepto de dualidad es omnipresente
en el pensamiento azteca y se personifica
en Ometecuhtli (bajo estas líneas), ser
cósmico primordial de carácter dual que
mantiene la vida desde su posición en el
«ombligo de la tierra». Posee aspectos
masculino y femenino (Ometeotl y
Omecihuatl), lo que le permite parir a los
cuatro Tezcatlipocas como padre y como
madre.

El quinto sol

Los cataclismos que destruyeron los cuatro soles anteriores (véase p. 237) dejaron un vacío en el orden cósmico. Los dioses ofrecieron a las gentes de Mesoamérica una última y efímera oportunidad de vivir al crear y sustentar el quinto sol (la era actual).

El quinto sol fue creado en Teotihuacán cuando el dios Nanahuatzin se arrojó a una hoguera y se transformó místicamente en el sol naciente. Pero al principio estaba inmóvil, y los demás dioses sacrificaron su sangre para proporcionarle energía para el movimiento celeste. Por eso se conoce la quinta era del mundo como «Cuatro-Movimiento». Su génesis única sentó un precedente mítico para la idea azteca de que la vida del universo sólo puede prolongarse mediante el sacrificio. Sin embargo, se trata de una concesión temporal de los dioses, pues los terremotos destruirían también el quinto sol.

El signo «Cuatro-Movimiento» encarnaba el concepto del sacrificio humano que impregnaba la religión azteca, que encontró expresión física en el gran calendario de piedra, disco tallado de este material de unos cuatro metros de ancho con la imagen central

del rostro de Tonatiuh, dios del sol, rodeada por el signo «Cuatro-Movimiento». Hallado en 1790 cerca del Templo Mayor de Ciudad de México, este objeto de complicada factura representa los principales elementos de la quinta creación. Los aztecas concebían a Tonatiuh como manifestación de su deidad guerrera tribal, Huitzilopochtli *(véase p. 242)*. En el complejo simbolismo se aprecia la manipulación de la mitología para justificar la guerra y el sacrificio y expresar estos aspectos de la vida en términos cosmológicos. La cara de Tonatiuh está flanqueada a ambos lados por dos garras enormes aferradas a su alimento: corazones humanos, tema en el que se profundiza aún más con la lengua, imagen del cuchillo sacrificial de sílex u obsidiana con el que los sacerdotes arrancaban el corazón de sus víctimas. Según las creencias aztecas, la sangre humana contiene una esencia líquida preciosa denominada *chalchihuatl*, único alimento adecuado para los dioses. En torno a la imagen del dios del sol hay cuatro figuras encerradas que representan los cuatro soles anteriores, los dedicados al jaguar, el viento, el fuego y el agua, y alrededor de ellos están los glifos (emblemas) de los signos de los veinte días del calendario sagrado o *tonalpohualli,* y representaciones simbólicas de Tezcatlipoca, Quetzalcóatl y Tlaloc.

El calendario de piedra, que quizá sirviera también de altar, engloba una visión de la vida y la muerte claramente azteca, en un frágil universo mantenido gracias a la continua ofrenda de sangre a los dioses.

La piedra calendario, obra maestra de la talla, no es un auténtico calendario, sino una representación de la cosmogonía azteca con las características de las cinco eras del mundo.

TEZCATLIPOCA

Señor del Espejo Humeante

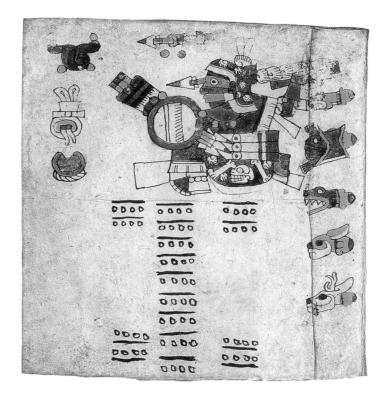

Tezcatlipoca en su aspecto oscuro. La calavera y los huesos representan su vinculación con la muerte. Armado y vestido como un guerrero, está rodeado de símbolos del calendario en esta ilustración de un códice.

Suele considerarse a Tezcatlipoca, nombre que significa «Señor del Espejo Humeante», dios supremo del panteón mesoamericano. Los demás dioses creadores no eran sino aspectos de este ser omnipotente y omnisciente. Los toltecas llevaron su culto al centro de México a finales del siglo X, y en los mitos aparece como corruptor del virtuoso dios de este pueblo, Quetzalcóatl, la Serpiente Emplumada, y como su iniciador en la embriaguez y los placeres carnales. En el período azteca, Tezcatlipoca poseía más formas y nombres que ninguna otra deidad; por ejemplo, su identificación con Yaotl (Guerrero) y Yoalli Ehecatl (Viento Nocturno) muestra su vínculo con la muerte, la guerra y el reino de la oscuridad. Se creía que se aparecía por la noche a los guerreros para retarlos en las encrucijadas.

Los aztecas lo veneraban como protector de la realeza y los hechiceros. Su posición destacada se reflejaba en la asociación simbólica con la imaginería del jaguar y sobre todo en su manifestación como Tepeyollotli, el «corazón de la montaña» jaguar. Concebido como dios invisible y omnipresente, era señor de las sombras; empuñaba un espejo mágico con el que adivinaba el futuro y veía en el corazón de los hombres. Los aztecas temían y respetaban su carácter caprichoso, que le llevaba a dispensar dolor y muerte, pero también riqueza, valor y buena suerte. Le aplicaban un epíteto muy significativo: Titlacauan («Somos sus esclavos»). Presidió la primera era de la creación *(véase p. 237)*, a la que puso catastrófico fin su lucha cósmica con Quetzalcóatl.

Tezcatlipoca puede penetrar la oscuridad, como su alter ego, el jaguar. En esta calavera azteca ornamentada, los ojos de piedra pulimentada se equiparan con el espejo del dios, que todo lo ve.

QUETZALCÓATL

La serpiente emplumada

*Cabeza tallada de Quetzalcóatl como
serpiente emplumada en el muro del templo
consagrado al dios en Teotihuacán, la
Ciudad de los Dioses. En aquella época aún
se lo asociaba con la fertilidad, por lo que las
cabezas de serpiente emplumada alternan en
el templo con las de Tlaloc, dios de la lluvia.
Los restos de pintura azul, roja, amarilla y
verde testimonian que las esculturas tenían
vivos colores.*

IMÁGENES DE LA SERPIENTE

**La serpiente —enroscada u ondulante—
es el motivo animal más frecuente en el
arte azteca. Además de la serpiente
emplumada, existen numerosas
representaciones de la serpiente de fuego,
la *xiuhcóatl,* que ayudó a Huitzilopochtli
a derrotar a su hermano y a su hermana
(*véase p. 242*). Bajo estas líneas vemos
una escultura de serpiente, con plumas
en el cuerpo y lengua bífida que sale de la
boca entreabierta. En otras
representaciones, la serpiente emplumada
tiene cola de serpiente de cascabel.**

Quetzalcóatl (nombre que significa «serpiente emplumada», pero también
«gemelo precioso») era una deidad importante en el panteón azteca cuyos orígenes se remontan a civilizaciones mesoamericanas anteriores. Como uno de los
cuatro dioses creadores, desempeña un papel fundamental en el mito de los cinco
soles *(véase p. 237),* y también aparece con otras formas: las más destacadas como
Ehecatl, deidad benévola del viento, del aprendizaje y las artes, como dios de los
gemelos y, la más conocida, como serpiente emplumada.

La idea de la serpiente emplumada procede al menos de la civilización de Teotihuacán (siglos III-VIII), la gran ciudad de la meseta central de México. En aquella época, probablemente se consideraba a Quetzalcóatl dios de la vegetación,
estrechamente vinculado a Tlaloc, dios de la lluvia. Los toltecas (siglos IX-XII) lo
concebían como dios de las Estrellas Matutina y Vespertina, y bajo esta forma le
rendían culto en su principal ciudad, Tula.

Los aztecas asimilaron a Quetzalcóatl y lo veneraban como patrón de los sacerdotes, inventor del calendario y protector de los artesanos. Penetró en los infiernos (Mictlan) con su hermano gemelo, el dios con cabeza de perro Xolotl, y recogió los huesos de un hombre y una mujer que habían muerto en los cuatro
cataclismo cósmicos. Al huir de la cólera del Señor de la Muerte, dejó caer los

Ehecatl, dios del viento

Se asociaba a Ehecatl con los cuatro puntos cardinales, porque el viento sopla en todas direcciones. Sus templos tenían forma cilíndrica, con el fin de ofrecer menos resistencia al viento. En algunos casos se le representa con dos máscaras por las que penetra el viento.

Según el mito azteca, tras la destrucción del cuarto sol los dioses se reunieron en Teotiahuacán, y Nanahuatzin y Tecciztecatl se arrojaron al fuego sacrificial y se convirtieron en el sol y la luna. Quedaron inmóviles hasta que Ehecatl sopló con fuerza sobre ellos: al principio, sólo se movió el sol pero cuando el astro se puso en el ocaso, también se movió la luna.

Imagen basada en el Codex Magliabechiano: *Quetzalcóatl como Ehecatl, con los símbolos de la concha, la máscara de la trompeta de viento y el quetzal, ave célebre por las plumas de la cola, de un verde iridiscente.*

huesos, que se hicieron pedazos. Recogió los trozos y se los llevó a la diosa de la tierra, Cihuacóatl (Mujer Serpiente), que los machacó e hizo harina. Quetzalcóatl la salpicó con sangre de su pene y así fue recreada la raza humana.

Resulta difícil separar al Quetzalcóatl mítico de un rey-sacerdote tolteca real, Topiltzin-Quetzalcóatl, también asociado con la serpiente emplumada, confusión que aparece en el relato de la rivalidad con Tezcatlipoca, dios de la noche y del norte.

Mientras que Quetzalcóatl exigía a sus súbditos sacrificios pacíficos (ofrendas de aves, jade, serpientes, mariposas), Tezcatlipoca impuso rituales más sangrientos y se produjo un enfrentamiento entre ambos, a consecuencia del cual Quetzalcóatl fue expulsado de Tula en el año 987. Viajó con su séquito al golfo de México, se autoinmoló en una pira y renació como el planeta Venus.

En otra versión, Quetzalcóatl embarcó en una balsa de serpientes y desapareció por el horizonte oriental. Según una profecía, regresaría algún día, y esta creencia fue explotada por Hernán Cortés, a quien el rey azteca Moctezuma creyó Quetzalcóatl, que había vuelto para tomar posesión de su reino, cuando el conquistador desembarcó en México en 1519.

QUETZALCÓATL COMO VENUS
En el mito de la serpiente emplumada, Quetzalcóatl baja al «agua divina» (el golfo de México), ayuna durante cuatro días y se engalana con sus mejores ropas. Después, mientras se autoinmola en la pira funeraria, surgen aves de las llamas, su corazón asciende al cielo y se convierte en Venus, la estrella matutina. Como tal, el dios simboliza la muerte y la resurrección.

HUITZILOPOCHTLI

Dios del sol y de la guerra

LA DERROTA DE LA LUNA Y LAS ESTRELLAS
En Coatepec (la Colina de la Serpiente), cerca de Tula, Huitzilopochtli fue concebido mágicamente por Coatlicue (Falda de Serpiente), que quedó encinta de una bola de plumón que descendió del cielo. Avisado con antelación de que su hermana Coyolxauhqui y sus cuatrocientos hermanos intentarían matar a su madre, Huitzilopochtli salió del útero perfectamente formado y pintado de azul, empuñando su serpiente flamífera o *xiuhcóatl*. Le cortó la cabeza a su hermana, arrojó el cuerpo colina abajo y después derrotó a sus hermanos. Sobre estas líneas vemos una imagen tallada de Coyolxauhqui desmembrada al pie de la escalera que lleva al santuario del Templo Mayor de Huitzilopochtli en Tenochtitlán. Suele dársele una interpretación simbólica a este acontecimiento: Huitzilopochtli, como el sol, venció a Coyolxauhqui, la luna, y a sus cuatrocientos hermanos, las estrellas, creando así el quinto «sol» o era del mundo.

Huitzilopochtli («el Colibrí del Sur») es una deidad exclusivamente azteca, sin predecesores identificables en otras culturas de Mesoamérica. Dios tribal de la guerra y del sol, era la principal deidad de la capital del imperio azteca, Tenochtitlán. En la imaginería de los códices, su divinidad se muestra en los miembros pintados de azul, plumas de colibrí en la pierna izquierda, flechas adornadas con plumón y cerbatana en forma de serpiente o *atl-atl*. El nombre del dios refleja su vinculación ritual con la guerra y la muerte: se consideraba a los colibríes almas de los guerreros caídos que acompañaban la imagen solar de su patrón en el viaje cotidiano por el cielo.

Al igual que en el caso de Quetzalcóatl, mito e historia se entrelazan en los diversos relatos sobre los orígenes de Huitzilopochtli y no se sabe si en principio se concebía como divinidad o si se trata de una figura heroica posteriormente deificada. La creencia más generalizada consiste en que fue iniciador y jefe de la emigración de los aztecas desde su tierra natal, cerca de Aztlán, al noroeste de México. Los acontecimientos que rodean el nacimiento del dios en Coatepec *(véase margen, izquierda)* podrían interpretarse como una forma de resurrección mítica, la transformación de un hombre en deidad profética, todopoderosa y directriz.

En el curso de su gran migración hacia el sur, hacia el valle de México, los aztecas estuvieron encabezados por cuatro reyes-sacerdotes que llevaban un ídolo de Huitzilopochtli, imagen divina que adivinaba el futuro, aconsejó que se cambiara el nombre de azteca por el de mexica y hablaba con ellos en secreto sobre la ruta a seguir. Según los mitos de migración aztecas, Huitzilopochtli inspiró a sus seguidores con la promesa de que conquistarían a todos los pueblos, se harían amos del mundo conocido y recibirían a modo de tributo piedras preciosas, plumas de quetzal, coral y oro.

La elevación de Huitzilopochtli a la misma posición de otras deidades creadoras más reconocidas queda reflejada en su identificación mítica con el Tezcatlipoca Azul, cuya dirección sagrada era el «sur».

La fundación de Tenochtitlán

*E*n el siglo XII, los antepasados de los aztecas emprendieron un viaje hacia el sur, parte de la migración generalizada que siguió a la caída del dominio tolteca. Un mito semihistórico cuenta las diversas etapas del periplo y la guía que les prestó Huitzilopochtli, a quien llevaban guardado en un fardo de medicinas. En los momentos críticos les daba consejos e instrucciones con voz aguda y temblorosa.

La suerte de los aztecas declinó cuando, tras 200 años de viaje, se vieron en medio de una isla pantanosa del lago Texcoco, sin fe ni objetivos. Observaron un águila posada sobre cactus que daba frutos rojos (símbolo del corazón humano). El ave era un emblema del sol, es decir, de Huitzilopochtli. El dios eligió ese momento para gritar a su pueblo: «¡Aquí será, mexicas!» Se refería al futuro emplazamiento de Tenochtitlán («lugar del fruto del cactus»).

Sacrificios en el Gran Templo

E^{*l*} *papel de Huitzilopochtli como encarnación de la ideología azteca sobre el sacrificio queda ejemplificado, de una forma horripilante, en los actos del emperador Ahuitzotl, que consagró al dios el Templo Mayor en la ciudad isleña de Tenochtitlán, en 1486, confiriendo carácter sagrado a la ocasión con la ejecución ritual quizá de 60.000 víctimas.*

Venerado como guerrero cosmológico e identificado con el dios del sol, Tonatiuh, Huitzilopochtli constituía el centro del culto azteca al sacrificio. Los aztecas se consideraban el pueblo elegido de su dios: su divina misión consistía en librar guerras y alimentar a Tonatiuh con la sangre de sus prisioneros, manteniendo así en movimiento al quinto sol.

Decorado con calaveras blancas sobre fondo rojo, en el santuario de Huitzilopochtli del Templo Mayor se arrancaba el corazón de innumerables víctimas con un cuchillo de obsidiana o sílex, se ofrecían al sol y se quemaban en el *quauhxicalli* («vaso del águila»). Después se arrojaban los cadáveres a la imagen de Coyolxauhqui, en una repetición de la heroica victoria de Huitzilopochtli en Coatepec *(véase margen, p. anterior).*

Se denominaba *quauhteca* («pueblo del águila») a los guerreros que perdían la vida en combate o en el altar sacrificial, y se creía que tales guerreros formaban parte póstumamente del deslumbrante séquito del sol durante cuatro años, transcurridos los cuales vivían para siempre en el interior de cuerpos de colibrí.

También se aprecia la obsesión de los aztecas por la sangre en la conducta de los sacerdotes, que se ofrecían a sí mismos en sacrificio como penitencia: sangraban atravesándose las orejas y la lengua con cordeles con púas. El clero azteca estaba presidido por el sumo sacerdote de Huitzilopochtli, Quetzalcóatl Tote Tlamacacazqui (Serpiente Emplumada, Sacerdote de Nuestro Señor) y por el Tlaloc.

Visión española del sacrificio humano, del Codex Magliabechiano, *mediados del siglo XVI. La víctima está arqueada sobre una piedra para que resulte más fácil arrancarle el corazón.*

TLALOC Y LA FERTILIDAD

Dioses aztecas de la lluvia y del maíz

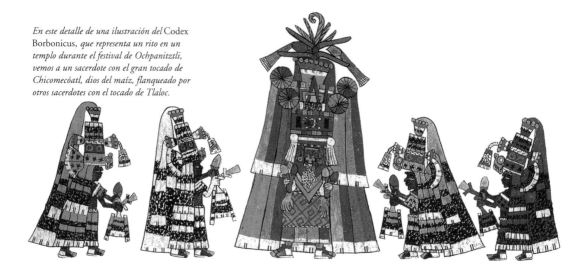

En este detalle de una ilustración del Codex Borbonicus, *que representa un rito en un templo durante el festival de Ochpanitztli, vemos a un sacerdote con el gran tocado de Chicomecóatl, dios del maíz, flanqueado por otros sacerdotes con el tocado de Tlaloc.*

Solía representarse a Xipe Totec, el dios desollado de la primavera, las semillas y la siembra, con la piel de una víctima sacrificial, como en esta escultura. De esta guisa simbolizaba la aparición de la nueva vida que surge de la vieja. Vinculado a la mitología azteca, también se lo identificaba con el Tezcatlipoca Rojo que rigió el primer «sol», cuyo catastrófico final sentó las bases de nuevas creaciones.

El panteón azteca estaba presidido por múltiples dioses de la agricultura, la humedad y la fertilidad. En una región de valles con un régimen de lluvias irregular, los sembrados se agostaban antes de brotar con mucha frecuencia, y en el reinado de Moctezuma I, las lluvias tardías y las heladas otoñales destruyeron la cosecha durante tres años consecutivos y sobrevino la amenaza de hambruna. En semejante contexto, no puede sorprender el complejo fundamento espiritual de la agricultura azteca.

A la cabeza de los dioses de la fertilidad figuraba Tlaloc, antigua deidad de la lluvia *(véase recuadro, p. siguiente)* a la que se rendía culto en toda Mesoamérica bajo diversos nombres: Cocijo entre los zapotecas y Chac entre los mayas, por ejemplo. Como señor de las lluvias, Tlaloc presidía un grupo de deidades de la fertilidad afines, a las que se dedicaban la mayoría de los ritos sacrificiales, a pesar de la importancia de dioses como Huitzilopochtli y Tezcatlipoca). Como hilo de unión de las complejas creencias aztecas, la equiparación simbólica de sangre, agua, sacrificio humano y fertilidad era omnipresente. Además de las plumas de quetzal, los guerreros empleaban en su ornamentación mazorcas y tallos de maíz, que se veneraban como deidades en las casas.

Chalchiuhtlicue, esposa de Tlaloc, gobernó el cuarto «sol», y se la consideraba hermana de los ayudantes del dios de la lluvia, los Tlaloques. Sus epítetos («Señora de la Falda de Jade» y «Señora del Mar y los Lagos») denotan algunos de sus rasgos distintivos. Tenía el poder de conjurar huracanes y torbellinos y de producir la muerte por ahogo. Se la suele representar con un collar de piedras preciosas, una falda azul adornada con conchas marinas y las orejas cubiertas con mosaicos de turquesa.

Se encontraban estrechamente vinculados a ella los dos dioses del maíz, Chicomecóatl (el aspecto femenino) y Centeotl (el masculino). Chicomecóatl representaba el sustento en general, y a Centeotl se lo asociaba específicamente con el maíz, como atestigua su nombre, «señor de la mazorca». Había otra deidad, la de la mazorca tierna y joven, llamada Xilonen, relacionada con ambos.

La conexión cosmológica entre la fertilidad y el sacrificio humano se encarna gráficamente en la figura de Xipe Totec, «el señor desollado». Concebido como dios de la vegetación y de la renovación primaveral, se le rendía culto en la fiesta de Tlacaxipeaualiztli: tras desollar a las víctimas que se le ofrecían, sus sacerdotes se ponían la piel de los cadáveres, acto que simbolizaba la regeneración de la vida vegetal, pues los aztecas consideraban la piel humana seca, cuando la llevaba un sacerdote, análogo a la vaina que rodea una planta viva. En épocas preaztecas, Xipe Totec era un dios de los zapotecas y los yopis, y los primeros lo consideraban deidad de la vegetación y lo asociaban con Quetzalcóatl.

Entre las otras deidades reconocidas como manifestaciones de la fertilidad figuraban Xochiquetzal, diosa de las flores (en sus orígenes consorte de Tlaloc, que fue raptada por Tezcatlipoca más adelante) y Xochipilli, príncipe de las flores y símbolo del verano, así como los Tlaloques, deidades menores que vivían en el paraíso de Tlalocán y presagiaban las lluvias creando el trueno al romper sus jarras de agua. Según el mito, uno de ellos, Opochtli, inventó las redes de pesca y el arpón. Otro, Napatecuhtli, dio vida a los juncos y las cañas, y se le atribuía la invención del tejido de esteras.

Existe otro grupo de dioses menores del maíz también relacionados con la fertilidad y conocidos colectivamente como los «Cuatrocientos Conejos» (Centzon Totochtin), entre los que se cuentan Ometochtli (dios de una bebida fermentada llamada *octli*) y Tepoztecatl, dios de la embriaguez.

Tlaloc, dios de la lluvia

Tlaloc según una representación mixteca, con los característicos ojos desorbitados.

*L*as imágenes de Tlaloc se remontan al menos a la cultura de Teotihuacán (siglos III-VIII), pero fue en la época azteca, entre los siglos XIV y XVI, cuando adquirió importancia y cuando su culto se extendió por todo México. Portador de la muerte y de la prosperidad agrícola, podía provocar dos clases de lluvia: la que fertilizaba la tierra y la que la agostaba. Se lo asociaba asimismo con las montañas, donde se amontonaban las nubes tormentosas, se demoraban las nieblas y nacían los ríos. Tenía cuatro grandes jarras (que representaban cada una de las direcciones sagradas del mundo), y de la que estaba vinculada con el este extraía la lluvia fertilizante mientras que de las otras sacaba la enfermedad, las heladas y la sequía.

Fundamentalmente en el culto azteca, si bien no tanto en la mitología, Tlaloc era un dios importante al que se rendía culto de forma especial en las fiestas rituales de los meses de Atlcahualo y Tozoztontli, épocas en las que se ofrecía el sacrificio de niños a las cimas de las montañas. Si las víctimas lloraban, su llanto se consideraba buena señal, pues simbolizaba lluvia y humedad.

Símbolo tallado de Tlaloc, con cuatro enormes dientes, que lo asemeja con Chac, dios maya de la lluvia, con el que presenta gran afinidad.

La elevada posición del dios queda reflejada en su santuario, que compartía la cumbre sagrada del Templo Mayor con el de Huitzilopochtli, dios azteca de la guerra y del sol *(véanse pp. 242-243)*. El santuario de Tlaloc estaba pintado de blanco y azul, el del dios de la guerra de blanco y rojo, y los sumos sacerdotes de ambos tenían el mismo rango.

Como señor de la fertilidad, Tlaloc dio su nombre al cielo azteca, Tlalocán, concebido como un paraíso terrenal en el que abundaban la comida, el agua y las flores y al que sólo tenían acceso quienes habían muerto a manos de Tlaloc, ahogados o fulminados por un rayo. Normalmente se incineraba a los muertos, pero quienes morían de esta forma o por enfermedades relacionadas con el agua especialmente asociadas con el dios, como la hidropesía, eran enterrados con un trozo de madera seca junto al cuerpo, que se cubriría profusamente de hojas en Tlalocán.

DIOSES DEL CALENDARIO SAGRADO

Ciclos sagrados y solares

LA CEREMONIA DEL FUEGO NUEVO
Los aztecas señalaban el final del viejo ciclo de 52 años y el inicio del nuevo con la Ceremonia del Fuego Nuevo *(derecha)*. En las horas de agonía del año viejo se extinguían todas las hogueras, se arrojaban al agua efigies de los dioses y se ocultaba a mujeres y niños. Vestidos con ropajes que encarnaban a los dioses, los sacerdotes subían a la cima de la «Colina de la Estrella», sobre Ixtapalapa, y esperaban a que las Pléyades pasaran por el cenit, momento en el que, según la creencia, el mundo corría peligro inminente de destrucción y se evitaba la catástrofe si se ofrecía un sacrificio humano, arrancando el corazón de una víctima bien nacida, en cuyo pecho un simulacro de incendio daba vida a un nuevo fuego y, por analogía, a un nuevo ciclo de 52 años. Se arrojaban antorchas a la hoguera humana y se llevaban después al Templo Mayor, en Tenochtitlán, y a continuación a los templos y ciudades a orillas del lago que rodeaba la isla de la capital.

Dioses asociados con las horas del día y sus aves sagradas. Detalle de un libro de días del Codex Borbonicus.

Los pueblos de Mesoamérica atribuían importancia ritual a los dioses, signos y números empleados para señalar el paso del tiempo.

El calendario solar, denominado Haab por los mayas y Xihuitl por los aztecas, comprendía dieciocho meses de veinte días cada uno, a los que se añadían cinco días desfavorables, hasta un total de 365. Este calendario servía para contar los años, que los aztecas marcaban con números del 1 al 13, combinados con los veinte signos de los días (a saber, Casa, Conejo, Junco y Pedernal), formando así Año Junco Uno y así sucesivamente. No se repetía ninguna fecha hasta que hubieran transcurrido 52 años (13 × 4).

Paralelamente al año solar y encajado en él discurría el calendario sagrado, conocido como Tzolkin entre los mayas y como Tonalpohualli entre los aztecas. Estaba integrado por 260 días divididos en 20 «semanas» de 13 días. Cada «semana» estaba regida por un dios o unos dioses concretos, y cada día tenía asimismo una o varias deidades propias *(véase tabla, arriba, derecha)*, de modo que, para los aztecas, la primera semana del ciclo comenzaba con «Cocodrilo Uno» y terminaba 13 días después, en «Junco Trece»; la segunda semana se iniciaba con «Jaguar Uno» y finalizaba en «Muerte Trece», y para que se repitiese el mismo signo del día tenían que pasar 260 días. La importancia del Tonalpohualli radicaba en su aplicación a la adivinación: el destino de una persona dependía de las buenas o malas cualidades atribuidas a la fecha de nacimiento. «Lluvia Siete», por ejemplo, era favorable, pero «Conejo Dos» desfavorable. Tanto los mayas como los aztecas combinaron ambos sistemas y confeccionaron el «Calendario Redondo» de 52 años. El tiempo y el destino de los individuos y de la sociedad se consideraban cíclicos: al final de cada período de 52 años renacían simbólicamente el tiempo y el mundo, en la «Ceremonia del Fuego Nuevo». En la ilustración del *Codex Borbonicus* que vemos sobre estas líneas, cuatro sacerdotes alimentan el fuego nuevo con haces de años viejos.

DEIDADES DE LOS DÍAS DEL CALENDARIO SAGRADO AZTECA *(Tonalpohualli)*

Día	Símbolo	Deidad
1	Cocodrilo *(cipactli)*	Tonacatecuhtli, Señor del Sustento
2	Viento *(checatl)*	Quetzalcóatl, la Serpiente Emplumada
3	Casa *(calli)*	Tepeyollotli, el Corazón de la Montaña
4	Lagarto *(cuetzepalin)*	Hueyhuecoyotl, el Viejo Coyote
5	Serpiente *(cóatl)*	Chalchiuhtlicue, diosa del agua
6	Muerte *(miquiztli)*	Tecciztecatl, dios de la luna
7	Ciervo *(mazatl)*	Tlaloc, dios de la lluvia
8	Conejo *(tochtli)*	Mayahuel, diosa del pulque
9	Agua *(atl)*	Xiuhtecuhtli, dios del fuego
10	Perro *(itzcuintli)*	Mictlantecuhtli, Señor de los Infiernos
11	Mono *(ozomatli)*	Xochipilli, príncipe de las Flores
12	Hierba *(malinalli)*	Patecatl, dios de la medicina
13	Junco *(acatl)*	Tezcatlipoca, Señor del Espejo Humeante
14	Jaguar *(ocelotl)*	Tlazolteotl, diosa del amor y la suciedad
15	Águila *(cuauhtli)*	Xipe Totec, el Señor Desollado
16	Buitre *(cozcaquauhtli)*	Itzpapalotl, la Mariposa de Obsidiana
17	Movimiento *(ollin)*	Xolotl
18	Sílex *(tecpatl)*	Tezcatlipoca, Señor del Espejo Humeante
19	Lluvia *(quiauitl)*	Chantico, diosa del hogar
20	Flor *(xochitl)*	Xochiquetzal, diosa de las flores

El calendario maya

Calendario solar, 18 meses de 20 días cada uno.

*C*omo dos ruedas dentadas y encajadas, los 260 días del calendario sagrado se entretejían con los 365 del calendario solar, dando lugar al «Calendario Cíclico». El ejemplo que ofrecemos procede del calendario maya: a cada día del total de 18.980 (52 años) le correspondía una fecha única.

Este calendario dual era un complejo sistema para medir el tiempo y para la adivinación: cada día y mes tenía su propia deidad protectora, que influía sobre personas y acontecimientos. El calendario solar comprendía 18 meses de 20 días cada uno, más cinco jornadas desfavorables *(uayeb)*. El último (20.°) día de cada mes solar se consideraba una época en la que ya se notaba el influjo del siguiente mes, y los mayas designaban «día 20» al último día del mes en curso o al «asiento» del mes siguiente. Así, por ejemplo, el «asiento de Pop» precedía al «Pop Uno» y el día 20.° de Pop era el «asiento de Uo».

Además de medir el tiempo cíclico, los mayas seguían la «Cuenta Larga» de los años con la que fijaban linealmente una flecha desde un punto de partida mítico: 4 Ahau 8 Cumku, o 3113 a. C. Este concepto de tiempo histórico se basaba en unidades de años de 360 días o *tuns*. El calendario cíclico tenía gran antigüedad cuando los mayas lo adoptaron, y es posible que se desarrollara un calendario agrícola en época prehistórica, con una unidad básica de 20, el número de dedos de las manos y los pies humanos. Los sacerdotes empleaban un ciclo de 260 días ya en el período olmeca, y los mayas adoptaron y refinaron el sistema. Quizá la cifra de 260 días representase un período importante de la vida para los mayas: el período medio de gestación humana es de 266 días, aproximadamente la misma duración que el ciclo agrícola del Yucatán, por lo que el calendario podría estar vinculado a dos ciclos de fertilidad fundamentales.

Calendario sagrado: rueda exterior con 20 nombres de días; rueda interior con 13 números de días.

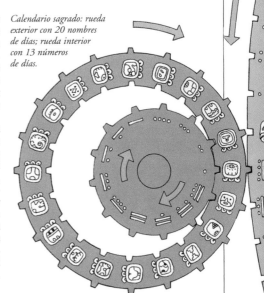

DIOSES DE LOS MAYAS

El cosmos de tres niveles

EL PANTEÓN MAYA

En el documento dieciochesco conocido como «Ritual de los Bacabs» se nombran 166 deidades mayas, de las cuales pueden reconocerse más de 30 en los códices mayas de la época precolombina que se conservan. No obstante, no se puede trazar un cuadro claro del panteón maya, pues existen diferencias entre los nombres, signos y atributos asignados a las deidades en los períodos clásico, postclásico y colonial de la cultura maya. En esta página *(derecha)* del *Codex Tro-Cortesianus* vemos numerosos dioses y dignatarios.

Se representaba a Itzamna, señor de los cielos y dios supremo del panteón maya, como un anciano desdentado de nariz ganchuda, y también como serpiente gigantesca del cielo.

El panteón maya resulta sumamente complejo debido a los múltiples aspectos y títulos que podían adoptar sus deidades. Cada dios se asociaba, mediante el color, con los cuatro puntos cardinales, muchos de ellos tenían un equivalente del sexo opuesto y algunos poseían además manifestaciones infernales. Se concebían tres niveles en el universo que habitaban: un inframundo de nueve estratos (Xibalba), un mundo intermedio habitado por los seres humanos y un mundo superior, celestial, sostenido por cuatro dioses, los Bacabs. Estos tres niveles estaban conectados por el *axis mundi*, un gran árbol *ceiba* por el que podían viajar las almas de los muertos y los dioses.

Al igual que en muchas civilizaciones de Mesoamérica, los mayas creían que el mundo natural estaba impregnado de esencia espiritual, que los dioses o espíritus se manifestaban en las montañas, los ríos y el cielo, y que también podían encarnarse en la sangre, el maíz y el nenúfar. Pero resultaba más fácil identificar a la mayoría de las deidades en su aspecto antropomórfico o zoomórfico. El principal dios del panteón maya era Itzamna («Casa del Lagarto»), considerado supremo dios creador y protector de la escritura y del aprendizaje y normalmente representado como un anciano con prominente nariz romana. Su consorte era Ix Chel («Señora Arco Iris»), diosa de la medicina, del tejido y los partos y posiblemente también de la luna. El dios del sol, Ahau Kin, podía aparecer con aspecto de joven o de viejo y viajaba por los infiernos en la forma del dios jaguar entre la salida y la puesta del sol. Entre otros ciudadanos sobrenaturales de los infiernos destacaban el dios L, que solía llevar un complicado tocado de ave muan y se sentaba en un trono de jaguar, y el dios N o Pauahtun, frecuentemente asociado con la concha de las tortugas. También eran importantes Gucumatz o Kukulkan, equivalente maya de Quetzalcóatl, la serpiente emplumada *(véanse pp. 240-241),* un dios del maíz, Ah Mun, y el dios K, con un espejo humeante en la frente. Los cuatro dioses benévolos de la lluvia, o Chacs, anunciaban su presencia con rayos y truenos.

Los mayas creían en una sucesión de mundos anteriores a la creación del universo actual, y los dioses discutieron largamente sobre el material más adecuado para la carne humana. Las primeras personas eran de barro y fueron destruidas porque carecían de mente. La siguiente raza era de madera y también fue destruida (por un diluvio, o devorada por demonios), porque carecían de alma y se mostraron ingratos con sus creadores.

La última raza, los antepasados de los mayas, eran de maíz blanco y amarillo mezclados, y como estaban dotados de comprensión divina, los dioses decidieron «astillarles los ojos», de modo que sintieran el ardiente deseo de reproducirse.

Un mito maya habla del cortejo del sol a la luna. El sol se enamora de una tejedora, a quien trata de impresionar llevando un ciervo junto a su choza todos los días. Como el abuelo de la muchacha trata de impedir la relación, el sol se transforma en colibrí y revolotea entre las flores de tabaco del jardín de la muchacha, quien le pide a su abuelo que dispare contra el ave; después cuida al sol, que recupera la forma humana, y ella se convierte en la luna, tras lo cual se fugan.

Mientras los amantes huyen en una canoa, el dios de la lluvia les lanza un rayo. El sol se convierte en tortuga y la luna en cangrejo, pero muere a pesar de la transformación. Con la ayuda de unas libélulas, el sol deposita sus restos en trece troncos huecos y al cabo de trece días se abren doce troncos y quedan libres serpientes e insectos venenosos, que desde entonces viven en el mundo. En el decimotercer tronco se encuentra la luna; un ciervo lo pisa, abre una vagina con la pezuña y el sol le hace el amor a su esposa: el primer acto sexual.

Según cierta tradición, el sol y la luna son transportados al cielo a consecuencia de la lujuria de la luna, y la luz del satélite es más débil que la solar porque el sol la dejó ciega de un ojo en castigo por su infidelidad.

En la escultura maya, el dios del maíz Ah Mun suele aparecer con una mazorca en la cabeza.

Los héroes gemelos y el juego de pelota

La narración mítica de los héroes gemelos se ha conservado en el Popol Vuh, *libro sagrado de los mayas quiché.*

Como los gemelos Hunahpu y Xbalanque molestaban continuamente a los señores de los infiernos jugando a la pelota, los invitaron a jugar contra los dioses en su reino infernal. Atravesaron sanos y salvos la Casa de los Cuchillos valiéndose de la magia y encendieron hogueras para superar la Casa del Frío. En la Casa de los Jaguares domaron a los felinos dándoles huesos en lugar de sus propios cuerpos y también sobrevivieron a la Casa del Fuego. En la Casa de los Murciélagos, uno de ellos decapitó a Hunahpu. Xbalanque hechizó a los animales y convenció a una tortuga de que se hiciera pasar por la cabeza de su hermano. Después, ambos fingieron jugar con los dioses, con la cabeza de

Los «Gemelos de la Cinta» podrían ser manifestaciones anteriores a los héroes gemelos. A menudo son representados disparando cerbatanas.

Hunahpu suspendida sobre la cancha. Los dioses lanzaron la pelota contra la cabeza, pero al rebotar, un conejo escapó de su madriguera, lo que distrajo a los dioses y permitió a Xbalanque cambiar la cabeza auténtica por la de la tortuga. Por último, los gemelos engañaron a los dioses. Demostraron su habilidad para cortarse en pedazos y repararse. Los dioses les pidieron que ejecutaran el truco con ellos y los hermanos los desmembraron, pero los dejaron como estaban, obteniendo así la victoria definitiva, y renacieron como el sol y la luna. Este mito refleja la creencia de que, cuando un rey maya moría, debía prepararse para burlar a los dioses y renacer como cuerpo celeste.

Escenas de sacrificios humanos de la cancha de Chichén Itzá, en la que los jugadores que ganaban decapitaban a los perdedores.

SURAMÉRICA

La ciudad inca de Machu Pichu, en un espectacular enclave de los Andes,
es una de las creaciones arquitectónicas más impresionantes de la Suramérica
precolombina y una de las mejor conservadas, porque los españoles no la encontraron.

La civilización de la Suramérica precolombina fue fundamentalmente un fenómeno andino. Si bien florecieron diversas culturas a lo largo de la cordillera, se concentraron en los Andes peruanos y la costa adyacente y el norte de Bolivia. En contraste, las sociedades tribales amerindias ocuparon todo el continente, desde las montañas hasta el extremo meridional de Tierra de Fuego, pasando por la Amazonia. Para los pueblos amerindios prehistóricos y también de épocas más recientes, el entorno constituía el núcleo de las creencias espirituales: muchos mitos tratan sobre los dioses que crearon el impresionante paisaje andino y sobre los seres espirituales que habitaban en montañas o las personificaban o que provocaban la lluvia y regían la fertilidad.

Esta concentración de las civilizaciones antiguas en la región media de los Andes se debe en parte a la geografía: una zona relativamente pequeña acoge los paisajes opuestos de la costa del Pacífico, las altas cumbres andinas y las selvas tropicales amazónicas, causa de la especialización económica y de los contactos comerciales. Los mitos y creencias de las sociedades de la Amazonia influyeron desde fecha muy temprana en sus vecinos de las montañas, más avanzados tecnológicamente, influencia que se manifestó sobre todo en el arte de las civilizaciones preincaicas, en el que se repite el tema de los animales y seres antropomórficos de las selvas tropicales.

A pesar de sus diferencias, las civilizaciones andinas compartían numerosas características, como el culto a los antepasados y la creencia en un paisaje vivo, así como una sofisticada aplicación del oro, la plata y los textiles, que poseían un significado religioso. Si bien ninguna cultura suramericana creó un sistema de escritura, la riqueza de datos etnográficos sobre los pueblos amerindios modernos y la documentación histórica sobre la cultura incaica nos proporcionan abundantes testimonios sobre los mitos.

EL IMPERIO INCA

Cuando comenzó la conquista española, en 1532, los incas dominaban un imperio que se extendía por los Andes y la costa del Pacífico, desde la frontera septentrional del actual Ecuador al norte hasta el centro de Chile al sur, y Cuzco se estableció como capital en el siglo XII. El emperador reinaba sobre los pueblos sometidos mediante una burocracia aristocrática que exigía servicio laboral de la población. La inmensa red de carreteras que atravesaba el imperio (dedicada únicamente a objetivos militares y gubernamentales) facilitó la conquista española, y a pesar del poder de la religión estatal se toleraban las creencias de los pueblos subyugados. Los descendientes actuales de los incas son los habitantes de los Andes de lengua quechua, que constituyen casi la mitad de la población peruana. Practican un catolicismo impregnado de creencias en los dioses y espíritus nativos.

CUZCO

La gran ciudad de Cuzco, al sur de los Andes peruanos, dominaba la civilización incaica. El emperador Pachacuti construyó allí el gran templo de Coricancha, centro del imperio de Tawantinsuyu (la «tierra de los cuatro cuartos») y núcleo de la religión y la política. De una plaza ceremonial, flanqueada por los palacios de emperadores anteriores, partían cuatro amplias carreteras hacia los extremos del imperio. Siguiendo una antigua tradición andina, la ciudad y sus dinastías reales se dividían en dos mitades: el Cuzco superior o *hanan* y el inferior o *hurin*.

CREENCIAS DE LAS SELVAS

Las culturas tribales de Suramérica forman un complejo mosaico de creencias y sistemas sociales que se expresan en centenares de lenguas. La vida en las selvas tropicales depende en gran medida de diversas precauciones mágicas: por ejemplo, se cree que perforando los labios o los lóbulos se conserva la salud y la fertilidad, o que atravesando el tabique nasal con un palito se evita la enfermedad. Los chamanes y los miembros corrientes de la tribu utilizan diversas drogas en los rituales, si bien en algunas culturas sólo los chamanes usan alucinógenos. Casi todas las tribus reconocen a un dios creador que, tras crear el cosmos y la humanidad, se interesó poco por los asuntos terrenales. En muchos casos, las instituciones sociales, las técnicas agrícolas y similares son regalo de uno o más héroes culturales (a veces el sol y la luna, hermanos).

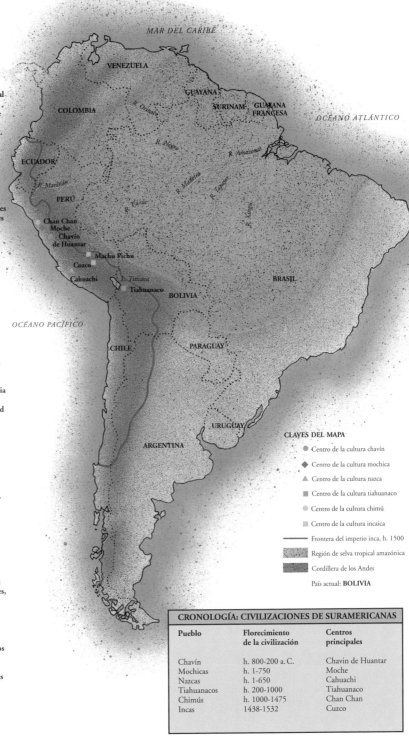

CLAVES DEL MAPA

● Centro de la cultura chavín

◆ Centro de la cultura mochica

▲ Centro de la cultura nazca

■ Centro de la cultura tiahuanaco

● Centro de la cultura chimú

▪ Centro de la cultura incaica

— Frontera del imperio inca, h. 1500

Región de selva tropical amazónica

Cordillera de los Andes

País actual: **BOLIVIA**

CRONOLOGÍA: CIVILIZACIONES DE SURAMERICANAS

Pueblo	Florecimiento de la civilización	Centros principales
Chavín	h. 800-200 a. C.	Chavin de Huantar
Mochicas	h. 1-750	Moche
Nazcas	h. 1-650	Cahuachi
Tiahuanacos	h. 200-1000	Tiahuanaco
Chimús	h. 1000-1475	Chan Chan
Incas	1438-1532	Cuzco

ANTIGUAS RELIGIONES

Espíritus, sacrificios y viajes sagrados

ARTE Y MITOS DE LOS CHAVÍN
La influencia de los mitos y simbolismos amazónicos sobre el arte de la cultura chavín queda demostrada en su repertorio de seres naturalistas y antropomórficos de las selvas tropicales, como el jaguar, el caimán y el águila arpía. Sobre estas líneas vemos la escultura de un ser semejante a un jaguar del Viejo Templo, con los colmillos y labios gruesos característicos.

Las antiguas civilizaciones de Suramérica presentaban rasgos comunes en su postura religiosa y sus creencias mitológicas desde las épocas más remotas. Se atribuía un significado sobrenatural a plantas, animales, ríos y montañas y aunque existían diferencias locales y regionales (como la importancia de los rituales con fuego de algunas culturas) estaban generalizados el culto a una deidad creadora suprema, la veneración a los antepasados y a los reyes semidivinos, el sacrificio humano (sobre todo el corte de cabezas) y las peregrinaciones sagradas.

Estas antiguas civilizaciones expresaban sus creencias religosas y míticas en los textiles, el oro, la plata, la cerámica y la piedra. En este sentido, una de las culturas más influyentes fue el chavín, con su centro en Chavín de Huántar, en los Andes (800-200 a.C.). Unos seres míticos dotados de colmillos presiden el sofisticado arte chavín, que destaca por imágenes como las del «dios sonriente» y el «dios del cayado». Los personajes sobrenaturales que aparecen en los objetos de esta cultura ejercieron una influencia duradera en numerosas civilizaciones posteriores y podrían considerarse prototipos de otros seres míticos, como Ai apaec, la deidad con colmillos de los mochicas de la árida costa septentrional del Perú, y el «dios lloroso» tallado en un bloque macizo de lava de la Puerta del Sol en el centro ceremonial de Tiahuanaco *(véase p. 254)*. Construida h. 500, Tiahuanaco se encontraba en ruinas en la época de los incas, pero los mitos y culturas de las diversas tribus que cayeron bajo el dominio de este pueblo quedaron asimilados a sus creencias, y se suele equiparar al dios lloroso con Viracocha, el Creador, eje de la mitología inca *(véase recuadro, p. 257)*.

Los viajes sagrados a montañas, fuentes y santuarios de los templos-pirámides revestían gran importancia en la época prehistórica y lo mismo ocurre en la actualidad. El centro de peregrinación antigua más célebre era el santuario de Pachamac, en la costa peruana, donde un clero especializado regulaba el culto de una deidad creadora y de la tierra cuyos devotos enriquecían el templo con oro, ofrecían sacrificios humanos y animales y, a cambio, recibían predicciones del oráculo. Los habitantes de la costa consideraban a Pachamac dios supremo, y ejercía tal influjo que cuando los incas conquistaron la región reconocieron su posición permitiendo que siguiera funcionando su santuario junto al templo de su propio dios del sol, Inti.

Vasija de la cultura mochica del Perú con una deidad con colmillos luchando contra un demonio marino, posible reconocimiento de la importancia de los animales del océano Pacífco en la vida cotidiana y en las creencias sobrenaturales de esta civilización costera.

MITOS DE LOS ANDES

Los incas y sus predecesores

Caracterizada por cumbres nevadas, volcanes, ríos vertiginosos y elevadas praderas *puna,* la cordillera de los Andes albergó diversas culturas precolombinas. Este impresionante paisaje estaba impregnado de poder espiritual: se creía que las altas cimas eran morada de dioses y espíritus y se atribuía significado mítico a ríos, lagos, cuevas y lluvias, tradición que se conserva hoy en día, pues se veneran los picos más altos, como Ausangate, con el nombre de Apu, «Señor», y se cree que influyen sobre la fertilidad de animales y plantas. En gran parte de los Andes las peregrinaciones sagradas a montañas elevadas siguen constituyendo un rasgo fundamental de la religión tradicional, que se remonta a épocas precolombinas. Este aspecto de la visión del mundo andino se asocia asimismo con el concepto de *huacas,* lugares sagrados diseminados por la región en los que se presentaban ofrendas a las deidades locales *(véase p. 257, recuadro)* en épocas preincaicas e incaicas e incluso en la actualidad.

Las antiguas sociedades andinas creían en diversos mitos de origen local, pero la llegada de los incas supuso un reordenamiento político y religioso que quedó reflejado en la remodelación de los mitos locales con el fin de adaptarlos a la nueva ideología imperialista de los incas, en la que ocupaba un lugar eminente el dios creador Viracocha.

Para los incas y sus predecesores, el lugar de los orígenes míticos se encontraba al sureste de Cuzco, en las cercanías del lago Titicaca. Según cierta versión, allí

El mito sobre los orígenes de los incas

L os antepasados míticos de los incas salieron de tres cuevas en Pacariquetambo («el lugar de los orígenes»), cerca de Cuzco. Eran tres hermanos y tres hermanas, vestidos con mantos y camisas de lana fina, que llevaban vasijas de oro.

Uno de los muchachos, Ayar Cachi, incurrió en la cólera de sus familiares al hacer grandes alardes de fuerza lanzando piedras con su honda para dar forma al paisaje. Celosos de semejante poder, sus hermanos lo convencieron de que regresara a Pacariquetambo para recoger una copa de oro y la llama sagrada y sellaron la cueva. Pero Ayar Cachi escapó, se apareció a sus hermanos y les dijo que a partir de entonces debían llevar pendientes de oro en señal de su condición regia y que lo encontrarían viviendo en la cima de una montaña llamada Huanacauri. Sus hermanos y hermanas subieron a la montaña, donde volvió a aparecérseles Ayar Cachi, que se transformó en piedra. El tercer hermano, que se autoimpuso el nombre de Manco Capac, fundó la ciudad de Cuzco (con la ayuda de un cayado de oro, según ciertas versiones) en el enclave en el que se alzaría más adelante el Templo del Sol, Coricancha.

Las diversas formas de este mito coinciden en las prerrogativas de la dinastía real inca, como el matrimonio del emperador con su hermana, los ropajes de la nobleza y los orígenes de los santuarios y las peregrinaciones a las montañas sagradas.

Las tres cuevas de Pacariquetambo de las que surgieron los antepasados de los incas. Ilustración española, parte de un escudo de armas imaginario, h. 1560.

LA PUERTA DEL SOL
En la gran ciudad preincaica de Tiahuanaco, situada en la orilla meridional del lago Titicaca, se alza la monolítica «Puerta del Sol», en la que hay grabada una figura antropomórfica con «ojos llorosos» *(véase detalle, sobre estas líneas)*. Lleva un tocado de rayos de sol, empuña dos cayados con cabezas de cóndor y está rodeada por hileras de figuras más pequeñas, también con cayados. La importancia de Tiahuanaco en los mitos incas sobre la creación indica que la figura podría representar una versión anterior de Viracocha, el Creador.

creó Viracocha un mundo de oscuridad, habitado por una raza de gigantes a los que había esculpido en piedra. Pero estas primeras gentes desobedecieron a su creador y en castigo se convirtieron de nuevo en piedra en puntos como Tiahuanaco y Pucara, o quedaron sumergidas en la inundación que provocó Viracocha. Sólo sobrevivieron un hombre y una mujer, que fueron transportados mágicamente a la morada del dios en Tiahuanaco. En la segunda tentativa, Viracocha modeló a los seres humanos con barro, pintó sobre ellos las ropas que distinguían a cada nación y les dio sus costumbres, lenguas y canciones diferenciadoras y las semillas que cultivarían.

Tras haberles insuflado la vida, les ordenó que descendieran a la tierra y que salieran de las cuevas, los lagos y montañas. Así lo hicieron, y cada nación erigió santuarios en honor del dios en los lugares en los que habían vuelto a entrar en el mundo. Para crear la luz, Viracocha ordenó al sol, la luna y las estrellas que salieran de la Isla del Sol, en el lago Titicaca, desde donde ascendieron a los cielos. Cuando subió el sol, Viracocha habló a los incas y a su jefe, Manco Capac, y les profetizó que serían señores y conquistadores de muchas naciones. Concedió a Manco Capac un tocado y un hacha de guerra, distintivos y arma de la realeza. Después, el nuevo rey condujo a sus hermanos y hermanas hasta la tierra, de donde salieron, en la cueva de Pacarictambo *(véase recuadro, p. 253)*. Este mito sobre la creación no sólo representa la versión inca de las antiguas creencias andinas, sino que probablemente conserva la influencia cristiana. En los relatos sobre un gran diluvio, el primer hombre y la primera mujer, la descripción de Viracocha como hombre blanco y los viajes que emprende el dios como figura heroica se aprecian las enseñanzas de los sacerdotes católicos, empeñados en aniquilar el paganismo nativo.

Según el mito contemporáneo de la comunidad quero, cercana a Cuzco, hubo una época anterior a la existencia del sol en la que el mundo estaba poblado por poderosos hombres primordiales. Como Roal, deidad creadora, les ofreció su propio poder, ellos replicaron que no lo necesitaban, y en castigo, Roal creó el sol. Los hombres quedaron ciegos y sus cuerpos secos, pero no murieron, y todavía salen de vez en cuando de sus escondites, al atardecer y con la luna nueva. Después, los Apus (espíritus de las montañas) crearon un hombre y una mujer, Inkari y Collari: a Inkari le dieron una palanca de oro y le dijeron que fundara una ciudad en el punto en que la palanca cayera derecha al lanzarla. La primera vez que lanzó el instrumento aterrizó mal; la segunda vez cayó formando un ángulo, y allí construyó Inkari la ciudad de Quero. Encolerizados por su desobediencia, los Apus resucitaron a los hombres primordiales, que hicieron rodar rocas para matarlo. Inkari se escondió una temporada en la región del Titicaca y al regresar volvió a lanzar la palanca: cayó derecha, y en aquel punto fundó Cuzco. A continuación envió a su hijo mayor a Quero, para que lo poblase, y el resto de sus descendientes fueron los primeros incas. Viajó por toda la tierra con Collari, transmitiendo sus conocimientos a las gentes, y por último desapareció en la selva.

El Dorado

*U**no de los rasgos más imperecederos de la mitología de Suramérica es la leyenda de El Dorado, nombre que evoca imágenes fantásticas en las mentes occidentales. El oro constituía un medio sagrado para muchas civilizaciones precolombinas, como la mochica, la chimú y la inca, debido en parte a su brillo incorruptible y a sus asociaciones rituales y mitológicas con el sol, el mundo de los espíritus y la fertilidad. El oro y la plata del Perú incaico despertaron la imaginación y la codicia de los conquistadores españoles. Gonzalo Pizarro, hermano del conquistador del Perú, organizó una expedición con Francisco de Orellana para buscar la tierra del rey poseedor de tan inmensas riquezas que le ungían a diario con resinas exquisitas para fijar el polvo de oro con que se adornaba el cuerpo. Pero en realidad, la leyenda de El Dorado tiene su origen al norte de Perú, entre las jefaturas de Colombia, donde se han identificado diversos estilos de trabajar el oro. Juan de Castellanos observó en 1589 que en estas antiguas sociedades colombianas el oro era la sustancia que daba a los nativos el aliento de la existencia, aquello por lo que vivían y morían.*

La imaginería ceremonial de la leyenda de El Dorado expresada en este objeto de oro de la tribu muisca, junto al lago Guatavita. Ofrenda votiva, o tunjo, que representa a un chamán o jefe en una balsa de oro, con varias figuras más pequeñas con calabazas de lima, cazos, carracas y máscaras.

La leyenda de El Dorado se basa en la realidad histórica, en los ritos amerindios que en sus orígenes se celebraban en el lago Guatavita, en los altiplanos de Colombia. Aquí tuvo lugar una ceremonia para celebrar la ascensión al trono de un nuevo rey que, tras una época de reclusión en una cueva, peregrinó hasta el lago con el fin de hacer ofrendas a la principal deidad. Al llegar al lago, el futuro rey fue despojado de sus galas y recubrieron su cuerpo con una resina sobre la que aplicaron una capa de fino polvo de oro. De esta guisa se internó en el lago acompañado por sus servidores (cuatro jefes de pueblos sometidos), revestidos de complicados ornamentos también de oro. Incluso la balsa estaba ricamente adornada, y cuatro braseros humeaban con el incienso sagrado. Atravesaron las aguas mientras el aire resonaba con el sonido de flautas, trompetas y cánticos. Al llegar el centro del lago se hizo el silencio y el nuevo jefe y sus acompañantes arrojaron todos los objetos de oro al agua para a continuación volver a la orilla, donde el monarca fue recibido ceremonialmente.

Esta ceremonia impresionó grandemente a los europeos que la presenciaron. «Caminaba cubierto de polvo de oro con tanta naturalidad como si se hubiera tratado de sal», escribía Gonzalo Fernández de Oviedo en el siglo XVI. En un grabado de 1599 aparecen dos hombres preparando a un nuevo jefe muisca para su deslumbrante toma de poder. Uno de ellos extiende resina en el cuerpo del monarca y el otro sopla polvo de oro por un tubo. En esta representación salta a la vista la influencia europea, pues el grabador (Teodoro de Bry) nunca había estado en las Américas y se inspiró en testimonios de segunda mano.

Sin embargo, la imagen es un poderoso símbolo del influjo de los mitos y rituales amerindios en la imaginación europea y de la fascinación que siempre ha ejercido el oro.

Estatuilla sedente de oro en el clásico «estilo quimbaya», probablemente una vasija para lima destinada a un jefe o chamán. Servía para llevarse la lima a la boca, donde se activaba una bolita de coca que inducía estados de trance y que se chupaba o masticaba en ocasiones importantes.

EL PANTEÓN INCA

Viracocha, Inti, Mama Kilya e Ilyap'a

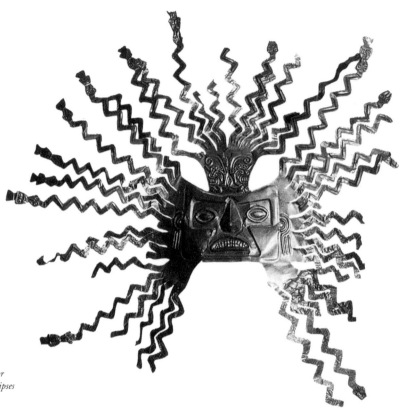

Máscara solar precolombina. Los incas y sus predecesores sentían respeto y temor por la deidad del sol y atribuían los eclipses a la ira del astro.

LAS VÍRGENES DEL SOL

En la religión inca se reservaba un papel especial para las Acllas o «mujeres elegidas», denominadas en algunos casos «Vírgenes del Sol». Bajo la vigilancia de unas mujeres mayores, las Mama Cunas, estas doncellas se entregaban al culto a Inti y servían a la familia real. Enclaustradas en conventos (denominados Acllahuasi) desde los ocho años de edad, preparaban ropas, comida y cerveza de maíz para las celebraciones de estado y custodiaban el fuego sagrado para Inti Raymi, la fiesta del sol, en el solsticio de verano. Eran asimismo concubinas del emperador y, en algunas ocasiones, de los dignatarios extranjeros con quienes el monarca deseaba formar alianza políticas mediante el matrimonio.

La religión inca estaba presidida por un conjunto de poderosos dioses del cielo, el más importante de los cuales, si bien un tanto remoto, era Viracocha *(véase recuadro, p. siguiente)*. Había tres deidades que intervenían más activamente en la vida cotidiana: Inti, dios del sol; Mama Kilya, diosa de la luna, e Ilyap'a, dios del trueno y del tiempo atmosférico. Éstas y otras deidades representaban sus papeles mitológicos en un escenario típicamente amerindio, impregnado de potencias sobrenaturales y esencias sagradas.

Considerado antepasado divino de la familia real inca, Inti era una deidad exclusiva de este pueblo y centro de numerosos rituales estatales: en la ideología inca, el emperador era el «hijo del sol». Solía representarse a Inti con un gran disco dorado rodeado de rayos solares, con rostro humano, y su culto tenía como eje el gran Templo del Sol o Coricancha, en Cuzco, en el que la reluciente imagen solar del dios estaba flanqueada por las momias con complicados ropajes de los emperadores muertos y rodeada por muros cubiertos de láminas de oro sagrado, el «sudor del sol». El vínculo mitológico entre el oro y la ideología inca se manifiesta de modo muy especial en el jardín del templo de Coricancha, en el que pueden admirarse representaciones en oro y plata de todas las formas de vida conocidas por los orfebres de la época, desde una mariposa hasta una llama.

Aunque, en calidad de religión oficial del estado, el culto al sol ocupaba una posición eminente, no era Inti la única deidad venerada en el complejo de Coricancha. También revestía gran importanci Ilyap'a, dios al que se dirigían oraciones para pedir la lluvia fertilizante, pues era él quien recogía agua del cielo, sobre todo de la Vía Láctea, considerada un río celestial que fluía por el cielo nocturno *(véanse pp. 258-259)*. La lluvia se guardaba en una jarra que poseía la hermana de Ilyap'a y sólo se soltaba cuando este dios rompía el recipiente disparando con su honda un proyectil en forma de rayo. El trueno era el chasquido de la honda y el relámpago el destello de sus ropas al moverse.

Se veneraba a Mama Kilya, diosa de la luna y consorte y hermana de Inti, como madre de la raza de los incas, encargada de señalar el paso del tiempo y, por consiguiente, de regular las fiestas religiosas del calendario ritual. Los incas creían que en los eclipses lunares una gran serpiente o león de la montaña trataba de devorar la imagen celestial de Mama Kilya y asustaban a aquel ser haciendo el mayor ruido posible. La imagen de Mama Kilya en el complejo de Coricancha estaba flanqueada por las momias de anteriores reinas incas *(coyas)* y el santuario estaba revestido de plata, el color de la luna en el cielo nocturno.

En las creencias religiosas también figuraban otros dioses menores, entre los que destacaba Cuichu, el arco iris, y un grupo de seres sobrenaturales femeninos, como Pacha Mama, la madre de la tierra, y Mama Coca, la madre del mar.

Dibujo de principios del siglo XVII que representa a unos incas ofreciendo un niño en sacrificio a la momia de un antepasado. Según el texto, la cueva es una huaca, un lugar sagrado (véase abajo).

Viracocha, el creador supremo

Viracocha era la deidad creadora, omnipresente e inconmensurable que animaba el universo dotando de vida a seres humanos, animales, plantas y dioses menores. Ser sobrenatural un tanto distante, delegaba los asuntos cotidianos en deidades más activas, como Inti e Ilyap'a. Tenía una representación en el santuario de Cuzco, donde la vieron por primera vez los españoles: la estatua de oro de un hombre blanco y barbudo con una larga túnica, de una altura como la de un niño de unos diez años.

Para los incas, esta deidad inmanente no tenía nombre y se le denominaba con una serie de títulos acordes con su condción primordial. El más común era Ilya-Tiquisi Wiracoca Pacayacacic («Antiguo Cimiento, Señor, Instructor del Mundo»), normalmente vertido al castellano como Viracocha. Origen último de todo poder divino, también se le concebía como héroe cultural, que, tras crear el mundo *(véanse pp. 253-254)*, viajó por sus dominios enseñando a la gente a vivir y configurando el paisaje. Los mitos sobre sus periplos mágicos cuentan que, al llegar a Manta, en Ecuador, atravesó el Pacífico, en una balsa o caminando sobre su capa (esta última versión podría deberse a la influencia cristiana). Cuando los españoles llegaron a Perú por mar, en 1532, los nativos los creyeron emisarios de la divinidad creadora y los llamaron *viracochas,* término respetuoso que aún emplean los quechuahablantes.

En los sacrificios más importantes, que sólo se realizaban en las ocasiones solemnes, como la coronación de un emperador, se ofrecían seres humanos a Viracocha y otras deidades. Se valoraban de forma muy especial los sacrificios de niños, llamados *capacochas,* y los sacerdotes elevaban una plegaria al dios antes de la ofrenda. Se han encontrado víctimas conservadas por el frío en los volcanes y picos nevados andinos, míticas moradas de dioses y espíritus.

LAS HUACAS O LUGARES SAGRADOS
En el pensamiento religioso de los incas, las *huacas* eran accidentes del paisaje andino impregnados de significado mítico y poder sobrenatural, por lo general piedras y manantiales, pero también montañas, cuevas y tumbas de antepasados. Revestían especial importancia las *apachetas,* montones de piedras situados en la cima de los pasos de montaña o en encrucijadas en los que los viajeros hacían ofrendas a los dioses locales a base de coca, prendas de vestir u otra piedra antes de continuar su camino. La relación entre las *huacas* y los mitos se refleja en la leyenda de las piedras que se transformaron brevemente en hombres con el fin de ayudar al emperador inca Pachacuti a derrotar a sus enemigos.

LOS CIELOS SAGRADOS

Constelaciones de animales y líneas sagradas

El intihuatana *o «amarradero del sol», en Machu Pichu. Los sacerdotes ataban simbólicamente el sol a la columna con un cordón místico para evitar que desapareciese.*

EL CALENDARIO INCA

Al igual que en otras civilizaciones antiguas, los incas crearon un calendario que les servía de instrumento religioso y político y cuyo carácter sagrado derivaba de la tradición mítica. Correlacionado con la primera aparición de las Pléyades antes de la salida del sol, el calendario lunar sideral comenzaba la noche del 8 al 9 de junio y acababa la del 3 al 4 de mayo. Se celebraban ceremonias en honor de los emblemas reales en el mes de Aryihua (abril) y se enseñaba a una llama blanca, a la que se vestía con una camisa roja, a comer coca y beber *chicha* (cerveza de maíz) como símbolo de la primera llama que apareció sobre la tierra tras la gran inundación.

En la visión cosmológica de los incas, el poder sagrado de los fenómenos celestiales se manifestaba en un rico mosaico de creencias que vinculaban los acontecimientos terrenales con los del cielo nocturno. Según una concepción típicamente amerindia, se atribuía significado mítico y espiritual a los fenómenos astronómicos, actitud que se refleja, en parte, en el carácter celestial de deidades importantes como Inti (dios del sol), Mama Kilya (diosa de la luna) e Ilyap'a (dios del trueno y del tiempo atmosférico). Pero también revestía gran importancia la Vía Láctea y se consideraba a las estrellas deidades menores y protectoras de ciertas actividades terrenales.

A este respecto destacan las Pléyades, denominadas Collca («el granero») y consideradas guardianas celestiales de las semillas y la agricultura, y junto a otras constelaciones servían para construir una calendario lunar sideral. También resultaban útiles para pronosticar la fertilidad agrícola y la producción animal. Se pensaba que el grupo de estrellas conocido como Orco-Cilay («la llama multicolor») protegía los rebaños de llamas reales y se identificaba la Chasca-Coylor («la estrella lanuda») con Venus, estrella matutina.

Si bien no se les puede considerar astrónomos en el sentido moderno, los incas realizaron observaciones sobre ciertos fenómenos celestes, como la salida y el ocaso del sol, y los relacionaron con las fases y los movimientos de la luna. Los sacerdotes-astrónomos observaban los movimientos solares para calcular las fechas de las dos celebraciones rituales más importantes, que tenían lugar en Cuzco: los solsticios de diciembre y junio. En el período del solsticio de diciembre se celebraba la gran fiesta real de Capac Raymi, centrada en los ritos de iniciación de los muchachos de ascendencia regia, y se observaba el sol al atardecer desde el Coricancha (Templo del Sol), en Cuzco.

Mito, religión, astronomía y el sistema de ceques (véase margen, derecha) se entretejían en las creencias de los incas. Observaban, por ejemplo, el crepúsculo el 26 de abril desde el mismo lugar en que habían estudiado el ocaso de las Pléyades alrededor del 15 de abril, un punto de la plaza central de Cuzco llamado Ushnuo. Contemplaban el crepúsculo entre dos columnas erigidas en una montaña cercana, al oeste de la ciudad, consideradas huaca sagrada, que estaban situadas en un ceque siguiendo el cual, al otro lado del horizonte, había una fuente sagrada llamada Catachillay, otro nombre de las Pléyades.

El rasgo más destacado de la astronomía inca consistía en el estudio de la Vía Láctea y las constelaciones contiguas de «nubes negras», formadas por zonas opacas de polvo interestelar (véase recuadro, abajo), como la Yacana (la Llama) y la Yutu-yutu (la Tinamou, ave parecida a la perdiz). Según el mito, cuando la llama celestial desaparece, a medianoche, va a beber agua en la tierra y así evita las inundaciones.

Habitualmente, las llamas se contaban entre los animales sacrificiales más valiosos y se ofrecían en las cimas de las montañas a la luna nueva, y en octubre no daban de comer a las de color negro con el fin de hacerlas llorar, y así pedir lluvia a los dioses.

LÍNEAS SAGRADAS
Los *ceques* —«líneas» rectas que parten del Coricancha— constituían una idea exclusiva de la mitología, la religión y la astronomía incas. Cada línea tenía *huacas* sagradas distribuidas por toda su longitud: había unos 41 *ceques* que organizaban 328 *huacas* en los alrededores de Cuzco. El cronista Juan de Betanzos describe en 1551 la sexta *huaca* del sexto *ceque* de Antisuyu como «la casa del puma», en la que se sacrificaban niños a la momia de la esposa del emperador inca Yupanqui.

Los cielos sobre Misminay

En la aldea andina de Misminay, de lengua quechua, a unos 25 kilómtros de Cuzco, las constelaciones animales y la Vía Láctea continúan ejerciendo gran influjo en nuestros días sobre el pensamiento mitológico y cosmológico.

En Misminay se considera el río Vilcanota no sólo reflejo terrestre de la Vía Láctea, o Mayu, sino parte integrante del reciclado cósmico del agua que fluye entre la tierra y el cielo, de donde vuelve a caer a la tierra en forma de lluvia. Considerada asimismo centro de la esfera celeste, la Vía Láctea se mueve de tal manera en el transcurso de 24 horas que parece formar dos ejes cruzados que dividen los cielos en cuatro partes, cada una de las cuales se denomina *suyu*. Estos cuatro cuartos constituyen una red celeste que permite a los habitantes de Misminay calcular y caracterizar los fenómenos astronómicos.

La división cuatripartita de los cielos no es un fenómenos aislado, sino que se integra en un mundo más amplio, como equivalente celeste de la división cuatripartita de la aldea, dividida en cuadrados por la intersección de dos grandes senderos y los dos canales de riego mayores que discurren en paralelo a éstos. Los senderos y canales coinciden en una capilla, el Crucero, nombre que recibe asimismo el punto del cielo en el que se encuentran los dos ejes celestes.

El cronista Polo de Ondegardo escribía en 1571 que, en el pensamiento inca, todas las aves y otros animales tienen un reflejo en el cielo, responsable de la procreación y del sustento de sus equivalentes en la tierra. Una característica de la astronomía de Misminay, que recuerda creencias incas anteriores, es el reconocimiento de las constelaciones de «nubes oscuras», como la Llama Adulta, la Llama Pequeña, el Zorro, el Sapo, el Tinamú y la Serpiente, conocidas colectivamente como Pachatira, reflejo de su vínculo con Pacha Mama, madre de la tierra, y con la fertilidad terrenal. Así, cuando Centauro Alfa y Beta («los ojos de la llama») salen antes del amanecer a finales de noviembre y diciembre, paren las llamas terrenales.

Las constelaciones de la «nube oscura» también revisten importancia por su relación con la estación de las lluvias y con las condiciones atmosféricas en general. La constelación de la Serpiente, por ejemplo, es visible en el cielo durante la estación de las lluvias, pero en la seca está «bajo tierra», es decir, bajo el horizonte. En el pensamiento quechua, tal circunstancia se corresponde con la aparición del arco iris (concebido como una serpiente multicolor), que brota de la tierra después de una tormenta.

MUNDOS ESPIRITUALES

El universo transformado

Danza ceremonial de uno de los pueblos de la región del río Xingú, Brasil. Las tribus de las selvas tropicales tienen complicados ritos de pubertad, fertilidad y funerarios, y los de iniciación masculina pueden resultar dolorosos: en las Guayanas, por ejemplo, se somete a los muchachos a las picaduras de hormigas venenosas y de avispones. En algunas sociedades, a las muchachas se les arranca todo el pelo, que al volver a crecer simboliza la entrada en la edad adulta.

Las vastas extensiones de la cuenca amazónica acogen una extraordinaria variedad de sociedades amerindias que, si bien con una tecnología sencilla, poseen unos sistemas sociales, económicos, rituales y míticos que demuestran una profunda comprensión de su entorno, además de ofrecer explicaciones muy sofisticadas sobre la humanidad y su modo de vida. Aunque todas dependen de la caza, la recolección, la pesca y la horticultura, estas sociedades no tienen creencias ni deidades en común, pero sus mitos locales demuestran una unidad y coherencia subyacentes, pues la mitología de un grupo parece haber evolucionado a partir de la de otro grupo, a modo de ilustración de unas preocupaciones comunes tratadas con una lógica también común.

Para la mente occidental, el universo amerindio es un mundo «mágico», definido en parte por los actos caprichosos de espíritus poderosos y ambivalentes y en parte por las actividades del chamán, que ejerce el papel de intercesor entre ellos y la sociedad en la que vive *(véase recuadro, p. siguiente)*. En esta concepción del universo, en la que las personas se transforman en animales y viceversa, las fronteras entre lo humano y lo animal, lo natural y lo sobrenatural no son sólo permeables, sino que están sujetas a una continua reinterpretación.

Los mitos amerindios reflejan un mundo de transformaciones en el que la vida es el resultado de una mezcla controlada de categorías de seres recíprocamente hostiles y peligrosos: hombres y mujeres, familiares por consanguinidad y parientes políticos, jaguares y seres humanos. En tiempos primordiales, el orden del mundo estaba invertido y eran los hombres quienes menstruaban y los jaguares los que poseían el fuego y cazaban con arcos y flechas. Los mitos cuentan cómo cambiaron estas primeras relaciones y cómo se estableció el orden actual. Para lograr la supervivencia de la sociedad y evitar el desorden y, en última instancia, la catástrofe, hubo que aceptar las normas de conducta social y la observancia ritual, tal y como fueron establecidas por los antepasados míticos.

Las casas ceremoniales de los habitantes de las selvas tropicales poseen un estructura con un profundo simbolismo: muchas están concebidas como microcosmos de los universos sociales y cósmicos de las tribus. Las rotondas de los yekuanas de Venezuela, por ejemplo, imitan la estructura primordial construida por una encarnación del dios del sol, Uanadi. Los detalles arquitectónicos reflejan rasgos de la esfera celeste y de la geografía mítica. El poste central (coronado por un pájaro carpintero de cresta carmesí, forma animal de la encarnación de Uanadi) vincula simbólicamente el inframundo de las almas perdidas con la tierra intermedia de los hombres y la cúpula de los cielos; las dos vigas transversales están orientadas hacia el norte y el sur para reflejar la aparición de la Vía Láctea en el cielo nocturno, y la entrada principal hacia el este, permitiendo que el sol equinoccial ascendente ilumine el poste central.

CAZA DE CABEZAS Y CAPTURA DE ALMAS

Para algunas tribus amerindias, la caza de cabezas estaba cargada de significado sobrenatural y ritual. Entre los jívaros del Ecuador, que mantuvieron esta costumbre hasta los años 60, el privilegio de apoderarse de cabezas humanas estaba restringido a un grupo de guerreros temidos con fama de grandes matadores. En el pensamiento de este pueblo, matar y cortar cabezas eran dos actividades íntimamente asociadas con la posesión de dos clases de almas, la Arutam y la Muisak. Quien tenía la primera podía participar en las expediciones de caza de cabezas, y la segunda estaba destinada a vengar la muerte de quien la poseía. Pero si se reducía la cabeza de un cadáver, el alma Muisak era irremediablemente arrastrada a ella e incapaz de escapar.

Chamanes de Suramérica

En la visión del universo de las sociedades de las selvas tropicales, todo lo que ocurre tiene una causa o consecuencia relacionadas con el mundo de los espíritus. Estos espíritus todopoderosos son peligrosamente ambivalentes, y el chamán desempeña un papel clave como intermediario con el mundo sobrenatural.

En virtud de su capacidad para convencer a los espíritus peligrosos en igualdad de términos, el chamán actúa como hechicero, curandero, adivino, juez y mantenedor del código moral. Con frecuencia realiza sus actividades espirituales en sesiones nocturnas. Los chamanes que se identifican con un jaguar o que se transforman en este animal, el predador más poderoso y de mayor tamaño de Suramérica, son los más temidos y respetados. Se visten con pieles de jaguar, llevan collares de colmillos de este felino e incluso rugen como él en las ceremonias en las que adivinan el futuro, curan enfermedades mágicas, aseguran una buena caza o actúan como «guerreros sobrenaturales» enviando muerte y enfermedades a las aldeas enemigas.

Las alucinaciones, como las

producidas por la *ayuhuasca* o el *vihoo,* constituyen la ventana por la que el chamán se asoma al mundo de los espíritus, que le permite ver y comprender la verdadera naturaleza de las cosas, explicar los acontecimientos y sugerir formas de actuar. En la región al noroeste del Amazonas solía llamarse a las drogas empleadas en las ceremonias droga o esperma de jaguar, y en algunos casos se guardaban en huesos huecos de este animal.

Chamán andino de Colombia. Por lo general, el chamán se vale de plantas alucinógenas para experimentar visiones.

La búsqueda visionaria del chamán está imbuida de significado mitológico, representación de las actividades primordiales de los espíritus de los antepasados. En algunas sociedades, los poderes del chamán continúan ejerciéndose después de la muerte y siguen protegiendo a su comunidad contra los espíritus malignos o los chamanes de otras aldeas.

En muchos casos se cree que el alma del chamán muerto se transforma en su *alter ego,* el jaguar, y despierta gran temor, en la creencia de que, cuando se ve uno de estos felinos por la noche junto a una aldea o un cementerio se trata de la esencia transformada del chamán difunto.

LA SELVA
ANCESTRAL

Mitos sobre los orígenes de los pueblos de las selvas

Los mitos de los pueblos amerindios de las selvas explican en primer lugar los orígenes de la humanidad y la cultura, elementos opuestos a la naturaleza. Como reflejo de este objetivo subyacente, los mitos individuales tienen múltiples niveles y abarcan diversos temas, como los orígenes de la horticultura, las relaciones entre el parentesco por sangre y por lazos políticos y los conceptos de conocimiento e ignorancia.

El origen de los seres humanos es el tema de numerosos mitos en los que los animales, las piedras y el barro pueden desempeñar un papel igualmente importante. Según los chibcha de Colombia, el sol y la luna crearon al primer hombre con barro y a la primera mujer con cañas. Más al sur, las tribus de la región de Choco hablan de una primera raza de hombres destruida por los dioses por ser caníbales, de una segunda generación que se transformó en animales y de una tercera hecha de barro. Muchos pueblos, como los uarao del Orinoco y los toba del Gran Chaco, creen que los seres humanos vivían en el cielo pero descendieron a la tierra para robar animales de caza, quedaron atrapados y tuvieron que permanecer aquí para siempre.

El carácter de la mitología amerindia, como una especie de carta sagrada que preserva el actual orden social, se pone especialmente de manifiesto en los mitos sobre las diferencias entre hombres y mujeres. Suele asociarse a las mujeres con la fertilidad natural, el caos y la ignorancia, y a los hombres con la fertilidad cultural, el orden y el conocimiento sagrado. Un mito muy extendido desde la Amazonia hasta la Tierra del Fuego, con numerosas variantes, explica que, en sus orígenes, el mundo estaba dominado por las mujeres, no por los hombres. Según los tupis de Brasil, el sol se enfadó tanto por el dominio femenino que decidió invertir la situación y tomar por compañera a una mujer perfecta. En primer lugar, hizo que una virgen llamada Ceucy quedara encinta de la savia de un árbol cucura y que diera a luz un niño, Jurupari, que despojó a las mujeres de su poder y se lo entregó a los hombres, a quienes ordenó que celebrasen fiestas regularmente para conmemorar su monopolio del conocimiento y el poder y que prohibiesen la participación de las mujeres, bajo pena de muerte. Como precedente de tal castigo, Jurupari preparó la muerte de su propia madre y aún sigue buscando a la mujer perfecta, digna de ser la esposa del sol.

En la consmología del Amazonas aparecen con frecuencia temas relacionados con el fuego. Cuando aún no se había domesticado, se creía que el fuego poseía un enorme potencial destructivo, y algunos mitos hablan de regiones enteras y de comunidades arrasadas por los incendios. También se vincula con el sexo, el nacimiento y el ciclo menstrual. La adquisición del fuego suponía una etapa fundamental en la evolución social, y a veces se conseguía mediante trampas, en cuyo caso conllevaba la pérdida de la inocencia.

Según los kayapos de Brasil, al principio los seres humanos no tenían fuego; comían los vegetales crudos y calentaban la carne al sol, sobre piedras. Un día, un hombre y su cuñado, Botoque, más joven que él, vieron un nido de guacamayo en lo alto de un risco. Botoque subió por una escala y le tiró dos huevos a su compañero, pero los huevos se transformaron en piedras y le rompieron la mano al hombre, quien, muy enfadado, retiró la escala y dejó a Botoque en el risco.

Al cabo de unos días, Botoque vio un jaguar que llevaba arco y flechas y varias presas que había cazado. El felino saltó sobre la sombra del muchacho, pero al darse cuenta de su error, le prometió que no lo devolvería y que lo adoptaría

Miembros de la tribu kamiura del río Xingú, Brasil, tocando flautas en un ritual sagrado (creen que su música son las voces de los espíritus). Los tocados amarillos simbolizan el sol, considerado fuente de la potencia masculina.

El mundo de los yanomami

Los yanomami del sur de Venezuela han hecho todo lo posible por proteger sus creencias y modo de vida tradicionales frente a las influencias del mundo exterior.

Los yanomami se autodenominan «pueblo fiero» y creen que la sangre de Periboriua (el Espíritu de la Luna) se derramó sobre la tierra, transformándose en hombres. Como nacieron de la sangre, se consideran fieros por naturaleza y guerrean continuamente entre sí. Más adelante, uno de los descendientes de Periboriua dio a luz hombres y mujeres más dóciles. Según uno de los cuatro grupos yanomami, el origen de todas las cosas es

Los yanomami practican un complejo sistema de violencia intergrupal vinculado a la sangre del Espíritu de la Luna, su origen mítico.

Omama, benévolo dios creador. Al principio, en el mundo había dos niveles, pero ahora hay tres: el tercero apareció cuando el nivel superior se desgastó y se desprendió de él una gran porción, en la que habitaban dos hombres, uno de ellos Omam. Un día, mientras pescaba, Omam sacó de un arroyo a una mujer que no tenía genitales; sólo un orificio del tamaño del ano de un colibrí. Omam formó sus órganos sexuales con los dientes de una piraña y engendró a muchos hijos con ella, los antepasados de los yanomami. Otras razas se crearon con la neblina o la espuma de los ríos, que un ave manipuló para formar hombres de distintos colores.

como hijo y compañero de caza. Después volvió a colocar la escalera para que Botoque pudiera bajar.

A pesar de la hostilidad de su esposa, el jaguar llevó a Botoque a su casa, donde el muchacho vio fuego y comió carne cocinada por primera vez. Pero cuando el jaguar salió a cazar, su esposa se negó a darle a Botoque carne de tapir asada y desnudó los colmillos amenazadoramente, de modo que el muchacho se refugió en un árbol. Aunque el jaguar le riñó al volver a casa, ella no dejó de molestar a Botoque y finalmente el jaguar le enseñó a fabricar un arco y unas flechas para defenderse. Cuando la esposa volvió a amenazarlo, Botoque la mató con una flecha; cogió carne asada, sus armas y una brasa y regresó a su aldea.

Al ver los regalos de Botoque, los hombres de la aldea fueron a casa del jaguar, donde robaron fuego, carne asada, hilo de algodón, arcos y flechas. El jaguar se encolerizó ante la ingratitud de su hijo adoptivo, y ahora come carne cruda y caza con las garras y los colmillos, mientras que los hombres comen carne asada y cazan con arcos y flechas. Hoy puede verse el reflejo del fuego que perdió el jaguar en sus ojos como espejos. Según ciertas versiones del mito, mientras los hombres llevaban por la selva el fuego robado muchas aves recogieron las chispas para evitar que se incendiase la jungla. Algunas se quemaron, y por eso varias especies tienen el pico y las patas del color de las llamas.

Según los barasana de Colombia, es Yurupary, o la Anaconda del Palo de Mandioca, la que obtiene el fuego de los infiernos y mata con él a su hermano el guacamayo.

Cuando la anaconda se quema y muere, sus huesos se transforman en los troncos carbonizados del huerto de la mandioca, en el que crecen las primeras plantas cultivadas, que se nutren de su cuerpo.

CANIBALISMO Y PODER

El canibalismo constituía un rasgo muy extendido de las creencias amerindias y en Suramérica existían diversas formas, bien documentadas históricamente. Estrechamente vinculado con las ideas de guerra, muerte y regeneración, el canibalismo guardaba menos relación con el alimento que los conceptos de identidad social, parentesco y transferencia de la esencia del alma de una persona a otra.

En el «exocanibalismo» se comía real o simbólicamente la carne de un enemigo como expresión de fiereza guerrera o como humillación y venganza extremas. Las tribus caníbales inspiraban gran temor, pues se creía que sus guerreros estaban poseídos por un feroz espíritu de jaguar que los movía a despedazar y devorar a su presa. En el «endocanibalismo» existía una motivación más respetuosa: se reducían a polvo los huesos de un muerto y se añadían a la cerveza de mandioca, que bebían los familiares del difunto, pues se creía que los huesos conservaban elementos vitales del espíritu de la persona, que podían perpetuarse en vida de quienes consumían ritualmente al difunto.

ÁFRICA

El Gran Zimbabwe, que da su nombre al país en el que se alza, es la construcción más monumental del África subsahariana que probablemente empezaron a construir los antepasados de los shona en el siglo VIII. Como ocurre con otros recintos reales del sur de África, probablemente la forma oval del Gran Recinto (sobre estas líneas) *está asociada con el mito del huevo cósmico* (véase p. 266).

África alberga una gran variedad de culturas y más de mil lenguas, muchas de las cuales no están aún suficientemente estudiadas o documentadas.

Sin embargo, las mitologías africanas presentan una extraordinaria unidad: los mitos de la serpiente cósmica *(véase p. 277)* y de la gran torre *(véase p. 273)*, por ejemplo, se encuentran desde el Sahara hasta El Cabo, y también están muy extendidos el concepto de un dios creador asexuado y remoto y el motivo de los gemelos.

Cada sistema local de creencias de los indígenas africanos tiene un mito que cuenta los orígenes y los primeros pasos de la humanidad, reflejo de las grandes migraciones internas que constituyen una característica importante de la historia del continente hasta la época colonial. Los kiosan (término que abarca los koi u «hotentotes» del suroeste de África y los san o «bosquimanos» del desierto de Kalahari), por ejemplo,

parecen ser los restos de un pueblo que apareció en el antaño fértil Sahara antes de que la región se desertizara, hace unos 7.000 años. Hace unos dos milenios, los antepasados de los actuales pueblos de habla bantú empezaron a emigrar hacia el suroeste, desde las montañas del Camerún, y llegaron a El Cabo en el siglo XVII. Las lenguas bantúes forman parte de la familia de Níger-Congo, con al menos 890 idiomas. Las migraciones, en algunos casos relativamente rápidas, y la propagación de las familias lingüísticas contribuyen a explicar los temas comunes que unen la mitología africana.

Con la propagación del islamismo y el cristianismo y el desarrollo económico moderno han declinado las religiones indígenas; pero muchos pueblos, como el yoruba, han conservado tenazmente sus creencias y mitos.

PUEBLOS, LENGUAS Y MITOS

El mapa muestra las principales familias lingüísticas del continente africano (*véase claves*) y la situación de algunos de sus múltiples pueblos. Se ofrecen como referencia los ríos principales y algunos accidentes geográficos importantes, pero se han omitido las fronteras políticas modernas, en aras de la claridad. Sigue un resumen de la mitología de las principales áreas lingüísticas.

HAMITO-SEMÍTICAS

La mitología de esta región, en gran parte musulmana, conserva muchos rasgos preislámicos, como el concepto de la serpiente cósmica cuyo cuerpo constituye la materia del universo (*véase p. 266*), así como la división del universo en un mundo superior de divinidades, otro intermedio, para los humanos, y un inframundo, el de los espíritus de los muertos.

NILO-SAHARIANAS

La mitología de los hablantes de las lenguas nilo-saharianas no muestra gran interés por los orígenes del mundo ni el destino del alma tras la muerte, sino por los de los clanes y dinastías, por lo general asociados con animales. Un mito nuer, por ejemplo, asigna el origen de un clan a una mujer que tiene varios grupos de gemelos, formados por un niño y una bestia salvaje.

NÍGER-CONGOLEÑAS (BANTÚES)

Los mitos del África de lengua bantú, al igual que los de la región nilo-sahariana, no muestran demasiado interés por la creación del universo, que suele atribuirse a un dios supremo que se retiró del mundo. Reviste mayor importancia el origen del orden social, sobre todo el de la monarquía, y su relación con otras autoridades, como el clero. En muchos mitos se asocian estas instituciones con fenómenos naturales, como el sol, la luna o el arco iris (*véase p. 271*) y con animales, como el león. Muchos pueblos conservan complejos cultos a los antepasados.

NÍGER-CONGOLEÑAS (NO BANTÚES)

La región del Níger-Congo de lengua no bantú alberga algunos de los mitos más complejos del mundo: las cosmologías de los dogones, bambaras y yorubas rivalizan con las de la India y Mesoamérica en cuanto a sutileza y grandeza (*véase p. 266*). Un concepto clave: toda forma de vida está animada por una dualidad simbolizada perfectamente en la relación entre gemelos del sexo opuesto.

KOISAN

El término koisan combina a los koi u «hotentotes», prácticamente extintos, y los san o «bosquimanos». Los restos de su mitología muestran una filosofía de la vida rica e imaginativa expresada en bestias salvajes personificadas, la más importante de las cuales es la mantis (*véase p. 276*).

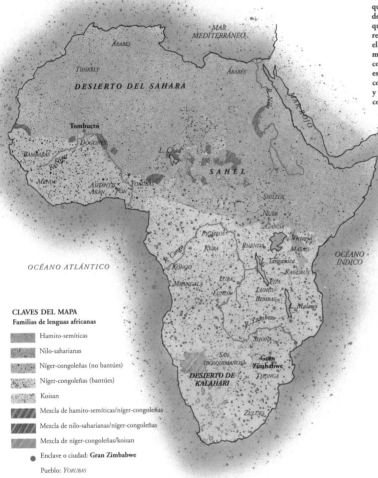

CLAVES DEL MAPA
Familias de lenguas africanas

- Hamito-semíticas
- Nilo-saharianas
- Níger-congoleñas (no bantúes)
- Níger-congoleñas (bantúes)
- Koisan
- Mezcla de hamito-semíticas/níger-congoleñas
- Mezcla de nilo-saharianas/níger-congoleñas
- Mezcla de níger-congoleñas/koisan
- ● Enclave o ciudad: **Gran Zimbabwe**
- Pueblo: *YORUBAS*

TABLA CRONOLÓGICA

Hace 20.000 años Pueblos mongoloides emigran al África nororiental y Sahara.
Hace 10.000 años Aparecen pueblos negroides ancestrales al oeste de Sudán.
Hace 7.000 años Los ancestrales pueblos koi y san emigran hacia el sur por las sabanas orientales y llegan al sur hace unos 5.000 años.

Hace 2.000 años Pueblos ancestrales de lengua bantú de las montañas del Camerún emigran por la selva hacia la sabana de la región de Saba, al suroeste del Zaire.
Hace 1.000 años Dispersión secundaria de los bantúes, hecho probablemente relacionado con la propagación del hierro, desde el suroeste del Zaire hasta la mayor parte del África subsahariana.

LOS ORÍGENES DEL MUNDO

Mitos africanos sobre la creación

Espirales que representan las vibraciones del huevo cósmico al comienzo de la creación en una caja de cobre usada por los ashantis de Ghana para guardar polvo de oro.

EL HUEVO CÓSMICO

Los dogones de Mali creen que la creación comenzó con un ser llamado Amma, un huevo que era la semilla del cosmos. Vibró siete veces y después se abrió, dejando al descubierto a Nommo, el espíritu creador, que cayó a la tierra seguido por su gemela y por cuatro parejas de Nommos más. Éstos crearon y organizaron cielo y tierra, la sucesión del día y la noche, las estaciones y la sociedad humana. La idea del «huevo cósmico» como origen del universo está muy extendida por África.

Pintura rupestre dogon (derecha) que probablemente representa a Nommo cayendo a la tierra. En el taburete de abajo, perteneciente a un dirigente espiritual dogon, vemos dos Nommos con los brazos alzados. La base representa la tierra y el asiento el cielo.

Los pueblos africanos tienen ideas muy distintas sobre los orígenes, desde los akan, de Ghana, para quienes el universo fue creado por Nyame, diosa madre identificada con la luna, hasta la imagen, muy extendida, de una gran serpiente, frecuentemente identificada con el arco iris, como origen del cosmos. En el sur del continente esta serpiente primigenia suele llamarse Chinaweji y se la imagina como una pitón gigantesca. Desde el sur de Argelia hasta Tombuctú se cree que el primer ser creado en el universo fue un enorme ofidio, Minia, con cuyo cuerpo se hicieron el mundo y todas las formas de vida (véase p. 277).

Pueblos tan distanciados geográficamente como el dogon de Mali y el lungu de Zambia conciben la creación en términos de vibraciones de un «huevo cósmico» (véase izquierda). En el mito dogon, el mundo surge de la semilla del universo, una estrella que es la Digitaria exilis, la planta más pequeña que cultivan. Para este pueblo, la estrella es la «gemela» de Sirio y la más pequeña y pesada, tan densa que ni todos los habitantes de la tierra juntos podrían levantar una mínima parte de ella. Su movimiento alrededor de Sirio, que, según ellos, dura cincuenta años, sostiene la creación en el espacio. Curiosamente, la astronomía moderna ha descubierto que Sirio tiene en realidad una compañera, Sirio B, sólo visible con los telescopios más potentes, que orbita en torno a Sirio cada cincuenta años y es también extraordinariamente densa, lo que los astrónomos denominan una «enana blanca hundida», motivo por el que un estudioso norteamericano, Roger Temple, asegura que el mito dogon representa los restos de los conocimientos que trajeron a la tierra unos seres inteligentes del sistema estelar de Sirio. Pero el

astrónomo y cosmólogo Carl Sagan, también norteamericano, mantiene una opinión menos fantasiosa: que el relato dogon podría derivar de la información sobre el tema transmitida por algún científico occidental antes de que se tuviera constancia del mito, recogido por primera vez por un antropólogo francés en los años 30.

Uno de los mitos más complejos sobre la creación es el de los bambaras, casi vecinos de los dogones. Cuenta que, en el principio, el vacío, *fu*, parió al conocimiento, *gla gla zo*. Este conocimiento, lleno de su vacío y su vacío lleno de sí mismo, fue la fuerza creadora primaria del universo que puso en movimiento un proceso místico de energía liberada que a su vez desembocó en la creación de la conciencia humana, la «semilla» o el principio del universo. (Debido a la ley fundamental de los principios gemelos que, según los bambaras, rige la creación, en todo ser humano existe lo masculino y lo femenino, en el cuerpo y en el espíritu.) Después, el espíritu llamado Pemba hizo la tierra y el espíritu Faro el cielo, y cada uno estableció los cuatro puntos cardinales en el espacio: entonces apareció la vida en la tierra. Faro hizo gemelos en el desierto, y empezó a crecer la hierba. Aparecieron las primeras aguas y con ellas un pez que llevó a Faro y a sus hijos al mar, donde creó los seres acuáticos. Faro dio nombre a todos los seres y las cosas sobre la tierra, implantó las estaciones y, en lugar de la oscuridad primordial, instaló la alternativa de noche y día. A continuación impuso orden entre los seres vivos y también dio nombre y clasificó a los seres humanos, dividiendo las razas y tribus según las cualidades de su sangre, en la que Faro inscribió sus destinos. Por último, regresó al cielo.

Muchas mitologías africanas no están excesivamente cargadas de especulaciones sobre la creación del cosmos y toman como punto de partida la aparición de los seres humanos en un universo ya constituido. Los fipa del suroeste de Tanzania y los tutsis de Ruanda dicen que, en el inicio de los tiempos, cayeron del cielo unos antepasados semidivinos para fundar la humanidad, mientras que los masais de Tanzania y Kenia piensan que al principio, tierra y cielo estaban unidos por una cuerda, por la que el dios supremo envió ganado para las personas de abajo. Los yorubas del África occidental creen que, en los orígenes, la tierra era agua y marisma deshabitadas, hasta que descendió la divinidad del cielo e hizo la tierra firme. A continuación fueron creados los seres humanos en los cielos y enviados a la tierra en una telaraña.

EL MITO SAN SOBRE LA CREACIÓN

En el siguiente relato, los cazadores-recolectores san del Kalahari atribuyen la creación a un ser llamado Dxui:

«Dxui era Dxui, el primer espíritu de la creación. Sus obras eran muchas. Cuando salía el sol, Dxui era una flor, y por la noche, un hombre. Al alba era otra flor y al crepúsculo otra vez hombre. Al día siguiente fue un árbol con abundante fruta. Volvió a ponerse el sol y fue Dxui, un hombre. Cuando Dxui despertó vio el sol por primera vez y descubrió que estaba solo. Entonces se convirtió en árbol, cubierto de fruta pero también de espinas. Apareció la primera mujer, que intentó coger la fruta, pero el árbol se desvaneció; la mujer gritó, se tendió sobre la tierra y murió.

Dxui se convirtió en mosca, después en agua, en otra flor, en ave, en una trampa de aves y en el ser que se comió al ave. Volvió a transformarse en hombre, al que cazaron otros hombres; se convirtió en una gran ave y voló hasta su padre y su madre. Cuando su padre lo reconoció, Dxui se convirtió en hombre. Murió y se transformó en lagarto, el ser más antiguo.»

El herrero celestial

En numerosas mitologías africanas, un herrero celestial desempeña un papel crucial en la preparación del nuevo universo para la humanidad. Por lo general, desciende del cielo.

Según los fon de Benín, del África occidental, el hijo mayor de MawuLisa, divinidades creadoras gemelas, era Gu, el herrero celestial. Lo trajo a la tierra Lisa, el varón, en la forma de una espada de hierro ceremonial que empuñaba Lisa. Después, Gu recibió el encargo de hacer habitable la tierra para los humanos, tarea que nunca ha abandonado. Gu enseñó a la gente a trabajar el hie-

Figura ecuestre dogon de hierro forjado, probablemente el herrero que robó el fuego. Su figura aparece en numerosos santuarios.

rro y a fabricar herramientas para obtener alimento, cubrir su cuerpo y construir refugios.

Amma, dios creador del pueblo dogon *(véase huevo cósmico, p. anterior),* hizo el primer espíritu herrero con la placenta de un Nommo, pero como este espíritu no tenía fuego, robó un trozo de sol a los gemelos celestiales Nommo y bajó del cielo en un arca celeste. Otros mitos del Sáhara cuentan que el primer herrero fabricó una azada con el cráneo de un antílope celestial, Bintu, y después bajó a la tierra para enseñar la agricultura a la raza humana, recién creada.

EL MUNDO AL REVÉS

Los dominios de los vivos y de los muertos

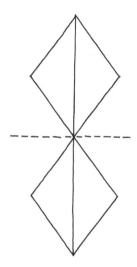

Un habitante de un oasis de la región de Tidikelt, sur de Argelia, dibujó esta representación de los mundos superior e inferior y del árbol cósmico en sus tres manifestaciones. Las formas de diamante probablemente representan los cuatro puntos cardinales de cada mundo.

Por lo general, se cree que el universo recién creado se divide en dos partes: una región superior para los vivos y una inferior para los muertos. Según los habitantes de las orillas meridionales del lago Tanganika, el mundo de los muertos es una versión al revés del mundo de los vivos, donde la gente duerme de día y sale de noche, a la luz de la luna. Puede accederse a él por la madriguera de un puercoespín. En las regiones del Sahara y Sahel del norte de África se conciben los niveles superior e inferior del universo como aspectos opuestos de un «árbol cósmico», con forma de vid en el primero y de higuera en el segundo. En la tierra, situada entre los cielos y los infiernos, el árbol aparece como un granado. En los oasis del Sáhara se plantan representaciones de los tres niveles del árbol cósmico: una viña al este de un sembrado, símbolo del cielo, un granado en el centro, símbolo de la tierra, y una higuera en el límite occidental, símbolo de los infiernos.

En otras regiones de África se imagina el árbol de los muertos como un mundo celestial, no infernal, pero parecido al mundo de los vivos. Entre los tonga de Mozambique circula un relato sobre una muchacha que rompió el cántaro cuando iba al río. Gritó y apareció una cuerda, que colgaba del cielo. La muchacha trepó por ella y encontró una aldea, en la que vivían los muertos. Una anciana le dijo que continuara andando y que siguiese el consejo de una hormiga que se había colado en la oreja de la joven. Llegó a otra aldea, y los ancianos la pusieron a trabajar. A la mañana siguiente, contentos con lo que había hecho, los ancianos le enseñaron a unos niños, algunos envueltos en ropas rojas y otros en ropas blancas. La joven estaba a punto de elegir uno de rojo cuando la hormiga le susurró al oído que cogiese uno de blanco, y ella obedeció. Al regresar a casa, su familia le recibió bien, pero su hermana estaba celosa y subió al cielo para que le diesen un niño. Allí, fue grosera con la anciana y no quiso escuchar a la hormiga: eligió un niño de rojo y se convirtió inmediatamente en un esqueleto. Sus huesos blancos cayeron a la tierra.

El cosmos de los kongo

*L*os kongo del oeste de Zaire creen que el universo tiene dos regiones, separadas por un océano. La superior, el mundo de los vivos, es como una montaña, y la inferior, el mundo de los muertos, es semejante, pero orientada hacia abajo. Los dos tienen aldeas, aguas y montañas.

El cielo es blanco y la tierra negra a consecuencia del mal y de la desobediencia a la voluntad del Gran Dios.

Máscara de madera y rafia pende (Zaire), probablemente representación del sol y de oposiciones como el día y la noche.

Entre el cielo y la tierra está el arco iris, representado en rojo. Debajo de la tierra negra se extiende la barrera de agua, origen de la vida, también roja, y debajo el infierno, blanco. Al igual que el universo, la alternancia de la noche y el día y las etapas de la vida humana son rojas, blancas y negras. El amanecer es como el nacimiento, el sol blanco del día la madurez y la justicia, y el crepúsculo anuncia la negrura de la muerte.

MUERTE Y SEXO

La pérdida de la inmortalidad

Según muchos pueblos africanos, en el principio no existía la muerte, y su aparición se atribuye a transgresiones de los seres humanos o de algún animal.

Los nuer del sur del Sudán cuentan que antaño había una cuerda de unión entre el cielo y la tierra y que quien envejecía subía por ella y el Gran Dios lo rejuvenecía antes de regresar a la tierra. Pero un día, una hiena y un pájaro tejedor subieron por la cuerda y entraron en el cielo; el Gran Dios ordenó que se los vigilase estrechamente y que no se les permitiese volver a la tierra para no que no causasen problemas. Una noche se escaparon y cuando estaban a punto de tocar el suelo la hiena cortó la cuerda. Cuando recogieron la parte superior en el cielo, no quedó ningún medio por el que los seres humanos pudieran ascender hasta allí, y desde entonces envejecieron y murieron.

Los kuba del Zaire explican la aparición de la muerte en una versión de su mito sobre la creación. Mboom, el dios creador o «Agua Original», tuvo nueve hijos, todos ellos llamados Woot, que ayudaron a crear el mundo por turnos. Woot, el inventor de todas las cosas espinosas, como los peces, se peleó con Woot el afilador, que hizo las primeras hojas afiladas, y la muerte sobrevino cuando el primer Woot fue asesinado con una de estas armas.

Entre los ganda, que viven en la orilla septentrional del lago Victoria, se cuenta que Kintu, un emigrante que fundó la dinastía real de Buganda, fue al cielo a buscar esposa. El Gran Dios le dio a su hija Nambi y le ordenó que regresara inmediatamente a la tierra con ella, pues en otro caso les acompañaría el hermano de Nambi, Walumbe, nombre que significa muerte. Kintu obedeció, pero a medio camino Nambi recordó que había olvidado grano para dar de comer a los pollos que les había regalado el Gran Dios. Kintu trató en vano de disuadirla de que regresara, y cuando Nambi alcanzó a Kintu tras haber cogido el grano, la seguía su hermano Muerte, que se fue a vivir con la pareja.

Desde aquel día todas las gentes de la tierra son mortales.

También se culpa a una mujer de la aparición de la muerte en la tierra en un mito de los dinka, pueblo ganadero del sur del Sudán. En el principio, el Gran Dios daba un grano de mijo al día a una pareja, Garang y Abuk, suficiente para satisfacer sus necesidades; pero, codiciosa, Abuk decidió plantar más mijo, y mientras cavaba golpeó al dios con el extremo del azadón. La deidad se enfureció tanto que se alejó de la humanidad, distancia que mantiene todavía, y envió un pájaro azul a que cortase la cuerda que por entonces unía el cielo con la tierra.

Desde aquel momento los seres humanos tienen que trabajar mucho para procurarse alimento y están sujetos a la enfermedad y la muerte.

Talla en madera de un altar yoruba con un motivo erótico sobre la fertilidad. Nigeria.

LOS ORÍGENES DE LA SEXUALIDAD

En África existen numerosas versiones de un relato que cuenta que el Gran Dios creó en un principio seres humanos sin órganos sexuales. Vivieron felizmente durante algún tiempo, pero de pronto se sintieron a disgusto y le pidieron a la deidad que les enviara gente distinta. El Gran Dios envió los órganos sexuales femeninos y masculinos, que deambulaban como personas, solos. Un día, las primeras personas decidieron distribuirse entre dos campos para realizar mejor las tareas cotidianas e invitaron a los órganos sexuales a entrar en uno u otro campo. Los masculinos se acoplaron a los habitantes de un campo y los femeninos a los del otro. Entonces los dos grupos se convirtieron en hombres y mujeres, comprendieron que eran distintos y desde aquel momento ha habido división y conflictos entre ambos.

Máscara de un espíritu de madera pintada, obra de un artesano dan de Liberia. Se cree que los característicos ojos rasgados restringen el poder que emana del mundo de los espíritus muertos.

MITOS SOBRE LA MONARQUÍA

El linaje divino de los monarcas terrenales

Entre los mitos más importantes de África figuran los que tratan sobre los orígenes de los reyes, a los que suele atribuirse ascendencia divina. Los zulúes de Suráfrica, por ejemplo, cuentan que un joven, hijo del Gran Dios, fue expulsado del cielo por haber robado la vaca blanca favorita de la deidad. Lo arrojaron por un agujero de los cielos y bajó a la tierra por un cordón umbilical mágico atado a su cintura. Cuando hubo transcurrido un mes, el Gran Dios se apiadó de su hijo; le envió una esposa por el mismo sistema y a continuación retiró el cordón y cerró el agujero del cielo. Aquel joven fue el primer rey de los zulúes, y debido a su origen celestial, los monarcas de este pueblo tienen poder sobre la lluvia. Monarquía y fenómenos atmosféricos aparecen también asociados en la mitología yoruba, según la cual, el rey-guerrero más importante de esta tribu, Shango, se convirtió en dios del trueno y la lluvia tras haberse ahorcado con sus propias manos de un árbol y haber subido al cielo. Su esposa era un lago llamado Oja, que a la muerte de Shango se transformó en el río Níger.

En Ruanda, se conoce un relato semejante sobre los orígenes de la monarquía. El señor de los cielos, Nkuba el Rayo, tenía una esposa estéril que un día, en ausencia del marido, le robó una de sus vacas, la mató, le extrajo el corazón y lo escondió en una vasija. Alimentó el corazón con leche durante nueve meses, al cabo de los cuales apareció un niño en el interior de la vasija. Este niño, Kigua, creció en el cielo y cayó a la tierra para ser el primer rey de Ruanda.

En muchos casos, los mitos sobre los orígenes de los reyes coinciden con los de los orígenes de la humanidad Al *reth* (rey) de los shilluk del sur de Sudán se lo identificaba en el mito y en los rituales regios con Nyikang, antepasado de linaje real y fundador de la nación shilluk. El padre de Nyikang era el hijo de un ser celestial y su madre, Nyakaya, un cocodrilo. Nyikang abandonó su patria tras haberse peleado con su hermanastro y en el camino venció al sol en combate y dividió las aguas del Nilo Blanco para que pudieran atravesarlo sus

Al igual que en otras regiones, el león simboliza en África la autoridad regia. Aparece en numerosos mitos como rey de los animales, si bien lo vencen con frecuencia otros más pequeños y astutos, como la liebre. Esta talla en madera de un león procede del palacio real de los fon de Benín (antiguo Dahomey), África occidental.

seguidores y él. Los epítetos de Nyikang y de todos los reyes posteriores de los shilluk —considerados encarnaciones del primero— honran su vinculación con el cielo, los ríos y la tierra, el universo shilluk. Es dios, semidiós y hombre y de su salud depende la de la tierra. En época precolonial (y, según ciertos rumores, también en la actualidad), cuando empezaba a perder fuerza física se le mataba ritualmente para dejar sitio a un sucesor más vigoroso.

Encontramos otro relato sobre un regicidio ritual en el mito del rey Muetsi, que explica el asesinato ritual del *Mambo* (rey) de Monomotapa en el Zimbabwe medieval, que al parecer tenía lugar cada cuatro años. Según este mito, el primer hombre creado por Muari, el Alto Dios, vivía al principio bajo las aguas. Se llamaba Muetsi (Luna) y quería vivir en la tierra, totalmente desértica por aquel entonces. Ante las quejas de Muetsi, Muari le envió una esposa, la Estrella Matutina, que parió la hierba, los arbustos y los árboles. Los árboles crecieron hasta que sus copas tocaron el cielo y empezó a llover. En medio de la abundancia, Muetsi construyó una casa, fabricó azadas y cultivó la tierra, pero al cabo de dos años Muari se llevó a la Estrella Matutina. Muetsi se lamentó durante ocho días, hasta que Muari le dio otra esposa, la Estrella Vespertina, al tiempo que le prevenía de la catástrofe que le aguardaba. Al llegar la noche, la Estrella Vespertina le ordenó que se acostara con ella, y de su unión nacieron pollos, ovejas, cabras, vacas y antílopes y a continuación niños y niñas, que se hicieron adultos en un día. El cuarto día por la noche se desencadenó una fuerte tormenta y la Estrella Vespertina avisó a su esposo de que corría peligro de muerte, no obstante lo cual Muetsi le hizo el amor; al día siguiente, ella parió leones, leopardos, serpientes y escorpiones. La noche del quinto día la Estrella Vespertina se negó a acostarse como Muetsi y le sugirió que tomase a sus hijas. Muetsi así lo hizo y a la mañana siguiente sus hijas dieron a luz unos niños que por la noche ya eran adultos.

Entonces, Muetsi se convirtió en rey de numerosas personas y la Estrella Vespertina copuló con una serpiente y quedó estéril. Muetsi quería que regresara con él, pero mientras estaban acostados le picó la serpiente. Como la salud de la tierra dependía de la del rey, cuando éste enfermó por el veneno del reptil dejó de llo-

UN SISTEMA PARA RECORDAR LOS MITOS

En la corte real de los luba, una clase determinada de ancianos se encarga de contar y consignar los mitos sobre el rey Arco Iris y la historia de los reyes de este pueblo (*véase recuadro, abajo, y p. 272*). Se sirven de un aparato muy curioso, llamado *lukasa* o «mano larga» para registrar los puntos esenciales de los relatos. Consiste en un tablero tachonado de cuentas de colores con dibujos simbólicos grabados. Una cuenta azul, por ejemplo, puede representar a Mbidi Kiluwe, y una cuenta roja y grande rodeada por otras amarillas más pequeñas a Nkongolo y sus seguidores. El narrador sostiene en sus manos el *lukasa* para recordar la historia a medida que la va relatando.

Kalala Ilunga y el rey Arco Iris

Los luba del Zaire creen que Kalala Ilunga fue el fundador de uno de sus reinos. Pasó sus primeros años en la corte del rey Nkongolo, o Arco Iris, que aparece en numerosos mitos de la sabana central.

Un día, Mbidi Kiluwe, un príncipe del oriente, fue a cazar al país de Nkongolo, que hizo todo lo posible por complacer a su huésped. Le dejó a sus hermanas gemelas y ambas quedaron encinta: Bulanda tuvo un niño, Kalala Ilunga, y Mebela gemelos, niño y niña. Nkongolo reconoció a Kalala Ilunga como hijo suyo y Mbide Kiluwe regresó a su tierra. De mayor, el muchacho llegó a ser el mejor bailarín y corredor del país, y Nkongolo, celoso de su fama, decidió matarlo. Preparó un foso lleno de estacas puntiagudas oculto en la pista e invitó a Kalala a participar en un concurso de baile, pero avisado del peligro por su tamborilero, el muchacho cruzó el río

Lualaba y se refugió con su verdadero padre. Mbidi le dio un ejército para que luchara contra Nkongolo, que huyó con sus hermanas al monte Kaii, al oeste; pero las hermanas lo traicionaron ante sus hombres, que lo decapitaron. El espíritu de Nkongolo vive en forma de serpiente, que a veces se aparece como arco iris.

Reposacuellos luba de madera en forma de gemelas. Las gemelas desempeñan un papel importante en el mito de Kalala Ilunga, el rey al que traicionaron sus hermanas, y en muchos otros mitos.

Máscara decorada con cuentas y conchas que representa al héroe ancestral Woot y que se emplea en los ritos de iniciación de los kuba. Sólo pueden llevarla los hombres de la familia real.

ver, se secaron las aguas y la muerte visitó a las gentes. Para poner fin a sus desdichas, los hijos de Muetsi decidieron matar a su padre: lo estrangularon, lo enterraron y después eligieron otro rey.

Según los kuba del Zaire, los dos primeros dioses, Mboom y Ngaan, eran también reyes y cada uno reinaba sobre una mitad del mundo, que estaba oscuro y cubierto por las aguas, pero se pelearon y abandonaron su creación: Mboom se fue al cielo y Ngaan se escondió bajo las aguas. Un día, Mboom vomitó el sol, la luna y las estrellas. Bajo el sol, las aguas empezaron a consumirse y la tierra quedó al descubierto. Volvió a vomitar, y aparecieron todos los animales. Después vomitó a los seres humanos, entre los que se contaba Woot, antepasado de los reyes y del pueblo kuba, que vivía en un poblado junto a los demás humanos y animales. Se llevaban bien y hablaban la misma lengua. Un día, Woot se enamoró de su hermana, Mueel, se la llevó a la selva y de sus relaciones nació un niño, Nyimi Lele, futuro fundador de la vecina tribu lele.

Cuando el pueblo se enteró del incesto de Woot se enfadó y lo expulsó de la aldea, y en venganza, Woot lo maldijo: el mijo empezó a pudrirse, la mayoría de los animales se volvieron salvajes y no salió el sol. Mueel envió mensajeros a pedirle perdón a Woot, que acabó por ablandarse y permitir que las aves de la montaña llamaran al sol. A continuación condujo a sus seguidores al exilio y en el camino fue creando el paisaje, las plantas y los animales y dejó varios hijos, que fundaron las diversas tribus. Woot les retorció las lenguas y desde entonces hablan diferentes idiomas.

Chibinda Ilunga

*U*n mito de los mbangala de Angola continúa el relato de la dinastía Luba fundada por Kalala Ilunga (véase p. 271). El protagonista, Chibinda Ilunga, es una de las figuras mitológicas más veneradas de la región.

Una vez llegó al reino de Lunda un joven príncipe y cazador llamado Chibinda, nieto de Mbidi Kiluwe, antepasado de los reyes luba, con el rostro brillante y blanco como la luna. Abandonó el país luba porque el rey, celoso de su destreza como cazador, le había insultado asegurando que nunca había hecho la guerra. Un día, la reina de Lunda, Lueji, descendiente de la serpiente primordial Chinawezi, madre de todas las cosas *(véase pp. 266-277)*, fue al río y se encontró con el príncipe cazador. Cautivada por sus encantos, le invitó a quedarse con ella y, pasado el tiempo, se casaron. En cierta ocasión, Lueji pronunció un discurso ante los ancianos y les comunicó que a partir de entonces Chibinda Ilunga reinaría en su lugar, y el príncipe les dijo a su vez que, como cazador que era, nunca derramaría sangre humana, sólo de animales. Lueji le entregó el brazalete real, empezó a menstruar y se recluyó. Esta situación duró mucho tiempo y empezó a conocerse como Nkula («el árbol de la savia roja»), nombre del ritual que desde aquel entonces se aplica a las mujeres con trastornos menstruales. Debido a la prolongada efusión de sangre, Lueji no pudo concebir, y al final le dio a Chibinda Ilunga otra esposa, Kamonga, que era fértil.

El rey luba Chibinda Ilunga, figurita de madera del Zaire.

MITOS SOBRE TORRES

La estupidez de la presunción humana

Abundan los relatos sobre la construcción y posterior destrucción de enormes torres en todo el sur de África, desde Mozambique hasta Angola, y por lo general sirven como aviso de los peligros de la ambición excesiva. En la provincia Kasai del Zaire, por ejemplo, los luba cuentan que, en el inicio de los tiempos, los seres humanos vivían en la misma aldea que el Gran Dios, quien, cansado de sus ruidosas peleas, expulsó a sus vecinos humanos a la tierra, donde padecieron hambre y frío y conocieron la enfermedad y la muerte. Un adivino les aconsejó que regresaran al cielo para recuperar la inmortalidad, y empezaron a construir una torre gigantesca de madera. Al cabo de muchos meses llegaron al cielo y tocaron tambores y flautas para anunciar su éxito a los que se habían quedado en la tierra y animarlos a que los siguieran, pero los de abajo estaban demasiado lejos para oírlos. Sí los oyó el Gran Dios, que se enfadó, destruyó la torre y mató a sus musicales constructores.

También aparece una torre en el mito luba sobre la lucha entre Nkongolo, el cruel y despótico rey Arco Iris, y el príncipe Kalala Ilunga *(véase p. 271)*. Nkongolo intentó por diversos medios someter de nuevo a su enemigo, que había escapado del foso preparado por el rey. Primero envió a sus hombres en botes que cruzaron el río Lualaba con la orden de raptar al príncipe fugitivo, pero las aguas se elevaron y los perseguidores se ahogaron antes de llegar a la orilla. Después, el rey Arco Iris trató de construir una calzada de piedra sobre el río, pero la piedra se resistió a las herramientas de hierro. Por último, ordenó la construcción de una gran torre desde la que podría dominarse el país enemigo. Una vez construida, el adivino Majibu y otro hombre llamado Mungedi subieron a la cúspide y llamaron al fugitivo, pero Majibu, valiéndose de sus poderes mágicos, saltó al aire y aterrizó en la orilla opuesta del río, en territorio de Kalala, donde ayudó al príncipe a vencer a su enemigo. La torre se derrumbó y mató a Mungedi y a otros muchos seguidores del rey Arco Iris.

LA TORRE DE CHITIMUKULU
Según el mito sobre los orígenes de los bemba de Zambia, su primer rey, Chitimukulu, intentó junto con sus dos hermanos construir una torre muy alta en el poblado real de su madre, Mumbi Mukasa, sobrina del Gran Dios. La torre se desmoronó, mató a muchas personas, y Mukulumpe, padre de los tres hermanos, ordenó que los mataran a todos, pero Chitimuluku y sus hermanos huyeron a la actual Zambia.

La torre cónica (centro, izquierda) *es la característica más destacada de las ruinas del Gran Zimbabwe, con unos nueve metros de altura. Existen varias torres semejantes en el sur de África, probablemente vinculadas con los mitos de las torres, muy extendidos.*

ESHU EL EMBUSTERO

El astuto mediador entre el cielo y la tierra

Figuras de un santuario yoruba del siglo XIX que representaban al dios embustero Eshu de distintas formas.

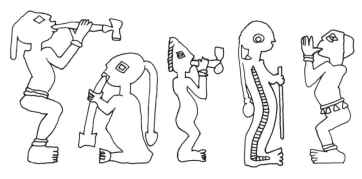

LA CANCIÓN DE ESHU

Hay numerosas canciones humorísticas sobre Eshu, muchas de ellas con letras deliberadamente absurdas. La siguiente es un ejemplo yoruba:

Eshu durmió en la casa, pero la casa le quedaba pequeña.

Eshu durmió en la terraza, pero la terraza le quedaba pequeña.

Eshu durmió en una nuez y al fin pudo estirarse.

Eshu anduvo por un sembrado de cacahuetes y apenas se le veía el copete.

De no haber sido por su enorme tamaño, no se le habría visto ni un pelo.

Ayer tiró una piedra; hoy ha matado un pájaro.

Acostado, da con la cabeza en el techo.

Levantado, no puede ver la cacerola en el fuego.

Eshu hace lo bueno malo y lo malo bueno.

La figura del embustero más famosa de la mitología africana es un personaje del África occidental conocido como Eshu entre los yorubas y como Elegba o Legba en Benin (nosotros sólo utilizaremos Eshu). Se le consideraba responsable de todas las disputas entre los seres humanos y entre éstos y los dioses. La más astuta de las divinidades aparece como un espíritu errabundo que habita en el mercado, las encrucijadas y el umbral de las casas. También deja sentir su presencia allí donde se producen cambios y transacciones.

En un mito, Eshu convence al sol y la luna de que intercambien sus casas, con lo que trastoca el orden de las cosas. Pero el relato más conocido es el de dos amigos cuya amistad, de toda la vida, consigue destruir. Los hombres cultivaban tierras contiguas y tenían una amistad tan estrecha que siempre se les veía juntos e incluso vestían con ropas parecidas. Eshu recorrió el sendero que dividía sus tierras con un sombrero blanco por un lado y negro por el otro, se colocó la pipa en la nuca y se colgó el bastón de un hombro de modo que le bajara por la espalda. Cuando el dios hubo pasado, los amigos se pusieron a discutir sobre la dirección que había tomado el desconocido y sobre el color de su sombrero. Se acaloraron tanto que la disputa llegó a oídos del rey y llamó en los hombres.

Mientras se acusaban mutuamente de haber mentido apareció Eshu y le dijo al rey que ninguno mentía pero que los dos eran estúpidos. Al confesar su truco el rey se enfureció tanto que envió a sus hombres contra él, pero el dios los burló. En la huida, Eshu prendió fuego a varias casas, y cuando sus ocupantes huyeron con sus pertenencias se ofreció a guardarlas, pero lo que hizo fue dar un bulto a cada persona que pasaba por allí, de modo que los objetos de las víctimas del incendio se desperdigaron por todas partes.

En otro relato, Eshu le dijo al Gran Dios que unos ladrones planeaban robar el ñame de su huerto. Una noche se coló en casa del Gran Dios, se puso sus sandalias, fue al huerto y se llevó todo el ñame. Como había llovido el día anterior se distinguían claramente las pisadas, y por la mañana Eshu denunció el robo y dijo que resultaría fácil descubrir al ladrón por las huellas. El pueblo entero acudió a casa del rey, pero ningún pie coincidía con aquellas enormes pisadas. Eshu sugirió que tal vez hubiera cogido el ñame el propio Gran Dios mientras dormía, pero la deidad lo negó. Sin embargo, como sus pies encajaban perfectamente con las huellas, acusó a Eshu de haberle engañado; a modo de castigo anunció su inmediata retirada del mundo y le ordenó a Eshu que subiera al cielo todas las noches para que le contase lo que había sucedido abajo durante el día. Así fue como Eshu se convirtió en mensajero entre los seres humanos y el Gran Dios.

Eshu e Ifa

Según los yorubas, Ifa es un dios que vino a la tierra para contarles a los humanos los secretos de la medicina y la profecía. El siguiente mito muestra cómo trabajan juntos en el mundo Eshu el tramposo e Ifa, dios del orden y el control.

Eshu e Ifa viajaban por el mundo. Eshu aseguraba que un día le procuraría la ruina a su compañero, pero Ifa reía y decía: «Si tú te transformas, yo haré lo mismo, y si tú mueres, yo moriré, pues así ha sido ordenado en el cielo.»

Una noche, Eshu desapareció. Robó un gallo en una casa cercana y le cortó la cabeza; después escondió los trozos del ave entre sus ropas, volvió con Ifa y gritó: «¡Despierta! ¡Viene la muerte» A lo lejos se oía a los aldeanos, que se aproximaban enfurecidos por el robo del gallo. Ifa y Eshu escaparon, y el embustero fue dejando caer gotas de sangre del animal por el camino para dejar rastro. Ifa miró hacia atrás y vio a los aldeanos armados con palos y hachas. Eshu trepó a un alto algodonero; Ifa se transformó en ave y se posó junto al embustero, que dijo: «¿No te había dicho yo que te traería la muerte?» Ifa replicó: «Lo que a mí me pase, te pasará también a ti.» Los aldeanos derribaron el árbol y corrieron a donde creían que habían caído los cuerpos, pero en lugar de a Eshu e Ifa encontraron una gran piedra y un charco de agua limpia y fresca. Al mirar la piedra, sus cabezas se llenaron de calor y dolor, y al volverse hacia el agua desapareció el terrible calor. El jefe de la aldea comprendió que se había obrado un milagro; se postró y dijo: «¡Nosotros, habitantes del mundo os adoramos!»

Cuando se ofrece un sacrificio a Ifa, hay que reservar a Eshu el primer bocado para que el trabajo fructifique.

Varilla empleada en el método de adivinación de Ifa (véase margen, derecha).

EL ORÁCULO DE IFA

El sistema de adivinación más célebre en África es el de Ifa, empleado por los yorubas. El adivino (siempre un hombre) coge 16 frutos de palma de un árbol del que no se haya destilado vino, se sienta ante una bandeja de adivinación y divide los frutos a partes iguales entre la mano derecha y la izquierda, ocho en cada uno. Agita los frutos y pasa la mayoría de los de la mano izquierda a la derecha, acción que repite hasta que sólo le quedan uno o dos en la izquierda. Si le queda una, traza dos marcas en el polvo de la bandeja de adivinación; si le quedan dos, una marca. Repite el proceso hata que haya ocho grupos de marcas en la bandeja, figura llamada *odu* que hace referencia a una serie de relatos simbólicos que el adivino recita de memoria a su cliente. Sigue recitando hasta que el cliente reconoce intuitivamente el relato cuyo mensaje se aplica a su caso concreto. Existen 256 permutaciones (es decir, 16 al cuadrado) en el sistema de Ifa. Se emplea un sistema muy similar, pero menos complejo, en el sur de África, donde se tiran cuatro piezas de marfil o hueso tallado por forman 16 combinaciones posibles de significados simbólicos. Los fon de Benin han adoptado el sistema de adivinación de Ifa con el nombre de Fa. Según este pueblo, el Gran Dios creador, Mawu, puede determinar el destino de todo ser humano y revelarlo por mediación del oráculo Fa. Pero Elegba pone en juego ciertas estratagemas para escapar al estricto gobierno del mundo impuesto por Mawu, por lo que todos deben hacer ofrendas iguales al Gran Dios y a él.

Recipiente de madera apoyado sobre una figura agachada que sirve para guardar los frutos de palma para la adivinación de Ifa.

MITOS SOBRE ANIMALES

Embusteros, inventores y transformistas

La liebre es uno de los embusteros animales
más frecuentes en la mitología africana.
Aquí aparece en una máscara yoruba.

Los personajes animales aparecen con frecuencia en la mitología africana,
con formas y papeles muy diversos. Entre los más populares se cuenta la figura
del embustero o tramposo, representado en el África central y occidental por
una araña y en la sabana del este y el sur por una liebre. Este tipo de embusteros,
a diferencia de los tramposos divinos como Eshu *(véase p. 274)* poseen relativamente
poco poder e importancia en sí mismos, pero suelen valerse de su
astucia para vencer a otros animales más poderosos, como el león, la hiena y el
elefante.

En un relato de los zande del África central, Ture la Araña se encuentra con un
monstruo devorador de personas con un gong de dos caras que utiliza para atrapar
a sus víctimas. Ture se ofrece a introducirse en el gong con el fin de ganarse la
confianza del monstruo, pero deja un brazo fuera, de modo que no se pueda
cerrar. «Enséñame cómo se hace», le pide Ture, y cuando el monstruo se lo muestra
la Araña cierra el instrumento y lo mata.

En otro mito conocido en gran parte del continente, la embustera Liebre (personaje
que llegaría a América con los esclavos del África occidental con la forma
del Conejo Brer) decide casarse, pero siente demasiada pereza para cultivar la parcela
de mijo necesaria para mantener a una esposa e idea un método mejor para
realizar el trabajo, para lo cual se interna en el monte con una larga cuerda, en
busca del Hipopótamo.

«Querido tío», le dice la Liebre, «voy a atarte esta cuerda, a ver si puedo contigo.
Cuando notes que se mueve, tira con todas tus fuerzas.» El Hipopótamo
replica: «Muy bien. Si te empeñas, lo haré, pero como pase algo, prepárate.» La
Liebre ata la cuerda alrededor del cuello del Hipopótamo y se marcha con el otro

Los portadores del fuego

*E*n África se atribuye a numerosos animales la adquisición
del fuego: los pigmeos a un perro o a los chimpancés,
mientras que los ila de Zambia dicen que el Gran Dios
se lo dio en el cielo a una avispa que lo trajo a la tierra. El
siguiente mito de los san (bosquimanos) cuenta que el fuego
fue robado por una mantis religiosa, insecto que se considera
sagrado en gran parte de África.

Un día, la Mantis observó algo extraño: que el
lugar en el que comía el Avestruz siempre olía bien.
Se aproximó al ave mientras ésta comía y vio que
estaba asando comida en una hoguera. Cuando hubo
acabado, el Avestruz ocultó cuidadosamente el fuego
bajo un ala.

A la Mantis se le ocurrió una estratagema para conseguir
el fuego. Fue a ver al Avestruz y le dijo: «He
encontrado un árbol maravilloso con fruta deliciosa.

Sígueme y te lo enseñaré.» El Avestruz la siguió hasta
un árbol cubierto de ciruelas amarillas y cuando empezó
a comer, la Mantis le dijo: «¡Estírate, porque la
mejor fruta está arriba!» Al ponerse de puntillas, el
Avestruz abrió las alas para mantener el equilibrio y la
Mantis le robó el fuego. A partir de entonces, el Avestruz
nunca ha intentado volar y mantiene las alas pegadas
al cuerpo.

*El relato continúa con la destrucción de la Mantis por el
fuego que ha robado. De sus huesos y cenizas surgen dos
Mantis distintas: una reservada y previsora y otra osada y
emprendedora. Un día, los mandriles matan al hijo de la
Mantis osada y le sacan el ojo. El espíritu de la Mantis ve
lo ocurrido en un sueño y lucha contra los mandriles, los
vence y recupera el ojo, que al sumergirse en agua se transforma
en un nuevo ser.*

extremo. Encuentra al Elefante y le cuenta la misma historia. Después coge la cuerda por el centro y la sacude por ambos lados. El Hipopótamo y el Elefante tiran y la pugna se prolonga hasta el atardecer: para entonces, han limpiado de arbustos y removido una gran parcela de tierra en la que la liebre siembra el mijo.

En muchas mitologías africanas los animales sagrados ayudan en la creación del mundo y en la formación de la cultura humana. Constituyen ejemplos destacados la «serpiente cósmica» *(véase margen, derecha)* y el espíritu de la mantis entre los koisan del África meridional. Este pueblo atribuye la invención de las palabras a la mantis religiosa, que también trajo el fuego a la humanidad tras habérselo robado al avestruz *(véase recuadro, página anterior).*

Entre los animales transformistas figura asimismo el Zorro Blanco, que aparece en el mito sobre la creación del pueblo dogon de Mali, fundamentalmente agrícola *(véase p. 266).* Este animal inventó la agricultura robándole semillas a Amma, dios creador, y sembrándolas en el cuerpo de la Tierra, su madre. La principal consecuencia del robo fue que hubo que purificar la tierra, que se había secado tras aquella especie de incesto. Para ello, los hombres la sembraron con semillas no robadas que les había dado Amma con tal fin.

Proscrito, el Zorro huyó a la selva, que se convirtió en su hogar, pero los hombres lo siguieron y cultivaron nuevas tierras, de modo que los viajes del Zorro provocaron la expansión de la civilización humana, y Amma hizo que este animal trajese al mundo tanto el orden como el desorden. Expulsado de la sociedad humana, el Zorro se comunica ahora con la humanidad mediante el oráculo de la arena, sobre la que deja las huellas de sus pezuñas para mostrar a los hombres el camino hacia el futuro.

En otras zonas de Mali, los bambaras atribuyen la invención de la agricultura a un animal distinto, el Antílope primordial y héroe cultural al que envió desde el cielo el dios creador Faro para que enseñase las técnicas agrícolas a la humanidad. Las representaciones de este antílope-héroe divino están muy extendidas por toda la región *(véase ilustración, derecha).*

Escultura de madera bambara que representa al divino Antílope y héroe cultural que trajo los secretos de la agricultura desde el cielo.

LA GRAN SERPIENTE

La serpiente es uno de los animales más frecuentes en la mitología africana y el concepto de una «serpiente cósmica» como fuerza primigenia de la creación reviste especial importancia. Los fon de Benin, por ejemplo, creen que la divinidad gemela y bisexual Mawu-Lisa construyó el mundo con una potencia creadora que fluye como una serpiente gigantesca y lleva por nombre Da Ayido Huedo. Esta potencia aparece también en el arco iris y en todas las aguas. Al principio, la potencia serpentina estaba enroscada alrededor de la tierra amorfa, manteniéndola unida, y continúa ejerciendo tal función. Se mueve constantemente y su fluir en espiral pone en movimiento los cuerpos celestes. En el África central y meridional se atribuye un papel semejante a la serpiente primordial Chinaweji o Chinawezi, que aparece en la mitología del sur del Zaire como Nkongolo, el rey Arco Iris *(véase p. 271).* En el norte de África existe un mito según el cual lo primero que hizo el dios creador fue su serpiente cósmica Minia, que tiene la cabeza en el cielo y la cola en las aguas subterráneas. Su cuerpo está dividido en siete partes, con las que el dios creó el mundo *(véase p. 266).*

Cabeza de bronce de una serpiente del reino de Benin, en el África occidental, que floreció entre los siglos XV y XVIII.

AUSTRALIA

Ayers Rock, afloramiento macizo de piedra arenisca conocido también por su nombre aborigen, Uluru, uno de los lugares más sagrados de Australia donde están ubicados numerosos mitos, como el de los Hermanos Pájaros Campana (véase p. 286).

En la actualidad se cree que Australia está habitada desde hace al menos 50.000 años y que los antepasados de los aborígenes de hoy en día llegaron en embarcaciones desde el sureste asiático durante la última glaciación. Lo más probable es que las aguas cubrieran los asentamientos temporales del norte a consecuencia de la consiguiente subida del nivel del mar.

Hasta que empezó la colonización europea, a finales del siglo XVIII, los habitantes de Australia se dedicaban casi exclusivamente a la recolección y la caza. La sociedad aborigen era igualitaria, estaba descentralizada y dividida en clanes independientes, cada uno de ellos integrados por entre 50 y 500 individuos relacionados por antepasados comunes, sistema que se mantiene en el interior y, modificado, en las ciudades.

Si bien vinculado a una extensión de tierra sobre la que tenía derechos y privilegios, un clan solía unir fuerzas con sus vecinos para cubrir zonas más amplias. Los clanes dependían del acceso a la tierra de los demás para explotar la abundancia temporal o estacional de alimentos y los matrimonios mixtos contribuían a fortalecer los lazos entre ellos. Un mosaico de elementos míticos comunes a diferentes clanes refleja esta interdependencia económica y social.

A pesar de tales interrelaciones, no existen mitos individuales que se cuenten en todo el continente. Por lo general, un relato habla de las aventuras de un héroe cultural ancestral que viaja por la tierra de un clan concreto. El clan vecino cuenta lo que esta figura hizo en su región, y así sucesivamente, en una cadena de mitos que puede abarcar centenares de kilómetros. Es muy improbable que un clan sepa dónde comenzó o terminó el periplo del héroe: por ejemplo, hasta que los habitantes del centro de Australia fueron a Port Augusta conduciendo ganado no descubrieron que fue allí donde acabaron las Siete Hermanas *(véanse p. 287 y mapa p. siguiente)*. Según cierta teoría, los caminos seguidos por estos héroes representan las rutas por las que se propagaron los cultos religiosos.

LA ÉPOCA DEL SUEÑO

Todos los mitos de los aborígenes australianos están enraizados en el Período de Creación o Época del Sueño, llamado *Laliya* por los worora de las Kimberleys, *Wongar* por los yolngu de Arnhem Land y *Jukurpa* por los pitjantjatjara del desierto occidental. La Época del Sueño (o el Ensueño) es un período de tiempo y un estado. En la primera acepción, se refiere a los tiempos primordiales en los que los antepasados viajaron por Australia, configurando el paisaje *(véase pp. 286-287)*, determinando la forma de la sociedad y depositando los espíritus de los niños nonatos. Como estado, el Ensueño sigue resultando accesible a quienes participan en los ritos, que se transforman brevemente en los antepasados cuyos viajes recrean y cuyo poder pueden liberar golpeando lugares sagrados.

Por lo general, los aborígenes distinguen entre el presente, el pasado dentro del recuerdo vivo, y el pasado remoto, cuando actuaban los antepasados; pero los límites de estos períodos son confusos, y la vida de los fallecidos recientes se funde imperceptiblemente con la de sus prototipos ancestrales, proceso que puede iniciarse incluso antes de que la persona muera.

MITO Y RITUAL

Existen dos tipos principales de ritual aborigen. El primero tiene carácter público y conmemorativo, con la recreación de episodios de la Época del Sueño, que da forma a acontecimientos importantes, como las ceremonias de iniciación y los funerales. Por lo general, los clanes individuales poseen los cánticos y pinturas corporales que se emplean en las distintas etapas de las ceremonias.

El segundo es el ritual de «incremento», en el que con frecuencia participan sólo unas cuantas personas. Se celebra en un emplazamiento sagrado, una roca por ejemplo, impregnado de la potencia creadora de un antepasado. Se arroja el polvo del emplazamiento al aire, se golpea la roca sagrada o se empuja hacia ella el humo de una hoguera, pero cualquiera que sea el método, el objetivo consiste en liberar la potencia creadora del antepasado y propagar la especie animal con la que está vinculado totémicamente.

MITO Y ARTE

La sociedad aborigen desconocía la escritura hasta la época moderna y el arte es la principal fuente no oral de la mitología australiana. En el norte, personas, animales y otros seres aparecen representados en silueta, perfiladas *(véanse ilustraciones pp. 280-281 y 284-285)*, representaciones con al menos 15.000 años de antigüedad. En el centro de Australia se simbolizan a personas y animales según las marcas que dejan en la arena: los animales por las pisadas y los humanos por la impresión que dejan al sentarse con las piernas cruzadas *(véase ilustración p. 287)*, tradición que se remonta entre 10.000 y 30.000 años.

Los temas de los mitos también se representan en las rocas, el cuerpo, el suelo y las cortezas de árbol. Las pinturas rupestres, realizadas hace milenios, testimonian la antigüedad de las tradiciones culturales aborígenes.

Pintura sobre corteza de los Kimberleys de un wandjina, *espíritu ancestral de la Época del Sueño aborigen. Cada clan tiene un* wandjina, *asociado con un animal concreto, como antepasado protector.*

Mapa de Australia con las siguientes indicaciones:

MAR DE TIMOR · I. de Melville · I. de Bathurst · I. de Croker · MAR DE CORAL · *Yolngu* · ARNHEM LAND · Groote Eylandt · DISTRITO DEL RÍO VICTORIA · *Worora* · MESETA DE KIMBERLEY (LOS KIMBERLEYS) · OCÉANO ÍNDICO · R. Victoria · TERRITORIO SEPTENTRIONAL · OCÉANO PACÍFICO · DESIERTO CENTRAL · *Pintupi* · ULURU (AYERS ROCK) · ATILA (M. CONNER) · QUEENSLAND · DESIERTO OCCIDENTAL · *Yangkunitjatjara* · *Pitjantjatjara* · L. Eyre · AUSTRALIA OCCIDENTAL · AUSTRALIA MERIDIONAL · Broken Hill · Port Augusta · NUEVA GALES DEL SUR · TERRITORIO DE LA CAPITAL AUSTRALIANA · VICTORIA · Tasmania

CLAVES DEL MAPA

— Límite meridional del estilo de «silueta»
▲▲ Montaña sagrada
Pueblo aborigen: *Tiwis*
Región: *ARNHEM LAND*
Estado federal australiano: QUEENSLAND
Ruta de las Siete Hermanas
Región desértica

LA NARRACIÓN DE LOS MITOS

Tradicionalmente, los relatos aborígenes se han transmitido por vía oral. Ningún mito tiene una versión única y ortodoxa, pues cada narrador aporta sus variaciones. Los incidentes que se cuentan dependen de la categoría del público (ya que muchos mitos contienen detalles que sólo conocen los iniciados) o del narrador (los jóvenes no deben alardear de sus conocimientos ante sus mayores, por ejemplo). Un «mito» aborigen entendido como narración en prosa es con frecuencia un simple resumen de otra historia mucho más prolija que se cuenta en ciclos de canciones de cientos de versos y que normalmente se relata en una ceremonia *(véase p. 281)*.

El futuro de esta cultura oral es incierto, dado el declive de las lenguas aborígenes. De las quizá 200 lenguas que se hablaban antes de la época colonial sólo se conservan unas 50, que habla una cuarta parte de la actual población aborigen (160.000). Las más prósperas son las del centro y el norte, donde el asentamiento europeo tuvo menor densidad.

LA GRAN INUNDACIÓN

Mitos sobre los orígenes

Pintura rupestre del Distrito del Río Victoria que representa a una serpiente (posiblemente la de la gran inundación) junto a un canguro, un dingo y otros dibujos.

Los mitos aborígenes sobre los comienzos del universo no hablan de la creación del cosmos a partir de la nada, sino de los orígenes y la conformación de los entornos y las sociedades actuales en un mundo que ha existido siempre. Varios pueblos, sobre todo los de la costa septentrional de Australia, atribuyen sus orígenes a una gran inundación que barrió el paisaje y la sociedad anteriores. Estos mitos podrían enraizarse en la realidad, ya que existen pruebas arqueológicas que indican que el ascenso del nivel del mar a consecuencia de la última glaciación tuvo importantísimas repercusiones para las sociedades del norte de Australia, que se reflejan en los cambios de las formas de asentamientos temporales y de la pintura rupestre. Se cree que las pinturas rupestres al oeste de Arnhem Land que representan a la gigantesca serpiente de la inundación fueron creadas aproximadamente en la misma época en que se estabilizó el nivel del mar después de la glaciación y se formó la actual línea costera septentrional de Australia.

La inundación primordial se atribuye a diversos seres, humanos y animales. Según los worora de los Kimberleys, al noroeste de Australia, unos héroes ancestrales llamados *wandjina (véase p. 279)* provocaron una inundación que destruyó el orden social anterior y a continuación se dispersaron, yendo cada uno a su propio país, donde realizaron las pinturas rupestres y establecieron un nuevo orden social. Los tiwi de las islas de Melville y Bathurst, situadas frente a la costa septentrional de Australia, cuentan que una anciana ciega llamada Mudungkala, que brotó del suelo en el extremo suroriental de la isla de Melville con tres niños pequeños, separó sus islas del resto en el Período de Creación o Época del Sueño. Los niños fueron los primeros seres humanos que poblaron las islas. Mientras la anciana se arrastraba por el informe paisaje, el agua burbujeaba a su paso y arrancaba las islas.

En los mitos sobre los orígenes de numerosos pueblos se considera responsable de la inundación a una gran serpiente vinculada con el arco iris. Este ser, en cuya existencia se sigue creyendo (vive en las charcas profundas o en los remolinos de la costa), aparece en el relato de las hermanas Wawilak que cuentan los yolngu del noreste de Arnhem Land. Esta historia representa el prototipo de las que hablan de unos antepasados concretos que viajaron durante el Período de Creación por la tierra cuya propiedad está ahora dividida entre múltiples clanes. Como suele ocurrir con esta clase de mitos, los yolngu sólo conocen la parte del viaje de las hermanas Wawilak que tuvo lugar en su región. Cada clan de la ruta posee ciertos animales totémicos, plantas y otros objetos asociados con las hermanas y sus aventuras. La estrella matutina, por ejemplo, asciende del lugar en el que se inició el periplo, mientras que el mosquito, animal que señala el inicio de la estación de las lluvias y las inundaciones, se asocia con Yulunggul, la serpiente que provoca una gran inundación en el mito.

Las hermanas partieron de algún punto remoto del interior y se dirigieron a la costa septentrional de Arnhem Land. La menor estaba embarazada y la mayor tenía un hijo, que llevaba en una cuna de papel de corteza de árbol bajo el brazo. En el camino cazaron lagartos y zarigüeyas, recogieron plantas comestibles y dieron nombre a todas las especies de plantas y animales y a los lugares por los que pasaban. Un día encontraron a dos hombres y copularon con ellos, a pesar de pertenecer a la misma clase social *(véase p. 284)*. Cuando la más joven estaba a punto de dar a luz, su hermana recogió corteza para hacer una cama y sin querer dejó caer sangre menstrual en un charco, lo que provocó la cólera de Yurlunggur, una pitón semihumana que vivía allí y que desencadenó una tormenta y una gran inundación. Las hermanas entonaron cánticos para que la serpiente se marchase, pero el animal se las tragó a ellas y a sus hijos en castigo por haber contaminado la charca.

Cuando se retiraron las aguas, Yulunggul, que se había situado encima de ellas, descendió a tierra y creó el primer recinto de iniciación de lo yolngu en el punto en el que llegó a la orilla. Después regurgitó a las hermanas y a sus hijos, que fueron los primeros iniciados yolngu. Acudieron a ver lo que ocurría otros dos hombres que habían oído la tormenta, quienes, tras aprender las canciones que habían cantado las hermanas, celebraron las primeras ceremonias de iniciación yolngu *(véase recuadro, abajo)*.

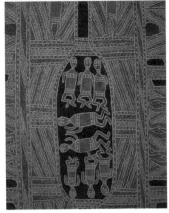

Representación de un mito sobre la Época del Sueño con cantos y danzas. Pintura sobre corteza de Arnhem Land.

Revivir el mito de Wawilak

En la ceremonia de iniciación de los adolescentes yolngu se recrea el episodio en el que la serpiente se traga a las hermanas Wawilak, y cada etapa del ritual, que simboliza la muerte antes del renacimiento como adulto, va acompañada de cantos que describen con gran detalle la parte correspondiente del mito. Los cantos integran un ciclo que abarca centenares de versos que se recitan durante la ceremonia.

Las mujeres yolngu adoptan el papel de las hermanas viajeras y los cantos conmemoran lo ocurrido en cada punto destacado del viaje, como charcas y rocas.

Más adelante, los hombres adoptan el papel de la serpiente: se «tragan» a los muchachos y los recluyen en el recinto sagrado de iniciación, al que

las mujeres tienen la entrada prohibida. Cuando los muchachos regresan se cree que la serpiente los ha «regurgitado».

Si bien el relato de las hermanas Wawilak ha sido objeto de amplios estudios antropológicos, se trata tan sólo de uno de los múltiples mitos de gran importancia espiritual y ritual para los yolngu.

La serpiente Yulunggul, en una pintura moderna sobre corteza, obra del aborigen Paddy Dhatangu, Está enroscada alrededor de las hermanas Wawilak y sus hijos, que se alzan entre las huellas que dejaron las mujeres al intentar escapar de Yurlunggur.

MUERTE Y DUELO

Los orígenes de la muerte

Esta pintura sobre corteza del noreste de Arnhem Land muestra un rito funerario para tres personas, que aparecen en sus tumbas. Los círculos representan los charcos de donde salen los espíritus de los niños y a los que regresan los espíritus de los muertos en barcos representados por la forma de las tumbas. Un hombre (ángulo superior derecho) toca dos palos marcando el ritmo de los cantos ceremoniales, mientras otros llevan cestos de corteza sobre la cabeza. El dibujo del fondo identifica al clan del difunto.

Los mitos aborígenes tratan la muerte como una consecuencia de los errores humanos. No era inevitable, y los heroicos seres ancestrales del Período de Creación tuvieron la oportunidad de vivir eternamente; pero a causa del odio, la estupidez o la codicia, el don de la inmortalidad se escapó de las manos de la humanidad y sólo lo conservaron la luna, que crece y mengua todos los meses, y el cangrejo, que se deshace del caparazón viejo y se cubre con otro nuevo.

Según los worora de los Kimberleys occidentales, un tal Widjingara fue la primera persona que murió, en una batalla contra unos *wandjinas (véase p. 279)*. Querían raptar a una mujer que estaba prometida en matrimonio a otro hombre y Widjingara luchó para que se respetasen las reglas matrimoniales instituidas por Wodoy y Djunggun *(véase p. 284)*. Depositaron su cuerpo en un ataúd de corteza, y su esposa, la Pitón de Cabeza Negra, inició el duelo: se afeitó el pelo y se frotó el cuerpo y la cabeza con cenizas, inaugurando así la tradicional forma aborigen de mostrar duelo.

Como Widjingara regresó de la tumba, con el cuerpo renovado, la Pitón de Cabeza Negra se enfadó «¿Por qué has vuelto?», preguntó. «¡Mírame! ¡Yo que me había afeitado la cabeza y la había ennegrecido con cenizas!» Enfurecido a su vez por la mala acogida de su esposa, Widjingara regresó indignado a la tumba y más adelante se transformó en el gato nativo *(dasyurus)*, marsupial nocturno australiano semejante al gato doméstico. Desde entonces se perdió la posibilidad de rejuvenecer: todos tenemos que morir, y la pitón parece guardar luto continuamente. Hasta que la interrumpieron los misioneros a principios del siglo XX, los worora tenían la costumbre de tender los cadáveres sobre una plataforma funeraria hasta que se pudría la carne y colocaban los huesos en una cueva, en la región natal del difunto. Si la plataforma no se construía con sumo cuidado, el gato nativo, manifestación viviente de Widjingara, podía cebarse en el cadáver.

Entre los murinbata, que viven al noroeste del Distrito del Río Victoria, se cuenta que el Cuervo y el Cangrejo discutieron un día sobre el mejor modo de morir. El Cangrejo dijo que él conocía un sistema muy bueno y le pidió que esperase en su campamento hasta que volviera. Encontró un agujero en el suelo, se libró de su viejo caparazón todo arrugado y se metió en el hoyo a esperar a que se formase el nuevo. El Cuervo se impacientó y al cabo de cierto tiempo fue a ver qué ocurría. Cuando el Cangrejo lo vio asomado al agujero le dijo que esperase un poco más y cuando volvió al campamento con el caparazón nuevo, el Cuervo exclamó: «¡Así se tarda mucho! Yo conozco un método más rápido de morirse.» E inmediatamente puso los ojos en blanco y cayó hacia atrás. «¡Pobre Cuervo!», dijo el Cangrejo. Cogió agua y salpicó al ave, pero no logró revivirla, porque estaba muerta. Los murinbata comparan los tipos de muerte elegidos por el Cuervo y el Cangrejo con las danzas escogidas por dos bailarines en un baile secular, en las que cada uno se decide por la que le resulta más conveniente, del mismo modo que las personas prefieren morir como el Cuervo.

Encontramos otro mito sobre el origen de la muerte entre los tiwi de las islas de Melville y de Bathurst, situadas frente a la costa del Territorio Septentrional. Aunque a sólo 25 kilómetros del continente, se cree que los tiwi se han mantenido aislados de las demás sociedades aborígenes durante milenios. Según su mito, la isla estaba habitada por los hijos de una anciana ciega, Mudungkala *(véase p. 280)*, y su hijo, Purukupali, se casó más adelante (no está claro de dónde procedía su esposa) y engendró un niño. Compartía el campamento con Tjapara, el Hombre de la Luna, que estaba soltero y empeñado en seducir a la esposa de Purukupali. Un día muy caluroso se internó con ella en el bosque, dejando al hijo de Purukupali dormido a la sombra de un árbol. El sol se movió en el cielo, el niño quedó expuesto a sus fuertes rayos y murió. Purukupali se enfadó terriblemente y declaró que a partir de entonces todos debían morir. Tjapara le suplicó que le permitiese llevarse el cuerpo del muchacho tres días y le devolvería la vida. Purukupali se negó, y tras una pelea con Tjapara cogió el cadáver y se adentró en el mar, dejando un gran remolino en el punto en el que se hundió. Tjapara se transformó en la luna y ascendió al cielo, aún con las cicatrices que le había hecho Purukupali al luchar por el cadáver. Los demás habitantes originales de la isla se reunieron para celebrar la primera ceremonia mortuoria y prepararon los grandes postes ornamentados que se emplean actualmente en los funerales de los tiwi *(véase recuadro, abajo)*.

Numerosos mitos aborígenes sobre los orígenes presentan a los primeros seres como creaciones o hijos de un solo progenitor, que los hace hermanos y hermanas, y ofrecen explicaciones muy diversas para el matrimonio y la procreación de futuras generaciones una vez perdida la inmortalidad. En algunos casos, parece como si los hermanos hubieran podido emparejarse libremente entre sí en aquella época, debido a que el incesto es una invención posterior. En otros mitos, el héroe o heroína primordiales copulan con otro ser primordial cuyos orígenes quedan sin aclarar, como la esposa de Purukupali, por ejemplo. En tales casos no se considera necesario explicar la existencia de más de un ser primigenio, porque se cree que el mito se desarrolla en un mundo de continuos cambios, y por consiguiente, no sometido a las convenciones del mundo actual.

Mitos funerarios de los tiwi

L os tiwi destacan por sus postes funerarios que, según la creencia, empezaron a erigirse tras el enfrentamiento entre Purukupali y Tjapara (véase arriba).

Cuando muere un tiwi se le entierra inmediatamente, pero el rito funerario se pospone varios meses, hasta que remite el duelo de los familiares. En el funeral, o ceremonia *pukimani,* se erigen postes de vivos colores para señalar la tumba y su número varía según la edad y la posición del difunto. De forma un tanto vaga, los postes simbolizan el vínculo entre el mundo de los vivos y el de los muertos.

Postes pukimani *de un enterramiento de la isla de Bathurst. Se paga a los escultores según la calidad de su trabajo.*

ORÍGENES DEL MATRIMONIO

El Halcón y el Cuervo. Wodoy y Djunggun

Existen varios mitos regionales que explican los orígenes del matrimonio. Según la leyenda, dos hombres, Halcón (Biljara) y Cuervo (Wagu) instituyeron el matrimonio en el sureste especificando los grados de parentesco permisibles en una relación. El Cuervo trató de engañar con frecuencia al Halcón: según un relato, el Halcón era guardián de dos muchachas con las que había prohibido al Cuervo que se casara. En venganza, el Cuervo mató al hijo del Halcón e intentó culpar a otro del asesinato, pero el Halcón se enteró de la verdad y enterró al Cuervo junto a su hijo muerto. El Cuervo escapó y continuó la lucha. Según cierta narración, el Halcón convirtió al Cuervo en esta ave quemándolo hasta dejarlo negro y él se transformó en ave cuando el Cuervo lo convenció de que alzase el vuelo.

Las comunidades aborígenes suelen estar divididas en dos mitades, cada una de ellas asociada con uno de los protagonistas mito original del matrimonio, como el Halcón o el Cuervo. Una persona sólo puede casarse con un miembro del grupo opuesto y los hijos pertenecen al grupo del padre (en los Kimberleys) o al de la madre (en el sureste).

Wodoy y Djunggun

*E*ste mito de los Kimberleys occidentales tiene un paralelismo en los mitos de las tierras bajas suramericanas sobre lo crudo y lo cocinado, interpretado por el antropólogo francés Claude Lévi-Strauss (véanse pp. 13 y 262-263), según el cual cocinar la miel constituye una metáfora del incesto (cierta clase de abejas de Suramérica fabrican una miel tan dulce que quienes la toman no saben si saborean un manjar o si se queman con el fuego del amor).

En la antigüedad no se hacían distinciones entre generaciones ni familias y las relaciones incestuosas eran algo cotidiano. Un hombre llamado Djunggun y otro llamado Wodoy establecieron la forma ortodoxa del matrimonio, distinguiendo entre esposa y hermana. Intercambiaron tallas sagradas de madera y dijeron: «Casémonos, tú con mi hija y yo con la tuya, y así nos respetaremos mutuamente.» (En los Kimberleys, y hasta el día de hoy, se establecen

vínculos entre los clanes intercambiando tallas de madera, ocre rojo, plumas de loro y mujeres como esposas.) Djunggun recogió miel silvestre, la envolvió en una azucena y la coció en un foso. Wodoy se quedó pasmado ante la estupidez de Djunggun, porque sabía que la miel sabía mejor cruda, pero era demasiado tarde: la miel ya estaba cocida. Wodoy la probó y pensó que se había estropeado.

Djunggun era tan codicioso como estúpido y decidió guardar a su hija para sí; Wodoy le arrancó la cabeza con un palo, después de lo cual ningún hombre se casó con su hermana. Wodoy y Djunggun se transformaron en aves, en especies distintas de chotacabras.

Pintura sobre corteza de Arnhem Land de una figura femenina con las piernas grotescamente retorcidas, posiblemente una mujer castigada mediante brujería por violar las normas del matrimonio.

LOS EMBUSTEROS

La ruptura del orden ancestral

En muchas zonas de Australia existen mitos sobre seres tramposos y embusteros que desencadenan acontecimientos impredecibles. Pueden ser benévolos, pero con más frecuencia subvierten el orden ancestral robando alimentos silvestres o empujando a las personas al robo o la pelea o a renegar de las obligaciones sociales. Algunos expertos sostienen que tales personajes representan un estrato primitivo de la mitología aborigen, anterior a los héroes ancestrales vinculados a la división de la sociedad en clanes.

En los Kimberleys occidentales se cuenta que unas razas de embusteros conocidos como Ngandjala-Ngandjala y Wurulu-Wurulu merodean por las regiones despobladas cometiendo tropelías, como estropear las cuevas en las que los héroes ancestrales dejaron sus autorretratos cubriéndolos con sus propias pinturas. Estos embusteros se parecen mucho entre sí en el arte aborigen. Los Ngandjala-Ngandjala no son necesariamente malévolos, porque, si bien algunas personas aseguran que destrozan las cosechas, otras creen que las mejoran y maduran frutos comestibles cocinándolos. Durante la época de los monzones se los ve a veces en las nubes y las columnas de niebla que ascienden del suelo después de la lluvia señalan las fogatas en las que cocinan la fruta. Son víctimas de otro tramposo, Unguramu, que roba raíces comestibles mientras se tuesta en las hogueras de los Ngandjala-Ngandjala, que se vengan agarrándolo por la cola y tirando de ella hasta que Unguramu les revela dónde ha escondido la fruta cocinada.

Los Wurulu-Wurulu desbaratan el orden ancestral afinando palos con flores *banksia,* que utilizan como herramientas para extraer miel silvestre. Cuando alguien encuentra un panal vacío, sabe que por allí ha pasado un Wurulu-Wurulu.

Se asocia otro tramposo de los Kimberleys occidentales llamado Argula con la brujería. En esta región, la conducta antisocial puede castigarse pintando una figura humana deformada en un abrigo rocoso y entonando canciones insultantes dirigidas a ella, lo que, según la creencia, provocará daños físicos en el malhechor o incluso la muerte. Se cree que, en algunos casos, estas pinturas son obra de Argula. Los aborígenes atribuyen también las pinturas rupestres del oeste de Arnhem Land, fechadas por los arqueólogos en una época anterior al ascenso del nivel del mar provocado por la última glaciación, a una clase de tramposos denominados *mimi*. Las figuras gráciles y ágiles que aparecen en las pinturas representan a estos seres, que viven en las grietas de las escarpas de Arnhem Land. Los *mimi* se encolerizan si les coge desprevenidos la presencia de una persona desconocida, y para evitar el enfrentamiento con ellos, quienes forrajean por la región rocosa les gritan para advertirles de que se aproximan seres humanos. Los *mimi* castigan a las personas que aparecen de improviso provocándoles enfermedades, pero por lo demás suelen ser benévolos: enseñaron a la humanidad las artes de la caza, por ejemplo. Sin embargo, si un cazador se topa con un ualabí que actúa como si estuviera domesticado debe dejar en paz al animal, pues podría ser una mascota de los *mimi,* que matan a quienes le hacen daño.

Otras figuras de tramposos tienen un carácter más siniestro y resultan especialmente temibles: los Namorodo del oeste de Arnhem Land, tan delgados que consisten únicamente en piel y huesos unidos por nervios. Viajan de noche, haciendo un ruido siseante al volar por los aires, y pueden matar con una de sus largas uñas a cualquiera que oigan. Son especialmente vulnerables los enfermos y heridos. Si los Namorodo capturan el espíritu de un muerto, no podrá reunirse con los antepasados totémicos y se convertirá en un ser maligno que errará por los páramos. Los Namarodo están asociados con las estrellas fugaces y, en las pinturas sobre corteza, con la brujería.

Grupo de espíritus masculinos y femeninos que probablemente representan a unos mimi. *A veces se les oye de noche, cantando o marcando el ritmo de una canción con palos en los abrigos rocosos en los que viven. Pintura sobre corteza de Arnhem Land.*

EL PAISAJE

Mitos sobre viajes ancestrales

El centro de Australia está atravesado por las rutas seguidas por múltiples héroes ancestrales, que en muchos casos recorrieron millares de kilómetros, unos con forma humana, otros como canguros, ualabíes, lagartos, serpientes o aves. Algunos, como los Hermanos Pájaros Campana *(véase recuadro, abajo)* no cubrieron más de 100 kilómetros y tienen una importancia fundamentalmente local. Otros, como Malu el Canguro Rojo, que fue desde los Kimberleys hasta el centro del continente, o como las Siete Hermanas *(véase p. siguiente),* recorrieron miles de kilómetros por las tierras de muchos clanes. Estos héroes dejaron cuevas, rocas y riachuelos como señales de los lugares en los que acampaban, cazaban o luchaban, señales que se consideran sagradas e impregnadas de la energía creadora de los antepasados.

Según la creencia, se puede liberar la energía de un ser primordial frotando o golpeando el punto en el que abandonó el mundo y entró en la tierra. El ser ancestral asociado con un lugar concreto se reencarna en cualquiera que nazca allí, que se convierte en custodio del emplazamiento sagrado.

Muchas leyendas sobre periplos ancestrales sirven de apoyo a ceremonias locales y fortalecen los vínculos entre pueblos que hablan lenguas distintas y que pueden necesitar acampar juntos durante largas épocas de sequía.

Los Hermanos Pájaros Campana

El énfasis de un mito puede variar dependiendo de dónde se cuente. Las siguiente versiones del mito de unos héroes ancestrales, los Hermanos Pájaro Campana, fueron narradas en 1976, la primera por Pompy Wanampi y Pompy Douglas en Wangka Arkal, y la segunda por Paddy Uluru en Uluru (Ayers Rock).

Los dos Hermanos Pájaro Campaña acechaban un emú en Antalanya, una charca a la que aún van a beber estos animales. Sin que ellos lo supieran, una joven buscaba gusanos en Wangka Arkal, cerca de allí. La cúpula de roca es la frente de esta mujer, y cuando alguien grita, la voz resuena desde la roca como si la muchacha respondiese. Llevaba sobre la cabeza un plato, apoyado sobre un anillo hecho con cabello humano, y mientras comía gusanos se le cayó la

Transformado en esta piedra, el cuerpo de Lungkata yace al pie de Uluru, con la cabeza levantada.

carga de la cabeza y sobresaltó al emú, que echó a correr hacia Uluru, al norte, perseguido por los hermanos. Al pie de la pared de roca hay una muesca semicircular, el anillo de pelo de la muchacha, y un poco más allá la charca donde bebía el emú.

En la versión de Paddy Uluru, el Lagarto de Lengua Azul, Lungkata, les robó un emú bien gordo a los hermanos en Antalanya. Enterró la carne —que se transformó en planchas de piedra— en Uluru y dio a los cazadores un emú flaco. Enfurecidos por el cambio, uno de los hermanos prendió fuego a la choza de Lungkata, que ardió vivo. El humo del fuego puede verse desde la pared de Uluru y Lungkata es una piedra *(izquierda).* Se consideraba al padre de Paddy Uluru la reencarnación de Lungkata: limpiaba la piedra de hierbajos y contaba el mito a sus hijos y a otros jóvenes.

Las Siete Hermanas

El siguiente relato une los incidentes narrados en algunos puntos de la ruta de las heroínas conocidas como las Kungarankalpa, las Siete Hermanas, por el centro y sur de Australia (véase mapa p. 279).

Las Siete Hermanas huyeron hacia el sur, escapando de un hombre lujurioso, Nyiru, que tenía planeado violar a la mayor. Al este de Uluru su ruta está señalada por una cadena de charcas de roca y arcilla. En Witapula, al oeste de Atila (monte Conner) se detuvieron para acampar una noche y construyeron un refugio, que es ahora un pequeño precipicio.

A la mañana siguiente se internaron en el suelo y reaparecieron en Tjuntalitja, una fuente. Una duna cercana recuerda el lugar desde el que las vigilaba Nyiru. Desde allí, las muchachas fueron a Wanukula, un agujero en la roca (una depresión en la que se acumula el agua) y continuaron hasta Walinya, una colina en la que erigieron una choza y volvieron a acampar. La choza es ahora una cueva en un bosquecillo de higueras silvestres, una de las cuales, apartada de las demás, es la hermana mayor. Unas líneas en forma de remolino testimonian el punto en el que se sentaron. Nyiru las observaba desde un montón de piedras y cuando creyó que dormían irrumpió en su refugio y excavó la roca. Una abertura baja en la parte posterior de la cueva señala el punto por el que las hermanas atravesaron la pared.

Por último, al llegar a la costa (cerca de Port Augusta) se lanzaron al mar, y con la impresión del agua fría saltaron al cielo, convirtiéndose en la constelación Kurialya, las Pléyades. Nyiru aún las persigue, y sus pisadas se ven en el cielo: los dedos son el «cinturón» de la constelación, que también se llama Orión, y el talón la punta de la «espada» de Orión.

Sueño de la patata en la maleza, pintura moderna sobre corteza obra de Victor Jupurrulla Ross. Representa las marcas dejadas en el paisaje por los héroes ancestrales: los arcos simbolizan personas sentadas en el suelo y los círculos, lugares impregnados por el poder de los antepasados.

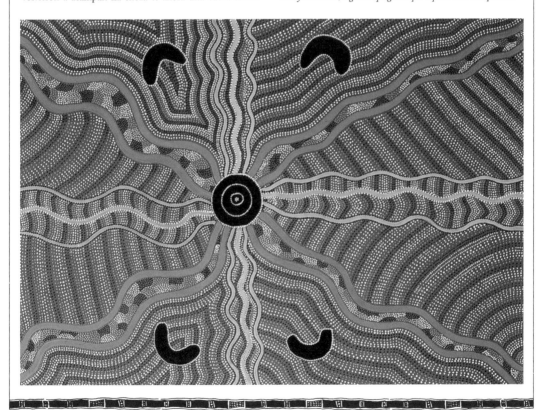

OCEANÍA

*Reconstrucción de una casa erigida en honor de catorce antepasados
de la aldea de Medina, en la isla de Nueva Irlanda, Papúa Nueva
Guinea. Las figuras están talladas en el estilo malanggan, así
denominado por los rituales mortuorios locales en los que se emplean
y que destaca por la destreza técnica, la variedad de colores y los
motivos mitológicos.*

Oceanía comprende tres regiones bien diferencia-
das —Melanesia, Micronesia y Polinesia— que
albergan una extraordinaria variedad de lenguas y
culturas. Antes del contacto con los europeos, existían diversas clases de sociedad, desde las pequeñas
comunidades de Papúa, con tan sólo 300 personas
agrupadas en clanes patriarcales sin jefatura institu-
cionalizada ni clases sociales, hasta las grandes y
complejas sociedades de Nueva Zelanda y Hawai,
con complicadas jerarquías políticas y religiosas y
dinastías divinas de jefes.

En Melanesia no hay una jerarquía clara entre los
dioses, a diferencia de lo que ocurre en Polinesia, donde puede hablarse de algo semejante a un panteón
(véase p. 294). Cometeríamos una inexactitud si defi-
niéramos como «dioses» a los héroes culturales que,
según la leyenda, viajaron por el extremo meridional
de Nueva Guinea, llevando las costumbres de la mortalidad, el sexo, el duelo y la guerra a los humanos
(véase p. 290). En las sociedades de las costas de Melanesia encontramos mitos cosmogónicos secretos,
que sólo conocen los iniciados, como los de la
región de Massim, en Nueva Guinea. Los mitos del
interior de Nueva Guinea sirven fundamentalmente
como ejemplos de dilemas morales y cosmológicos,
expresados en términos alegóricos y sobrenaturales.

En la mitología de toda la zona se repite una serie
de mitos importantes: por ejemplo, la idea de que los
actos de los héroes culturales ancestrales permanecen
vivos y efectivos entre sus descendientes humanos.

El contexto en el que se narran los mitos varía
según las distintas regiones de Oceanía. Tradicionalmente, han encontrado su expresión más vívida y sig-
nificativa en el ritual, a través del cual se conmemora
la «obra de los dioses», sobre todo en la Polinesia,
entre los hawaianos y los maoríes: los ritos de sacrificio a los dioses Lono y Ku del Hawai precolonial *(véase p. 296)* constituyen los mejores ejemplos. Los mitos
de Micronesia suelen contarse por entretenimiento,
fuera de un contexto ritual. Melanesia es una región
mixta a este respecto: por lo general, los mitos tienen
un objetivo más serio en la costa que en el interior.

Detalle (derecha) *de una talla malanggan de un friso vertical hallado en Nueva Irlanda. Los objetos estaban agrupados en una plataforma ornamentada en honor de los muertos. Algunas tallas son obra de los miembros del clan del difunto.*

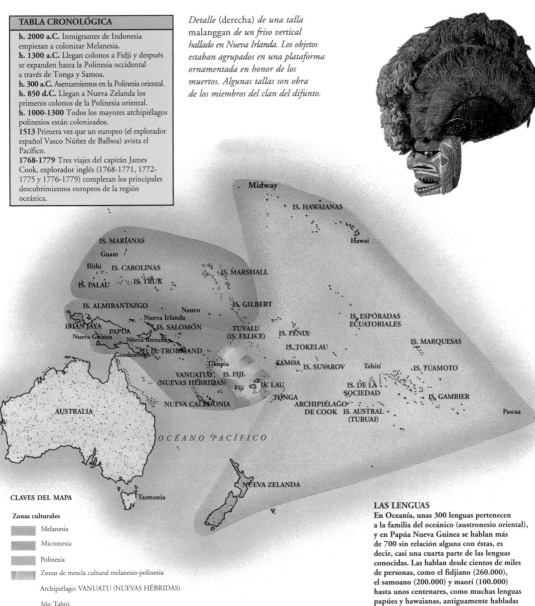

LAS LENGUAS

En Oceanía, unas 300 lenguas pertenecen a la familia del oceánico (austronesio oriental), y en Papúa Nueva Guinea se hablan más de 700 sin relación alguna con éstas, es decir, casi una cuarta parte de las lenguas conocidas. Las hablan desde cientos de miles de personas, como el fidjiano (260.000), el samoano (200.000) y maorí (100.000) hasta unos centenares, como muchas lenguas papúes y hawaianas, antiguamente habladas por unas 100.000 personas.

MICRONESIA

Micronesia, con la población más reducida de las tres regiones de Oceanía, comprende los archipiélagos de Carolinas, Marshall y Marianas, así como Kiribati (las islas Gilbert y Fénix son las principales). Muchas sociedades micronesias tienen mitos que narran la llegada de extranjeros de allende los mares que vencen a los indígenas y se convierten en la elite dirigente, relatos que explican la actual división de la sociedad.

MILANESIA

Esta región comprende Papúa Nueva Guinea y las islas del suroeste del Pacífico, hasta las Fiji. Algunos mitos melanesios narran los orígenes de la humanidad, que nació de un animal, planta o accidente geográfico, pero la mayoría toman como punto de partida la suposición implícita de que la humanidad existe desde siempre y de que carece de origen: el orden actual fue establecido por héroes culturales ancestrales que recorrieron la región *(véase p. 290)*.

POLINESIA

Polinesia es la región más extensa de Oceanía, y su zona más importante son los archipiélagos de Hawai y Nueva Zelanda. Posee una gran riqueza de mitos cosmológicos —mucho más que Micronesia y Melanesia— los más conocidos de los cuales sean quizá los relatos mayores sobre el Cielo (Rangi), masculino, y la Tierra (Papa), femenina *(véanse pp. 294-295)*. Al igual que en las sociedades micronesias, los mitos sobre la llegada por mar de unos extranjeros revisten gran importancia.

MITOS SOBRE LOS ORÍGENES

Dioses creadores y héroes culturales

Los mitos oceánicos sobre la creación o el origen del mundo más importantes se encuentran fundamentalmente en Polinesia y Micronesia, y de los muchos que describen la separación primordial de cielos y tierra, el más conocido es el relato, fundamentalmente polinesio, en el que las deidades Cielo y Tierra deshacen su abrazo a la fuerza para liberar a sus hijos *(véase p. 294)*. Este tema aparece asimismo en Micronesia, por ejemplo en las islas Gilbert, Kiribati, donde se cuenta que la divinidad primordial Nareu convenció a una anguila de que separase al cielo y a la tierra. En la cercana Nauru, la araña primordial, Aerop-enap, encontró una almeja y le pidió a un crustáceo que la abriese, pero como el crustáceo no lo logró del todo solicitó la ayuda de una oruga. La oruga la abrió, pero con tales esfuerzos que su sudor salado formó un charco en el fondo de la concha de la almeja y murió de agotamiento. La valva superior de la concha se convirtió en el cielo y la oruga muerta en el sol; su sudor es el mar y el crustáceo la luna.

Máscara ritual de madera pintada de las islas del estrecho de Torres que representa a un héroe cultural ancestral, probablemente Sida.

Los mitos melanesios sobre los orígenes raramente se ocupan de la creación del mundo y de la humanidad por unas deidades primordiales. Por lo general, hablan de unos héroes culturales ancestrales que recorrieron la tierra imponiendo el paisaje y las condiciones sociales, y encontramos mitos similares en Australia *(véase p. 286)*, región de la que probablemente pasaron a Papúa Nueva Guinea. En la costa meridional de Papúa, a orillas de los ríos Fly y Purari y en las zonas montañosas del interior, circulan múltiples mitos sobre los periplos de un héroe cultural conocido por diversos nombres: Sido, Sosom, Soido, Souw y algunos más, y cada comunidad local se lo atribuye como propio, si bien reconoce que abandonó su territorio y vivió aventuras entre otros pueblos. Se puede seguir su ruta por una serie de accidentes geográficos que fue dejando en el paisaje en el transcurso del viaje: en un lugar abrió un paso en una cordillera, en otro orinó y dejó un pequeño lago, y así sucesivamente.

En la mayoría de las regiones, las aventuras del héroe forman parte de un culto masculino secreto que sólo se desvela a los iniciados en ocasiones ceremoniales. Se le representa con características excesivamente masculinas, con un pene muy largo, y en las historias que protagoniza las mujeres lo humillan por su deseo sexual. Tal humillación lo empujó a maldecir a la humanidad, que hasta entonces era inmortal, con la muerte. Los daribi cuentan que una joven se topó con una serpiente que resultó ser el pene de Souw. Al intentar penetrarla, ella gritó asustada y la serpiente se retiró. Furioso por aquella afrenta, Souw castigó a la humanidad con la muerte, la guerra y la brujería, pero después subió a las montañas y dejó cabellos que se transformaron en perros y cerdos, de modo que las gentes de allí tuvieron animales domésticos.

En numerosas regiones se cuenta que el héroe también dio a los humanos bancos de peces y los primeros cultivos.

Héroe cultural tallado en uno de los múltiples estilos de la región del río Sepik, en Nueva Guinea. Se cree que la ornamentación de vivos colores fortalece el poder mágico de una escultura.

Las voces de los espíritus

Los instrumentos musicales desempeñan un papel funda-mental en la religión y la mitología tradicionales de Oceanía. En muchos casos, se cree que los sonidos que producen son las voces de los seres o dioses responsables de la creación y del actual orden social.

La parte interna más sagrada de muchos complejos religiosos de Hawai es la casa del tambor, que contiene los «tambores del dios», instrumetnos que sirven para llamar a la gente al templo, enviar mensajes, señalar los cambios de postura en las ceremonias y, antiguamente, para consagrar sacrificios humanos. En Melanesia, diversos instrumentos constituyen el núcleo de la mayoría de los rituales masculinos secretos y los mitos vinculados con ellos, entre los que destaca la carraca, un trozo elíptico de madera con un orificio en un extremo por el que se ensarta un cordón: se le da vueltas alrededor de la cabeza y produce un ruido quejumbroso y monótomo muy agudo, la voz del espíritu según la creencia. Este instrumento y su mitología probablemente pasaron del centro de Australia, por el Territorio Septentrional, hasta el interior de Papúa Nueva Guinea, atravesando el estrecho de Torres, y se cree que lo llevaron los mismos héroes culturales descritos en la página anterior.

El sonido de esta carraca sirve para asustar a los jóvenes neófitos en los rituales de iniciación masculina y por su aspecto fálico resulta un símbolo muy adecuado para reafirmar la identidad masculina. Tanto es así, que entre los kiwai del sur de Papúa, el término para designar este instrumento es *madubu*, «yo soy un hombre». Entre los marindanim y los habitantes de la región de Trans-Fly, más al este, la carraca se asociaba antiguamente con la iniciación homosexual, destinada a dotar a los muchachos de las cantidades extras de semen necesarias para convertirse en adultos. El nombre del ser asociado con la carraca en el Trans-Fly es Tokijenjeni, que vincula el instrumento con otra actividad masculina: tiene ecos del bastón que se emplea en la caza de cabezas. Según el mito local, Tokijenjeni era el hijo de Tiv'r, héroe cultural de Trans-Fly. Tiv'r oyó un débil rugido en el vientre de su esposa y envió a varias aves a que lo sacaran. Tras diversas tentativas, un ave logró asir el objeto mientras la mujer se acuclillaba con las piernas separadas: era la primera carraca.

Este instrumento aparece incluso en el norte, en el lago Kutubu, en las montañas meridionales de Papúa Nueva Guinea. Más al norte, el instrumento fálico ritual es la flauta. Las flautas traveseras se asocian con la iniciación masculina en las montañas centrales, sobre todo en el este, donde el culto es más complicado. Sólo las tocaban los hombres en ocasiones especiales, y siempre en lugares recluidos. La existencia de las flautas y su identidad era el secreto mejor guardado de los hombres, pero, según numerosos mitos de estas regiones, al principio pertenecían a las mujeres y los hombres se las robaron o las engañaron para que se las entregaran, tras lo cual les quedó prohibido todo conocimiento sobre ellas. Según la leyenda, los hombres mataban a cualquier mujer que se atreviese tan siquiera a mirarlas.

No todos los mitos sobre los instrumentos sagrados tienen un tono serio. En toda Melanesia se cuentan relatos sobre un hombre muy feo que se pone guapo sólo cuando toca la flauta, con gran destreza, en las ceremonias públicas. Entonces atrae a las jóvenes de los alrededores, una de las cuales acaba por descubrir su secreto.

Tambor con complicada ornamentación de la región del río Sepik, con la imagen de un espíritu ancestral que se manifiesta en forma humana y de ave.

MITOS DEL CIELO

El reino celestial y el humano

EL SOL Y LA LUNA

En muchas partes del mundo se asocia la luna con lo femenino y con el ciclo menstrual, pero en Oceanía la luna suele tener carácter masculino y el sol femenino y se considera a ambos hermanos en numerosas regiones del interior de Nueva Guinea, porque la luna permite a los hombres cazar de noche con sus perros, mientras que las mujeres realizan sus tareas sobre todo durante el día. La luna también tiene carácter masculino en la mitología maorí. En un relato, un dios llamado Rona va a la luna en busca de su esposa, que ha desaparecido. Al llegar allí entabla una pelea con la luna, lucha que aún no ha acabado: los dos se pasan el tiempo atacándose y devorándose mutuamente, motivo por el que la luna mengua todos los meses. Mientras crece, los dos contrincantes recuperan fuerzas para la siguiente fase del combate.

Los relatos sobre el tránsito entre la tierra y el cielo constituyen parte importante de la mitología de Oceanía, sobre todo de Micronesia y Melanesia. En Melanesia abundan los mitos sobre seres celestiales, especialmente en las montañas centrales de Papúa. Los kewa creen que tales seres suelen estar apartados de los asuntos de los mortales, pero las mujeres celestiales bajan a veces a la tierra para recoger el ocre rojo destinado a la decoración corporal. El trueno, la niebla, las nubes y el rayo anuncian el descenso de estos seres, y los kewa evitan internarse en el bosque en tales circunstancias.

Las aves con significado mágico o espiritual aparecen con frecuencia en los mitos sobre el cielo. En un relato melanesio, un joven dispara una flecha contra un ave del paraíso y el animal echa a volar con el proyectil clavado. El joven lo sigue y descubre un sendero que lleva a una aldea del cielo, en la que ve a un hombre arrancándose una espina de un pie. El cazador comprende que el hombre es el pájaro sobre el que ha disparado. En otros mitos, un hombre cree haber matado a un ave de vivos colores, pero descubre que se trata de una joven, con la que se casa.

Iolofath, u Olifat, el tramposo más célebre de Micronesia, es una figura destacada en los mitos de la región sobre el cielo. En el atolón de Ulithi se cuenta un relato sobre una mujer que tiene un hijo de un hombre de Lang, el reino de los cielos. La hermana mayor de la madre maltrata al niño, y éste regresa al cielo, donde lo adopta Iolofath, el sol. Thilefial, que así se llama el niño, baja por última vez a la tierra para vengarse de su tía; la mata con una lanza y vuelve con Iolofath.

Ser celestial mítico en forma de ave, del noroeste de Nueva Irlanda, Talla en madera pintada de estilo malanggan.

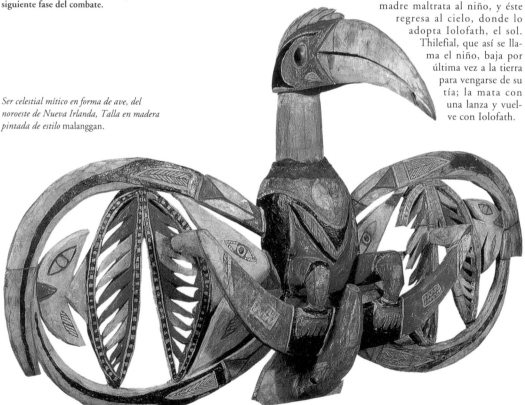

ALIMENTO Y FERTILIDAD

El sexo y los orígenes de la horticultura

En la mayoría de las sociedades de Oceanía las relaciones sexuales y domésticas entre los hombres y mujeres sirven de base a numerosos mitos sobre los orígenes del alimento y la horticultura. En un mito que se canta en la ceremonia *kava* de los tonganos (ritual que se celebra en ocasiones importantes y en el transcurso del cual se consume una bebida, *kava*, de efectos euforizantes) se dice que una anguila copula con Hina, una mujer noble cuya virginidad protege y venera toda la comunidad. Cuando queda encinta y cuenta a su pueblo lo sucedido, apresan a la anguila, la cortan en trozos y se la comen, respetando únicamente la cabeza, que Hina entierra y de la que brota el primer coco.

Numerosos mitos milanesios explican cómo crecen las plantas del suelo fertilizado por semen o sangre menstrual. En uno de ellos, Soido, héroe cultural de la isla de Kiwai, frente al sur de Papúa, trata de copular con una mujer, pero tiene un pene tan largo que la mata en la tentativa: eyacula y esparce semen por toda la isla. Allí donde cae, crecen las distintas clases de vegetales. Los habitantes de Kiwai también hablan de un hombre que abre un agujero en el suelo y copula con él, dejando embarazado inadvertidamente a un espíritu femenino subterráneo que pare el primer camote *(véase recuadro, abajo)*.

Los orígenes del camote

El camote es uno de los alimentos más comunes en la región de Oceanía. Los siguientes mitos ofrecen dos versiones muy distintas de sus orígenes.

Según los maoríes, el dios Rongomaui subió al cielo para reunirse con su hermano Wahnui, guardián del camote. Rongo-maui lo escondió en su taparrabo, regresó a la tierra y dejó encinta a su esposa, Pani, que después parió el primer camote terrenal y se lo ofreció a los seres humanos.

Un mito muy difundido por una extensa región del interior de Nueva Guinea cuenta que un día, cuando no había ningún alimento en la tierra, una joven y una anciana vieron a un hombre defecando en un riachuelo. Cuando se hubo marchado, examinaron los excrementos y vieron que contenían camotes; se los llevaron a casa y los plantaron.

Figura de piedra maorí que representa a un dios en forma de camote, probablemente Rongo-maui. Tiene forma uterina y fálica, reflejo del elemento sexual del mito sobre el camote.

MITOS DE LOS MAORÍES

Rangi, Papa y el panteón polinesio

Escultura en roca volcánica del norte de Taranaki, isla del Norte, Nueva Zelanda. Probablemente representa al dios Maui.

Un rasgo característico de la mitología maorí y de otros pueblos polinesios consiste en la agrupación de los dioses en algo semejante a un panteón. A la cabeza se encuentran los dos creadores supremos, Rangi, el cielo, de carácter masculino, y Papa, la tierra, de carácter femenino, quienes, según la cosmología maorí, estaban unidos en los inicios en un abrazo extático en el vacío primordial. Entre ellos habían quedado atrapados sus hijos, los dioses Tane, Tangaroa, Tu, Rongo, Haumia y Tawhiri, que buscaron un medio para escapar y pensaron incluso en matar a sus padres para lograrlo. Pero Tane, dios de los bosques y árboles, propuso que los separasen y cada uno de ellos lo intentó por turno. Rongo, dios de los alimentos cultivados, no lo consiguió, ni tampoco Tangaroa, dios del mar, los peces y reptiles. Haumia, dios de las plantas silvestres; Tu, dios de la guerra, y Tawhiri, dios de los vientos y otros elementos, también fracasaron en la tentativa y sólo quedaba Tane para intentarlo. El dios apoyó la cabeza sobre la madre tierra y los pies sobre el padre cielo, empujó y tiró con todas sus fuerzas y los fue separando poco a poco hasta que adoptaron la postura actual.

El éxito de Tane provocó los celos y la cólera de sus hermanos. Tawhiri hizo que soplaran los vientos y desencadenó tormentas y huracanes que derribaron los árboles del bosque de Tane. Los peces, que no vivían en el mar, sino en la espesura del bosque, huyeron al océano de Tangaroa; Tane se enfadó por haber perdido así a su prole y la lucha entre él y Tangaroa se ha prolongado hasta nuestros días: Tangaroa del mar trata de inundar los bosques de la tierra, mientras que los árboles de Tane proporcionan las canoas con las que los hombres pueden domar el mar y navegar sobre él.

Más adelante, Tane se buscó una compañera. Primero se aproximó a su madre,

Arquitectura y mitología maoríes

En la mitología maori, el reino del cielo tiene doce estratos, en lo más elevado de los cuales se alza la morada divina, Rangi-atea, modelo de las viviendas de los jefes maoríes. Los paneles tallados de estas casas poseen un profundo significado mitológico y ritual.

Los maoríes creen que el dios Rua fue el primero que intentó realizar tallas decorativas. Las figuras de los paneles tallados maoríes presentan unos característicos ojos desorbitados, como de búho: Rongo, el artesano que creó este rasgo arquitectónico, sacrificó un búho a los dioses y lo plantó bajo el muro posterior de la casa. Las figuras también disponen unas lenguas protuberantes y el cuerpo tatuado. Las lenguas reflejan el poder de la palabra y los tatuajes el rango social de la figura.

En la talla de paneles como este dintel de la casa de un jefe maorí intervienen fórmulas y técnicas mágicas que sólo se revelan a la clase de los arquitectos que sirven a los jefes.

Papa, que lo rechazó, y después se emparejó con diversos seres con los que tuvo hijos de varias clases: animales, piedras, hierba y arroyos. Pero deseaba una compañera con forma humana, como él mismo; siguiendo el consejo de Papa, modeló el primer ser humano, una mujer, con la arena de la isla de Hawaiki, le insufló vida y la mujer se convirtió en Hine-hau-one, la «doncella-creada-de-la-Tierra», que tuvo una hija, Hine-titama, «Doncella del Alba», a quien Tane también tomó como esposa. Hine-titama no sabía que Tane fuera su padre y cuando descubrió la verdad huyó al oscuro reino de los infiernos. Tane la persiguió, pero ella le gritó que había cortado el cordón del mundo. Desde entonces permanece allí y arroja a sus hijos a la tierra: así es como la humanidad se hizo mortal. Por tanto, Hine-hau-one posee un carácter doble: como origen del primer nacimiento y de la primera muerte humanos.

Al principio, Tu propuso matar a Rangi y Papa en lugar de separarlos. Llamado Ku en Hawai *(véase p. 296),* Tu es el dios de la guerra a quien antiguamente se ofrecían sacrificios humanos en Nueva Zelanda y en otros reinos polinesios. Tawhiri dirigió su cólera contra Tu, que se enfrentó a su hermano. A su vez, Tu quiso vengarse de todos sus hermanos por negarse a ayudarle en su lucha contra Tawhiri y con tal fin fabricó trampas para peces y otros animales, destinadas a apresar a la progenie de Tangaroa y Tane, arrancó las plantas, retoños de Haumia y Rongo, y se las comió. Tu aprendió muchos conjuros mágicos y encantamientos para dominar a los descendientes de sus hermanos: el tiempo atmosférico, las plantas, los animales, la riqueza y otras posesiones.

En los mitos maoríes también aparecen héroes humanos, los más conocidos de los cuales son Tawhaki y Rata, cuyas hazañas forman parte de la mitología de Nueva Zelanda, Tuomotu, Rarotonga, Tahití y Hawai.

Hema —hijo de una diosa del cielo, Kaintangata, y de un jefe caníbal, Whaitiri— se casa con una diosa que da a luz dos niños, Tawhaki y Kariki. Unos ogros matan a Hema y Tawhaki va al lugar en el que han asesinado a su padre para vengarlo. Los episodios que rodean esta aventura constituyen la parte principal del ciclo de mitos, muchos de los cuales enfrentan a Tawhiki, noble y vencedor, con Kariki, estúpido y torpe: el tema de dos hermanos de características opuestas está muy extendido en la mitología de Oceanía. En el camino, Tawhiki encuentra esposa y engendra a Wahieroa, quien a su vez engendra a Rata. Rata está destinado a buscar a su padre, que al final muere víctima de los celos de los lagartos custodios de su enemigo, Puna.

Rata es valiente y fuerte como Whaitiri, pero carece de la prudencia de su padre y su impetuosidad le causa problemas a Tawhiki. Finalmente, Rata extrae la cabeza de su padre del vientre de Matuku, el gran tiburón, y arrebata el resto del cuerpo a los lagartos monstruosos que participaron en su muerte. Al regresar a casa, a Rata le aguarda el mismo destino: los lagartos guardianes de Puna lo matan a cuchilladas.

Talla de madera del dios Tangaroa, de las islas Tubuai, donde se le conoce como A'a. Aparece en el acto de creación de otras deidades.

El panteón maorí

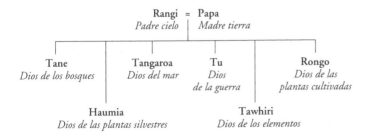

Rangi = Papa
Padre cielo | *Madre tierra*

Tane
Dios de los bosques

Tangaroa
Dios del mar

Tu
Dios de la guerra

Rongo
Dios de las plantas cultivadas

Haumia
Dios de las plantas silvestres

Tawhiri
Dios de los elementos

La boca abierta de esta estatua, de una casa de reunión de Rotorua, isla del Norte, refleja la función del edificio, como lugar dedicado a la discusión.

KU Y LONO

El ciclo ritual de Hawai

Escultura hawaiana de Kukailimoku o Ku, dios de la tierra y la guerra, con la característica expresión de ferocidad.

Aunque el desarrollo moderno ha empujado a la identidad lingüística y cultural de Hawai al borde mismo de la extinción, las islas poseían en la época precolonial una de las sociedades más extensas y sofisticadas de Oceanía. El año hawaiano se regía por la alternancia de los ciclos rituales del dios Ku (que representa la tierra y la guerra y es conocido en el resto de Polinesia como Tu) y del dios Lono (que representa el cielo, la paz y los cultivos y se denomina Rongo en las demás regiones).

Según la creencia, los jefes encargados del culto a Lono tenían bajo su control la fertilidad de toda la isla. En invierno, la llegada de las lluvias señalaba el advenimiento de la época de Lono, que se celebraba con la fiesta de Makihiki, de cuatro meses de duración y fundada por la propia deidad, según la tradición. Sin embargo, fue el dios Paao quien estableció los ritos sacrificiales asociados con la fiesta. Paao llegó a las islas de una tierra invisible allende los mares e inició una nueva religión y un nuevo linaje de jefes.

La idea de una clase dirigente fundada por unos extranjeros que derrocan a los jefes nativos es típicamente hawaiana, si bien la creencia, más general, de unos forasteros que vienen de ultramar está extendida por toda Polinesia y Micronesia.

El ciclo ritual de Lono comenzaba cuando la constelación de las Pléyades se hacía visible en el horizonte al atardecer a principios de otoño. En la primera parte de Makihiki se llevaba la imagen del dios por las islas, siguiendo la dirección de las agujas del reloj: este circuito significaba que el rey hawaiano mantenía su dominio. En el camino, los jefes y reyes de las islas «alimentaban» ritualmente al dios y sus esposas le llevaban ofrendas con la esperanza de que Lono les concediera un hijo sagrado.

Una vez completado el circuito, se devolvía la imagen de Lono al templo de origen, se le sometía a una «muerte» ritual y regresaba a su tierra invisible, Kahiki, dejando en su lugar al dios Ku. No se volvía a ver a Lono hasta que comenzaba de nuevo el ciclo de Makihiki, al año siguiente.

Lono y la muerte del capitán Cook

Según algunos expertos, tras el mito de Lono podría encontrarse la muerte del capital Cook, navegante inglés y primer europeo que llegó a las islas de Hawai.

Cook arribó a las islas en noviembre de 1778, en el momento en el que debía comenzar el circuito de Lono, y rodeó Hawai siguiendo la dirección de las agujas del reloj. Los hawaianos pensaron que aquel año Lono se presentaba en persona y cuando Cook desembarcó en Kealakekua lo escoltaron hasta el templo principal del dios. Cook les siguió la corriente a sus anfitriones, que estaban empeñados en enseñarle ciertas respuestas rituales, ignorando que representaban las palabras de Lono y que con su actitud confirmaba la creencia de que era un dios. Por si fuera poco, cuando Lono tenía que «morir» y dirigirse a Kahiki, Cook anunció su inminente partida. Pero poco después decidió regresar a Kealakekua para reparar uno de sus barcos. Cuando llegó, el 11 de febrero de 1779, descubrió que los hawaianos se sorprendían y después se enfadaban, supuestamente porque Lono estaba muerto, y cien jefes, deseosos de que su dios muriera como era debido, dieron muerte al falso Lono con las dagas de hierro que les había regalado unos meses antes.

MAUI

El héroe embustero de Oceanía

Quizá el ser mitológico de Oceanía más conocido en Occidente sea Maui, embustero y héroe cultural polinesio cuyos actos, voluntarios o involuntarios, destruyen los esfuerzos de otros y provocan el estado actual de cosas. Es rebelde y seductor y derriba las jerarquías establecidas. Se burla de las convenciones del orden social y de las costumbres del *tapu* (tabú) y representa el poder del débil sobre el poderoso y del hombre corriente y el marginado sobre el privilegiado.

Maui nació prematuramente. Según la versión del mito que se cuenta en el atolón de Arawa, su madre lo envolvió en un mechón de su cabello y lo arrojó a las olas, pero lo salvó el sol, o Tama del Cielo, y volvió a reunirse con ella. Una de las primeras proezas de Maui consistió en retrasar el viaje del sol golpeándolo con la mandíbula encantada de su difunta abuela con el fin de ofrecer a su madre más luz diurna para que confeccionase tela de *tapa* (corteza de árbol). En el resto de Polinesia se dice que Maui lo hizo para dar a la gente más tiempo para cocinar los alimentos.

Al igual que Souw y Sosom en Melanesia, Maui interviene en la pérdida humana de la inmortalidad, circunstancia que gira en torno a un bochornoso incidente sexual. Maui va a los infiernos y se topa con Hine-Nui-Te-Po, la gigantesca diosa de aquel reino y de la muerte. Ordena a sus acompañantes, las aves, que guarden silencio mientras despoja a la diosa de sus ropas e intenta penetrarla, convencido de que así vencerá a la muerte. Pero una de las aves no puede contener la risa al ver a Maui medio atrapado en la inmensidad de la deidad, que se despierta y le mata. En la versión que se cuenta en Arawa, el propio padre de Maui le convence de que si penetra a la diosa durmiente por la vagina y sale por la boca obtendrá la inmortalidad. También en este caso un ave se echa a reír cuando Maui se esfuerza por entrar en la diosa, que se despierta y lo mata, aplastándolo en el interior de su cuerpo. Ambos relatos tienen la misma conclusión: los humanos no pueden obtener la inmortalidad a causa de la transgresión de Maui.

Maui no siempre aparece como personaje subversivo. Se cuenta que también creó la tierra (es decir, las islas), que izó del lecho marino con su sedal. En la versión del mito del archipiélago de Tuomotuan, Maui acompaña a sus hermanos a pescar en alta mar. Como al cabo de un buen rato no ha picado ningún pez, deciden echarse la siesta y mientras están dormidos Maui tiende su caña.

Cuando se despiertan los hermanos, tiran de la caña de Maui y descubren que ha cogido un pez tan grande que gritan, atónitos: «¡No es un pez, sino una isla!» El pez rompe el sedal y escapa y vuelve a ocurrir lo mismo otra vez, pero después Maui agarra al pez por un extremo y el animal se transforma en la isla de Hawaiki, o Te-ika-a-Maui, el Pez de Maui (se forma de pastinaca).

La canoa que se empleó en esta excursión está varada en la cima del monte más alto de la isla, Hikurangi, y el anzuelo de Maui se transformó en la bahía de Hawke.

Otra de las hazañas de Maui consistió en robar el fuego para los humanos a su guardiana, la heroína-antepasada Mahui-ike, que vivía en los infiernos. Maui la convenció de que se quitara sus uñas ardientes, fuente del fuego, hasta que sólo le quedó una, que arrojó al suelo, provocando un incendio.

Maui convocó a la lluvia, que apagó las llamas, pero Mahui-ike salvó unas chispas lanzándolas a los árboles. Así, las gentes aprendieron a hacer fuego con leña.

Talla maorí de Maui, el gran héroe cultural y embustero de la mitología de Oceanía. Aparece arrancando la tierra, representada por un pez, del mar para que los humanos vivan en ella.

CULTOS AL CARGAMENTO

La influencia europea

Objetos de recuerdo con el retrato
del príncipe Felipe, duque de Edimburgo
y marido de la reina Isabel II, de la isla
de Tanna, Vanuatu, donde el príncipe
constituye la personificación de un culto
al cargamento.

Con el contacto con los europeos y su civilización surgieron en Oceanía nuevos mitos de una forma espontánea y se transformaron los ya existentes para explicar el lugar de los recién llegados en el cosmos. Lo que más impresionó a los melanesios y otros habitantes de la región sobre aquellas gentes venidas del mar fue la increíble cantidad de productos que llevaban en sus barcos. Los nativos de Nueva Guinea, entre otros, llegaron a la conclusión de que los europeos estaban destinados a transportar su cultura, y el término «cargamento» se transformó del inglés *pidgin* en *kago*, palabra que significa «bienes», «pertenencias» o «riqueza».

Los melanesios creían que los occidentales poseían una magia y unos rituales especialmente eficaces para obtener tal riqueza e iniciaron una serie de «cultos al cargamento» con la intención de adquirir su conocimiento. Creían que les llevaría el *kago* un antepasado, un dios u otra figura venerada (en algunos casos incluso los patrones norteamericanos o europeos del jefe colonial local), cuya llegada anunciaría una nueva era de abundancia, justicia y libertad del dominio extranjero, y en consecuencia, las autoridades coloniales solían perseguir los cultos al cargamento.

Durante la segunda guerra mundial, muchos creyeron que Dios había enviado a los japoneses para ayudar a derrotar a los europeos, para que los nativos accediesen a las fuentes secretas del *kago*. Antes de convertirse al cristianismo, en la época anterior a la guerra, los habitantes de Vanuatu creían en la existencia de un ser llamado Karaperamun, del que procedían todas las cosas de la vida. En 1940 empezaron a apartarse de la Iglesia y a resucitar las costumbres tradicionales, porque habían oído contar que había aparecido un tal « John Frum», encarnación de Karaperamun, portador de una nueva era de *kago*. Una noche, en el transcurso de una ceremonia tradicional, un hombre anunció que era una manifestación de John Frum y que se produciría una catástrofe natural, tras la cual surgiría un poderoso reino, la tierra se allanaría y daría más frutos, desaparecerían la enfermedad y la vejez y no habría necesidad de trabajar. Los europeos se marcharían y John Frum daría dinero a todos, según las necesidades de cada cual.

Al año siguiente, con el recrudecimiento de la guerra en el Pacífico, sobrevolaron Vanuatu muchos aviones y se extendió la creencia de que los aparatos eran las naves que transportaban el *kago* y la nueva era prometida. Desde entonces, numerosos individuos se han autoproclamado John Frum, conocedor de los secretos del *kago*; pero, con el desarrollo, los melanesios empezaron a comprender que sólo se pueden obtener tales riquezas trabajando en los términos económicos de los europeos.

Objeto de un culto al cargamento de
las islas Salomón. Se trata de una bomba
de la segunda guerra mundial que no hizo
explosión. Muchos isleños creían que los
ataques aéreos presagiaban la nueva era
de kago.

MITO Y MAGIA

Mitos vivientes en la isla de Goodenough

Los kaluana de la isla de Goodenough, en Papúa Nueva Guinea, tienen un tipo de mitos, los *neineya*, que contienen sus fórmulas mágicas más importantes, necesarias para controlar las condiciones atmosféricas, la fertilidad agrícola, las técnicas hortícolas y la supresión del hambre. Los relatos *neineya* sólo pueden contarse en público si el narrador omite los nombres y conjuros secretos y otros datos de significado mágico.

Tales mitos son propiedad de individuos, los magos más destacados de los diversos clanes, que los transmiten a sus herederos. Estos hombres, los *toitavealata* («los que cuidan la aldea») adoptan la personalidad de los personajes míticos y se sirven de la hechicería para fomentar el bienestar de la comunidad y también para atacar a sus enemigos, invocando la magia negra de la gula *(tufo'a)* y a la hambruna *(loka)*. Se atribuye el origen de tales males a una deidad serpentina mítica llamada Honoyeta, que enviaba a sus dos esposas a trabajar todos los días y, en su ausencia, se desprendía de su piel y se transformaba en un apuesto joven. Una de las esposas descubrió su secreto, destruyó su piel de serpiente y, en venganza, la deidad envió a la humanidad la sequía, el hambre y la muerte.

El canibalismo

*L*os intercambios abutu*, en los que los nativos de la isla de Goodenough compiten estre si por presentar las mayores ofrendas hortícolas, comenzaron como ritual para satisfacer el apetito de Malaveyoyo, voraz caníbal que, según la leyenda, asolaba el interior de la isla.*
Los nativos creían que si le daban suficientes productos vegetales no necesitaría devorar humanos. El canibalismo aparece en la mitología de toda Oceanía, caracterizado por una fuerte hostilidad intersexual.

Muchos relatos de Papúa Nueva Guinea giran en torno al héroe que persigue a una mujer o un animal hasta una región despoblada y descubre que se encuentra en tierra de caníbales, y sus tentativas, normalmente coronadas por el éxito, de librarse de sus garras constituyen el núcleo de tales narraciones. En Polinesia circulan numerosos mitos sobre mujeres caníbales de Tahití y las islas Chathan, al este de Nueva Zelanda. Un mito tahitiano narra la historia de la antepasada «Rona Dientes Largos», cuya hija, Hina, era una hermosa joven que se enamoró de un hombre llamado Monoi. Rona la apresó y se lo comió, pero Hina pidió ayuda a No'ahuruhuru, el «jefe velludo», para acabar con aquella caníbal insaciable.

Cesta en la que antiguamente se servía carne humana cocinada para un jefe fidjiano. El canibalismo persistió hasta época moderna en Melanesia y Polinesia.

SURESTE ASIÁTICO

*Templo de Pura Beji en Sangsit, isla de Bali. Los balineses profesan
una variante del hinduismo mezclada con creencias malayas
indígenas y budistas.*

El sureste asiático es una de las regiones con mayor diversidad cultural del mundo y su mitología refleja los múltiples niveles de la herencia cultural. En Laos, Tailandia, Vietnam y Kampuchea (Camboya), las doctrinas del budismo Theravada se impusieron al hinduismo, extendido por toda la región desde la antigüedad, en el siglo XIV. Tras llegar a Java alrededor de 1600, el islam se convirtió en la religión dominante en el sureste asiático insular, donde ha recibido profundas influencias del hinduismo y del budismo, así como de las creencias animistas más antiguas que aún perviven en las regiones más aisladas del interior.

A pesar de tal diversidad religiosa, existen ciertas ideas que confieren a la mitología del sureste asiático unos rasgos característicos. La más generalizada es que el universo tiene múltiples niveles, en casi todos los casos siete, encima de este mundo y otros siete debajo *(véase p. 303).* Los correspondientes a la sociedad suelen estar conformados sobre la estructura del universo, concepto que alcanza su mayor complejidad en el este de Indonesia. La idea de la unidad de todas las formas de vida está presente, al menos en cierto grado, en toda la región, de un modo especialmente explícito entre los aborígenes de Borneo y Malasia *(véase p. 305).* En el mundo de las apariencias subyace una fuerza espiritual omnipresente, que permite la metamorfosis de ser humano en animal o planta y viceversa.

Para muchos pueblos aborígenes, la cabeza humana es un depósito especial de poder espiritual, y la caza de cabezas se practica frecuentemente en estas culturas, en la creencia de que los guerreros que apresan la cabeza de sus enemigos aumentan su poder espiritual.

Excepto los habitantes de las ciudades, los grupos dispersos de agricultores nómadas y de cazadores-recolectores de selvas remotas de Malasia, Tailandia, Borneo y Filipinas, la inmensa mayoría vive en aldeas y depende del cultivo del arroz, circunstancia que se refleja en los numerosos mitos sobre este cereal *(véase página 307).*

PUEBLOS Y LENGUAS

Se cree que los primeros habitantes del sureste asiático fueron grupos del pueblo negrito procedentes del norte que emigraron a la región h. 23000 a.C. y que están relacionados con los aborígenes australianos. Sus descendientes se dedican a la caza y la recolección en selvas remotas del interior de Malasia, Tailandia, Borneo y Filipinas. A partir del 2500 a.C. otras oleadas de inmigrantes también procedentes del norte se propagaron por el continente y llegaron a las islas, donde domina en la actualidad su grupo lingüístico, la rama occidental de la familia austronesia (antiguamente llamada malayo-polinesia). A consecuencia de las posteriores migraciones de hablantes de lenguas austronesias, austroasiáticas, tai y sino-tibetanas son mayoría en el continente *(véase mapa, abajo)*. En época reciente se ha producido una importante emigración de sinófonos a Malasia, Borneo y Filipinas.

CLAVES DEL MAPA

Principales grupos lingüísticos

- Predominantemente austroasiático (vietnamita, jmer)
- Predominantemente austronesio (malayo, indonesio, filipino)
- Tai (tailandés, laosiano)
- Sino-tibetano (chino, birmano)
- Mezcla austroasiático/tai
- ········· Frontera actual
- Región, isla o archipiélago: *JAVA*
- País actual: **LAOS**
- Pueblo: Dusun

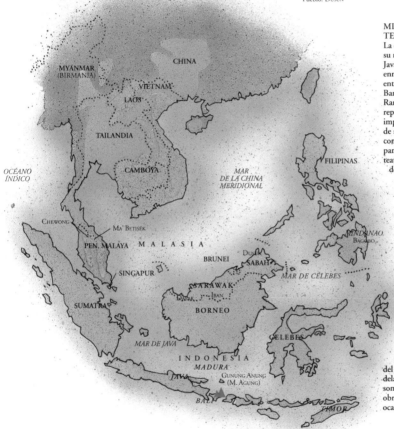

MITO Y REPRESENTACIÓN TEATRAL

La dramatización de mitos ha alcanzado su máximo desarrollo en las islas de Bali y Java. En Bali, unos bailarines enmascarados ponen en escena la lucha entre el rey bueno de los demonios, Barong, y la malvada reina de las brujas, Rangda *(véase p. 306)*. Una forma de representación ritual de especial importancia en Java es el *wayang* o teatro de sombras, con marionetas de complicados ropajes movidas tras una pantalla iluminada. Aunque este tipo de teatro se encuentra en numerosas regiones del sureste asiático, sólo en Java constituye un medio destacado de expresar ideas religiosas o místicas. Se cree que la técnica se inventó en la India, en el siglo X, circunstancia que probablemente explica por qué los temas favoritos de las obras del teatro de sombras están inspirados en las grandes epopeyas de la mitología hindú, el *Ramayana* y el *Mahabharata*, a pesar de que en Java predomina desde hace tiempo el islamismo. Gozan de especial popularidad las aventuras de los cinco heroicos hermanos Pandava. Las representaciones se prolongan durante toda la noche y se pueden ver desde ambos lados de la pantalla. Convencionalmente, las figuras que representan a las fuerzas del bien aparecen a la derecha (desde delante los espectadores las ven como sombras) y las del mal a la izquierda. Las obras *wayang* suelen representarse con ocasión de celebraciones o aniversarios.

TABLA CRONOLÓGICA

Hace 50.000-25.000 años	Migración de pueblos negrito aborígenes al sureste asiático.	Siglo XV	La influencia islámica se expande por la región.
Hace 4.500 años	Comienzan las migraciones de pueblos al sureste asiático.	1509	Con la llegada del explorador portugués Vasco de Gama a Malaca, Malasia, comienzan la influencia y colonización europeas.
Siglo III	Fundación de reinos hindúes en Kampuchea, Malasia e Indonesia.	h. 1600	Culmina la islamización de Java.
1100-1200	El budismo Theravada llega a Laos y Kampuchea, a través de Borneo, procedente de Sri Lanka.	1945-1957	Retirada de las potencias coloniales (Holanda, EE UU, Francia y Gran Bretaña) de la mayor parte del sureste asiático.

MITOS SOBRE LOS ORÍGENES

La creación del mundo y de la humanidad

Por lo general, en los mitos del sureste asiático se atribuye la creación del mundo a una deidad creadora, en muchos casos un ave u otro animal dotado de poderes creadores. En Sumatra, por ejemplo, se cuenta que en los tiempos primordiales Dios tenía una fabulosa gallina azul, Manuk Manuk, en lugar de esposa. El ave puso tres enormes huevos, de los que salieron los tres dioses que crearon los tres niveles del universo: el mundo superior (los cielos), el intermedio (la tierra) y el inframundo.

Por aquel entonces, en el mundo intermedio sólo había un mar ilimitado. Boru Deak Parudjar, hija del dios Batara Guru, saltó desde el mundo superior a las aguas de abajo para librarse del molesto cortejo de otro dios, Mangalabulan, y cuando una golondrina le contó a Batara Guru lo que había ocurrido y que su hija languidecía en el océano, el dios envió al ave con un puñado de tierra para que la colocara sobre las aguas. La tierra se expandió hasta convertirse en tierra firme, sobre la que Batara Guru diseminó semillas de las que surgieron todas las especies animales. Después, el dios envió a una heroica encarnación humana de sí mismo con la tarea de hacer de la tierra un lugar seguro, para lo cual tuvo que luchar contra Naga Padoha, serpiente que regía los infiernos (figura de origen hindú) y confinarla a las profundidades del cosmos.

En el mito sobre la creación de los dayak, los habitantes indígenas no musulmanes del interior del Borneo meridional y occidental, también aparecen una poderosa serpiente y el concepto de los mundos superior e inferior. Los dayak hablan de una época primordial «en la que todo estaba aún cerrado en la boca de la Serpiente de Agua enroscada». Después se alzaron la Montaña de Oro, sede de la deidad suprema de la región inferior del cosmos, y la Montaña de las Joyas, morada de la deidad suprema de la región superior, que chocaron entre sí varias veces y en cada ocasión dieron vida a una parte del universo, empezando por las nubes. A continuación aparecieron la bóveda celeste, las montañas y los acantilados, el sol y la luna, el Halcón del Cielo y un gran pez llamado Ila-Ilai Langit, las bestias fabulosas, Rowang Riwo, con saliva dorada, y Didis Mahendera, con joyas por ojos, y por último, el tocado dorado del dios Mahatala, coronado por una joya perpendicular. Todo esto ocurrió en la primera época de la creación; en la segunda brotaron los ríos, y Jata, la divina doncella, creó la tierra y las colinas. En la tercera época surgió el Árbol de la

Detalle de un manto bordado indonesio con la forma estilizada de un bucero, manifestación de los espíritus celestiales. Las aves fabulosas desempeñan un papel importante en los mitos sobre la creación de muchas zonas del sureste asiático.

MITOS SOBRE LA CREACIÓN DE LOS IBAN

Según los iban, uno de los pueblos dayak de Borneo, el universo comenzó con dos espíritus, Ara e Irik, que flotaban en forma de aves sobre una extensión ilimitada de agua, de la que recogieron dos enormes huevos. Con uno de ellos Ara formó el cielo e Irik hizo la tierra con el otro; pero como la tierra era demasiado grande para encajar con el cielo, los dos espíritus creadores la comprimieron hasta que alcanzó el tamaño adecuado, provocando terribles movimientos en la superficie y haciendo que los ríos y arroyos regaran valles y llanuras. Una vez creado todo lo anterior, empezaron a aparecer árboles y plantas.

Por último, al ver que no había nadie que habitara el nuevo mundo, los dos espíritus-ave decidieron crear a la humanidad. En primer lugar intentaron formar personas con la sabia blanca y roja de los árboles, pero no pudieron dotarla de vida y recurrieron a la tierra misma, con la que modelaron a los primeros humanos y les dieron vida con sus gritos de espíritu-ave.

Figura en bronce de una naga, *serpiente de origen hindú que es común en la mitología del sureste asiático. Proviene de Angkor Wat, Camboya.*

Vida, con hojas doradas y frutos de marfil, que une los mundos superior e inferior.

El mito sobre la creación del pueblo dusun de Sabath, al norte de Borneo, se basa en un tema relacionado con el anterior. En el inicio de los tiempos sólo existía una gran roca en medio de las aguas del universo, y al romperse dejó libres a un dios herrero y a una diosa, que hicieron los cielos y la tierra. El dios creó la bóveda celeste con nervaduras, como las varillas de un paraguas, y la diosa modeló la tierra con la suciedad de su propio cuerpo y del de su compañero.

En muchos casos, la creación de los seres humanos sigue inmediatamente a la del mundo. En el mito sobre la creación de Sumatra, por ejemplo, el héroe divino que vence a Naga Padoha es recompensado con Boru Deak Parudjar, hija de Batara Guru, como compañera, y juntos engendran a los primeros seres humanos. Según los dusun, tras haber formado el cielo y la tierra, las dos divinidades crearon a los seres humanos, en primer lugar con piedra; pero como esta raza pétrea no podía hablar, volvieron a intentarlo con la madera. Este material se pudría con demasiada rapidez y modelaron una tercera raza con la tierra de un termitero. La última tentativa prosperó y la humanidad desciende de la tercera raza. En los mitos de otros pueblos de la región la humanidad también fue creada con tierra, en algunos casos tras más de una tentativa.

El mito sobre los orígenes humanos de los carabaulo de Timor, al este de Indonesia, explica el orden social. Al principio no había seres humanos; sólo existía el mar, de cuyas aguas surgieron dos trozos de tierra que se convirtieron en la isla de Timor. Después apareció en el suelo una vagina gigantesca, de la que salieron los antepasados de la población actual, en primer lugar los aristócratas poseedores de la tierra y a continuación los plebeyos y arrendatarios. Para salir de la vagina, las primeras gentes se izaron aferrándose a las lianas de un árbol, y se cuenta que aún puede verse el lugar en el que aparecieron, si bien está prohibido entrar en el túnel que desciende desde ese punto.

EL COSMOS DE MÚLTIPLES NIVELES

La concepción de un universo integrado por varios niveles está muy extendida por el sureste asiático. Los kédang de la isla indonesia de Lembata, por ejemplo, creen que hay siete estratos por encima de la tierra y cinco por debajo. Toda persona que muere renace en la siguiente tierra inferior y acaba por regresar al nivel superior en forma de pez para recomenzar el ciclo de muerte y resurrección.

Según los chewong de las selvas malayas, la superficie inferior de una capa del universo forma el cielo de la capa de abajo: el cielo de nuestra tierra, la número siete, es la superficie inferior de la Tierra Seis. Es de madera y toca la tierra en dos puntos, donde sale y se pone el sol. Cuando nuestro sol llega al ocaso se convierte en el sol de la Tierra Ocho, que se encuentra debajo de la nuestra.

Para los ma'betisék, otro pueblo malasio, el universo se parece a una cebolla de siete capas que flota en el agua. Esta tierra es la sexta capa y la séptima su mundo superior, poblado por los espíritus transparentes antepasados de los seres humanos. En los niveles situados debajo de la tierra viven seres malévolos, como los caníbales.

La serpiente y la tortuga

Según el mito de la creación de los balineses, al principio no había cielo ni tierra. Después, gracias a la meditación, la Serpiente del Mundo, Antaboga, creó a la Tortuga del Mundo, Bedawang.

Sobre la Tortuga del Mundo estaban dos serpientes enroscadas y la Piedra Negra, la tapa de la cueva que constituye los infiernos, donde no hay ni sol ni luna. La cueva de los infiernos está regida por el dios Batara Kala y la diosa Setesuyara, y es la morada de la gran serpiente Basuki. Kala creó la luz y la Madre Tierra, sobre la que se extiende una capa de agua, y sobre el agua una serie de bóvedas o cielos. Existe un cielo intermedio y por encima de él está el cielo flotante, donde vive Semara, dios del amor. Por encima está el cielo azul oscuro, con el sol y la luna, y por encima el cielo perfumado, hermoso y lleno de flores extrañas, y en él habitan

Marioneta que representa a la Serpiente del Mundo Antaboga, del mito balinés sobre la creación, procedente de Klung-klung, h. 1800.

Tjak, el ave con rostro humano, la serpiente Taksaka, que tiene patas y alas, y las serpientes *awan*, que son las estrellas fugaces. Aún más arriba se halla el cielo de los antepasados, lleno de llamas, y por encima el nivel más alto, la morada de los dioses, bajo la custodia de Tintiya, el ser supremo masculino.

Los dioses crearon Bali, un lugar llano y desolado, pero cuando la vecina Java cayó en manos de los musulmanes (largo proceso que duró desde h. 1250 hasta h. 1600), los dioses hindúes, molestos, se trasladaron a la primera y en cada uno de los cuatro puntos cardinales construyeron montañas de altura suficiente para su elevado rango. En el centro erigieron el volcán Gunung Agung («Gran Montaña»), también llamado «Montaña Cósmica» y «Ombligo del Mundo».

SERES HUMANOS, DIOSES Y ESPÍRITUS

Los orígenes de la civilización

LOS ORÍGENES DE LA NOCHE Y DEL FUEGO

Según los chewong, al principio no había ni noche ni fuego en esta tierra, la séptima de las ocho capas del universo. Para cocinar tapioca, la ponían en el suelo y se cocía por sí sola. Un día, a un muchacho se le cayó el cuchillo en un agujero y, al intentar recuperarlo, se deslizó hasta la octava tierra, cuyos habitantes le dieron comida. Cuando oscureció, el muchacho se asustó, y la gente encendió una hoguera, algo igualmente nuevo para él, por lo que volvió a asustarse. Amablemente, le dieron la noche y el fuego para que los llevara a su tierra, colocándolos en un trozo de bambú. Después le enseñaron a cocinar y le ayudaron a ascender a su mundo.

Muchos mitos del sureste asiático explican cómo descubrió un héroe cultural ancestral los métodos y las normas de la civilización o cómo le fueron revelados, después de haber estado en posesión de una deidad o un espíritu. Los chewong, pueblo malayo de cazadores-recolectores, explican su costumbre de compartir la comida, el *maro*, en el relato del cazador Bujaegn Yed. Estaba comiendo la presa que había atrapado un día cuando vio a Yinlugen Bud, el Fantasma del Tronco de Árbol y espíritu más antiguo que todos los seres humanos, que aseguró al cazador que, al no haber compartido su comida, había cometido una transgresión peligrosa, posiblemente fatal. Bujaegn Yad llevó la carne a casa y se la dio a su esposa, encinta. Cuando la mujer iba a dar a luz, el cazador sacó un cuchillo, y estaba a punto de sajarle el vientre, como era la costumbre, cuando Yinlugen le enseñó a parir debidamente. Asimismo, contó a la pareja todos los conjuros del nacimiento, las normas del parto y la forma de amamantar. Desde entonces, las mujeres no mueren al dar a luz y siempre se comparten los alimentos.

Los iban de Borneo cuentan que un hombre llamado Surong Gunting fue a ver a su abuelo, el espíritu Sengalong Burong. En el camino, las estrellas le enseñaron el ciclo agrícola anual y su abuelo le habló de ciertos rituales, de los presagios de las aves para el cultivo y la caza de cabezas (los iban creen que las aves transmiten mensajes de los espíritus). Cuando Surong Gunting dejó encinta a su tía, Dara Chempaka Tempurong, fue expulsado de la casa de su abuelo, tras haber aprendido que copular entre personas de generaciones contiguas supone una grave transgresión que puede conllevar una cosecha desastrosa. Surong Gunting regresó con los iban y les transmitió sus nuevos conocimientos.

Figuras de piedra que representan héroes culturales ancestrales, de carácter divino, en el emplazamiento sacrificial de los tobabatak, que viven en Ambarita, isla de Samosi, al este de Indonesia.

EL CAZADOR Y LA LUNA

Según los 'betisék de Malasia, al principio los seres humanos no tenían normas y se dedicaban al asesinato, el incesto y el canibalismo. En aquella época, un espíritu llamado Moyang Melur, mitad humano y mitad tigre, que vivía en la luna, guardaba en secreto las normas de conducta. Una noche, fascinado por el caos que reinaba aquí abajo, se apoyó en la luna para mirar y cayó a la tierra, donde encontró a un cazador, Moyang Kapir, a quien juró que mataría a todos los seres humanos si no lo devolvía a la luna inmediatamente. Moyang Kapir lanzó una cuerda a la luna y subieron los dos. Moyang Melur tenía planeado matar y comerse a Moyang Kapir, pero el hombre escapó por la cuerda, llevándose la bolsa secreta que contenía las normas de la conducta humana, que encontró bajo una estera, y se las dio a sus semejantes.

Los Thens y los tres grandes hombres

En Laos y el norte de Tailandia se atribuyen los orígenes de la sociedad humana, las técnicas y la cultura a tres antepasados divinos, los Thens y a tres antepasados terrenales, en algunos casos como los tres grandes hombres.

Hace mucho tiempo existían la tierra, el cielo y las plantas. Por encima del mundo, en el reino superior, vivían los Thens, y los amos del mundo inferior eran los tres grandes hombres, Pu Lang Seung, Khun K'an y Khun K'et, que se dedicaban a la pesca y al cultivo del arroz. Los mundos superior e inferior estaban unidos por un puente de cañas en aquella época.

Un día, los Thens anunciaron al mundo que antes de tomar cualquier comida debían darles una porción en señal de respeto; pero la gente se negó, y encolerizados, los Thens provocaron un diluvio que devastó el mundo. Pu Lang Seung, Khun K'an y Khun K'et construyeron una balsa y sobre ella erigieron una casita. Acompañados de mujeres y niños, viajaron hasta el reino superior, donde fueron a rendir homenaje a los Thens, que les preguntaron por qué había subido allí.

Tras oír el relato de lo ocurrido, el rey les dijo que fueran a vivir en el cielo con uno de sus parientes, el Abuelo Then Lo. Al mismo tiempo, las aguas empezaron a descender abajo, y al verlo, los tres grandes hombres se presentaron ante el rey y le dijeron: «No podemos caminar ni correr por este mundo insustancial. Queremos vivir en el mundo inferior, donde el suelo es llano y sólido.» El rey les dio un búfalo y los envió a la tierra.

El búfalo murió al cabo de tres años, y poco después brotó de sus ollares una enredadera de la que crecieron tres calabazas, en cuyo interior se oía un extraño ruido. Pu Lang Seung calentó un taladro y abrió un agujero en cada calabaza, de la que salieron varias personas, los esclavos aborígenes, a quienes Pu Lang Seung enseñó a cultivar con el primitivo método de quemar el terreno. Aún quedaba más gente dentro de las calabazas, y Khun K'an hizo otro orificio con unas tijeras. Salió gente a raudales, durante tres días y tres noches, hasta que las calabazas se vaciaron por completo. Los que brotaron de la segunda abertura eran los pueblos de Tailandia, a quienes los tres grandes hombres enseñaron a cultivar y a tejer. (En la realidad, estos pueblos emigraron desde China en el siglo X.) Después, los divinos antepasados enviaron a Then Teng, el constructor, y a Pitsanukukan, el diseñador. Then Teng enseñó a la gente a calcular el tiempo y el orden en el que debían cultivar sus tierras, huertos y jardines, mientras que Pitsanukukan les enseñó a trabajar los metales y a fabricar toda clase de utensilios, a tejer la seda y el algodón, a confeccionar vestidos y a preparar los alimentos.

A continuación, el rey del cielo envió a Sik'ant'apatewada, señor de los Gandharvas, los músicos divinos, que enseñó a la gente a fabricar y tocar gongs, flautas, tambores y todos los instrumentos de la orquesta y a cantar y bailar.

Cuando Sik'ant'apatewada hubo terminado su tarea y regresado al·cielo, fue derribado el puente de cañas, y desde entonces los antepasados divinos y los seres humanos no pueden visitarse.

LA UNICIDAD DE LA VIDA

Los mitos sobre los orígenes de la civilización del sureste asiático conllevan implícitamente la idea de que todas las cosas del mundo proceden de una sola fuente o se encuentran estrechamente vinculadas. Los dayak de Borneo, por ejemplo, creen que seres humanos, plantas y animales descienden del mismo espíritu y están, por consiguiente, emparentados. También está muy extendida la idea de que cualquier forma de vida puede transformarse en otra, sobre todo entre los pueblos indígenas más primitivos. Según los chewong de Malasia, los niños son flores metamorfoseadas. Los bagobo de Mindanao, en las Filipinas, dicen que los monos se parecían antaño a los seres humanos y actuaban como ellos, ya que adoptaron su forma actual cuando fue creada la humanidad como raza distinta por el dios Pamalak Bagobo. La afinidad entre las dos especies queda reflejada en el hecho de que algunas personas puedan transformarse a voluntad en monos. Los ma'betisék expresan su concepto de la interrelación de todas las formas de vida en la creencia en la reencarnación. Las personas buenas reciben en recompensa el renacer en forma humana, pero como para ello deben estar libres de codicia, ambición, violencia y celos, ocurre con poca frecuencia. La mayoría de las almas humanas renacen en forma animal, a veces de planta. Los ma'betisék también cuentan que, en cierta etapa de su historia, se hicieron tan numerosos que la escasez de tierra resultó catastrófica, y con el consentimiento de la gente, Dios resolvió el problema transformando a la mitad de la población en árboles.

ENCUENTROS CON LA MAGIA

Bárbaros, demonios y brujas

Estatua de la
reina bruja
Rangda,
personaje de la
danza
balinesa.

Un tema común de la mitología del sureste asiático consiste en el encuentro con un poder mágico, en muchos casos representado por las fuerzas oscuras del mal o la barbarie que se oponen a la sociedad civilizada. Por lo general, estas fuerzas adoptan forma humana o semihumana, y pueden tener carácter masculino, como el espíritu Moyang Melur, mitad humano y mitad tigre *(véase p. 304)*, o femenino, como Bota Ili *(véase abajo)*.

La feroz diablesa balinesa Randa encabeza una banda de brujas malas que tienen un antagonista inmortal en el rey de los espíritus, Barong. Suele representársela casi desnuda, con larga cabellera y largas uñas en manos y pies, como garras. En Bali, unos bailarines enmascarados ponen en escena el combate entre estas dos potencias mágicas *(véase página 301)*. El nombre *rangda* significa viuda, y algunos expertos opinan que deriva de una reina balinesa del siglo XI, Mahendradatta, obligada a abandonar la corte por su marido, el rey Dharmodayana, por supuestas prácticas de brujería contra su segunda esposa. Se cuenta que cuando murió Dharmodayana, Mahendradatta persiguió a Erlangga, hijo de ambos y sucesor de su padre en el trono, por no haber disuadido al rey de que tomara otra esposa. Intentó destruir el reino con artes de magia negra, a consecuencia de la cual murió la mitad de la población, víctima de la peste, antes de que fuera derrotada por la magia superior de un hombre santo.

Máscara balinesa de baile que representa a Barong; enemigo del mal y adversario de Rangda.

Bota Ili

Los kédang del este de Indonesia cuentan cómo se adaptó a la civilización Bota Ili, una mujer salvaje.

Bota Ili vivía en la cima de una montaña. Tenía el cuerpo cubierto de vello y las uñas de los pies y las manos extraordinariamente largas. Comía reptiles, y para cocinarlos encendía fuego frotándose la espalda contra una roca.

Un hombre llamado Wata Rian vivía en la playa. Un día vio humo en la montaña y decidió averiguar quién vivía allí. Partió temprano, una mañana, con pescado y vino de palma. Llegó a la cima por la tarde y encontró restos de una hoguera. Se subió a un árbol y esperó hasta que regresó Bota Ili, cargada de serpientes y lagartos. Tras haber descansado, la mujer se frotó la espalda contra una roca para hacer fuego, pero no lo logró, y entonces vio a Wata Rian, a quien gritó enfadada: «¡Tú has impedido que encendiera fuego! ¡Bájate, que te voy a matar a mordiscos!» Wata Rian replicó: «¡Cállate o te morderá mi perro!» Bota Ili se asustó y el hombre bajó. La mujer consiguió encender una hoguera y prepararon la comida. Wata Rian le sirvió generosamente vino de palma y la mujer se desplomó, borracha; el hombre le afeitó todo el cuerpo mientras dormía y comprobó que era una mujer. Más adelante, cuando Bota Ili hubo aprendido a llevar ropas, Wata Rian y ella vivieron juntos y se casaron.

EL DADOR DE LA VIDA

Mitos sobre el arroz

En todo el sureste asiático se reconoce el estrecho vínculo entre la «fuerza de la vida» del arroz, el alimento más común de la región, y la de los seres humanos. Según los dayak de Borneo, las almas de los muertos se transforman en los infiernos en rocío, que absorben las plantas del arroz, que a su vez pasan a formar parte de las personas como alimento. Cuando éstas mueren recomienza el ciclo. Uno de los pueblos dayak, los iban, hace ofrendas a Pulang Gana, el espíritu de la tierra, con el fin de garantizar el crecimiento del arroz. Cuentan que, hace mucho tiempo, los seres humanos empezaron a despejar la selva para plantar el primer arrozal, pero a la mañana siguiente los árboles habían vuelto a su sitio. Les ocurrió lo mismo tres veces, hasta que decidieron vigilar durante la noche. Desde su puesto de observación vieron que Pulang Gana hacía que los árboles revivieran y echaran firmes raíces en el suelo nuevamente. Cuando intentaron apresar al espíritu, éste les explicó que la tierra y todo lo que en ella crecía le pertenecían a él y que sólo él poseía el poder necesario para que creciese el arroz. Los iban le preguntaron qué debían hacer antes de preparar un sembrado, y Pulang Gana contestó que si le daban ciertos regalos, como jarras, cuentas y conchas de adorno les permitiría cultivar el cereal.

En los templos de las aldeas de la Tailandia septentrional se pronuncian largas letanías destinadas a favorecer el crecimiento del arroz y a acumular méritos espirituales para los monjes budistas y todos los habitantes del pueblo. En Bali, antes del inicio de la cosecha, todas las familias confeccionan una figura llamada Madre Arroz con una gavilla larga de cereal, denominada Esposo Arroz, y otra, Esposa Arroz, con una más corta, y la atan a un árbol al borde del arrozal para favorecer la cosecha, después de la cual se llevan en procesión todas las Madres Arroz de la aldea hasta el templo local, donde las bendice un sacerdote. A continuación se sitúa cada figura en un trono de madera en el granero con el fin de que proteja el cereal allí guardado. Ninguna persona que haya pecado debe entrar allí, y está prohibido comer los granos de Madre Arroz.

Figura del norte de Bali (h. 1800) que representa a una diosa del arroz. Estas figuras se guardan en los templos y en ciertas festividades se invita a las deidades del arroz a que penetren en ellas y les den «vida».

Sujata y el Buda

*E*n un popular cuento tailandés, Sujata, hija de un adinerado terrateniente, presenta al dios del bo o higuera (Ficus religiosa) una ofrenda de arroz enriquecido con leche como muestra de gratitud por haber tenido un hijo.

Sujata ordenó que llevaran mil vacas a un prado de jugosa hierba. Con su leche alimentó a otras quinientas vacas, con cuya leche alimentó a otras doscientas cincuenta, y así sucesivamente, hasta que tuvo en su poder ocho vacas que daban leche muy nutritiva. La añadió a un poco de arroz para hacer una ofrenda al *bo* y vio una figura bajo el árbol que, según creía, era el dios; pero en realidad era el mismísimo Buda, en el día de su iluminación. Llena de júbilo, Sujata le presentó su ofrenda, y aquel maravilloso alimento mantuvo durante 49 días al Buda, el tiempo que tardó en recibir la iluminación.

BIBLIOGRAFÍA

General

Campbell, Joseph, *The Masks of God* (Penguin, Harmondsworth, 1982)

The Inner Reaches of Outer Space (Harper and Row, Nueva York, 1988)

Dundes, Alan (ed.), *The Sacred Narrative: readings in the theory of myth* (University of California Press, Berkeley, 1984)

Eliade, Mircea, *Cosmos and History: the Myth of the Eternal Return* (Harper and Row, Nueva York, 1959, reimp. 1985)

Lévi-Strauss, Claude, *Myth and Meaning* (Routledge, Londres, 1978).

Maranda, Pierre, *Mythology: selected readings* (Penguin, Harmondsworth, 1972)

Propp, Vladimir, *Morphology of the Folktale* (University of Texas, Austin, 1968)

Egipto

Faulkner, R. O. (ed. C. Andrews), *The Ancient Egyptian Book of the Dead* (British Museum, Londres, 1985)

Hart, G., *Egyptian Myths* (British Museum, Londres, 1990)

A Dictionary of Egyptian Gods and Goddesses (Routledge, Londres, 1986)

The Valley of the Kings (Timken, 1990)

Lichteim, M., *Ancient Egyptian Literature,* 3 vols. (University of California Press, Berkeley, 1973, 1976, 1980)

Lurker, M., *The Gods and Symbols of Ancient Egypt* (Thames and Hudson, Londres, 1980)

Quirke, S., *Ancient Egyptian Religion* (British Museum, Londres, 1992)

Rundle Clark, R. T., *Myth and Symbol in Ancient Egypt* (Thames and Hudson, Londres, 1959)

Shafer, B. (ed.), *Religion in Ancient Egypt: gods, myths and personal practice* (Routledge, Londres, 1991)

Spencer, A. J., *Death in Ancient Egypt* (Penguin, Harmondsworth, 1982)

Thomas, A. P., *Egyptian Gods and Myths* (Shire, 1986)

Oriente Medio

Brandon, S. G. F., *Creation Legends of the Ancient Near East* (Hodder, Londres, 1963)

Dalley, S., *Myths from Mesopotamia: Creation, The Flood, Gilgamesh and Others* (Oxford University Press, Oxford/Nueva York, 1989)

Gray, J., *Near Eastern Mythology* (Hamlyn, Londres, 1969)

Gurney, O., *Some Aspects of Hittite Religion* (Oxford University Press, 1977)

Hinnells, J. R., *Persian Mythology*

(Hamlyn, Londres, 1973)

Hooke, S. H., *Middle Eastern Mythology* (Penguin, Londres, 1963)

Kramer, S. N., *Sumerian Mythology* ed. revisada) (Harper and Brothers, Nueva York, 1961)

Leick, G., *A Dictionary of Ancient Near Eastern Mythology* (Routledge, Londres y Nueva York, 1991)

Pritchard, J. B., *Ancient Near Eastern Texts Relating to the Old Testament* (Princeton University Press, 1950)

Ringgren, H., *Religions of the Ancient Near East* (S.P.C.K., Londres/Westminster Press, Filadelfia, 1973)

Saggs, H. W. F., *The Greatness that was Babylon* (Sidgwick and Jackson, Londres, 1962)

India

Daniélou, Alain, *Hindu Polytheism* (Routledge, Londres, 1964)

Dimmitt, Cornelia, y J. A. B. van Buitenen, *Classical Hindu Mythology: A Reader in the Sanskrit Puranas* (Temple University Press, Filadelfia, 1978)

Ions, Veronica, *Indian Mythology* (Hamlyn, Londres, 1967)

Kinsley, David, *The Sword and the Flute: kali and Krishna* (California University Press, Berkeley, 1975)

Hindu Goddesses: Visions of the Divine Feminine in the Hindu Religious Tradiciton (University of California Press, Berkeley, 1986)

Kuiper, F. B. J., *Ancient Indian Cosmogony* (Vikas Publications, Nueva Delhi, 1983)

O'Flaherty, Wendy Doniger, *Hindu Myths, A Sourcebook* (Penguin, Harmondsworth, 1975)

The Origins of Evil in Hindu Mythology (University of California Press, Berkeley, 1976)

Puhvel, Jaan, *Comparative Mythology* (Johns Hopkins University Press, Baltimore, 1987)

Shulman, David Dean, *Tamil Temple Myths* (Princeton University Press, 1980)

Stutley, Margaret y James, *A Dictionary of Hinduism: Its Mythology, Folklore and Development, 1500 BC-AD 1500* (Routledge, 1977)

Zimmer, Heinrich, *Myths and Symbols in Indian Art and Civilization* (ed. Joseph Campbell) Pantheon Books, Washington D. C., 1946)

China

Birch, C., *Chinese Myths and Fantasies* (Oxford University Press, 1961)

Bodde, Derk, «Myths of Ancient China», Samuel N. Kramer: *Mythologies of the Ancient World,* pp. 367-408 (Doubleday, Nueva York, 1961)

Chang, K. C., *Art Myth and Ritual* (Harvard University Press, Cambridge, Mass./Londres, 1983)

Christie, A. H., *Chinese Mythology* (Hamlyn, 1968)

Waley, Arthur, *Ballads and Stories from Tun-huang* (Allen and Unwin, Londres, 1960)

Werner, E. T. C., *Myths and Legends of China* (Harrap, Londres, 192)

A Dictionary of Chinese Mythology (Kelly and Walsh, Shangai, 1932)

Tíbet y Mongolia

Altangerel, D., *How Did the Great Bear Originate? Folktales from Mongolia* (State Publishing House, Ulán Bator, 1988)

Campbell, Joseph, *The Way of the Animal Powers: Historical Atlas of World Mythology,* vol. 1 (Times, Londres, 1983)

Eliade, Mircea, *Shamanism: Archaic Techniques of Ecstasy* (trans. from the French Willard R. Trask) (Princeton Universtiy Press, Princeton, 1971)

Norbu, Namkhai, *The Necklace of Gzi, a Cultural History of Tibet* (Information Office of H. H. Dalai Lama, Dharamsala, 1981)

Stein, R. A., *Tibetan Civilisation* (Faber, Londres, 1972)

Tucci, Giuseppe, *The Religions of Tibet* (Routledge, Londres, 1980)

Yeshe De Proyect, *Ancient Tibet* (Dharma Publishing, Berkeley, 1986)

Japón

Aston, W. G. *Nihongi* (= *Nihonshoki)* Charles E. Tuttle Co., Tokio, 1972)

Jensen, Adolf E., *Myth and Cult among Primitive Peoples* (University of Chicago Press, Chicago, 1963)

Littleton, C. Scott, «Some Possible Arthurian Themes in Japanese Mythology and Folklore», *Journal of Folklore Research 20,* pp. 67-81, 1983.

«Susa-no-wo Versus Ya-mata no Worochi: An Indo-European Theme In Japanese Mythology», *History of Religions 20,* pp. 269-180, 1981

Philippi, Donald, L. *Kojiki* (University of Tokyo Press, 1968)

Saunders, E. Dale, «Japanese Mythology», *Mythologies of the Ancient World* (ed. Samuel Noah Kramer), pp. 409-442. (Doubleday, Nueva York, 1961)

Grecia

Blake Tyrrell, W., y Frieda Brown, *Athenian Myths and Institutions* (Oxford University Press, 1991)

Carpenter, T. H., *Art and Myth in Ancient Greece* (Thames and Hudson, Londres, 1991)

Dodds, E. R., *The greeks and the Irrational* (University of California Press, Berkeley, 1951)

Easterling, P. E. y J. V. Muir (eds.) *Greek Religion and Society* (Cambridge University Press, 1985)

Gordon, R. L. (ed.), *Myth, Religion and Society* (Cambridge University Press, 1981)

Kerenyi, C., *The Heroes of the Greeks* (Thames and Hudson, Londres, 1974)

Morford, Mark, y Robert Lenardon, *Classical Mythology* (Longman, Nueva York, 1991)

Stanford, W. B., *The Ulysses Theme* (Oxford University Press, 1963)

Vernant, J.-P., *Myth and Society in Ancient Greece* (Zone Books, Nueva York, 1990)

Roma

Donaldson, I., *The Rapes of Lucretia: a myth and its transformations* (Clarendon Press, Oxford, 1982)

Dowden, K., *Religion and the Romans* (Bristol Classical Press, Londres, 1992)

Gransden, K. W., *Virgil, the Aeneid* (Cambridge University Press, 1990)

Ogilvie, R. M., *The Romans and their Gods* (Chatto, Londres, 1969)

Perowne, S., *Roman Mythology* (Newnes, Twickenham, 1983)

Scullard, H. H., *Festivals and Ceremonies of the Roman Republic* (Thames and Hudson, Londres, 1981)

Wardman, A., *Religion and Statecraft at Rome* (Granada, Londres, 1982)

Mundo celta

Green, Miranda, J., *Dictionary of Celtic Myth and Legend* (Thames and Hudson, Londres, 1992)

Jarman, A. O. H., *The Legend of Merlin* (University of Wales Press, Cardiff, 1960)

Loomis, R. S. (ed.), *Arthurian Literature in the Middle Ages. A Collective History* (Oxford University Press, 1959)

MacCana, Proinsias, *Celtic Mythology* (Hamlyn, Londres/Nueva York/Sidney/Toronto, 1970; 3ª reimp., 1975)

McCone, Kim, *Pagan Past and Christian Present in Early Irish Literature* (Maynooth Monographs 3, 1990, reimp. 1991)

Nagy, Joseph Falaky, *The Wisdsom*

of the Outlaw. The Boyhood Deeds of Finn in Gaelic Narrative Tradition (University of California Press, Berkeley y Los Ángeles/Londres, 1985)

Ross, Anne, Pagan Celtic Britain. Studies in Iconography and Tradition (Routledge, Londres, 1967)

Europa septentrional

Davidson, H. R. Ellis, Gods and Myths of Northern Europe (Penguin, Harmondsworth, 1964)

Pagan Scandinavia (Hamlyn, Londres, 1984)

Lost Beliefs of Northern Europe (Routledge, Londres, 1993)

Hutton, R., The Pagan Religions of the Ancient British Isles: Their Nature and Legacy (Blackwell, Oxford, 1991)

Jones, G., A History of the Vikings (Oxford University Press, 1984)

Owen, G. R., Rites and Religions of the Anglo-Saxons (David and Charles, Newton Abbot, 1981)

Simet, J., Dictionary of Northern Mythology (Boydell and Brewer, Woodbridge, 1993)

Todd, M., The Early Germans (Blackwell, Oxford, 1992)

Turville-Petre, E. O. G., Myth and Religion of the North (Weidenfeld, Londres, 1964)

Europa oriental y central

Chadwick, H. Munro, y N. Kershaw Chadwick, The Growth of Literature, vol. II, pt. i «Russian Oral Literature», pt. ii «Yugoslav Oral Poetry» (Cambridge University Press, 1936)

Ivanits, Linda J., Russian Folk Belief (M. E. Sharpe Inc., Armonk, Nueva York/Londres, 1989)

Jakobson, Roman, «Slavic Mythology», Funk and Wagnalls Standard Dictionary of Folklore, Mythology and Legend, vol. II pp. 1025-1028, ed. M. Leach y J. Fried (Funk and Wagnalls, Nueva York, 1949-1950)

Oinas, Felix J., Essays on Russian Folklore and Mythology (Slavica, Columbus, Ohio, 1985)

Perkowski, Jan L., Vampires of the Slavs (Slavica, Cambridge, Mass., 1976)

The Darkling: Essays on Slavic Vampirism (Slavica, Columbus, Ohio, 1989)

Popovic, Tatyana, Prince Marko. The Hero of South Slavic Epic (Syracuse University Press, Siracuse, N. Y., 1988)

Warner, Elizabeth, Heroes, Monsters and Other Worlds from Russian Mythology (Peter Lowe, Londres, 1985)

Regiones árticas

Damar, D., Handbook of North American Indians: Arctic (Smithsonian Institution, Washington, 1984)

Fienup-Riordan, Ann, Eskimo Essays (Rutgers University Press,

Londres, 1990)

Nelson, Edward, The Eskimo about Bering Strait (Smithsonian Institution, Washington, 1983)

Rasmussen, Knud, Intellectual Culture of the Hudson Bay Eskimos (Nordisk Forlag, Copenhage, 1929)

Ray, Dorothy Jean, Eskimo Masks: Art and Ceremony (University of Washington Press, Seattle, 1967)

Spencer, Robert, The North Alaskan Eskimo (Bureau of American Ethnology, Washington, 1959)

Weyer, Edward, the Eskimos (Yale University Press, New Haven, 1932)

América del Norte

Boas, F., Tsmishian Mythology (Johnson, Nueva York, 1970)

Brown, J. E., The Sacred Pipe (Penguin, Harmondsworth, 1971)

Burland, C. A. y M. Wood, North American Indian Mythology (Newnes, Londres, 1985)

Campbell, J., The Way of the Animal Powers (Times, Londres, 1984)

Curtin, J., Seneca Indian Myths (E. P. Dutton, Nueva York, 1923)

Dooling, D. M. (ed.), The Sons of the wind (Harper, San Francisco, 1992)

Erdoes, R. y A. Ortiz (eds.), American Indian Myths and Legends (Pantheon, Nueva York, 1988)

Haile, B., Navajo Coyote Tales (University of Nebraska, Lincoln, 1984)

Mariott A. y, C. K. Rachlin, American Indian Mythology (Mentor, Nueva York, 1968)

Plains Indian Mythology (Thomas Crowell, Nueva York, 1975)

Parsons, E. C., Pueblo Indian Religion (University of Chicago, Chicago, 1939)

Radin, P., The Trickster (Philosophical Library, Nueva York, 1956)

Tooker, E., Native American Spirituality of the Eastern Woodlands (Paulist Press, Nueva York, 1979)

Turner, F. W., III (ed.), Portable North American Indian Reader (Penguin, Harmondsworth, 1977)

Walker, J. R., Lakota Myth (University of Nebraska, Lincoln, 1983)

América Central

Carrasco, David, Ancient Mesoamerican Religions (Holt, Rinehart and Winston, Nueva York, 1990)

Coe, Michael D., The Maya (Thames and Hudson, Londres, 1987)

Coe, Michael D., Elizabeth P. Benson y Dean Snow, Atlas of Ancient America (Facts on File, Oxford, 1985)

Fagan, Brian, Kingdoms of Jade,

Kingdoms of Gold (Thames and Hudson, Londres, 1991)

Pasztory, Esther, Aztec Art (Abrams, Nueva York, 1983)

Schele, Linda, y Mary E. Miller, The Blood of Kings (Kimbell Art Museum, Forth Worth, 1986)

Tedlock, Dennis, Popol Vuh (Simon and Schuster, Nueva York, 1985)

Townsend, Richard, the Aztecs (Thames and Hudson, Londres, 1992)

América del Sur

Bray, Warwick, The Gold of El Dorado (Times, Londres, 1978)

British Museum, The Hidden Peoples of the Amazon (British Museum Publications, Londres, 1985)

Chagnon, Napoleon A., Yanomamo: The Fierce People (Holt, Rinehart and Winston, Nueva York, 1977).

Coe, Michael, D., y Elizabeth P. Benson and Dean Snow, Atlas of Ancient America (Facts on File, Oxford, 1985)

Fagan, Brian, Kingdoms of Jade, Kingdoms of Gold (Thames and Hudson, Londres, 1991)

Hadingham, Evan, Lines to the Mountain Gods (Heinemann, Londres, 1987)

Harner, Michael, The Jivaro (Robert Hale, Londres, 1973)

Moseley, Michael, E., The Incas and their Ancestors (Thames and Hudson, Londres, 1992)

Saunders, Nicholas, J., People of the Jaguar (Souvenir Press, Londres, 1989)

África

Cosentino, Donald, Defiant Maids and Stubborn Farmers: tradition and invention in Mende story performance (Cambridge University Press, 1982)

Davidson, Basil, Old Africa Rediscovered (Gollanz, Londres, 1959)

Finnegan, Ruth, Oral Literature in Africa (Clarendon Press, Oxford, 1970, reimpr. 1976

Forde, Daryll (ed.), African Worlds: studies in the cosmological ideas and social values of African peoples (Oxford University Press, Londres, 1954)

Mbiti, John, S., African Religions and Philosophy (Heinemann, Londres, 1969)

Okpewho, Isidore, Myth in Africa: a study of its aesthetic and cultural relevance (Cambridge University Press, 1983)

Willis, Roy, There Was a Certain Man; spoken art ot the Fipa (Clarendon Press, Oxford, 1978)

Australia

Layton, R., Ulutu: an Aboriginal history of Ayers Rock (Aboriginal Studies Press, Camberra, 1986)

Australian rock art (Cambridge

University Press, 1992)

Morphy, H., Journey to the crocodile's nest (Aboriginal Sstudies Press, Camberra, 1984)

Neidjie, B, Kakadu Man (Mybrook/Allan· Fox Associates, Sidney, 1985)

O'Brien, M., The Legend of the Seven Sisters (Aboriginal Studies Press, Camberra, 1990)

Sutton, P. (ed.), Dreamings: the art of Aboriginal australia (Braziller, Nueva York)

Utemorra, D., y otros, Visions of Mowanjum (Rigby, Adelaida, 1980)

Warlukurlangu Artists, Kuruwarri: Yuendumu Doors (Aboriginal Studies Press, Camberra, 1987)

Western Region Aboriginal Land Council, The story of the falling star (Aboriginal Studies Press, Camberra, 1989)

Oceanía

Gifford, E. W., Tongan Myths and Tales, Bulletin n.° 8 (Bernice P. Bishop Museum, 1924)

Grey, sir George, Polynesian Mythology (Whitcombe and Tombs, Londres y Christchurch, 1965)

Handy, E. S. C., Marquesan Legends, Bulletin 69 (Bernice P. Bishop Museum, 1930)

Landtman, G., Folktales of the Kiwai Papuans (Finnish Society of Literature, Helsinki, 1917)

Lawrence, P., Road Belong Cargo (Manchester University Press, Manchester, 1964)

Lawrie, M., Myths and Legends of Torres Strait (University of Queensland Press, 1970)

Lessa, W. A., Tales from Ulithi Atoll, Folklore Studies 13 (University of California Press, Berkeley, 1961)

Luomola, K., Maui-of-a-thousand-tricks, Bulletin 198 (Bernice P. Bishop Museum, 1949)

Malinowski, B., Magic, Science and Religion (Anchor Books, 1954)

Powdermaker, H., Life in Lesu (Williams and Norgate, 1933)

Young, M., Magicians of Manumanua (University of California Press, Berkeley, 1983)

Sureste asiático

Coedès, G., y C. Archaimbault, Davids, T. W. R. (ed.) Buddhist Birth Stories, or Jataka Tales (Trubner and Co., Londres, 1980) (ed.) Buddhist Suttas (Clarendon Press, Oxford, 1981)

Davis, R. B., Muang Metaphysics. A Study of Northern Thai Myth and Ritual (Pandora, Bangkok, 1984)

Izikowitz, K.-G., Fastening the Soul. Some Religious Traits among the Lamet (Göteborgs Högskolas Arsskrift, 47, 1941)

Tankell, I.-B., Cooking, Care and Domestication. A Culinary Ethnography of the Tai Young, Northern Thailand (Almqvist & Wiksell, Upsala)

CRÉDITOS FOTOGRÁFICOS

Abreviaturas
MH= Michael Holford
BM= British Museum, Londres
BAL= Bridgeman Art Library
JG= Japanese Gallery
66D Kensington Church
Street, Londres
V&A= Victoria and Albert
Museum, Londres
WFA= Werner Forman Archive:
a= arriba, ab= abajo, c= centro,
d= derecha, i= izquierda

1 WFA/Museo Nacional de
Antropología de México, Ciuadad
de México
2 MH/BM 3 Zefa/Damm
Introducción a los mitos
11 Zefa/Damm 12 a. Scala/Roma,
Museo Arte Orientale
12 ab, MH/BM 15 BAL/BL
17 Hutchinson Library
Grandes Temas de Mitos.
18 MH/BM 20 National Museum
of Copenhagen/Kit Weiss
21 DBP/Colección privada
23 BAL/Museo Condé, Chantilly
24 ET/Christie's Images
25 BAL/BL 27 BAL/V&A
28 Colección Axel Poignant
29 MH 30 BM 31 BAL/National
Museum of Delhi 32 WFA/
Eugene Chestow Trust 33 BAL/
Giraudon 34 MH 35 BAL/
Colección privada
Egipto
36 Zefa/Damm 38 ab, MH
39 i, BAL 39 d, MH/BM
39 ab, MH/BM 40 MH 41 MH
42 a, BAL 42 ab, MH/BM 43 BAL/
Louvre 44 a, MH/BM 44 ab, BAL/
BL 45 BAL/Museo de El Cairo
46 a, BAL/Giraudon 46 ab, BAL/
Giraudon/Egyptian National
Museum 47 Zefa 48 a, MH/BM
48 ab, BAL/Louvre 49 BM
50 i, Zefa/Damm 50 d, MH/BM
51 WFA/Museo de El Cairo
52 a, Scala/ Museo Arheologico,
Florencia 52 ab, WFA/Museo de El
Cairo 54 BM 55 BAL/BM
56 BAL/Louvre/Giraudon
Oriente Medio
58 ET Archive 59 a, BAL/BM
59 ab, Pierpont Morgan Library, NY
60 a, BM 60 ab, BM 61 MH/
Louvre 62 BM 63 DBP 64 DBP
65 MH/Louvre 66 a, DBP
66 ab, 67 a, Colección Mansell 67 ab,
DBP
India
68 BAL/National Museum of India,
Nueva Delhi, 70 BAL/
National Gallery, Praga 71 MH
72 BAL/V&A 73 BAL/V&A
74 V&A 75 a, BAL/National
Museum of India 75 ab, V&A
76 BAL/V&A 77 V&A 79 MH
80 V&A 81 a, Rajasthan Institute of
Oriental Studies 81 ab, MH
82 a, BAL/National Museum of
India 82 ab, MH 83 MH
84 a, BAL/V&A 84 ab, V&A
85 MH 86 MH 87 ab, BAL/
National Museum of India
87 a, BAL/BM

China
88 Zefa/Scholz 90 MH/Colección
Wellcome 91 DBP 92 a, Zefa/
Damm 92 ab, Robert Harding
Library 93 DBP 94 BAL/BM
95 DBP 96 ET Archive/Nelson
Gallery of Art, Kansas City
97 MH/Horniman Museum
98 a y ab, DBP 98 Christie's Images
99 a y ab, DBP 100 Christie's
Images 101 ET Archive
Tíbet y Mongolia
102 DBP/Colección privada
103 MH 104/5, 106
DBP/Colección privada 107 i,
DBP/Colección privada 107 d,
Cortesía de Richard Williamson
108/9 DBP/Colección privada
Japón
110 Spectrum/DJH 112 JG
115 JG 116 JG 118 JG
120 JG 121 Christie's Images
122 JG 123 a, BAL/BL 123 ab, MH
Grecia
124 Scala 126 a, BM 126 ab,
Louvre/Réunion des Musées
Nationaux 127 MH/BM
128 Istambul Archaeological
Museum 130 Scala/Museo
Gregoriano Etrusco 131 Ashmolean
Museum, Oxford
132 Scala/National Museum of
Athens 133 ab, Virginia Museum of
Fine Arts 133 a, Scala/Olympia
Museum 135 MH 136 a, Louvre/
Réunion des Musées Nationaux
136 ab, BM 137 a, National
Museum of Copenhagen/Kit Weiss
137 ab, Bildarchiv Preussischer
Kulturbesitz 138 a, MH
138 ab, Bildarchiv Preussischer
Kulturbesitz/Laurentius
140 Munich
Antikensammlungen/Studio
Koppermann
141 a, Bildarchiv Preussischer
Kulturbesitz 141 ab, Scala/Museo
Nazionale, Nápoles 142 Scala/
Acropolis Museum 143 MH
144 DBP 145 BM 146 Munich
Antikensammlungen/Studio
Koppermann 147 Ny Carlsberg
Glyptohek 148 Metropolitan
Museum, NY/Joseph Pulitzer
Bequest 149 MH 150 a, Louvre/
Réunion des Musées Nationaux
150 ab, BM 151BM
153 Scala/Ruvo di Puglia, Jatta
154 BM 156 a, MH 156 ab,
Bildarchiv Preussischer Kulturbesitz/
Laurentius 157 a, BM 157 ab, Scala/
Museo Clementino, Vaticano
158 BM 159 Scala/Museo
Gregoriano Etrusco 160 MH
161 Boston Museum of Fine
Arts/Wn Frances Warden Fund
163 a, Universidad de Tubinga
163 ab, Scala/Museo Gregoriano
Etrusco 164 BM 165 Martin von
Wagner Museum, Wurzburgo
Roma
166 Spectrum 168 Scala
169 a, MH/BM 169 ab,
Scala/Museo Nazionale, Nápoles
170 Scala/Ciudad del Vaticano 171
ab, Scala/Milano Soprintendenza
Antichità Silva 172 Scala/Museo

Nazionale, Nápoles 173 a, Somerset
County Museum Service 1783 ab,
BAL 174 a, Leeds Leisure Services
164 Spink & Son
Mundo celta
176 WFA & Son 178 National
Museum, Copenhague/Kit Weiss
178 abi, Corinium Museum/Rex
Knight 178 abd, WFA/Museo de
Rennes 179 National Museum.
Copenhague/Kit Weiss 181 National
Museum, Copenhague/Kit Weiss
182 City of Bristol Museum & Art
Gallery 184 Réunion des Musées
Nationaux 186 a, Musée d'Alesia
186 ab, WFA/Museo de Rennes 187
WFA/National Museum of Ireland
198 BAL/BM, Ms Add10294
Europa septentrional
190 Universitetets Oldsaksammling,
Oslo/Foto Johnsen
192 a, MH/Musée de Bayeux
192 ab, WFA 193 a, WFA
193 ab, Gotlands Fornsal Museum/
Raymond Hejdstrom 194 WFA/
Arhus Kunst Museum 196 WFA/
Statens Historiska Museum,
Estocolmo 197 a, WFA 197ab,
198 a, 198 ab, WFA/Statens
Historiska Museum, Estocolmo
199 WFA 200a, 200ab, WFA/
Statens Historiska Museum,
Estocolmo 201 a, WFA/Viking Ship
Museum 201 ab, 202 WFA/
Statens Historiska Museum,
Estocolmo 204 i, WFA/
Universitetets Oldsaksammling,
Oslo 204 d, WFA/ Universitetets
Oldsaksammling, Oslo
205 WFA
Europa oriental y central
206 DBP 208 a/ab, DBP 209 DBP
210/11 DBP 212 Metropolitan
Museum of Art, Nueva York
Regiones árticas
214 Robert Harding Library
216 a, WFA/Smithsonian Institute
216 ab, WFA/Museum of Natural
History, Chicago 217 WFA/
Smithsonian Institute
218 American Museum of Natural
History
América del Norte
220 Wheelwright Museum of the
American Indian 222 a,
WFA/Provincial Museum of British
Columbia 222 ab, WFA/Field
Museum of Natural History,
Chicago 223 WFA/Haffenreffern
Museum of Anthropology, RI
224 WFA/BM 225 a, y 225 ab,
WFA/Centennial Museum,
Vancouver 226 i, WFA/Colección
Chandler Point 226 d, 227 a,
WFA/James Hooper Collection,
Watersfield 227 ab, WFA/Provincial
Museum of British Columbia
228 Wheelwright Museum of Indian
Art 231 WFA/Museum of the
American Indian 232 a, WFA/
Denver Art Museum 232 ab, Zefa/
Paolo Koch 233 WFA/BM
América Central
234 WFA 236 a, E T Archive
236 ab, St. Louis Museum of Art.
City of Morton B. Day
237 a, WFA/Liverpool Museum

237 ab, WFA/Museum für
Völkerkünde, Basilea 238
WFA/Museo Nacional de
Antropología, México
239 a, WFA/Biblioteca Università,
Bolonia 239 ab, WFA/BM
240 a, MH 241 a, DBP/ilutración
basada en *Codex Magliabechiano*
241 ab, WFA/Museum für
Völkerkünde, Basilea 243 ET
Archive 244 a, Bibliothèque
Nationale de l'Assemblée
244 ab, WFA/Museum für
Völkerkünde, Basilea 245 i,
WFA/Philip Goldman, Londres
245 d, WFA/Museo Nacional de
Antropología, México 246 a, y ab,
Bibliothèque Nationale de
l'Assemblée 248 a, MH/BM
249 a, ET Archive
América del Sur
250 Zefa/Presho 252 a, South
American Pictures 252 ab, ET
Archive 253 South American
Pictures 254 South American
Pictures 255 ab, BAL/BM
256 South American Pictures
258 Zefa/Luz 260 Robert Harding
Picture Library 261 Hutchinson
Picture Library 262 Robert Harding
Picture Library 263 South American
Pictures
África
264 Dr. Georg Gerster/John
Hillelson Agency 266 abi, WFA/
Museo de Arte, Dallas
266abd, WFA 267 WFA/Museo de
Arte, Dallas 268 WFA/MRAC
Terveuren 269 a, WFA/Colección
privada 269 ab, WFA/Colección
Robert Sainsbury 270 ab,
WFA/Colección Allan Brandt
272 ab, WFA 273 WFA/Robert
Aberman 275 i, WFA/Entwistle
Gallery, Londres 275 d, WFA/
Colección Freide, Nueva York
276 MH 277 i, WFA 277 d,
BAL/BM
Australia
278 WFA/Colección Tambaran,
Nueva York 280 Zefa/Bagli
281 a, Robert Harding Picture
Library 281 ab, National Gallery of
Australia © Paddy Dhatangu
282 Galería Rebeca Hossack
283 National Gallery of Australia
284 WFA/Auckland Gallery of Art
285 WFA 286 Profesor Robert
Layton 287 BM
Oceanía
288 Color Photo Hans Hinz
289 BAL/Bonhams 290 i, MH/BM
290 d, MH/BM 291 MH/BM
292 MH/BM 293 Colección Axel
Poignant 294 a, WFA/National
Museum of New Zealand 294 ab,
MH/BM 295 a, MH/BM 295 ab,
Robert Harding Picture
Library/Israel Tabley 296 BAL/BM
297 Hamburgisches Museum für
Völkerkünde
Sureste asiático
300 Spectrum 302 MH/Musée
Guimet 303 WFA/Klung-klung,
Bali 304 Zefa 306i, MH/BM
306 d, WFA 307 WFA/Colección
privada

ÍNDICE